中亚与丝路文明研究丛书

刘进宝 主编

欧亚交通、贸易与唐帝国

（日）荒川正晴——著

冯培红 王蕾 译

读者出版传媒股份有限公司
甘肃教育出版社

图书在版编目（CIP）数据

欧亚交通、贸易与唐帝国 /（日）荒川正晴著；冯培红，王蕾译. --兰州：甘肃教育出版社，2023.5
（中亚与丝路文明研究丛书 / 刘进宝主编）
ISBN 978-7-5423-5583-6

Ⅰ.①欧… Ⅱ.①荒… ②冯… ③王… Ⅲ.①国际贸易-贸易史-研究-欧洲、亚洲-中世纪 Ⅳ.①F749

中国国家版本馆 CIP 数据核字（2023）第 037498 号

荒川 正晴
ユーラシアの交通・交易と唐帝国
Copyright © 2010 ARAKAWA Masaharu
All rights reserved.
Originally published in Japan by THE UNIVERSITY OF NAGOYA PRESS, Aichi.
Chinese (in simplified character only) translation rights arranged with
THE UNIVERSITY OF NAGOYA PRESS, Japan
through HIROGAWA CO., LTD.
著作权合同登记图字：26-2023-0010
审图号：GS（2023）935 号

欧亚交通、贸易与唐帝国

（日）荒川正晴 著　冯培红　王　蕾 译

策　　划	马永强　薛英昭　孙宝岩
项目负责	伏文东
责任编辑	祁莲　孙晓梅
封面设计	MM 末末美书

出　　版	甘肃教育出版社
社　　址	兰州市读者大道 568 号　730030
电　　话	0931-8436489（编辑部）　0931-8773056（发行部）　传　真　0931-8435009
淘宝官方旗舰店	http://shop111038270.taobao.com

发　　行	甘肃教育出版社　印　刷　山东新华印务有限公司
开　　本	787 毫米×1092 毫米　1/16　印张 42　插页 2　字数 560 千
版　　次	2023 年 5 月第 1 版
印　　次	2023 年 5 月第 1 次印刷
书　　号	ISBN 978-7-5423-5583-6　定　价　158.00 元

图书若有破损、缺页可随时与印厂联系：0531-82079130
本书所有内容经作者同意授权，并许可使用
未经同意，不得以任何形式复制转载

总　序

　　浙江是我国名闻遐迩的丝绸故乡，敦煌则是丝绸之路的"咽喉之地"。自唐代开始，浙江又因丝绸经海上运输日本，成为海上丝路的起点之一。1900年，敦煌学兴起后，中国学者首先"预流"者，即是浙江籍的学者罗振玉与王国维，随后几代浙江学人奋随其后，为敦煌学的发展与丝路文化的发扬光大做出了巨大贡献。

　　浙江大学关于中亚等丝绸之路沿线区域的研究起步较早。1939年初，向达先生受聘为浙江大学史地系教授，从事西域历史文化与丝绸之路研究；1942年8月，方豪先生受聘为浙江大学史地系教授，主讲"中西交通史"和"元史"课程，后来出版的史学名著《中西交通史》，就是在浙江大学历年讲义的基础上增补修订而成的。20世纪80年代，黄时鉴先生在历史系带领团队成员从事中西关系史研究，出版了大量学术论著，培养了一批中外关系史方向的研究生。

　　2013年，国家提出"一带一路"倡议后，浙江大学充分发挥自身在敦煌学与丝绸之路研究方面的优势，于2015年发起成立"一带一路"合作与发展协同创新中心，主编出版了《"一带一路"读本》和《"一带一路"一百问》。经过几年的建设，形成了丝路文明研究的核心学术团队，于2016年组建成立了浙江大学人文学院丝路文明研究中心。丝路文明研究团队的成员承担了一批国家社科基金重大、重点项目和一般项目、青年项目，发表了一批有影响的学术论文，团队的集体成果"敦煌学与丝路文明"还入选浙江大学"十大学术进展"。

此外，丝路文明研究团队编辑出版的《浙江学者丝路敦煌学术书系》，全套计划出版 40 种，目前已经出版 25 种，且有多种重印。其中 5 种入选国家社科基金中华学术外译项目（将以 11 个语种出版），1 种入选"经典中国国际出版工程"，并整体向台湾万卷楼图书股份有限公司输出了繁体字版权，已在台湾出版中文繁体字版 13 种。实现了社会效益和经济效益的双丰收。从 2016 年开始创办《丝路文明》学刊，每年一辑，已经出版 7 辑，得到了国内外学术界的高度赞扬和好评。同时还以学术研究反哺教学，主持承担"敦煌学与'一带一路'"通识核心课程群，在全校开设通识核心课程和专业课程。

正是在这种良好的基础上，2020 年 8 月，浙江大学中亚与丝路文明研究中心成功入选国家民委"一带一路"国别和区域研究中心名单。

中亚与丝路文明研究中心成立后，我们在继续编辑出版《丝路文明》学刊和《浙江学者丝路敦煌学术书系》的基础上，还主办了"敦煌学与丝路文明"系列讲座，邀请海内外著名学者前来切磋学术，加强本团队成员对国内外学术前沿动态的把握。

《丝路文明》学刊的编辑出版和"敦煌学与丝路文明"系列讲座的开办，得到了海内外学者的大力支持，也进一步加强了我们与国内外学界的联系与交流。为了感谢海内外学者对我们的信任与支持，我们编辑了《中亚与丝路文明研究》丛书。

本套丛书的作者，既有浙江大学中亚与丝路文明研究中心成员的成果，如冯培红《鱼国之谜——从葱岭东西到黄河两岸》、余欣《西域文献与中古中国知识–信仰世界》、罗帅《丝绸之路南道的历史变迁——塔里木盆地南缘绿洲史地考索》、刘进宝《西北史地与丝路文明》，更有海内外知名学者的论著，如南京大学刘迎胜教授的《古代中国与亚洲文明》、中国人民大学王子今教授的《汉代丝绸之路文化史》、北京大学荣新江教授的《唐宋于阗史探研》、日本大阪大学荒川正晴教授的《欧亚交通、贸易与唐帝国》。刘迎胜先生、王子今先生、荣新江先生和荒川正晴先生，都是海内外最著名的丝绸之路研究专家，浙江大学的诸位中青年学者，也在国内外学术界有较好的影响和地位，从而保证了丛书的质量。

《中亚与丝路文明研究》丛书，研究的内容涉及历史、地理、政治、经济、文化等各个方面，较为系统地反映了中亚与丝绸之路的历史变迁，多元文化的交流碰撞，多民族、多文明的交汇融合和共同繁荣，为读者进一步了解、认识中亚与丝绸之路的历史地理、民族文化、社会生态及其在东西方文明交流过程中的历史面貌和历史地位提供了全新的视角。

丛书既有对国内新成果、新资料的继承和利用，又有对国际学术界相关研究成果、研究方法的吸收和借鉴；既注意将中亚与丝绸之路研究置于中西政治、经济、文化交流的研究视角之下，对各种考古发现和文献文本材料进行精细解读、微观探讨，又注意将其置于国际学术视野中，从更长更大的时空维度来探讨"丝路文明"的价值和意义。

在本丛书即将出版之际，对各位作者表示衷心的感谢！尤其感谢刘迎胜先生、王子今先生、荣新江先生和荒川正晴先生对我们的信任，同意将其大著收入本丛书出版！感谢浙江大学亚洲文明研究院和社会科学研究院的大力支持！感谢甘肃教育出版社一如既往的倾力支持。

刘进宝

2022 年 12 月 18 日

中译本自序

拙著《欧亚交通、贸易与唐帝国》中译本作为浙江大学"中亚与丝路文明研究"丛书之一种,即将由甘肃教育出版社出版。能够在中国以此种形式出版拙著中译本,我感到非常荣幸,谨向冯培红教授(浙江大学)、王蕾副教授(西北大学)多年来不辞辛劳的翻译工作由衷地表示谢意!冯培红教授曾在大阪大学留学,从那时起我们一直保持着密切交往,此次拙著中译本的出版也惠予诸多帮助,不胜感谢!另外,承蒙浙江大学中亚与丝路文明研究中心主任刘进宝教授的关照,将拙著列入丛书之中,在此也谨致谢忱!

本书是我长期研究吐鲁番地区的麹氏高昌国及唐帝国交通的相关论文的集成之作,在裒辑成册时做了大幅增补。此外,笔者还有不少基于出土文书的细致分析等方面的论文,则未收入本书,这些成果也考虑以某种形式进行结集。

如今,我已从长期工作的大阪大学退休,离开大阪,隐居于岛根县松江市。幸运的是,近来拜网络普及之赐,我也能方便地读到大量论著,同时可以获悉最新的研究成果与史料信息。若有可能,今后拟研究的课题有二:第一是唐朝颁发的通行证问题。围绕过所与公验这两种通行证的相关见解,截至目前有各种各样的争论,我希望利用天圣令等史料进一步澄清拙著的观点,在一定程度上解决关于这一问题的论争;第二是粟特商人的活动问题。拙著对这一问题未能全面地把握,留有遗憾。关于粟特人的活动,不只是在经济方面,在政治、军事、文化、宗教方面也已发表了许多论著，今后要从综合的视角深入分析粟特人的活动。关于这一问题，将来若能略有贡献，则颇感幸甚。

拙著日文版由于我的疏忽，校对工作均在国外而非拥有相关资料的研究室中进行，以致出现诸多错误。冯培红教授、王蕾副教授指出了日文版中的错字、脱字等不少疏误，并对它们做了许多修订。最后想借此机会，向花费宝贵时间惠予订正的两位译者诚致歉意，同时也对他们认真的翻译修订工作深表感谢！

荒川正晴

2021 年 4 月 23 日于松江家中

录文凡例

本书引用出土文书为史料，但基本上不做古文书学的研究，所以史料中的异体字、俗字，除个别文字外，原则上都改为现行通用字。朱印、红字、朱点、朱笔勾画，除必要解释者外，均予省略。文书史料中的符号基本上依照《籍帐》的格式，其含义如下：

□□ → 因文字磨灭、缺损，或据文字残存笔画难以推补，而不能释读的文字。

[ ] → 文书残损

字 → 据残存笔画推补的文字

（字）（文字）

□ [ ] → 据文书内容与同类文书共有的固定表达所推补的文字

~~文字~~ → 涂抹的文字

…… → 纸张拼接部分（纸缝）

<u>文字</u> → 专有名词

? → 推补但尚不确定的文字

文字 → 作者加波浪线表示强调

目　录

中译本自序 ··· 1
录文凡例 ··· 1
序言　本书的视角与课题 ··· 1

第一部　突厥系游牧国家与绿洲国家

小　序 ··· 17
第1章　突厥系游牧国家的建立与交通系统 ······················ 19
1　游牧国家与绿洲国家的政治支配—从属关系 ················· 19
2　突厥系游牧国家与ulaɣ ·· 21
3　绿洲国家的交通体制与ulaɣ——麹氏高昌国的远行制 ······ 30
第2章　绿洲国家、游牧国家与粟特人 ···························· 40
1　麹氏高昌国的粟特人与移民聚落 ································· 40
2　麹氏高昌国的王权与粟特人 ······································ 47
3　麹氏高昌国与游牧使节 ·· 55
4　游牧使节的内涵 ··· 83
5　游牧使节的性质与粟特人 ··· 96
第3章　绿洲国家的接待事业与财政基础 ························ 112
1　麹氏高昌国的主要实物纳税与力役 ······························ 113
2　与田地有关的税、役 ··· 115

3　与马匹饲养有关的劳役 …………………………………………… 131
　　4　与人（民、官、僧）及寺院有关的税、役 …………………… 140
　　5　麴氏高昌国的官员与织物课税 ………………………………… 142
　小　结 …………………………………………………………………… 148

第二部　唐帝国与欧亚东部的交通体制

小　序 …………………………………………………………………… 155

第4章　唐代公用交通系统的结构 …………………………………… 158
　　1　唐代交通系统研究的现状与课题 ……………………………… 158
　　2　驿制交通 ………………………………………………………… 163
　　3　传送交通 ………………………………………………………… 178

第5章　唐代河西、西域的交通制度（上）………………………… 217
　　1　吐鲁番、北庭地区的长行坊 …………………………………… 217
　　2　河西驿传制度的废止与长行坊——节度使体制与长行坊 …… 226
　　3　驿道与长行马的运用 …………………………………………… 231

第6章　唐代河西、西域的交通制度（下）………………………… 261
　　1　游牧部落民众的 ulaγ 负担 ……………………………………… 261
　　2　安西四镇地区与 ulaγ …………………………………………… 277
　小　结 …………………………………………………………………… 312

第三部　唐帝国与胡汉商人的流动、贸易

小　序 …………………………………………………………………… 317

第7章　唐帝国与胡汉商人 …………………………………………… 319
　　1　粟特商人在东方的活动及其主要活动区域 …………………… 319
　　2　唐朝的建立与粟特百姓、行客 ………………………………… 323
　　3　唐帝国与外来粟特人 …………………………………………… 326

4　唐帝国的汉族商人 ·· 354

第 8 章　唐朝的通行证制度与公、私交通 ···························· 359
　　1　国家的交通管理 ·· 359
　　2　传世史料所见的递牒与递送 ···································· 360
　　3　文书所见的递牒 ·· 363
　　4　递牒和过所的交通 ·· 370
　　5　过所和公验（行牒）的私用交通 ································ 373
　　6　过所的发放过程 ·· 386
　　7　过所的交通 ·· 400

第 9 章　唐朝向河西、西域运送军需物资与商人 ······················ 405
　　1　军事财政的扩大化与庸调绢 ···································· 405
　　2　河西道运输体制的完善 ·· 425
　　3　军需物资绢的保障与行客、百姓 ································ 435
　　4　军粮的保障与行客、百姓 ······································ 446

第 10 章　唐朝的统治与贸易、经济环境的变动 ························ 458
　　1　过所的发放与商队贸易 ·· 458
　　2　中亚与唐朝的货币流通 ·· 467
　　小　结 ·· 482

结　语 ·· 487
后　记 ·· 496
论文初刊一览 ·· 500
引用史料（汉文史籍）出处 ·· 504
引用文献缩略号 ·· 507
引用文献目录 ·· 510
附　图 ·· 562

府州郡编户及供绢一览表 …………………………………………… 567
摘　要 ……………………………………………………………… 597
索　引 ……………………………………………………………… 605
译后记（一）……………………………………………………… 653
译后记（二）……………………………………………………… 658

序言 本书的视角与课题

一

本书将6~8世纪中亚[①]地区活跃的交通与贸易置于欧亚东部地区[②]的广域空间中来重新把握，以揭明它的实际状况与兴盛原因。此一时期正处在从突厥汗国（突厥系游牧民族国家）到唐帝国兴起的阶段，是欧亚史上的大转折时期。粟特商人依附于两者而活跃在当时的国际舞台上，同时包括中亚在内的欧亚东部的交通与贸易呈现出显著的活跃状况。当然，交通与贸易不只是人的流动与物的交易，除了与生产和消费、文化、信息、技术的传播有关外，也与广阔地域的政治统治和地域形成等问题密切关联。本书从中亚自身的视角入手进行探讨。

中亚地区位于欧亚东部，生活着适应于草原、沙漠等自然环境的游牧民族和绿洲民众，两者相互共生并创造了历史。其中，绿洲民众居住在沙漠地带的绿洲，沙漠中零散分布的可耕地如同时常浮现在海中的岛屿[③]，所以有学者指出，为了摆脱这种孤立性，绿洲民众的对策是很早

[①] 如森安孝夫所指出（森安2007A，第58-59页），"中亚"一词不仅有广义和狭义之分，而且还有其中间用法，"对之进行严格定义非但不可能，而且不合适"，但是找不到其他合适的地理名称来替代。本书中，"中亚"指横亘帕米尔东西的草原和绿洲地区，其中主要指帕米尔以东跨越天山南北的地区。

[②] 本书为方便起见，将帕米尔以东的新疆往东到中原地区和蒙古高原等地称为欧亚东部地区或欧亚东部。

[③] 松田1966A（松田1994再刊，第34页）。当然，不只是沙漠地带，草原地带也有绿洲。松田1966A（松田1994再刊，第50-52、157-163页）。

就重视贸易活动,并使之与农牧业一起成为当地社会的重要产业①。尤其是构筑了以绿洲为中转站的交通和贸易路线,提供了保持很强孤立性的绿洲与外部联系的管道功能。绿洲社会、经济的安定与繁荣,不应该只考虑绿洲内部的自身世界。

另一方面,如松田寿男所强调,游牧势力在草原地带兴亡盛衰,贸易在游牧社会中也占据着重要的位置②。松田氏用"游牧经济+α=发展"这一简明公式,展现了游牧民族的繁荣状况,这个 α 特别重视贸易活动。对于立足在干燥地带的社会和国家而言,为了克服自然环境获得发展,贸易是不可或缺的。

本书的主要研究对象是帕米尔以东的新疆地区,规模较大的绿洲城市沿着天山南麓和昆仑山北麓,呈东西向零星分布,再加上以这些城市为核心的周边小型绿洲聚落,形成了所谓的绿洲国家。这些绿洲国家必须与外部世界相联系,并且控制其统治范围内的绿洲交通据点。如何维持与邻近绿洲国家的通好关系,成为统治上首先要考虑的重要课题。绿洲各国为了适应这种形势,建立了维持境内及与邻近绿洲国家往来的交通体制③。

对于许多绿洲来说,存在着被附近的游牧集团掠夺的威胁,但游牧集团又是不得不构筑密切关系的对手。可以说,绿洲民众的交通和贸易本来就是以这种邻近绿洲国家与游牧集团的交通和贸易为基础的。

与这种状况相对,草原地带的游牧势力在形成一个统一政权时,这

---

① 松田 1955(收入松田 1986,第 196-197 页);松田 1966A(松田 1994 再刊,第 77-81 页);护 1984,第 80-82 页。

② 松田 1952(收入松田 1986,第 35-36 页);松田 1955(收入松田 1986,第 184-186 页)。

③ 本书不仅以魏氏高昌国为例,而且还探讨了"西域南道"楼兰王国的例子。参山本 1989,第 125-126 页;长泽 1996,第 343-354 页;赤松 2005,第 195-197 页。

个游牧国家^①经常将南面的绿洲国家纳入统治之下。以小范围内的交通和贸易为基础的绿洲国家，与统治着广阔地域的游牧国家之间构筑了政治统属关系。其结果是促进了包括游牧、绿洲地带在内的中亚内部秩序的形成，并在这一秩序下构筑了新的交通和贸易体制。当然，国家派遣使节开展贸易活动，为了长途贸易而保持某些技能和自己出资建立商业网络的粟特商人^②，也从这一新的体制得到了巨大的"恩惠"。

这里所探讨的时代，处在中亚周边地区的文明圈直接或间接统治中亚的时期。在这一情势下，各绿洲国家与游牧国家、游牧集团之间也形成了新的支配—从属关系，并在这一关系下构筑了广域范围内的交通与贸易体制。在唐朝的统治下，粟特商人的贸易活动更加活跃，出现了所谓"丝绸之路"东西贸易的鼎盛期，这个时代确实应该铭记[③]。

中亚的绿洲国家和游牧国家与中亚以外的国家构筑了怎样的政治关系？在这些政治关系下又建立了什么样的交通和贸易体制？这是中亚史上的一大问题。原因如前所述，对于立足在干燥地带的社会与国家来说，贸易的特质已深深扎根，不可或缺。在广域范围内构筑的政治体制下，交通体制极大地左右着贸易活动。

然而，关于中亚绿洲国家和游牧国家与中亚外部各国的关系，以往的讨论聚焦于中亚绿洲，问题是对于中亚来说，无论南北关系抑或东西关系是否都很重要呢？提出这一问题的是间野英二，他认为对中亚绿洲

---

① 如白石典之所指出，"游牧国家"这一术语还有许多值得探讨的课题，但目前没有代替它的适当词语，为了方便起见，此处使用这一术语。白石2002，第368-379、395页注（86）。这里还提到，不能忽略的是游牧国家不只指游牧民族，绿洲民众也是其重要的构成人员。

② 通常所说的粟特商人是指索格底亚那的商人，但在迁入唐朝的粟特人中，也包含来自索格底亚那周边的吐火罗和草原地带的民众。本书为方便起见，将他们都称为粟特商人或粟特人。

③ 关于唐代"丝绸之路"的贸易盛况，以往的概论性著作叙述较为笼统，除了森安2007A之外，关于丝绸之路贸易的实际状态目前没有充分解说。本书的工作是要探明唐代丝路贸易的兴盛实相。

社会而言，与北方游牧民族的关系才是最重要的，其次才是与东西方的"定居农耕文明圈"的关系①。

这一观点立刻受到护雅夫的强烈反驳②。围绕间野氏观点的争论经过及该观点存在的问题，详参森安孝夫的研究③。在中亚绿洲地区，中亚内部的游牧势力无疑是重要的存在，但游牧势力和绿洲内部的世界与中亚以外的东西世界，不用说也有着密切的联系。尤其是在本书所探讨的时代，除了绿洲诸国与游牧国家，还存在着活跃于中亚外部世界广阔地域的大量绿洲粟特人。这些粟特人的存在，意味着把握中亚不仅要关注中亚内部的游牧民族与绿洲民众，而且要将其外部的广域世界纳入研究视野，这是不言而喻的④。

另外，也不能忽略的是，中亚与外部东西世界的联系导致当地社会发生了巨大的变动。至少对于中亚社会来说，单纯地考察中亚内部的南北关系及与中亚外部的东西关系，质问何者重要并无意义。重要的不是质问南北关系或东西关系，而是要明确中亚的绿洲国家与游牧国家及其与中亚外部的周边国家构筑了怎样的政治统属关系，以及在这种关系

---

① 间野1977，第6-14页；间野1978；间野1992，第12-16页；间野1999等。
② 护1978A；护1978B；护1979；护1984，第83-93页。
③ 详见森安1995，第11-12页；森安2004A。
④ 护雅夫、森安孝夫等人的上述论著已经明确指出了这一观点。另外，宇山智彦也评论了近年中亚史研究的动向："东西贸易抑或中亚内部的南北关系，不要两者选取其一，而应尽可能呈现出多元的、紧扣当地并面向其他地区的历史样貌"。宇山2000，第12页。不过，如森安氏所指出［森安2004A，第6页］，在"丝绸之路论争"中，事实上"'脱丝绸之路论'取得了胜利"，并对宇山氏的胜负评价［宇山2000，第8页］提出质疑。起初有学者主张，"脱丝绸之路论"所说的"丝绸之路论"，认为中亚不过是东西交流的经由地。持此论者至今仍大有人在。即便是说"脱丝绸之路论"，比起学界应该脱却的"丝绸之路论"，更多的是依据外部史料简略地探讨东西文化交流与中亚历史，出版大量打着"丝绸之路"旗号面向大众的普及读物，其结果是造成了中亚似乎只是东西交流经由地的一般印象。对所谓"丝绸之路热"应予批判。参内藤みどり1978，第158-159页。

下，当地的交通与贸易采取什么样的形式，这对中亚社会产生了什么影响。

二

本书以交通、贸易为题，研究特定地域的交通与贸易，不惮其烦地讨论超越该地区的广域范围的政治、社会、经济关系的性质，尤其是将中亚乃至包含中亚的中央欧亚[①]置于近代以前"世界"的中心地位。

这个近代以前的"世界"，在空间上主要指欧亚大陆。近年来，以欧亚中部（即中央欧亚）为视角尝试宏观把握中央欧亚史的研究颇为活跃[②]。可以说，学者们试图以中央欧亚为中心，提倡"世界史"是如何构筑的，以及重新认识过去以"定居农耕文明圈"为中心所叙述的世界史样貌。首先要关注的是拥有军事力量的游牧民族，他们的动向决定了世界史的大潮流[③]。

在构筑近代以前的世界史基础上，这一见解极为有效。然而在中央欧亚视角下，为了适应自然环境而生活的游牧民族与绿洲民众形成了共生关系。从游牧民族的视角来看，有必要充分把握他们与绿洲民众构筑

---

① 中央欧亚是欧亚腹地极度干燥地带的总称，学者们对其具体范围虽略有分歧，但与本书所说的欧亚东部地区有部分重合，东起中国东北与华北北部，西至东欧。参冈田英弘1990，第4-8页；杉山1997A，第10-11页；森安2007A，第50-53页。

② 关于近年来迈向构筑"世界史"的尝试，详见森安孝夫的系列论文：森安1996；森安2002，第118-122页；森安2003，第39-40、266-267页。20世纪90年代以后出版的代表性著作有：冈田英弘1992；杉山1993；杉山1997B；妹尾2001及森安2007A等。不过，日本的东洋史学开创者白鸟库吉早就指出，游牧民族在欧亚东部世界的历史中扮演了重要的角色；后来松田寿男也认为，以往的"世界史"不过是各个"定居农耕文明圈"历史的汇总，要关注欧亚中部的干燥地带与海洋世界所扮演的重要角色，不应忽视尝试重新构筑"世界史"。白鸟1926；松田1971等。

③ 参冈田英弘1992，第111-232页；杉山1997B；森安2002，第117-123页等。

了怎样的关系。过去经常认为，他们的共生关系是立足于军事优势的游牧民族与积聚财富的绿洲民众的互利共赢关系①。不过，中央欧亚，特别是本书主要探讨的帕米尔以东今新疆地区的游牧民族与绿洲民众的共生关系具体是指什么，必须加以实证研究。关于具体状况，很多地方尚不明了。必须特别留意的是，从绿洲民众的视角来看作为共生伙伴的游牧民族，从他们日常接触的附近游牧集团到统治广阔地域的游牧国家，种类各异，并非铁板一块。与游牧民族相同，作为其共生伙伴的绿洲，从聚落型的小规模绿洲到国王统治下设有政治组织的绿洲国家，也绝不是一样的。说起国家层面的两者关系，如前所言，游牧国家建立以后，其君主在政治上统治着绿洲国家的国王，绿洲国家作为游牧国家的一员而被纳入其中。

中亚的游牧国家与绿洲国家有时还受到周边文明圈的统治，在这种外来统治下，此一时期当地形成了怎样的秩序？这使游牧国家与绿洲国家构筑的共生关系发生了怎样的变化？中亚内部与外部构筑了怎样的新的关系？以往学界对这些问题几乎没有研究。

实际上，很难说中亚的交通与贸易切断了游牧国家和绿洲国家及其与周边诸国的政治统属关系，以及在这一关系下形成的共生关系及秩序。本书以欧亚东部这一广域空间为视角切入，来探讨中亚的交通与贸易。

此一时期，帕米尔以东的绿洲沿着天山南麓、昆仑山北麓建立了5个绿洲国家，全都与周围的游牧国家和中原政权结成了支配—从属关

---

① 松田1955（收入松田1986，第185-186页）；松田1966A（松田1994再刊，第155-160页）；松田1970，第246页；羽田明1969，第14页；护1976，第177页；间野1977，第85-87页；间野1992，第15-16页；杉山1992，第45-46页；杉山1993，第186页；堀川2004，第144-147页。"共生关系"一词有各种各样的定义，据此可能较易抓住两者或多者之间的各种关系。本书使用该词，不只是意味着中亚内部的游牧民族与绿洲民众构筑的互利共赢关系，恰恰相反，中亚民众与中亚以外的中原地区也构筑了一种互利共赢的关系。

系。本书下面说到的绿洲国家基本上是指这些绿洲国家。

三

本书探讨的时代为 6~8 世纪，当时，"世界"正发生着巨大的政治变动。从前述以中央欧亚的动向为中心的"世界"历史来说，正处在继 3、4 世纪游牧民族大迁徙以后"世界"再次重组的时期①。换言之，中央欧亚的游牧民族南下进入农耕定居世界，在那里不断发生冲突与融合，结束了 3 世纪以前形成的中央欧亚周边地区的"古典文化形成国家"②，进入新的帝国时代。各种游牧势力最初出现在草原地区，到 6 世纪中叶形成突厥系游牧民族国家，意味着建立了统治多民族的"帝国"，相应地实现对广阔地域的统治。其结果是中央欧亚慢慢地开始突厥化进程及其遭受抵制的问题。在接下来的 7、8 世纪，中央欧亚周边地区建立了新的帝国，这里所说的帝国当然是指定都长安的唐帝国和定都大马士革及巴格达的阿拉伯帝国。就欧亚大陆东部来看，新上台的鲜卑族取代汉族，建立了北魏等北朝系诸王朝，不久为隋唐所继承。

说起中亚的绿洲国家，6 世纪后期~7 世纪前期归西突厥（突厥系游牧民族国家）统治，之后在 7 世纪中叶~8 世纪则成为唐朝、阿拉伯两大帝国的领地，即：帕米尔以东的绿洲诸国属唐朝统治，以西诸国属阿拉伯帝国统治。不过，阿拉伯帝国征服了帕米尔以西的绿洲诸国，直至 8 世纪中叶以后才将这一地区完全纳入其统治之下③。此前该地区的

---

① 杉山 1997B，第 175-209、238-245 页；妹尾 1999，第 21-56 页；妹尾 2001，第 14-15、41-42 页。

② 参妹尾 2001，第 40-41、45-51 页。家岛彦一也提出了"大文明圈"、"先进的古代文明"等概念。家岛 1991，第 59 页。

③ 8 世纪中叶以后，连接索格底亚那与巴格达的路线是阿拔斯王朝的一条交通主干线，这条线发挥着重要的功能。家岛 1991，第 39-43 页。

绿洲诸国在受到阿拉伯势力攻击时①，仍然向唐帝国朝贡，并且设在各国的都督府、州名义上还是唐朝的行政机构。因此，7~8世纪前期零星分布在帕米尔东西的绿洲诸国，虽然统治的实效性有很大的不同，但都纳入了唐帝国的统治秩序。不只是绿洲诸国，甚至还有许多西突厥的游牧部族也被纳入都督府、州中。

由上可知，在本书所研究的6~8世纪期间，欧亚东部地区面临着突厥系游牧国家衰落与唐帝国建立及其统治当地的一大转折期。笔者推测，当地在这个转折期形成了新的秩序，过去的交通与贸易环境发生了巨大的变化。从游牧势力到中原王朝的交替统治，在欧亚东部地区的一系列历史发展中具有重要的地位，有必要从中探寻连续性的一面。总之，从3、4世纪起欧亚范围内发生了巨大的变动，其归结点是突厥系游牧帝国与唐帝国统治之下的欧亚东部地区兴盛的交通与贸易。

尤其在唐帝国统治之初，在中亚与蒙古高原游牧地区实行羁縻统治，设置羁縻都督府、州，唐朝皇帝是这两大地区的统治者，故被称作天可汗②。这种设在蒙古高原及大部分中亚游牧地区的政治体制崩溃于7世纪末，而在此之前的时间里，中国内地③与中亚、蒙古高原等广大地区（即欧亚东部地区），可以说在天可汗（即皇帝）之下已经一体化了。忽视时代性而将唐帝国的中亚（西域）统治与汉代作单纯的比较，显然是毫无意义的。

不能忽略的是，由于唐帝国在中原地区骤然兴起，使突厥帝国统治下中亚地区活跃的交通与贸易发生了巨大的变化，迎来了唐朝统治下人

---

① 其史实是永徽年间（650~655，奥斯曼哈里发时代），阿拉伯人越过阿姆河，到达麻·瓦剌·安那弗尔。田村2002，第300-305页。
② 关于天可汗，参Pan 1997；刘义堂1977；罗香林1955；朱振宏2003；罗新2004等。
③ 本书使用"中国内地"或"唐朝内地"等概念。这里所说的内地只是为了方便起见，而不是在严格意义上使用该词。相对于中亚而言，指的是从河西向东延伸的广阔地域。

口与货物生机勃勃的"流动"时代①。在唐朝天可汗及其政治统属关系下，欧亚东部地区产生了划时代的交通与贸易"形式"。明确这一点，弄清6~8世纪中亚的交通与贸易状况，是本书的重要课题。

四

由于日本学界主要是利用汉文史籍来研究横跨帕米尔东西的中亚历史，所以以往存在着将毗邻中原的中亚当作研究中心的地域观念。其结果是，一方面关于该地区的研究积累了丰富的成果，另一方面从中原政权称中亚为西域可以看出，存在着从中国及其周边地区的视角来研究的倾向。因此，关于中亚与唐帝国的关系，过去大多是从中原政权经营西域的视角来把握的②。总之，可以说作为历代王朝西域经营史的一个缩影来看待这种倾向，而其研究内容大多也以唐朝方面的政治、军事动向为主。

基于中原政权经营西域的视角进行研究，存在着以下两大缺陷：

首先，"西域经营"之语直接显示，这一看法始终是从中原方面出发的，完全无视中亚方面的自身动向。当然，在清末以前中原政权对中亚的统治，唯有唐帝国在天山南北两地设置直辖州县，对当地进行直接统治，这是十分罕见的事情。因此，中亚的绿洲社会遂成为唐帝国的境内领土，通过各种形式受到唐朝的直接影响。然而必须考虑到，中亚方面并不是强烈要求中原王朝来统治，而有其自己主动参与统治的一面，在此基础上有必要从双向的角度把握两者的关系。

---

① 此时在欧亚西部地区，与长安相并列的阿拉伯帝国的巴格达也形成了拥有近百万人口的都市，迎来了人口与货物生机勃勃的"流动"时代。参家岛1991，第三章第191-382页；妹尾2001，第52-54。家岛氏详细地分析了阿拔斯王朝建立以后形成的国际商业网络的实际状况。

② 伊濑1955是基于这一观点的代表性成果。在中国，以曾问吾为代表的学者也基于同样的视角发表了大量研究成果。曾问吾1936。关于唐朝与周边地区、民族的相关论著，详见胡戟等2002，第216-243页。

尤其是唐朝的交通网络,是以长安为中心向四方辐射的统治生命线,其中的一条中轴线贯通到中亚,有力地将当地与唐朝内地连接起来,不仅在制度层面,而且在社会、经济层面与唐朝内地联动起来。另外,唐朝的军队分别驻屯在各个绿洲,同时许多汉族商人和僧侣从唐朝内地迁徙并定居于西域,与绿洲民众共同生活。在这样的情况下,中亚地区形成了不同于此前的唐朝统治新秩序。

在唐帝国的统治之下,中亚游牧民族与绿洲民众的共生关系发生了怎样的变化?唐帝国的统治给中亚带来了什么变化?以往的西域经营研究没有言及这一根本问题,可以说唐帝国统治时期的中亚史研究存在较大的空白。

其次,"经营"一词适当与否也另当别论。以往对西域经营的研究,不太关心经营的主体是中原政权还是其统治的周边地区的相关争论。关于此处所讨论的唐代,表面上说的是唐帝国统治中亚的问题[1],但几乎没有考虑唐帝国统治的前提是什么这一根本问题,亦即唐帝国的统治给中亚带来了什么变化。为了深入探讨这一问题,有必要理解唐帝国统治的前提。

学界已经讨论过唐帝国的统治是从中心向周边,从内地的都督府、州—羁縻都督府、州—蕃域(远夷),呈同心圆状扩展开去的三重构造所组成[2]。不过,羁縻府、州的性质并不完全一样[3],而且不少羁縻府、

---

[1] 关于唐朝为什么能统治中亚的问题,以往仅仅指出是为了"确保东西贸易道路",但如本书所见,这样的解释很不充分。羽田亨1931,第121页;松田1966A(1994再刊,第199页);松田1970,第292页。

[2] 渡边1996,第244-245页。以下把内地(直辖)都督府、州简称为州府,羁縻都督府、州简称为羁縻府、州。

[3] 石见清裕将羁縻府、州分为外地与内地两类。石见1995,第416页(收入石见1998,第155页)。关于唐代的羁縻府、州,除了石见1995(收入石见1998)及同书第429页(收入石见1998,第174页)注(1)、(2)所列诸文献之外,可参刘统1998等。另外,关于羁縻府、州诸问题亦可参片山1992,第84-85页。

州与内地州府和蕃域（外蕃地域）各有重合①，也有羁縻府、州与蕃域完全重合的情况。

如渡边信一郎所指出，以往与唐帝国统治有关的讨论缺乏将上述三者综合把握的视角②。也就是说，羁縻府、州设在内地州府与蕃域之间，在探讨其独立性质时也要采用以往所谓的册封体制论来考察其与蕃域的关系，并在这一关系下考论唐朝与周边各地区、国家的关系③。这里必须同时把握所设州府（内）与周边国家（外）的关系，从而构筑整体把握唐帝国统治的原理。

关于这一问题，渡边氏认为唐帝国的统治基础并非强大的中央集权统治，而是构筑了以西周、春秋以来的贡纳制度为媒介的政治支配—从属关系④。换言之，渡边氏认为唐朝的"内地州府—羁縻府、州—蕃国（蕃域）"统治，全都采取同样的方式进行纳贡，以此为媒介的政治统属关系是在唐帝国的统治这一现实下存在的。这一观点对于整体把握唐帝国的统治状态极为重要。

本书从中亚内部之间及中亚内外的政治统属关系，以及在此基础上构筑的共生关系与地域秩序入手进行探讨，笔者认为渡边氏的观点极为重要。从中亚的绿洲国家与各游牧集团来看，唐帝国的建立及其向西挺进，将中亚变成唐朝的直辖州府与羁縻府、州，同时构筑了以纳贡为媒介的政治支配—从属关系。虽然各游牧集团与唐朝的政治统属关系大多持续不久，但是唐帝国的建立把以往游牧国家的可汗与游牧集团、绿洲国家的政治统属关系，转变为唐帝国的天可汗与直辖州府和羁縻府、州的政治统属关系。不过确实如后所言，唐朝在中亚设置直辖州府与羁縻

---

① 这里所说的三者并不是截然分开的，而是以兼具内地各州府与周边四夷的方式设置了羁縻府、州。
② 渡边 1996，第 198-199 页。
③ 堀 1963；菊池 1979A，第 6-31 页；栗原 1979，第 140-144 页等。
④ 渡边 1996，第 238-247 页。

府、州的同时，还大规模驻屯军队，进行强有力的军事统治。

另一方面如山内晋次所指出，学界以往对册封体制论有过争论，其提倡者西岛定生描绘唐朝与周边各地区、国家的统治关系，不过是以朝鲜半岛和日本为中心的所谓"东亚世界"为重点来把握的[①]。这虽然从总体上抓住了唐朝与周边各地区、国家的关系，但不用说也是过于狭隘的视角。

山内氏指出，从定都于长安以便就近控制中亚和蒙古高原也可充分看出，唐朝原本在外交上最关心的头等大事是西北方面对峙的游牧势力，遂将与他们的关系定为唐朝的基本外交政策[②]。9世纪以后，许多阿拉伯商人从海路来华，海洋也受到关注，但有唐一代最关心的无疑是西北方面的动向[③]。这就是唐代前期统治疆域向中亚拓展的背景，而且唐朝的开疆拓土除了在天山东部地区设置直辖州府外，还在蕃国（蕃域）以层层设置羁縻府、州的形式向外推进。特别是在帕米尔以东地区，这种羁縻统治耗尽了唐朝的财政，以供应驻戍在西域的唐朝军队。也就是说，唐朝对中亚地区的统治是其外交防御上的重要事情，要向全国征课大量人力和物力。关于这种状况，很难将唐朝对中亚羁縻统治的实际情况与其他羁縻统治地区同等把握。

唐帝国为何不惜用巨大的代价去统治中亚呢？中亚作为唐朝的都督府、州（直辖、羁縻）而存在，与唐帝国结成新的政治统属关系，这种关系构筑了怎样的地域秩序呢？这一问题与前面提到的"在唐帝国的统治之下，中亚游牧民族与绿洲民众的共生关系发生了怎样的变化？唐

---

① 山内1998，第11-15页。关于西岛定生的册封体制论及其批判、修正，亦参菊池1979A，第9-19页。关于围绕"东亚世界"的争论及其问题，详见菊池1979A；山内1998。

② 山内1986（增补修订收入山内2003，第31页）；山内1998，第14页。

③ 森安2007A是一部概论性著作，通览全书可以明白，森安孝夫不是在狭义的东亚世界框架下来把握唐朝，而认为唐朝是建立在欧亚大陆东部的帝国，并把通过陆上丝绸之路与中央欧亚的关系当作最重要的事情。

帝国的统治给中亚带来了什么变化?"等问题一起,迫使我们从根本上重新认识以往的中国西域经营史研究和中亚史研究。本书从欧亚东部地区的广域空间来重新把握6~8世纪中亚的交通与贸易,同时必须对这些问题作出回答。

如上所述,本书主要分析欧亚东部的中亚交通与贸易,以中亚内部之间及中亚内外的政治统属关系,以及在此基础上形成的共生关系与地域秩序为切入点,对这一主题进行探讨。具体而言,是要努力正确把握6~8世纪中亚内部的绿洲国家和游牧国家及其与唐帝国之间形成的政治支配—从属关系,以及在这一关系下构筑的共生关系与地域秩序,重新考虑"丝绸之路"贸易活跃时代的中亚乃至欧亚东部,存在着怎样的交通与贸易状况。不过,本书所依据的西域出土文书史料中,吐鲁番出土文书占据了大多数,所以西域绿洲中自然以吐鲁番最为出彩。

本书由以下三个部分构成。首先,第一部分以立国于吐鲁番的麹氏高昌国为西域绿洲国家的个案,分析其与游牧国家之间形成怎样的共生关系,以及在这一关系下构筑了怎样的交通与贸易体制。其次,第二部分在此基础上探讨与欧亚东部的唐帝国结成新的政治统属关系下,帕米尔以东的欧亚东部地区具体构筑了怎样的交通体制。最后,第三部分通过分析在这一交通体制基础上确立的通行证制度,以及利用通行证流动的人们与从唐朝内地运输大量丝绢到河西和西域,具体探讨唐帝国的统治给中亚的交通与贸易带来了怎样的变化。

本书抓住6~8世纪中亚的交通与贸易,不仅在其内部世界,而且将之放在欧亚东部地区来探讨,都是不可或缺的。通过本书若能够获得些许认识,则幸何如之。

第一部　突厥系游牧国家与绿洲国家

小　序

　　如序言中所说，穿越中亚沙碛的交通常常是孤立的绿洲与外部保持联系的重要生命线，所以对于绿洲国家来说，如何维持其统治境内或境内外之间的交通，是直接关系到国家盛衰的问题。也就是说，绿洲国家要同时极力确保境内交通及与外部的往来。外部往来主要分为两种：一是与邻近绿洲国家的短途交往，二是穿越邻国与距离较远的周边各国开展交往。

　　如后所见，绿洲国家发展本国的交通制度，其范围大致限定在境内及与邻近绿洲国家的往来。在这种情况下，草原地带一旦建立强大的游牧国家，就形成了囊括整个广袤沙漠地带的交通体制，这同时也使贸易状况发生巨大的变化。

　　本书第一部以西域绿洲国家麹氏高昌国为中心，探讨其与北方游牧国家的政治统属关系下形成的共生关系，以及构筑的交通与贸易体制。麹氏高昌国（501~640）从第一任国王麹嘉时代（501~525）到第九任国王麹文泰时代（620~640）[1]，不断地受到柔然、高车、突厥等北方游牧势力的控制[2]，同时在这种状况下在近一个半世纪里在吐鲁番保持一

---

　　[1] 关于王室麹氏的世系，参佐藤智水1979；池田1985；荣新江（青木茂、关尾史郎译注）1990，第2页。
　　[2] 关于麹氏高昌国及以前的诸氏高昌国与游牧势力的关系，见岛崎1977，第253-254、563-567页。

定的独立性。

　　拥有军事优势的游牧民族与积聚财富的绿洲民众的共生关系，原本是中亚世界的基本格局。游牧民族向绿洲民众索取财富，同时绿洲民众受到游牧民族的武力保护。不过，两者的关系很难说是十分明确的，特别是把握两者的共生关系，要严格区别切近基层的关系[①]与国家、集团层面的关系，同时也应该充分考虑两者关系的多样性。这对于思考绿洲民众建立国家的意义应该有重要的启示。

---

　　① 最近坂尻彰宏发表论文，讨论了敦煌绿洲与附近游牧集团的共生关系。坂尻2008。本书探讨西突厥和吐鲁番绿洲国家的共生关系，虽然游牧集团在时代和地域上并不相同，但具体考察与附近游牧集团的共生关系却是重要的研究实例。

第1章 突厥系游牧国家的建立与交通系统

1 游牧国家与绿洲国家的政治支配—从属关系

　　本书的主要研究对象是帕米尔以东的新疆地区。在唐贞观四年（630）占领伊吾并登上中亚舞台以前，中原与西域之间一度断绝联系。当时西突厥势力强大，控制了帕米尔东西两侧的绿洲国家。突厥兴起于6世纪中叶，583年分裂为东、西二部，西部的突厥势力在裕勒都斯建立汗廷，统治着帕米尔以东的绿洲诸国。此后在7世纪初的隋大业年间，在准噶尔地区的铁勒势力抬头，并与南面的部分绿洲国家联合反抗西突厥，但统叶护可汗再次收复了此地。在他统治时期，将汗廷迁至碎叶（西部天山北麓，今吉尔吉斯斯坦共和国托克马克附近的碎叶遗址），塔里木盆地周边与帕米尔以西的绿洲诸国等广阔地区都被纳入西突厥的统治之下。可以说，几乎整个中亚的绿洲诸国都被纳入西突厥的国家体制中。《旧唐书》卷194下《突厥传下》（第5181页）记载统叶护可汗时代的此种状况：

　　　　统叶护可汗，勇而有谋。善攻战，遂北并铁勒，西拒波斯，南接罽宾，悉归之。控弦数十万，霸有西域。据旧乌孙之地，又移庭于石国北之千泉。其西域诸国王悉授颉利发，并遣吐屯一人监统之，督其征赋。西戎之盛，未之有也。

　　从这条史料可知，统叶护可汗对其治下的绿洲诸国国王全都授予与游牧部族首领一样的"颉利发（iltäbär）"称号，并向这些绿洲诸国派遣"吐屯（tudun）"，负责监督和征税①。这种体制并非在统叶护可汗时代才开始形成，而是西突厥的基本统治体制②。换言之，通过授予 iltäbär 称号，游牧国家的可汗与绿洲国家的国王之间形成了政治支配—从属关系。在前引《旧唐书》的记载中亦可窥见，基于这种政治统属关系，绿洲国家的国王应该对可汗承担义务，但实际上同时也派生出某种权利。

首先，如前引《旧唐书》所记，作为被纳入游牧国家的一员，绿洲国家对可汗的义务是交纳"征赋"（赋税），而可汗则派遣吐屯为该国的监督官。不过关于吐屯的派遣，实际上绿洲国家的情况各不相同，岛崎昌指出吐鲁番的麴氏高昌国是由该国王子（即令尹）代行吐屯之职③。这些赋税基本上被送到可汗那里，《魏书》卷102《西域传》"疏勒国"条（第2268页）云："土多稻、粟、麻、麦、铜、铁、锡、雌黄、锦、绵，每岁常供送于突厥。"据此可知，疏勒国每年向西突厥进贡谷物和矿物资源，同时还有锦和丝绵。很可能绿洲各国都要征收各类产品，作为赋税物品进贡给西突厥，为此绿洲国家向可汗派遣了使节。对于可汗来说，绿洲诸国交纳赋税物品，成为确保获得绿洲定居地区各种产品的一大支柱。

---

① 吴玉贵认为，吐屯的主要职掌不是监督国政，而是监督"征赋"（赋税）的缴纳。参吴玉贵1998，第50页。

② 内藤みどり已经指出，这不是统叶护可汗的独创，而是继承了过去的统治方式。内藤みどり1988，第132页。在统叶护可汗以外的时代，天山以南的绿洲诸国被授予颉利发（iltäbär）称号，目前能够确认的只有龟兹国、高昌国及吐火罗国，而其他绿洲诸国也一律都授予突厥官号。松田1970，第275-276、279页；岛崎1997，第193、286页；内藤みどり1988，第135页。

③ 岛崎1977，第286、333、566页。另外，隋末铁勒统治伊吾时，似乎也采取了这种体制。松田1970，第455页；岛崎1977，第570-571页。不过，铁勒对高昌国的统治是向吐鲁番派遣征税官（《隋书》卷83《西域传》"高昌"条，第1848页）。岛崎1977，第286页。

与绿洲国家向西突厥可汗"供送"（进贡）物品相对，绿洲国家还要承担接待可汗所遣使节的义务①。接待使节需要供应大量的人畜和粮食②，但在承担义务的同时也享有某种权利，关于此点，将在下章以后进行探讨。

绿洲国家的权利是得到可汗的军事庇护，即在关乎存亡的危急时刻请求可汗出兵。例如，麹氏高昌国末期为了防备唐朝的军事威胁，高昌国与西突厥订立了紧急时刻军事援助的协定③。绿洲国家有权利用游牧国家构筑的交通体制，绿洲各国要接待可汗派遣的代表其权威的使节，绿洲诸国成为递送使节的据点。可以说，在可汗的整个统治范围内构筑的公共交通体制也可以供绿洲诸国利用。本章下面就探讨这一广域范围内形成的交通体制。

2　突厥系游牧国家与 ulaɣ

游牧国家与绿洲诸国共同构筑交通体制的情况，《大慈恩寺三藏法师传》（以下简称《慈恩传》）卷1（第21页）记载如下：

> 为法师度四沙弥以充给侍，制法服三十具，以西土多寒，又造面衣、手衣、靴、袜等各数事。黄金一百两，银钱三万，绫及绢等五百匹，充法师往返二十年所用之资，给马三十四，手力二十五人，遣殿中侍御史<u>欢信</u>送至<u>叶护可汗</u>衙。又作二十四封书，通<u>屈支</u>

---

① 实际上，绿洲国家不仅仅接待可汗所遣之使节，如后所见还接待游牧国家各种各样的集团派来的使团。这从严格意义上说有点问题，但为方便起见，本书把这些使团统称为使节。

② 如后所论，麹氏高昌国不仅接待游牧国家的使节，还接待绿洲国家的使节，均给他们供应路途所用的粮食（道粮）。另外，麹氏高昌国的使节也不只是派遣到可汗那里，似乎也派向移浮孤（yabɣu）。在吐鲁番文书中可以看到为此而供应"道粮"，如《<u>高昌 奇乃</u> 等粗细粮用帐》［69TKM33：1/8（a），1/9（a）〈录〉《文书》第2册，第294页；〈图〉《图文》第1册，第243页］。

③ 岛崎1977，第90页。

等二十四国,每一封书附大绫一匹为信。又以绫绡五百匹、果味两车献叶护可汗,并书称,法师者是奴弟,欲求法于婆罗门国。愿可汗怜师如怜奴。仍请敕以西诸国给邬落马递送出境。(后略)

据此可知,玄奘在前往印度途中,顺道到麴氏高昌国;从该国启程时,国王麴文泰给玄奘提供人马及财物(此处提到沙弥、手力、马匹、法服及黄金、银钱等),同时还给屈支等24国及当时的西突厥可汗统叶护写信,一并给这些国家及统叶护可汗赠送或献上各种物品。其中"并书称"以下文字是麴文泰给西突厥可汗统叶护所写书信的一部分。令人注目的是,该书信中使用了"邬落"一词。

关于"邬落"一词,日本南都(奈良)兴福寺所藏《慈恩传》抄本中,在"邬落马"文字的左右行间附注有"驿马也"、"传马也"等字[1]。从该兴福寺抄本卷1的注文记载可知,这是延久三年(1071)七月十三日书写的、现存《慈恩传》诸写本和刊本中时代最早的文本[2]。该兴福寺本在邬落文字旁边附注驿马或传马,所据不详,猜想可能是单纯地从上下文意的判断所作的附注[3]。另一方面,朱利安(S. Julien)和皮尔(S. Beal)[4] 在两个世纪前已将《慈恩传》译为法文和英文,也把邬落马解释为驿马(chevaux de relais;relays of horses)。到目前为止,尚未见到驿马以外的解释。

那么,"邬落"一词是用什么语言写的呢?关于此点,朱利安[5]及伯希和(P. Pelliot)[6] 认为,这显然是古突厥语 ulaγ 的音译汉字,意为"驿传马"或"驿传所用的运畜"。此后,关于《慈恩传》中的这个邬

---

[1] 筑岛 1965,第34、50页。
[2] 筑岛 1965,第18页。
[3] Julien 1853, p. 40。
[4] Beal 1888, p. 31。
[5] Julien 1853, p. 643 所载"梵汉文字索引"中记载"突厥-回鹘文 Oulak (ou-lo-ma),一匹驿马,Ⅰ,163"。
[6] Pelliot 1929, p. 220。

落，科特威兹（W. Kotwicz）[①]、塞诺（D. Sinor）[②]、杜尔佛（G. Doerfer）[③]与中国学者[④]都认可朱利安和伯希和提出的古突厥语说。

然而有学者指出，这个 ulaɣ 实际上是个时空范围使用极广的词汇，除了突厥语之外，不仅蒙古语（ulaɣ-a）及满语（ula），而且包括西藏和印度在内的欧亚大陆广阔地区都在使用。关于该词的原意与诸语言之间的继承关系，暂置不论[⑤]，ulaɣ 一词显然并不限于突厥语。本节认为这个"邬落"在古突厥语中写作 ulaɣ，并拟探讨在西突厥统治下的中亚构筑了怎样的交通体制。

前引《慈恩传》的记载中，"邬落"出现于麴氏高昌国王麴文泰写给西突厥可汗统叶护的书信内容中"并书称"以下部分。该信的内容到何处截止呢？学界存在着两种解释。这也与何人拥有怎样的权限来命令供应邬落的问题密切关联。

对于这一问题，高田修将该部分释读作"并书称，'法师者是奴弟，欲求法于婆罗门国。愿可汗怜师如怜奴'。仍请敕以西诸国给邬落马递送出境"[⑥]。若按此种断句法，信的内容是从"法师者是"到"愿可

---

① Kotwicz 1953, p. 341。
② Sinor 1965, p. 315。
③ Doerfer 1965, p. 106。
④ 中国学者岑仲勉与杨廷福将邬落比定为 ulaq、ulagh。岑仲勉 1958，第 239 页；杨廷福 1988，第 121 页。
⑤ 科特威兹认为 ulaɣ 的本意是指驿马（relay horse），而塞诺否定了他的观点。塞诺认为，突厥语、蒙古语中的 ulaɣ（a）来自乌戈尔、鞑靼、楚瓦什诸语中的 lav、lau 等。也就是说，ulaɣ 一词是从中亚西部地区传入东方的突厥语、蒙古语，笔者推测在此传播过程中，驿马这一特别含义与马的土著语言（at, morin）形式有别，遂被附加在这个词上。Sinor 1965, pp. 312-315。另外，克劳逊（G. Clauson）将 ulaɣ 解释为"一个技术用语，或者是一匹用于运输或骑乘之马，一匹非常特别的雇佣之马和驿马"，推断是从动词 ula-"相连"而派生的名词。Clauson 1972, p. 136。
⑥ 高田 1961，第 29 页。长泽和俊也基于这一观点翻译成日文。长泽 1978，第 29 页。

汗怜师如怜奴"为止，后续的"仍"以下部分则被理解为高昌国王的行为，即麹氏高昌国王发敕给吐鲁番以西的绿洲诸国，请求提供邬落马。

这种读法是将发"敕"者理解为高昌王，但是《慈恩传》其他地方使用"敕"字的也不少，观其例即可明显知道是国王或皇帝对臣子下达命令时所使用①。这里对此不拟详论，但高昌王当时显然不是站在给吐鲁番以西的绿洲诸国发敕的立场上。不过，《慈恩传》卷1（第18页）②记载高昌王发敕给伊吾王，命令将玄奘送至高昌国。必须考虑到当时的伊吾绿洲是粟特人的聚居地，存在着一股势力集团，其统治者亦即汉文史料中的"首领"③，与设有国王的绿洲国家不可同日而语。

如此，当时能给绿洲诸国发敕的人物就非西突厥可汗莫属。因此，这一记载应该将"并书称，'法师者是奴弟，（略）仍请敕以西诸国给邬落马递送出境'"看作是高昌王给可汗所写书信的一部分。总之，高昌王恳请当时的西突厥可汗统叶护给碎叶以西诸国，亦即索格底亚那及其周边的绿洲诸国发布命令，让他们供给邬落④。据此，当然不能期

---

① 《慈恩传》中多处出现"敕"字，分别属于高昌国王与唐朝皇帝，卷4中的僧伽罗国王与卷5中的鸠摩罗王及戒日王的命令也使用了"敕"字。

② 【原文】"时高昌王麹文泰使人先在伊吾，是日欲还，适逢法师，归告其王。王闻，即日发使，敕伊吾王遣法师来"。

③ 《慈恩传》作伊吾王，当时伊吾绿洲有粟特人聚落，官修正史称其统治者为"伊吾城之长"（《新唐书》卷215上《突厥传上》，第6036页）、"城酋"（《新唐书》卷221下《西域传下》，第6257页），《沙州 伊州地志残卷》（S.367）记载到"首领""石万年"之名。松田1970，第452-459页。

④ 前面说到，伯希和也认为是据可汗的敕令来供应邬落马。Pelliot 1929, p. 220。另外也有学者认为，高昌国王的书信内容为"法师者……递送出境"，见Beal 1888, pp. 30-31；筑岛1965，第34页；孙毓棠、谢方1983，第21页；杨廷福1988，第121页；钱伯泉1985，第5页，等等。在玄奘以前，北周保定五年（565）也有一位同样持高昌国的国书前往汗廷的僧人道判，《续高僧传》卷12《释道判传》（第517a页）云："乘饥急行，止经七夕，便至高昌国。是小蕃，附庸突厥。又请国书，至西面可汗所。此云天子治也。彼土不识众僧，将欲加害……（中略）既见不杀众生，不食酒肉，所行既殊，不令西过，乃给其马乘，遣人送还，达于长安，住乾宗寺"。此事真伪无史料可证，但为了确保当地的安全交通，前往汗廷，请求其庇护，可能在统叶护可汗以前就已如此。

望从高昌国到西突厥汗廷之间所经绿洲各国供给邬落,而是如前引《慈恩传》所记,高昌王自己给玄奘提供30匹马,并给屈支(龟兹)等各国写信恳请予以接待①。

当然,接到高昌王请求接待的绿洲国家各自管理着本国境内的交通。龟兹国设立关卡,检查往来的人畜,尤其对出境的检查要比入境严格,出关时必须得到龟兹国的许可②,这可以从今库车西北约15千米处的夏德朗哨卡附近的烽燧遗址出土的一件龟兹语关吏"通行证"的内容得到证明③。

《慈恩传》卷2(第29页)④记载,西突厥可汗接受了高昌国王的请求,给汗廷以西诸国发出"国书",并派遣通晓汉语及诸国语言的摩咄达官(-tarqan)护送玄奘到迦毕试国(Kāpiśī)。从当时西突厥的疆域⑤来看,其能够要求在汗廷以西到迦毕试国的范围内提供邬落,各国

---

① 据《慈恩传》卷2(第25-27页)记载,当时阿耆尼国与高昌国关系不睦,拒绝给玄奘提供马匹,而屈支国则提供了手力、骆驼和马。【原文】"其国先被高昌寇扰,有恨不肯给马。……(中略)至发日,王给手力、驼马,与道俗等倾都送出"。

② 参下注提到的"通行证"。不过,关吏按规定只对人和牲畜进行通关检查,没有迹象显示还有其他检查。参Pinault 1987, pp. 78-80。此点与本书第三部探讨的唐代通行证(即过所)是相通的。

③ 关于龟兹地区,现知存在着龟兹语(所谓吐火罗语B)书写的"通行证"(orśacākare),烈维(S. Lévi)很早作过研究,后来皮诺(G. Pinault)进行了深入分析。Lévi 1913;Pinault 1987。参Aurousseau 1914;Trombert 2000, p. 34。烈维认为属于7世纪前期龟兹国王苏伐叠(Suvarṇate)时代。Lévi 1913, pp. 315-320。参Pinault 1987, p. 84;Skjærvø 1994, p. 331。从这枚木简史料可以确认,在唐朝势力进入以前,龟兹国存在着交通管理制度并发挥着功能。

④ 【原文】"可汗乃令军中访解汉语及诸国音者,遂得年少,曾到长安数年通解汉语,即封为摩咄达官,作诸国书,令摩咄送法师到迦毕试国"。

⑤ 前引《旧唐书》卷194下《突厥传下》(第5181页)记载,统叶护可汗的势力范围南接罽宾。自古以来一直以为,唐代的罽宾指的是迦毕试,但桑山正进将7世纪末到8世纪的罽宾比定在喀布尔。桑山1990;桑山1992,第115-117页。

按照可汗所遣客使的"国书"同意供应邬落①。

实际上,玄奘要求在汗廷以西的旅行供应邬落,同样见于《慈恩传》卷 2"活国"[阿姆河南岸的昆都士(Kunduz)]条(第 31 页):

> 时新设(šad)既立,法师从求使人及邬落,欲南进向婆罗门国。

这里请求的不只是邬落,同时还有使节。这表明,要求供应 ulaγ 的各国对于可汗派来的使节,除了供应马匹和运畜外,同时还要供应兼有护卫和引路向导任务的随从人员。

如前所见,这种由绿洲诸国供应牲畜和随从人员来递送使节的交通体制,是通过可汗授予 iltäbär 称号来强化支配—从属关系[第 1 节]。也就是说,在统叶护可汗统治时期,给绿洲诸国授予与游牧部族一样的 iltäbär 称号,征课供应牲畜与随从人员的义务,提供给以可汗权威为背景的旅行者和使节。据此,《慈恩传》所记"邬落"无疑是西突厥统叶护可汗对境内民族与语言迥异的所有绿洲诸国征课供应 ulaγ 的音译汉字,将其理解为统治民族的语言即古突厥语是最妥当的。

另外,在通过授予 iltäbär 称号所形成的统治关系下,承担供应 ulaγ 的不仅仅是绿洲诸国,西突厥治下的游牧部落同样被授予 iltäbär 称号,也要承担 ulaγ。总之,被授予 iltäbär 等称号的各游牧部族与绿洲诸国都要供应 ulaγ,由此可见天山南北均已存在基于可汗权威的交通秩序。玄奘最初想从伊吾经由可汗浮图城前往印度,实际上就是要取道突厥控制的天山以北路线,以图确保交通上的安全,可见存在着可汗权威庇护下的交通手段。

当然,iltäbär 称号在统叶护可汗以前就已存在,给绿洲国王授予 iltäbär 也在统叶护可汗以前就开始了。6 世纪中叶突厥兴起后,麴氏

---

① 《续高僧传》卷 4《玄奘传》(第 447c 页)记载,可汗事先派人骑马至各国,命令护送玄奘。【原文】"可汗重其贿赂,遣骑前告所部诸国"。

高昌国王麴宝茂就被突厥授予 iltäbär 称号，以后历任国王继续接受这一称号①。由此可见，在统叶护可汗时代以前，绿洲国家供应牲畜与随从人员来递送可汗使节的体制就应该存在了。不过，统叶护可汗时代将汗廷以西的广阔领土纳入其势力之下，这是供应牲畜与随从人员的递送体制扩至最大范围的时代。ulay 径指在突厥可汗的权威下，为其使节供应驿传马或驿传所用的运畜，而《慈恩传》记载与 ulay 经常一并供应的还有人力（随从人员）。

在突厥统治以前，高昌国还被柔然、高车等游牧国家控制②，这些游牧国家也同样要征课供应牲畜和人力。在麴氏高昌国以前的阚氏高昌国时期，有一件《阚爽政权缘禾六年（437）阚连兴辞》［79TAM382：5-2〈录〉朱雷1983，第 35 页（朱雷2000，第 25 页）；《新出》第 9 页；〈图〉朱雷1983，第 23 页，图7；《新出》第 392 页③］记载如下：

1　缘禾六年二月廿日，阚连兴辞。所具赀
2　马，前取给虏使。使至赤尖，马于彼不还。
3　辞达，随比④给贾。谨辞。
4　　　　　　　　　　　　　　　　　諜

---

① 可以确认，麴氏高昌国历任国王（突厥兴起后的麴宝茂时代以后，唯麴伯雅不能确认）皆有 iltäbär（碑文、佛典资料均记作"希利发"）之称号。参内藤虎次郎1915（收入内藤虎次郎1970，第 452-453、458 页）；荣新江（青木茂、关尾史郎译注）1991A，第 2 页；吉田、森安、新博1989，第 10 页；王素2000，第 445-446 页。

② 岛崎1977，第 253-254、563-567 页等。

③ 根据1998年三菱财团助成金资助下所开展的文书调查，对《新出》及朱雷1983（第 35 页）（朱雷2000，第 25 页）的录文作了部分修订。纵 24.3×横 15.0cm（上下部分基本保存完好）。背面空白。纸色为浅褐色。每厘米有 4~5 根帘纹。纸张厚度中等，中下~中等纸质。引用该文书的所有文献信息，见王素1997，第 114 页。

④ 朱雷1983（第 35 页）（朱雷2000，第 25 页）作"请?"，《新出》录作"☒"，但此处明确记作"比"字。参《俗字》第 16 页。"比"意为"比例"、"往例"。王启涛认为，麴氏高昌国时代以后，"比例"的笔画省作"匕列"。王启涛2005，第 18-19 页。不过，"匕"似应看作是"化"的同音字。池田1973，第 69 页。

该文书是缘禾六年（437）阚连兴向官府提出的"辞"（上行文书），末行的"谀"字详情不明，当为接受辞文的官吏之署名①。朱雷曾经介绍过该文书，并对该文书及一同出土的其他相关文书一并进行探讨，指出在缘禾年间吐鲁番施行了"按赀配生马"制度②。他认为北凉高昌郡施行的这一制度，不论是官员抑或民众，各户按照拥有的"赀额"（拥有的财产估价额）来负担配备牲畜的饲养义务，以供应给往来的使者。文书中的"赀马"指给各户配备的马匹。不能单独备马的人户由几户共同配备。不过现在已经明确，朱氏指出该文书中的缘禾六年（437）并非属于北凉高昌郡时代，而是阚爽在该郡建立独立政权的时期③。

据该文书可知，在阚爽政权时期，阚连兴配备的赀马供应给"虏使"，后者骑至"赤尖"。朱雷、白须净真二氏从当时的状况判断"虏使"为柔然使节，当无问题④。要之，在麴氏政权以前，阚氏政权配备的"赀马"供应给游牧国家派遣的使节。阚爽时代给柔然供应"赀马"，表明当时吐鲁番绿洲处在柔然的政治控制下⑤。

另外，从近年发现的吐鲁番文书也可知道，5世纪后期，柔然控制下的阚氏高昌国给来自以柔然为首的各国、各势力集团［婆罗门（笈多王朝）、吴客（刘宋）、焉耆、子合、乌苌］的使节提供人、马进行

---

① "辞"是指百姓呈报给官府的文书格式。此处不做详细说明，但该文书及其形态告诉我们，辞是如何撰写并提交给官府的具体状况。

② 朱雷1980（收入朱雷2000）；朱雷1983（收入朱雷2000，第25-30页）；王素2000，第103页。对朱雷2000的书评，见王素2002，第401-409页。

③ 朱雷1983，第36页（收入朱雷2000，第26页）。关于缘禾年号，详细的探讨见关尾1985；白须1986，第77-87页；王素1998，第213-221页。

④ 朱雷1983，第37页（收入朱雷2000，第30页）；白须1986，第83页；王素2000，第366页。

⑤ 如同麴氏高昌国一样，柔然是否给阚爽政权授予官号难以详知，但突厥的可汗号与iltäbär、tudun等许多官号是继承柔然的。护1967B，第228、279页注（7）；松田1970，第225页注（4）。

递送①。

　　此事表明，绿洲国家给游牧国家所遣的使节供应牲畜和人力（随从人员）的体制，至少在突厥以前就存在了，ulaγ 是在游牧国家的传统上建立的制度。当然，对游牧国家派遣的使节，不只是供应牲畜和人力（随从人员），如后所论，还要提供食宿接待的方便。例如，《史记》卷123《大宛列传》（第3173页）② 记载西汉时，"自乌孙以西至安息，以近匈奴，匈奴困月氏也，匈奴使持单于一信，则国国传送食，不敢留苦。及至汉使，非出币帛不得食，不市畜不得骑用"。可见匈奴使节手持单于书信，绿洲诸国就要给他供应粮食。供应 ulaγ 意味着由国家出资的方式来递送。

　　综上所论，西突厥向臣属于可汗的绿洲诸国与游牧部落征课人畜和食宿供应，可以说是确保游牧国家在其统治范围内往来的交通手段。利用这种交通手段无疑保证了其势力范围内的交通安全，构筑了稳定的交通秩序。如前所述，统叶护可汗统治时代（7世纪初）是这种交通体制在最广阔的地域内得以确立的时期。阅读《慈恩传》可以知道，绿洲国家的 ulaγ 递送系统显然也是基于可汗的权威，保证广阔地域内的交通。换言之，无论是游牧国家抑或绿洲国家的使节，都依靠可汗的权威，利用这种交通体制在广阔地域内安全地往来。承担 ulaγ 既是绿洲国家作为游牧国家一员的义务，同时也保证了利用 ulaγ 的权利。

---

① 关于该文书［97TSYM1：13-4，5v］，荣新江已经做过分析。荣新江2007。
② 松田1966A（松田1994再刊，第138页）。

3 绿洲国家的交通体制与 ulaɣ
——麴氏高昌国的远行制

关于游牧国家向绿洲诸国征课 ulaɣ 的具体供应状况,史料极少,这里拟以吐鲁番的麴氏高昌国为中心进行探讨。

麴氏高昌国在境内设置了各种各样的公用交通用马,虽然实际情况不详,但在吐鲁番文书中也可看到"驿马"、"亭马"、"任行马"、"近行马"等词[1],尤其是"远行马"或"远行车牛"是绿洲国家穿越沙碛不可缺少的交通手段。不难推测,到邻近的绿洲国家去迎送可汗派来的使节就要使用这些马和车牛。

不过关于远行马,麴氏高昌国虽然在 621 年后以"远行马价钱"为名征税,却没有可供研究其具体运用的史料。关于远行车牛,幸运的是保存了部分运营史料,即下揭《高昌某年传始昌等县车牛子名及给价文书》[72TAM155:37(a)〈录〉《文书》第 3 册,第 290-292 页;〈图〉《图文》第 1 册,第 428 页;王素 2000,第 505-506 页。以下简称为《给价文书》],是研究高昌国利用车牛开展长途交通的重要史料,由此可以推测长途交通也同样使用远行马。通过分析这件文书来窥探麴氏高昌国的长途交通体制,同时考察 ulaɣ 供应的车牛、马匹等牲畜。

---

[1] "驿马"、"亭马"、"任行马"在《文书》所收的文书中均有记载("驿马"[64TAM15〈录〉《文书》第 4 册,第 34-36 页;〈图〉《图文》第 2 册,第 21-22 页],"亭马"[72TAM171〈录〉《文书》第 4 册,第 136 页;〈图〉《图文》第 2 册,第 79 页],"任行马"[72TAM151〈录〉《文书》第 4 册,第 162、168 页;〈图〉《图文》第 2 册,第 92、95 页])。参关尾 1993C;王素 2000,第 526-539 页。另外,"近行马"见于《新出》所收的《高昌 延昌年间兵部赁近行马驴残奏》[86TAM386:21-3〈录〉《新出》第 54 页;〈图〉《新出》第 421 页]。王素 2000,第 510-511 页;关尾 2002B,第 422 页。后来到蒙古时代,回鹘地区也继承沿用此"近行马"。松井 1998,第 405 页(横排第 44 页)。

(1)《给价文书》的录文和年代

首先对所探讨的文书进行全部录文,其中也有笔者的推补文字①。行间 [ ] 内的文字为原文,( ) 内的文字系笔者所推补:

(前缺)

　　　　　　　(车得)
1 　　　　] □□银钱陆文。□□保牛,得银钱拾壹囡。[
　(合车)　【a】　　　　　　　　　　　　　　(文)
2 □□牛贰具。次始昌 孙延□生,得银钱拾壹□,[
　　　　　　　　　　　[文]　　　　　　　(合车牛)
3 安足生,得银钱壹人。[　　　　　　　]□□□
4 拾具,乘牛壹头,得近道价,□□□□往河畔中取怅
【b】(二？月)
木。次田□[
　5 传,始昌远行车牛子名,董安伯牛,得银钱贰拾陆文。[
　6 叁文。参军师祐牛,得银钱贰拾陆文。刘延明车
(得银钱拾叁文)
　□□□□□□。□□延车牛
　　　　　　　　　　　[玖]
　7 壹具,得银钱叁拾究文。张延叙牛,得银钱贰拾

---

① 根据1992年的科研调查(长泽和俊主持)及2000年的科研调查(荒川正晴主持),确认了《文书》《图文》中的录文。不过,荒川1993(第83页)对第18行作了修改,这是我调查时记录有误,《文书》中的录文是正确的。现今,72TAM155:37(a)虽然编为一个号,但实际上由4件残片组成。残片(A)(第1-12行,纵28×横24cm);残片(B)(第1、2行的下部,1×3cm);残片(C)(第1、2行的下部,6×3cm);残片(D)(第13-21行,28×19cm)。整体寸尺为28×43cm。第8行与第9行之间为纸张粘连处(右上部可缀合)。关于纸质,是麴氏高昌国时代的公文书,为标准纸张(中等纸质,纸张厚度中等。帘纹不清,大致均匀),但该文书现被保管在粘贴衬纸的状态下,故不能准确确认。参荒川1993,第82-83页;王素2000,第506页注(1)。引用该文书的所有文献信息,参王素1997,第294页;以及宋晓梅2003,第29-30页。

（陆文。□□□车，得银）

　　□□。□□□□，□□钱拾叁文。

　　　　　　　　　　　　　　　　　　　　　　［玖］

　　8　罗寺 道明车牛壹具，得银钱叁拾究文。张伯儿车牛壹具，

　　　　［玖］

得银钱叁拾究

　　　　　　　　　　　　　　　　　　　　（银钱拾叁）

　　9　文。张伯臭牛，得银钱贰拾陆文。唐怀愿车，得□□□□文。

　　　　（陆文）

田来得牛，得银钱贰拾□□。

　　10　□海熹车，得银钱拾叁文。合车牛捌具，供侍郎史欢太

驮，往坞耆，得远道价。

　　　　【c】

　　11　□□岁二月廿二日，酒泉令阴世皎宣，门下校郎司空明

茟、通事令史辛孟护贰人传，高

　　　　（昌）　　　　　　　　　　　　　　　　　　　［玖］

　　12　□［　　　　］官车牛伍具，单车壹具乘，合得银钱究拾

壹文。次东宫车牛

　　　　（叁具，得银）　　　单车壹乘

　　13　□□，□□钱伍拾壹文。曰车，壹脚破靿付主，得银钱拾

（文）

伍□。［

　　14　□□轴壹，得银钱贰文。合得银钱陆拾捌文，并合车牛

（捌具，单车壹乘？）

　　□□，□□□□［

　　　　　　　　　　　　　　　　　　　　　　取木【d】

　　15　□□□付麹显伯、虎牙张海瑚贰人，往天公园中去。次［

　　　　（门下）　　　　　　　　　　　　　人

16　□□校郎司空明荦、通事令史辛孟护贰传,西头远行牛名,安乐□□

　　　　（牛）　　　　　　　　　（牛,得银钱拾）

17　□□,得银钱拾壹文。永安 东寺□,□□□□壹文。次洿林主簿康虎皮,牛死生

18　　　　　　　　]价,得银钱壹佰贰拾壹文,买肉去,得银钱拾肆文。□□

　　　　　　　　　　　　　　　（牛拾叁）

19　银钱肆文,破□□□付主,[　　]□□□头,付麴□

　（贰）　　　　　【e】

□□□□人乘往天公园中去。次二

　　　　　　　　　　　（校郎司空明荦、通事）

20　月廿九日,酒泉令阴世皎宣,门下□□□□、□□令

（孟）(贰人传,西）

史辛□护□□□,□

21　头远行车牛子名,□□宜寺生[

（后缺）

该文书出土于阿斯塔那 155 号墓,虽然没有一同出土可以判定墓葬年代的墓表及随葬衣物疏之类,但从事"宣"、"传"的门下校郎及通事令史是麴氏高昌国独有的官名,所以该文书明显属于麴氏高昌国时代。在文书背面［72TAM155:37（b）〈录〉《文书》第 3 册,第 290-292 页;〈图〉《图文》第 1 册,第 427 页］的末尾,有 2 行近乎涂鸦的文字,记有"延寿十年（633）",延寿为麴氏高昌国的年号。从内容上看,写有"延寿十年"文字的一面是后来书写的,因此正面文书很可能写于 633 年以前。

该墓出土了重光二年（621）至延寿十年（633）间的纪年文书，本件文书大致也在此一时期。该文书记载到"通事令史辛孟护"，与纪年为延寿元年（624）命令交纳远行马价钱的"符"文书（大谷1311）中的"通事令史辛孟"，很可能是同一人[①]，也提供了一个旁证。

另外，这件文书原本是从155号墓的墓主夫妇中先入葬的男尸纸鞋上取下来的，同时男尸的纸帽中也有纪年为延寿六年（629）〈31〉、延寿九年（632）〈30（a）〉、延寿十年（633）〈30（b）〉的官、私文书[②]。男尸入葬所用的纸鞋和纸帽很可能是用延寿六年～延寿十年的官、私文书制作的。

综上所论，将该文书的撰作年代定在重光二年（621）至延寿十年（633）之间，特别是最后5年，是最妥当的。笔者坚信文书中远行车牛的使用，一定反映了麴氏高昌国末期延寿年间的状态。充分了解这一点以后，下面拟对文书进行具体探讨。

（2）《给价文书》的格式与功能

首先，通观整篇文书明显可知，该文书中使用车牛的目的各不相同，但都是根据相同的格式来整理的，即开头记载日期及"传"者或"宣"、"传"者的名字，然后列出"远行车牛子"的名单及其各自的使用目的。在"远行车牛子"名单中，列出了远行车牛的供应者（远行车牛子）的名字与车、牛的明细内容，以及支付给供应者的银钱价格。不过，唯有第11行以后（【c】部分）未列远行车牛子的名单，而是记录了官府及东宫的车牛。因此，该文书并不仅仅是以远行车牛的运营为对象，还必然包括官府车牛的使用。

文书内容是按照年月日的时间顺序排列的。从第4行残剩的文字笔画来判断，当为"十"字。如果这一判读无误，那么第11行"□□岁二月廿二日"当为翌年的首个日期。兹按车牛运用的目的，将该文书的

[①] 《会报》第13页。
[②] 荒川2003B，第134页。

内容整理后列作表 1-1。目的栏中备注的远道价、近道价,是按照车牛承担的运送距离(长途或短途)而给供应者支付的银钱价格。关于此点,与探讨车牛运用的内容一起详见后述。

表 1-1 远行、官府车牛运用表

	日期	车数	牛数	目的
【a】		10	11	往河畔中,取帐木(近道价)
【b】	1□(2?)月	8	8	供侍郎驮,往坞耆(远道价)
【c】	2月22日	9	8	往天公园中,取木去(近道价)
【d】			13	往天公园中去(近道价)
【e】	2月29日			

如前所述,该文书中每具车牛的运用都明确记载到"传"者或"宣"、"传"者的名字。兹据远道价、近道价将各部分一并列作表1-2:

表 1-2 "宣"、"传"者和远、近道价表

	"宣"者	"传"者	
【a】	不明	不明	近道价
【b】	无	有(6字左右)	远道价
【c】	酒泉(县)令阴世皎	门下校郎司空明荤/通事令史辛孟护	近道价
【d】	[酒泉(县)令阴世皎]	门下校郎司空明荤/通事令史辛孟护	近道价
【e】	酒泉(县)令阴世皎	门下校郎司空明荤/通事令史辛孟护	近道价

表1-2中,【c】、【e】两件明确记载由酒泉县令[①]阴世皎"宣",门下校郎司空明荤与通事令史辛孟护"传"。中间的【d】件虽然"宣"者之名残缺,但"传"者门下校郎与通事令史可知都是相同之人,从

---

① 除了河西,吐鲁番也设置了酒泉城,位于高昌城东 20~30 里。参荒川1986,第 40、68 页注(16)①。

所缺字数推断【d】件的"宣"者亦为酒泉县令阴世皎。

【b】件开头部分残缺较多,但第5行的首字为"传",从残缺字数来判断,【b】件"传"字前面只有6字左右,可知与【c】~【e】件的"传"者不同,更难想象会是"宣"者。换言之,从该文书可以看出,支付远道价的长途运送仅记录"传"者,而支付近道价的短途运送则记录"宣"、"传"者。

麴氏高昌国上奏文书中的"传",显然意味着高昌王下达命令①,该文书中的"传"无疑也应如此解释。那么,"传"加上"宣"② 会是怎样的状况呢?这个问题涉及与王令的关系,留待将来再作研究,但至少"宣"的内容被"传"(传达)是没有疑问的。也就是说,【b】件是在"传"(传达)王令,【c】~【e】件是"宣"的内容被"传"(传达)。至少在麴氏高昌国延寿年间,向下传达中央旨意的方法,设计了"传"和"宣"、"传"两种形式③。

可以推测,这是向下传达王令的两种形式。这在麴氏高昌国这样的绿洲小国完全是种形式,"宣"者实际上并非王令的决定者。"宣"者阴世皎带有县令之官衔,是当时高昌国中央高官所带的遥领官,他虽然担任酒泉县令,但显然居住在高昌都城④。

而【b】件仅记载到"传"者,名副其实地向下传达国王自己的命令。

既然如此,他们各自"传"(传达)了什么内容呢?关于这个问

---

① 祝总斌将上奏文书中的"传"字解释为传达高昌王的口令。祝总斌1983,第467页。

② 关于唐代的"宣",详见中村1996,第574-582页。

③ "宣"与"传"不同,目前未见延寿年间(624~640)以前的文书中有记载,麴氏高昌国延寿年间所见的"宣"字,可能与大致同时期传入的上奏文书中的称"臣"制度同步变化。关于麴氏高昌国的称"臣"制度,参白须1984,第32-38页。

④ 荒川1986,第58-63页。麴氏王室的姻亲中有阴氏人物,这位"宣"者阴世皎很可能也是阴氏家族的一员。参岛崎1977,第285页。

题,如同高昌国的其他公文书一样,必须理解"传"以下部分逐一记载的内容①。该文书记录使用了多少具远行车牛或官府车牛,以及报告为此支出了多少银钱。总之,这可以理解为将高昌王与高官使用远行车牛或官府车牛,以及给供应者支付银钱的王令或"宣"的内容,传达给负责管理车牛运用的机构②。

以上推测若无大误,该文书是以"宣、传"或"传"的方式,将与远行车牛及官府车牛运用有关的各种文件向下传达给负责机构,在此基础上由负责机构制成帐簿式文书的内容③。在高昌国中,这个负责机构是管理车牛的屯田部④。该文书出土于155号墓,此墓还出土了以上奏文书为首的屯田部相关的官文书,为这一推测添一旁证。

(3)远行车牛的性质

以往认为,麹氏高昌国使用远行车牛需要支出银钱,与官府车牛一样都仅限于国王本人或高官使用。其原因是,该文书中记录的案例数量不少,使用频繁,即便文书有所残缺,也记录了各种各样的运用案例。文书中翌年的首个日期是二月二十二日,这如实地反映了远行车牛的运用是有限定的。

关于远行车牛的具体运用见上列表1-1,车牛的供应是按照被使用的距离分为远道价(【b】件)和近道价(【a】、【c】、【d】、【e】件)。

首先来看【a】、【c】、【d】、【e】件。【a】件的车牛被派往"河

---

① 祝总斌1983,第465-467页;白须1997,第149-152页等。

② 与此相同的王令之例有《高昌 延昌二十七年(587)四月兵部条列买马用钱头数奏行文书》[66TAM48:25(a),31(a)〈录〉《文书》第3册,第73页;〈图〉《图文》第1册,第338页]等。参祝总斌1983,第465-467页。

③ 该文书的文字类似于麹氏高昌国上奏文书的字体(楷书、小字),但是有明显的涂抹和修改痕迹,不太可能是上奏文书。参荒川、关尾2000,第66页。

④ 关于这个问题,第50次国际东方学者会议论文集Ⅱ《前近代中央アジアにおける税役(近代以前中亚的税役)》(东方学会,2005年5月20日)中的报告《トゥルファン漢人支配期(6-8c.)の税・役について(关于汉人统治吐鲁番时期(6-8世纪)的税、役)》中有所提及,其内容参第3章第2节。

畔",【c】以下各件的官府和东宫车牛(【c】件)及"西头"远行车牛子的车牛(【d】、【e】件)则被遣至"天公园"。"河畔"和"天公园"具体位于何处,难以详知。这种派遣要向各供应者支付规定的银钱作为近道价,所以此地很可能就在吐鲁番盆地内部。

【d】、【e】件所记"西头"的远行车牛子,属于安乐(吐鲁番)、永安(今地不详,交河故城周围?)、洿林(Bulayïq)等绿洲地区①,所属之地完全不统一,但都在高昌国都的西面。"西头"的远行车牛子是在高昌国内高昌城以西地区从事运送之人。"西头"一名表明了高昌国内远行车牛的活动范围。

其次来看【b】件,记载始昌(县)的远行车牛子被派往坞耆,给各供应者支付规定的银钱作为远道价。这里的坞耆无疑是指焉耆(喀喇沙尔)②。据此,远道价是前往邻近绿洲国家所支付的长途运送价格。从支付的银钱数额来判断,远道价规定为车13文、牛26文、车牛39文,近道价为车6文、牛11文、车牛17文,不及远道价的一半。

从西州时代的《唐 显庆三年(658) 赵知德上车牛道价抄》[67TAM74:1/3〈录〉《文书》第6册,第156页;〈图〉《图文》第3册,第79页]可以看到,想要免除出使伊州的车牛劳役,需交纳3文银钱③,与此相较可知此处规定的远道价数额之高。

另外,【b】件中的始昌县,现在大致比定在厄依塔姆(Oi-tam)遗址④,位于今吐鲁番盆地最西端的托克逊绿洲附近是没有疑问的,可见他们很可能是以始昌县城为据点的一群远行车牛子。考虑到该县的地理

---

① 关于安乐以后各地名的位置比定,参荒川1986,第40-41、67-68页注(16);王素2000,第57-84页。关于安乐(县)城,参李征1986。

② 关于喀喇沙尔,汉文中另外写作"乌夷"(《法显传》卷1,第9页)、"阿耆尼"(《大唐西域记》卷1,第48页)等。

③ 如后所见,这一数额大约相当于远行马价钱和长行马价钱的一次纳税额。

④ 岛崎1977,第133-135页;荒川1986,第40页;王素2000,第82-83页。不过,关于始昌城的位置比定,还有待于今后的探讨。

位置，【b】件是以邻接吐鲁番西部的焉耆（喀喇沙尔绿洲）为目的地，其运营与由始昌（县）的远行车牛子来充任不无关系。可以推测，始昌县配备远行车牛的作用和功能主要是连接吐鲁番与焉耆。

由此可以确认，远行车牛在用于国内运送的同时，也用于与邻近绿洲国家之间的运送[①]。如前所述，这些车牛仅限于国王和高官使用，特别是向邻近绿洲国家实际派遣的长途运送，是由国王亲自命令才能使用的。

关于远行马及其运用，没有直接的史料，但如后所论[第3章第3节]，推测基本上与远行车牛相同。

其他绿洲诸国的详细情况不明，但不仅在各国境内，而且还要确保连接邻近绿洲国家的交通手段[②]，西突厥可汗敕命征课的 ulaɣ 就充当了这一交通手段。在麹氏高昌国，ulaɣ 就是远行车牛、远行马，亦即国王的车牛、马。

[①] 王素提到《慈恩传》卷1记载给统叶护可汗进献"果味两车"，就是使用了远行车牛。王素2000，第509页。不过，考虑到远行车牛制度的运用范围，基本上难以想象会穿越邻近的绿洲国家，出使到遥远的地方。果若如此，那也是一个极其特殊的例子。

[②] 除了麹氏高昌国，一般的绿洲国家也向附近的绿洲国家派遣使节，为此需向官员和百姓征课牲畜之负担。参池田1980，第323页（收入池田2003，第155页）；山本1989，第125-126页；长泽1996，第343-354页；赤松2005，第195-197页。

第2章　绿洲国家、游牧国家与粟特人

1　麹氏高昌国的粟特人与移民聚落

荣新江已经探讨了西域绿洲地区的粟特移民，吐鲁番也不例外，伯希和很早就指出当地的粟特人形成了聚落[①]。

粟特人聚落最初不仅出现在绿洲地带，而且草原地带和中原地区也有，目前所知中原地区管理聚落的首领称为"萨宝"。关于"萨宝"的语源问题，自杜柏利亚以来众说纷纭，但据吉田丰近年的研究已经得到最终的解决[②]。吉田氏认为，无论是"萨宝"抑或"萨保"、"萨甫"（汉语中古音皆为 sât pâu），都是"商队首领"之意，为粟特语 s'rtp'w 的音译汉字；他还进一步考明了以往与"萨宝"相混同的"萨薄"之语源，确定这是梵语 sārthavāha- 的音译汉字，意义相同。很显然，这里必须对"萨宝"与"萨薄"明加区别。在绿洲地区，尤其是在以汉语、汉字为官方语言文字的麹氏高昌国，用 s'rtp'w 来称呼粟特人聚落的首领。如此，其音译汉字最好采用"萨宝"，而非"萨薄"。即使梵语 sārthavāha- 在包括吐鲁番在内的西域地区广为流布，却很难想象光把粟特人聚落的统治者称作 sārthavāha-。然而在 6 世纪麹氏高昌国时代，有

[①]　Pelliot 1916, p. 123；羽田明 1971（收入羽田明 1982，第 346 页）注（34）。
[②]　吉田 1989，第 66-71 页。关于研究史亦参此页。不过，承蒙吉田丰教示，该词原本不是粟特语，似乎是从巴克特里亚语借用来的词语。

2件吐鲁番汉文文书记载到"萨薄"。中国学者姜伯勤、荣新江二氏没有明确地将"萨宝"与"萨薄"区分开来理解,而是把文书中的"萨薄"解释为麹氏高昌国中管辖粟特人聚落的官员,或是管理祆教的官员[①]。如果这样认为,那么这些吐鲁番粟特人可能采用了梵语sārthavāha-,而不是用粟特语s'rtp'w来作为自己的称号。这与北朝隋唐时期欧亚东部广阔地域的粟特人聚落的性质及其祆教信仰问题都有着微妙的关系,已成为学界不可动摇的观点。本节拟对麹氏高昌国的粟特人聚落和"萨宝"问题进行探讨。

兹将这2件吐鲁番文书的相关内容移录于下:

①《高昌 永平二年(550)十二月三十日祠部班示为知祀人名及谪罚事》[73TAM524:32/2-2〈图〉《图文》第1册,第136页;〈录〉《文书》第2册,第45-47页]:

```
1  谏议乾茂  参军忠穆  明威世和  主薄处顺  将厕奴  吏孝受  右六人知祀□□
2  谏议僧祐  参军祐义  中郎忠达  虎牙广达  将眈奴  吏容㛥  右六人知祀风伯
3  仓部司马  中郎忠贤  参军崇宗  将兴老  主薄众义  吏元㬞  右六人知祀西门
4  [  ]  参军崇德  参军□□  将元智  [  ]  右六人知□□□
5  [  ]  通事元琛  通事[       ]
6  □郎张孝忠  参军智运  [       ]
7  校郎孟孝  通事元□  [       ]
8  □郎师奴  参军忠顺  将禅奴  [       ]
```

---

① 姜伯勤1986(日文)(1),第34页;姜伯勤1994,第227-235页;姜伯勤1996,第478-485页。荣新江1987,第49-51页;荣新江(青木茂、关尾史郎译注)1991A,第1页。

9　虎牙孝恕　　萨薄□□　虎牙孟义　［　　　　　　］
　　　　　　（祀诸神，诸上名者，今）

10　明正月一日当敬□□□，□□□□，□十二月卅日（暮悉诣殿里宿）

□□□□□。

　　　　　（逋不宿者，司马人讁酒二斛，自下诸人人）（一斛，

11　若□□□□,□□□□□□,□□□□□讁酒□□,罚杖六十，不听过）

□□□□，□□□

　　　　（有瘫瘆疹疥之疾，不得遇祀。犯者讁羊一口。若不

12　祀。若□□□□□,□□□□。□□□□□□。□□上名者，嘿）

□□□，□

　　　　（羊半口。若不诣祀所煮肉，讁羊一口。若上名

13　突祀所，讁□□□。□□□□□□,□□□□。□□□不遇祀）

□□□

　　　（者）　　　（先班示，咸）

14　□讁酒二斗。故□□□，□使闻知。
（永平二年）

15　□□□□庚午岁十二月卅日祀部　　　班。

16　　　长史虎威将军兼祀部事　　麹　□。

②《高昌义和六年（619）伯延等传付麦、粟、床条》[60TAM331：12/1, 12/8, 12/6, 12/3〈图〉《图文》第1册，第355页；〈录〉《文书》第3册，第110-112页]：

　　　　　　（斛）　　　　　　　（己）

13　萨薄□□传粟□䴰给与车不六多　义和六年□

|　　　　　　　　　　　　　　　（条）
14　卯岁九月十一日　　　　　　　□
　　　　　　　（郎高）　　　（宝）
15　　　　　　门下校□□　　　　　□

文书①列出了永平三年（551）正月一日祀部负责诸神（除了前揭文书中的风伯、西门外，其他同类文书中还有楼头、南□、秦□、西涧□、长谏等名）祭祀的人名（长史、虎威将军、兼祀部事麴某），命令他们于前一年年末（十二月三十日）在宫中值宿，违令者根据原因与状况进行惩罚①。

由此可见，此处作为诸神祭祀的负责人（知祀人），与尚书系统的仓部司马、谏议、中郎、参军、主簿、明威将军、虎牙将军、将、吏与门下系统的通事、校郎等官员相并列的，还有"萨薄"。据此可以确认，"萨薄"在高昌国内是与主簿、虎牙将军、明威将军等相并列的官职。

文书②记载义和六年（619），"萨薄□□"传令给胡人车不六多，命其供应粟，末尾有门下校郎"高宝"的签名。从其他同类文书的格式来判断，文书②开头的"萨薄"也极可能是个官职。

笔者无暇对每件文书加以分析，仅从《图文》第1册收录的图版进行确认，文书中均记作"萨薄"当无问题，但必须注意王素指出"簿"在写本中全都写作"薄"字②。事实上，文书①中的"主簿"就写作"主薄"。总之，上述文书中的"萨薄"也可能是"萨簿"（sât b'uo），而非"萨薄"。如此，就没有必要将这个"萨薄"解释为梵语 sārthavāha- 的音译汉字。那么，假如是"萨簿"的话，会是什么文字的音译呢？关于此点，笔者无力去探究，但即使无法从音韵学上说这是粟特语 s'rtp'w 的音译汉字，也显然不是汉语。此处吐鲁番文书中的

---

① 关尾史郎明确指出了该文书的性质。关尾1990B，第6页。
② 王素1986，第173页。

"萨薄",笔者认为可能是粟特语的"萨簿",而非"萨薄"。

麹氏高昌国时代官文书中用汉字记音书写的胡语官职,目前能确认的只有突厥语官职(iltäbär、tudun)[①]和粟特语官职"萨簿"。在汉人建立的高昌国,当时的官文书中出现这种胡语官职颇为突兀。前者是突厥游牧民族授给高昌国王和王子的官职,是突厥游牧民族控制高昌国的特殊关系的产物;而"萨簿"一职的存在,也明确显示出麹氏高昌国中的粟特人及其聚落的影响力之大。

不过,从上引文书不能证明此"萨簿"是麹氏高昌国管理粟特移民聚落的官员,但是吐鲁番存在着祆祠(祆教神殿),这是以祆教徒存在为前提的,前人对此已经做过探讨[②]。《金光明经》卷2《为索将军合家题记》云:

金光明经卷第二　　　　　凡五千四百卅三言

1　庚午岁八月十三日,于高昌城东胡天南太后祠下,为索将军佛子妻息合家,写此

2　金光明一部。断手讫竟,笔墨大好,书者手拙,具字而已。后有聪□媚

3　媒之吉,贯其懊义,疾成佛道。

"胡天"即祆祠,似位于高昌城东。关于该文书的年代,姜伯勤、池田温、荣新江等人主张庚午岁为430年[③],而李遇春、王素二氏则认为是490年[④],无论哪一年,均在麹氏高昌国建国以前。另外从《高

---

① 吉田、森安、新博1989,第9-10页及第10页注(9)。
② 1965年Yangï šahr(安乐故城)出土(65TIN:29)。〈录〉李遇春1989,第44页;池田1990A,第84页;王素1993,第57页;姜伯勤1994,第236页;姜伯勤1996,第487页。此据李遇春、王素二氏的录文。李氏认为,该文书与《三国志》残抄本、2片梵文贝叶、25枚回鹘文木简等一起出土。李遇春1989,第42页。因无正式考古报告,具体情况不得而知,但回鹘文木简可能是粟特文木简。
③ 姜伯勤1986(日文),第39页注(37);池田1990A,第84页;荣新江1987,第50页。
④ 李遇春1989,第44-45页;王素1993,第58页。

昌 章和五年（535）取牛羊供祀帐》［73TAM524：34（a）《文书》第2册，第39页］① 可见，麴氏高昌国建国以后，高昌城东的丁谷（Toyuq）似乎也有祆祠，两者可能是指同一座祆祠。总之，5世纪时期高昌城东有粟特人祆教徒所供奉的祆祠。

虽然在史料中不能直接看到这座祆祠与粟特人聚落的关系，但在敦煌城东则可见到有粟特人聚落的存在，聚落中设有祆祠，尤其是这座祆祠与聚落似乎是同时建造的②。祆教（所谓琐罗亚斯德教的地方变种）是粟特的本土宗教③，当时迁徙到东方的粟特人当然大多是祆教徒，自然可以理解这些粟特人聚落大多是从一开始就随着祆祠而建立的。很可能吐鲁番的粟特人聚落也与祆祠存在着密切的关系。

如此，前引文书记载5世纪存在"胡天"，充分表明粟特人聚落在麴氏高昌国建国之初就已存在，问题是高昌国如何将这些粟特人纳入统治之下的呢？

考虑到此种状况，推测前引《高昌 永平二年（550）十二月三十日祀部班示为知祀人名及谪罚事》中的"萨簿"是麴氏高昌国在永平二年（550）就已经设置管理粟特人聚落的官员，绝无不当。麴氏高昌国的官职基本上继承了以北魏为中心的同一时期中原王朝的官制④，设置了"萨簿"，而非"萨宝"。这表明，该官职在高昌国建国以前就已出现并在吐鲁番的粟特人聚落中延续下来。

众所周知，粟特人移民聚落的建立并不局限于中国内地（含河西）和吐鲁番，目前可以确认还扩及七河地区［Ak-Beshim（阿克·贝希姆），Krasnaya Renchka（克拉斯纳亚·列契卡）］、塔里木盆地周边绿洲、蒙古高原等广阔地域。因此，粟特人聚落的管理者实际上如何称呼

---

① 该文书也有许多学者引用研究，但只有关尾1988-1992做了详细分析。
② 参池田1965A，第50、78页。
③ 吉田1992，第168页。
④ 参岛崎1963（收入岛崎1977）；侯灿1984等。

绝不一样，猜想其中的一种叫法就是前面所说粟特语的音译汉字"萨簿"。

如本节开篇所述，同一时期的北朝给这些粟特人聚落授予一定的自治权，委任"萨宝"管辖聚落。《隋重建七帝寺记（惠郁造像记）》记载到"萨宝"的下属①：

> 大随（隋）开皇五年岁次乙巳（585）八月乙酉朔十五日己亥，（中略）至后周建德六年岁次丁酉（577）破灭大象，僧尼还俗。（中略）但周将灭☐，即禅位大隋国，帝主杨坚，建元开皇。（中略）赖摩诃檀越前定州赞治、并州总管府户曹参军博陵人崔子石，前萨甫下司录商人何永康，二人同赎得七帝寺院（后略）。

该造像记中出现"前萨甫下司录、商人何永康"之人物及职衔，可知北周"萨甫（萨宝）"之下设置"司录"一职，任命粟特商人来担任。北周总管府中所设的"司录"是掌管文书的书记官②，上述造像记中的"萨甫（萨宝）"的下属"司录"，是粟特人聚落内部的书记官的汉式官名。

令人注目的是，阿斯塔那古墓出土的麴氏高昌国末期的粟特文契约文书中，可以看到粟特人与高昌汉人订立契约，须得到粟特人"δp'yrptw（书记官）"的许可③。不过，北周"萨甫（萨宝）"之下所设的"司录"与高昌国的"δp'yrptw（书记官）"不能简单地联系起来。关于此点，拟在下节进行探讨。

---

① 王仲荦 1979，卷 4《春官府第九》，上册，第 163 页。荣新江 2003B，第 388-389 页。齐藤达也发表了这方《惠郁造像记》的详细译注。齐藤 2003。

② 在北周，总管府与州并置。参严耕望 1963，第 601 页及后揭《魏晋南北朝地方行政组织系统图 其六》。

③ 据吉田丰、森安孝夫对粟特文女奴买卖契约的解读与介绍，可以看到粟特人"高昌的书记官（cyn'ncknδ'y δp'yrptw）"为粟特人与"汉人"之间的奴隶买卖契约内容作担保。吉田、森安、新博 1989，第 7-8、28-29 页。

2 麴氏高昌国的王权与粟特人

上章讨论的《给价文书》中，最应注意的是远行车牛的运用，即第 10 行记载高昌国王命令始昌县备好远行车牛，以供国王的侍从官侍郎史欢太向喀喇沙尔（焉耆）运"驮"。这位侍郎史欢太，从姓史来看可能是位粟特人，果若如此，则这次远行车牛的运用揭开了麴氏高昌国王权与粟特人关系的新曙光。本节拟从绿洲国家的统治者与粟特人的关系入手，尝试探讨麴氏高昌国王或王室与粟特人所构筑的关系之一端。

学界已经指出，麴氏高昌国中有粟特人定居[①]，其中有的取了汉式风格的名字。作为高昌国的百姓，他们与高昌"汉人"承担同样的税役[②]。这表明，他们不是全都集体居住在移民聚落中，而可能已经与高昌国的"汉人"杂居。

然而，这些粟特人与麴氏政权王室构筑了怎样的关系呢？以往对此问题几无探讨，原因之一是极度缺乏史料。这里拟从粟特人在麴氏高昌国担任何种官职为视角来探讨这一问题。首先，笔者试着从吐鲁番出土文书和墓表中拣出带有汉式姓氏的粟特人及其官职，制成表 2-1[③]：

[①] 吉田、森安、新博 1989，第 28-29 页；姜伯勤 1994，第 155-162 页；荣新江 1999（收入荣新江 2001，第 44-48 页）等。

[②] 姜伯勤 1994，第 155-161 页。

[③] 关于"将"、"吏"官职的性质还不太明确，此处不作论述。关于"将"，参关尾 1993A，第 52、68 页注（46）；关尾 1995，第 62-65 页；关尾 1998A，第 99、108-109 页等。陈海涛 2002（第 198-199、202-204 页）；陈海涛、刘惠琴 2005（第 120-121 页）列举了麴氏高昌国的粟特人，但是并未搜罗殆尽。

表 2-1　麹氏高昌国粟特诸姓人物任官表

姓名	官职	出处
(1) 史患	通事令史	《高昌都官残奏》[67TAM84：22〈录〉《文书》第 2 册，第 212 页；〈图〉《图文》第 2 册，第 4 页]
(2) 史某	通事令史	《高昌诸臣条列得破被毡、破褐囊、绝便索、绝胡麻索头数奏》[72TAM155：29〈录〉《文书》第 3 册，第 288 页；〈图〉《图文》第 1 册，第 429 页]
(3) 史某	通事令史	《高昌民部残奏》[67TAM78：24（a）〈录〉《文书》第 4 册，第 65 页；〈图〉《图文》第 2 册，第 40 页]
(4) 史某	通事令史	《高昌 延昌酉岁屯田条列横截等城葡萄园顷亩数奏行文书》[64TAM24：35, 32〈录〉《文书》第 5 册，第 3 页；〈图〉《图文》第 2 册，第 169 页]
(5) 史某	通事（令史）	《高昌 高乾秀等按亩入供帐》[67TAM88：1〈录〉《文书》第 2 册，第 183 页；〈图〉《图文》第 1 册，第 199 页]
(6) 史养生	侍郎	《高昌 延昌二十七年（587）四月兵部条列买马用钱头数奏行文书》[66TAM48：25（a），31（a）〈录〉《文书》第 3 册，第 73 页；〈图〉《图文》第 1 册，第 338 页] 等
(7) 史欢隆	侍郎	《高昌兵部残文书附记马匹帐》[67TAM142：1〈录〉《文书》第 3 册，第 238 页；〈图〉《图文》第 1 册，第 407 页）；《高昌 延寿二年（625）正月张熹儿入租酒条记》（72TAM155：55〈录〉《文书》第 3 册，第 275 页；〈图〉《图文》第 1 册，第 424 页] 等
(8) 史欢太	侍郎	《高昌某年传始昌等县车牛子名及给价文书》[72TAM155：37（a）〈录〉《文书》第 3 册，第 291 页；〈图〉《图文》第 1 册，第 428 页]

（续表）

姓名	官职	出处
（9）史某	殿中	《高昌 重光三年（622）条列虎牙氾某等传供食帐》[66TAM50：9（b）〈录〉《文书》第3册，第170页；〈图〉《图文》第1册，第377页]
（10）史元善	虎牙（将军）	《高昌诸臣条列得破被毡、破褐囊、绝便索、绝胡麻索头数奏》[72TAM155：36，38〈录〉《文书》第3册，第289页；〈图〉《图文》第1册，第430页]
（11）史洪信[*1]	凌江将军兼都官事	《高昌 义和二年（615）都官下始昌县司马主者符》[72TAM151：15〈录〉《文书》第4册，第172页；〈图〉《图文》第2册，第98页]
（12）史某	东宫司马	《高昌 重光某年条列得部麦田、囗丁头数文书》[69TAM140：18/3〈录〉《文书》第5册，第51页；〈图〉《图文》第2册，第194页]
（13）史某	司马	《高昌作人善憙等名籍》[72TAM154：24（a），30（a），31（a）〈录〉《文书》第3册，第138页；〈图〉《图文》第1册，第365页]
（14）史祐孝	（交河郡）田曹司马 （追赠）高昌司马	交河故城古墓群出土墓表（延昌五年（565））[〈录〉《增集》第4-5页；〈图〉《增集》第101页]
（15）康师儿	虎牙（将军）	《高昌 义和二年(615)七月马帐》[72TAM151：58〈录〉《文书》第4册，第160页；〈图〉《图文》第2册，第91页]等
（16）康婆居罗	虎牙（将军）	《高昌付官、将、兵人粮食帐》[73TAM520：6/1-2（a），4（a）〈录〉《文书》第3册，第27-28页；〈图〉《图文》第1册，第314-315页]

（续表）

姓名	官职	出处
（17）康相祐	虎牙（将军）	《高昌 义和二年(615)七月马帐》[72TAM151：58〈录〉《文书》第4册，第160页；〈图〉《图文》第2册，第91页]
（18）康□钵	领兵胡将	交河故城古墓群出土墓表［04TGXM4：1］*2
（19）康众僧	帐下左右	交河故城古墓群出土墓表［04TGXM6：1］*3
（20）康浮图	左亲侍左右	巴达木古墓群出土墓表*4
（21）何伇子	官人	《高昌将显守等田亩得银钱帐》[67TAM78：17（a），18（a），19（a），28（a）〈录〉《文书》第4册，第69页；〈图〉《图文》第2册，第42页]
（22）安居	常侍	《高昌 义和二年(615)七月马帐》[72TAM151：58〈录〉《文书》第4册，第159页；〈图〉《图文》第2册，第91页]
（23）安住	参军	《高昌 高宁马帐》[69TAM142：4〈录〉《文书》第3册，第241页；〈图〉《图文》第1册，第409页]

*1 同墓出土的其他文书如《高昌 义和二年（615）七月马帐》[〈录〉《文书》第4册，第161页；〈图〉《图文》第2册，第92页]记载到"史凌江"，与史洪信很可能为同一人。

*2 荣新江2006，第9页。

*3 荣新江2006，第9页。

*4 荣新江2005，第11页；荣新江2006，第10页。

从该表可以确认，在麴氏高昌国任官的粟特诸姓中，大约仅限于史、康、何、安姓，而且除了（15）以后与军事有关的康姓外，其他均带有汉式名字[①]。通览上表可以明显看到，史姓人物颇为引人注目，

[①] （8）史欢太之"欢太"（*kuan t'ai*, Karlgren 1972, pp. 62, 95）似非汉人名字，或者也不无粟特语 kwnt（Sims-Williams 1992, p. 54）之可能。不过仍感到有点别扭，而这里看到的大体都是汉式人名。

占据了重要的职位。也就是说，他们大多与其他各姓不同，担任着中央尚书系统的高官（司马、长史），以及门下系统的"通事令史"、"侍郎"等负责君臣之间上传下达政令的官职①。其中尤为令人注目的是担任侍郎的（7）史欢隆和（8）史欢太，记录他俩名字的文书均撰于延寿年间（624~640）②，尤其是《慈恩传》（第21页）也记载到"殿中侍御/史欢信"，护送玄奘到西突厥汗廷。贞观二年（628）前后，玄奘途经麴氏高昌国③，所以这位史欢信与上述（7）史欢隆和（8）史欢太为同时代之人。

不过，关于《慈恩传》的这一记载，以往毫无例外皆释读为"殿中侍御史/欢信"，但从出土史料来看，麴氏高昌国并未设置"殿中侍御史"一职。而关于"侍御"之官名，麴氏高昌国时代的公文书《高昌 令狐等传供食帐》[60TAM307：5/3（b）〈录〉《文书》第3册，第261页；〈图〉《图文》第1册，第419页]则有记载，而且到了唐代，"殿中侍御史"、"监察御史"统称为"侍御"④。由此判断，《慈恩传》的这一记载应当解释为"殿中侍御/史欢信"。"殿中侍御"是在宫殿中国王身边的侍从官，在麴氏高昌国中该职与"侍郎"的具体性质相似。附带说一下，《续高僧传》卷4《译经四·京师大慈恩寺释玄奘传》（第447c页）记作"殿中侍郎"。

考虑到上述三人皆担任门下系统的侍郎，时代大致相同，且名字中均有"欢"字，他们很可能属于特定的史姓家族中的兄弟辈人物。从名字中有一字相同的取名习惯来看，该史姓家族无疑在"汉人"社会里已经定居了一段时间。表2-1中还值得注意的是，史姓人物担任门下

---

① 关于侍郎，参关尾1991C。关于麴氏高昌国的中央官制，参岛崎1977，第261-266、292-294页"麴氏高昌国官制一览表"；孟宪实2004，第93-132页等。

② （8）的文书无明确纪年，但前面已经考证了它的撰作年代。

③ 关于玄奘动身赴印度的年份有种种争论，目前基本上定在贞观元年或二年初。桑山1981，第58-82页。

④ （唐）赵璘《因话录》卷5《徵部》，第125-126页。

系统的官职颇为醒目。

当然，在粟特人所取的汉式诸姓中，史姓也被"汉人"所使用[①]，所以在遇到汉式名字时，有必要考察他们是出自索格底亚那的粟特人或其后裔，还是"汉人"。关于此点，还缺乏可供探讨的史料，此处仅从史姓家族的出身入手试作考察。

这里可以参考上列任官表中的（14）史祐孝为代表的交河郡、交河公府（交河故城）史姓人的例子。笔者已经研究指出[②]，在麴氏高昌国的交河郡、交河郡公府中，史氏和张氏一起都是与高昌王室高门麴氏通婚的地方豪族。

众所周知，作为高昌国都（哈拉和卓）中的王室麴氏的姻亲，张氏以高门显位相矜夸，即便在交河郡，麴氏和张氏的这种关系也有强烈的反映。而史氏在中央似未与王室麴氏结为姻亲[③]，只在交河郡实现了这一点，史氏遂与张氏一起被推举为交河郡的实力派家族。这个颇有势力的家族垄断了交河郡的最高官职——诸曹司马[④]，张氏则从交河郡直接升任为中央的诸部司马。上举交河郡史氏之史祐孝死后也被追赠为中央的司马。

关于交河郡史氏，从他们的墓表可知自称为"建康（甘州）史氏"家族[⑤]，形成了以甘州为其家族原籍的意识。荣新江已明确指出，甘州有粟特人史氏居住，交河郡史氏源自甘州的史姓集团[⑥]。另一方面，6

---

① 参森部 2002，第 22-23 页；福岛 2005，第 147、151-152 页。
② 荒川 1986，第 52-53 页。
③ 岛崎昌根据《麴斌芝造寺碑》举出王室麴氏周围的门阀大族与姻亲家族有马、阴、氾、和、高、使、孟、辛等氏。岛崎 1977，第 285 页。不过其中的"使"姓，在以往出土的大量文书与墓表中未见其例，或许并非"使"姓，而可能是"史"姓之误记。
④ 参荒川 1986，第 51 页"交河郡诸曹司马官历表"。
⑤ 《史祐孝墓表》末尾记载"建康史祐孝之墓表"。〈录〉黄文弼 1951，第 45 页；〈图〉黄文弼 1951，第 101 页图版 13。
⑥ 荣新江 1999（收入荣新江 2001，第 66-68 页）。

世纪固原的粟特史氏家族也出自张掖（甘州），荣氏认为两者之间有联系，他们以5世纪北凉灭亡为契机，从张掖徙居固原[①]。考虑到北凉灭亡后沮渠氏逃至吐鲁番，从车师人手里夺取交河，将之纳入高昌国的领地，很可能就在此时，交河郡的实力派家族史氏也与沮渠氏一道从河西徙居此地。同样趁北凉灭亡之机，甘州史氏可能除了迁往固原之外，也有部分迁居吐鲁番。可见，与王室麹氏关系密切的交河郡史氏源自河西甘州的粟特人集团。粟特史姓从甘州向西徙居吐鲁番一带，不可能越过最大的绿洲即高昌国都（哈拉和卓），而只定居在吐鲁番西面的交河郡，应当也有部分定居在国都。上列表2-1中担任尚书系统的司马或侍从国王的"通事令史"、"侍郎"的史氏人物，就是定居在国都的史氏家族中人。

另外，从表2-1可以看出，康姓任官的显赫程度仅次于史姓，但未在门下系统、尚书系统中任官，仅担任虎牙将军、领兵胡将等武官[②]；而且与史姓不同的是，康姓人物的名字有明显的粟特胡风[③]。换言之，康姓粟特人尚保持着粟特人原来的名字，掌握着高昌国的部分军事力量。由此可见，在麹氏高昌国中，即使同为粟特人官员，史姓和康姓在

[①] 荣新江1999（收入荣新江2001，第67页）。

[②] （18）领兵胡将及（19）帐下左右，其名字仅见于交河郡的交河故城古墓群出土的墓表；（20）左亲侍左右的名字仅见于高昌都城东北的巴达木古墓群出土的墓表，关于它们的性质实际不详。不过，领兵胡将与已知的"领兵将"显然密切相关，或者也可能是率领粟特军队的军将。从帐下左右与左亲侍左右的名字来看，当与交河故城的交河郡太守之幕府（即镇西府，镇西将军的幕府）和王府的亲卫军有关。参孟宪实2004，第139页。特别是关于领兵胡将，近年山下将司指出，粟特系突厥以外的粟特人也具有武人的军事性格，在此基础上必须重新思考康□钵担任此官的意义。山下2004；山下2005。

[③] （16）康婆居罗、（18）康□钵、（20）康浮图［pwt(y)］是带有粟特胡风的名字。荣新江2006（清水茂、关尾史郎译注，第10页）将（20）康浮图释作"康浮面"，但荣氏于2006年3月3日在新潟大学讲演时印发的讲义中则写作"康浮图"。这是与粟特人佛教信仰密切相关的微妙问题，此处统一释作"浮图"。期待文书图版的刊布。

麴氏高昌国任官所起的作用有显著的不同，尤其值得注目的是，保持胡风名字的康姓粟特人掌握着高昌国的部分军事力量。

基于以上的解释，《给价文书》【b】件中的侍郎史欢太，是5世纪从河西甘州迁来的史姓集团之后裔。史欢太运"驮"至喀喇沙尔（焉耆），高昌国王命令始昌县备好8具远行车牛（银钱价312文）差遣运送。那么，这个"驮"指的是什么呢？考虑到远行车牛作为交通手段的性质，与其理解为侍郎史欢太个人驮运的货物，不如说他作为国王身边的侍从官，用远行车牛将国王的"驮"（货物）运送到焉耆。毋庸赘言，其目的是开展贸易。

令人注目的有以下两点：首先，作为高昌都城的外贸窗口，"市场"交易几乎被粟特人垄断，如后所论，根据商品的重量对买卖行为征收税钱，即"称价钱"，交纳给"内藏"[①]。"内藏"是王室的财政机构，与国家财政机构"官藏"相对[②]。《给价文书》表明，王室财产的使用是委托给像史姓家族那样的侍从于国王的特定粟特人集团。

其次，如粟特文女奴买卖文书所见，这件同样订立于高昌都城"市场"的奴隶买卖契约，是由粟特人担任的"高昌的书记官（cyn'ncknd'y dp'yrptw）"来做保人的[③]。关于"书记官（dp'yrptw）"，过去认为是高昌国设在粟特人聚落内的"书记官"[④]，但阿弗拉西阿卜遗址的壁画铭文明确记载，"书记官（dp'yrptw）"是作为绿洲国家的使节代表而被派遣的。根据利夫希钦（S. Livšic）的解读，1965年在同一遗址发现的粟特语壁画铭文，记载到一位"书记官（dp'yrptw）"被派遣担任赤鄂衍那（Chaghaniyan）的使团首领，来到撒马尔罕觐见ʽβrxwm'n（康居都督拂呼缦）[⑤]，该铭文还记载Chach（石国）的"书记官（dp'yrptw）"也被派

---

① 除了朱雷1982（第23页）以外，许多论著都已指出这一点。
② 关于麴氏高昌国分设国家财政与王室财政，关尾1994A（第3-19页）指出两者也有着截然有别的界限。
③ 吉田、森安、新博1989，第7-8页。
④ 吉田1997，第232页；荒川1999，第90页。
⑤ Livšic 2006, pp. 59-61.

遭到拂呼缦那里。

如上所见，麴氏高昌国派遣一位担任侍郎的史姓粟特人，为玄奘前往西突厥汗廷引路。可以推测，国王身边的这些粟特人频繁地被派遣出使。如此，"书记官（dp'yrptw）"极可能就是国王身边的这些侍从官。换言之，"高昌的书记官"是侍从于高昌国王的门下系统官员的粟特语称呼。

综上所见，在麴氏高昌国的粟特人当中，史姓家族人物担任了国王身边的侍从官，与当地的政治权力结成密切的关系，当然可以预料两者之间存在着合作关系，即：史姓家族为国王管理高昌都城的"市场"，同时负责征税，并且作为国王的使节往来于各地，以及管理王室财产的使用。这些史姓家族人物当然会趁此机会积极开展私人贸易，远行车牛也确实成为这种贸易往来的交通手段。

3 麴氏高昌国与游牧使节

（1）与外来使节相关的文书史料

如前所述［第1章第1节］，在游牧国家与绿洲国家的支配—从属关系下，绿洲国家一方面向外派遣使节，另一方面还要接待游牧国家的使节，这是绿洲国家的义务之一。然而，这实际上意味着什么呢？截至目前很少有人讨论这个问题。这里拟通过分析游牧国家所派遣的使节，对此试作探讨。下列吐鲁番文书中有许多与使节相关，记录了接待使节的具体状况，兹以麴氏高昌国为中心进行考察。

首先列出相关的文书：

①《高昌 众保等传供粮食帐》［69TKM33：1/2（a），1/7（a），1/10（a），1/6（a），1/3（a）〈录〉《文书》第2册，第283-287页；〈图〉《图文》第1册，第238-240页］

②《高昌 奇乃等粗细粮用帐》［69TKM33：1/8（a），1/9

(a)〈录〉《文书》第 2 册,第 294-295 页;〈图〉《图文》第 1 册,第 243 页]

③《高昌 重光三年(622)条列虎牙汜某等传供食帐二》[66TAM50:9(b)〈录〉《文书》第 3 册,第 170-171 页;〈图〉《图文》第 1 册,第 377 页]

④《高昌传供酒食帐》[72TAM154:26〈录〉《文书》第 3 册,第 146 页;〈图〉《图文》第 1 册,第 368 页]

⑤《高昌 竺佛图等传供食帐》[60TAM307:5/3(a),5/2(a),5/4,5/5(a)〈录〉《文书》第 3 册,第 250-254 页;〈图〉《图文》第 1 册,第 412-414 页]

⑥《高昌虎牙都子等传供食帐》[60TAM307:4/2(a)〈录〉《文书》第 3 册,第 255 页;〈图〉《图文》第 1 册,第 414 页]

⑦《高昌 □善等传供食帐》[60TAM307:5/1(a),4/4(a),4/3(a)〈录〉《文书》第 3 册,第 256-259 页;〈图〉《图文》第 1 册,第 415-417 页]

⑧《高昌 令狐等传供食帐》[1][60TAM307:5/2(b)〈录〉《文书》第 3 册,第 260-261 页;〈图〉《图文》第 1 册,第 418 页]

⑨《高昌虎牙无治等传供食帐》[60TAM329:23/1,23/2,23/3,23/4〈录〉《文书》第 3 册,第 342-345 页;〈图〉《图文》第 1 册,第 461 页]

⑩《高昌 都子等传供食帐》[73TAM517:04/8-4,04/8-3,04/10(a)〈录〉《文书》第 4 册,第 24-26 页补;〈图〉《图文》第 1 册,第 263 页]

---

[1] 《图文》(第 1 册,第 419 页)列举了与⑧《高昌 令狐等传供食帐》同出一墓的系列文书 60TAM307:5/3(b),其格式与⑧相同,但内容中谷物的供给对象不是游牧势力派来的使节。此处未列与《高昌 令狐等传供食帐》相连续的其他文书。

⑪《高昌 曹石子等传供食帐》［73TAM517：04/8-1，04/7（a）〈录〉《文书》第 4 册，第 27-28 页补；〈图〉《图文》第 1 册，第 263-264 页］

⑫《高昌 元礼等传供食帐》［73TAM517：04/1（a），04/8-2（a），04/2（a），04/3（a），04/9（a），04/5，04/6（a），04/4〈录〉《文书》第 4 册，第 29-34 页补；〈图〉《图文》第 1 册，第 264 页］

⑬《高昌 崇保等传寺院使人供奉客使文书》［69TAM122：3/2，3/6〈录〉《文书》第 3 册，第 328-329 页；〈图〉《图文》第 1 册，第 455 页］

⑭《高昌 延寿十四年（637）兵部差人看客馆客使文书》［72TAM171：12（a），17（a），15（a），16（a），13（a），14（a），10（a），18（a）〈录〉《文书》第 4 册，第 132-135 页；〈图〉《图文》第 2 册，第 76-78 页］

（2）文书史料的性质、年代及所见的外来使节

上列文书出土于阿斯塔那 50 号（③）、154 号（④）、307 号（⑤~⑧）、329 号（⑨）、517 号（⑩~⑫）、122 号（⑬）、171 号（⑭）及哈拉和卓 33 号（①、②）等 8 座坟墓。①~⑫中除了占据大半部分的③、④以外，其他均以逐一连记每项支出的形式，集中统计了麴氏高昌国某一时期内官府谷物支出的帐簿式公文书（以下简称为《供粮食帐》）①。

---

① 此外也有一些外来使节难以确认，但存在下列《供粮食帐》文书：①《高昌 辛□□等传供食帐》［73TAM517：04/2（b），04/1（b）〈录〉《文书》第 4 册，第 35、38 页补；〈图〉《图文》第 1 册，第 267-268 页］；②《高昌付张都堆等供粮食帐》［69TKM33：1/3（b），1/6（b）〈录〉《文书》第 2 册，第 288-289 页；〈图〉《图文》第 1 册，第 241 页］；③《高昌 张□禾等粗细粮帐》［69TKM33：1/4（a）〈录〉《文书》第 2 册，第 293 页；〈图〉《图文》第 1 册，第 243 页］；④《高昌付思相等粗细粮用帐》［69TKM33：1/9（b），1/8（b）〈录〉《文书》第 2 册，第 296-297 页；〈图〉《图文》第 1 册，第 244 页］；⑤《高昌 大胡等粗细粮用帐》［69TKM33：1/5（a），1/1（b）〈录〉《文书》第 2 册，第 298-300 页；〈图〉《图文》第 1 册，第 245-246 页］。

该《供粮食帐》中的⑤~⑨文书所记载的大部分谷物支出，都仅限于供给游牧国家派至麴氏高昌国的使节。下面举出其中一例（⑤、⑦、⑧）[①]：

⑤60TAM307：5/3（a）

（前缺）

1 　　　　　]□□□人，尽廿五日，合用

（斛）

面十三斛二斗，床米，

2 　　　]卅。次竺佛图传，面五斗六升，床米九升，供婆瓠吐屯牛儿洱，上二人，中三人，

（尽）　　　　　（斛）

3 □十三日，合用面五斛六斗，床米九斗。次吕僧忠传，面六斗，床米一斗二升，供鸡弊零

（斛）

4 苏利结个妇，中四人，下二人，尽十五日，合用面七斛二

（斛）

斗，床米一斛四斗四升。次六日令狐

5 □僧传，面三斗六升，床米三升，供乌浑摩何先使何干，上二人，中一人，尽十日，合用

（后缺）

---

① 2007年夏举行的科研调查（森安孝夫主持）对《文书》、《图文》的录文作了确认。细节部分有改动，但为了避免繁琐，关于异同的注记除部分以外，这里仅列出调查结果。文书的基本信息如下所列，全都是二次利用纸鞋的底部及侧面部分的残片。参荒川2003B，第157页。纸色基本上为浅褐色。纸张厚度中等，中等纸质。纸张的尺寸为：⑤60TAM307：5/3（a），纵25.2×横8.2cm/⑤60TAM307：5/2（a），19.0×24.2cm/⑤60TAM307：5/4，25.3×9.0cm/⑤60TAM307：5/5（a），7.8×2.6cm/⑦60TAM307：5/1（a），18.8×22.2cm/⑦60TAM307：4/4（a），19.3×24.0cm/⑦60TAM307：4/3（a），19.6×21.3cm/⑧60TAM307：5/2（b），19.0×24.2cm。引用该文书的所有文献信息，见王素1997，第292-293页。不过，王氏将这些文书的年代定为延寿九年（632）前后，如本书所述，笔者不能接受这一观点。

⑤60TAM307：5/2（a）

（前缺）

1　　］□□□□□□□□［　　　　］□□［

（合用面）　　（斛）　　　　（斛）　　（次）

2　　］十二觔六斗，床米三觔七斗。［　　　］儿传，二斗二升，床米三［

（合用面三）

3　　］恩纥上一人，中一人，尽十五日，［　　　　］（斛）

觔四斗半，床米四斗半。次虎［

4　　］二升。次传粟米一斗，麨一斗［　　　］寒使啜举贪浑，上四人［

（斛）　　　　　　　　（斗。）（面）

5　　］觔一斗二升，粟米六斗，麨六［　　　］□三斗

（厢）

三升，供南相珂寒［

（用面四）（斛）

6　　］□上一人，下二人，尽十五日，合［　　　］□觔

斗半。次传面二斗，供□［

（用面）　（斛）

7　　］浑子弟，下二人，尽十三日，合［　　　］二觔六斗。次明威佛奴传，面［

（五日）

8　　］勤乌罗浑，五十一人，尽十□□，合用面六十一（斛）

觔二斗。次虎牙□［

9 　　　　]传，粟米一斗，幕一斗，供栈头□□大官，上十
（半，合用）

八人，尽十四日□，[

　　　　　　　（斛）　　　　（斛）　　　　　　（斛）

10 　　　　]粟米一觔四斗半，豺一觔四斗半。次传面一觔五
斗二升，床[

11 　　　　]上四人，中十人，尽十四日半，合用面廿二
（斛）　　（斛）

觔四升，床米四□[

12 　　　　]斗九升，供栈头案豆遮摩何先，上二人，□[

　　　　（斛）　　　　　　　（斛）

13 　　　　]觔八斗半。次传，面一觔一斗，床米三斗，
供[

　　　　　（合用面十）（斛）　　　（斛）（斗。）

14 　　　　　　　]六觔五斗，床米四觔五[

15 　　　　　　　]□人尽□[

（后缺）

⑤ 60TAM307：5/4

（前缺）

1　先，上三人，中三人，尽卅日，合用三百一十五斤。次传
九斤，供贪浔提勤使□[

2　廿二日半，合用六十七斤半。次传十四斤，供栈头大官使
　　　　　　　　　　　　　　　　　　　　（次）

炎畔陁，中七人，尽尽十七日，合用廿八斤。□

3　传八斤，供栈头大官使脾婆，中四人，尽廿二日，合用五
十六斤。次传七斤，供阿博珂寒使□

4　振珂离振，上一人，中一人，尽

　　（后缺）

⑤60TAM307：5/5（a）

　　（前缺）

1　　　　]面一斗三升，供婆瓠孤时囗[

2　　　　　　]斗七升囗

　　（后缺）

⑦60TAM307：5/1（a）

　　（前缺）

1　　　　　　　]阤，中十人，下十人，尽卅日，[

　　　　　　　　浮利，中四人，下四人，尽

2　　　　　]斗，供外生儿提勤珂都虔卅五人[

　　　　　　　　　　（博）　　　（织）

3　　　　]囗善传，面五斗，供阿搏珂寒铁师居[

　　（面）（斛）

4　　　　]囗七卂五斗。次畦少何传，面五斗，供栈头大官[

　　　　　　　　　　　　　　（七）（斛）

5　　　　]下三人，尽卅日，合用面囗瓩五斗。次康师得[

6　　　　]珂寒使阤钵大官囗囗，上六人，中四人，尽卅[

7　　　　]斗。次虎牙都子传，面[　　　]粟米

　　　　（厢）（寒）

二斗，供南囗珂[

　　　　　　　　　　　　　　　　　　　（日，合用面）
　　8　　　　　］□子弟，上六人，尽卅□［　　　　　］粟
（斛）
米三乳。次十七日［

　　　　　　　　　　　　　　　　　　　　［　　］四人，
　　9　　　　　］斗，供移桑扡使浮［　　　］尽卅日，
合用面□［
　　　　　　（康）　　　　　　　　　　　　（珂）
　　10　　　　　］师得传，面三斗，供□［　　　］寒使呼
典枯合振［
　　11　　　　　□□面□□。次传［　　　　　　　］
□□□□□［
　　　　　　　（后缺）

⑦60TAM307：4/4（a）
　　　　　　　（前缺）
　　1　　　　　　　　　　　］面一斗供［
　　　　　　　　　　（斛）　　　　　（日）
　　2　　　　　　　　　］面一乳四斗。次十八［
　　3　　　　　　　　　］使啒举贪湨□，上二人，尽［
　　　　　　　　　　（厢珂）　　　　　　　　（人）
　　4　　　　　　　　　］□斗，供南相□寒使啒举贪湨，上五［
　　5　　　　　　　　　］□□□传，面二斗，供栈头折无艮，中一人，
（人）
下一［
　　　　　　　　　　　　　　　　（面？）
　　6　　　　　］□□旦，郑伽子传，□□斗，供鸡弊零出军［
　　7　］斗。次廿一日，竺佛图传，□□斗，供浑容居之弊［

　　　　　　　　　　　　　　（斛）　　　（斛）

8　　]□上二人，尽卅日，合用□□䵒，粟米三䵒。次明威[

　　　　　　　（提勤珂都）　　　　　　　（用）

9　　]六斗，供外生儿[　　]虔卅五人，尽卅日，合[

　　　　（斗，供阿博）

10　　]田阿善传，面五[　　]珂寒铁师居织□[

　　　　　（斛）　　　　　　　　　　　（官）

11　　]□面七㪷，[　　]面五斗，供栈头大□[

　　　　　　　　　　　　　（斛）

12　　]囚，中二人[　　]面七㪷五斗。次康师（得传，）[

　　13　　　　　　　　]□□[

　　　（后缺）

⑦60TAM307：4/3（a）

　　（前缺）

1　　]摩珂[　　　　]申十□[

　　（床）

2　　]米六升，供乌莫胡□[　　]至中[

　　（床?）　　　　　　（使）

3　　]米一斗，供贪浑珂寒[　　]人，尽[

　　　　　　　　　　（供）　　（使）

4　　]面三斗三升，床米六升，□贪浑提勤[

　　　　　　　　　　　　　　　（三斗）　　　（廂）（使）
5　　　　　］虎牙都子传，面□□三升，供南葙珂寒［
　　　　　　　　　　　　　　　　　　　　　　（次明）
6　　　　　］子弟，上一人，下二人，尽［　　］。□□威
佛奴传，面［
　　　　（提）（勤）　　其二人廿二日　　　　　（次旦）
7　　　　　］□乌罗浑五十三人，尽［　　　　］。□□僧
　　　　（斗）
忠传，面一［

　　　　　　　　（斗）　　　　　　　　　（上）
8　　　　　］□九升，供栈头摩诃［　　　］一人，
廿一日［
中十三人，尽［

9　　　　　］丑，床米六升，供栈头□［　　　］尽廿一
日，［
　　　　　　　　　（床?）
10　　　　　］米一斗二升，供栈头浮［　　　］□
尽［

　　　　（后缺）

⑧60TAM307：5/2（b）
　　　　（前缺）
1　　　　　］斗一升，床米二斗四丑［
　　　乌）
2　　　　　］鄱伦大官①，上七人，中八人，下十四人，［

---

① 《文书》、《图文》作"　　］伦大官"，但从残剩笔画判断可录作"　　］鄱伦大官"。

（斛）
3　　　　　　　］传①，面一斛六斗八升，床米一斗半。次粟［
　　　（供乌）
4　　　　　　　］罗那，上六人，中五人，下四人尽。次令狐［
5　　　　　　　］床米三斗，供亡来人阿□，七人尽。次严僧［
　　　　　　　　　　　（珂）
6　　　　　　　］□床米三斗，供贪浑□寒金师莫畔陁，上一［
　　　（次）
7　　　　　　　］张容真传，面□□□升，床米一斗二升，供［
　　　　　　　　　（次）　　　　　　（斛）
8　　　　　　　］上一人，中四人尽②。□□提伽传，面一斛八斗［
9　　　　　　　］□三升，供希懂摩［　　　　　］上六人，中十一人尽。
　　　　　　　　　　　　（斛）
10　　　　　　］众僧传，面一斛［　　　］床二斗七升，供亜区③［

以吴玉贵为代表的许多学者已经探讨了包括该文书在内的《供粮食帐》[参王素1997，第207-208、292-293页]，一致认为其内容记录了麹氏高昌国给来访使节供应面、籾、粟、床（黍类）[参森安1991，第58页]等粮食若干。《供粮食帐》中的每个部分都采取了分别记录和罗列支出内容的形式。⑤~⑨每半个月（1日~15日、16日~30日）集中

---

① 《文书》、《图文》残缺，但从文字的残剩笔画看，此处明显可补一"传"字。
② 《文书》、《图文》作"尽［　　　］提伽传"，但"尽"字下方明显有空白，此处应录作"尽。□□提伽传"。
③ 《文书》、《图文》残缺，但从文字的残剩笔画看，此处明显可补一"吴"字。

统计支出的谷物①。在每半个月结算一次的情况下，根据下面的固定格式来记录每个部分最低限度的必要信息：

（1）"次"+【某日】传者的名字+"传"

（2）每日支出谷物的种类和数额

（3）"供"+使节派遣者的名字+使节的名字+随行人员的等次（上中下）+人数

（4）"尽"【+某日】+"合用"+谷物的种类及其总额

*【 】……部分附记的内容

与麴氏高昌国的其他帐簿式文书一样，以"次"字表示一个部分，然后明确记录"传"者的名字。如上列文书所见，"传"（传达）者若为官员，则冠以官名。另外在"传"者前面，有的写有日期，即"传"的日期，如吴玉贵所指出，这是向使节支给谷物的起算日期［吴玉贵 1990，第 71 页］；无日期的部分，是因为"传"的日期与起算日期是明确的，这也是帐簿文书的惯例，如果同一日子在前面已经出现过，后面就从略。如文书⑧第 3 行所见，在特殊情况下，别说日期，就连"传"者的名字也会省略。

另外如第 2 节所论，此处的"传"是指传达国王的命令，因此可以理解为给使节供应粮食。关尾史郎已经指出，《供粮食帐》是由麴氏高昌国尚书系统的仓部制作并保存的②。笔者亦赞同此说，即《供粮食帐》是向麴氏高昌国管理谷物的机构——仓部传达谷物支出，并由仓部进行汇总的文件。

如格式（2）、（3）所示，⑤~⑨中的传达内容记录了"每天支出谷物的种类和数额"，以及支给对象（即使节派遣者所遣之使节）的名

---

① 吴玉贵 1990，第 75-76 页。每个月的 15 日和 30 日进行统一结算，这与高昌国的上奏日为 15 日和月末不无关系。白须 1984，第 28-32 页。从该文书的字体与格式一并考虑，本帐簿可能属于上奏文书。

② 关尾 1994A，第 11 页。

字和随行人员的等次及人数。最后如格式（4）所示，"尽"字明确记载供给到何时为止，如到 17 日供给完毕，就必须在"尽"字后面写上"十七日"之具体日期。上列文书⑧中虽然未记"尽"字，但如前所述，从帐簿式文书的记载惯例看，可以判断在前面已经写明了日期。前述每半个月对支出的谷物进行集中统计，所以起算日与"尽"日必然在 1~15 日或者 16~30 日之间。各个部分的最后记录了仓部支出谷物的内容及其总额。

至于①、②及⑩~⑫，除了上述⑤~⑨的格式中"尽"以下部分外，基本上是同样的格式，但记录同一谷物的支给对象极为多样①。①、②的支给对象中，所供应的外来使节包括：①是绿洲国家派来的使节；②是游牧势力派来的使节。高昌国给这些外来使节供应谷物作为"道粮"，即使节在途中所用的粮食。⑤~⑨的格式虽然很明确，但谷物支出显示的并非使节的"道粮"部分，而是在高昌国停留期间消费的谷物。

另外，⑩~⑫中的支给对象既有游牧势力派来的使节，同时也混杂了其他人物；给使节供应粮食也不只是在高昌停留期间，⑫中还混入了"道粮"的支出。从形式上看，这是把⑤~⑨和①、②的内容合在了一起。如后所论，这些文书除了⑨以外（①、②、⑤~⑧、⑩~⑫）皆可判断为撰于同一时期，所以⑩~⑫很可能是各项谷物支出（①、②及⑤~⑧）的汇总记录。

上述《供粮食帐》（①、②及⑤~⑫）全都没有纪年，难以准确判定撰写年代。阿斯塔那 307、329、517 号墓及哈拉和卓 33 号墓中，除了阿斯塔那 517 号墓以外，其他坟墓没有出土墓表和随葬衣物疏，无法判定死者的入葬年代，这些墓中出土的其他文书也都没有纪年。《文书》编纂者根据墓葬的形制与一同出土的文物和文书的特征，将这些墓葬的年代比定在麹氏高昌国晚期，但《文书》中所说的特征具体何指，则语焉不详。

---

① 谷物支出除了"使节的道粮"外，还有"祀天"、"供养"、"伎女"、"狱囚"等各种内容。不过，文书虽残，但"使节的道粮"的支出颇为引人注目。

不过幸运的是，阿斯塔那517号墓是座夫妇合葬墓，出土了《高昌 延昌三十一年（591）张毅妻孟氏墓表》与《高昌 延昌三十七年（597）张毅墓表》。吴玉贵指出，上列阿斯塔那307号墓出土的⑧中所见的"贪浑珂寒"及同墓一起出土的⑤~⑦中所记的"传"者"虎牙（将军）都子"、"明威（将军）佛奴"等名字，亦见于517号墓出土的⑩~⑫①。诚如吴氏所言，这表明两墓出土的《供粮食帐》的年代颇为相近②，至少517号墓出土的文书不可能晚于延昌三十七年（597）。

另一方面，①、②出土于哈拉和卓33号墓，同墓一起出土的《高昌 奇乃等粗细粮用帐》中记有"奇乃"、"严佛图"等名字，这些名字又见于阿斯塔那48号墓出土的《高昌 延昌二十七年（587）兵部条列买马用钱头数奏行文书》[66TAM48：25, 31〈录〉《文书》第3册，第73-74页；〈图〉《图文》第1册，第338页等]，所以《文书》编纂者将哈拉和卓33号墓的年代定在延昌二十七年（587）以后。该墓的年代是否为延昌二十七年以后虽然难以遽断，但同墓所出文书的撰写年代很可能就在此年前后。

综上所述，《供粮食帐》（①、②、⑤~⑫）除了阿斯塔那329号墓出土的⑨以外，其他所有文书的撰写年代都很相近，其下限为延昌三十七年（597），甚至有可能上溯至延昌二十七年（587）左右。

③、④的格式与①、②及⑩~⑫基本相同，但内容却是面、酒、肉、油、枣、饼等各种食物的支出帐簿。③的供给对象大部分是高昌国

---

① 吴玉贵1991，第48页。
② 阿斯塔那307号墓所出文书中的《调薪车残文书》[60TAM307：4/3（b）]，《文书》推断是高昌国末期的文书残片[《文书》以文中所记"至闰八月初"为据，将该文书的年代判定为延寿九年（632）]。然而，关尾史郎将该文书比定在延昌二十六年（586）。关尾1993D，第55页注（16）。

内的官员、士兵、僧人、民众，其中也混杂有"客胡"①，但不包括游牧势力的使节。④记载给麴氏高昌国官员与游牧势力的使节供给酒、面、䴵、粟米、枣等物。

③、④分别是阿斯塔那 50 号、154 号墓出土的文书，③可以判定为重光三年（622），④无纪年，154 号墓也没有出土墓表和随葬衣物疏之类。不过，③中的供给对象有"吴尚书"之名，亦见于④，154 号墓一同出土了重光二年（621）的纪年文书。由此可见，④的年代也在重光三年前后，当无问题。

对于这种食料支出簿，⑬、⑭的内容都是向百姓征课承担接待使节的劳役。首先，⑬是汇总了寺院"使人"（寺院或僧侣个人的隶属人口）[参町田 1990 等]给游牧势力派来的每位使节提供接待的帐簿式公文书。关于本件文书，阿斯塔那 122 号墓没有出土能够判定年代的文字史料，从其内容推测撰于 603~604 年。关于此点，容后讨论。

其次，⑭是麴氏高昌国末期亦即麴文泰统治的延寿十四年（637）七月三十日尚书系统的兵部制作的公文书，是关于给使节与接待他们的客馆提供劳役的帐簿式公文书。不过，该文书中有几处钤有"奏闻奉信"之印，可知是兵部的上奏文书。《文书》编纂者基于兵部差遣人员之解释，将该文书定名为《兵部差人看客馆客使文书》。兹移录该文书

---

① ③中记载"康将[传]，市肉三节，自死肉十二节，面一斛五斗，供客胡十五人赏"。康将向某部传令，给客胡"赏"（赏赐）肉和面。康将很可能是粟特人的"将"（将领），向客胡"传"（传令）供给食料。唐代的客胡与商胡一样，绝大多数指粟特人。参森安 2007A，第 106-107 页。③"重光三年（622）"中所见的客胡也极可能是指粟特人。另外，森安孝夫已明确指出，至少从盛唐到中唐时代，单独称"胡"时一般是指粟特（人、语言）。不过森安氏也指出，"胡"并不全都是指粟特（人、语言），特别是在盛唐以前，"胡"的含义尤须慎重对待。森安 2007B，第 4-24 页。

的部分内容于下①：

1　[　　　　　]次羁人赵头六六、王欢儿贰人，付宁僧
　　　　　　（寒）

护，用看珂□
　　　　（萄公主、役跋提）　　　　　　　　　　　（伍日）

2　[　　　　　]勤、苏弩胡鹿大官、公主时建大官[　]。
　　（次）　　　　　　　　　　　　　　　　　　　（提勤）

3　[　　　　　]付毛海隆，用看毗伽公主、寒[　　]

4　妇儿伍日。次辛歌鹿、张熹相贰人，付鲁阿众，用看摩奋提

5　勤妇儿，阿赖阇梓妇儿，阿□□□□伍日。次□□□

6　郑海儿贰人，付参军海相，用看客馆伍日。次良朱识，付畦

7　亥生，用看汉客张小熹。次氾胜欢，付曹破延，用□□

8　真朱人贪旱大官、好延枯䐡振摩珂赖使金穆乌

9　纥大官伍日。次小张海住，付康善财，用看坞耆来射卑

10　妇儿伍日。令狐资弥胡，付王善祐子，用看尸不还役旱大官

11　伍日。次廿日，康阿父师、白垍子贰人，付宁僧护，用看珂寒萄

---

① 根据1998年三菱财团助成金资助开展的文书调查，确认了《文书》、《图文》的录文，如第6~7行的纸缝上钤有"奏闻奉信"的朱印，边长约5.0cm。纸缝上一有题"文勖"之署名。整篇文书由12件残片构成，本书所引用的部分由5件残片组成。关于文书复原的重要的前后关系，对《文书》、《图文》中的这一部分做了确认。关于纸质，是魏氏高昌国时代的公文书，为标准纸张（中等纸质，纸张厚度中等。帘纹不清，大致均匀），但该文书现被保管在粘贴衬纸的状态下，故不能准确确认。引用该文书的所有文献，见王素1997，第307页。

(后略)

这件文书是依照下列格式制作而成的：

"次""+某日",人名（Ⅰ）,"付"+人名（Ⅱ）,"用看"① + 使节之名+"伍日"。

王素对该文书做过探讨,此处参考他的观点［王素2000,第549-551页］进行说明。这一格式显示,（Ⅰ）部分所见之人（1人或2人）托付给（Ⅱ）中所记之人,负责接待使节5天,可见每5天合计一次。从该文书第11行"廿日"之日期可以推测,（Ⅰ）中之人于每月5、10、15、20、25、30日进行派遣。因为接待客使的场所是在客馆,所以把（Ⅰ）托付给（Ⅱ）,（Ⅱ）是在客馆中当差的"馆子",（Ⅰ）是为此服务的劳役承担者。当然,（Ⅰ）每5日轮替,而（Ⅱ）则是固定的。

这种与外来使节有关的帐簿式文书的性质是多样的,兹选取这些文书中的具体使节列作表2-2,所列使节分为使节派遣者和实际派遣的使节,其中使节派遣集团不明者也一并列出,与其说是哪个集团派来的使节,不如仅言接待了"某客"更为合适。

表2-2 麹氏高昌国使节、客人一览表

◆ 各游牧集团的使节[*1]

	使节派遣者	所遣使者	时代	出处
	［qaγan］			
1	阿博珂寒 （Apa qaγan）	□振珂离振	583~587	⑤之5/4;《文书》第3册,第253页;《图文》第1册,第414页

---

① "看"应理解为"看待"（接待）之"看"。参蒋礼鸿1994,第183页;王启涛2005,第263-264页。

（续表）

	使节派遣者	所遣使者	时代	出处
2	阿博珂寒 （Apa qaɣan）	铁师居［织］ （'kwcyk）*2	583~587	⑦;《文书》第 3 册,第 256 页;《图文》第 1 册,第 415 页
3	贪汗珂寒 （-qaɣan）		583~587	⑦;《文书》第 3 册,第 259 页;《图文》第 1 册,第 417 页 ⑩;《文书》第 4 册,第 25 页补;《图文》第 1 册,第 263 页
4	贪汗珂寒 （-qaɣan）	金师莫畔陀 （m'x βntk）*3	583~587	⑧;《文书》第 3 册,第 260 页;《图文》第 1 册,第 418 页
5	贪汗珂寒 （-qaɣan）	孤艮贪汗	583~587	⑩;《文书》第 4 册,第 25 页补;《图文》第 1 册,第 263 页
6	南厢珂寒 （-qaɣan）	呵举贪汗	583~587	⑥;《文书》第 3 册,第 255 页;《图文》第 1 册,第 414 页等
7	南厢珂寒 （-qaɣan）	子弟	583~587	⑦之 4/3（a）;《文书》第 3 册,第 259 页;《图文》第 1 册,第 417 页等
8	［　珂］寒 （-qaɣan）	呼典枯合振 （xwt'yn xwrx'pcynt）*4	583~587	⑦之 5/1（a）;《文书》第 3 册,第 257 页;《图文》第 1 册,第 415 页
9	［　］珂寒 （-qaɣan）	陀钵大官 （tatpar tarqan） 子弟	583~587	⑦之 5/1（a）;《文书》第 3 册,第 256 页;《图文》第 1 册,第 415 页

（续表）

	使节派遣者	所遣使者	时代	出处
10	尼利珂蜜(寒) (-qaγan)		603~604	⑬;《文书》第3册,第328页;《图文》第1册,第455页
11	恕逻珂寒 (-qaγan)	乌都伦大官 (-tarqan)	604~605	⑨;《文书》第3册,第342页;《图文》第1册,第461页
12	北厢珂寒 (-qaγan)	吐别贪㾿	604~605	⑨;《文书》第3册,第343页;《图文》第1册,第461页
13	[　]珂寒 (-qaγan)	吐屯[　] (-tudun)	604~605	⑨;《文书》第3册,第343页;《图文》第1册,第461页
14	珂寒 (-qaγan)	萄公主 (-qunčuy)、提勤、大官	637	⑭;《文书》第4册,第132-134页;《图文》第2册,第76-78页
	[qatun]			
15	延磐珂顿 (-qatun)		587年前后	①之1/7(a),1/10(a);《文书》第2册,第284页;《图文》第1册,第239页
16	浑珂顿 (-qatun)		587年前后	①之1/7(a),1/10(a);《文书》第2册,第284页;《图文》第1册,第239页
	[tegin]			
17	贪㾿提勤 (-tegin)		583~587	⑤之5/4;《文书》第3册,第253页;《图文》第1册,第414页

(续表)

	使节派遣者	所遣使者	时代	出处
18	提勤(tegin)乌罗浑		583~587	⑤之 5/2(a);《文书》第 3 册,第 252 页;《图文》第 1 册,第 413 页
19	提勤(tegin)珂都虔		583~587	⑦之 5/1(a);《文书》第 3 册,第 256 页;《图文》第 1 册,第 415 页
20	提勤(tegin)婆演	乌练那	587 年前后	①之 1/6(a),1/3(a);《文书》第 2 册,第 286 页;《图文》第 1 册,第 240 页
21	提勤(tegin)婆演	卫畔陁(-βntk)	587 年前后	①之 1/6(a),1/3(a);《文书》第 2 册,第 286 页;《图文》第 1 册,第 240 页
	[yabγu]			
22	卑失虵婆护(-yabγu)*5		603~604	⑬;《文书》第 3 册,第 328-329 页;《图文》第 1 册,第 455 页
23	卑失移浮孤(-yabγu)	乌庚延(-y'n)、伊利[ ]	604~605	⑨;《文书》第 3 册,第 343 页;《图文》第 1 册,第 461 页
24	移浮孤(yabγu)	门头	587 年前后	②;《文书》第 2 册,第 294 页;《图文》第 1 册,第 243 页
	[šad]			
25	依提具拽(itig? šad)	那[ ]	583~587	⑪⑫之 04/8-1;04/1(a);《文书》第 4 册,补第 27、29 页;《图文》第 1 册,第 263-264 页

（续表）

	使节派遣者	所遣使者	时代	出处
26	移桑拽 (iš? šad)	浮[　]	583~587	⑦之5(1)a;《文书》第3册,第256页;《图文》第1册,第415页
27	符离拽 (böri šad)	肥还大官 (-tarqan)	637	⑭;《文书》第4册,第134页;《图文》第2册,第78页
28	宁受□符离拽 (böri šad)	阿利摩珂大官 (-maxa tarqan)	637	⑭;《文书》第4册,第134页;《图文》第2册,第78页
29	居侑拽 (-šad)		637	⑭;《文书》第4册,第135页;《图文》第2册,第78页
	[tarqan]			
30	栈头大官 (-tarqan)*6	炎畔陁 (y'm βntk)*7	583~587	⑤之5/4;《文书》第3册,第253页;《图文》第1册,第414页
31	栈头大官 (-tarqan)	脾娑(pysk)*8	583~587	⑤之5/4;《文书》第3册,第253页;《图文》第1册,第414页
32	栈头□□大官 (-tarqan)		583~587	⑤之5/2(a);《文书》第3册,第252页;《图文》第1册,第413页
	[tudun]			
33	栈头吐屯 (-tudun)		583~587	⑫之04/1(a);《文书》第4册,补第29页;《图文》第1册,第264页

（续表）

	使节派遣者	所遣使者	时代	出处
	[irkin]			
34	阿都纥*9希瑾(-irkin)	畔陁(βntk),子弟	583~587	⑥;《文书》第3册,第255页;《图文》第1册,第414页
35	希憛(irkin)	摩[　]	583~587	⑧;《文书》第3册,第261页;《图文》第1册,第418页
	[其他]			
36	好延枯䐠振摩珂赖	金穆乌纥大官(-tarqan)	637	⑭;《文书》第4册,第135页;《图文》第2册,第78页
37	乌浑摩何先	何干	583~587	⑤之5/3(a);《文书》第3册,第251页;《图文》第1册,第412页
38		珂摩至大官(-tarqan)	603~604	⑬之3/6;《文书》第3册,第329页;《图文》第1册,第455页
39		无贺大官(-tarqan)	约621	④;《文书》第3册,第146页;《图文》第1册,第368页
40		时侑大官(-tarqan)	约621	④;《文书》第3册,第146页;《图文》第1册,第368页
41		移兵大官(-tarqan)	约621	④;《文书》第3册,第146页;《图文》第1册,第368页
42		□□大官(-tarqan)	约621	④;《文书》第3册,第146页;《图文》第1册,第368页

（续表）

	使节派遣者	所遣使者	时代	出处
43		[　]虔大官 (-tarqan)	604~605	⑨;《文书》第 3 册,第 342 页;《图文》第 1 册,第 461 页
44		吐屯大官 (-tudun tarqan) 别[　]	604~605	⑨;《文书》第 3 册,第 343 页;《图文》第 1 册,第 461 页
45		婆演大官 (-tarqan)别回	604~605	⑨;《文书》第 3 册,第 342 页;《图文》第 1 册,第 461 页
46		栈头折枫艮	583~587	⑦之 4/4（a）;《文书》第 3 册,第 257 页;《图文》第 1 册,第 416 页
47		栈头案豆遮摩何先	583~587	⑤之 5/2（a）;《文书》第 3 册,第 252 页;《图文》第 1 册,第 413 页
48		栈头摩珂[　]	583~587	⑦之 4/3（a）;《文书》第 3 册,第 259 页;《图文》第 1 册,第 417 页
49		栈头浮[　]	583~587	⑦之 4/3（a）;《文书》第 3 册,第 259 页;《图文》第 1 册,第 417 页
50		婆瓠[*10] 吐屯 (boqu tudun) 牛儿泙	583~587	⑤之 5/3（a）;《文书》第 3 册,第 251 页;《图文》第 1 册,第 413 页

（续表）

	使节派遣者	所遣使者	时代	出处
51		婆瓠（boqu）孤时[ ]	583~587	⑤之5/5（a）；《文书》第3册，第254页；《图文》第1册，第414页
52		鸡弊零*11 苏利结个妇	583~587	⑤之5/3（a）；《文书》第3册，第251页；《图文》第1册，第413页
53		鸡弊零	583~587	⑦之4/4（a）；《文书》第3册，第257页；《图文》第1册，第416页
54		乌莫胡[ ]	583~587	⑦之4/3（a）；《文书》第3册，第259页；《图文》第1册，第417页

◆ 中原王朝的客人

	客人	时代	出处
1	汉客张小熹	637	⑭；《文书》第4册，第133页；《图文》第2册，第77页

◆ 绿洲国家的使节、客人

	使节派遣者	所遣使者、客人	时代	出处
1	何国王子	奚[ ]	587年前后	①之1/2（a）；《文书》第2册，第283页；《图文》第1册，第238页

（续表）

	使节派遣者	所遣使者、客人	时代	出处
2	㖫吴*12（伊吾）吐屯（tudun）吐屯抴（tudun šad）	由旦	583 年前后 604~605	①之 1/2（a）；《文书》第 2 册，第 283 页；《图文》第 1 册，第 238 页 ⑨；《文书》第 3 册，第 342 页；《图文》第 1 册，第 461 页
3	焉耆国	射卑*13 妇儿	637	⑭；《文书》第 4 册，第 134-135 页；《图文》第 2 册，第 77-78 页
4		客胡	约 622	③；《文书》第 3 册，第 171 页；《图文》第 1 册，第 377 页

*1　文书⑨也出现了"供射㕽[　　]"[60TAM329：23/1，23/2〈录〉《文书》第 3 册，第 343 页；〈图〉《图文》第 1 册，第 461 页]，很可能也是来自游牧集团的使节，但因全然不知是哪个集团，故此不列。

*2　Yoshida/Kageyama 2005，p. 305。

*3　Yoshida/Kageyama 2005，p. 305。

*4　关于呼典（xwt'yn），见吉田 1989，第 69-70 页；关于枯合振（xwrx'pcynt），见吉田、森安 1999，第 123 页。特别是后者见于布古特碑文。承蒙吉田丰、森安孝夫二氏教示，xwrx'pcynt（枯合振）与设毕、大官一样，是突厥汗国统治集团的官职。

*5　如后所述，许多学者认为"卑失"与"波实"语音相通，甚至将之理解为"波实提勤"。当然，说起"卑失"（毕失、苾悉），让人想起构成突厥的各部族（除阿史那、阿史德氏以外至少还有几个部族）之一［护 1967A，第 53-54 页注（31）；护 1967B，第 279 页注（5）］。许多学者指出，如果考虑到吐鲁番一带的政治形势，这个"卑失"应当理解为"波实提勤"。

*6　关于栈头，有观点认为是薛延陀。姜伯勤 1994，第 111-113 页；王素 2000，第 496-498 页。

*7　Yoshida/Kageyama 2005，p. 305。

*8　Yoshida/Kageyama 2005，p. 305。

*9　关于阿都纥，王素认为是阿跌。王素 2000，第 498-499 页。姜伯勤则把阿都当作阿跌。姜伯勤 1994，第 106-107 页。

*10　兹从婆瓠为仆骨（boqu）说（护 1967A，第 180 页）。姜伯勤 1994，第 108 页；王素 2000，第 494 页。

＊11　兹从鸡弊零为契必、契弊说。姜伯勤1994，第109-110页；王素2000，第495-496页。
＊12　关于垔吴为伊吾，参王素1983，第161页；王素2000，第487-488页。
＊13　关于射卑，《新唐书》卷218《沙陀传》（第6154页）记载到射卑俟斤。

从表2-2可知，麴氏高昌国不仅迎来了游牧国家派来的使节，还有来自"汉"（中原王朝）与石国、焉耆（喀喇沙尔）国、伊吾国等的使节和客人。可以说，高昌国接待游牧国家、中原王朝与其他绿洲国家来的使节和客人，保持着广泛的联系。不过，列表比较使节、客人的数额即可明知，游牧国家派来的使节占了绝大部分。如果说使节是指这些游牧国家的使客，当非夸大之词。另外，即便是游牧国家的使节，显然也不仅限于可汗派来的使节。

关于散布在塔里木盆地周边的其他绿洲国家，虽然缺乏史料上的证实，但与麴氏高昌国一样，和游牧国家之间结成了支配—从属关系，其所接待的大量外来使节基本上同样是以北方游牧势力派来的使节为主。当然，绿洲国家也有地域差别，但估计这种状况绿洲各国大体相同。

（3）游牧使节的比定

关于表2-2各游牧集团的使节表（以下简称"游牧使节表"）中的各位使节，王素与姜伯勤将珂寒（qaɣan）的使节分别比定如下，即：阿博珂寒（文书⑤、⑦）为阿波可汗（Apa qaɣan）[①]，贪㪍珂寒（文书⑦、⑧、⑩）为《隋书》卷84《突厥传》（第1867-1868页）记载的贪汗可汗[②]，尼利珂蜜（寒）（文书⑬）为泥利可汗（阿波可汗之后

[①] 关于阿博珂寒＝阿波可汗（大逻便）及贪㪍珂寒＝贪汗可汗，自王素提出此观点以来，得到了许多学者的认同。王素1983，第162页；王素2000，第446-448页；姜伯勤1990，第37-38页；姜伯勤1994，第91页；钱伯泉1995，第88-89、91-93页；大泽1999，第339页；关尾1993D，第55页注（16）。

[②] 关于贪汗，有"Tamɣan"说（Pelliot 2002, pp. 70-71）和"贪汗山"说（姜伯勤1994，第92页等）。

任，587~603、604 年)①，恕逻珂寒（文书⑨）为处罗可汗（泥利之子，604~611 年)②。这一比定亦为其他学者所认可。

如前所论，其中⑩明显撰写于延昌三十七年（597）以前，所以⑩中的贪浑珂寒显然是延昌三十七年以前就已存在的人物。另外，前文指出⑤、⑦、⑧也与⑩同样撰写于延昌三十七年以前。因此，上述诸文书中的阿博珂寒、贪浑珂寒，很可能与阿波可汗、贪汗可汗为同一人，他们都是延昌三十七年以前就存在的人物。如前所述，这些文书属于《供粮食帐》，也有可能追溯到延昌二十七年（587）。关于 qaγan 汉译为珂寒，从其他例证来看当无问题③。

考虑到麴氏高昌国与游牧国家的可汗有着密切的关系，很难想象延昌二十七年出现的阿博珂寒、贪浑珂寒不是王素与姜伯勤二氏所指出的

---

① 关于尼利珂蜜（寒）= 泥利可汗及卑失虵婆护 = 婆实特勤，见姜伯勤 1990，第 38-39 页；姜伯勤 1994，第 93-94 页；钱伯泉 1995，第 89-90 页；大泽 1999，第 339、354、366 页注（18）；王素 2000，第 454-456 页。另外，这位可汗向麴氏高昌国派遣使节的时期（即在位年代），以下学者将之比定为 587~599 年：内藤みどり 1988，第 419-422 页；钱伯泉 1995，第 89-90 页；大泽 1999，第 337-346、354 页。而岛崎昌、吴玉贵、王素等人则认为泥利可汗的在位年代为 587~603、604 年。岛崎 1977，第 329 页；吴玉贵 1991，第 51 页；王素 2000，第 454-456 页。王素据此将同时记有尼利珂蜜（寒）（泥利可汗）与卑失虵婆护（婆实特勤）的文书年代比定为 603~604 年。王素 2000，第 456 页。关于泥利可汗的在位年代尚无定论，本书遵从岛崎昌、吴玉贵、王素等人的观点。

② 关于恕逻珂寒 = 泥撅处罗可汗，见王素 1983，第 162 页；王素 2000，第 454 页；姜伯勤 1990，第 39 页；姜伯勤 1994，第 94-95 页；王欣 1991，第 195-196 页。而钱伯泉 1995（第 90-91 页）则比定为处罗可汗俟利弗设。另外，关于这位可汗向麴氏高昌国派遣使节的时期（即在位年代），以下学者将之比定为 604~611 年：姜伯勤 1990，第 39 页；姜伯勤 1994，第 94 页；吴玉贵 1991，第 51 页；王素 2000，第 455 页。而内藤みどり、钱伯泉、大泽孝等人则将处罗可汗的统治初年定在开皇末期（599~600）。内藤みどり 1988，第 101 页；钱伯泉 1995，第 89-90 页；大泽 1999，第 354 页。

③ qaγan 汉译作"珂（可）寒"，见于《宋书》卷 96《鲜卑吐谷浑传》（第 2369-2370 页），以及 5 世纪北魏太武帝在"国家先帝旧墟"的石室内所刻的祈祷文字。参町田 1984。

阿波可汗、贪汗可汗，因此笔者同意这一比定。

另一方面，⑨与⑬无疑是麴氏高昌国时代的文书，但这些墓葬中却没有出土能够判定年代的信息。虽然这只是从汉字读音上所作的推断，但把向麴氏高昌国派遣使节的游牧国家可汗比定为泥利可汗和处罗可汗，这一观点是有说服力的，这里暂从此说。

考虑到以上述可汗的比定为前提，文书⑤、⑦、⑧、⑩的撰写时代就被限定在阿波可汗和贪汗可汗在位期间的583~587年[①]。换言之，583年，突厥阿波可汗（大逻便）与贪汗可汗赶走了西面的达头可汗，当时突厥实际上分裂为东、西两部；587年，阿波可汗被叶护可汗（莫何可汗处罗侯）生擒。

与此相对，⑨中记载到处罗可汗之名，该文书撰成于他在位期间（604~611），王素甚至把年代进一步限定在604~605年[②]，其依据是⑨中与处罗可汗一起出现的还有"卑失虵婆护"，可以比定为泥利可汗之弟波实特勤。另外，⑬中记载到泥利可汗之名，该文书是他在位期间（587~603、604）撰成的，这里也出现了"卑失虵婆护"，由此可知⑬的撰写年代为603~604年[③]。这些观点均有一定的说服力。

此外，关于文书⑥、⑦中的南厢珂寒，推断是583~587年阿波可汗在西突厥本土设立的南厢小可汗，而文书⑨中的北厢珂寒，学界已经指出是处罗可汗统治下的北厢小可汗[④]。从文书⑦、⑨的年代来看，这

[①] 参姜伯勤1990，第38页；吴玉贵1991，第49页；大泽1999，第354页。585年，隋朝派遣元契出使西突厥。

[②] 王素将同时记有恕逻珂寒（处罗可汗）与卑失虵婆护（婆实特勤）的文书的年代限定在604~605年。王素2000，第456页。

[③] 王素2000，第456页。

[④] 王素1983，第162页；王素2000，第448-451页；吴玉贵1991，第54页；王欣1991，第195-196页；关尾1993D，第55页注（16）；大泽1999，第339页。另外钱伯泉提出，北厢珂寒与南厢珂寒分别指薛延陀首领乙失钵必与铁勒大可汗契苾歌楞，但不太有说服力。钱伯泉1992，第107页。吐鲁番文书《唐 开元二十二年（734）八月西州都督府关》[73TAM509：23/2-1〈录〉《文书》第9册，第104-105页；〈图〉《图文》第4册，第315页]所记"今共曹长史，与此首领计会，传可汗……"中的"可汗"，虽然详细情况不明，但从当时吐鲁番周边的政治形势判断，也可能是指小可汗。

些观点是正确的。

由此可知，表2-2"游牧使节表"中的使节除一小部分外，大多数倾向于583~587年和603~605年集中派遣的。不过，由此亦得以窥见麴氏高昌国接待西突厥使节的状况。通览表2-2，以下两点最堪注目：

首先，即便是游牧势力派来的使节，也有许多是可汗所遣使节以外的使者。易言之，从表2-2可知，向麴氏高昌国派遣使节的，以大可汗为首，还有其妻可敦（公主）与小可汗，以及提勤、大官、希瑾、移浮孤（虵婆护）、抴（设、苫）等。提勤、大官、希瑾、移浮孤（虵婆护）、抴在突厥语中分别比定为 tegin[①]、tarqan、irkin、yabɣu、šad[②]。这表明，高昌国接待的游牧国家使节不只是发出"国书"的大可汗之使节，实际上还有各种各样的势力（以下称各游牧集团）派来的使节。

其次，使节派遣者中的大官所派遣的使者颇为引人注目，不仅有可汗的使者，而且还有抴〔苫、设（šad）〕派来的使者。

关于各游牧集团的使节，拟通过以《供粮食帐》为主的外来使节的相关诸文书，重新开展具体的探讨。

4 游牧使节的内涵

(1)《供粮食帐》(⑤、⑦) 所见的游牧使节

为了解前节所说的各游牧集团使节的具体内容，下面拟以前述文书⑤、⑦及⑭进行探讨，这些文书都是偶然保存下来的记录，从中可知来到麴氏高昌国的各位使节的情况。

---

① 提勤（特勤）是授给可汗的子弟及其家族的称号（护1967D，第407页），其中也包括可汗母亲的弟弟（例如都蓝可汗的舅父褥但特勤）等。参《隋书》卷84《北狄传》"突厥"条，第1865、1871页。

② 写作 tegin、tarqan、irkin、yabɣu，汉字分别为提勤、大官、希瑾、移浮孤。关于麴氏高昌国的汉语发音研究，参吉田2000A，第9~11页。另外承蒙吉田丰教示，苫（*ziad/iäi-，karlgren 1972, p.99）是 šad 的音译汉字，当无问题。

首先来看⑤和⑦。吴玉贵明确指出，游牧国家的使节基本上只出现在《供粮食帐》⑤~⑨中，连续一个半月供应粮食①。根据前面的推断，⑤和⑦是583~587年间某一个半月的谷物支出记录。在此期间，阿波可汗在达头可汗降附隋朝（584）以后②取而代之，成为西突厥的大可汗，并将"龟兹、铁勒、伊吾及西域诸胡"全都纳入统治之下③，所以该文书的年代极可能是在584年以后，相当于麹氏高昌国第6任国王麹乾固［延昌元年（561）~四十一年（601）在位］时代④。

⑤［60TAM307：5/3（a），5/2（a），5/4，5/5（a）］和⑦［60TAM307：5/1（a），4/4（a），4/3（a）］虽然不能直接拼合，但撇开5/5（a），其他部分大致能够推定为以下顺序：

●60TAM307：4/3（a）⇒60TAM307：5/3（a）⇒60TAM307：5/2（a）⇒60TAM307：5/4+60TAM307：5/1（a）⇒60TAM307：4/4（a）⑤

如前所言［第3节］，《供粮食帐》中的⑤~⑨记载了游牧势力的使节在麹氏高昌国居留期间的消费情况。客使消费谷物的场所，亦即高昌国接待游牧势力所遣客使的地方，从吐鲁番文书来看是在客馆之中⑥。也就是说，⑤~⑨对客馆中消费的谷物进行了统计。虽然客馆中也存在游牧势力以外的使者和客人，但从上列表2-2及文书⑭明显可以看出，与游牧势力的使者相比，他们的比例极低。《供粮食帐》主要是针对

---

① 吴玉贵1990，第76页。
② 松田1970，第281页。
③ 松田1970，第280-281页；大泽1999，第337页。王素设想585年的形势为：沙钵略在漠南，阿波在漠北，达头在西域，但并无确切的根据，兹不取。王素2000，第442页。
④ 荣新江（青木茂、关尾史郎译注）1990，第2页。
⑤ 吴玉贵按照60TAM307：4/3（a）⇒60TAM307：5/2（a）⇒60TAM307：5/3（a）的顺序对开头部分做了复原，因较为繁琐，此处省略了详细的考辨。吴玉贵1990，第77页。笔者以供给粮食的截止日期为基准，改为本书所列之顺序。
⑥ 王素2000，第540-563页。王氏列出了麹氏高昌国的客馆设施：①寺院的客房；②兵部的客馆；③高昌政府的客馆。不过，②与③是否应该理解为不同的客馆，尚有讨论的必要。

⑤~⑨中的游牧国家使节而制作的。笔者据此对吴玉贵所列表格[①]进行删减、修正，将⑤与⑦中的内容制成表 2-3：

表 2-3　麴氏高昌国给游牧使节供应粮食表

使节	使节随行人员的等次与数量				供粮日数	供应粮食 单位：斛（石）			
	上	中	下	合计（人）		面	粟米	床米	耖
某月下半期 〔　〕摩珂〔　〕		1□							
乌莫胡〔　〕		□?						[0.06]	
贪汙河寒〔　〕								[0.1]?	
贪汙提勤〔　〕						[0.33]		[0.06]	
南葙珂寒〔　〕	1	0	2	3		[0.33]			
子弟									
提勤乌罗浑	-	-	-	53				[0.□9]	
栈头摩珂〔　〕	1	13	0	14		[0.1□]			
栈头〔　〕						[□]		[0.06]	
栈头浮〔　〕								[0.12]	
翌月上半期 婆瓠吐屯牛儿汙	2	3	0	5	10	5.6		0.9	
鸡弊零苏利结个之妻	0	4	2	6	12	7.2		1.44	
乌浑摩何先使何干某	2	1	0	3	5	1.8 12.6		0.15 3.7	
〔　〕思纮	1	1	0	2	15	3.45		0.45	
珂寒使咽举贪汙	4				6	□	0.6		0.6
南葙珂寒〔　〕	1	0	2	3	15	4.95			
子弟									
〔　〕汙子弟			2	2	13	2.6			
提勤乌罗浑	-	-	-	51		61.2			
栈头□□大官某	18 4	0 10	0 0	18 14	14.5 14.5	22.04	1.45	4.□	1.45
栈头案豆遮摩诃先某	2				15	□.85 16.5		4.5	

---

① 吴玉贵 1990，第 77-78 页。改动之处不少，但为了避免繁琐，不一一注明。

（续表）

	使节	使节随行人员的等次与数量				供粮日数	供应粮食 单位：斛（石）			
		上	中	下	合计（人）		面	粟米	床米	麨
翌月下半期	[　　]先	3	3	0	6	15	315斤			
	贪污提勤使[　]	-	-	-		7.5	67.5斤			
	栈头大官使炎畔陁	0	7	0	7	2	28斤			
	栈头大官使脾娑	0	4	0	4	7	56斤			
	阿博珂寒使[　]振珂离振	1	1	0	2		[7斤]			
	[　　]陁	0	10	10	20					
	外生儿提勤珂都虖	-	-	-	45					
	阿博珂寒铁师居[织]					15	7.5			
	栈头大官[　]			3		15	7.5			
	[　]珂寒使陁钵大官子弟	6	4	0	10					
	南葙珂寒[　]子弟	6	0	0	6	15	□	3		
	袳桑扡使浮[　]	0	4?	4?	8?	14	□			
	[　]珂寒使呼典枯合振[　]某						[0.3] 1.4			
	[　]使咖举贪污□南相□寒使咖举贪污	2 5	0	0	2					
	栈头折无艮鸡弊零	0	1	1	2		[0.2]			
	浑窬居之弊[　]	2	0	0	2	10	□	3		
	外生儿[提勤珂都]虖	-	-	-	45	10				
	[阿博]珂寒铁师居织[　]						7			
	栈头大[官　　]	□	2				7.5			

* □表示从文书中能够确认使节存在或支给粮食，但数量不明。

* "供应粮食"一栏中的［ ］，表示仅知每天支给谷物的数量。
* "使节随行人员的等次"一栏中的"-"，表示使节的随行人员未分等次。
* 其他空白之处，表示文书中无此资料。

（2）游牧国家使节的往来频率和多样性

从表2-3可以看到，可汗在短时间内派遣了各种各样的使节。仅在"翌月下半期"就有大可汗阿博珂寒派出的使节"铁师居织"、"□振珂离振"2个使团，此外珂寒还派出了使节"阤钵大官子弟"、"呼典枯合振［ ］"2个使团，但难以确定是阿博珂寒抑或小可汗南葀珂寒派遣的。明确记载为南葀珂寒的使节，是同一时期派出的"［ ］子弟"和"呬举贪浑"。总之，在半个月之内，大、小可汗总共派遣6个使团来到麴氏高昌国。其中，小可汗即南葀珂寒，牙廷设在何处难以详知；大可汗即阿博珂寒，推测其牙廷设在大裕勒都斯河谷①。

"阤钵大官子弟"是珂寒所遣使节之一，"大官"一词在突厥语中写作tarqan②，由珂寒所派遣。通过对突厥碑文的研究可知，tarqan是可汗的行政官员③。《慈恩传》卷2记载西突厥统叶护可汗的牙廷中，有"达官二百余人，皆锦袍编发，围绕左右"（第27页）、"诸达官于前列长筵，两行侍坐，皆锦服赫然，余仗卫立于后"（第28页），可见侍从在可汗周围的达官数量很多。同书同卷还记载，在护送玄奘前往迦毕试国之际，"可汗乃令军中访解汉语及诸国音者，遂得年少，曾到长安数年，通解汉语，即封为摩咄达官"（第29页）。可汗在派遣使者时，临时任命他为达官（tarqan）。上述珂寒的使节"阤钵大官"也可能就是

---

① 松田1970，第283页。松田氏又指出，西突厥初期有两处汗廷：①龟兹北面的大裕勒都斯河盆地；②素叶（碎叶）城（托克马克附近）到千泉（石国之北）之间的绿洲群。松田1970，第290页。大泽氏认为，583年逃奔达头可汗的阿博珂寒占据伊犁地区，自立一方。大泽1999，第337页。

② tarqan原本起源于汉语的"达官"，但对于这个汉语起源说，尚有赞同与否认两种观点。参森安1991，第195-196页；吉田1994A，第377页。

③ 护1967A，第112页。

这种临时性的官员。

另外，后面将要探讨的是文书⑭中提到的"公主"之"大官"和"𠰻（šad）"之"大官"。⑭中记载给"使节移旱大官（-tarqan）"供应酒、面、籹、粟米、枣等物，同时还记载到"无贺大官（-tarqan）别传"、"时遥大官（-tarqan）别传"。从麴氏高昌国的公文书中使用"传"字看，是由这些大官传令给某机构供应谷物。有学者指出，麴氏高昌国第5任国王麴宝茂以后的历代国王均娶突厥可汗之女为妻①，跟随突厥公主下嫁的"大官"估计有半数常驻在吐鲁番。

这些各种各样的"大官"中，有的单独记作"大官"，很可能是可汗派遣的tarqan，果若如此，上列表2-3"翌月下半期"中的"栈头大官"就是可汗的tarqan。应当注意的是，在"炎畔陁"、"脾娑"之外还派遣了4个使团，也就是说，可汗的tarqan自己也派遣了各种使节。

还需提到可汗的王子提勤。"翌月下半期"中有"贪浑提勤"、"提勤珂都虔"2个使团，但应留意的是，表2-3所列使节的随从人员分为上、中、下三个等次，以珂寒的使节为首的大部分使节都有等次，唯独提勤的使节无之。这表明，在麴氏高昌国，提勤的使节与一般使节是区别对待的。

关于这一点，吴玉贵指出表2-3"翌月下半期"中的"外生儿提勤（tegin）珂都虔"是麴乾固的外甥，亦即嫁往突厥的第5任国王麴宝茂之女所生的儿子，与王室麴氏有血缘关系，所以才被列出来②。不过除了这位提勤之外，"提勤乌罗浑"和"贪浑提勤"的使节的随行人员也毫不例外皆无等次，可知是因为亲属之故才被接待。

---

① 岛崎1977，第330—331页；马雍1986，第357页；吴玉贵1991，第55—57页；大泽1999，第367页注（26）。

② 吴玉贵1990，第79页。而王素则认为不分上中下三等，而均为"中"，故无注记。王素2000，第562页。关于分三等供应粮食的问题，最近高启安发表专文，请一并参阅高启安2010。另外，关于西突厥可汗家族对西域诸国的婚姻政策之一端，参内藤みどり1988，第47页注（71）。

提勤的使节与其他使节明显不同的是，随行人数格外多，并且似乎由提勤亲自率领这个庞大的使团。以提勤乌罗浑为例，他在高昌国停留了一个月左右，供应人数之多、滞留时间之长，与其他使节的接待规格不同。

此外，可汗的妻子（qatun）也派遣了使节，这虽然未见于上列表2-3，但表2-2"游牧使节表"中却有之。关于可汗及其亲属派遣的使节，容后再论，仅从上列表2-3"翌月下半期"可知，大、小可汗及其亲属向吐鲁番至少派遣了12个使团①。

加之，表2-3"翌月下半期"中同样可以看到有抴（šad）派来的使节，如"祢桑抴"所遣之使节"浮（后缺）"。学界已经对šad作过探讨，认为与yabɣu一起都是由可汗的子弟和同族中人担任的官职。与tegin不同，šad和yabɣu属于"封建"诸侯，拥有自己的领地和属民②。表2-2"游牧使节表"中的移浮孤（yabɣu）也同样如此，并向麴氏高昌国派遣了使节。另外，如前所言还有抴（šad）之"大官"，从后面探讨的文书⑭可知，这个"大官"是šad派出的使节。

移浮孤（yabɣu）和抴（šad）获封的领地、领民，不限于天山以北的草原，还包括绿洲地区。《慈恩传》卷2记载了一则例子，即活国［阿姆河南边的昆都士（kunduz）］是"叶护可汗长子呾度设所居之

---

① 表2-3"翌月上半期"中记载使节"婆瓠吐屯牛儿浑"在高昌。此"吐屯"是tudun的音译汉字，通常理解为派遣征税与监督的官员。如此，这也是由可汗派遣的使节，但在麴氏高昌国中，王子所担任的"令尹"带有tudun之称号。兹取"婆瓠吐屯牛儿浑"为使节说。

② 关于东突厥，护雅夫认为设（šad）及叶护（yabɣu）是阿史那氏家族的"封建"诸侯，与大可汗的直辖领地并存，但有区别，拥有"封建"领地和属民（il, el）。不过从国家机构来说，可汗是"君主"，šad及yabɣu当然是"臣子"。护1967A，第37-39、95-102页；护1967C，第374-375页等。此处所说的"封建"一词，参护1967A，第55-56页注（48）。关于西突厥的详细情况不明，但内藤みどり研究指出，šad与yabɣu的性质基本上与东突厥相同。内藤みどり1988，第118-119、227-228页。

地",咀度设"是高昌王妹婿"。换句话说,娶高昌公主为妻的咀度设的封地在昆都士。总之,这里所探讨的派遣使节的移浮孤(yabγu)和拽(šad),其封地均不仅仅局限在天山北面的草原地带。

此外,表2-2"游牧使节表"中列有希瑾(irkin)派遣的使节,在时代上与上列表2-3同属于583~587年间,但在表2-3中却未出现。希瑾(irkin)应当是游牧于吐鲁番周边地区的部族首领[①]。从出土文书与传世史料均可看到,唐西州时代吐鲁番周边地区有irkin率领的突厥系游牧集团:

(a)处月(部落)沙陀都满——桥本节哉藏3号(日比野1963,第292页)

(b)处月(部落)——宁乐美术馆藏20(3),7(2)(日比野1963,第300-301页;《宁乐》第81页)

(c)处月(部落)弓赖俟斤——73TAM208:23,27(《文书》第6册,第187页;《图文》第3册,第96页)

(d)处月朱耶阙俟斤——《新唐书》卷218《沙陀传》(第6153页)

(e)处月预支俟斤——《旧唐书》卷4《高宗本纪》(第76页)

(f)处月俟斤(之城)——《新唐书》卷215下《突厥传下》(第6059页)

(g)(朱耶部落)首领阙俟斤朱耶波德——大谷5840(《集成》第3卷,第209页)

(h)射脾俟斤沙陀那速——《新唐书》卷218《沙陀传》(第6154页)

(i)处密时健俟斤——《旧唐书》卷109《契苾何力传》(第3293页)

[①] 关于irkin,西突厥弩失毕部的五大俟斤颇为有名,但这一体制从7世纪开始才固定下来。内藤みどり1988,第117-130页。

(j) 处密部落——73TAM509：8/1（a），8/2（a）(《文书》第 9 册，第 130 页；《图文》第 4 册，第 331 页)

从这些史料可以确认，游牧在吐鲁番北面和西北面的处密部落与射脾部落、处月部落及其别部中的朱耶部落等皆由 irkin 率领。

8 世纪西州都督府时代，这些游牧部落民众与吐鲁番绿洲平时共存生活。上列（j）中的"处密部落"又见于《唐 宝应元年（762）六月康失芬行车伤人案卷》。据该案卷记载，粟特人康失芬是处密部落的"百姓"，被"行客"① 所雇用，在高昌城一带从事运输工作。此外，从《唐 开元二十二年（734）西州都督府致游奕首领骨逻拂斯关文为计会定人行水浇溉事》[73TAM509：23/2-1〈录〉《文书》第 9 册，第 104-105 页；〈图〉《图文》第 4 册，第 315 页] 可知②，两者平时在各个方面也共存。可以说，麴氏高昌国接待的 irkin 就是游牧于吐鲁番周边附近地区的游牧集团。不过，从绿洲国家一方来看，irkin 游牧集团在共存生活的同时，又因距离较近，对绿洲国家造成了直接的掠夺威胁③。这个 irkin 集团与 qaγan、šad、yabγu 等游牧集团一起，在西突厥的统治秩序下派遣使节，这对抑制他们的无序掠夺起到了积极作用。

以上所见的 šad、yabγu、irkin 是统治着各自的领地和属民的游牧集团，虽然派遣了使节，但无一持有大可汗的国书。这表明，他们虽说是游牧国家派遣的使节，却完全独立于大可汗，独自派遣使节，而绿洲国家以正式的使节来接待。前面所见麴氏高昌国单独接待的提勤使节亦无可汗的国书。换言之，未持大可汗国书的使节，有的来自大可汗的牙

---

① 关于行客的性质，参第 7 章第 2 节。

② 参中村 1996，第 214-216 页；刘安志 2000，第 112 页；李方 2003。从该文书可知，中郎将麴玄祚、西州都督府的曹长史与"葛腊啜（čor）"手下的游奕首领骨逻拂斯（qulavuz）"一起来核算与灌溉作业有关的人力和粮食。

③ 对于绿洲国家而言，附近的游牧集团既是生活层面日常接触的共同生活者，同时也是直接掠夺威胁的对象，如敦煌绿洲与南山部落的关系。池田 1975C，第 16 页；池田 1980，第 322-323 页（收入池田 2003，第 153-154 页）；坂尻 2008。

廷,更多的是移浮孤(yabγu)、拽(šad)等"封建"诸侯和希瑾(ir-kin)派遣的。

从表2-3可知,这些使节在高昌国停留的时间各不相同,从两天到一个月左右不等。在一个半月之中,使团总数攀升至40多个。吴玉贵推测这些游牧国家派遣的使节人数,在整一年当中最少也有372人①。

除了可汗及其亲属、属官以外,šad、yabγu、irkin统治着各自的领地和属民,这些带有西突厥官号的首领经常凭借其权威,自主派遣许多各种各样的使节,全都受到麴氏高昌国的接待。

(3)游牧使节的随行人员

从上列表2-3可以知道各个使节的出使频率和使团的规模,但如前所见,提勤使节的随行人员数量极多,与其他使节迥然不同,此点另当别论。各位使节的随行人员,少者几名,多者有20名左右。特别是前面提到的"子弟"何指仍然是个问题。遗憾的是,从表2-3未能看到每位使节的具体内容,笔者拟从文书⑭来窥探游牧国家派遣的使团,特别是可汗使团的实际状况。

如前所言,文书⑭是麴氏高昌国末期麴文泰统治的延寿四年(637)七月尚书系统的兵部制作的帐簿式公文书,从中可以了解到在半个月内客馆接待使节的具体状况②。兹据文书⑭的内容简单地列作表2-4:

---

① 根据吴玉贵对前述一组《供粮食帐》的研究,可以判断出高昌国接待官方使节的数字,一年之中有372次,加上随行人员达4836人,占了高昌国总人口的八分之一强。关于这一估算,今后还需做彻底的检验,但至少充分说明往来使节的数量相当多,这种接待成为高昌国的沉重负担。吴玉贵1990,第80页。

② 王素将该文书中的客馆理解为"兵部客馆",看作有别于"政府客馆"、"寺院客房"的接待场所。但该文书除了由兵部制作外,并无明确的根据。王素2000,第544-551页。

表 2-4　延寿十四年（637）麴氏高昌国客馆人员接待使节表

客馆人员姓名（客馆人员所率服役者的人数）	延寿十四年（637）七月十五~十九日	同年同月二十~二十四日	同年同月二十五~二十九日
（1）宁僧护（2人）	珂寒（使）萄公主（-qunčuy） 役跋提勤（-tegin） 苏弩胡鹿大官（-külüg tarqan） 公主之时建大官（-tarqan）	同左	同左
（2）毛海隆（2人）	毗伽公主（bilgä qunčuy） 寒提勤（-tegin）之妻儿	同左	同左
（3）鲁阿众（2人）	摩奋提勤（-tegin）之妻儿 阿赖阇梓之妻儿 阿〔　　妻儿〕	同左	同左
（4）参军海相（2人）	客馆	同左	同左
（5）畦亥生（1人）	汉客张小熹	同左	同左
（6）曹破延（1人）	真朱（inčü）人贪㪍大官（-tarqan） 好延枯䐑振摩珂赖使金穆 乌纥大官（-tarqan）	同左	同左 符离拽（böri šad）的使节肥还大官（-tarqan） 宁受□符离拽（-böri šad） 〔使节〕阿利摩珂大官（-maxa tarqan）
（7）康善财（1人）	坞耆来射卑之妻儿	同左	同左

（续表）

客馆人员姓名（客馆人员所率服役者的人数）	延寿十四年（637）七月十五~十九日	同年同月二十~二十四日	同年同月二十五~二十九日
（8）王善祐子（1人）	尸不还役旱大官（-tarqan）	同左 摩奋大官（-tarqan）	［提］勤（tegin）的使节
（9）张延憧（1人）		［　］使 屈阇柠𢕩浮鏴的使节	
（10）某（1人）		某	
（11）辛伯儿（1人）			居侻挩（šad）的使节

  姜伯勤认为，该文书记载公主和"妇儿"（即表2-4中的"妻儿"——译者注）颇多，这些人是随军出征而来到吐鲁番的[①]。在西突厥使者中，公主和"妇儿"确实引人瞩目，但上列表2-2（No.52）也见到派遣女性为使节，所以公主和"妇儿"出现较多的情况不必与军事行动直接联系起来，兹不从姜说，此处拟重新考察文书中所见客使的性质。

  首先，（4）的接待对象是"客馆"，颇为奇特，而其他的均列出客使的名字。（1）~（11）统率服役者的客馆人员中，唯有（4）由官员"参军"担任，很可能是客馆的管理者，也就是说（4）是客馆的"馆家（馆长）"，另外在馆家下面配有馆子。如此，（4）的2位服役者就不是个人在接待客使，而是整个客馆或参军在承担役务。

  其次，（4）前面的（1）~（3）中各有2位服役者，而（5）以后却都只有1位服役者。应该注意的是，唯有（1）的开头特别冠以"珂

[①] 姜伯勤1994，第102-103页。

寒萄公主"和"珂寒",从其他例子也可以理解是"珂寒(使)萄公主"之意。延寿十四年(637、唐贞观十一年)七月,当时与麴氏高昌国关系密切的西突厥可汗是乙毗咄陆可汗(欲谷设)①,很可能就是这位珂寒(可汗)②。除了(1)之外,从(2)、(3)的阵容看也可能是随同可汗使节到麴氏高昌国访问的使团。也就是说,可汗的使团在地位最尊贵的萄公主之下,还有儿子役跋提勤及可汗的大官、公主的大官,以及另一位毗伽公主和提勤的妻儿、其他提勤的妻儿和某人之妻儿。

(5)汉客张小熹以后的客使似乎不是可汗派来的使团,从麴氏高昌国的接待者数量来判断,也可看出这些客使的地位要比(1)~(3)低。这一部分中有提勤(tegin)和拽(šad)的使节等人,他们来到吐鲁番的时间要比(1)~(3)晚。

另外单称"大官"者,如前所述是指可汗手下的大官。这些大官中,(6)记作"真朱人","真朱"即 inčü [Clauson 1972, p. 173; Hamilton 1977, p. 516]③。森安孝夫指出,该词可以理解为"可汗、有权力的王族、部族和氏族首领的私有属民或随从"④,这一观点也适用于此处。换言之,可汗身边的侍从官、属民或随从是同一时期派到麴氏高昌国的使节,而与(1)~(3)的可汗使团大概不是同一拨。特别是(6)在客馆中负责接待的馆子曹破延[p(rn)y'n],从其名字看是位粟特人,所接待的包括真朱(inčü)在内的大官也同样可能是粟特人。这些大官多由粟特人担任,关于此点,后面再作探讨。

---

① 岛崎1977,第188-189;内藤みどり1988,第187-191页。
② 姜伯勤1994,第102页。贞观十一年(637)八月,与焉耆结盟的沙钵罗咥利失(išbara teriš)可汗[同俄(tonγa)设],对抗与高昌国结盟的乙毗咄陆可汗(欲谷设),向唐朝进贡。内藤みどり1988,第257页。
③ 关于真朱有两种说法,一是真珠(锡尔)河地区,二是薛延陀真珠毗伽可汗夷男的部下。详参王素2000,第499-500页。但是,无论哪种说法都不太有说服力,兹不取。
④ 森安1991,第196页。

上列表 2-2 "游牧使节表"中，可汗的使节有"子弟"（No. 7）和"大官子弟"（No. 9），"大官子弟"当理解为"大官"和"子弟"，"子弟"并非顾名思义是指可汗的亲属，可能是指可汗的私有属民或随从。"子弟"不单单由可汗派遣，也有"希瑾（irkin）"所遣之使节（表 2-2，No. 34）。这表明，各使节中的公、私随行人员都是附从者，均被麹氏高昌国当作使节来接待。①

5 游牧使节的性质与粟特人

（1）食粮等物的供应负担

如以往所论，可汗的使节除亲属外，还派遣了各种侍从官、属民及随从，可汗亲属中的 qatun 和 tegin 也各自出资遣使，再加上 šad、yabγu、irkin 派遣的使节，高昌国接待的使节及其随行人员的数量当然也急剧膨胀。

为了应对这种情况，可以想象高昌国的粮食供应额也会上升。由于上列表 2-3（⑤、⑦《供粮食帐》）中缺失的信息很多，所以难以算出正确的数值。若以"翌月上半期"为例，在半个月的支出中，部分地记录了支出面 138.79 石（斛）、粟 2.05 石、床 15.14 石、籹 2.05 石②。如果单纯地据此计算，只能得出参考性的数字。年度额即便最低，也需要面 3330 石、粟 50 石、床 370 石、籹 50 石左右。面是用斛（石）和斤为单位，1 斛（石）约折合 30 斤③。除了在使节滞留期间供应谷物外，还要给他们供应往来途中消费所需"道粮"谷物。上述①、②《供粮食帐》中，表格里列了许多与"道粮"有关的谷物。

---

① 粟特人名有"破遮（p'c）"、"p'm"等。Yoshida 1994, p. 391; Sims-Williams 1992, p. 63。

② 表 2-3 明确显示，供应的粮食大多是面和床、籹和粟配套提供的。

③ 从表 2-3 的"翌月下半期"开头的"[　　]先"与"翌月上半期"的"[　　]思纥"进行比较来推算。

即便是只做粗略的推算,也可以充分看到接待所需的谷物与支出的数量相符。考虑到麹氏高昌国与各游牧集团的关系,各游牧集团的使节有一半属于常态化,虽然每月供应粮食或有增减,但在整一年当中均有接待和供应。

当然,供给使节的不只是谷物,从文书③、④可知还供应酒、枣、饼和肉、油。此外,笔者推测还供应"刺薪"作为燃料[①]。如前所论,还要提供为使节服务的人畜等劳役。

(2) 物品的赠送

那么,为什么会如此频繁地派遣使节呢?这可以参考下揭《高昌主簿张绾等传供帐》[75TKM90:20(a),20(b)〈录〉《文书》第2册,第17-18页;〈图〉《图文》第1册,第122-123页][②]:

```
1              ]匹,毯六张半,付索寅义,买厚绢,供涞□。
2              ]半斤,付双爱,供□涞。
3       出行缣卅匹,主簿张绾传令,与道人昙训。
4       出行缣五匹,付左首兴,与若憨提勤。
5       出赤违一枚,付爱宗,与乌胡慎。
6       □□阿钱条用毯六张,买沽缵。
7       □□匹,付得钱,与吴儿折胡真。
8          ]赤违一枚,付得钱,与作都施摩何勃……
9       □□缣一匹,赤违一枚,与秃地提勤无根
10 □用廿五日,出缣二匹,付□富买肉,供□□。
11         出毯一张〔
```

---

① 西州时代有给使节供应刺薪的例子。参第 6 章第 1 节。

② 笔者没有亲眼见到文书原件,据图版对《文书》、《图文》的录文做了部分改订,特别是第 3~5 行与第 10~12 行,上端部分剪切不太多,从图版来看,文书上下长约 22cm,而 5 世纪吐鲁番的纸张的上下长度为 24~25cm 左右。笔者根据这种情况做了录文。参荒川、关尾 2000,第 62 页。引用该文书的所有文献,见王素 1997,第 138 页。

12 　　出行緤 [
13 　　□行緤 [
14 　　□行緤三匹，赤违三枚，付隗巳隆，与阿祝至火下。
15 　　□□张绾传令，出疏勒锦一张，与处论无根
（中缺）
16 　　[　　　　　] 摩何□□
17 　　□□緤一匹，毯五张，赤违□枚，各付巳隆，供输头 [。
（空白）

前人研究指出，该文书是麴氏高昌国以前的阚氏高昌国时代（460~488）[①] 撰写的[②]，出土于哈拉和卓 90 号墓，虽然没有发现能够判定墓葬年代的重要墓表[③]，但一同出土了使用柔然年号"永康十七年（482）"的纪年文书[④]。从传世史料明确可知，阚氏高昌国为柔然所控制，奉用柔然的"永康"年号[⑤]。

该文书是一件帐簿式公文书，列举了每一部分支出的织物（"行緤"、"疏勒锦"）和皮革（"赤违"）[⑥]，其格式与目前所见麴氏高昌国时代的同类文书极相类似，如下所示：

"出"字+织物、皮革的数量，"付"字+某（1），"与"或"供"字+某（2）

管理织物和皮革的部门在开头部分记载了织物和皮革的支出数量，

[①] 白须 1981，第 158-167 页；王素 1998，第 274-275 页。
[②] 钱伯泉 1990，第 101-102 页；王欣 1991，第 191 页；王素 1998，第 275-278 页。
[③] 不过出土了一件随葬衣物疏，即《阿苟母随葬衣物疏》[75TKM90：19〈录〉《文书》第 2 册，第 2-3 页；〈图〉《图文》第 1 册，第 116 页]，但无纪年。
[④] 《高昌 永康十七年（482）三月廿□日残文书》[75TKM90：27/1（a），27/3（a）〈录〉《文书》第 2 册，第 4-5 页；〈图〉《图文》第 1 册，第 117 页]。
[⑤] 提到阚氏高昌国奉用"永康"年号的论著颇多，此处仅举出白须 1981，第 157-158、163 页；王素 1998，第 266-268 页。
[⑥] 王启涛 2005，第 75 页。

然后继续记录把它们交付给谁［某（1）］或供给谁［某（2）］。

其中，"主簿张绾传令"（第3、15行）在开头或中间部分添加了2处内容，这意味着阚氏高昌国的主簿张绾"传"（传达）"王令"并据此支出物品。应当注意的是，这2处内容均省略了"付"者，亦即没有付给某（1），而是按照"王令"从管理织物和皮革的机构直接支出。这2处支出的物品为①"行缂"和②"疏勒锦"，①是吐鲁番的特产棉布[①]，②是疏勒（即喀什）产的锦[②]。其他部分记载的"行缂"大多支出1匹到数匹，而①"行缂"则多达40匹，②"疏勒锦"是高级绢织物。这些都是根据国王的命令特别支出的。

另外，某月二十五日之日期仅见于第10行，所以这些"供"、"与"也都发生在短短的同一个月内。其中最明显的是包括给游牧势力的使节，即若愍提勤（-tegin）、输头（tudun）、秃地提勤（tegin）无根、摩何（maxa）□□等人供应疏勒锦和"行缂"（棉布）等织物[③]。这表明，阚氏高昌国给游牧国家所派遣的各类使节供应织物，当时的游牧国家当然是指柔然。

考虑到此处所探讨的麴氏高昌国时代的状况，也同样可以看到向游牧使节供应织物的状况。第1章第1节说到绿洲国家有向可汗进贡的义务，而此处所见的供给则完全不同，也可以说是给使节的回赠物品。以可汗为首的各游牧集团趁此机会派遣大量使节，经常性地向绿洲国家强索回赠的特产和奢侈品。这可以参考下揭麴氏高昌国时代的文书《高昌

[①] 关于吐鲁番棉布生产的相关论文颇多，参宫崎1982；荒川1994；吴震1990B，第105页；吴震2005，第17-19页；王素2000，第116-120页等。该文书中的"行缂"是关于吐鲁番棉布的最早记录。王素2000，第119页。

[②] 有学者认为，此处所见的疏勒锦不是喀什生产的，而产于吐鲁番。武敏1987，第92-100页；吴震2000，第94、102页。

[③] 关于此处所见的提勤、输头、摩何等称号，参钱伯泉1990，第98-101页；王素1998，第280-281页。此外，处论无根、乌胡慎、吴儿折胡真、作都施摩何勃、阿祝至火下很可能也同样是游牧使节。参王欣1991，第191页；王素1998，第280页。

年代未详（6世纪后期或7世纪前期）迦匕贪旱等钱谷备忘》[大谷1040背〈录〉《籍帐》，第311页；《集成》第1卷，第9页；〈图〉《集成》第1卷，图版1]①：

  1　头六拽，书后，作王信金钱一文。

  2　迦匕贪旱大官，作珂颜信金钱一文，作王信青马一匹，书一，酢，绫二，叠三

  3　酒一驼　面六斛　䴰一斛。

虽然从这件《备忘》的类型看不出它的内容，却可知它是被派遣到麹氏高昌国的头六拽（Tölis？-šad）、迦匕贪旱大官（-tarqan）的使节的相关记录。第1、2行的"作+某+信"，可以理解为"制作某之'信物'"，推测是付给各个使节的信物。第2行的珂颜［颜 ngan, Karlgren 1923, p. 96; Karlgren 1972, p. 71］很可能就是珂寒［寒 γan, Karlgren 1972, p. 58］，可以认为是给可汗和王（"封建"诸侯，即叶护和设）的金钱和青马，以作为信物。

如此，"书"很可能是书信之意，而将第2行的"酢、绫、叠（棉布）、酒（葡萄酒）"②等产品看作是麹氏高昌国的进献物品则是大错特错。不过，从第3行末尾所记粮食（面6斛、䴰1斛）的数额来看，与其说是进献物品，不如说是给使节们的"道粮（途中的粮食）"。

此外可以参考的是《高昌年代未详（6世纪中期？）高乾秀等按亩入供帐》[67TAM88：1，25，23/1，23/2，23/3〈录〉《文书》第2

---

① 纵25.7×横9.1cm。背面为《高昌年代未详（6世纪后期或7世纪前期）田地城僧尼入绵历》。文书左右两端有针迹，右端用线装订。纸色为米黄色、玫瑰浅褐色。每厘米有4~5根帘纹。纸张厚度中等~中等偏薄，中下~中等纸质。引用本文书的所有文献信息，见王素1997，第224页。

② 关于"酢"，参第6章第1节（1）。另外，"叠"意指棉布，参藤田1925B；吴震2005，第18页。《梁书》卷54《高昌传》（第811页）称吐鲁番的棉花为"白叠子"。此处列举的酢、叠、酒都是吐鲁番的产品。关于酢和酒，参《高昌某年永安　安乐等地酢酒名簿》为首的一组交纳酢、酒的帐簿［〈录〉《文书》第4册，第6-16页补；〈图〉《图文》第1册，第256-260页］。

册，第 183-186 页；〈图〉《图文》第 1 册，第 199-200 页］，其部分内容如下：

（斛）

<u>玄领寺</u>一半　九月七日，二［　　］供作<u>希瑾</u>信。十二月

（斛）

十五日，一朹，付阿［　　］祀

胡天。次廿日，二斗，付<u>成献</u>，供相上。次三斗，贷<u>弘志</u>师。四斗，付<u>仲祐</u>，供北听。次二斗，付<u>永</u>

<u>忠</u>，供鹿门。次廿四日，四斗，付<u>忠和</u>，供供

［了］

相上，至廿五日。

（斛）

［合四朹五斗］

如关尾史郎研究所指出①，这件帐簿式文书的开头记有"玄领寺一半"，意指玄领寺有 1 亩半葡萄园；接下来所记录的日期和数量，就是向葡萄园征课的赋税即"租酒"的交纳时期和交纳数额。在其交纳明细帐的开头部分，记载 9 月 7 日交了 2 斛葡萄酒作为"租酒"，以供给"作希瑾信"。

关于"作希瑾信"，有各种各样的解释，但从希瑾的其他用例来看，应当是突厥语的 irkin。如此，这句话意指给希瑾（irkin）供应"葡萄酒"，以作为信物。另外，该文书表明是用税物向各游牧集团的使节供应物品。关于这一点，拟在下章探讨。高昌国接待游牧集团派来的各种使节，并向他们供应和回赠以织物为代表的各种特产和奢侈品。

---

① 关于这件文书，参关尾 1994A，第 14-19、26 页注（35）。另外，引用本文书的所有文献信息，见王素 1997，第 165 页。王氏推断本文书的年代为延昌二年（562）闰二月以后。王素 1997，第 164 页。

(3)粟特人的派遣与贸易

通览上列表2-2"游牧使节表",令人注目的是各游牧集团派遣的使节代表有不少是粟特人。例如,该表 No.2 列有阿博珂寒(Apaqaɣan)的使节,是一位铁师,名叫居织。使者居织之名为粟特语 'kwcyk,意为"龟兹(人)"①。也就是说,作为阿博珂寒的使节,粟特人铁师在高昌国受到接待和供应。关于此处所说的铁师,吴玉贵理解为与锻制铁器有关的工匠②,兹从此说。

表2-2"游牧使节表"No.4 列有贪汗珂寒的使节金师莫毗陁之名③。莫毗陁为粟特语 m'x βntk,意为"月神的奴仆"④。作为贪汗可汗的使者,这位粟特人金师在高昌国受到接待,金师被看作是与制作金银器有关的工匠⑤,这种有技艺的粟特人作为可汗的使节被派遣到高昌国。

此外,表中 No.8 列有呼典枯合振,也是可汗的使节,从其名字来看也很可能是粟特人⑥。

另一方面,表2-2"游牧使节表"中除了列有可汗的使节外,还有

---

① 关于'kwcyk,参 Sims-Williams 1992, pp.40-41; 1996, p.54。另外承蒙吉田丰教示,居织可以比定为粟特语'kwcyk。参 Yoshida/Kageyama 2005, p.305。大泽1999(第359页)也指出了这一点。

② 吴玉贵1991,第57页;大泽1999,第359页。

③ 姜伯勤1990,第37页;吴玉贵1991,第49页。

④ 吉田丰认为,吐鲁番文书中的(曹)浮夜门毗陁、(康)婆何毗陁分别是粟特语'βy'mn βntk(βyaman 的仆人)、βɣy βntk(神的仆人)的音译汉字,(康)莫毗多是 m'x βyrt 的音译汉字。吉田1989,第69-70页;吉田1990,第97页;吉田1998,第38-39页。特别是莫(m'x)保留了粟特文署名。吉田1998,第38-39页。据此,莫毗陁应为 m'x βntk 的音译汉字。参大泽1999,第359页;Yoshida/Kageyama 2005, p.305。m'x βntk 还为印度河上游的涂鸦文字所证实。Sims-Williams 1992, p.56。

⑤ 吴玉贵1991,第57页;大泽1999,第359页。

⑥ 粟特人名呼典毗陁是粟特语 xwt'yn βntk(王妃的仆人)的音译汉字。呼典参吉田1989,第69-70页;毗陁参吉田1990,第97页等。

提勤（tegin）的使节卫畔陁（-βntk）（同表 No. 21）、移浮孤（yabγu）的使节乌庚延（-y'n）（同表 No. 23）、俟斤的使节畔陁（βntk）（同表 No. 34）、大官（tarqan）的使节炎畔陁（y'm βntk）（同表 No. 30）① 和脾娑（pysk）（同表 No. 31）② 等各种人名。从他们的名字看明显也是粟特人，可见各游牧集团的使节与粟特人有很深的关联。

实际上，表2-2"游牧使节表"中当然也列出了"孤艮贪浑"等突厥游牧民族风格的名字，但从麹氏高昌国时代的《昭武九姓胡人曹莫门陀等名籍》[64TAM31：14〈录〉《文书》第 3 册，第 119-120 页；〈图〉《图文》第 1 册，第 359 页]③ 与《高昌 延昌二十七年（578）兵部条列买马用钱头数奏行文书》[66TAM48：25，31〈录〉《文书》第 3 册，第73-74 页；〈图〉《图文》第 1 册，第 338 页等] 可见，6~7世纪初，粟特人已经取这种突厥游牧民族风格的名字，亦即文书中的粟特人名"曹头六贪旱"、"曹伽那贪旱"、"康褥但"④ 等⑤。在其他绿洲也可见到带有突厥游牧民族风格名字的粟特人⑥，而在吐鲁番地区出现

---

① 参 Yoshida/Kageyama 2005，p. 305。

② 脾娑（pysk）用汉字也可写作"毕娑"。吉田 1990，第 95 页注（14）。参 Yoshida/Kageyama 2005，p. 305。

③ 出土《昭武九姓胡人曹莫门陀等名籍》的阿斯塔那 31 号墓，另外仅出土了一件重光元年（620）的随葬衣物疏，没有证据显示此墓为夫妇合葬墓，所以埋入墓室的这件名籍撰于重光元年以前。

④ [66TAM48：35，40〈录〉《文书》第 3 册，第 86 页；〈图〉《图文》第 1 册，第 344 页]。另外，《隋书》卷 84《北狄传》"突厥"条（第 1865、1871 页）记载"（佗钵可汗）弟褥但可汗子为步离可汗"，以及都蓝可汗母亲之弟褥但特勤为使者出使隋朝时，"上（隋文帝）拜褥但（特勤）为柱国、康国公"。尤为令人注目的是隋朝任命他为"康国公"。护雅夫认为"褥但特勤"是突厥本国的官职称号。护 1967A，第 72 页。

⑤ 此外，"曹枯痍虔"也可能是带有突厥游牧民族特征的名字。表 2-2"游牧使节表"No. 19 为提勤（Tegin）珂都虔之名。

⑥ 在 8 世纪敦煌绿洲的粟特人聚落中，也见到"达汉"、"特勤"、"莫贺咄"、"吐屯"、"乌苏密"、"逸斤"等名字，是粟特人带有突厥游牧民族特征的名字的例子。池田 1965A，第 63-65 页。

于6世纪或7世纪初。很早以来，吐鲁番与天山中间及天山北麓的突厥游牧民族就有着密切的关系，这是很自然的现象。如果考虑到这种情况，那么游牧集团所遣使节的统率者可能绝大多数是粟特人。

其中尤为引人注目的是，带有游牧国家的"大官（tarqan）"称号的人物中似乎含有粟特人，如表2-2"游牧使节表"No.11列有可汗的使者"乌都伦大官（-tarqan）"可能就是粟特人，从上举《昭武九姓胡人曹莫门陀等名籍》中可以看到有粟特人名"（何）都伦"。与高昌都城"市场"中征收商业税（即"称价钱"）有关的帐簿式样文书《高昌内藏奏得称价钱帐》[73TAM514:2/4〈录〉《文书》第3册，第318-325页；〈图〉《图文》第1册，第450页]云[①]：

（前缺）

16　　　　　　　]价钱。

17　　　　]到田九日，无称价钱。

18　　　　]翟陁头买银八斤一两，与何阿伦遮[②]，二人边

19　　　　]伦遮买金八两半，与供勤大官，二人边得钱二

20　　　　]斤，与安破毗多，二人边得钱十四文。

（都合）

21　　　　　　　□□得钱贰拾肆文。

（后缺）

第19行记载"大官（tarqan）"从粟特人何阿伦遮（Renchakk）[③]处购买金子。高昌都城的"市场"是麴氏高昌国开展对外贸易的场所，

---

① 根据1998年（三菱财团助成金资助）及2007年的科研调查（森安孝夫主持），确认了《文书》、《图文》的录文。文书的基础信息如下：纸色为米黄色、玫瑰浅褐色。每厘米有4~5根帘纹。因贴有衬纸，厚度不明，大概中等偏薄，中等纸质。引用本文书的所有文献信息，见王素1997，第317页。王氏将该文书的年代暂定在延寿十七年（640）前。

② 《文书》、《图文》亦均作"阿何伦遮"，但实为"何阿伦遮"。

③ Yoshida/Kageyama 2005, p. 305。

在那里交易的几乎都是粟特人①。考虑及此,这里的"大官"与其说是突厥游牧民族,不如说更可能是粟特人。

从前引《慈恩传》卷2所记"摩咄达官"之例可知,西突厥在派遣使者之际,最初临时封他为"大官(tarqan)"。关于《慈恩传》卷2的这位使者,吉田丰指出也有可能是粟特人②。这让人不禁想起突厥的室点密(伊利可汗之弟?)③可汗向波斯派遣粟特人马尼亚赫,以及马尼亚赫死后其子(似乎带有"大官"之职)跟随一位使者被派往罗马④。不过如前所述,"大官(tarqan)"未必都只在可汗的身边。

关于"大官",虽然尚有不明之处,但无论如何,前揭在高昌都城"市场"购买金子的"供勤大官",很可能是西突厥可汗或各游牧集团派遣的粟特人使节,他们在"市场"上从事交易活动。可以推测,包括前面所见"真朱(inčü)"在内的粟特人担任了绿洲国家的国王及游牧势力的可汗、有权力的王族、部族与氏族首领的各种侍从或伙伴,并作为他们的使者而被派遣出使。与麴氏高昌国的《昭武九姓胡人曹莫门陀等名籍》中的粟特人相比,各游牧集团派来的粟特人有一个特征是没有姓氏,这明确表示他们不是定居和活动在绿洲国家的粟特人。

前面提到作为qaɣan的使节而被派遣来的粟特人中有工匠,吴玉贵根据这一事实提出如下观点,即:从这些粟特人的存在可以推测突厥游牧民族使用的金银制品可能是自己供给的,所以突厥游牧民族通过贸易或掠夺得到的大量金、银,除了作为货币流通之外,还有相当一部分用来制作金银器⑤。前述"大官"在高昌都城的"市场"上购买金子之例,也可能是基于这一观点来论说的。而大泽孝则把他们理解为西突厥

---

① 姜伯勤1994,第175-180页;荒川2003A,第35页等。
② 吉田2000B,第40页。
③ 松田1970,第257-259页。
④ 弥南德《希腊史残卷》。内藤みどり1988,第381、389-390页注(16)。内藤氏认为马尼亚赫父子都担任了"大官"。
⑤ 吴玉贵1991,第58页。

可汗宫廷中直属于可汗的工匠，同时又说是"前往以高昌国为首的南方和西方的绿洲诸国从事金属贩卖和交易的商人"，不过他另外也指出，"根据他们的交易活动，南方和西方的绿洲诸国本来要进贡和输出豪华的金银制品与各种绢织物、锦织物等，一起流入北方的游牧国家"①。

西突厥可汗的宫廷中，金银器制作的详细情况不明，但无论如何，可汗派出使节贩卖本国的产品，或转卖中转交易品，并且通过贸易从绿洲国家获得奢侈品，无疑是重要的目的。从前举室点密可汗之例可以明白，突厥西面（西突厥）可汗无疑从一开始就派遣使节开展此种贸易②。

另一方面，表2-2"游牧使节表"No. 15 记载到"延壁珂顿（-qatun）"，No. 16 记载到"浑珂顿（-qatun）"，珂顿（qatun）的使节被派赴麹氏高昌国，这个珂顿（qatun）的名字见于上述《高昌 延昌二十七年（578）兵部条列买马用钱头数奏行文书》③，文书记载高昌国兵部购买马匹，卖者为"阿都瓠珂顿（-qatun）"④和粟特人"呼典畔陀（xwt'yn βntk）"、"康穪但"。这表明，与上述"供勤大官"购买金子不同的是，"阿都瓠珂顿（-qatun）"的使节在麹氏高昌国贩卖马匹。另外，粟特人"呼典畔陀（xwt'yn βntk）"没有姓，显然有游牧集团派遣的粟特人的特征，因此这位"呼典畔陀（xwt'yn βntk）"也很可能是游牧集团派来的粟特人。xwt'yn βntk（王妃的仆人）之名原本也与珂顿（qatun）有关联，应该可以看出珂顿（qatun）也派遣粟特人为使节。

---

① 大泽1999，第359-360页。

② 马尼亚赫父子等人被室点密可汗派往波斯和东罗马，当然是为了推销丝绸（内藤みどり1988，第376-378页），但无疑也贩卖丝绸以外的产品。

③ 66TAM48：26〈录〉《文书》第3册，第81页；〈图〉《图文》第1册，第342页。

④ 关于"阿都瓠"，王素提出是铁勒的"阿跌"、"诃咥"（Ädiz）之观点，但几乎没有说服力，兹不从。王素2000，第498-499页。另外承蒙林俊雄教示，"阿都瓠"之"阿都"应当就是突厥语中马（at）的意思。

作为西突厥的后继者，突骑施的 qatun 即"公主"派遣"牙官"① 以及带着大量马匹的使团到安西（龟兹）进行贸易②。此外，关于西域地区游牧民族女性拥有马匹的情况，《新唐书》卷 117《裴炎传》（第 4249 页）记载裴伷先流放到北庭，其妻为"降胡之女"，拥有大量"黄金、骏马、牛、羊"，裴伷先依靠这些财产壮大了势力。这里所说的"降胡"之"胡"，指的不是粟特人，而是北庭周边的游牧民族［参本书第 69 页注①］。

西突厥的 qatun 与马匹交易的具体关系不详，但不难推测 qatun 的使节也与可汗的使节一样开展贸易活动。

关于其他游牧集团的使节，很遗憾未能见到其贸易活动的直接史料，但如前所言，可以看出这些使节大多也是粟特人，各自开展贸易活动，当无问题。

要之，以可汗为首的各游牧集团的代表和随行人员，大多由粟特人充当，应该在这样的背景下考虑使节派遣的重要目的之一就是开展交易。换言之，游牧国家中各个集团的首领派遣身边侍从的粟特人充当使节或随行人员，出使绿洲国家。一方面向绿洲国家强索食宿招待及赠送物品，同时另一方面趁此机会购买绿洲国家积蓄的各种奢侈品③，并且贩卖、推销自己的产品或中转贸易商品。

（4）作为国家事业的使节招待

如前所论，游牧国家有各种各样的势力集团，派遣大量粟特人为使

---

① "牙官"不单单是属官之意，此处指的是公主的"大官（tarqan）"。

② 《旧唐书》卷 194 下《突厥传下》，第 5191 页；《资治通鉴》卷 213《唐纪二十九》"开元十四年（726）"条，第 6775 页。参伊濑 1955，第 309-310 页。

③ 在麴氏高昌国，粟特人除了人口、马匹、高级织物以外，还从事"金、银、丝、香、郁金根、硇砂、铜、鍮石、药、石蜜"等商品的买卖。前揭《高昌内藏奏得称价钱帐》[73TAM514：2/1 等〈录〉《文书》第 3 册，第 318-325 页；〈图〉《图文》第 1 册，第 450-453 页]。参朱雷 1982，第 21-22 页；姜伯勤 1994，第 176-179 页等。

节。可以说，所遣使节为了开展贸易而组成商队。另一方面可以看到，麴氏高昌国是个绿洲国家，国内有粟特人定居，他们中有些人既在王廷做官，又从事贸易活动。这种事情很可能在其他绿洲国家也同样存在。

　　从上列表 2-2 "绿洲国家的使节、客人"也可看到，起初不仅仅是游牧国家，绿洲国家也派遣了使节。当然，这些绿洲国家的使节（即绿洲国王派遣的使节）也有长途旅行的难得机会。如同敦煌归义军政权（敦煌国）的例子一样，在派遣使节的同时也创造了重要的长途贸易的机会[1]。因此，绿洲国家的使节无疑也以贸易为其重要目的，使节为了贸易，和商队并无多大差异[2]。

　　当然，同在中亚的绿洲国家，如索格底亚那诸国，也有些国家的个体商人积极地开展长途贸易。为了开展这种贸易，有必要积累贸易经验，保持贸易技能，或者是建立自费投资的网络。从绿洲诸国的整体状况来看，这种情况极为有限。在帕米尔以东绿洲国家的商业中，外来及移居本地并形成聚落的粟特人在对外贸易方面承担着核心作用[3]。

　　绿洲国家派赴远方的使节，要穿越邻近的绿洲国家，侍从于国王身边的粟特人当然要介入其中。应当记住，粟特人不仅与游牧集团，而且与绿洲地带的政治权力进行合作，从而大大地推进了贸易发展。

　　不过，粟特人不只是与游牧、绿洲双方的政治权力建立联系而从事贸易，很多粟特商人还开展个体私人贸易。尤其从上述《高昌内藏奏得称价钱帐》可见，粟特人在吐鲁番完成交易以后，短期内再次回到吐鲁

---

[1]　池田 1980，第 323 页（收入池田 2003，第 155 页）。

[2]　榎一雄指出，时代往后发展到明代，以喀什为例，商人从喀什噶尔王手中买下了充当朝贡明朝的使节的权利，他们招募参加者组织商队。榎 1974（收入榎 1979，第 155 页；榎 1993，第 160 页）。这很好地显示出中亚组织和派遣国家使节的性质之一端。

[3]　当然也有粟特人以外的绿洲国家商人在活动，但这不过是在各国境内的城市及其近郊村落之间的往来，充其量也不过是在邻近绿洲国家之间的短途往来。发展到后来，引人注目的是帕米尔以东今中国新疆地区的外来国际商人。真田 1977；真田 1986，第 141 页等。

番的舞台①。这表明，他们不仅从事长途贸易，还形成了短途内往还的局部地区贸易圈②。

然而，对于这种个体私人开展的局部地区贸易活动而言，国家、集团层面组织派遣的庞大商队在穿越沙漠时，无疑提供了减轻不可避免的掠夺风险的重要机会。例如，《慈恩传》卷2（第25页）记载，玄奘受到麴氏高昌国王的热情招待及保护，在组建大规模商队向西突厥汗廷进发之际，快到喀喇沙尔（焉耆）前发生了如下事件：

> 时同侣商胡数十，贪先贸易，夜中私发，前去十余里，遇贼劫杀，无一脱者。

这则记载中的"同侣商胡"，是麴氏高昌国王为玄奘组织的庞大商队中一起行动的粟特商人③，其数量也达数十人之多。仅仅为了追求眼前的利益，他们离开商队，一早赶赴焉耆。从其行为来看，很可能他们本身就是往还于吐鲁番和焉耆之间、主要从事短途贸易的商人。这一事件如实地记载，他们也与大商队同行，以减轻掠夺等风险。

另外，《周书》卷50《异域传下》（第913页）记载吐谷浑王（可汗）向北齐派遣了一支由240位粟特商人参加且配有护卫的使团（商队）④，可见是国家层面派遣的大规模商队，聚集了许多粟特商人。本章所探讨的西突厥使节也是同一时期游牧国家的使节，使团本身聚集了大量原本无关却被派遣出使的粟特商人，如此看来当无问题。

中亚地区的长途贸易，在游牧、绿洲双方的国家、集团组织和派遣

---

① 关尾1998B，第83-85页。

② 荒川1999，第96-97页。商人虽然以贸易圈内部的往还为中心，但是将局部地区的贸易圈联系起来看，商品也被运输到遥远的地方。粟特商人从事"丝绸之路交易品"的买卖，既有不断往来于邻近的绿洲之间的一面，又有超越将粟特商人等同于长途贸易商人的印象的一面。

③ 考虑到活跃在吐鲁番周边地区从事贸易的商人，这些商胡显然是粟特商人。参本书第69页注①。

④ 松田1970，第247页。《周书》卷50《异域传下》记作"商胡"，但从他们的活动地区来看，应当理解为上一注文中所说的粟特商人。

各种商队的同时,招徕和吸收各种个体粟特商人开展贸易;而且正如此处所探讨的以可汗为首的各游牧集团的例子,这种商队的派遣极其频繁。不论距离远近,游牧集团及绿洲国家派遣的大量使节(商队)使粟特商人得到了安全穿越沙漠和草原的机会。

随着游牧、绿洲双方使节的移动,许多粟特商人也安全地出行,他们把绿洲作为物品集散的交易据点,使中亚地区的交易活动在广域范围内活跃起来。强大的游牧国家的建立,确实以这种形式给中亚带来了兴盛的长途贸易。对于绿洲国家而言,使节们毫无滞碍地前来访问,意味着招徕了粟特商人,使国家变得繁荣起来。

绿洲国家最初如何引进大量粟特商人,是关乎国家存亡的重要事情,这从麴氏高昌国与邻国喀喇沙尔(焉耆)之间的矛盾来看即可明白,即:隋末大乱以来,喀喇沙尔(焉耆)国关闭了"大碛路"(从敦煌经罗布泊西北角到焉耆的道路);贞观六年(632),喀喇沙尔(焉耆)策划再度开启大碛路。如此,经由吐鲁番的贸易道路就会衰退,从而丧失商业利益,麴氏高昌国对此感到危惧,遂动用武力攻击喀喇沙尔(焉耆)①。

如上列表2-2所见,绿洲国家的外来使节中,包括各种集团在内的游牧国家派来的使节占了大半,随之而来的当然是接待他们的巨大负担。如前所论,各游牧集团的使节不仅需要提供食宿的便利,还要确保获得绿洲国家的特产和奢侈品等礼物,确实从一个侧面反映了这些使节在掠夺绿洲国家积聚的财富②。但另一方面,高昌国接待这些使节,也是考虑到要防止其恣意掠夺,从绿洲国家招诱商队来访的立场来看,甚至还会促进这种接待业务。对于绿洲国家来说,在与可汗的政治统属关系下,接待包括各集团在内的游牧国家的使节,是一种国家义务,同时

---

① 岛崎1977,第98-99页。
② 表2-2"游牧使节表"No.53鸡弊零条记录了"出军"之事,也是考虑到绿洲国家成为游牧民族军事行动的基地。

国家也要接待大量粟特商人和带来商业利益的商队。即便是游牧国家以外的国家和集团派来的使节，也同样如此。如前所言，从麹氏高昌国上溯到 5 世纪柔然控制下的阚氏高昌国，明确要给以柔然为首的各国、各集团的使节供应与递送所用人力和马匹；而对于以商立国的绿洲国家而言，这种使节接待可以说成了关乎国家存亡与盛衰的重要国家事业。

第 3 章　绿洲国家的接待事业与财政基础

　　如上章所论，麹氏高昌国大量接待的主要是各游牧集团派来的外来使节。毋庸置疑，交通手段和人力供应增加，接待设施即客馆中的粮食供应和特产赠送等，其接待负担绝不轻松。然而，迎送和接待这些外来使节，是关系到国家存亡盛衰的重要的国家事业。从上章提到的与客馆服役有关的帐簿式文书⑭也可看到，麹氏高昌国向绿洲居民征收税、役，以支撑这种供应负担。

　　有史料证明，塔里木盆地周边零星分布的其他绿洲诸国与麹氏高昌国一样，和游牧国家的可汗结成了政治支配—从属关系。虽然在地域上各不相同，但基本上承担着与麹氏高昌国同样的事情。另外，支撑着迎接使节所负担的人畜与粮食的供应等财源，各国除了征收税、役以外，很难再求诸其他。不过，关于吐鲁番以外的绿洲诸国的税、役征收实况，目前只对于阗国的状况做了非常初步的探讨①。另外，通过分析吐鲁番文书来阐明麹氏高昌国的税、役征收情况，目前正在开展之中，但整体来看还有许多未解明的部分。虽然面临这样的史料状况和研究现状，但这里试图从上章所论麹氏高昌国使节接待的财政基础出发，对研究尚不充分的高昌国税、役形式进行考察。

---

　　① 关于于阗国的税、役，近年吉田丰利用于阗文、汉文文书进行研究，发表了全面性的划时代成果，据此有可能与吐鲁番的税、役进行比较研究。吉田 2006。

1　麹氏高昌国的主要实物纳税与力役

关于麹氏高昌国的税、役，传世史料《周书》卷50《异域传下》"高昌"条记载如下①：

> 赋税则计输银钱，无者输麻布。

据此，麹氏高昌国的赋税是按照田地的多寡来征收银钱，无银钱者交纳麻布②。关于这里所说的麻布征收，虽然吐鲁番出产麻布之事在史料中没有完全得到确认，但传世史料中与麹氏高昌国税、役有关的资料唯此一条，颇为重要。尤其是按照田地的面积来征收赋税，这种情况在其他绿洲国家也同样如此，如龟兹国亦记"税赋准地征租，无田者则税银钱"[《魏书》卷102《西域传》"龟兹国"条]。

传世史料中的资料仅有上条记载，而从吐鲁番出土的汉文文书中则可以揭出与高昌国税、役有关的具体详细的状况。

首先，麹氏高昌国的最高领导者是国王，在国王之下模仿中原政权的政治组织，设置了中央机构的九部，即：吏部、祀部、库部、仓部、主客、民部、兵部、屯田、都官③；在地方上设置郡、县④，分别设有

---

①　①《周书》卷50《异域传下》（第915页）云："赋税则计输银钱，无者输麻布"；②《北史》卷97《西域传》（第3215页）云："赋税则计田输银钱，无者输麻布"；③《通典》卷191《边防七·西戎三》（第5204页）云："赋税则计田输银，无者输麻布"（《太平御览》卷794《四夷部十五·西戎三》（第3656页）则作："赋税则计田输银钱，无者输布"）。

②　"无田"抑或"无银钱"难以断定，此处理解为"无银钱"。亦参关尾1991A，第5页注（1）。

③　言及麹氏高昌国中央机构的论著很多，在此不能一一列举，最新的研究成果有本间2003；孟宪实2004，第113-132页。

④　麹氏高昌国的郡县制中，郡和县之间无统属关系，各郡县直属于都城。荒川1986，第41-49页。

田曹、兵曹、客曹、户曹等诸曹①。从关尾史郎对条记文书的分析明确可知，在这种政治体制下征课下列基本的实物纳税等税目②：

(a) 田租［租粟、租麦、租酒（葡萄酒）］；(b) 刺薪；(c) 丁税（丁正钱）；(d) 远行马价钱（620 年以后）③

这些税目是否完整不得而知，但除了民户之外，官员④与寺院僧侣也被征课税收，交纳到高昌国的仓库中。麹氏高昌国还有王室之"藏"，即"内藏"⑤，其财源之一是对外贸易时在"市"（市场）⑥上征收的"称价钱"⑦。

另一方面，在实物纳税以外，高昌国还要征课力役，吐鲁番文书具体记载了人畜和车的供应⑧。力役除民丁之外，还向官员和寺院僧侣征课，作人（属民）⑨也要供应力役。另外牲畜也要服役，主要是供应马和牛，而牛大多与车配套使用，车亦是供应之物。

---

① 关于地方官制，见岛崎 1977，第 269-276 页；荒川 1986，第 49-58 页；西村阳子 2002，第 233-243 页；孟宪实 2004，第 132-146 页等。

② 关尾 1989B，第 41-69 页。此外还征课作为杂税的各种税物和叫作称价钱的交易税等。关尾 1989B，第 72-76 页。

③ 关尾史郎认为，远行马价钱的税目设置是在 620 年以后。关尾 1993B，第 125 页。

④ 在麹氏高昌国，至少要对侍郎以下的官员（参军、主簿、明威将军、将吏等）征课与一般俗人相同的田租和丁税。关尾 1993A，第 57 页。

⑤ 关于"内藏"，参朱雷 1982，第 23 页。参照本书第 2 章第 54 页注②。

⑥ 参荒川 2003A，第 35-36 页。

⑦ 关尾史郎指出，"内藏"的财源除了"称价钱"之外，还有"臧钱"与从王室直属田地所得的收获物和免役钱。关尾 1994A，第 3-7 页。

⑧ 吐鲁番文书中保存了许多与人畜和车的劳役供应有关的名籍等。关于麹氏高昌国的"役"，学界已经有了较多的研究积累，除了下一注文提到的关尾史郎诸论文外，还可参卢开万 1983；程喜霖 1985A；杨际平 1989；冻国栋 1990；王素 2000，第 501-563 页；Trombert 2002, pp. 511-530；宋晓梅 2003，第 173-175 页等。

⑨ 关尾史郎指出，分析《田亩作人文书》可以明确知道，麹氏高昌国也向民户征发他们所拥有的作人。关尾 1991B（下），第 69-71 页；关尾 1992A，第 100 页。关于作人及《田亩作人文书》，亦参朱雷 1983；町田 1990。

2 与田地有关的税、役

(1) 与田地有关的税、役和田地所有权

麴氏高昌国的这些税、役是如何征课的呢？首先应当注意高昌国租佃契约中的如下固定用语①：

> 赀租百役，耕田人悉不知。渠破水譎（谲），田主不知。

这里的"赀租"一词，是赀赋（赀调）与田租连称的主要实物纳税的总称②；"百役"一词是各种劳役（力役）的总称③。换言之，主要的实物纳税及各种力役是按照田地来征课的。这意味着前揭传世史料并不正确，只是记录了高昌国的部分课税状况。

与田地有关的税、役全部由田主（田地的所有者）负担，对租佃人（田地的耕作者）征课的是"渠破水譎（谲）"，而非税役。"渠破水谲（谲）"可以理解为：以往因灌溉需要，应从渠堰取水，当时得水若不充分，再度取水则要惩罚。而池田温则解释为"水渠的破损（修理）和水课"，并指出"水课"是按照使用和所受渠水的地亩面积，来征收谷物作为实物缴纳的用水费用④。此说可从。如池田氏所指出，吐鲁番文书记载高昌国中央机构中的屯田部征收谷物为用水费用，汇总

---

① 除了《高昌 延昌二十四年（584）二月七日道人智贾夏田契》[60TAM326：01/6〈录〉《文书》第 5 册，第 154 页；TTD（A），第 36 页；〈图〉《图文》第 2 册，第 250 页；TTD（B），第 5 页]以外，麴氏高昌国时代的租佃契中也有几种类型的固定用语，租佃契悉见于 TTD。关于这些固定用语，参池田 1973，第 71-73 页；池田 1992，第 66-74 页。池田 1973（第 71-72 页）将该用语录作"渠破水溢"；而池田 1984（第 285 页）则作"渠破水谲"。

② 堀 1966，第 11-12 页（收入堀 1975，第 301 页）；池田 1973，第 73 页。

③ 池田 1973，第 75 页。

④ 池田 1984，第 285 页。

后统一上奏①。由此可见,屯田部是管理渠堰灌溉用水的机构。

不过,麴氏高昌国的渠堰灌溉田地有民田、寺田、"公田"(国王、王室或国家和官府所有的谷田和葡萄园)②之别,而且民田的所有者除了民户之外,也包括官员和僧侣个人。虽然租佃契约中有的与"公田"有关,但上述明确记载固定用语的租佃契约则与民田有关。

从上述租佃契约的固定用语可知,民田的税、役全部由田主负担,民田的买田契约在田地所有权发生变动的同时,特别记载到"役"(劳役)的负担也一并转让,如《高昌 延寿十五年(638)六月一日周隆海买田券》[大谷1469、3458、3459、3461、3463〈录〉池田1973,第62页;池田1984,第269-270页;TTD(A),第7页;《集成》(1),第65页,(2),第101-102页;〈图〉TTD(B),第9页;《集成》(1),图版6,(2),彩图]记载如下:

> 周隆海从周"柏石"边,买东渠常田壹分,承壹亩半陆拾步役。即交与买价□钱壹伯贰拾文,钱即毕,田即付。田中役使,即随田行。

据此,"役"(劳役)是按照田地的面积来征课的,购买田地意味着要负担所有的劳役③。

(2) 国家对与田地有关的劳役负担的管理

与田地有关的劳役负担的转移,其买卖必须得到国王的许可,由国家来管理。白须净真对这一程序作了如下推断④:

---

① 《高昌 义和三年(616)屯田条列得水谪麦斛斗奏行文书》[67TAM364:14〈录〉《文书》第3册,第195-196页;〈图〉《图文》第1册,第388页]。马雍1976,第56页(收入马雍1990,第160页)。

② 池田1984,第285、290页。"公田"包括葡萄园,明确见于《高昌 武城堉作额名籍》[60TAM339:50-1/1〈录〉《文书》第3册,第216页]等。参关尾1992A,第91-92页。是否存在属于国王、王室或国家的田地尚难充分确认,本书为方便起见,将官府的田地统一称作"公田"。

③ 池田1984,第282、284-285页。

④ 白须1997,第151页。

1. 提出请求许可购买田地的"辞"⇒国王裁决许可⇒传达"王令"
2. 制作买地券
3. 提交买地券和第二份"辞"⇒国王裁决许可⇒传达"王令"⇒田地所有权和课役的转让登记

与第 3 道流程相关的文书有《高昌国末期（7 世纪前期，麹文泰时代）侍郎焦朗等传尼显法等计田承役文书》[68TAM99：6（a）〈录〉《文书》第 4 册，补第 64-65 页；〈图〉《图文》第 1 册，第 441 页]。如白须氏所指出，该文书是由国王裁决许可田地所有权和课役的转让，通过"王令"下达给负责机构，由该机构对每个案件进行登记和整理。

麹氏高昌国的屯田部是专门管理渠堰与灌溉用水及田地的机构。这件《计田承役文书》显然也是由屯田部制作的[①]。也就是说，田地所课劳役的转让亦由屯田部详细掌握和管辖。从该文书可以知道：①劳役负担的征课不仅按照田地的面积，而且也要考虑"厚田"（常田、葡萄园）、"薄田"等田地的肥沃程度；②劳役分为"俗役"和"道役"；③民田和寺田都要征课劳役[②]。

(3) 与田地有关的劳役和车牛供应

那么，对田地征课的劳役有着怎样的标准呢？要探讨这一问题，下揭吐鲁番文书颇为重要[③]，即《高昌[延昌二十七年（587）以前]计亩承车牛役簿》[86TAM385：2-1a，10-5〈录〉《新出》1997，第

---

① 白须 1997，第 152 页。
② 池田 1984，第 282 页。从后揭《高昌计亩承车牛役簿》可知，对寺田也要征课劳役。
③ 陈国灿 1994，第 55-57 页；陈国灿 1998，第 186 页；关尾 1998A，第 109 页。根据 1998 年三菱财团助成金资助的调查与 2007 年夏进行的科研调查（森安孝夫主持），确认了《新出》的录文。文书的基础信息如下：(2-1a) 纵 26.3×横 20.9cm。(10-5) 纵 13.1×横 25.5cm。纸色为浅褐色。因为粘贴了衬纸，所以不能测定帘纹和厚度。中等纸质。

27-29 页；陈 1998，第 185-186 页；〈图〉《新出》1997，第 404-405 页］：

【A】

　　（前缺）

1　　　　　　　　　田忠真三，康阿寅半，何善法①九步。
　　　　　　　　　合田卅四半九步。

2　孙狺儿　车牛一具　贾元顺九亩，孙道和五，田忠安七半，
　　　　　　　　　宋武孝五半，李

3　　　　　　　　　法忠六，张武惠八半，李佛救三，
　　　　　　　　　杜忠孝九步。

4　　　　　　　　　　　　　　　合田卅四半九步。

　（牛）　　　　　　　　　　　（七半）

5　［　］［　　］□四，孙孝宣寺八，张抠□□，宋奴

（十二步）

奴②十二，何善［　　］

6　　　　　　　　　　　　合田卅一半十二步。

7　王忠祐　车　　自田七半，宋奴奴半亩，贾寅忠二，
　　　　　　　　　贾僧忠二半，杜忠孝一百一

8　　　　　　　　　十七步。　合田十二亩半一百一十七步。

9　白安□　牛　　自田三，畜主簿四，参军守斌三，孙祐
子五半，马阿跋帝五，马武

　　（后缺）

86TAM385：2-1a

---

① 《新出》的录文为"阿善法"，但据笔者亲睹文书原件，当作"何善法"。以下同件文书第 5 行、【B】件第 6 行亦同样如此。

② 《新出》录作"□信信"，但据笔者亲睹文书原件，当录作"困奴奴"。

第 3 章 绿洲国家的接待事业与财政基础 | 119

【B】

  （前缺）

1 [   ]囗亩

       （合田）

2 [   ]步

     （车）

3 [   ]囗百一十七步

   （合田十二亩半一百一十）

4 [   ]囗步

   （牛）

5 [   ]囗半，任佛恩

6   ]何善法十二囗

  （合田卅一半十二步）

7   [   ]

....

  （车牛一具）

8   ]囗索显祐三，宫文崇

9   ]囗半，宋驴驹四，袁主簿

10   ]步，主簿元斌一半

    （合田）

11   囗囗卅四亩半九步。

86TAM385：10-5

  该文书【A】的背面为《高昌 延昌二十七年（587）五月虎牙将军张忠宣随葬衣物疏》[86TAM385：2-1b〈录〉《新出》第 26 页]，【A】的撰作年代显然是在延昌二十七年（587）以前[1]。

---

[1] 参荒川、关尾 2000，第 64-65 页。

该文书的上部登记了冠有人名的车牛或车、牛，下部各处用小字双行并注，添注了人名或官名+人名及寺院名，逐一记录田地的亩、步数，最后分别记录小字注文中的田地总额。从现存的记载进行统计，共有44亩129步（3例）、31亩半12步（1例）、12亩半117步（1例）。

文书残损较多，但将此田地额与文书上部所记的车牛种类合而观之，显然是按照田地额来决定车牛的内容，即：44亩129步要供应1具车牛，31亩半12步要供应1头牛，12亩半117步要供应1台车。"31亩半"、"12亩半"中的"半"，半亩等于120步，兹将"半"亩换算为步数所示如下：

12亩237步　⇒　1台车

31亩132步　⇒　1头牛

44亩129步　⇒　1具车牛

上面的录文就是基于这一解释对残损部分所作的推补，所以该文书的构成可以复原如下：

【A】

　　① 1具车牛

　　② 1具车牛

　　③ 1头牛

　　④ 1台车

　　⑤ 1头牛

【B】

　　① 不明

　　② 1台车

　　③ 1头牛

　　④ 1具车牛

该文书共登录了3具车牛、2台车、3头牛，另一项种类不明。

另外，根据这件帐簿可知，车牛供应的劳役不一定是供应整套车牛，也可以各自单独供应牛、车，而且记录 1 具车牛的田地额是合计牛和车所据田地的数额。也就是说，以田地面积为单位征发车牛时，是采用了约 45 亩、31 亩、12 亩等田地汇总数。这些比率大概接近 3∶2∶1，与官方规定支付给远行车牛的租额比例一致①，反映了麴氏高昌国车和牛的估价水平。

麴氏高昌国的车牛是以一定的田地面积为单位来征课供应的，每个单位由多位成员构成。如前所见，这些供应是由田地所有者来负担的，成员中也包括主簿、参军等官员和寺院（孙孝宣寺）。供应的对象除一般民户外也包括官员，除民田外也包括寺田。

另外，作为供应标准的田地额统一为 44 亩 129 步（44 亩半 + 9 步）、31 亩 132 步（31 亩半 + 12 步）、12 亩 237 步（12 亩半 + 117 步）等数额，其中含有零头步数，不过这些步数仅限于个别特定人物的田地，即：田地所有者杜忠孝在【A】中两次出现，第一次在第 3 行末，9 步，属于"②车牛"类型；第二次在第 7 行末，117 步，属于"④车"类型。田地所有者何善法之名在【A】、【B】两残片中均有出现，分别在 3 组的末尾（【A】①③、【B】③），分别为 9 步（【A】第 1 行）、12 步（【B】第 6 行）。这表明，杜忠孝和何善法也有一些零头步数，在车牛、车、牛小组之间充当调节之用。可见为了平均分配供应负担，需要对所征课的车牛供应进行精密计算。

不过从这件《车牛役簿》可知，第 2 行的孙狶儿实际提供了车牛，却未必是田地所有者，孙狶儿负担的是贾元顺以后的 8 人供应的 1 具车牛。也就是说，《车牛役簿》中登录了孙狶儿的车牛，但这具车牛却由后面所列的 8 位田地所有者来供应，估计田地所有者可能给了孙狶儿同等的价格（雇价）②。

而分别供应 1 台车、1 头牛的小组，每位成员都要供应车、牛。每

---

① 参第 1 章第 3 节 (3)。
② 陈国灿已经指出了这一观点。陈国灿 1998，第 186 页。

台车、每头牛如何相应地自费供应呢？每具车牛的自备供应是一件困难的事情。

另外，麴氏高昌国的田地被分成为小块，盛行租佃制①，由此可见许多民户拥有多块土地②。上引《车牛役簿》似乎就是以此种形式登录了零碎的田地，保持着小块田地的实际面积。这明确显示出，组建小组就是要对所拥有的多块田地进行统计合算。毕竟，车牛的供应不是以人，而是以田地为单位的。

（4）渠堰和车牛供应

那么，各个小组的成员是如何确定的呢？

关于这一点，应该留意拥有零碎田地的人们组建了小组，亦即很可能以实际的田地面积为基准来组建小组。合计额约45、31、12亩的田地所有者小组，实质上是作为供应劳役的责任组织而发挥着作用，所以田地所有权虽然转让频繁，但也要考虑到小组的自身构成没有发生大的变动。

车牛供应的标准田地额为45、31、12亩，吐鲁番的田地利用渠堰来灌溉，首先应该考虑这些渠堰基本上都是由国家（屯田部）来管理和掌握的。

在吐鲁番的高昌城周边，四面八方都遍布着水渠③。周藤吉之已经研究指出④，各条水渠均设有堤堰，用于取水、放水。唐代，每条堰设置一名管理人员，称为堰头，由他们制作帐簿，登记该条堤堰所灌溉的田地的所有者、耕作者和田地面积、种植状况，这种帐簿俗称为堰头文书。兹据此将每名堰头管辖的田地面积列作表3-1⑤：

---

① 池田1975A，第37-38页。
② 关尾1992A，第85页注（16），第93页。
③ 西村元佑1968，第450-452页；大金1988；孙晓林1983，第523-528页。
④ 周藤1965A。
⑤ 周藤1965A，第38页；池田1975A，第36页。

表 3-1　每条堰的灌溉田地额

30 亩以下	30~49 亩	50 亩以上
①12 亩 ②19 亩 200 步 ③20 亩 ④20 亩+α ⑤24 亩	⑥35.5 亩 ⑦37.5 亩 ⑧41 亩	⑨50 亩+α ⑩57 亩+α ⑪60 亩+α

据《天授二年（691）、如意元年（692）西州 高昌县诸堰头等申青苗亩数佃人牒》[〈录〉《籍帐》No.120A，第 322-334 页] 合计每名堰头（①~⑪）的田地额。

每名堰头合计约为 20 亩、40 亩，最少的 12 亩，最高者 60 亩左右，由此可知堰头管辖田地的规模，这一规模很可能反映了每条堰的灌溉面积。车牛供应的田地额为 45、32、12 亩，从该堰灌溉的田地面积看，少者供应 1 台车，多者增加 1 具车牛，配备 1 头牛，可见作为车牛供应标准的田地额可能与从堰取水的田地面积密切相关。

阚氏高昌国时代的《高昌 石垂等诸渠麦、床、豆、瓜等亩数簿》与唐西州时期的《佃人文书》①，分别处在麹氏高昌国时代以前和以后，充分表明在麹氏高昌国，很可能也是每条渠堰都制作了田地总帐。如前所见，屯田部征收"水䮚（䙷）"，掌握着田地的"作付状况"②，可见每条渠堰的田地总帐亦由屯田部制作。

从屯田部掌握着与田地有关的"役"（劳役）转让来看，上述基于田地面积的《车牛役簿》亦由屯田部负责制作。总之，屯田部很可能是以制作好的《诸堰田地总帐》与《田地所有权和课役转让簿》为根据而制作《车牛役簿》。

（5）实物纳税（田租、刺薪）和车牛供应

---

①　关尾 2002A，第 21 页。

②　关尾 2002A，第 21 页。《高昌 延寿十七年（640）四月屯田下交河、南平郡及永安等县符为遣魏文玉等勘青苗事》[73TAM519：19/2-1〈录〉《文书》第 4 册，第 124-125 页；〈图〉《图文》第 2 册，第 71 页]。

那么，按照每条渠堰的田地面积来征课车牛供应，《车牛役簿》中登录的车牛是如何使用的呢？首先，不难推测这与田地的税物运输和交纳密切相关。

与田地有关的税物，首先可以举出田租［租粟、租麦、租酒（葡萄酒）］和刺薪。以往的观点认为，刺薪是一种叫作"羊刺"的草茎①，其详细情况不明，但无疑是作为税物广泛征收的草木类植物，与"木薪"有别②。另外，西州时代的吐鲁番文书《唐 开元年代（约740）西州纳大税钱抄》［大谷4890〈录〉《籍帐》No.190，第438页；《集成》第3卷，第56-57页］云③：

1　　　　］年大税钱壹伯陆拾伍文。
2　　　　］□十八日，堰头曾礼抄。
3　　　　　］拾文，十一月廿一日，曾礼抄。
4　　　　　］十一月廿八日，曾礼抄。
5　　　　］□钱壹伯壹拾柒文。
6　　　　］月十五日，刺头曾思礼领。
7　　　　　钱壹伯壹拾柒文。

（余白）

---

①　陈仲安1990，第9页；关尾1993B，第125-126页。不过具体指什么样的草木不详。如后所述，敦煌的"刺"、"白刺"等税目也征收草木类植物。据刘进宝研究，这是沙漠地带（内蒙古~新疆）自己生长的、可作为骆驼饲料的"泡泡刺"（Nitraria sphaerocarpa，蒺藜科）之类，是一种高30~50cm的灌木，茎弯曲，顶端呈刺状，是修筑水渠的合适材料。刘进宝2007，第161页。另外，堀敏一推测这是一种已知的名为"五加"（Acanthopanax spinosum）的灌木。堀1999，第331页。"五加"是五加科落叶灌木，有药用，在日本自然生长于北海道，在中国分布于东北地区。"五加"为何会成为敦煌的税物？原因不明。

②　关尾1995，第54页。不过关尾史郎强调，记载"木薪"的文书与能够见到刺薪的时代并不重合，更应该关注文书性质的区别。

③　该文书记录了大税钱的交纳及其收领，所以收领者（机构）全是曾（思）礼。第3、7行笔迹不同。引用本文书的文献信息，参陈国灿2002，第282页。

堰头曾（思）礼是堰的负责人，第 6 行又写作"刺头"（负责征收刺薪的人）①。这表明，西州时代的刺薪是按堰征收的。如刘进宝所指出，考虑到刺薪的税物性质及堰头由刺头来充当之背景，刺薪应当是用来修补渠堰的②。当然，麹氏高昌国时代的渠堰也需要修补，这个刺薪征收体制可以追溯到麹氏高昌国。

如下所列，时至 10 世纪左右，吐鲁番与敦煌地区与田地有关的税物同样也征收草木类植物：

○吐鲁番——【西州回鹘】与田地有关的税物"ï"③

○敦煌——【曹氏归义军】与田地有关的税物"柴草"④

也就是说，敦煌归义军与吐鲁番的西州回鹘国一样，都征收"柴草"来作为税物。在敦煌，"柴草"分为"柴"和"草"⑤，"柴"是按照征收种类在各渠设置枝头或白刺头来负责征收，由他们实际执行征税事务⑥。许多学者已经介绍过《年代未详（10 世纪？）沙州诸渠白刺头名簿》［S.6116〈录〉《籍帐》No.294，第 604 页等］，名簿中列举了以渠为单位的白刺头的名字⑦。与同一时期负责征收官布（也是税物

---

① 卢开万 1991，第 182 页；刘进宝 2001，第 780 页；刘进宝 2007，第 171 页。"刺头"一词，除了斯坦因所获高昌故城出土文书［《籍帐》No.188，第 437 页；《斯坦因》第 405 页；Maspero 1953, p.162］以外，亦见于吐鲁番鄯善县新发现的文书《武周 证圣元年（695）闰二月刺头文书》［TSYMX1：1-4〈录〉陈国灿 2006，第 43 页］。

② 刘进宝 2001，第 780 页；刘进宝 2007，第 171 页。

③ 森安 1991，第 51-52 页。

④ 森安 1991，第 51 页注（26）；雷绍锋 2000，第 78-98 页等。关于 10 世纪的敦煌税制，许多学者做过探讨，如日本池田温（1973；1990B）、堀敏一（1980；1999）二氏，中国除雷绍锋外还有刘进宝（2001；2007）等。

⑤ 柴每亩征收 0.4 束，草每亩征收 0.6 束。雷绍锋 2000，第 84-86、98 页。不过，刘进宝认为草每亩征收 0.3~0.7 束。刘进宝 2007，第 140 页。

⑥ 赤木 2007，第 39 页。

⑦ 池田 1990B，第 63 页；雷绍锋 2000，第 92 页；刘进宝 2007，第 169-171 页。

之一）① 的官布头一样，白刺头负责征收白刺，敦煌的每条水渠同时配备了枝头和白刺头。这个白刺也与麴氏高昌国一样，是用来修补灌溉设施的②，但是否以堰为单位则不详。在敦煌，很可能按照渠堰灌溉一定面积的田地，由白刺头来征收一定数量的白刺。

此外，在麴氏高昌国，刺薪不只是用于修补灌溉设施，似乎还交纳给中央作为燃料使用，吐鲁番文书中保存了给中央交纳刺薪的上奏文书《高昌 延和十二年（613）呈刺薪奏尾》［86TAM388：22-4，21-5，21-6〈录〉《新出》1997，第70页；〈图〉《新出》1997，第437页］。在这件上奏文书中连署签名的"威远将军麴□□"，很可能是屯田部的官员麴仕悦③，所以中央收纳刺薪的机构是屯田部。另一方面，关尾史郎也已指出田租的交纳部门是屯田部④，可见与田地有关的税物（田租、刺薪）均由屯田部负责征收。

麴氏高昌国建立了每条渠堰大约配备1具车牛的制度，《车牛役簿》中登录的车牛首先要考虑用于搬运与田地有关的税物。这些税物先交纳到屯田部，然后再交到仓部掌管的"国"（国家）仓库。前面探讨接待使节所需要的粮食和物品，确实是从"国"（国家）仓库中支出的［参第2章第3节（2）］。

（6）"公田"和车牛供应

除了这种与田地有关的税物搬运外，《车牛役簿》中登录的车牛还分配给每个坊来承担劳役。首先拟探讨下揭文书《<u>高昌</u>出用、杂除、对

---

① 官布采取按一定的田地面积来征课的体制［多名田地所有者的田地合计额为2顷50亩（250亩）或3顷，征收1匹布］。池田1973，第77、110页注（76）；池田1990B，第60页；堀1999，第320-322页；雷绍锋2000，第68-69页；刘进宝2007，第126-130页等。
② 池田温早已指出这一点。池田1990B，第65页。参刘进宝2007，第161页。
③ 关尾1991B（下），第75-76页。
④ 关尾1994A，第8页。

额役使车牛残奏》[86TAM388：21-4，22-3〈录〉《新出》第 71-72 页；〈图〉《新出》第 438 页]①：

（前缺）

【A】（　　　坊依额壹剂）

1　[　　　　　　　　　]得车牛贰伯具。

2　　　]五日出用车牛贰拾叁具，充牛壹伯陆拾壹头。

3　　　　　　　　]壹具，白水间耕田除

（次案辞传杂除，对额使车牛）

4　[　　　　　　　　　　　　　　]因。了。

....

【B】（　　　坊依额壹）

5　[　　　　　　]剂得车牛壹伯陆拾叁具。

6　案到四月初，案出用车牛陆具，充牛壹伯肆

7　　　]具叁拾壹具，十骑除壹具，上马除壹具。

8　　　　　　　次案杂除，对额未使车牛伍具。

（后缺）

【C】②

（前缺）

1　　依案从三月廿二日至廿九日出用车牛拾伍具，充牛壹伯伍[

---

① 根据 1998 年三菱财团助成金资助下的调查和 2007 年夏进行的科研调查（森安孝夫主持），确认了《新出》的录文。文书的基本信息如下：（21-4）纵 19.3×横 20.2cm。(22-3) 纵 24.5×横 25.7cm。纸色均为浅褐色。因为粘贴了衬纸，所以不能测定帘纹和厚度。中等纸质。

② 《新出》中的第 8 行和第 9 行之间，标有表示纸缝的虚线，但据笔者亲睹文书原件，却全无纸张连续粘贴的痕迹，因此第 8 行以前【B】和第 9 行以后【C】应该理解为不同的案件。

2　　　　　　放驼除贰具，十骑除贰具，上马除壹具，帐下除壹具。
3　　　　　　　　　　　次案辞传杂除，对额使车牛尽。
【D】
4　　　□北坊依额壹剂得车牛壹伯陆拾究具。
5　　　　　　　　　　　　]具，充牛壹伯肆拾柒[
　　　　　（次案辞传杂除，对额使车牛）　　　（了）
6　　　　　[　　　　　　　　　　　]尽。　　□
··
7　　　　　　　　　　　[　　　]巩　　　　□□
8　　　　　　　　　　门下校郎　司空　　　□□
9　　　　　　　　　　通事令史　和　　　　□□
10　　　　　　　　　　行门下事侍郎高　　　□□
（后缺）

从该文书【D】可知，在麹氏高昌国，车牛的供应以各坊为单位来划分和使用。此处所见的坊设在高昌都城内，现在可以确认在城东北、东南、西北、西南有4个坊①。麹氏高昌国时期，包括都城外有田地的田主和耕种者在内的居民基本上都住在城内②。

从这件文书看，城内各坊的车牛是据"额"（名额）划分的，【A】每次200具，【B】每次163具，【D】每次169具（□北坊），每个坊的车牛具数并不相同。

另外，文书中记录各坊分为"出用"车牛和"除"车牛。"出用"与"使"（使用）同义，指役使车牛；"除"意为"免除"，指免除役使车牛。例如，"十骑除壹具"、"上马除壹具"，意为供应"十骑"和"上马"就可代替免除供应1具车牛的劳役。也就是说，本来应该供应

---

① 关尾1999，第301-302页。
② 池田1988，第186页。

车牛，但给了10匹马和"上马"就可以免供车牛[①]。

由此可见，【A】中"出用"23具车牛（161头牛）[②]，免除"出用"1具车牛+α；【B】中"出用"37具车牛，免除"出用"2具车牛；【C】中15具车牛（105头牛），免除"出用"6具车牛。另外，从【C】第1行也可知15具车牛"出用"了8天。

关于免除"出用"的车牛，《高昌东南、西南等坊除车牛额文书》[72TAM154：21；72TAM154：25〈录〉《文书》第3册，第133-134页；〈图〉《图文》第1册，第363页][③] 分别做了统计：

（一）

1　东南坊除车牛额

2　□□柤，孙怀伯，牛佛奴，□□臭，牛欢富，范摩遮，右（除）

陆人，上马□。

3　[　　]麦儿，赵伽孖，张明愿，孟伽儿，右伍人，十骑除。

（二）

1　　　　　　　　　　合除车牛拾壹具

2　西南坊除车牛额

3　康海护，右壹人，十骑除。桑师祐，右壹人上马除。

　　（坊）

4　□□除车牛额

---

① 参关尾1992A，第90-91页。

② 关于出用车牛数额之后所记的"充牛~头"，难以明确解释，有待于今后的探讨。

③ 根据1998年三菱财团助成金资助的文书调查，在确认《文书》、《图文》的录文基础上做了部分补订。（一）72TAM154：21，纵27.8×横8.1cm（纸张上下基本保存完好）；（二）72TAM154：25，纵20.8×横9.1cm。背面均空白。纸色均为浅褐色，每厘米有4~5根帘纹。纸张厚度中等，中下~中等纸质。

（后缺）

这些文书均出土于阿斯塔那154号墓，是从死者的鞋子上拆出来的，由（一）鞋的侧面部分、（二）鞋底部分构成。从同墓出土的文书整理编号（21和25）来看，它们拆自同一只鞋子。从阿斯塔那出土的其他例子亦可看出[①]，它们极可能是一组文书的两个残片。从内容上也可一眼发现文书格式是相同的。（二）的开头第1行记载"合除车牛额拾壹具"，很可能是（一）免除车牛的总额。

如果这一推测成立，就可确认该文书是根据一定的格式来制作的，开头是冠有坊名的标题（坊名+"除车牛额"），后面记录人名单和总人数+"马的种类+除"，最后附记车牛总额。标题中的"除车牛额"是高昌城内各坊免除供应车牛的数额。关于（一）第2、3行及（二）第3行中的"十骑除"、"上马除"，见前所述。

从这些文书可以明确知道，供应的车牛是由城内各坊汇总后来"出用"的。

这里必须考虑的是，如关尾史郎通过分析《作人名籍》已经指出，屯田部要求城内每坊不但要供应车牛，而且还要供应作人（属民）[②]。屯田部另外还规定，只有供应作人及车牛，才能耕种高昌国的"公田"（谷田和葡萄园）[③]。上引文书中的车牛"出用"，车牛的运用除了很容易就想到的搬运之外，还有与"公田"耕作有关的劳役任务[④]。

池田温已经指出，麹氏高昌国在民田之外还存在许多"公田"，这

[①] 参荒川2003B。
[②] 关尾1991B（下），第68-76页。
[③] 关尾1991B（下），第76页；关尾1994A，第7页。
[④] 前揭《高昌出用、杂除、对额役使车牛残奏》特别记载到"白水间（涧）耕田"，但《西州图经》[P.2009〈录〉《释录》第1辑，第55页]列出了从交河县（交河故城）界通往"处月以西诸蕃"的"白水涧道"。这个"白水间（涧）"可能与"白水涧道"有密切关系。由此可见，"白水间（涧）耕田"是高昌城周边的田地。这是另外特别记作"出用"的背景。

些田地源自汉代在高昌的屯田；另外，国王或国家拥有的大量"公田"是根据民户的徭役而形成的耕作体制①。若将这一观点与此处探讨之事一并考虑，麴氏高昌国为了耕种广泛存在的"公田"，屯田部按照民田、寺田所有者的田地面积来供应车牛和作人。前面说到屯田部以渠堰为单位制作田地簿，但很可能还根据田地面积来制作供应车牛和作人的帐簿。

由上可知，麴氏高昌国按照渠堰灌溉的田地面积，对民田、寺田除了征收田地所产的谷物以外，还征课供应刺薪和车牛、作人，特别是广泛存在的"公田"有着供应"役"（劳役）来耕营的一面。

供应车牛的小组可能不仅要提供车牛，还要承担与田地有关的全部税、役及其交纳义务。屯田部统辖渠堰的灌溉事宜，是负责征收与田地有关的劳役供应和田租、刺薪等税物的相关机构。

在绿洲地区，田地所有权的获得与水利权的取得是相配套的。毋庸赘言，水利权远远优先于田地所有权。在麴氏高昌国，虽然按照渠堰灌溉的田地面积来征课税、役，但这些税、役的负担方式对于灌溉设施由国家（屯田部）统辖、水利权由官府掌控的绿洲国家来说，是课役的必然状态②。

3 与马匹饲养有关的劳役

（1）课役的单位

如前所论，拥有民田、寺田者也可以供应各种马和骆驼，以代替车

---

① 池田1984，第285、290页。此外参关尾1994A，第6-7页；孟宪实2004，第128-132页等。

② 可见绿洲水利权的取得和力役的供应发挥着一体性的功能。除了车牛供应之外，可能还要征课修补渠堰的劳役。关于绿洲基层的劳役供应和取得水利权的惯例，后来拉铁摩尔（O. Lattimore）报告了新疆（库车）的相同例子。Lattimore 1950（再刊 Lattimore 1975, pp. 163-164）。

牛，这是一种特例。供应1匹马的负担等同于1具车牛，也就是说，麹氏高昌国的马匹供应等同于负担45亩田地左右的车牛劳役。

实际上如前所见［第1章第2节］，早在麹氏高昌国以前，官府就让民间饲养马匹。换言之，最初在5世纪北凉高昌郡与阚爽政权时代，施行了根据当地民众的赀额（财产额）来配备交通用马（赀马）并负担饲养义务的制度①。

"赀马"的饲养负担由"赀"额（财产额）来决定，这一赀额是基于怎样的财产来计算呢？关于这一问题，从大约同在沮渠氏北凉流亡政权的承平年间（443~460）的《赀簿文书》不难看出②，"赀"额基本上是根据各户拥有的田地面积和质量计算出来的③。

那么，以多少"赀"额来供应马匹呢？令人注目的是，《北凉 缘禾五年（436）民杜犊辞》［79TAM382：6-2〈录〉《新出》第8页；〈图〉《新出》第391页，图版3］④记载如下：

1 缘禾五年二月四日，民杜犊辞，犊
2 有赀七十八斛，自为马头。宋相明
3 有赀十六斛在犊。马著身即
4 自乘去。前十月内胡贼去后，
5 明共犊私和，义?、著有赀，义? 身
6 □□取马之际，困 义?□□□□□

　　　　　（后缺）

---

①　朱雷1983（收入朱雷2000）。
②　池田1973；朱雷1980（收入朱雷2000，第1-24页）；町田1982；王素1996，第75-77页；王素1997，第133-135页；关尾2005。
③　不过池田温认为，"赀簿"的计算不是仅指拥有所有权的田地，也包含租佃的田地。池田1975A，第19-20页。此据朱雷、町田隆吉二氏的说法。
④　根据1998年三菱财团助成金资助的调查，确认了《新出》的录文。纵24.3×横19.5cm。纸张上下基本保存完好。纸色为浅褐色。每厘米有4~5根帘纹。纸张厚度中等，中下~中等纸质。引用本文书的所有文献信息，见王素1997，第108页。

该文书属于阚爽时期（435~442），此处的解读虽然也没有超出翻译（日文原书在引录文书后有日译——译者注）的范围，但从开头部分的内容可以了解到，杜犊（78斛）与辞文中的中心人物宋相明（16斛）一起饲养赀马。由此可见，在合计所有赀额（财产额）来配备饲养马匹之际，拥有100斛左右的财产额，要分派饲养1匹马[①]。

表3-2　每亩斛数与田地种植表

（每亩斛数）3斛	蒲陶、桑、枣、瓜、常田、"无他田"
2斛	卤田、沙车田、石田
1斛	空地

考虑到分派1匹马的100斛财产额是基于《赀簿文书》中的"亩产斛数"（根据田地的质量与种植作物的种类，有不同的估算额，见表3-2），全部亩产量为3斛时，大约为33亩田地；全部亩产量为1斛时，则相当于100亩的产量。不过，有的"空地"（什么也没种的耕地）亩产量为1斛，所以许多田地应该也没有弃耕。这里应当考虑到：田地的中心区域是葡萄、枣、瓜、常田，亩产3斛；广泛分布在外围地带的是卤田、沙车田、石田，亩产2斛。易言之，100斛的财产额大约是40亩的产量，当无问题。

由此可知，100斛"赀"额负担1匹马，大致相当于麹氏高昌国45亩左右的田地分派负担1具车牛，麹氏高昌国允许用1匹马充替1具车牛。

这表明，从5世纪的北凉高昌郡到麹氏高昌国，当地与马有关的劳

---

① 不过朱雷指出，赀额6斛分派饲养1匹马。朱雷1983（收入朱雷2000，第27页）。町田隆吉、王素二氏亦持此说（町田1982，第58页；王素2000，第103页）。不过，仅6斛就分派饲养1匹马，负担过于沉重。在这样的背景下，有必要思考士兵饲养军马是一件特殊的事情，很难适用于一般的标准。此处据《北凉缘禾五年（436）民杜犊辞》来进行解释。

役负担大概一直很重。如此，麴氏高昌国与马有关的劳役，自然也是继承了按照财产额的负担（即各户拥有的田地额）来配备马匹的传统[①]。

如前所见，车牛是以渠堰附近的田地为单位来配备的，而马则与过去一样是根据每户的田地数额来配备。前节（6）所探讨的案例是基于包括寺田及僧人、官员在内的民田所有者组成的供应车牛的小组，以马匹代替车牛来进行供应。

关于马匹，从《高昌计人配马文书》[72TAM153：31，32，33〈录〉《文书》第2册，第330-332页；〈图〉《图文》第1册，第281页]可知，麴氏高昌国也以人为单位来分派马匹饲养任务，即：2人分派1匹马，5名"逻人"分派2匹马，其中"逻人"指巡逻警备的士兵。以人为单位分派马匹饲养任务似乎与兵役有关，即饲养军马。如此，"逻人"以外的2人很可能也承担兵役。另外，该文书记载，寺院也承担养马任务，政府估算各个寺院的分配额（0.5～3分），诸寺合计，每"十分"分派饲养1匹马。

麴氏高昌国官方买马[②]由掌管军事的兵部负责。兵部掌管马匹的饲养是基于田地的财产评估来分派，如同此处所见，以服兵役者和寺院为单位来分派劳役负担。

吐鲁番居民大多拥有车牛，而马则极少。《唐 西州某乡户口帐（三）》[64TKM1：29（a），30（a）〈录〉《文书》第4册，第11页；〈图〉《图文》第2册，第9页]记载唐西州时代的情况如下：[③]

（前略）

7 □□□□驴騍马牛车

[①] 从以往的研究可以明确知道，麴氏高昌国不问僧俗，对民户（含官员）、寺院（含属于寺院的僧侣）都征课饲养马匹。关尾1993C。

[②] 兵部掌管马匹，见于《高昌 延昌二十七年（578）兵部条列买马用钱头数奏行文书》[66TAM48：25，31〈录〉《文书》第3册，第73-74页；〈图〉《图文》第1册，第339页等]。

[③] 笔者没有亲睹文书原件，暂从《文书》、《图文》进行录文。

8	一百卅六	犍	牛
9	卅七	牸	牛
10	六匹	□	马
11	七头	和	驴
12	一百五口		羊
13	一百卅五	□	

此处统计了西州高昌县下面某乡的牲畜种类及数量，与马、驴相比，羊、牛占了大部分。《唐 开元二十一年（733）西州 蒲昌县定户等案卷》[73TAM509：8/20，8/3（a）〈录〉《文书》第9册，第97-100页；〈图〉《图文》第4册，第311-312页]也记载富户（7等户）有车牛，但完全没有见到马。与该乡的特殊情况相比，上述某乡拥有的牲畜状况显示出了普遍性的倾向。

由上可见唐代吐鲁番民间拥有马匹的状况，但麹氏高昌国的百姓除了给官府供应马匹[①]，更多的是以财产额和人、寺院为单位承担官马的饲养任务。

（2）长途劳役及其雇佣化

如前面探讨的《给价文书》所见[第1章第3节]，提供远行车牛的远行车牛子中有寺院僧侣（罗寺道明）和官员（参军、主簿、侍郎）的联名签署，可知无论官民、僧俗都要承担远行车牛任务。关于远行马，题名为《高昌买驮、入练、远行马、郡上马等人名籍》的残片文书[72TAM151：56，57〈录〉《文书》第4册，第170页；〈图〉《图文》第2册，第96页]云："次远行马，高甗伯，□□□□，永隆寺，常侍庆嵩，张相受，贾寺，冠军，侍郎子洛。"与车牛一样，远行马的供应者有官有民，有僧有俗。就像已经看到的那样，麹氏高昌国车牛和

[①] 关尾史郎推测，马帐中登录的马匹具有"官马"性质，不过即便是"官马"，也未必是指官府拥有的马匹，民户购买备用的马匹也属于"官马"。关尾1993C（下），第2页。

马的供应、饲养徭役，无论官民、僧俗都要承担，恐怕远行车牛、远行马也是其中的一部分。

不过，如同前揭《给价文书》所见，延寿年间，根据规定，官府对于提供远行车牛的官民、僧俗，一律支付银钱。即便是基于麹氏高昌国的远行车牛本来就要供应车牛作为力役的传统，也要考虑到远行的负担过于沉重[①]，这种力役任务从一开始就破例允许用其他物资来代交。

关于远行车牛，考虑到《给价文书》的年代是在高昌国末期的延寿年间，雇佣车牛的供应者（户）出现固定化、职业化趋势，可以设想是从供应体制完全转向了银钱雇佣体制。笔者另文指出[②]，6 世纪中叶以后，麹氏高昌国普遍流通银钱。给远行车牛子支付银钱就是在这样的背景下出现的。

《给价文书》【d】件登载了远行车牛子（洿林县主簿等人），他们供应了几乎所有的远行牛来从事物资运送，其结果是得到 121 文以上的银钱[③]。各位远行车牛子获得的银钱数额，实际上与牛的远道价大

---

① 在西州时代，牛车的远行出使最初是作为惩罚而征课的。《唐城南营小水田家牒稿为举老人董思举检校取水事》[73TAM509：8/27〈录〉《文书》第 9 册，第 146-147 页；〈图〉《图文》第 4 册，第 339 页]云："如有不依次第取水用者，请罚车牛一道远使。如无车牛家，罚单功一月日驱使"。这里说"如果没有车牛之家，要被惩罚做一个月的单功（1 个劳动力）劳役"。另外，吐鲁番和哈密之间的往来（730 里×2，《元和郡县图志》卷 40《陇右道下·伊州》，第 1029 页等）估计需要一个月的行程［第 5 章第 3 节（1）］，这个"远使"就是往来于吐鲁番和哈密的课役负担。

② 荒川 1990A，第 148-152 页。

③ 洿林县主簿得到 121 文银钱（第 18 行），可以判断这是他供应 11 头牛的近道价（11 文×11 头），而后面的 14 文、4 文银钱或许也可以解释为卖掉死牛之肉，以其他理由补偿给他。

致相当①。这表明，雇佣远行车牛所定的价格是比较高的。

考虑到以上这种情况，远行马也与远行车牛一样在发生变化，即：伴随过重的劳役任务，推测与上述远行车牛一样，长途劳役的负担者（户）也走向了固定化、职业化及雇佣化②。

如同本章开头所述，麴氏高昌国征收一种"远行马价钱"来支付钱款，是从620年以后开始的。

关于这笔钱款，唐长孺推测，麴氏高昌国对拥有车牛马的人户征课很重的远行劳役，但是只要向官府交纳税钱，就可以免除征发此项劳役③。如关尾史郎指出的，后来关于该税的争论颇多④。620年以后，不只是远行马，就连托付给民户饲养的"官马"都由官府自己饲养，并以此为契机向全体民户征收远行马钱⑤。他认为，此税以2文或3文银钱为单位交纳。总之，过去吐鲁番的马匹由民户负担饲养，但620年以

---

① 关于牛的买卖价格，例证较少，但据交易文书［TTD Ⅲ（A），第14页］可知，8世纪后期，1头牛可以卖8匹大练。参 Wang 2004, p. 77。根据《唐 天宝二年（743）交河郡市估案》［《籍帐》第448页］，1匹大练折合为450~470文铜钱，所以8匹大练为3600~3760文铜钱。根据《交河郡市估案》［《籍帐》第454页］，细（上等的）犍牛为3800~4700文，而普通的犍牛则跌至2200~3200文。附带说一下，7世纪末~8世纪，银钱与铜钱的兑换率大约为1∶32。参池田1975A，第99页注（99）。因此，8匹大练折合为112~117文银钱。不过，这是唐西州时代的价格，而在麴氏高昌国时代，马的价格应该比牛贵，贸易价格为35~45文银钱。参池田1973，第63页。可见在麴氏高昌国时代，牛的价格也应该比这个数额低。

② 从《高昌 延昌年间兵部赁近行马驴残奏》［86TAM386：21-3〈录〉《新出》第54页；〈图〉《新出》第421页］可见，延昌年间（561~601），兵部分时段从民间租赁"近行马驴"。关于该文书的研究，参王素2000，第510-511页；关尾2002B，第422页。6世纪后期已经发生从民间租赁马驴之事，但租赁是"近行马驴"，而非"远行马"。

③ 唐长孺1982，第92页；池田1982，第70页。

④ 参王素2000，第514页。

⑤ 关尾1993B，第124页。如同前面的注释，关尾史郎认为，这些马匹尽管称作"官马"，但未必是指"官衙"拥有的马匹之意，从民户购入备用的马匹也属于"官马"。关尾1993C（下），第2页。

后，改为全体民户支付和交纳税钱，由官府来饲养。

然而问题在于，既然远行马与托付给民户饲养的官马都同样由官府自己来饲养，那么为什么要用特定的"远行"之名来作为税目呢？应当予以说明。很难设想把过去托付给民户饲养的马全都交给官府自己去饲养。

收缴这笔远行马钱，顾名思义不应该首先考虑与马的长途劳役的关系吗？如前所论，考虑到饲养马匹的负担是基于田地的财产额征课的，该税钱的性质应该是为了免除长途劳役而交纳的钱款。总之，"远行马价钱"可能本来是为了免除向马及其饲养者（户）征课很重的长途劳役而征收的钱。

车牛供应者同样在走向固定化、职业化及雇佣化，那么，远行车牛又如何呢？这里应该留意麹氏高昌国末期的下揭文书《高昌延寿八年（631）田亩出银钱帐》[68TAM99：2〈录〉《文书》第 4 册，补第 50-51 页；〈图〉《图文》第 1 册，第 434 页]①：

(前缺)

1 □□质田四，史阿种田四亩半六十步，和□愿田六十步，高延□

2 □□，朱海忠田二，氾元海田三亩四十步，冯方武田五亩六十步，

3 □怀儒田二半，张元悦田三半，李善守田三半，黄奴奴

4 田二半伯步，樊庆延田二半，贾善来田二亩六十步，康

5 延□苇田七，系保悦田二半，延寿八年辛卯岁六月七日，出银

---

① 根据 1998 年三菱财团助成金资助的调查，确认了《文书》、《图文》的录文。文书上下基本保存完好。纵 28.2×横 35.7cm。纸色为浅褐色。每厘米有 4～5 根帘纹。纸张厚度中等，中下～中等纸质。引用本文书的所有文献信息，见王素 1997，第 286 页。

6　钱二文。

7　广昌寺田四，孟□□田五，左武相田三，白淹缘田二，秃发伯

8　□田四，曹□□□四，员延伯田二亩六十步，赵众养田四半，

9　（□□□□）周庆□田六，夏永顺田三半，贾□女

10　田四，樊庆隆田二半，良朋悔田三半，

11　延寿八年辛卯岁六月七日，出银钱二文。

可知（A）"46亩20步+α（一个人的田地）"（第1~6行）及（B）"48亩60步"（第7~11行）各出2文银钱。（A）、（B）分别列举了15项拥有小额田亩数的人及寺院的名字，大约以50亩为标准。

该文书中的银钱以怎样的名目征收并不明确，但48亩田地征课2文银钱则无疑问。如此，这里看到的许多人和寺院就是供应车牛的小组，很可能是前面探讨的基于45亩左右的田地面积所组建的田地所有者的纳税小组。

2文银钱的数额与前面见到的远行马价钱2文或3文的税额规模大体一致，关于这一负担额，可以参考唐西州时代的《唐 显庆三年（658）赵知德上车牛道价抄》［67TAM74∶1/3〈录〉《文书》第6册，第156页；〈图〉《图文》第3册，第79页］[①]：

1　赵知德上张甘埵 伊州车牛道价银钱叁□

2　显庆三年九月六日张甘埵领。

由此可见，唐西州时代要免去出使伊州的车牛劳役，规定要交3文银钱。也就是说，上述48亩田地交纳2文银钱的数额，与免除西州前往邻近绿洲的长途劳役的负担额大致相当。

---

① 笔者没有亲睹文书原件，据《文书》、《图文》进行录文。该文书以往几乎无人研究。参陈国灿2002，第57页。

前文已述，麴氏高昌国末期，"远行马、车牛子"正在走向固定化、职业化，远行马、车牛已经完全雇佣化。与此相关的是，田地所有者一律免除长途劳役，只需交纳钱款。这就是此处所见的远行马价钱与车牛供应小组交纳的钱款。

4 与人（民、官、僧）及寺院有关的税、役

如前节（1）所见，在麴氏高昌国中，没有田地的民户也要负担一些税、役。换言之，除了附着于田地的税、役外，还存在着以居住在城内之人（民、官、僧）或以寺院为单位的税、役。

关于这一点，《高昌传判麴冘居等除丁输役课文书》［66TAM48：42，50〈录〉《文书》第3册，第89–90页；〈图〉《图文》第1册，第346页］记载以人为单位的劳役，存在与"丁输"相并列的"兵役"和"羁人役"、"商人役"。这四种劳役详情不明，笔者拟另外进行探讨。

其中，至少"兵役"是由兵部掌管的，前述以人、寺院为单位饲养军马的劳役亦由兵部管辖。兵部在客馆中接待使节，根据轮丁制（1次服役5日）派遣人员，以及部署所承担的责任①。可以说，给外来使节供应人马全都由兵部掌管。附带说一下，征收"远行马价银钱"亦由管理马匹的兵部负责②。

这种与户或丁有关的税、役，也和与田地有关的税、役一样，是以小组为单位来承担的。其中令人注目的是，国都高昌在"将"下面组建了民户小组，小组的规模并不固定，大多数由10户（10人）左右构

---

① 王素2000，第549–551页。
② 关尾1998C，第195页。

第3章　绿洲国家的接待事业与财政基础 | 141

成，按照民户居住的城内各坊来进行管辖①。

这个"将"下面的组织，值得注意的是下揭文书《高昌 义和四年（617）役课条》［72TAM151：16〈录〉《文书》第 4 册，第 179 页；〈图〉《图文》第 2 册，第 102 页］②：

1　将阿奴下翟黄头为麹欢悦□㹀人，次将
2　保谦下赵愿伯入田地。
3　义和四年丁丑岁十月十六日二人条。

该文书的内容无疑与高昌国的课役负担有关，解读该文书需要重点参考其他相关的课役文书，如《高昌传判麹究居等除丁输役课文书》［66TAM48：42，50〈录〉《文书》第 3 册，第 89-90 页；〈图〉《图文》第 1 册，第 346 页］记载如下：

①次传商人役康怀愿，交何 赵应儿兵役，二人为校尉相明作供人壹年除。

②□□廷住传，交何 田调顺出交何（河） 郡入高昌帐。

从这件文书可知，前引文书中的"□㹀人"当为"作供人"，"入田地"当为"入田地帐"。遗憾的是"供人"的详细情况还不清楚，但冻国栋指出很可能是指特定之人，推测是为官员服务的随从人员③。

【原书此处有《高昌 义和四年（617）役课条》的日译文，兹删，

---

①　陈国灿 1991，第 230-232 页；关尾 1993A，第 52、68 页注（46）；关尾 1998A，第 99、109 页。

②　笔者没有亲睹文书原件，据《文书》、《图文》进行录文。引用本文书的文献信息，见王素 1997，第 248 页。

③　关于供人，冻国栋认为是"供官吏随从驱使的杂役"。冻国栋 1990，第 35 页。另外，宋晓梅解读为在麹氏等大姓之家从事力役劳作。宋晓梅 2003，第 175 页。而王启涛则认为应该读作"供作人"，而非"作人"，主张"作供"之"作"有"使用人"、"雇用"之意，"作供"是"因为供给驱使劳役和劳作而雇用"。王启涛 2005，第 821 页。"作"确实有利用公共权力征发徭役从事劳动之意（参本书第 6 章 299 页注③。参关尾 1994B，第 11 页），但至少从该文书的内容来看，难以信从王氏的解读。

但对"将阿奴下翟黄头"的注 89 仍予保留①——译者注】

总之,"将"下面之人与承担"兵役"和"商人役"的服役者有着相似的立场,他们附从于"将",与前面探讨的民田、寺田所有者小组在性质上明显不同。

"将"下面的小组具体承担什么呢？关于这个问题,关尾史郎已经研究指出,这些小组供应马具②,是"丁输"的赋课对象③。关于详细情况,留待今后研究,但很可能除了"将"下的小组之外,根据税、役的内容还有各种各样的小组。总之,以每坊所管的户或丁为对象,存在着与私田所有者不同的各种各样的小组。引人注目的是,除了"将"以外,吐鲁番还保存了以其他官员为单位来征课税、役的相关文书,下面拟对此进行探讨。

5 麹氏高昌国的官员与织物课税

以往关于麹氏高昌国税、役负担的研究,最大的问题是缺乏与织物有关的课税内容。众所周知,吐鲁番主要出产棉布,很难认为它不是当地课税的对象。更何况像前面探讨的那样［第 2 章第 5 节］,游牧势力的使节更需要的是棉布。那么,为什么在出土文书中未能见到与其他税目并列的课税内容呢？原因可能是偶然记及棉布的文书没有留存下来,这反映的是特殊状况吗？

应该注意的是下揭文书《<u>高昌年代未详（7 世纪初？）侍郎头子</u>等<u>官吏丁叠逋名籍</u>》［60TAM320：13/5, 13/6〈录〉《文书》第 3 册,第

---

① 关尾史郎明确指出,高昌国的帐簿式官文书中记载到"某下"一词,是把"将"当作长官,把民户当作小组成员,所以"下"字前面的姓名为其长官。关尾 1993A,第 52、68 页注（46）；关尾 1998A,第 99 页。

② 关尾 1998A,第 108-109 页。

③ 关尾 1995,第 62-65 页。

46 页；〈图〉《图文》第 1 册，第 323 页]①：

(前缺)

1　曹居丁叠逋，侍郎头子、侍郎幼斌、侍郎庆崇、

2　参军谦祐、参军由天、参军养儿、参军怀祐、主簿保

3　□、参军祁善、主簿天济、主簿禅师、主簿欢□、
　（主）

4　□簿阿佛奴、主簿元保、主簿庆伯、参军赵阿斌儿、

5　参军氾斌、参军□保、参军氾善祐、吏怀受、吏远财祐、
　（吏）

6　□愿祐、吏阿隆、吏善伯、吏众熹、吏庆伯、吏沙弥
　（吏）

7　□□崇珍、吏武欢、吏相伯、吏海相、吏□嘿、吏愿伯、吏

8　　　]欢儿、吏众□、吏

(后缺)

《文书》、《图文》已经指出，阿斯塔那 320 号墓除了此件文书外，还一同出土了《高昌义和五年（618）赵善庆墓志》与延和十年（611）的纪年文书，所以可以推断该文书撰于 7 世纪初②。

关尾史郎研究认为③，该文书开头第 1 行的"曹居丁叠逋"是以下内容的标题，所以"丁叠逋"之"丁叠"意为丁税之"叠"（即棉布）④，"逋"推测为滞纳之意。但问题是"曹居"一词，从文书所列内容看均为高昌国侍郎以下的官员，所以如关尾氏所言，曹居应当是一

---

① 笔者没有亲睹文书原件，据《文书》、《图文》进行录文。
② 关尾 1993A，第 56 页。参王素 1997，第 248 页。
③ 关尾 1993A，第 55-56 页。
④ 参藤田 1925B；吴震 2005，第 18 页等。

名官员①。总之，麹氏高昌国以官员为单位来征课棉布，该文书是滞交棉布者的清单②。

同时还有下揭文书《高昌 延寿十七年（640）四月氾欢伯入剂俗钱、叠条记》[64TKM1：34（a）〈录〉《文书》第 4 册，第 2 页；关尾 1989B，第 74-75 页；〈图〉《图文》第 2 册，第 5 页]③：

  1]昌，庚子岁二月剂俗[ ]参军隆信下，陆文、叠壹匹[

  2   侍郎张 将孟[   ]主簿张"众获"、阴"欢怀"④[

  3   四月十九日，氾欢伯囚⑤。

应该留意的是，该文书记载到"参军隆信下"，后面记有税物"叠"。这种表达形式与上述用葡萄酒纳税相关的《高昌年代未详（6 世纪中期）》高乾秀等按亩入供帐》[67TAM88：1〈录〉《文书》第 2 册，第 183 页；〈图〉《图文》第 1 册，第 199 页]所记"将罗子下"相同。这种"官员名+'下'字"的表达形式是指在官员下面形成了小组，这从前引《高昌 义和四年（617）役课条》中"将某下"的事例亦可明白，可知在麹氏高昌国形成了"将"和"参军"下面的小组。

从条记文书的格式看，末尾的氾欢伯无疑是纳税者，因此"参军隆信下，陆文、叠壹匹"也可以理解为与氾欢伯有关的税物。由此可知，

---

 ① 关尾 1993A，第 56 页。不过也可以理解为"曹＝官"、"居＝部署"，意指官府。

 ② 依据关尾史郎的定义，"列出到一定的交纳期限却未积极交纳'丁叠'的官员名簿"。关尾 1993A，第 56 页。

 ③ 根据 1998 年三菱财团助成金资助的调查，确认了《文书》、《图文》的录文。该文书由 2 个上下并列的残片（剪成鞋底的形状）组成。这些残片的尺寸大致相同，纵 12.23×横 34.6cm。纸色为浅褐色。每厘米有 4～5 根帘纹。纸张厚度中等，中下～中等纸质。

 ④ 张众护之"众护"及阴欢怀之"欢怀"是用另外的笔迹书写的。

 ⑤ 《文书》、《图文》作"囗"，但从残存的笔画判断，应为"入"字。

纳税者汜欢伯是参军隆信的部下，被课税"陆文"、"叠壹匹"。

征收来的"陆文"税收是怎样的税目？未得其详①，但从该条记文书可知，麹氏高昌国征课的"叠"是以各位官员及其率领的小组成员为单位进行课税的。

关于此事，可以参考上述与征收葡萄酒租税有关的《高昌年代未详（6世纪中期？）高乾秀等按亩入供帐》所记"将罗子下自二［中略］合六斛"（"将"罗子［率领的小组］之下的自［园］2［亩］，［中略］合计［葡萄酒］6斛）。由此可知，"将"罗子所率小组之下的2亩"自园"征收了亩产3斛的"租酒"（葡萄酒）。在麹氏高昌国，葡萄园的租酒额为每亩3斛，亦见于《高昌年代未详（6世纪后期？）□污子从麹鼠儿边夏田、鼠儿从污子边举粟合券》［60TAM326：01/7，01/8〈录〉《文书》第5册，第157页；〈图〉《图文》第2册，第251页］。另外，2亩自园应当理解为"将"罗子自己的葡萄园。向官员所率小组征课葡萄酒税时，很可能是按照官员及其部下之人各自拥有的亩数来征课"租酒"。

关于这一点，可以参考麹氏高昌国末期的文书②《高昌勘合高长史等葡萄园亩数帐》［68TAM99：4〈录〉《文书》第4册，第63页（补）；〈图〉《图文》第1册，第442页］③：

---

① 关尾史郎认为是丁税。关尾1989B，第55页。诚如关尾氏所指出，"丁正钱"的数额为6文。不过，同时也没看到当时用棉布和作为课税对象的织物来交纳钱款。关尾1993B，第114页。织物的课税单位不详，但存在着可能是向官员所率小组同样征课棉布的文书［《高昌年代未详八月某人入剂俗绢残条记》72TAM155：49〈录〉《文书》第3册，第293页；〈图〉《图文》第1册，第430页］。总之，前面提到的纳税者汜欢伯属于参军隆信的部下，也可能是用与绢价格相当的棉布来纳税。

② 王素认为该文书的年代为延寿八年（631）左右。王素1997，第288页。应当可从。

③ 笔者没有亲睹文书原件，据《文书》、《图文》进行录文。引用本文书的文献信息，见王素1997，第288页。

（前缺）

　　　　　（葡萄）　　　　　　　　　　　　（玖）

　1　高长史下蒲桃，高长史陆拾步，畦海憧壹亩半究拾步，曹延海贰亩陆拾步，

　2　氾善祐贰亩半陆拾步，车相祐贰亩陆拾步，麹悦子妻贰亩陆拾步，合蒲桃

　　究十六步

　3　拾壹亩〇〇〇〇。高相伯下蒲桃，高相伯贰亩，田明怀壹亩陆拾步，令狐显仕

　4　壹亩半陆拾步，索□□□亩究拾步，合蒲桃柒亩究拾步。将马养保下

　5　蒲桃，马养保壹亩陆拾步，孟贞海壹亩半叁拾陆步，合蒲桃贰亩半究拾陆

　6　步。常侍平仲下蒲桃，常侍平仲贰亩究拾捌步，刘明达肆拾肆步，张熹儿贰亩

　　（后缺）

该文书在记载"高长史下蒲桃"、"高相伯下蒲桃"、"将马养保下蒲桃"、"常侍平仲下蒲桃"之后，逐一登载了以长官为首的各位下属所拥有的葡萄园的亩数。与阿斯塔那、哈拉和卓出土的其他文书一样，都是中央机构制作的帐簿式官文书。

从文书内容可知，"将"、"长史"、"常侍"等高官之下组建了小组，各位成员拥有葡萄园的数额似乎由国家或国王掌握。这些葡萄园全都是"官员下属的葡萄园"，所以比起各个私人葡萄园，更应当理解为国家或国王所有的"公田"。总之，这些葡萄园分给了由官员率领的小组成员。

此外，从出土史料还可确认，麹氏高昌国存在着属于官衙（官府）

的"镇家"的菜园和麦田①。

由上可知,麴氏高昌国给官府或官员及其率领的小组分配国家或国王所有的"公田"。如前[第2节(6)]所述,这种"公田"是广泛存在的。

这是对属于官府的官员及其率领的小组征课"叠"的背景。总之,麴氏高昌国在分配国家或国王"公田"的基础上,指定棉花为税目进行征收,很可能也同样征收丝绢。

在吐鲁番,向所有民户广泛征收棉布是唐朝统治西州以后的事情②。在麴氏高昌国时期,为了确保棉布的征收主要依靠分到"公田"的特定官员及其率领的小组。棉布虽是吐鲁番的特产,但在出土文书中却很难看到棉布成为麴氏高昌国的税目内容的痕迹。

---

① "镇家"一词见于《高昌 延昌廿六年(586)某人夏镇家菜园券》[67TAM364:10/2〈录〉《文书》第3册,第7-8页];《高昌 延昌廿八年(588)十二月廿二日王幼谦夏镇家麦田券》[67TAM365:7/1〈录〉《文书》第2册,第359页];《高昌将显守等田亩得银钱帐》[67TAM78:17(a),18(a),19(a),28(a)〈录〉《文书》第4册,第69页]《麴斌造寺碑》[马雍1976(收入马雍1990,第155-156页)]等。关尾史郎将"镇家"解释为"官衙",马雍则释作"镇将的家"或"镇将的官府"。关尾1994A,第7页;马雍1976(收入马雍1990,第156页)。

② 荒川1994,第57页。

小　结

位于欧亚大陆中央的中亚世界基本上由游牧民族和绿洲民众构成，两者共生形成了中亚的历史。不过，也正如第一部开篇所述，把握两者的关系至少应该考虑对切近基层的关系与国家、集团层面的关系严加区别。本书主要以国家、集团层面的共生关系为中心进行探讨。

最初游牧民族建立了统治辽阔地域的游牧国家，除了游牧部族之外，绿洲民众建立的绿洲国家也被纳入游牧国家的体制中。其结果是在本书所探讨的时代（6~8世纪），通过授予"颉利发（iltäbär）"的称号，在游牧国家的可汗与绿洲国王之间形成了支配—从属关系，同时，两者在这种关系下构筑了互利共赢的共生关系。

首先，游牧国家从绿洲国家获取财物，这是绿洲国家进贡给可汗的。处于军事优势地位的游牧国家把绿洲国家当作财富集散地，经常掠夺其财富，同时也必须对绿洲国家派生义务。

这里探讨的是绿洲国家的 ulaγ 负担。ulaγ 一词径指驿传使用的运畜。绿洲国家迎接持有可汗"国书"的使节，不仅给他们提供驿传使用的运畜，还供应人力和食宿，从而衍生出递送使节的义务。其结果是在游牧国家的统治秩序下，由被授予 iltäbär 的集团供应的人马和粮食，形成了跨越辽阔地域的交通体制。换言之，提供人畜和粮食的绿洲国家等沿着交通路线有机地连接起来，构筑了以可汗权威为背景的使节迎送体制。

与此相对，绿洲国家得到的是什么呢？换言之，游牧国家反过来给了绿洲国家什么？首先是游牧国家在可汗的权威下为他们提供了武力庇护。绿洲国家的使节往来于遥远的地方时，可以享用基于可汗权威的 ulaγ 所提供的交通便利。可能不只是游牧国家，绿洲国家也利用这一交通体制而扩大了移动范围。

然而，这些不过是国家、集团层面两者共生关系的一个侧面。如第 2 章所论，这种共生关系的核心是包含各游牧集团在内的游牧国家组织和派遣使节，以及绿洲国家接待这些使节并形成互惠关系。以麹氏高昌国为例，游牧国家除了可汗及其亲属和属官外，统治领地和属民的 šad、yabγu、irkin 等带有西突厥官职的首领也基于可汗的权威，自行派遣大量各种各样的使节，而且这些使节派遣变得日常化，一年当中数量迅速攀升。各集团派遣使节的目的，无疑是向绿洲国家征收其所蓄积的物品，不过这不是遣使的唯一目的。

其实看一下使节的内容就可知道，在以可汗为首的各游牧集团的使节中，大量粟特人担任了使节或随行人员，不难推测派遣这些使者的重要目的就是贸易。游牧国家中的各游牧集团首领向绿洲国家派遣侍从在身边的粟特人为使节或随行人员，确保他们的食宿便利并以当地特产为礼物，购买绿洲地区蓄积的各种奢侈品，一并贩卖自己的产品或中转交易商品。可以说，派遣使节的目的是开展贸易并组建了商队。

使团提供了安全地长途出行的机会，与使节无关的许多个体粟特商人也被吸引进来。绿洲国家一方面接待这些游牧集团派来的使节，另一方面自己也在游牧国家控制下形成的交通秩序中派遣各种使节。也就是说，穿越中亚的长途贸易是指游牧、绿洲双方的国家和集团分别组织和派遣商队，而各种个体粟特商人也被招徕和吸引进来开展贸易，而且这种商队派遣极为频繁，兹以可汗为首的各游牧集团商队为例进行探讨。对粟特商人来说，无论距离远近，游牧集团及绿洲国家都派遣大量使节（商队），提供平时安全穿越沙碛和草原的机会。

随着游牧、绿洲双方使节的出行，很多粟特商人也安全地流动，他们把绿洲作为物品集散的交易据点，活跃了中亚广阔地域的贸易活动。强大的游牧国家的建立，确实以这种形式给中亚带来了遥远地方之间贸易的兴盛。

对于绿洲国家而言，使节不停地来访，意味着招徕了粟特商人，影响着绿洲国家的命运盛衰。尤其是绿洲国家给各游牧集团的使节提供粮食和劳力，用以织物为代表的产品为礼物进行接待，随之而来的当然是巨大的负担；但站在绿洲国家招徕商队的立场上看，也促进了绿洲国家的接待事业。接待游牧集团派来的使节，也是为了防止他们进行恣意掠夺。对于以商立国的绿洲国家来说，接待以游牧国家为首的各国、各集团的使节，是关乎其存亡盛衰的重要的国家事业。麹氏高昌国为了支付接待使节的负担，遂向"官员、民众、僧侣、寺院"等绿洲民众广泛征收税、役。

在麹氏高昌国时代，是根据国家管理下的渠堰灌溉田地的面积来征课税、役的。对于原本极度仰赖灌溉的绿洲农业来说，不难推测田地所有权的获得必须与灌溉水利权的取得相配套。麹氏高昌国的水利灌溉基本上由国家（屯田部）所控制，在这种状况下，居民为了取得田地所有权（＝水利权），必须接受国家征课的各种各样的义务，即按照灌溉田地的面积来征课税、役。换句话说，基本上是按照每条渠堰所灌溉的田地组成纳税小组，以之为单位交纳田地租税（谷物与葡萄酒）和刺薪，同时征课供应车牛的劳役。马的情况与车牛不同，基本上不按照每条渠堰的灌溉田地，而是按每户的田地总额来征课马匹。这种征课税役体制适用于所有拥有田园的人，即全体"官员、僧侣、民众"。在国家控制水利的情况下，水权成为税、役的一大支柱，可以说这是一种取得水利权的绿洲民众公平负担税、役的体制。

另外，高昌国还存在着大量"公田"，其耕作由部分"役"（劳役）来充当，国家向官员及其率领的小组分派"公田"，由其耕营。特别是棉花的种植就是通过这种"公田"由国家主导进行，以确保棉布的生产。此外，除了民田之外，"公田"也积极栽种葡萄，以确保葡萄酒的生产。这种税、役基本上由国家统一征课，用于接待外来使节，成为麴氏高昌国的国家事业。

国家或国王在管理水利的同时，也要防止游牧集团的恣意掠夺，他们招徕商队并寻求生存发展。民众之所以追随国王并负担税、役，就是因为国王起到了这样的作用。

其他绿洲国家虽然缺乏例证，但与吐鲁番一样，各绿洲国家建立了征课税、役体制，来支撑游牧集团使节（商队）的接待任务。从绿洲国家来看，游牧集团的使节（商队）不是只有掠夺的一面，也有护卫和招徕粟特商人开展活跃的贸易活动而带来繁荣的一面。中亚的游牧民族与绿洲民众构筑了多样、多层面的共生关系，各游牧集团组织和派遣使节（商队）与绿洲国家的接待形成了互惠关系，很好地展现出该地区国家、集团层面的共生关系的状态。

这些穿梭于游牧国家与绿洲国家的粟特人，依靠使节（商队）在广袤范围内移动，强化了自身的贸易网络。

在这样的状况下，唐朝于贞观年间开始征服伊吾和麴氏高昌国，并向中亚地区进军。接下来拟探讨这给西突厥控握霸权的中亚带来的变化。

第二部 唐帝国与欧亚东部的交通体制

小　序

唐朝贞观十四年（640）灭麴氏高昌国后，随即在其故地设置西州（都督府）①，接着攻克天山以北的吉木萨尔（可汗浮图城所在地），设置了庭州。两州初置于安西都护府之下，但不久成为与唐朝内地②一样的正州，并且驻扎有唐朝军队。据白须净真研究，唐朝在军事征服以后，将麴氏高昌国王室和国都中的上层豪族强行迁至长安，而国都的中下层豪族和高昌国的地方豪族则被吸收成为西州都督府的官吏和军官③。另外，作为直辖州府的西州都督府，长官、佐官等高级官员当然由唐中央派任；但是当初被徙至长安的王室麴氏和高昌国中央的上层豪族却被遣回故地任官④。即便西州被编入正州，唐朝也不得不暂时采取怀柔政策。

---

①　贞观十四年（640）年八月唐灭麴氏高昌国后，首先设置西昌州，九月更名为西州，同时在交河城设置安西都护府。后来在显庆三年（658），安西都护府迁往龟兹，西州升格为都督府。荣新江（青木茂、关尾史郎译注）1991B，第2页。此处称为西州都督府或西州府，通称为西州，同时并用亦无大碍。

②　唐朝内地实际指哪些地区，有些暧昧不清，但本书中是指除安西都护府及凉州都督府（河西）辖区以外的地方。

③　白须1975。"地方豪族"的例子数量还有不少，据交河故城古墓群新出墓志可知，交河地区有势力的豪族张欢□在西州都督府交河县担任录事。荒川2000，第165-166页。

④　白须1977，第48-55页。永徽二年（651）发生阿史那贺鲁之乱，当时与高昌国原来的大姓豪族一起回到吐鲁番的国王之弟麴智湛担任了安西都护、西州刺史。

在西州都督府以西地区，唐朝进一步发动军事进攻，征服了塔里木盆地周边的主要绿洲国家[①]。唐朝在这些绿洲国家也设置都督府、州，进行羁縻统治；但同时也保存了绿洲国家原来的行政组织，由原来的国王和王族担任都督府、州的长官，即都督、刺史。另外，唐朝将远征军改为镇守军，常驻于绿洲各国，对他们进行军事统治。这些镇守军就是所谓的"安西四镇"。在天山东部以西的绿洲地带，出现了绿洲国家与唐朝镇守军的双重统治[②]。总之，帕米尔以东的西域绿洲各国分为两部分，一部分像麹氏高昌国一样断绝了王统，变为唐朝的直辖州县；另一部分仍以绿洲国家的形式继续存在，开启了唐朝军事统治下的羁縻府、州时代。不过，唐朝统治下的绿洲国家的命运也各不相同，所有的绿洲虽有直辖和羁縻之别，但都是作为唐朝的都督府、州而存在。总之，以往突厥可汗与各游牧部族、绿洲诸国的支配—从属关系，转换为唐朝的天可汗（皇帝）与都督府、州的关系。

从接受羁縻统治的游牧部族和绿洲诸国来看，他们与唐朝之间构筑的政治统属关系体现在：①从西突厥授予"iltäbär（颉利发）"变为唐朝天可汗授予"都督"（同时授予印鉴、符牌）；②纳贡和供应物力的对象从西突厥可汗变为唐朝天可汗。这既有延续西突厥可汗统治模式的一面，又给西域带来了巨大的变化。另外，在接受直辖统治的吐鲁番绿洲地区，也保留了原来的中下层统治阶层，他们也获得了西州都督府官吏的身份。吐鲁番绿洲纳贡和供应物力的对象，也从过去的西突厥变为唐朝，而其作为绿洲国家被允许继续存在则未发生变化。本书第一部探讨了西突厥可汗统治下构筑的交通秩序，以及代之而起的唐朝天可汗统

[①] 唐朝、吐蕃与突厥游牧国家围绕该地区的绿洲国家发生了争夺战，其详细经过见伊濑1955；森安1984；Beckwith 1987；王小甫1992。

[②] 关于国王与王室家族成员担任都督、刺史及双重统治体制的情况，参森安1984，第52-54页；Zhang & Rong 1987, pp. 90-91；张广达、荣新江1988B（收入张广达、荣新江1993，第140-149页）；荒川1997A等。关于设在西域的羁縻府、州的研究，详见吴玉贵1998，第405-434页。

治下形成的新的中亚交通秩序。唐帝国兴起后,以都城长安为中心,在广阔的统治范围内全面建立了稳固的交通秩序。实际上,这种秩序不只是在中亚,而是覆盖了整个欧亚东部。

本书第二部首先要考明支撑唐帝国交通秩序的交通系统有着怎样的基本结构。在此基础上拟探讨唐帝国在欧亚东部构筑了什么样的交通体制。第一部以西域地区为研究对象,特别是以以吐鲁番为中心的天山东部地区及于阗地区为主,对交通体制做了具体探讨。第二部将研究在唐朝的交通系统导入后,在西域建立了怎样的交通体制。

第4章　唐代公用交通系统的结构

1　唐代交通系统研究的现状与课题

7世纪唐朝建立后，以长安为国都，将国土急剧拓展至蒙古高原和中亚，扩大了自己的统治疆域。统辖这一辽阔的领土，建立有机连接国都与境内所设各州县的交通系统是不可缺少的。众所周知，这一交通系统的基础就是驿传制度。

为了看清包括西域在内的唐帝国交通体制的面貌，首先有必要理解作为根基的唐代驿传制度。关于这一制度，截至目前虽然也积累了丰富的研究成果，但其实际状况却并未得到充分揭示。

首先粗略地梳理一下驿传制度的研究史，并据此窥探唐代交通系统研究的现状及其问题所在。

近80年来前贤关于唐代驿传制度的研究，出版过坂本太郎、陈沅远二氏的论著[1]。坂本氏在比较研究日本古代驿制时，附带论及唐代驿制；陈氏涉猎相关史料，详细论述了唐代驿站的组织管理和驿使（利用驿马的官员等总称，本书以下部分也用来指驿使）。后来，青山定雄继承了前两人的研究，明确指出他们几乎未论及驿马和传马[2]在使用上的

---

[1]　坂本1928，第1-205页（收入坂本1989，第5-106页）；陈1933。

[2]　相对于"驿马"，一般更常用"传马"一词，但如本书所见，正式应该称作"传送马"；而且，传送不只是使用马驴，还有车牛等各种各样的交通手段。这里为了方便介绍前人的研究成果，统一称作"传马"。

区别，以及玄宗时代以后驿制变迁的具体状况①。在日本，自从青山氏提出这一观点以后，除本人之外再无人研究唐代驿传制度，感觉学界在很长时间内全盘接受了青山氏的观点。

另一方面，在中国，自陈氏以后对唐代驿传制度的研究颇为活跃，以严耕望的专著《唐代交通图考》为首，包含唐代在内的中国历代交通制度的相关史料集和通论性著作大量出版②。最近，随着新的吐鲁番文书的出土，利用这些出土文书研究驿传制度也在不断推进③，除了驿站之外，与驿站一样给官方使节等人提供食宿之便的驿馆的运营实况也渐趋明朗④。不过，除了后述王冀青、黄正建二氏近年发表的论文外，学界积累的研究成果大多未对青山氏提出的驿传制度框架进行考论⑤。

如青山氏所论，驿传制度不只是运用驿马，与之并列的还有运用传马的官营交通系统。不过他认为，秦汉时期驿制和传制是明确分开的⑥。他指出，传制在唐代被纳入驿制，驿站同时配置了传马和驿马⑦。青山氏这一观点的依据是，唐朝律令规定给驿站支给田亩的条文，记述传马和驿马一起成为田亩支给对象的马匹，亦即传马和驿马都是附随着驿站而发挥作用的公用交通马匹。当然可以设想两者在交通功能上有不同之处，但关于这一点，青山氏理解如下⑧：（一）驿马是紧急时期使

---

① 青山 1963，第 5-74 页。
② 严耕望 1985-1986；姚家积 1936；白寿彝 1936，第 107-157 页；陶希圣 1937；楼祖诒 1940，第 145-190 页；楼祖诒 1958，第 59-93 页；李之勤 1982；李之勤 1995；刘广生 1986，第 128-171 页；刘希为 1992 等。
③ 鲁才全 1983；鲁才全 1990；王冀青 1985；王冀青 1986；王宏治 1986 等。
④ 大庭 1959 利用大谷探险队所获文书做了开创性的研究。利用新出土的吐鲁番文书进行研究的有：鲁才全 1984；孙晓林 1991；大津 1993 等。
⑤ 在荒川 1989A（第 50 页）中，笔者也是基于青山氏的观点来理解唐朝的驿传制度。
⑥ 青山 1938。
⑦ 青山 1963，第 52 页。
⑧ 青山 1963，第 53-55 页。

用的交通、通讯手段，而传马基本上是平常非紧急时期使用的交通手段。（二）骑乘驿马的目的大概是加快速度，而传马大多与传车一起使用，速度比驿马要慢。（三）实际使用时也要考虑使用者的官品高低，即便在紧急时期，许多品阶较高的官吏也喜欢使用带有车辆的传马，而品阶较低的官吏即便在平时也很少骑乘驿马。

然而青山氏主张，驿马和传马在驿站中共同配置，在驿传制度运营时，传马只不过是驿马的辅助手段。我认为，受这种观点的局限，就不能正确理解公用交通中传马的功能和运用，其结果是，很难把握驿传制度运用驿马和传马的整体状况。换言之，如果要把握驿传制度运营的整体状况，在探讨传马时就不应该纠缠于驿站。认识到史料的局限性，必须将传马的功能和运用与驿站分开来考察，如此才能初步明确驿传制度的整体结构。

在这一点上令人注目的是，王冀青基于敦煌、吐鲁番出土文书所记驿传制度实况的史料，提出了传马的功能和运用的新观点。关于传马，王氏指出如下两点[①]：（一）驿马配备于驿站，而传马则由马坊管理，马坊设在州县治所。（二）关于传马的性质：第一，青山氏指出不使用车辆；第二，为一般官员的交通及信息传递所使用，亦用于运输物资；第三，与驿马不同，传马从事长途运输时，途中未必换马；第四，与吐鲁番文书中的长行马具有同样的性质和功能。

王氏通过分析敦煌、吐鲁番文书，考明了驿马和传马的具体运用状况，大大推进了驿传制度的研究。要想有效活用文书史料来研究驿传制度，首先要充分把握基础性的驿传制度内容，同时要明确施行地区的各种政治、社会状况，必须对文书进行分析研究。这是研究文书史料，特别是与中国内地制度相关的文书的前提，在这一点上我认同王氏关于传马的观点；但与驿传制度的结构密切相关的问题，如后所论，难以认可

[①] 王冀青 1986，第 58-60 页；又参王冀青 1985。

（一）中所说传马的马坊设在州县治所的观点，另外我也不能遵从与此相关的（二）中所说的第四点。

不过，王氏主张传马配置在州县的马坊而非驿站的观点，明确否定了青山氏所持的在驿站并置驿、传马的说法。我也继承王氏的观点并发表了论文[①]，目的在于探讨唐代驿传制度的整体状况，明确提出这一交通制度是由以驿站为递送据点的交通体系（即驿制）与以县治为递送据点的交通体系（即传制）构成的。

然而，黄正建认为不存在我所说的从驿制独立出来的名曰传制的交通体系[②]。黄氏说，唐朝律令中没有与传制有关的条文可作为其旁证。不过，律令条文中虽然没有提到传制，但唐代文献中却记载到"传"，至少有三种含义，即：①传舍（驿舍）；②像传符（发给驿使的通行符牌）那样的与驿站有关的词汇；③传送。传送一词见于律令条文中，意指使用官府的马驴等开展交通运输，驮运的牲畜称为传送马驴。但是如同驿马一样，未见到制度上确保有固定配置的牲畜。黄氏特别指出，传送马驴仅见于唐前期西北一隅，而不是与驿制一样并存于唐朝全境。不久，传送马驴也被纳入驿马系统之中，玄宗时期以后实际上已经消失。

此外，与驿传制度研究相关的是大津透以馆的财政为中心发表了详细的研究成果[③]；李锦绣探讨了传制与馆的关系，考明了传制由马坊和车坊构成，其食宿设施称为馆[④]。最近，孟彦弘、宋家钰二氏基于天圣令的各篇宋令后面所附之唐令，撰文探讨了新复原的唐厩牧令之驿传条文[⑤]；特别是孟氏依据吐鲁番、敦煌文书，研究了驿与传送、传送与转

---

① 荒川 1992B。
② 黄正建 1994，第 77-79 页；黄正建 1998，第 171-172 页。
③ 大津 1993，第 391-416 页。
④ 李锦绣 1998，第 352-356 页。
⑤ 孟彦弘 2006；宋家钰 2008。

运的关系①。

综观上述唐代驿传制度的研究成果，关于传制在观点上还存在着很大的分歧。

驿传制度起源于秦汉时代，如此命名是因为本是由驿制和传制构成。问题是：我主张唐代交通体系中也存在传制，公用交通制度由驿制和传制构成；而青山氏与黄氏则认为，传制到唐代已经不存在了。

不过，从后面的探讨可以明知，我所说的传制是指以县为据点的递送体制，而不是像驿制那样以唐朝的律令规定为前提。在这个意义上与前述黄正建主张的"传"（③传送）是相通的。不过，关于传的功能，我认为并不能单纯限定在官府马驴与其他交通手段，即如本书第三部所论，还包括不能给予使用驿传马等交通工具的便利，而只是提供食宿的便利。考虑以县为据点的递送体制时，必须包括这一点，所以驿传马即便是唐代公用交通的核心，却也不能说是它的全部。以往关于公用交通的研究缺乏这种视角。就是这一点，将"秦汉至唐的驿传制度是怎样的交通制度"这一问题直接联系起来。

与公用交通相对，私用交通是怎样的交通体制呢？至今尚未充分讨论，所见主要是以通行证为对象开展个别的研究。要之，唐朝的交通系统在整体上（包括公私）是如何构成与运作的呢？截至目前尚无综合性的研究，这绝非过言之词。唐代交通系统研究的前提当然是应该解决的根本问题。本章拟以上述研究为基础，首先探讨唐代公用交通系统的基本结构。

这里所说的公用交通，是指在中央及地方机构的许可及保护下开展的公务交通。按照交通学的规定，这是与私用交通相对的概念，而不是

---

① 有必要分析新复原的厩牧令驿传条文，对唐朝的驿传制度重新进行研究；但因为令文复原工作进度缓慢，本书不能取用驿传条文来做研究。关于这一点，只好期待他日，但即便见了该驿传条文，笔者的观点也不会变化。

所谓的公共交通之意①。所谓私用交通指的是非公务往来但也要得到官方许可才能合法移动，非法移动不在此限。

唐朝境内的交通最初全都必须事先取得通行证，得到官府的许可。《唐律疏议》卷8《卫禁律》"疏议"（以下简称"卫禁律疏"）记载到这种通行证：

> 诸私度关者，徒一年。越度者，加一等。不由门为越。
>
> 疏议曰，水陆等关，两处各有门禁。行人来往皆有公文。谓驿使验符券，传送据递牒，军防、丁夫有总历。自余各请过所而度。

可知驿使需验符券，传送需据递牒，军防、丁夫则有总历，其他人要取得过所。这道卫禁律是关于越度关津的法规，但疏议中列举的"公文"，不只具有用于通行的性质，当然还发挥了允许移动的通行证功能。

概观唐代法规的整体情况，很难想象唐代未经官方许可就可以私自流动。在这个意义上说，私用交通原本是不合法的。上引律疏所言得到官府许可的交通，以及提供交通手段和粮食，全由官方出资递送。除了总历之外，驿传制度基本上是依据符券和递牒两种通行证来运营的。

最后提到的过所则与州县的直接递送无关。

于是，这里把公用交通限定在享受递送和供给方便的符券、递牒的交通②。为了方便起见，我们把使用过所的交通称为私用交通。

2　驿制交通

（1）唐朝的驿道

---

① 生田1998，第5-10页。

② 关于"总历"，完全没有可供研究的史料，故不明其详。从与"军防、丁夫"移动相关的通行证可知，虽然没有供应牲畜，但也可能由州县递给粮食，以供其往还。这里对此不做讨论，但这意味着进入了递送的公用交通范畴。气贺泽1999，第294-295页。又参泷川1958（上），第27页；杉井1990，第161页；《律令》6，第80页。

所谓驿制是指驿站作为递送据点①并在那里预备驿马②，以保障驿站的交通功能；所谓驿道是布设驿站所形成的道路［《大唐六典》（以下简称《六典》）卷6"刑部司门郎中员外郎"条，第195-196页；《唐律疏议》（以下简称《疏议》），卷10《职制律》作"驿路"］。

关于驿道，陈沅远、青山定雄、严耕望等人已经做过详细探讨③，特别是陈氏揭出了从上都（长安）向外延伸的13条重要的驿道④。其

---

① 关于唐代设在驿道上的驿站，复原厩牧令一10（引自《拾遗》第706页；《六典》卷5"兵部驾部郎中员外郎"条，第162-163页）规定，驿道上每30里设置1个驿站。当然部分地区除外，实际上也未必都按照这一间隔距离来设置驿站［参严耕望1985-1986］，前述令文的正文也存在30里的间隔未设驿站的免除规定。不过，从敦煌文书《沙州图经》（P.2005）［池田1975B，第64-69页］可见，即使在自然条件恶劣的西域地区，通常骑马1天的行程至少要确保有一个驿站。另一件敦煌文书（P.3714v）是传马坊发给敦煌县的传送马、驴的归还报告连续粘贴而成。据此可知，使节杨玄被供应了2匹传送马，七月二十二日到八月二十一日往还于沙州与伊州之间，其间在伊州停留14天（"停经十四日"）。另外，供给殷大夫的传马也在七月二十四日到八月二十一日往还于沙、伊二州之间，在伊州停留了12天。荒川1989A，第42-43、48页。由此计算，这些传马单程花了8天左右的时间。当时通往伊州的道路（稍竿道），《元和郡县图志》卷40《陇右道下》"伊州"条（第1029页）记载"正南微东至沙州七百里"，沙州、伊州之间相距700里，1天要走87.5里左右。《沙州图经》记载通往伊州的另一条道路（莫贺延碛道）上的各个驿站，它们之间的距离为平均90里左右。由此可知，大约1天的行程设置1个驿站。这表明，驿站的设置必须维持通常骑马行走的距离，最低限度确保不间断地配置驿站。这只是在上述路线上尽可能地配置驿站。不过，其中也存在像长安—洛阳之间比30里短得多的驿站间距，驿道上设置的驿站比规定的更为紧密。严耕望1985（1），第17-89页。

② 关于驿站中预备设置的驿马，复原厩牧令13（《拾遗》第707页）规定了应该配备的马匹数量。据此，设在京师的都亭驿是第1等的驿站，驿马的最高配置额为75匹，以下到第6等为8匹。根据各个驿站的等级，数额也在递减。在规定数额的同时，驿道上的驿站也在一定区间内不间断地配备驿马。

③ 陈沅远1933，第81-82页，附图；青山1963，第3-27页，图版Ⅰ；严耕望1985-2003。

④ 参陈沅远1933，第81-82页，附图。除了限定地区的相关工作，关于连接国都与各州府的主干驿道，除陈沅远1933的论著以外，青山定雄也有过探讨，此外严耕望尝试做了更详细的复原工作。青山1963；严耕望1985-2003。不过，遗憾的是这项工作未能完竣。

中,《六典》记载从国都通过都城四面的关卡向四方延伸的 6 条驿道,是连接国都与州府的主要干线(参附图 2)。这与柳宗元《馆驿使壁记》[《柳河东集》卷 26,第 132 页]记载的主要驿道也大致相合,所以在表 4-1 中一并揭出:

表 4-1　唐代主要交通干线(驿道)表

	《六典》	《馆驿使壁记》
I	商州路(山南东道方向)/京兆府蓝田关	"自霸而南至于蓝田"路/武关
II	洛阳路(河南道方向)/华州潼关	"自万年至于渭南"路/潼关
III	太原路(河东道方向)/同州蒲津关	"自华而北界于栎阳"路/蒲津关
IV	益州路(山南西道、剑南道方向)/岐州散关	"自长安至于盩厔"路/华阳关
V	凉州路(河西道方向)/陇州大震关	"自武功西至于好畤"路/陇关
VI	灵州路(关内道方向)/原州陇山关	"自咸阳而西至于奉天"路
		"自渭而北至于华原"路

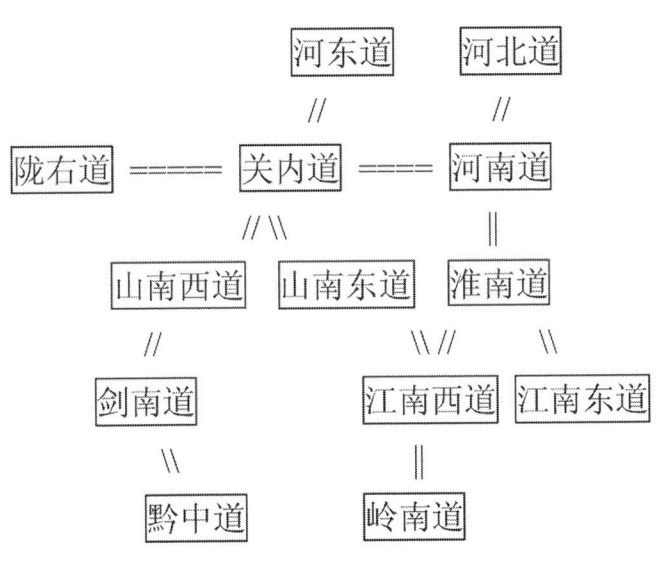

图 4-1　唐代诸道构成图

以这个从国都向四方辐射的主要交通干线为基础,构成了基于图

4-1 所示"道"制的地方行政区划①。

其中，Ⅴ"凉州路"是向中亚方向延伸的驿道。驿道从国都长安经河西向中亚延伸，贯通了西州（吐鲁番）、焉耆（喀喇沙尔）、龟兹（库车）、疏勒（喀什）、于阗（和田）等各个绿洲。

（2）驿道的功能

① 直辖州府和驿道

关于驿道的功能，首先必须指出这是允许利用驿站和驿马的使节（即所谓驿使）行走的道路。卫禁律疏记载，驿使被授给一种名曰"符券"的通行证，以作为他在通过关津时的证件。不过，符券通行证原本的功能不是保证通过关津，而是保证驿站给持有通行证的驿使提供食宿和驿马②，所以符券另外也叫驿券。符券甚至还被称作铜龙传符、传符或纸券③。

如此多样的名称表明，授给驿使的通行证并不是一样的。关于传符（铜龙传符）④与纸券的关系，青山定雄、陈沅远二氏已经作过研究，

---

① 参松田1977（收入松田1987，第327页）。

② 驿站要保证给驿使供备马匹、马子和粮食及住宿的驿舍，水驿则要供备官船和水夫（水陆合计有1639所驿站，见《六典》卷5"兵部尚书驾部郎中"条，第162-163页）。特别是《疏议》卷10《职制律》规定，驿使偏离驿道"枉道"行进，或者越过规定的驿站距离行进，或在通过驿站之际不换驿马，都要进行严厉的处罚。

③ 陈沅远1933（第75页）揭出了银牌（一种符券）和角符，前者在唐代全无存在的痕迹，后者如青山定雄所言为鱼符之误。青山1963，第108页注（25）。

④ 如后引《六典》史料⑤所记，《六典》仅从公式令引录根据方位等区分的六类传符之名［复原公式令23（开元二十五年）］，而《疏议》从同一公式令引用后揭《疏议》史料④所记根据方位等区分的六类传符之名，同时疏议史料②认为传符即铜龙传符［复原公式令21（开元二十五年）］。然而，没有明显的证据表明④和②中的传符是不同之物。《律令》6［第164页注（1）］将铜龙传符"根据行进方向分为四种，实际上用纸券来代替使用"。另外，铜龙传符让人想起用铜制作的形状像龙的符牌。关于铜龙节，湖南长沙有实物出土，时代属于战国时期。周成1995，第193页。根据该书同页的说明文字，传达王命的使者持着铜龙节作为通行证，在各地得到食宿的方便以及通过关卡。参布目1962（收入布目2003，第288页）。

兹在他们的基础上提出如下观点①：

①由驿马递送的驿使必须要有符牌传符（铜龙传符），由中央的门下省②或地方上的两京留守、诸州或行军来授予③，不能授予传符的地方则授给纸券。

②玄宗时代，驿站使用颇为频繁，所以停用传符，一般使用简便的纸券。

总之，青山氏推测，没有符牌传符的地方代之以纸券，到玄宗时期统一使用纸券④。

---

① 陈沅远1933，第75-76页；青山1963，第53、59页。

② 在中央的门下省，复原三师三公台省职员令4（《拾遗》第134页）云："（门下）侍中二人（掌侍从……给驿券……）/黄门侍郎二人（掌侍从……给驿券）/给事中四人（掌侍从……给驿券）。"所有官员的职掌中均记载授给驿券，当然门下省的实际职权归于"判官"给事中［内藤乾吉1930（收入内藤乾吉1963，第8页）］，给事中实际上承担着发放驿券的职责。后引《六典》史料③明确记载，侍中的职掌是给派遣的驿使发放传符，承担全国的通讯业务，所以这个驿券显然就是传符。另外如所周知，门下省设置符宝郎来管理符牌，其职掌内容中有五种符牌。见后引《六典》史料④，参布目1962（收入布目2003，第259-263、272-273页）。

③ 青山1963，第53页。其所依据的后引《六典》史料②记载，中央的门下省和地方上的（两京）留守与"诸军州"给驿使发放通行证。"诸军州"意指有军队驻扎在诸州。《疏议》卷10《职制律》及疏议有一条记载："诸文书应遣驿而不遣驿，及不应遣驿而遣驿，杖一百。若依式，应须遣使诣阙而不遣者，罪亦如之。疏议曰，依公式令，'在京诸司有事须乘驿，及诸州有急速大事，皆合遣驿'。"从该疏议所引的公式令可知，地方诸州如有紧急大事，则要派遣驿马。据此，发放符券的权限显然不一定只授给设置军队的州。另外，考虑到从活动于边境的军队向中央报送军事报告和情报传达的紧急性，无疑也给布防在前线的军队授予发遣驿马的权限。因此，如青山氏所理解的那样，"军州"的含义应该理解为州与行军之所。这与后引《六典》史料④所记传符和铜鱼符一起由两京留守及诸州与行军长官来管理，是相符合的。根据后面的《疏议》史料①所引公式令的规定，传符的左半爿存放在内，即门下省；右半爿存放在外，即地方"军州"，驿使携带半爿传符作为凭信。

④ 青山1963，第59页。虽然没有明确提到时代，但陈氏指出了从传符到纸券的演变。陈沅远1933，第76页。

而布目潮沨考察了唐代所有的符,指出符牌传符手续繁琐,是否仍在实际使用颇堪怀疑,他推测实际使用的是纸券[①]。

如同青山氏一样,许多研究唐朝交通制度的学者也猜想从传符演变为纸券[②],但是截至目前,上述关于传符和纸券的两种观点实际上并未得到验证,就连它们与符券有着怎样的关系也没有认真考察。为了考明驿道作为交通道路的性质和功能,笔者首先拟对这个问题进行探讨。

研究授给驿使的通行证,主要依靠唐令复原所依据的《六典》及《疏议》。以往经常对两书的记载进行综合研究,但为了正确把握名称多样的通行证的样貌,有必要分别考察两书是如何记载给驿使授予通行证的。

先来看《六典》的记载,尽管文字有些冗长,但为了有助于后面的讨论,兹摘录全部相关内容:

①内外诸司有<u>传符</u>、铜符之处,各给封符印一枚,发全封符及封鱼函则用之。诸司从行者各给行从印,其文曰"某司行从之印"。驾还,则封纳本司。(卷4"礼部郎中员外郎"条,第116页)

②凡乘驿者,在京于门下给<u>券</u>,在外于留守及诸军州给<u>券</u>。(卷5"驾部郎中员外郎"条,第163页)[③]

③若发驿遣使,则给其<u>传符</u>,以通天下之信。(卷8"门下省侍中"条,第243页)

[①] 布目1962(收入布目2003,第272-273页)。《律令》7[第166页注(1),第170页注(8)]及《律令》8[第69页注(6)]中关于传符的看法,也是遵从了布目氏的见解。

[②] 楼祖诒1958,第71页;刘广生1986,第141页;黄正建1998,第174-175页。

[③] 【原文】"驾部郎中、员外郎掌邦国之舆辇、车乘,及天下之传、驿、厩、牧官私马、牛、杂畜之簿籍,辨其出入阑逸之政令,司其名数。凡三十里一驿,天下凡一千六百三十有九所。(……凡乘驿者,在京于门下给<u>券</u>,在外于留守及诸军州给<u>券</u>。……)而监、牧六十有五焉,皆分使而统之"。

④一曰铜鱼符，所以起军旅，易守长。二曰<u>传符</u>，所以给邮驿，通制命。（两京留守及诸州，若行军所，并给<u>传符</u>。诸应给鱼符及<u>传符</u>者，皆长官执。）（卷8"门下省符宝郎"条，第253页）

⑤<u>传符</u>之制，太子监国曰双龙之符，左右各十。京都留守曰麟符，左二十，其右一十有九。东方曰青龙之符，西方曰驺虞之符，南方曰朱雀之符，北方曰玄武之符，左四，右三。（卷8"门下省符宝郎"条，第253-254页。[复原公式令23甲]）

这里令人注目的是，《六典》中绝未使用"符券"一词，几乎都统一作"传符"。唯史料②中记载门下省等部门颁发通行证时，用"券"代替"传符"。

原因如后所见，编纂《六典》所依据的律令条文中，主要使用"传符"之名作为驿使的通行证，仅在门下省的职掌规定中使用了"驿券"一词。

《六典》中的史料⑤明确记载，这个传符是根据方位等来区别辨识符牌的，但楼祖诒已经指出，这种符牌基本上是继承了隋开皇七年（587）颁授给总管和刺史之符（《隋书》卷1《高祖纪上》，开皇七年四月癸亥，第25页）①。

由上可知，《六典》中授给驿使的通行证，估计基本上是源自隋代的符牌传符，所以几乎不用符券等名称。这也与《六典》作为制度运用的理想设计或标志，具有"不如制定现时需要的法典"②的性质密切相关。

而《疏议》则记载如下：

①《职制律》（卷10）（《律令》6，第172页）

　　诸用符节，事讫应输纳而稽留者，一日笞五十，二日加一等，十日徒一年。

---

① 楼祖诒1958，第70页；楼祖诒1940，第176-177页。
② 内藤乾吉1936（收入内藤乾吉1963，第73页）。

疏议曰：依令："用符节，并由门下省。其符，以铜为之，左符进内，右符在外。应执符人，有事行勘，皆奏出左符，以合右符。所在承用事讫，使人将左符还。其使若向他处，五日内无使次者，所在差专使送门下省输纳。其节，大使出即执之，使还，亦即送纳"。应输纳而稽留者，一日笞五十，二日加一等，十日徒一年。虽更违日，罪亦不加。其<u>传符</u>，通用纸作，乘驿使人所至之处，事虽未讫，且纳所司，事了欲还，然后更请，至门下送输，既无限日，行至即纳。违日者，既非铜鱼之符，不可依此科断，自依<u>纸券</u>，加官文书稽罪一等。……

② 《职制律》（卷10）（《律令》6，第163页）

诸驿使稽程者，一日杖八十，二日加一等，罪止徒二年。

疏议曰：依令："给驿者，给<u>铜龙传符</u>；<u>无传符</u>处，为<u>纸券</u>。量事缓急，注驿数于<u>符契</u>上"。

③ 《擅兴律》（卷16）（《律令》7，第12页）

诸应给发兵符而不给，应下发兵符而不下，若下符违式。（谓违令、式，不得承用者。）

疏议曰：依《公式令》："下鱼符，畿内三左、一右，畿外五左、一右。左者在内，右者付外。……"。……又条："应给鱼符及<u>传符</u>，皆长官执。长官无，次官执"。

④ 《贼盗律》（卷19）（《律令》7，第165页）

诸盗制书者，徒二年。官文书，杖一百；重害文书，加一等；<u>纸券</u>，又加一等。

⑤ 《贼盗律》（卷19）（《律令》7，第168页）

诸盗官殿门符、发兵符、<u>传符</u>者，流二千里；使节及皇城、京城门符，徒三年；余符，徒一年。……

疏议曰：……<u>传符</u>，谓给将乘驿者，依公式令："下诸方<u>传符</u>，两京及北都留守为麟符，东方青龙，西方白虎，南方朱雀，北方玄武。两京留守二十，左十九，右一；余皆四，左三，右一。左者进内，右者付外州、府、监应执符人。其两京北都留守符，并进内。须遣使向四方，皆给所诣处左符，书于骨帖上，内着符，裹用泥封，以门下省印印之。所至之处，以右符勘合，然后承用"。

⑥《诈伪律》（卷25）（《律令》8，第14-15页）

诸伪写官殿门符、发兵符、<u>传符</u>者，绞。

疏议曰：……<u>传符</u>者，谓给驿用之。伪写及造此等符者，并合绞。

⑦《诈伪律》（卷25）（《律令》8，第67-68页）

诸诈乘驿马，加役流；驿关等知情与同罪，不知情减二等，（关，谓应检问之处。）有<u>符券</u>者不坐。（谓盗得真<u>符券</u>及伪作，不可觉知者）。

疏议曰：……有<u>符券</u>者，不坐。注云"谓盗得真<u>符券</u>及伪作，不可觉知者"，谓伪作<u>符券</u>及盗得真<u>纸券</u>等，检验不可觉知者，驿及关司并不坐。其未应乘驿马而辄乘者，徒一年。（辄乘，谓有当乘之理，未得<u>符券</u>者。）

这些律疏的特征是，与"传符"一起出现的还有《六典》中使用较多的"符券"和"纸券"。不过，在唐律原文中，史料④、⑦各有一例使用"符券"与"纸券"，但"符券"一词在复原令中却全然未见。由此可见，作为驿使的通行证，"传符"是律令条文中使用的正式名称。而"符券"一词大概用于律文的本注及疏议文字，从疏议史料⑦可知，它与"纸券"的含义完全相同。

与此关联的是疏议史料①中引用到公式令，指出符是用铜制作的，但同一篇疏议文字中却规定传符全都用纸制作，遂出现了完全矛盾的观点。

这篇疏议中的矛盾说明，律令条文中驿使的通行证以符牌传符为前提，而疏议中则以符券（即纸券）为前提。

总之，在律令条文中，传符是授给驿使使用的通行证的正式名称；

而在疏议中更多地使用符券（纸券），为律疏撰成之时驿使通行证的通称，或许这就是当时的实际名称。

这表明，《六典》中的驿使通行证是出于理念上的理解，而《疏议》中的法制规定及其解释则是从现实运用方面来编纂的。

上述观点当无大误，问题是前述陈、青山二氏与布目氏的观点存在分歧，即是否将法律条文上的传符当作实际的通行证来使用呢？

关于陈、青山二氏的观点，杨廷福指出《疏议》依据的是永徽律疏（开元时期修订）[①]，根据这一说法，符券（即纸券）很可能早在永徽年间（650~655）就广泛地授给驿使了。

正如《疏议》③、《六典》④所规定，传符与铜鱼符一起颁发给地方州级长官等人，但《通典》卷33《职官》"郡太守"条（第907-908页）云：

> 大唐武德元年（618），改郡为州，改太守为刺史，加号持节。后加号为使持节诸军事，而实无节，但颁铜鱼符而已。

可见从唐初开始，颁发给州郡长官的符牌只有铜鱼符[②]。

从理论上说，《六典》史料④记载铜鱼符是"起军旅，易守长"之符，而传符是通过"邮驿"传达"制命"之符，实际上只颁发了前者。

据布目氏研究，铜鱼符分为发兵符、州符、门符，其中州符是在州级长官交替时颁发给州刺史的，用于中央与地方之间在重大事情上的联络[③]。如此，铜鱼符中的州符实际上兼有传符的功能，用符牌来传达"制命"。换言之，授给驿使的通行证实际上未必是符牌。

因此布目氏指出，《六典》史料⑤、《疏议》史料⑤（复原公式令23）中关于传符的规定是实际运用的。如前所言，隋代颁发给总管和刺

---

① 杨廷福1978，第33-43页（日译文：冈野1980，第150-172页）。

② 《册府元龟》卷259，第3078页〔《全唐文》卷8，第97页；《资治通鉴》卷198贞观二十年（646）十一月己丑，第6241页〕记载"应行鱼契、给驿"，而未记作"应行鱼契（鱼符）、传符"，也表明了传符的实际状况。

③ 布目1962，第5-8页。

史的符，不过是理念上的继承，实际用的是符券（纸券）。

当然，即便是用纸来制作，可能也保持着符牌的功能①。实际上，很难想象靠中央与州府分别持有的符牌来维持驿使往还，因为其通行范围极为有限。《疏议》史料⑤规定，国都与州府持有的传符数分别为中央3、州府1，可见利用驿马的使者只是一种理想化的设想。

不过，《疏议》史料①、②规定一律用符券（纸券）代替传符，这一点在《唐会要》卷61《御史台中》"馆驿"条②也有记载，与传符体制相同，只有中央的门下省与地方诸州有权颁发符券（纸券）。也就是说，符券基本上也是直接往还于中央与州府等地的通行证，发给驿使以后，由其以直接连接中央与地方的形式负责传达信息。

实际上，驿使也与从国都到各州府传达君主命令（圣旨）的"敕使"一样③，各州府也向国都派遣使节，支撑这些使节往来的就是驿制。特别是下达与政治、军事有关的紧急命令是驿制的重要功能之一，驿道发挥了支撑唐帝国政治与军事的干线的作用。

另外，从驿制所承担的功能来看，以国都为起点的驿道应该延伸到所有州府。如陈沅远所指出④，《元和郡县图志》所记每个州府的"八到"，记录了从州府到上都（长安）的里数，可以理解为驿道的里数。陈氏明确指出，基于《元和郡县图志》的这一记载，驿道即贡道⑤，也

---

① 众所周知，契约中两券的尾部合起来后，在其接缝处用大字书写"合同"二字，以后可作为证据。仁井田1960（补订1981，第451-454页）。参《唐 大历四年（769）张无价买阴宅地契》［73TAM506：05/2（a）、(b)〈录〉《文书》第10册，第6-7页；〈图〉《图文》第4册，第395页］。

② 《唐会要》卷61《御史台中·馆驿使》（第1250页）云："（贞元）八年（792），门下省奏，邮驿条式，应给纸券，除门下外，诸使诸州不得给往还券。"从这条记载可知，邮驿条式规定除了门下省颁发的纸券外，诸使、诸州不能颁发往还券。设在地方上的诸使也被授予颁发纸券的权限。

③ 例如，S.2703v记载持有墨敕的修功德使凭着驿券前往地方。《释录》第4辑（第475页）将"驿券"录作"驿家"，但从字形上判断应作"驿券"。

④ 陈沅远1933，第81页；李之勤1995。

⑤ 陈沅远1933，第81页。

就是说，直接连接国都的驿道，原本是指给皇帝进贡物品的道路。州府派遣进贡物品的使节是沿着驿道前往国都的。《资治通鉴》卷197"贞观十七年（643）九月"条（第6205页）云：

> 先是，诸州长官，或上佐，岁首亲奉贡物入京师。谓之朝集使，亦谓之考使。

唐初，诸州长官、佐官入京进奉贡物，从《户部格残卷》[S.1344〈录〉TTD（A），第37页;〈图〉TTD（B），第74页]可知，贡物的运输允许使用"传驿"。唐代的驿道直接连接中央与州府，具有强烈的贡道性质。

渡边信一郎探讨了唐朝的元会礼仪，指出元会（阴历元旦的朝会）是以贡物为媒介，每年加强中央与地方州府的政治支配—从属关系的机会①。驿道确实支撑起了这一体制并要求各州府负担维持驿道的义务。

要之，驿道是连接唐帝国的国都与州府的政治、军事上的重要干线，同时它具有象征中央与地方州府的政治统属关系的贡道的根本性质。

不过，唐帝国还存在驿道以外的"公道"，而且是驿道以外的重要路线。《六典》卷6"刑部司门郎中员外郎"条（第195-196页）记载，是否为驿道取决于道路上所设关卡的等级。由此可知，即便在设有关卡的重要官道上，也存在着不少驿道之外的支线。驿道毕竟是直接连接国都与州府的特定官道，驿马及管理驿马的驿站以支撑驿道为目的，配备了马匹及相关设施。驿道以外的各条官道则不配备驿马和驿站，必须看到它们是在非常有限的条件下发挥着功能②。

② 羁縻府、州和驿道

如前所论，驿制的本质功能是直接连接国都与地方州府，保证这种功能的是从长安呈辐射状向外扩展的驿道③。这种驿道原则上要覆盖所

---

① 渡边1996，第163-188、237-263页。

② 如后所论，传制在县道一级发挥作用，但这并不意味着不能利用驿道。传制在驿道上也发挥着功能。

③ 参前一小节及附图2所示驿道。

有州府，实际上不只在唐朝内地，设置虚拟性质的都督府、州（即设置羁縻府、州）的周边域外地区也有驿道相贯通。

《唐会要》卷73"安北都护府"条（第1557-1558页）对其中一条驿道记载如下：

> （贞观）二十一年（647）正月九日，以<u>铁勒</u>、<u>回纥</u>等十三部内附，置六都督府（注文省略）、七州（注文省略），并各以其酋帅为都督、刺史，给玄金鱼，黄金为字，以为符信。于是<u>回纥</u>等请于<u>回纥</u>以南、<u>突厥</u>以北置邮驿，总六十六所，以通北荒，号为<u>参天可汗道</u>。俾通贡焉，以貂皮充赋税。

从这条史料可知，唐朝接受了回纥等部族的请求，在安北都护府管辖下的羁縻府、州开通了抵达唐都长安的驿道，以通进贡①，还在驿道上设置各个驿站。《资治通鉴》卷198"贞观二十一年（647）正月丙申"条（第6245页）记载了同样的事情：

> 诸酋长奏称"臣等既为唐民，往来天至尊所，如诣父母，请于<u>回纥</u>以南、<u>突厥</u>以北开一道，谓之<u>参天可汗道</u>，置六十八驿，各有马及酒肉以供过使（注文省略），岁贡貂皮以充租赋。……"

可知唐朝配备了马匹和粮食等来接待使者。

另外，在天山北麓，平定阿史那贺鲁之乱，《唐会要》卷73"安西都护府"条（第1567页）云：

> <u>显庆</u>二年（657）十一月，<u>伊丽道行军大总管苏定方</u>大破贺鲁于<u>金牙山</u>，尽收其所据之地，<u>西域</u>悉平。定方悉命诸部，归其所居。开通道路，别置馆驿，埋葬骸骨，所在问疾苦，分其疆界，复其产业。贺鲁所房掠者，悉检还之②。

---

① 贾耽所说的《四夷入贡道》记载了包括该道在内的周边少数民族地区前来进贡的7条道路。《新唐书》卷43下《地理志七下》，第1146-1155页。参陈沅远1933，第83页。

② 《资治通鉴》卷200"显庆二年（657）十二月"条（第6307页）云："诸部各归所居，<u>通道路</u>，<u>置邮驿</u>，掩骸骨，问疾苦，画疆场，复生业。凡为<u>沙钵罗</u>所掠者，悉括还之。"

可以确认，唐朝将天山以北的游牧部落纳入统治之下，同时还开通道路，设置馆驿①。当地也很可能与上述"参天可汗道"一样供应马匹和粮食，至少如后所见［第 6 章第 1 节］，文书史料记载了为迎送唐朝使者而供应马匹和马子。

唐朝周边地区的羁縻府、州也与内地州府一样被授予符牌鱼符②，上引《唐会要》卷 73 "安北都护府"条记其管辖下的各羁縻府、州，被授予用金色文字雕刻的符牌即"玄金鱼"③。

另外，《唐会要》卷 73 "安西都护府"条（第 1568 页）记载天山以北的游牧部落：

（显庆）四年正月，西蕃部落所置州府，各给印契，以为征发符信。

如同与安北都护府一样设置了羁縻府、州，同时给他们分别颁授"印契"，以作为征发的"符信"。此处所说的"印契"，顾名思义是指官印④和符牌⑤，尤其是符牌证明了中央与州府派遣"使"（使节）的性质，明确传达了中央发兵和制命等重大事情及来自地方的情报，发挥了重要的作用，而羁縻府、州也有基本相同的功能。

---

① 如后所论，安西都护府管辖下的 4 个都督府同样是羁縻州府，也布设了直接连接国都的驿道。

② 布目潮沨认为，随身鱼符（传佩鱼符）明确了官员的身份贵贱，在征召之际证明本人身份；他在对之进行分类的基础上，介绍了羁縻州的鱼符实例。布目 1962（收入布目 2003，第 280-281 页）。不过布目氏认为，在随身鱼符（传佩鱼符）的符牌上仅见到州名和官名（刺史），而无"传佩"二字，可见虽然与仅记州名的正州铜鱼符（州符）不同，却是据此制作的符牌而授给羁縻州的刺史吧。

③ 关于玄金鱼的详细情况不明，但因为有玄金，所以并非用铜制作，可能是用铁特别制作的。参榎本 1995，第 466 页。另外，随身鱼（龟）符呈龟形，颁发给游牧民族的是"缬大利发（iltäbär）阿伏师爰"、"索葛达干（-tarqan）桧贺"。布目 1962（收入布目 2003，第 281 页）。此外，库尔勒的巴州博物馆同样藏有一件龟形铜制符牌（随身鱼符）的实物，刻有"右玉铃卫将军员外置阿史那伽利支"之铭文，这也是赐给带有右玉铃卫将军（从三品）之职衔的突厥阿史那姓人物的符牌。参何休 1986；鲁岱青 2000。

④ 羁縻州也被授予如同"蒲类州之印"的官印。蒋其祥 1982。

⑤ 伊瀬仙太郎则把"印契"解释为木契铜鱼之类。伊瀬 1955，第 532 页。

不过，对羁縻府、州来说，唐朝的"印契"象征着皇帝与羁縻府、州的长官（即各部落的首领）之间的统属关系，同时给他们授予都督、刺史等称号。考虑到要迎接唐朝的使者，他们相应地承担了征发人畜的义务。与这种政治从属的义务相伴随的，除了军事上的负担以外，应该还有维护直接连接中央的驿道和驿馆的义务。

另外，对于唐朝而言，西域诸国既是蕃国，又是羁縻府、州。唐朝给他们颁授符牌，他们向唐朝进贡，铜鱼符就是作为朝贡使的凭证而被使用①。

由上可知，唐朝给政治上统属的羁縻府、州授予官印和符牌，相应地征发人畜，开通驿道，设置邮驿，以便他们向唐朝进贡。

如前所述，驿道最初作为支撑唐帝国政治、军事的重要干线而发挥作用，从根本上象征着中央与地方州府的政治统属关系的贡道性质，唐朝要求各个州府承担维护该道路的义务。唐前期通过驿道连接国都与地方州府的体制，扩及的范围当然不只是直辖州府，也包括羁縻府、州②。驿道延伸到羁縻府、州，让羁縻府、州强烈地意识到与唐朝皇帝（天可汗）之间的政治统属关系，同时与唐都长安建立了直接的联通管道③。

应当留意的是驿道作为私用交通道路的功能。复原杂令23（开元二十五令，《拾遗》第857页）规定：

> 诸私行人，职事五品以上，散官二品以上，爵国公以上，欲投驿止宿者听之。若边远及无村店之处，九品以上，勋官五品以上及爵，遇屯驿止宿亦听。并不得辄受供给。

因私往来的人口若有一定的身份，除了享受牲畜、粮食供应外，可能还利用驿道及其配备的设施④。如后所论，唐代拥有五品散官身份的长途商人非常少［参第8章第7节、第9章第1节］，而且唐朝在河西、西

---

① 榎本1995，第466-468页。
② 参前一小节及附图2所示之驿道。
③ 参妹尾1999，第53页。
④ 青山1963，第52-53页。

域地区驿道上设置的驿站，很多就设在上引法令条文中的"边远及无村店之处"。也就是说，在河西、西域地区，商人也可以充分利用驿道上所配置的各个驿站。

在考察唐代私用交通时不能忽视的是，这些驿道和驿站本来是供驿使以外执行公务的使者使用的，但因私往来的商人也在广泛地使用。

唐帝国在统治上以贡物为媒介，与羁縻、直辖州府之间构筑了政治统属关系，维持这种关系所体现的是直接连接各州府与长安的贡道（驿道），这也是一条军事、政治、经济的通道。以往学界专门考察了驿道、驿站与驿制的关系，这些象征着唐帝国中央与州府的统属关系及国家的交通管理，同时必须明确认识到，驿道和驿站作为支撑帝国公私交通的基干道路及设施而发挥着作用。

3 传送交通

(1) 递牒和传送

根据前引卫禁律疏记载，符券之后提到递牒，这是颁发给传送的。

律令条文中记载的传送，又见于复原厩牧令9(《拾遗》第704-705页)：

> 诸在牧之马，皆印，……配诸军及充传送驿者，以出字印，并印左右颊。

又《疏议》卷26《杂律》云：

> 诸应给传送，而限外剩取者，笞四十。计庸重者，坐赃论，罪止徒二年。
>
> 疏议曰，应给传送，依厩牧令，官爵一品，给马八匹，嗣王、郡王及二品以上，给马六匹。三品以下，各有等差。……

这两条记载都明显说的是马匹。另外，复原田令33（《拾遗》第652页）将传马特别记作传送马，所以传送马是传马在律令条文中的正式称呼。

传世史料中把传送马的供应也称作"给传递"或"给传"［荒川

1989A，第 39 页]，《疏议》卷 15《厩库律》云：

> 诸应乘官马牛驼骡驴，私驮物不得过十斤。违者，一斤笞十。十斤加一等，罪止杖八十。
>
> 疏议曰，应乘官马、牛、驼、骡、驴者，谓因公得乘传递，或是军行。……

传递并不限于马匹类，还包括牛（车牛）和骆驼，这与李锦绣所说传制使用的是马坊和车坊一致①。

另外，《六典》卷 3"尚书户部"条云：

> 内外百官家口应合递送者，皆给人力、车牛。

可知内外百官的家口的递送，驿道不仅提供车牛，而且还要供应人力。这里说的虽然不是传送、传递，但该史料很可能与随内外百官赴任的家口移动有关，看作是下文所说的"传送"之一环，当无问题。

由此可以理解，律令条文中使用的"传送"一词，基本上是指官府的牲畜和车等交通手段与人力，或者是根据这些交通手段所开展的递送。因此，《卫禁律疏》中的"传送"意味着由官府的牲畜、车、人力等开展的递送，进而交付使用（以下为方便起见，称之曰"传送使"）②。"递牒"是保证递送的一种通行证。

《六典》卷 8 记载门下省给事中的职掌：

> 凡发驿遣使，则审其事宜，与黄门侍郎给之。其缓者给传，即不应给，罢之。

由上所论可知，其中的"其缓者给传"之语也意味着根据递牒来开展传送。

另外，从《六典》的记载可以知道，递牒与符券一样是由中央门下省颁发的通行证。不过，递牒是否也是中央颁发的用于往返的通行

---

① 李锦绣 1998，第 352-356 页。车坊中除了牛之外还备有骆驼。吴丽娱、张小舟 1986。另外如后所见，除了车以外，有的地方还用船来传送。
② Johnson 1997（第 47 页）将传送解释为"邮驿（post riders）"。

证，则情况不详。

如前所见，驿道连接着中央与州府，从中央派往州府的传送使也依靠驿道往来。换言之，中央派出的使者无论是驿使抑或传送使，都依靠驿道往来。门下省按照他们的公务缓急程度，决定用驿马还是传送所提供的交通手段。

如上节所述，连接中央与州府的驿道和驿站不仅是一种驿制，还支撑着公私交通。当然，对于中央的传送而言，这也是重要的递送道路与交通设施。

这里有以下两个问题[①]：

（Ⅰ）驿马配备在驿道上的驿站并发挥着递送的功能，而供应传送的交通手段配备在何处并发挥功能呢？

（Ⅱ）传送使脱离驿道而形成的运营体制，就是上节所说的允许使用的"枉道"吗？

当然，这些与唐代驿传制度的结构问题有着密切的关系。

（2）敦煌出土的传送马文书

至于具体探讨前面所说的问题，《唐 总章二年（669）八月沙州 敦煌县传马坊牒（五件）+沙州 敦煌县司判案》（P.3714v）（以下简称为传马坊牒）记载了设在敦煌的传送马的运用状况，提供了独一无二的重要史料，故拟从该文书入手进行分析。兹先迻录文书并译作日文于下[②]：

【A】

（前缺）

[①] 荒川 1992B（第 450-454、457-460 页）对这个问题已经做了研究，但《会报》不过是在所谓内部的场合简略触及，有些地方还应当依据后揭传马坊牒等史料加以解释和修订，此处重新予以探讨。

[②] 卢向前 1982，第 660-670 页；《释录》第 4 辑，第 417-428 页；Soymié 1991, p.195. 此处的录文在释读上有疑问的地方得到了曾在巴黎留学的森安孝夫的确认，参考了他的意见进行录文，在此感谢森安氏的帮助，录文的责任则悉由笔者承担。

·· "恭"

（传马坊）

　　　[　　]

　　　　　（合）⁽¹⁾

1　□传驴卅六头，去七月廿一日，给送帛练使司马杜雄，充使往伊州。

2　卌⁽²⁾三头，在伊州坊，程未满。

3　一⁽³⁾廿六，伊州满，给送蒲桃酒来。

4　孔行感⁽⁴⁾　　驴乌"次"　　丁丑奴　　驴青"次"
5　赵孝积　　　驴青"次"　　曹德文　　驴青"次"
6　张行威　　　驴青"次"　　韩刚子　　驴青"次"
7　索行威　　　驴青"次"　　张长命　　驴青"次"
8　王智德⁽⁵⁾　驴青"次"　　孙通　　　驴青"次"
9　张住　　　　驴青"次"　　张怀智　　驴青"次下"
10　张行满　　　驴青"次"　　宋善生　　驴青"次上"
11　张君政　　　驴青"次"　　氾玄度　　驴青"次"

12　牒，前件驴，被差送帛练往伊州，今还至县。请

13　定肤第。谨牒。

14　　　　　　　　总章二年八月廿一日，前校尉杨迪牒。

·· "迁"

15　　　"付司。迁示。

16　　　　　　　廿一日"

17　　　　　　八月廿一日　录事"令狐顺"受

18　　　　　　主簿"敬"　　　　　　付司法

19　　　"连。行恭白。

20　　　　　　　廿一日"

（空白）

【B】

　　　……………………………………………………"恭"

　　（传）

21　□马坊[6]

22　合[7] 传马叁匹，去七月廿一日，给使帛练使司马杜
雄使[8]。

23　　卢孝顺　　马瓜"次"　　郭义顺　　马瓜"次"

24　　马[9] 善住　　马忩"次"

25　牒，上件马，去七月廿一日，被差送帛练，往伊
　　　　　　　　（斯）？　　　　　（曾戾）？

26　州。呈论□满，覆乘给使人苏□□沙州，八[10]

27　月廿一日[11] 到县，请定肤第。谨牒。

　　　　　　　　　　　　　　　　　　（校）

28　　　　　　　总章二年八月廿一日，前效尉杨迪牒。

29　　　　　"付司。迁示。

30　　　　　　　　廿一日"

31　　　　　　八月廿一日　录事"令狐顺"受

32　　　　　　主簿"敬"　　　　付司法

33　　　　　"连。行恭白。

34　　　　　　　　廿一日"

【C】

　　　……………………………………………………"恭"

　　（传）

35　□马坊[12]

36　二匹，去七月廿二日，给使人杨玄往伊州，停经十四日。

37　　覆使人参军乘来。　令狐君节　马赤"次下"

38　　吴智惠　马赤"次"

39	牒，上件马，给使人杨玄乘往伊州。呈满，覆
40	乘至此。请定肤第。谨牒。
41	总章二年八月廿一日，应⁽¹³⁾ 行马子吴惠牒。
	（校）
42	前效尉杨迪
43	"付司。迁示。
44	廿一日"
45	八月廿一日　录事"令狐顺"受
46	主簿"敬"　　付司法
47	"连。行恭白。
48	廿一日"

【D】

……………………………………………… "恭"

49	传马坊
50	马一十九匹，去七月廿四日，送殷大夫往伊州
51	十匹，呈未满，在伊州坊，未还。
52	九匹，停经十二日。覆给使人甘元柬等乘。
53	一匹回至内涧戍北廿里，致死。给得使人公验唐孝积。
54	八匹见到。
55	郭延客　　马赤"次"　　　张安都　马赤"次"
56	解玄德⁽¹⁴⁾　马者白"次下"　杨仁　　马念"次"
57	左孝积　　马念"次"　　　唐满生　马留"次"
58	张武通　　马留"次"　　　夏惠　　马赤駮"次"
59	牒，上件马，差送使往伊州。今还至，请定肤第。
60	谨牒。

（牒）

61	总章二年八月卅　日，行马子郭延客□。

62					前校尉杨迪	
63	"付司。迁示。					
.... "迁"						
64	廿一日"					
65	八月廿一日 录事"令狐顺"受					
66	主簿 "敬" 付司法					
67	"连。行恭白。					
68	廿一日"					

（余白）

【E】

.... "恭"

69	张慈皎	马悆	曹汲佳	马赤	王景仁	驴青
70	赵怀道	驴青	令狐君才	马瓜	宋君意	马乌
71	令狐德敏	马悆	贺万机	马悆	索君意	马骠
72	氾保住	马紫	索怀本	马留	孔行感	驴乌
73	丁丑奴	驴青	赵孝积	驴青	曹德文	驴青
74	张行威	驴青	韩刚子	驴青	索行威	驴青
75	张长命	驴青	王智应	驴青	孙通	驴青
76	张住	驴青	张怀智	驴青	张行满	驴青
77	宋善生	驴青	张行政	驴青	氾玄度	驴青
78	卢孝顺	马瓜	郭义顺	马瓜	董善住	马悆
79	令狐君节	马赤	吴智(16)惠	马赤	郭延客	马赤
				赭白（赤土色）		
80	张安都	马赤	解玄应	马者白	杨仁(17)	马悆
81	左孝积	马悆	唐满生	马留	张武通	马留
82	夏惠	马赤駮				

83　右件人，并不违程。

						"恭"
84	程师德⁽¹⁷⁾	马瓜				
						州
85	右件人马，去六月卅日差送使往伊，					八月三日
86	到县。计违二日。					
87	赵君素	马瓜	曹汐政	马瓜	索万成	驴青
88	比干粪堆⁽¹⁹⁾	驴青				
						州
89	右件人马驴，去七月四日差送铁器往伊，					八月
90	七日到县。计违二日。					
91	张才智	驴青				
92	右件人驴，频追不到。					
93	牒，件勘如前。谨牒。					
94	八月廿　日，佐赵信牒。					
95	程师德等伍人，使往伊					
96	州。计程各违贰日，论					
	不得					
97	情无责。据职制律					
98	"诸公使应行而稽留者，					
99	壹日笞叁拾，叁日加壹					
100	等"计师德等所犯，合					
101	笞叁拾，并将身谘决。					
102	其不违程者记。其张					
103	才智，频追不到。牒坊，					
104	到日将迫其办备驴。					
105	及今月廿一日所阅马驴					
106	并长官检阅讫记。谘					

107　　　　　行恭 白。
108　　　　　　　　　　廿　五　日
109　　　依判。迁示。
110　　　　　　　　　　廿　五　日
111　马坊件状如前。牒至准状。故[20] 牒。
112　　　　　　　　　总章二年八月廿五日

·····························"恭"

113　　　　　　　　　　　佐　赵信
114　尉　行恭
115　　　　　　　　　　　　　史
116　　　　　　八月廿一日，廿五日行判。无稽。

（余白）

117　前官杨迪牒，为夏惠等马送使还，请定肤事。

【F】

·····························"恭"

118　总章二年八月廿　日，传驴□[21] 张德意等辞。
119　张德意　驴青"次"　氾行意[22]　驴青"次下"
120　张海德　驴青"次"　张师德　　驴青"次下"
121　县司。意德前件驴，被差帛往伊州。程满，送
122　蒲桃来至县。请定肤第。谨辞。
123　　　　　"付司。迁示。
124　　　　　　　　　　廿七日"
125　　　　　　　　　八月廿七日　录事　受
126　　　　　　　　　主簿"敬"　　付司法
127　　　　　"连。行恭白。
128　　　　　　　　　　廿七日"

（空白）

【G】

.... "恭"

129　㉓(23) 传马驴八十一头匹，去七月廿五日，送庭州帛练使杜雄。廿七匹马

130　　九匹马，伊州往还死。张仁洪　马赤　张智积　马赤

五十三头驴

袁树　马瓜

131　　令狐还成　马赤　竹元贡　马瓜　张熹彦　马念

马祥　马紫

132　　王保意　马念　阴怀智　马赤

133　　八头驴，伊州往还死。曹行通　驴青　辛道子　驴青

134　　张士熹　驴青　张□德　驴青　氾怀立　驴青

辛□□　驴青

135　　氾行索　驴青　张玄识　驴青

136　　九匹覆乘送鹰苟使　郭义顺　马善住　贾□

137　　张惠义　卢孝顺　康僧保　张怀德　马万□

138　　李住子

139　　十匹见到。阴回道　马念"次"　曹僧住　马瓜

"次"

140　　画武仁　马瓜"次"　氾行□　马念"次下"

141　　张万述　马留"下"　张怀质　马紫"次"

142　　翟回达　马瓜"次"　宋玄静　马念"次下"

143　　氾威　马紫"次下"　许□寿　马留"次下"

.... "迁"

144　　驴廿二头覆乘。宋善生　王智惠　孙通　张师德

145　　马文达　张智及　氾玄度　张怀智　张江　张行满

146　　张行威　韩刚子　索行威　张长命　曹德文

147　　赵孝积　孔行感　丁丑奴　张君政　氾行德

148　　　张德意　张海德

149　　　廿一头见到。

150　　　张行仁　驴青"次"　　唐威子　驴青"次下"

151　　　王彻　　驴青"次下"　阚智惠　驴青"次下"

152　　　赵玄感　驴青"次"　　令狐智□　驴青"次下"

153　　　孔客郎　驴青"次下"　画益寿　驴青　一匹留

□备戌

154　　　伍季　　驴青"次下"　孟武政　驴青"次"

155　　　曹备寿　驴青"次下"　刘万寿　驴青"次"

.... "迁"

（后缺）

[校勘]

(1)《释录》第417页、卢向前1982第660页缺录。

(2)《释录》第417页、卢向前1982第660页作"□"。

(3)《释录》第417页、卢向前1982第660页作"十六"。

(4)《释录》第417页、卢向前1982第660页作"威"。

(5)《释录》第417页依原字录作"悥"。

(6)《释录》第419页、卢向前1982第661页作"马坊"。

(7)《释录》第419页、卢向前1982第661页作"□"。

(8)《释录》第419页、卢向前1982第661页作"□"。

(9)《释录》第419页、卢向前1982第661页亦录作"马"。

(10)《释录》第419页、卢向前1982第662页作"呈满□□充乘给使人□□□州"。

(11)《释录》第419页、卢向前1982第662页作"□□□"。

(12)《释录》第419页、卢向前1982第662页作"马坊"。

(13)《释录》第420页、卢向前1982第662页作"充"。

(14)《释录》第421页依原字录作"悥"。

(15)《释录》第 422 页作"满?臣",卢向前 1982 第 664 页作"□臣"。

(16)《释录》第 422 页、卢向前 1982 第 665 页作"伯"。

(17)《释录》第 422 页、卢向前 1982 第 665 页作"住"。

(18)《释录》第 423 页、卢向前 1982 第 665 页依原字录作"悳"。

(19)《释录》第 423 页作"叱于粪堆",卢向前 1982 第 665 页作"比干□□"。

(20)《释录》第 425 页、卢向前 1982 第 666 页作"收"。

(21)《释录》第 426 页、卢向前 1982 第 667 页亦录作"□",但字形为"", 也可能释读作"兵"。

(22)《释录》第 426 页作"惠□意",卢向前 1982 第 667 页作"□意"。

(23)《释录》第 427 页、卢向前 1982 第 668 页作"□"。

【原书此处为文书之日译文及少量说明文字,日译文大多删去,仅保留作者所加的注释与特别说明之处,如【A】部分"《以下检核 16 名驴子(即驴夫)的名字、驴的毛色①和肤第②》",译文中还对"帛练"一词进行注释,即③;【G】部分对马、驴数根据文书的实际内容做了订

---

① 关于毛色,见 Maspero 1953, p. 119,并参《古今合璧事类备要》别集卷 81《格物总论·马》。

② 关于肤第,藤枝晃说:"'肤'为何意不能详知,但根据血色或光泽可以判断健康状态。"藤枝晃 1956,第 6 页。据斯坦因所获出土文书(Ast. Ⅲ. 3.07-08, 037, 09-101/Maspero 1953, pp. 113-129, pl. XX~XXV)可知,肤第分为"上"、"次上"、"次"、"次下"、"下"5 个等级,似乎就是评估马的健康状态。《新唐书》卷 50《兵志》云:"凡征伐而发牧马,先尽强壮,不足则取其次。录色岁、肤第、印记、主名、送军,以帐驮之数,上于省。"Des Rotours 1948(p. 892)把它解释为"宽度(la grosseur)"。

③ 帛练不是所有绢织物的总称,而是指向特定的州征收绝作为庸调,而大多数州主要征收大练、小练、生绢、缦等绢织物 [参第 9 章第 1 节(3)及第 10 章第 2 节(4)]。

正,如"传马驴合计81头、匹（※79头、匹）,"马27匹（※28匹）/驴53头（※51头）"——译者注】

（3）传送马的管理、运用和县马坊

前揭问题（Ⅰ）即供给传送的交通手段,特别是作为其主体的马匹配备于何处[①]。关于这个问题,现存的律令条文中虽然未作规定[②],但如第1节所述,王冀青等人指出其管理据点是州县的马坊[③]。这是关于传送结构的重要论点,故拟通过分析前揭传马坊牒进行重新考察。

这件传马坊牒是总章二年（669）八月二十一日传马坊或驴子交给

[①] 以往关于驿传制度的讨论,青山定雄提出在驿站也配备传马的观点,但如笔者另文所论,这一观点难以成立。荒川1992B,第453页。传马不是必须在驿站从事递送并发挥作用。与此相关的公式令规定,驿马若迟延1天,驿使就要被处以80杖的惩罚；而使用传马时,如前揭传马坊牒所记,一般公务迟延1天,按规定处以30杖的惩罚。这一处罚是用敦煌县的传马计算的日程,在一般情况下计算公用交通的行程日数时,标准规定即基于复原公式令第四条所记"诸行程,马日七十里,步及驴五十里,车三十里"为背景。这个1天70里的日程速度规定,明显不是以驿站为基准的。附带说一下,《令集解》卷36公式令八八条云："凡行程,马日七十里,步五十里,车三十里。""集解迹记"云："迹云,乘传马,放此七十里行耳。"认为日本的传马行程也是1天70里。

[②] 传送马与驿马不同,它在何处以及怎样的规模设置,目前没有见到规定。关于这一点,拟参照后面所述的考察。附带说一下,厩牧令中有关于日本传马的规定。在日本,规定每郡各置5匹传马,充当官马或是用当地官方物资购买的马匹。近年来,日本律令时代的驿传制研究领域出版了大日方1985等优秀论著,主要论著参儿玉幸多编《日本交通史》（吉川弘文馆,1992年）第392-394页和古代交通研究会编《古代交通研究》1~（吉川弘文馆,1992年~）连续刊载的《古代交通関係文献目録》等。后一种文献得到了市大树氏的教示。

[③] 王冀青1986,第58-60页。另外同参黄正建1994,第78页；黄正建1998,第172页；李锦绣1998,第340页。不过,王氏认为唐代所有州县皆置传马坊,其根据是《唐大诏令集》卷2《中宗即位敕》所记"厩马数多,皆须秣饲,食人之粟,日费滋深。殿中诸闲厩马,量支留以外,抽送外州马坊及本监牧",此处之"州马坊"是指闲厩使牛仙客主管的岐、邠、泾、宁等4州的八个马坊。这些马坊像沙州的传马坊一样,没有见到管理传马发遣的交通机构,王氏还使用了《太平广记》等史料,但仍难以考察传送马的马坊问题。

敦煌县衙的报告，由敦煌县司法曹进行整理和连续粘贴的部分（【A】~【D】、【F】）与敦煌县衙在收到报告后制作的部分（【E】、【G】）构成。

【A】~【D】、【F】分别是敦煌差往伊州的敦煌县传马、驴返回的报告，从其内容可知，他们在目的地伊州管辖下的马坊（伊州坊）居停①，并在那里住满了规定的日程，然后返回敦煌县。

从各份报告可知，敦煌县的传马、驴组成了运输队，分别递送以帛练使为首的官员。另外从伊州返回之际，不少运输队运回了一些人员或官方物资。为了具体了解该文书所见传马驴的递送活动，笔者对文书进行全面考察，并按不同的递送对象将传马驴的存亡和利用状况列作表4-2：

表 4-2　敦煌县传马坊传马驴运用表

① 帛练运输队的构成（七月二十一日~八月二十一日）

马	死亡	往返骑乘（鹰苟使等）	空马	
	张仁洪 张智积 袁树 令狐还成 竹元贡 张熹彦 马祥 王保意 阴怀智	◎郭义顺 ◎马（董）善住 ◎卢孝顺 ●贾□ ●张惠义 ●康僧保 ●张怀德 ●马万□ ●李住子	●阴回道 ●董僧住 ●画武仁 ●氾行□ ●张万述 ●张怀质 ●瞿回达 ●宋玄静 ●氾威 ●许□寿	
计	9	9	10	28

---

① 如后所见，传马坊设在县中，而长行坊则设在西州府［第5章第1节（1）］。位于敦煌和西州中间的伊州，情况不详，但从记载来看很可能设置了长行坊。

（续表）

驴	死亡	往返骑乘（蒲桃酒）	空马	
曹行通 辛道子 张士熹 张□德 氾怀立 辛□□ 氾行索 张玄识		◎宋善生 ◎王智惠 ◎孙通 ●张师德 ◎氾玄度 ◎张怀智 ◎张江 ◎张行满 ◎张行威 ◎韩刚子 ◎索行威 ◎张长命 ◎曹德文 ◎赵孝积 ◎孔行感 ◎丁丑奴 ◎张君政 ●氾行意 ●张德意 ●张海德 ●马文达 ●张智及	●张行仁 ●唐威子 ●王彻 ●门智惠 ●赵玄感 ●令狐智□ ●孔客郎 ●画益寿 ●伍季 ●孟武政 ●曹备寿 ●刘万寿 ●缺名 ●缺名 ●缺名 ●缺名 ●缺名 ●缺名 ●缺名 ●缺名 ●缺名	
计	8	22	21	51
总计	17	31	31	79

② 使节杨玄的运输队（七月二十二日~八月二十一日）

马	死亡	往返骑乘（使节参军）	空马	
		◎令狐君节 ◎吴智惠		
计		2		2

③ 殷大夫的运送队（七月二十四日~八月二十一日）

马	死亡	往返骑乘（使节甘元柬等）	空马	
	唐孝积	◎郭延客 ◎张安都 ◎解玄德 ◎杨仁 ◎左孝积 ◎唐满生 ◎张武通 ◎夏惠	●缺名 ●缺名 ●缺名 ●缺名 ●缺名 ●缺名 ●缺名 ●缺名 ●缺名 ●缺名 ●缺名	
计	1	8	11	20

④ 使节运输队的构成（六月三十日~八月三日）

马	死亡	往返骑乘	空马	
		程师德		
计		1		1

⑤ 铁器运输队的构成（七月四日~八月七日）

马	死亡	往返骑乘	空马	
		赵君素 曹汐政		
计		2		2
驴		索万成 比干粪堆		
计		2		2
总计		4		4

◎为八月二十一日回到敦煌的马驴，全部是"往返骑乘"。●为八月二十一日以后回到敦煌的马驴。

①中传马的往返骑乘，【G】（136 行）记作送鹰苟使，而【B】记载八月二十一日返回敦煌的仅开头的 3 人，而且【B】的往返骑乘没有明确记作鹰苟使，由此可知●以下只有 6 人为送鹰苟使的马子。

关于④、⑤，从文书记载难以确定是往返骑乘还是空马返回，但日程期限正好为 1 个月，所以根据本书第 191 页注①此处当为往返骑乘。

表 4-2 中①、②、③的传马、驴，出发日期虽然略有不同，但大致都在一个月以前的二十一日同时返回了沙州。不过，这些传马、驴不是全都在八月二十一日返回的，看一下表中的◎印（表示八月二十一日返回）就可明白，①、③中只有部分人返回。剩下的传马驴可以判断是在八月二十一日以后返回的，如【F】所见，其中①有一部分是在八月二十七日返回的①。

接着是后一部分【E】的制作程序如下：①敦煌县司法佐赵信先根据传马坊的报告，对传马驴的返回日程等进行检查并报告；②对于赵信的报告，县衙应采取判理措施，由分判司法的县尉行恭制作判案报告；③县令对该判案下达终审判决。另外，【E】的后面粘贴的是上述迟至八月二十七日回到传马坊的报告（【F】）②，以及多次递送帛练使杜雄的马驴子（即马夫和驴夫）制作的文案（【G】）③。

---

① 返回日程不同的原因尚不明白，但应该留意的是，恰好在 1 个月后的八月二十一日，传马驴驮载着使节全部回到敦煌县，即所谓"覆乘（往返骑乘）"的马驴；而八月二十一日以后返回的传马驴（表 4-2●印）则显然不是"覆乘（往返骑乘）"，而是以"空马"的状态返回敦煌。

② 根据八月归还可知，只有这件是特地连续粘贴的。

③ 【G】的开头部分记载，"送庭州帛练使"杜雄在七月二十五日从传马坊领得 27 匹马和 53 头驴，前往伊州（哈密），但从基于【A】、【B】及【G】所制作的①之内容来看，日期为七月二十一日，传马驴的数字也应该改为 28 匹传马和 51 头传驴。

帛练使杜雄的正式使职名称是"送庭州帛练使",其任务是向庭州运送帛练。如前所述,沙州敦煌县的传马、驴无一例外都居停在伊州坊,然后返回沙州。据此可知,杜雄自己承担了从伊州远赴庭州(吉木萨尔)的运送任务,但沙州敦煌县的传马坊只承担到伊州 700 多里范围的递送。从这种递送状况推测,可能伊州同样是由当地的马坊向西州,然后再由西州的马坊递送到最终目的地庭州。

回到传送马的管理地点问题,以上研究中应该注意的事实是,该文书中的传马从沙州绿洲到约 700 里处的邻近绿洲伊州,管理传马的马坊不属于沙州,而属于敦煌县。换言之,州与州之间的联络实质上并未设置隶属于州的传马坊,而是由县来运营和管理。关于马坊的管理,是由与前校尉(前官)相并列的县官直接负责。

根据该文书的判辞可知,总章二年八月二十一日,分判司法的县尉行恭到传马坊给传马定了肤第,稍后由长官(可能是县令)检阅传马驴。

八月二十一日是该文书第 4 行孔行感以下的马驴子率领传马驴从伊州返回敦煌的日子,回来后立即由前官(前校尉)或马子向敦煌县上交归还报告,县尉在当天检查传马的肤第(健康检查)。

第 69~72 行所记孔行感以前的名单中,从张慈皎到索怀本共 11 人也是八月二十一日回到敦煌的传马驴子,推测传马坊也在他们回来当天向敦煌县上交归还报告,被连续粘贴在该文书的前面。

敦煌县衙对传马坊交来的报告做了汇总,审查和处理按时返回和迟归的文件。除了在规定日程内返回者之外,还提到八月三日(迟 2 天)、八月七日(同样迟 2 天)回到敦煌的文件各一份。【E】的处理日期为八月二十五日,开头部分的检查对象全在八月(三、七、二十一日)返回,所以没有七月报告的文件。由此可以认为,司法佐的检查报告及对之所作的一连串审理和判决,每月要汇总一次。因此,九月以后返回的传马驴就轮到县衙下次审理和判决。

传马是以前官（前校尉）及县令为首、由县官通过这种方式来详细核查、管理与运用的。

关于这种体制，《六典》卷30"三府督护州县官吏"条记载京畿及天下诸县令的职务内容：

> 若籍帐、传驿、仓库、盗贼、河堤、道路，虽有专当官，皆县令兼综焉，县丞为之贰。

可见是由县令和专门负责的官员一起来管理"传驿"事务①。

由上可知，传送马配备在县的马坊中，实质上由县官等来管理。如前所见，敦煌（沙州）与哈密（伊州）之间的联络，使用像州级长行坊那样设在敦煌的马坊也并不奇怪，但应该不是内地的传送运输体制，这同时也明确显示出内地的传送决非州府一级运营的性质。

那么，前揭（Ⅱ）的传送使不能在驿道上往来吗？笔者在另文中已经探讨了这一问题②，在总章二年（669）传马坊牒的时代，沙州利用西面的稍竿道开展对伊州的交通③，推测在稍竿道上一直没有设置驿站。由此可知，传送使的往来本来就与驿道的设置完全无关。

从构筑公用交通基础的驿传制度理论来看，驿马在驿站有义务进行递送，既然其活动受到了限制，传送交通手段就成为驿制的一大支柱，不仅在中央与州府之间，而且在州府境内也发挥着支撑通讯、交通、运输的功能。换言之，可以推测供应传送的交通手段难以充分维持连接京师与各州府的主要驿道，而是为了支撑州府之间和州府境内的公务往来。

根据前揭传马坊牒，当地官员的日常公务旅行与葡萄酒、铁等官方

---

① 《六典》卷30"三府督护州县官吏"条之"上州、中州、下州官吏"条云："兵曹、司兵参军，掌武官选举、兵甲器仗、门户管钥、烽候传驿之事（凡驿马，以驿字印，印左肘；以州名印，印项左）。"可知州府的兵曹、司兵作为县的上级部门，掌管传驿事宜，传马运用的管理权最终归于州府的司兵。

② 荒川1989A，第49页。

③ 卢向前1982，第685页。

物资在境内的运输,是用传送马及传送驴来维持的,由此可以管窥其与周边州县的公用交通基本上用传送马、驴来负担的状况。

另外,关于文书的传达,不消说中央与州府基本上都是通过驿道传递信息,而在不通驿道的地方则靠传送马来传递[①]。

总之,笔者推断传送使并不局限在固定的驿道上,而是以县为递送据点进行往来[②]。

如前所引《六典》卷30记载县令的职务内容,县官与专职官员一起管辖"传驿"事宜,这是驿使及传送使的递送基于县级单位的差役来维持和运营的体制。何以言之?拟在下文进行探讨。

(4) 公用交通和力役供应

秦汉到唐前期的公用交通制度的一大特征,是在徭役体制之下,国家在其统治范围内给一定数量的公务往来人员供应人畜和粮食,可以说是以国家出资的方式确立了递送使者到目的地的体制。

众所周知,唐朝的赋役体制为租庸调,其中的庸由课役和色役(杂役,根据差科制免除课役)及杂徭构成,支撑公用交通的力役不外乎色役和杂徭[③]。总之,可以预测是根据分布在境内的各州县的差科征发来运营和维持公用交通。

如前所论,中央与各州府通过驿道直接连接,中央给各州府颁授符牌,名曰铜鱼符,作为征发人畜的凭证。随着政治支配—从属关系而派

---

① 长行马的使用登记簿(Or. 8212/553, Ast. Ⅲ. 3. 10)记载"使送册道文解使四品孙魏诚古乘马壹匹",西州府设置长行马取代传送马,来传达境内的文书。第5章第3节(4)。

② 《柳河东集》卷26所收《馆驿使壁记》记载唐代后期,"华人夷人往复而授馆者,旁午而至,传吏奉符而阅其数,县吏执牒而书其物,告至告去之役,不绝于道"。允许使用"馆"的官员、官方使节、蕃使等往来频繁,传吏和县吏要对他们实施检查。传吏的工作内容虽然不甚明了,但柳文反映了允许使用馆驿的官员等人的公务旅行与县有着密切的关系。

③ 众所周知,作为岁役征课的"庸"实际上本来要交纳实物,但存在根据户等来征收色役(杂役)和杂徭等力役差科。大津1988,第110-120页。

生出的向中央供应人畜的义务，不仅在军事方面，而且也延伸到交通方面。维持每个州府的人畜供应，才能初步确立全国的公用交通的功能。

驿传制度是依靠向各州府征课交通力役（与兵役并列）来运营的制度。实质上，各州府由县根据色役和杂徭等差科来征发乡里的民丁，以支撑驿传制度。这里提出一个观点，即把交通功能不同的驿制和传送作为基于同一使用者的一种交通制度来把握。

这一推测在理论上是可以成立的，但关于它的实际状况，驿制研究虽然略有进展，但对传送却几乎未做考察。这里依据前揭传马坊牒为主要史料，对供给传送的徭役的服役状况加以探讨，拟在前面所做推测的基础上考察驿传制度的整体服役状况。

首先来归纳一下以往对驿制服役状况的相关研究[①]。

① 各个驿站原则上由当地的豪强之家选出驿长来管理，在官府驿马有损失时，他们有义务进行补充，而且每年都向州府的兵曹司报告驿马的健康状况（肥瘦）。

② 驿站的运营是向各个驿站差配驿丁（驿子）[②]，以作为民丁承担的色役（杂役）差科，由他们饲养驿马和递送驿使。

③ 各个驿站按照配备的马匹数来授给驿田，以充当饲养驿马等的经费。

分析吐鲁番文书还可以明白以下两点：

④ 驿站的驿丁分三番服役，这种驿制由免除丁役、只服色役的驿丁轮番到各个驿站执勤。

[①] 鲁才全 1983；鲁才全 1990；王宏治 1986。

[②] 关于驿丁和驿家，日野开三郎指出，驿丁是"一种免除课役（所谓'课丁见不输'）的色役，差发民丁充任。驿丁指驿站的马丁、船丁"。日野 1975，第 392-393 页。滨口重国指出，"驿家是对离开家到驿站执勤的驿长以下至驿丁的总称，由驿站附近的人户固定充当"，而日野氏则认为"可能是指驿长，或者主要指驿长"。滨口 1933（收入滨口 1966，第 528-529 页）；日野 1975，第 393-395 页；青山 1963，第 52、181 页；鲁才全 1983，第 374 页。

⑤ 实际负责差发驿丁轮番服役的是县衙,而非州府。

可见,与驿站有关的番役负担实质上是按县来征发差科,但差役是从管辖各县的州府全境来征发的。吐鲁番文书《唐 西州都督府下符柳中县为勘达匪驿驿丁差行事》[73TAM517:05/4(a)《文书》第 4 册,第 45 页;《图文》第 1 册,第 271 页]记载,在蒲昌县(辟展)东面的达匪驿执勤的驿丁来自柳中县(鲁克沁)①。

另外,上述设置各个驿站的驿道将中央与州府直接连接起来,但如后所论,驿道没有通到州府境内所有的县。然而,这种差役状况表明,州府承担与驿制相关的番役,其前提是由境内所辖诸县负担。

相对于上述驿制的服役状况,供应传送的徭役状况又如何呢?

首先,从前揭复原厩牧令 9 可以看到,传送马和驿马一样都是官马,但实际上从传马坊牒【E】的检查报告(91~92 行)及判辞(102~104 行)来看,沙州亦同样如此。也就是说,对于不听从上司"传唤"②的驴子,分判司法的县尉要求其偿还毛驴,驴子不听从"传唤",是因为驴已亡失。因驴是官府的,所以官府强行要求偿还。该案件以传驴为对象,但说传马也同样是官马,当无问题。

传马坊牒【E】的检查报告(69~92 行)以差遣往还于沙州和伊州之间的传马驴子为对象,检查其往还日程,以附件的形式列出不听从"传唤"的传驴子。由此可见,所谓传马驴是指官府按照需要递送的使者,给他们分别传唤和差遣马驴子③。

---

① 如《沙州图经》卷 1 所见,即便在沙州也有跨越州界的差役。池田 1975B,第 66 页;《释录》第 1 辑,第 9 页。

② "追"有"传唤"之意。参荒川 1997A,第 11 页。

③ 关于敦煌的传送马驴,卢向前指出,从敦煌往伊州组织近百匹/头规模的商队中,令人注目的是 1 匹/头传马驴配备 1 名马驴子,这表明传马驴和马驴子之间属私人拥有的关系;在此基础上,敦煌的传马驴原本是马驴子的私人所有物,但如后揭吐鲁番文书所记"公私马",有一半被征发为官马。卢向前 1982,第 685 页。然而,要证明这个观点成立,就要解决如何要求"辨备(赔偿)"的问题。

在传马坊牒【E】的判辞中，偿还传驴的审查对象仅有张才智一人；而在差遣运输途中死亡的传驴案例【D】中，则无审查对象。复原厩牧令17（《拾遗》第709页）云：

> 官马，因公事死失者，官为立交替，在家〔非理〕死失，卅日内备替。

官马因公亡失者，由官方来替换；但在家中无故亡失马驴者，则规定应在30日内"备替"。判辞认为，张才智应赔偿敦煌县传马坊的传驴，就是因为它不像【D】属于因公亡失，而是在家中无正当理由亡失的。

尤可注意的是，判辞（104行）中记载到"辨备"一词，明确指令要赔偿。

《疏议》卷29《断狱律》记载到这个"备"字：

> 诸应输备赎没入之物，及欠负应征，违限不送者，一日笞十，五日加一等，罪止杖一百。
>
> 疏议曰，应输备赎没入之物，备谓亡失官私器物各备偿。

意指损害赔偿，即"通常要赔偿与损毁、遗失之物同等价值的金额"（《律令》8，第327-328页）。

不过，这里购买一头驴以作"备替"，即应理解为请求用家中所备之驴来赔偿和代替官府之驴①。

官府的马驴亡失以后，通常要购买马驴来充替赔偿，这也可见于吐鲁番文书《唐 永徽三年（652）贤德失马陪征牒》[73TAM221：62(b)〈录〉《文书》第7册，第26页；〈图〉《图文》第3册，第313页]：

> （前缺）

---

① 《武周 如意元年（692）里正李黑收领史玄政长行马价抄》[64TAM35：28，《文书》第7册，第441页]是一件官文书，记载"其钱户内众备马价"，后面所揭《唐 神龙元年（705）高昌县人白神感等辞》记载"既是户备"，这个"备"字意为户内配备。参Maspero 1953, p. 149。

1　边州 [　　　　　　　　　　　　　　　] 月

2　廿九日，在群夜放，遂马匹阑失，□被府符

3　征马。今买得前件马，付主领讫。谨以牒陈□。

4　　　　　　永徽三年五月廿九日 [

5　　　　　　　贤德失马，符令陪备。

6　　　　　　　今状虽称付主领讫，官人

7　　　　　　　见领时，此定言注来了。

　　　　　　（录）

8　　　　　　　即依禄，牒岸头府，谨问

　　　　　　　　　∨

9　　　　　　　文达领得不以具报。

【原书在文书录文后面有日译文，兹删；仅保留两处译文中的注释：一是"□被府符征马"①，二为"付主领讫"② ——译者注】

该文书说到对群牧中马匹的损失进行赔偿的问题，但从内容可知是由贤德（牧子或牧长）来承担赔偿的责任。因折冲府要求赔偿，故可知道他在群牧场中遗失了折冲府的官马，遂被要求"陪备"。如前所见，"陪备"意味着等额赔偿，但此处贤德购买马匹，交给"主"亦即折冲府的官马所有者（可能是主帅，部队的指挥官）③。总之，官马的

---

① 复原厩牧令8，参《拾遗》第704页。

② "付主领讫"的日文翻译是后来的用法，但参照"给领"中有"引渡"之意。《訓読吏文，附吏文輯覽　語彙索引稿》，东北大学文学部东洋史明代史研究会，1979年，第59页。

③ 从滨口1930（收入滨口1966，第25页）可以明确知道，折冲府的六驮马由官府供给，但"主"（马匹的所有者）不是饲养六驮马的府兵（火人），而是主帅（部队的指挥官）。府兵中带有卫官者，法律规定有减轻刑罚的特权），根据后面的判辞可以理解为"官员"（但不是所谓文武职事官之官员）。如《唐 开元三年（715）四月西州营诸队火别请受马料帐》[68TAM108：19（a），《文书》第8册，第38-51页] 所见，折冲府中的这些官马是分配给押官等人骑乘用的。菊池1979B，第12页。

"陪备"通常是购买可以代替的马匹来赔偿。

根据上述观点,该判辞中的"辨备"一词,意味着用自家的驴来充替官驴以作赔偿。

以上观点若无问题,推测敦煌的传马驴是由马驴子在自己家中饲养。换言之,敦煌县的传马驴平时不是在官府的厩舍和草场集中管理和饲养的。传马驴属于官府的马驴,分派给固定的人户饲养。日本厩牧令"置驴马"条亦记载到这一点:

> 其传马每郡各五,皆官马用。若无者,以当处官物市充。通取家富兼丁者付之,令养以供迎送。

令人注目的是,官府的马匹或用官方物资购入的马匹,是让当地的富户来饲养的①。

另外,从前揭传马坊牒【E】中张才智的例子可以明知,他们实际上还要递送使者。

从上述不同递送对象的运输队的组成明显可以看到,运输帛练是传马坊递送中极为突出的大规模运输。如后所见,这些帛练是运往北庭的军需物资。

《唐仪凤三年(678)十月度支奏抄、四年金部旨符》是关于仪凤四年(679)这一年度的支出文件,其中有一条[〈录〉大津1986,第10-11页(收入大津2006,第41页);〈图〉《集成》第1卷,图版25,第98页]记载了军需物资的运输:

(前略)

1 一 每年伊州贮物叁万段,瓜州贮物壹万

2 段,剑南诸州庸调送至凉府日,请委府

3 司,各准数差官典部领,并给传递往

?

---

① 关于日本传马的研究论著颇多,参本书第190页注②提到的大日方1985(第16页)等相关论著。

```
4      瓜、伊二州，仍令所在兵防人夫等防援回任
5      夫脚发遣讫，仰头色数具申所司。其伊、
6      瓜等州准数受纳，破用见在，年终申金
7      部度支。
```

（后略）

从该条记载可知，仪凤年间，凉州都督府（管辖凉、甘、肃、瓜、沙、伊、雄等7州）境内的瓜州和伊州[①]的军需物资（"贮物"），每年合计支给4万段（端）绢，由剑南道诸州的庸调来供应[②]。度支司规定，这些绢暂时集中在"凉府"（凉州都督府），都督府负责按照其数量来派遣官典（官方物资运输队的监督官员）[③]为运输负责人。此时给官典发放"传递"，规定凭此运往瓜、伊二州，这个"传递"就是前面所说的传送，由官典通过公用交通渠道递送到二州。这个传送是凭借递牒来保证通行的，所以此时要给官典发放递牒。

第4行记载传送运输的军需物资，命令当地士兵进行护卫，亦即运输军需物资必须由府兵来护卫。

实际上，不只是军需物资，养老军防令第64条蕃使出入条云：

> 凡蕃使出入，传送囚徒及军物，须人防援，皆量差所在兵士递送。

日本对囚犯、蕃客的递送也需要士兵护卫。复原杂令补4（《拾遗补》第1480页）记载唐朝亦同样如此：

[①] 莫贺延碛道是连接河西和西域的生命线，伊州和瓜州分别镇守着这条道路的两端。特别是给这两州运送丝绢等储备物资，从最初开始就与它们是重要的军事地域而加固防备有关。参荒川1989B。

[②] 这一储备物资的单位为"段（端）"，大多用作麻布和棉布的计量单位，但从《唐总章二年（669）八月沙州敦煌县传马坊牒》（P.3714v）[第184-195页]可知，实际上送往西域的绢织物写作"帛练"。

[③] 官方物资的运输通常由纲和典来充当监督官员。参《疏议》卷11《职制律》"奉使部送雇寄人"条。两者并存时则以纲为主（负责人），典为从（辅佐者）。

> 诸蕃使往来道路,公私不得养雇本蕃人,及畜同色奴婢。亦不得充传马子及援夫等。

可知蕃使的往来需要传马子和援夫(护卫士兵)。

河西敦煌县的传送马驴,递送和护卫的关系更为密切。关于这一点,令人注目的是前揭传马坊牒中八月二十一日回到敦煌的【A】~【D】的归还报告,其负责人为前校尉。

关于校尉,菊池英夫指出"校尉率领的'团'这一组织在日常生活中也一直强有力地维持着"[①],另外气贺泽保规理解为"团是府兵制下的士兵日常依据并一起行动的实际基本单位"[②]。实际上,烽燧等军事设施也由校尉率领的府兵来执勤[③]。

可见校尉与团之间派生出了私人从属关系。从下引敦煌文书可知,在敦煌,校尉退役以后实际上仍然隶属于团。北原薰已经将该文书译为日文,故此仅举出相关部分的内容。《唐 开元十四年(726)沙州 敦煌县勾征悬泉府马社钱案卷》[P.3899v〈录〉《释录》第4辑,第432-435页;北原1975,第26-28、39-41页;〈图〉《释录》第4辑,第432-435页]云:

(前略)

(沙)

8　　□州

9　　前校尉判兵曹张袁成注五团,欠开九年马[

10　　　　　　　　数内征张袁成[

11　　捌阡陆伯捌拾文征前府史翟崇明欠未纳。

12　　敦煌县主者。得府牒称,"前校尉张袁成经州陈牒称,[

---

① 菊池1970A,第54页。
② 气贺泽1999,第397页。
③ 《大慈恩寺三藏法师传》卷1记载到莫贺延碛道上的第一烽长官,即校尉王祥。

13　□<u>悬泉府校尉遣判兵曹事，征前件马社麦，当卫</u>

14　□土贫弊，征策不得。已后征得前件麦数，纳贰拾伍硕陆〔

15　□□典氾贞礼、<u>翟崇明</u>等给得文抄见在，所有欠物并〔

16　□君护等诸人上，<u>袁成为年满六十，倚团已后，府司</u>□

17　□所由将作物在袁成腹内，为常时估独征袁成钱。□

18　□欠数合出诸人。今蒙开元十三年十一月十日

19　□制'诸色逋县，欠负官物，合当免限'，谨以谘陈，请乞□

20　□旨处分者"。

（后略）

从该文书可知，悬泉府是敦煌的一个折冲府，悬泉府校尉张袁成奉折冲府之命征收开元九年的马社麦子。从下画波浪线的部分可见，前校尉张袁成在退役后仍然隶属于团。菊池、北原二氏认为该团是散居于田野的乡团[①]。

从《唐 天宝年代（约750）敦煌郡 敦煌县差科簿》（P.3559 等）[②]可以确认，"前官"是指在其名下承担色役（杂役）或任职者。另外从吐鲁番文书也可知道，由前官来管理运输服役人员和承担公务[③]。前官的立场表明，折冲府的校尉在退役以后，继续从事与折冲府有关的活动，承担一定的后勤事务。

令人注目的是，与此关联的前揭传马坊牒提到前校尉之名（【A】、【B】，表 4-2①）与上述"充行马子"之名（【C】、【D】，表 4-2②、

[①] 北原薰介绍了菊池英夫的观点，并指出该文书中的张袁成"可能在退役后也被编入乡团"。菊池1970A，第54页；北原1975，第42-43页。

[②] 参西村元佑1968，第574页等。

[③] 《武周 证圣元年（695）前官<u>阴名子</u>牒为官萄内作夫役频追不到事》[64TAM35:39（a），《文书》第7册，第444-445页] 等。关于前官，参程喜霖1986A，第53-55页；白须1989，第14-16页。

③)。前者是向伊州运送帛练等军需物资,后者则是递送一般官员。

从运输队的规模和性质可以看到,前者亦即表4-2中的①,是由"前校尉"全面负责士兵护送军需物资;后者亦即表4-2中的②、③,是由"传马驴子"负责平时的"传送"①。后者的规模极小,与府兵的军队护送迥然不同,表4-2中的④、⑤亦属于后者。

前揭传马坊牒的末尾所附的名单,只列出递送①中运送帛练的马驴子及其马驴,也表明这与②~⑤的递送明显不同②。

需要注意的是,迟至八月二十一日返回的【F】没有通过传马坊,而是个人用"辞"的形式报告已经回到敦煌。这也是运输军需物资①的一部分,负担运输军需物资的马驴子与普通的传马驴子性质不同。关于这一点,撰写【F】的"传驴□张德意等"(第118行)中的"□"字对于确定①中的驴子的性质至关重要,但遗憾的是目前难以确切解答。不过,从其字形来看可能是"兵"字。

综上所论,①的马驴子和②~⑤的马驴子不能简单等同,①的马驴子很可能由前校尉原来统辖的府兵充当。敦煌作为前线地带,兵役负担极重,①中所记的大规模军需物资若是全由民丁出身的传马驴子来运输,他们的负担显然是过于沉重的,军需物资运送的体制是否能够长久维持是很值得怀疑的。

笔者想起复原厩牧令18(《拾遗》第709页)中有一条记载如下:

> 诸府内官马及传送马驴,每年皆刺史、折冲、果毅等检拣。其有老病不堪乘用者,府内官马更对州官拣定,京兆府管内送尚书省拣,随便货卖。

---

① 关于这个问题,卢向前认为实际上未见到远行的马子之名,传马、驴虽然被供给帛练使杜雄,但传马坊并不直接负责传送事宜。卢向前1982,第674-675页。

② 这里按照运畜死亡与否及有无人从伊州返回的情况,将供给帛练使的传马、驴和马子、驴子作了分别罗列。文书中列记了许多传马、驴子的名字,在其右上部钤盖了两枚官印。县衙出于惩戒或赐予等目的,必须根据报告"传唤"符合条件的马子、驴子来护送帛练使。

此处记载折冲府中的官马与传送的马驴,每年都要接受折冲府的长官(折冲)和佐官(果毅)及州刺史等人的检阅。由此可知,官马和传送用的马驴均与折冲府的活动有密切关系。这一前提若能成立,则官府就可能给府兵供给传送用的马驴。众所周知,关于府兵运输所用的牲畜,律令规定:官府给每火供给"六驮马",用于运输军需物资等,但或许也不能否定不同用途的牲畜有重叠。

至少可以看到,折冲府不仅负责护卫,而且与传送密切相关,府兵在运输军需物资时还要"防援",率领官府供给的马驴来进行传送。

由上可见,传制与府兵有着密切的关系①,这是以设置折冲府的军府州这一特殊情况为背景的。

实际上,有护卫的递送以怎样的频率来开展并不详知,但①中往还伊州需要一个月,就是府兵的服役期限。如上列表 4-2 之①所示,从伊州返回时马用于护送蕃使(即"鹰苟使"),驴则用于运送"蒲桃酒",府兵护送的对象很可能是财物,而非军需物资。换言之,从敦煌到伊州往还大约需要一个月,由府兵承担护送的劳役任务。

令人注目的是,最近气贺泽保规通过研究吐鲁番文书,考证出西州府兵的劳役(番役)是以一个月为单位②。也就是说,关于西州府兵的上番形态,他提出"府兵基本上是以'○月番'即上番一个月(30日)为单位","五百里以内一番 30 日,共五番"③。可见敦煌的这种情

---

① 关于传马坊的组织,详细情况不明,牒中的前校尉也被认为是专门管辖传马坊的官员。另外从吐鲁番文书可以确认,西州府的府兵在配备车牛的车坊中执勤,所以在敦煌也有一定数量的府兵在传马坊中当番执勤。日比野 1963,第 294、314 页注(29);菊池 1970A,第 53 页。又参《唐 开元二十八年(740)土右营下建忠赵伍那牒为访捉配交河兵张武玄事》[72TAM178:4〈录〉《文书》第 8 册,第 385-386 页;〈图〉《图文》第 4 册,第 184 页]。

② 气贺泽 1999,第 362-370 页。亦参上注所揭吐鲁番文书。

③ 详细情况不明,如表 4-3、4-4 所示可知,无论是沙州抑或西州,与邻近州府的距离均为 700 里左右。因此,传送的劳役任务不是"500 里内 1 番 30 日,共 5 番",而是"1000 里内 1 番 30 日,共 7 番"。

况并不仅限于前述西州府的上番形态。

不只是府兵，②~⑤中普通的传马驴子也规定了劳役期限，即 1 次服役期限以 1 个月为单位，据此来开展传马驴的运送①。

如第 5 章所见，吐鲁番设置了隶属于州府的长行马，取代隶属于县的传送马，这两种交通体制是不同的，但从《唐 神龙元年（705）西州交河县状》[〈录〉Maspero 1953, pp. 136-137;〈图〉Maspero 1953, pl. XXIX] 可见，长行马也与传送马一样，由县衙来征发马子。从西州往邻近州府护送军需物资，大概是由府兵来完成，而其他运输则差发民丁。从西州府治所到邻近的伊州，规定的往还日程如表 4-3、4-4 所示，沙州和伊州间的往还同样都是一个月。

表 4-3 西州~伊州间的"程限"

	往返日程
① 闰五月二日~六月十日	38 日
② 闰五月十三日~六月十日	27 日
③ 闰五月十三日~六月十二日	29 日
④ 闰五月九日~六月十二日	33 日
⑤ 闰五月十日~六月十二日	32 日

西州~伊州（赤亭道）的距离为 730 里（《元和郡县图志》卷 40 等）

开元十年（722）闰五月（小 29 日）

Or. 8212/553　M. No. 297（Ast. Ⅲ. 3. 09-10）

《唐 开元十年（722）闰五~六月西州长行坊长行马运用历》

西州（吐鲁番）与伊州（哈密）之间长行马的往还记录

---

① 日野开三郎指出，"州县差科只是杂徭役，但杂徭役的服役之地限定在州县内，原则上不到境外去服役"。与邻近州府之间的来往被看作是在州府内服役，这与后面所说的公验（行牒）的通行范围问题也密切相关。日野 1975，第 405、393 页。

表 4-4 沙州~伊州间的"程限"

	往返日程	伊州居留	往返交通日数（单程日数）	
① 七月二十一日~八月二十一日	31 日			
② 七月二十二日~八月二十一日	30 日	14 日	16 日（8 日）	
③ 七月二十四日~八月二十一日	28 日	12 日	16 日（8 日）	
④ 六月三十日~八月三日	34 日			计违 2 日
⑤ 七月四日~八月七日	34 日			计违 2 日

沙州~伊州（稍竿道）的距离为 700 里（《元和郡县图志》卷 40 等）

总章二年（669）七月（大 30 日）

P.3714v 敦煌县传马驴在沙州与伊州之间的往还记录

以上所见传送的运营都是沙州敦煌县和西州的情况，这两州是前线的军府州，设有折冲府，因此不能以此来说明唐代全国的传送情况。也就是说，至少在非军府州，传送运营与前面探讨的是大不相同的。遗憾的是，关于这一问题的直接史料完全付之阙如，但通览本节开篇所述的研究史，下文用于讨论的文书史料还是颇为丰富的。

首先，前引《唐 仪凤三年（678）度支奏抄、四年金部旨符》中的那条记载，递送官典（专使）要颁发保证传送的递牒，指示发遣夫脚（脚夫）。由此可见，凭借递牒进行传送，除了官方的牲畜外还要有脚夫，即根据杂徭征发的运送人员。

另外，下引吐鲁番文书《唐 西州下高昌县牒为差夫役事》[73TAM230：50/1，50/2，50/3，50/4〈录〉《文书》第 8 册，第 186-187 页；〈图〉《图文》第 4 册，第 86 页]揭示了西州府境内诸县差遣马夫的性质：

（前缺）

1 曹状申者，依检案 内 □ □ □ 旧 例 两

2 匹一夫牵。下高昌县差无役中男兼

3　丁者壹拾叁人发遣，仍递前者。蒲昌，
　　（中缺）
4　□□县［
5　至伊州，夫壹人准备旧例［
　　（中缺）
6　壹□［　　　］□□［
7　遣讫。具夫姓名上者。至［
　　（中缺）
8　　　　］□年七月［
9　　　　　参军［

尽管难以把握文书残片的确切含义，但第 1~3 行记载调查状文内容以后，按照旧例，由 1 位马夫牵着 2 匹马。（于是）命令高昌县差遣身无劳役的中男和"'兼丁者'共 13 人，前往递送。蒲昌……"，高昌县的递送是征发身无劳役的中男和"兼丁者"来进行的。张泽咸将此征发理解为杂徭，由此可见各县根据杂徭广泛地征发马夫[①]。

如前所述，驿制的运营是向驿丁征发免除向中央交纳课役的色役（杂役），由他们在驿站轮番服役。从形式上看，这当然是以国家负担为前提来使用驿站，所以律令规定中有与驿制相关的条文。而与传送的运营有关的基本条文在律令中则未见到，传送属于杂徭，推测是以地方徭役的形式运营的。总之，从力役供应方面来看，以县为递送据点的传送要考虑征发马夫和脚夫等杂徭，以支撑其运营。

另外，县衙供应的牲畜也与为驿使特设的驿马不同，它为传送所专用，未必在全县境内专门设置。如敦煌县的传送是把马驴分派给一定数量的民丁饲养，"传唤"他们的马驴子进行递送，这应该理解为因地制

---

① 张泽咸 1986，第 323 页。

宜的传送状况吧①。

如果考虑到驿传制度原本是在军事方面发挥运送人员和物资的功能，边州敦煌的"传送"以特殊的形式来运营是可以充分理解的②。不过应该看到，唐朝内地也根据地域状况的差别，县一级以某种形式为"传送"的使者确保相应的交通手段是没有疑问的。

通过这一研究可以看到，驿传制度基本上是县衙向乡里的民丁征发差科而运营的交通制度。驿制是在驿站配备免除课役的色役（番役），亦即驿子来运营的，支撑着驿道的交通功能；而"传送"原则上是由县衙配备牲畜等交通工具，以及提供杂徭役夫来运营的，支撑着驿道以外的交通和运输功能。

如前所见，唐朝的公用交通是各州府征课人畜来维持的，州府所辖诸县原则上全都要承担与交通有关的力役。不过，与驿传制度有关的徭役体制，除了交通数量激增之外，实质上并没有从差科走向雇佣劳役，或者在驿站官营化的时代发生变化③。

（5）作为公道的驿道和县道

从以往的研究可知，唐朝的驿传制度包括：①配备在驿站的驿马通过驿道将国都和州府等直接连接起来；②在每个县配备牲畜等交通工具

---

① 虽然时代不同，但县的递送也特设了车牛，《新唐书》卷53《食货志三》云："江淮钱积河阴，转输岁费十七万余缗，行纲多以盗抵死。判度支王彦威置县递群畜万三千三百乘，使路傍民养以取佣，日役一驿，省费甚博。"据此可知，州府派遣的"行纲"鉴于有盗钱之弊，遂在其监督下组织运输队，而未采用长途运输雇佣体制。县中用附近百姓饲养的牲畜进行递送。从这些牲畜的数量为13300乘可知是车牛。

② 敦煌传送马驴的配备可能反映出河西"传送"的活跃状况，基本上以官府供给为主，但也从民间征发马驴等来作补给。

③ 敦煌发现的差科簿中完全没有见到与驿、传相关的马夫等劳役任务，但这件差科簿是天宝年间驿、传制的徭役体制崩溃后制成的。吐鲁番文书中有一件《唐西州 高昌县 和义方等差科簿》［67TAM380：01（a）〈录〉《文书》第9册，第190-191页］，被推断是差科簿文书残片，记载到"马夫"，但年代未详。

和役夫，通过驿道与驿道以外的道路支撑驿制不能覆盖的公用交通。

"传送"支撑着驿制不能覆盖的公用交通，主要体现在以下两点：

第一，尽管都在同一驿道上运用，但驿马原则上只有直接连接国都与州府等的功能，"传送"承担着局部地区的自由往还。

第二，以县为据点承担着驿道以外地区的递送，"传送"使用的是驿道以外的公道。

关于这一点，严耕望的巨著《唐代交通图考》第1~5卷探讨了设置驿、馆的驿道和驿道以外的道路①。

唐代的馆是与驿站相补充的官营交通设施，如后所见，敦煌、吐鲁番周边在驿站废弃以后设置了馆，承担着支撑官方使节等往来的功能②。《通典》卷33"乡官"条云：

> 三十里置一驿（其非通途大路则曰馆）。

如大庭修所指出，"在大路上每30里设置1个驿站，而在不是大路的地方则设置馆"[大庭1959，第373-374页]。也就是说，此处所说的大路是指驿道中的主干驿道，在主干驿道以外的地方则设置馆，相当于驿站的设施。

如此，考虑到驿传制度的双重结构及其交通运营，不仅有配备驿站和馆的驿道，还有对驿道起补充作用的公道。

值得注意的是，从下列史料①、②、③可以确认，唐代在以首都长安为中心向四方延伸的驿道之外，还存在着叫作县道的公道。

①《金石续编》卷7[《金石苑》卷2，《八琼室金石补正》卷53《唐二十五》，《全唐文》卷35《赐益州长史张敬忠敕》（开元十二年闰十二月十一日）]：

---

① 参严耕望1985-1986，附图。不过，严氏所说的驿道上也包含同时设置驿站和馆的公道，因此，虽然大多数的驿道配置比较清楚，但并不对驿道和非驿道进行严格区分。

② 从后面考察的吐鲁番出土文书可见，这虽然说的是吐鲁番的状况，但在连接西州和邻近州府的驿道上，馆的设置极其密集。

敕益州长史张敬忠，顷者西南阻化，徭役殷繁，山川既接于夷戎，县道有劳于转输。自乡镇抚，百姓咸安，革弊迁讹，良多慰沃。（后略）

② 《唐会要》卷61《御史台中》"馆驿"条：

太和四年十月御史台奏，伏准六典故事，外官授命，皆便道之官。盖缘任阙其人，则朝廷切于综理。近日皆显陈私便，不顾京国，越理劳人。逆行县道，或非传置，创设供承。况每道馆驿有数，使料有条，则例常逾，支计失素。使偏州下吏，何以资陪。又准假宁令，官五考，一给拜扫假。今借称幸从便路，愿谒枌榆。则是展墓足以因行，赴官皆由枉道。（后略）

③ 《唐大诏令集》卷86《政事·恩宥四》《咸通七年大赦》：

我国家膺天明命，光宅万方，二百有五十载矣。（中略）县道之间，邮亭具列，行李供亿，格敕著明。如闻节度观察刺史等所经过，不遵品式，公券之外，私费至多，或在道途有六七百人。行李、所在地主，务求交欢，别差吏人，号为置顿，必皆率配，弊及疲人。自今以后，所在长吏，切加遵守格文，不得违越。（后略）

① 是开元十二年（724）下发给益州长史张敬忠的敕书的一部分，其中提到县道转输官方物资的辛劳。② 是太和四年（830）御史台的奏文，记载官员在赴任地方之际回归故乡，利用县道往来，犯了"枉道"之罪。③ 是咸通七年（866）的敕文，也可看到在县道上配置了邮亭（邮铺或馆等交通设施）。

这些史料在时代上覆盖了唐代前期与后期，必须考虑此一时期交通制度的变迁。不过在有唐一代，名曰县道的公道与驿道分别设置，支撑着官方的交通和运输。

即便从后来宋代的例子来看，如《景定 建康志》卷16所见，驿路和县路明确并存，均属于公道，发挥着递送的功能：

铺驿

驿路　五十一铺，每铺相去十里。

东门铺　东十里铺　蛇盘铺　麒麟铺　东流铺　昆仑冈铺　张桥铺

以上七铺属上元县

江城湖铺　宣家岘铺　山口铺　庙林铺　下蜀铺　纪大店铺

以上六铺属句容县

　　右十三铺系东路直抵镇江府界炭渚铺

土门铺　夹冈铺　迟店铺　清水亭铺　园墓桥铺　秣陵铺　李村铺　路口铺　乌圻桥铺

以上九铺属江宁县

方墟铺　石头冈铺　乌山铺　齐家店铺　南亭冈铺　南十里铺

蒲塘铺　三角子铺　孔家冈铺　土山铺　罗家林铺　戴公冈铺

漆桥铺　朱家店铺　汤师娘铺　松儿冈铺

以上十六铺属溧水县

越台铺　石子冈铺　官庄铺　板桥铺　三城湖铺　江宁铺　青松林铺　铜井铺　葛家冈铺

以上属江宁县

　　右九铺系西路直抵太平州界慈湖铺

府前铺　西门铺　石碑冲铺　靖安铺

以上属上元县

　　右四铺系北路直抵滁州界宣化铺

县路　十一铺，每铺相去二十里，此系诸县不通驿路处递传之路。

石井铺　七里冈铺

右二铺属上元县界

周郎桥铺　县西门铺

右二铺属句容县界

县东门铺　茭塘铺　破湖铺

右三铺属溧水县界

黄运步铺　中桥铺　乌山村铺　县西门铺

右四铺属溧阳县界

此处所列各铺的今日对应的地点大多不明，但可以设想驿路和县路大致如图4-2所示。也就是说，建康府通过驿道与四面八方的诸州府（镇江府、太平州、广德军、滁州）直接连接，另外通过县道还可连接府治（附郭县/上元、江宁二县）与境内各县（句容、溧水、溧阳诸县）。

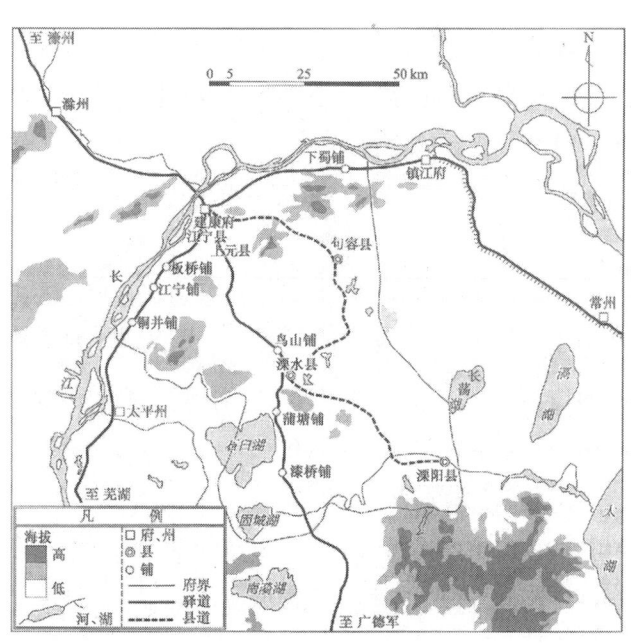

图4-2　《景定 建康志》所见驿路、县路示意图

唐代，驿道之外存在着名曰县道的公道，其基本结构与宋代相同。总之，固定的驿道以国都为中心向州府延伸，使各州府之间形成交通网络，州府境内各县则以县道相连。

从行政结构来看，地方上的公共交通基本上是州府之间及州府与境内各县之间的联络，县不直接与其他州府的机构打交道，即便在同一州所辖的诸县之间，基本上也是通过所管之州来执行行政事务。由此可见，名曰县道的公道本意是指直接连接县与所属州府的道路。

"传送"是与驿传制度有关的公用交通系统，在驿道以外的地方运用，理论上说是在配备官方设施的公道上发挥功能，即所谓县道。

不过，在没有驿道相连的州府与州府之间，可能像前揭传马坊牒那样，由以州治的附郭县为据点的递送道路补充。这里为方便起见，同样称之为县道。总之，连接各州府的路线如果不通驿道，就由县道来补充。

这种传送体制基本上发挥了设置驿站及馆的驿道或县道的功能，官员、官方使节利用这一传送体制，以县为递送和供应场所，并在途中得到驿站或馆提供的住宿和饮食服务。

可以认为，基于这一体制，完成了以国都为中心的州府县的行政网络。

综上可知，驿道和县道基本上都是支撑以国都为中心、遍布于所有州府县的公用交通、通讯和运输网络。驿马的主要任务是通过驿道确保紧急时期的通信和交通，而县中配备的供给传送的交通手段，至少在驿道的基础上增加了县道，在驿道上自由往来，承担着驿道的辅助路线及州府与境内各县之间的交通和运输。

另外，县道上的馆连接州府治所，并与驿道上的驿站相连，甚至连接并通向国都，当然也保证着相反方向的流动。所有的道路及驿馆设施都向政治中心集结，同时又向州府县扩散开来。

第5章　唐代河西、西域的交通制度（上）

1　吐鲁番、北庭地区的长行坊

（1）高昌国的远行马、车牛与西州的长行马、车牛

上章讨论的唐帝国的公用交通系统基本上也传入了中亚地区，即驿道从国都长安延伸到中亚，贯通西州（吐鲁番）、焉耆（喀喇沙尔）、龟兹（库车）、疏勒（喀什）、于阗（和田）等各个绿洲。上章所列表4-1中的Ⅴ"凉州路"就是通往中亚方向的驿道。关于7世纪河西地区的驿制和传制的状况，前面已经做了探讨，可以看到传制的发展颇为独特，但基本上仍在唐代驿传制度的框架内运营。

另一方面，在河西、西域地区，首先是吐鲁番在安西都护府之下设置了西州，为唐朝之正州，但不属凉州都督府管辖。然而，当地也在运用国家层面的驿制，在设置直辖州县以后不久，到7世纪后期的高宗末期，存在着与内地一样的驿站。从近期出土的吐鲁番文书可知，作为色

役之一的驿丁在驿长的管理下上番执勤[1]。如此，可以推测西州也与凉州都督府境内诸州一样，传入了驿传制度框架下的传马坊制度。

但时至今日，尚未发现西州存在带有传马及传马坊之名的马和机构的史料。唐朝虽然在吐鲁番设置西州，并施行了律令制，但这并不意味着从一开始就传入了驿传制度框架下的传马坊制度。

不过，吐鲁番出土了大量与长行坊有关的文书，这是管理、分派长行马驴的特设交通机构。可以确认，至晚在7世纪后期［咸亨元年（670）］[2]就设置了长行马驴[3]，以取代传马驴。藤枝晃已经指出，长行马是"驿传组织的特例，或者是在正规的驿传组织周围的辅助性组织"[4]。西州在最初策划设置驿站的同时，就在驿、传马运用体制之外引入了长行马驴。

另外，8世纪北庭都护府也存在着长行马驴，这表示在凉州都督府辖区以外设置都护府的地方，在传马驴运营体制之外引入了名曰长行马

---

[1] 狼泉驿、达匪驿、宁戎驿等驿站的名字见于以下文书：《唐 开耀二年（682）狼泉驿长竹□行牒为驿丁欠阙事》［73TAM517：05/3（a）〈录〉《文书》第4册，补第43-44页；〈图〉《图文》第1册，第270页］、《唐下西州 柳中县残文书为勘达匪驿丁差行事》［73TAM517：05/4（a）〈录〉《文书》第4册，补第45页；〈图〉《图文》第1册，第271页］、《唐 开耀二年（682）宁戎驿长康才艺牒为请追勘违番不到驿丁事》［67TAM376：02（a）〈录〉《文书》第6册，第568-569页；〈图〉《图文》第3册，第289页］、《唐 开耀二年（682）宁戎驿长康才艺牒为请处分欠番驿丁事》［67TAM376：01（a）〈录〉《文书》第6册，第570-571页；〈图〉《图文》第3册，第290页］。参鲁才全1983；严耕望1985（1），第453-462页。

[2] 咸亨元年的"纳历"［Or. 8212/554（M. 298），Ast. Ⅸ. 602-603］是与长行坊有关的时代最早的文书。关尾1992B（第31-33页）指出这是长行坊保存的帐簿。

[3] 关于长行马驴，藤枝晃做了开创性的研究。藤枝1956。此后包括拙论在内，学界已经积累了大量研究成果，此处只列出孔祥星1981；王冀青1986；荒川1989A；荒川1990B；荒川1995；李锦绣1995，第1007-1024页；荒川2002。

[4] 藤枝晃1956，第4页。

驴的交通用马①。

长行坊设在州府，是管理和分派长行马驴的特设交通机构，承担着与邻近绿洲之间的长途往来②。不过，西州（吐鲁番）通往邻近绿洲的出发地有很多，西往焉耆（喀喇沙尔）的出发点是吐鲁番西端的天山县（托克逊），东去伊州（哈密）的出发点是吐鲁番东端的蒲昌县（辟展）。也就是说，作为管理与长途出行有关的牲畜的机构，长行坊虽然设在县以上的州府一级，但实质上是以县为单位来运营的。作为西州长行坊管辖的长行马的放牧场所，"蒲昌群"是往伊州方向的长行马牧场，并且很可能在蒲昌县设置了马坊③，似可作为旁证。另外，西州长行坊的长官由高昌县的县丞兼任，并且配备了"典"等官员④。

此外还可以确认，西州使用名曰"长行车牛"的交通工具，由长行车坊负责管理，与长行坊分别设置⑤。例如，长行车坊设在天山县（托克逊），在那里配备了承担长途运输的长行车、牛⑥。

总之，长行马驴、长行车牛取代了传马驴等，支撑着吐鲁番地区的公用交通和运输，成为穿越周边地区广袤荒野和沙碛的交通工具。从交通功能上说，它是设在州府一级的特殊机构（坊），交通工具的管理形式颇为独特。

---

① 安西都护府最初设在西州。关于西州的安西都护府，研究参柳洪亮1986；薛宗正1995，第63页等。

② 与长行坊有关的官文书群，明确由长行坊或州府的兵曹司进行处理，然后送至录事司，在规定时间内接受案件处理。荒川2002，第383-388页。由此可见，长行马最终由州府的兵曹司管理，其职掌中有"传驿"事宜。另外，马政一般属于兵部驾部司管辖的事务。

③ 参荒川1990B，第29-30页。

④ 参藤枝1956，第13页；孔祥星1981，第34页；荒川1989A，第54页等。

⑤ 8世纪设置长行转运使后，长行车坊又设置了转运坊。参第9章第2节（2）。

⑥ 关于支撑西州长途交通的车坊组织，目前详见吴丽娱、张小舟1986；孙晓林1990；李锦绣1995，第1030-1040页；李锦绣1998，第343-351页等。

第 1 章第 3 节已经探讨过,在唐朝直接统治吐鲁番以前,当地的麴氏高昌国有"远行马"和"远行车牛",这些马或牛车并不只在国内使用,也前往邻近绿洲国家。除了存在着支撑吐鲁番盆地内部交通的远行车牛外,还有在始昌县城(比定在托克逊绿洲附近)配备的支撑着通往焉耆绿洲长途交通的远行车牛。西州都督府的长行车坊在天山县配备车牛,也是继承了高昌国始昌县的远行车牛。换言之,唐朝继承了适应穿越当地沙碛交通的高昌国远行马、车牛等交通形式,配备了长行马、车牛。

总之,这是驿传制度传入时传马未能传入的重要原因。河西地区完全推行驿传马制,而吐鲁番地区在唐朝平定麴氏高昌国时,已经继承了穿越吐鲁番盆地内外所形成的交通系统,设置了代替传马的新的交通用马及其管理机构,即担负长途交通的长行马、车牛及长行坊、长行车坊等管理机构。

长行马、车牛具体如何继承远行马、车牛,详细情况不明,但值得注意的是下揭西州府的领抄文书《武周 如意元年(692)史玄政付长行马价银钱抄》[64TAM35:28〈录〉《文书》第 7 册,第 411 页,《图文》第 3 册,第 517 页;〈图〉《简报》A,第 23 页,图 38,《图文》第 3 册,第 517 页]①:

1 史玄政付长行马价银钱贰文,准铜
2 钱陆拾肆文。如意元年八月十六日里正
3 李黑抄。其钱户内众备马价,李黑记。

从该文书可知,在 7 世纪末的西州府中,史玄政交纳了一笔名曰长行马价钱的银钱,而且末行明确记载"其钱户内众备马价"。

考虑到前面提到的长行马、车牛与远行马、车牛的关系,就会明白

---

① 关于该文书的研究,参陈国灿 2002,第 137-138 页。从所列参考文献可知,已有许多学者做了研究,但这是一种怎样的税目尚无深论。

这是继承了麴氏高昌国时代的税收之一，即远行马价钱①。1次征收额为2文银钱，也与高昌国时代相同。换言之，唐朝在吐鲁番设置西州以后，也继续征课远行马价钱，以作为长行马价钱。

关于长行马价钱，从所记"其钱户内众备马价"可见，西州府中存在着民户大量备马以承担劳役的体制②，这一体制是基于北凉以来吐鲁番地区按田地额来备马的传统［第3章第3节］。这笔长行马价钱也与前面探讨的麴氏高昌国时代的远行马价钱的税收一样，从理论上说很可能是因为长途出行，备马负担较重，为了免除劳役而交纳税钱。当然我们已经看到，至晚在7世纪后期，长行马基本上是由隶属于州县的长行坊管理的官府马匹。实际上与麴氏高昌国时代一样，长行马价钱变成为定期征收的赋税。不过，从斯坦因所获吐鲁番文书《唐 神龙元年（705）西州 高昌县 白神感等请放免户备马匹辞》［Or. 8212/568，Ast. Ⅲ.4.076〈录〉Maspero 1953, p. 149；《中亚》第1册，第130页；〈图〉ibid, pl. XXXI,《中亚》第1册，第130页；参荒川1992B，第466页］可以确认，一方面西州府让民户备马的体制在8世纪仍在持续，另一方面公用交通基本上用的是官府的长行马，而民户配备的牲畜则用于开展短途往来。

关于车牛，引人注意的是与上述文书一同出土的《唐 史玄政等纳钱代车牛役帐》［64TAM35：32〈录〉《文书》第7册，第492页，《图文》第3册，第548页；〈图〉《图文》第3册，第548页］③记载到如下内容：

---

① 关于远行马钱，关尾1989B（第57-61页）研究指出，远行马钱以月为单位征收，从一次上交额为银钱2文或4文看，长行马价钱为银钱2文也是以高昌国时代的税额为标准。

② 关于西州府的民户备马体制，见于后揭《唐 神龙元年（705）西州 高昌县 白神感等请放免户备马匹辞》。乜小红认为这是一种向民户征课的差科。乜小红2006，第194页。

③ 陈国灿认为该文书的年代在麟德元年（664）以后。参陈国灿2002，第70-71页（含参考文献）。

	入七文	十文更四文	六文更四文	五文更二文	二文更二文
1	史玄政	竹住欢二日	靳义府一日	张祐隆一日	张还运一日
	五文更三文	六文		一文	入六文更四文
2	康毗达一日	黄鸽仁一日		□屈德一日	王才达一日
3		已上户共车牛一乘			

（后缺）

该文书记录了史玄政及以下8人的姓名和日数，并且在各人名字的旁边用小字注明钱数。史玄政小组具有怎样的性质呢？从第3行"已上户共车牛一乘"可知，此处所记9人共有1乘牛车。如此，该文书表示史玄政小组配备1具车牛，可以推测所记日数是各自分配应该驾驭车牛的服役日数；同时从各人旁边附记的钱额可以看出，他们是以交纳铜钱的方式来代替服役的。

如果这样理解无误，此处所见9人（11天）[①] 负担的免役钱额合计为67文。考虑到1具车牛的免役钱数，从数额来看此钱应为铜钱。根据当时银钱与铜钱的兑换率[②]，67文铜钱大约相当于2文银钱。这一数额与前揭长行马价钱的1次负担数额或车牛供应小组的交纳钱数相同〔第3章第3节(2)《高昌 延寿八年（631）田亩出银钱帐》68TAM99：2，第91页〕。

事实上，唐朝设置西州以后，也是以麴氏高昌国时代田地所有额为基准核算车牛负担的原则，即45亩左右的田地承担1具车牛的传统[③]。

[①] 在这9个人中，只有开头部分的史玄政和竹住欢为2日，后面均为1日。

[②] 前引《武周 如意元年（692）史玄政付长行马价银钱抄》显示了当时银钱、铜钱的换算率。参池田1975A，第99页，注（99）。

[③] 在唐西州府时代，也有在"人名+车牛"中注记"并夫"的帐簿式文书，见于新出吐鲁番文书《唐 西州府某乡车牛并夫簿》〔86TAM389：21-2a〈录〉《新出》第87页〕。关于史玄政，关尾史郎已经指出〔关尾1992B，第48、60-61页注（43）〕，担任崇化乡里正的豪强之户也拥有数额不少的田地。如前所论，吐鲁番的田地颇为零碎，各人拥有的田地也很分散。因此，车牛、马的配备基本上由小组来承担，史玄政很可能就属于配备大量车牛、马的小组。

从麴氏高昌国的远行马、车牛制度到唐朝的长行马、车牛制度的演变，代表着从与西突厥可汗的支配——从属关系所构筑的 ulaɤ 体制，向与唐朝的天可汗的支配——从属关系所构筑的交通体制的转换。一方面制度发生了巨大变化，但另一方面也有从麴氏高昌国到唐西州府延续的一面。

(2) 镇守军和长行坊

西州从设置之初就是安西都护府下属的前线，驻扎了一千名镇守军士兵，经常保持着战时体制。日比野丈夫、菊池英夫二氏已经指出①，当地车坊及长行坊（管理长行马）中有府兵在执勤。然而，菊池氏明确判断②，设在吐鲁番盆地内的折冲府设置之初由进攻高昌的行军部队驻守，与镇守军有着密不可分的关系。镇守军的兵员由当地补给，这一点与内地折冲府的性质迥然不同。由此也可看出，给长行坊配备府兵与其说是府兵平时的后勤任务，不如说是从镇守军派生出来的任务。

长行坊作为州的附属机构，其专任官员由县丞充任③，同时镇守军的指挥官也经常干预长行坊的运营和管理，这也可见于下引纪年为神龙元年（705）的斯坦因所获吐鲁番文书〔Or. 8212/558, Ast. Ⅲ.4.094〈录〉Maspero 1953, p. 141；《斯坦因》第 251-253 页；《中亚》第 1 册，第 119-120 页；〈图〉《中亚》第 1 册，第 119-120 页〕。以下录文中，朱笔与钤印、纸缝的署名皆省略：

(前略)

22　马坊

23　　长行马一匹忩草　　　一匹赤敦

24　　　右件马伊州使，患瘵④医疗不损。今

---

① 日比野 1963，第 294 页；菊池 1970A，第 53 页。
② 菊池 1970A，第 60 页。
③ 参藤枝 1956，第 13 页；孔祥星 1981，第 34 页。
④ 王冀青 1985（第 45 页）作"疾"，《斯坦因》第 253 页作"瘵"，《中亚》录作"瘵"，从字形和字意可以释读为"瘵"（马的疾病）。

25　　　　既致死。请处分。
26　牒，件状如前。谨牒。
27　　　　　　神龙元年三月　日　典　魏及牒。
28　　　　　　　　　　　　主帅　胡元庆
29　　　　　　　　　　　押官果毅　张元兴
30　　"检　何故。温示。
31　　　　　　　　　八　日"
32　兵曹
33　　长行马一匹悆草　一匹赤敦
34　　右奉判今检上件马咨状，依检
35　　前件马，检无他故。患瘵致死有
36　　实。
37　牒，件检如前。谨牒。
38　　　　　　神龙元年三月　日　典　竹应牒
39　帖槽出卖讫具上　　　　主帅　胡元庆
40　　誉　　　　　　　　　槽头　翟德义
41　　　　　　　　　　　　兽医　曹智隆
42　　　　　　　　　　　兵曹参军　程连待
43　　"付　司。温示。
44　　　　　　　　　八　日"

（后缺）

文书的前半部分是长行坊上给西州都督府的状文（第22~29行），出使伊州的长行马患病不治而死，所以长行坊的典及主帅、押官报告给西州都督府。西州都督府的负责部门即兵曹可能得到西州都督的指示（第30~31行）展开调查，并将调查到的事实一并报告给主帅、槽头、兽医（第32~42行）。此外，长行坊发出的许多牒、状有主帅与押官的联名签署，此处的押官无疑是设在当地的镇守军指挥官。主帅有当地烽燧的主帅、健儿主帅、游奕主帅等，与押官一同率领士兵执行任务。由此可知，主帅、押官等镇守军指挥官实质上干预了长行坊的运营和管理。

关于长行坊的机构及功能，详细情况不得而知，但从斯坦因所获放牧士兵所配马匹的帐簿残片［Or. 8212/551；552，Ast. Ⅲ.3.07-08；Ast. Ⅲ.3.037〈录〉〈图〉《中亚》第 1 册，第 91-96 页］可知，在"收马所"及"长行群"等长行坊的附属机构中，实际从事马匹管理和放牧的是士兵[①]。另外，相对于原则上连接固定地域之间的驿传制度，西州的长行马往还以高昌城为中心的盆地周围的多处绿洲之间［参《武周某馆驿给乘长行马驴及粟草帐》，64TAM35：38（2）〈录〉《文书》第 7 册，第 465-466 页等］，则保持着相当自由的交通功能。

与长行坊运营密切相关的西州镇守军，是从征服高昌国的行军部队发展而来的，其中部分军队常驻于安西都护府，后来演变成为军镇。如前所述，长行马制度是西州设置以后传入的，管理长行马的长行坊是为了应对镇守军驻扎的临战状态而配备的交通机构，不仅完全继承了当地的交通体制，就连长行坊运营体制也明显与凉州都督府境内的传马坊不同。前揭传马坊给县的牒文由前校尉发出，而长行坊则是通过典、主帅、押官等胥吏来执行，这如实地展现了两者在管理和运营上的不同。

唐代西州没有采用律令制下的驿、传马体制，而是形成了镇守军管制下的交通组织。长行马的"长行"之名也是继承了高昌国时代远行马的"远行"，与基于律令制的驿传运营所规定的传马之"传（传送）"正好相反。

由上可知，西州从设置之初就采用长行坊制度，作为官方使用的基本交通和运输机构，这是继承了原有的交通体制并在安西都护府治下驻扎镇守军的战时状况中设置的机构，可见与驿、传马的运营体制无关。

在西州以外地区，北庭都护府境内也同样设置了长行坊，这也是在

[①] 荒川 1990B，第 27-32 页。

北庭都护府治下设置镇守军的状况下,按照西州的长行坊设置的。不过,在安西四镇(镇守军团)地区缺乏可以验证的史料,详细情况不明。西州长行马既然往来于吐鲁番以西的绿洲之间,那么四镇应当也传入了长行马,可以看到有相当于西州、北庭长行坊的"马坊",关于此点拟在后文论述。

2 河西驿传制度的废止与长行坊
——节度使体制与长行坊

青山定雄指出,8世纪以后,唐代内地的律令制统治显然已经漏洞百出,驿传制度也明显弛废[1]。青山氏认为主要原因是"军事以外的事务繁多,官方使者的往来与(驿站的)不正当使用等增加,导致驿站弛废,驿马缺失,驿站的功能明显降低"[2]。

在河西以西地区基本上同样如此,8世纪驿、传马已经走向废弃。《陈子昂集》卷8《上蜀川军事》云:"陇右及河西诸州,资军国、给邮驿之所。"唐朝从最初进入河西地区起,就加重了邮驿(传驿)负担[3]。在此背景下,除了中央派赴地方的官吏往来外,传马也用来运输官方物资,但这基本上限定在国家运输官方物资和军需物资上。地方诸州的税物运往中央及指定交纳地点等,则一切都由州府负责,国家只是在原则上规定这些税物要送达指定的接收地点,所以并不使用传马。而国家收到财物后要将其运送到需要支用的地方,当然必须由国家完成。在给边境运送军需物资时,按规定可使用传马[4]。西北周边地区原本是

---

[1] 青山1963,第59-74页。

[2] 青山1963,第74页。

[3] 《旧唐书》卷80《褚遂良传》亦记载,唐朝征讨高昌国以后,军粮筹措及运输由河西负担,非常沉重。参荒川1992A,第32-33页。

[4] 参前揭《唐 仪凤三年(678)十月度支奏抄、四年金部旨符》所引之条[〈录〉大津1986,第10-11页]。

广袤的沙碛，必须充实官方的递送组织，除了运输军事物资以外，与内地相比，河西道还承担着沉重的驿传劳役任务。

但在河西地区，如同8世纪驿、传马走向废弃一样，驿传制度也必然演变为新的体制。史料中完全没有透露出8世纪沙州及其周边地区驿站和传马坊继续存在的情况①，具体的时代难以确定，但是毫无疑问，至迟在8世纪当地的驿站和传马坊已经废弃了②。

通览西州时代的吐鲁番文书可以明确知道，8世纪以后完全没有出现驿站的名字，取而代之的是馆。由此可见，8世纪以后西州的驿站也已经消失了。

另外，从《唐 天宝时代敦煌郡会计帐》〔P. 2862、2626v〈录〉《籍帐》No. 219，第484页〕可知，在天宝时代，沙州与西州一样设置长行坊，代替传马坊。从《长行坊传达牒状目录》（S. 2703v）也可知道③，天宝时代以前沙州显然也存在着长行坊。

驿站在8世纪走向消亡，此时河西地区正好投入了大量行军部队，进入了常驻性的军镇化时代。长安元年（701），凉州都督兼领陇右诸军大使，不久在景云元年（710）设置河西诸军州节度，确立了节度使体制。

考虑到西州都督府的长行坊与驻屯军之间保持密切关系并投入运营，河西地区的军镇也走向常驻化，传马坊遂为设在各州的长行坊所取代。

关于这一点，应该引起注意的是下揭斯坦因所获吐鲁番文书《敕检校长行使牒》〔Or. 8212/529，Ast. Ⅲ.4.092〈录〉Maspero 1953，pp.

---

① 《驿马录状牒》（P. 3307v）记载到"驿马"一词，但该文书的年代难以确定。
② 至迟完成于8世纪的《沙州图经》卷3（P. 2005）"驿"条的开头部分记录了7世纪后期连接沙州—瓜州—伊州的驿道上的驿站名字，但从"一十九所驿，并废"可知，这一地区所有的驿站都废弃了。
③ 菊池1980B，第119-120页；李锦绣1995，第1009页。

102-103；藤枝 1956，第 4-5 页；郭平梁 1986，第 140 页；《斯坦因》第 273 页；《中亚》第 1 册，第 61 页；〈图〉Maspero 1953, pl. XVIII；《中亚》第 1 册，第 60 页，前面彩色图版]：

1　敕检校长行使　　牒<u>西州都督府</u>
2　　　粟叁拾肆硕
3　牒。得<u>西州</u>长行坊牒称"上件粟准使牒，每
4　日合饲三百匹马。当为一十九日，马出使，
5　饲不满三百匹，每日计征上件粟。合征
6　所由典<u>张感</u>、<u>魏及</u>、<u>王素</u>、<u>氾洪</u>、<u>曹行</u>，主帅<u>卫</u>
　　（后缺）

该文书是敕检校长行使发给西州都督府的牒文，遗憾的是后部文字残缺，仅知长行使收到了来自西州长行坊的报告内容，但从中可以了解西州长行坊养马之粟的支出问题。

引人注目的是该文书第 2～3 行钤有一枚官印，印文刻写"左豹韬卫弱水府之印"。此印文中的左豹韬卫，据《唐六典》卷 24 记载是由左威卫改称而来，使用于武则天光宅元年（684）至神龙元年（705）之间。因此单凭此点来看，使用此印的敕检校长行使可能在武则天时代就已经设置了，对此吐鲁番文书中也有旁证史料[①]。然而，仅就此件《敕检校长行使牒》而言，明显不属于武则天时期，因为若属于武则天时期，当时应该使用武周新字，但牒文中并无新字。由此可见，该文书

[①] 《<u>唐给料钱历</u>》[64TAM36:7（a）〈录〉《文书》第 8 册，第 32 页；〈图〉《图文》第 4 册，第 14 页]云："右同前七月十九日被州牒，给检校长行使<u>甘勖</u>典<u>康泰</u>十日停料，官典准前。"该文书的背面有神龙元年（705）的纪年[64TAM36:7（b）〈录〉《文书》第 8 册，第 33 页；〈图〉《图文》第 4 册，第 15 页]。《文书》编纂者据此认为，该《钱历》的时代在神龙元年以前。这一推测如果正确，则可作为敕检校长行使设于 705 年以前的旁证。另外，斯坦因所获吐鲁番文书《<u>唐神龙元年（705）赤亭镇为长行马致死营内事牒</u>》[Or. 8212/563, Ast. III. 4. 074〈录〉、〈图〉《中亚》第 1 册，第 126 页]也记载到"　]押长行使阴[　"。

的时代无疑是武周新字废止以后。考虑到该文书是景龙三年（709）八月尚书省比部下发给西州都督府的连续粘贴的符文书（后部残缺），推测应当在此一时期左右①。

但问题是冠以左豹韬卫的弱水府原本是设在何地的折冲府呢？通览现在所知的大量吐鲁番文书，西州都督府设有前庭府（高昌县）、蒲昌府（蒲昌县）、岸头府（交河县）、天山府（天山县），所有这些折冲府在文书中频繁见到，而弱水府之名仅见于这件斯坦因文书，唯此一例，这表明该折冲府并非设在西州。西州5县中仅柳中县不设折冲府，柳中县五道乡的张庆柱还是蒲昌府的卫士②，所以弱水府未必是该县的折冲府③。

如张广达所指出④，西州都督府的折冲府全部属于右领军卫［有一段时期（684~705）属于右玉钤卫］，这也说明隶属于左豹韬卫的弱水府未必设在西州都督府。

另外，文书开头部分记载敕检校长行使收到专属于西州的长行坊的牒文⑤，由此推知敕检校长行使是设在西州以外的广阔地区的管辖长行坊的使职。藤枝晃将其定为西州长行坊的长官是错误的⑥。

综上可见，弱水府是西州以外地区的折冲府，使用此印的敕检校长

---

① 在这种情况下，可能应该一并考虑开元二年（714）时西州蒲昌府的印文冠有右玉钤卫［据《六典》卷24记载，光宅元年（684）至神龙元年（705）由右领军卫改称而来］。日比野1963，第281页。

② 《唐 龙朔元年（661）左憧熹买奴契》［64TAM4：44〈录〉《文书》第6册，第410页；TTD 1987（A），第209页；〈图〉《图文》第3册，第212页］。《简报》B（第13页）推测柳中县的府兵分属于蒲昌府和前庭府。

③ 菊池英夫推测弱水府设在西州柳中县，但从此处所说的理由看，难以遵从此说。菊池1970B，第428页；Kikuchi 1981，p.125。

④ 张广达1988，第101-102页，注（40）。

⑤ 与长行坊相关的文书中，完全没有提到西州境内官文书中有"西州长行坊"之例。从西州发往北庭都护府或在北庭制作的官文书中，必然把西州境内设置的长行坊记作"西州长行坊"。藤枝1956，第14-34页。

⑥ 藤枝1956，第4页。

行使也应当设在弱水府附近。

众所周知,许多折冲府的名称经常来源于所设之地的名字。弱水府的弱水之名,在西域、河西地区仅见于流经河西甘州张掖县南山山麓的弱水。换言之,如果弱水府是西州以外的折冲府,那么该府首先应求之于甘州地区①。

景云元年(710),甘州原为河西节度副使的驻地②,是与驻于凉州的河西节度使一起控制着延伸至西州地区的要冲之地。因此,这位敕检校长行使是管理甘州到西州的长行坊的使职。由此可以肯定,长行坊不单单设在沙、西二州,而是扩及整个广阔的河西地区。不过,后来在先天元年(712),西、伊二州从河西节度使改隶于北庭都护府管辖之下,西州长行坊很难认为依然受河西长行使的监督,如后所论,唐朝重新设置长行使来管辖天山东部地区的长行坊。

关于该牒文的内容,因后部残缺,难以把握全部文意,但开头部分引用了西州长行坊的牒文,从中可知敕检校长行使收到了西州长行坊关于长行马马料的报告。另外还可知道,"敕检校长行使"的牒文确定了西州所配备的长行马的马料数额。如前所见,日常具体的长行马马料的明细支出报告是在州(郡)长行坊内处理的,所以西州长行坊发给"敕检校长行使"的牒文就是关于马料问题的专项报告,可见"敕检校长行使"接到报告后就上牒给西州都督府,是比较通达的。前面已经讨论过,长行坊是州(郡)的交通机构,由县丞充当专门的管理官员,

---

① 郭平梁、张广达二氏已经指出了这一点。郭平梁1986,第140页;张广达1988,第101-102页,注(40)[收入张广达1995,第165-166页,注(40)]。郭氏举出《四镇节度副使右金吾大将军杨公神道碑》(《文苑英华》卷917,《全唐文》卷422)所记之弱水府,该碑记载到杨和的活动范围,所以推断此府位于陇右、河西、西域一带。

② 《新唐书》卷67《方镇表四》景云元年(710)年条云:"置河西诸军州节度、支度营田督察九姓部落、赤水军兵马大使,领凉、甘、肃、伊、瓜、沙、西七州,治凉州。副使治甘州,领都知河西兵马使。"

但实质上是由长行使来负责运营和管理节度使管辖下的驻屯将士。从该文书可以看到长行使收到西州长行坊的牒文后传达给州（郡）的状况，反映了长行坊的性质。

然而，长行坊承担的交通机构的性质，意味着连接遥远范围内的主要绿洲州府，7世纪所设的河西传马坊的性质没有发生变化。但是，以徭役为原则的传马运营的交通运输体制，伴随着行军部队的常驻，很难想象能充分适应飞速增长的交通及军需物资的运输。这表明8世纪以后，作为河西的运输机构，传马坊失去了积极的存在意义。如此，随着河西的军镇驻扎，传马坊就废止了，代之以当地的主要交通机构，即前述随着西州等地镇守军的驻扎而设置的长行坊。

上述敕检校长行使之使职确实是为实现扩及河西的长行坊体制的一元化统治而设立的。在此可以看到如下动向：律令规定的传马运营框架内，传马坊制度与驿制一起走向崩溃，与都护府治下原本常驻的镇守军相对应，长行坊制度脱离了传马运营体制，成为河西节度使境内主要的交通机构。以上研究若无问题，则长行坊体制在8世纪初已经扩大到广阔的河西地区，而不只在西州、北庭地区。

如此，长行马、车牛以独特的形式继承了唐朝统治以前吐鲁番绿洲形成的交通运营体制。此后，唐朝在扩大对中亚统治的长期过程中，为了维持对当地的统治，配备并确立了这一交通体制。景云二年（711），唐朝设立河西道[①]，在节度使体制下设立长行坊为河西道的交通组织。

3 驿道与长行马的运用

目前所见的长行坊和长行马史料均为吐鲁番文书，时代都集中在开

[①] 据《旧唐书》卷40《地理志三》记载，河西道于景云二年（711）从陇右道分置。参田尚1982，第148页。

元、天宝以后①,故拟先从这一时期西州(交河郡)府长行坊和长行马的相关文书入手,探讨唐朝在西域所设的驿道上构筑了怎样的交通体制。

(1)西州(交河郡)境内的馆和长行坊

阿斯塔那506号墓出土的文书是解明西州(交河郡)长行坊的最重要的史料,其中《唐 天宝十四载(755)三月交河郡长行坊典竹奉琳状》[73TAM506:4/32-18〈录〉《文书》第10册,第226-228页;〈图〉《图文》第4册,第537-540页]记载如下②:

(前略)

..................................."一百卅七 彦"

4 合郡坊帖马,从九月廿一日已后至十二月卅日以前,侵食

5 交河等馆马料斛斗,总壹阡陆拾捌硕叁斗陆胜。

6　　　叁伯肆拾硕,先支给讫。

7　　　　　　壹伯硕交河馆　内贰拾硕十月给。叁拾硕十一月给。

伍拾硕十二月给。

---

① 吐鲁番出土或当地撰作的所谓"长行马文书",从出土地点来看可以分为:(1)从敦煌莫高窟发现的佛经包首经帙拆出的"北庭文书";(2)阿斯塔那古墓出土的长行马文书。关于(1)敦煌经帙文书的清单,笔者另文有论。荒川2002,第381、399-403页。

② 2000年进行科研调查(荒川正晴主持)时亲睹文书原件,确认了《文书》、《图文》的录文。作为西州府时代的公文书,属标准用纸(中等纸质,纸张厚度中等,帘纹大致均匀)。实际上,第10行和第11行被裁断,是否直接与文书相连,情况不明。不过,从第4行前面的纸缝到第16行后面的纸缝,宽度为42.6cm(纵28.8cm),足有一张纸的长度,所以直接接续进行复原当无问题。另外,从第16行后面的纸缝到第26行后面的纸张有被裁断之处,宽度为32.5cm,可知这张纸本身残剩10cm左右。从公文书的字间距(约3cm)判断,剩下的最多缺3行。第27~35行的纸张宽度为27.2cm,所以后缺部分有四五行。从内容来看,日文翻译的第27~32行判决部分之前应为判决的开头部分。考虑及此,郡坊的帖马是在各馆消费的马料清单部分,大约没有欠缺。

第 5 章 唐代河西、西域的交通制度（上） | 233

8　　　　　　壹伯硕柳谷馆　内贰拾硕十月给。叁拾硕
十一月给。

　　　　　　　　　　　　　　伍拾硕十二月给。

9　　　　　　捌拾硕石舍馆　内叁拾硕十一月给。伍拾
硕十二月给。

　　　　　　　　　（一月）

10　　　　　叁拾硕天山仓　十□□。

　　　　　（石）

11　　　　　叁拾硕礌□馆　十一月。

12　柒伯贰拾捌硕叁斗陆胜，未给。

13　贰伯玖硕贰斗闰十一月支，在蒲昌县仓。

14　　　　　捌拾肆硕玖斗叁胜　蒲昌馆。

15　　　　　伍拾硕伍斗陆胜　柳中馆。

16　　　　　贰拾陆硕叁斗壹胜　达匦馆。

…………………………………………… "一百卅八　彦"

17　　　　　肆拾柒硕肆斗　草堆馆。

　　　　　　　　　　　＞

18　贰伯贰拾硕闰十一月在，支天山县仓。

19　　　　　壹伯肆拾叁硕玖斗叁胜　天山仓。

20　　　　　叁 拾 硕　　　　　　礌 石 馆。

21　　　　　壹拾肆硕叁斗捌胜　□□□。

22　　　　　叁拾壹硕陆斗玖胜　□□□。

　　　　　　　　　（仓）

23　贰伯玖拾玖硕壹斗陆胜，在郡□。

24　　　　　壹 拾 硕　　　　　　天 山□。

　　　　　　　　　（馆）

25　　　　　捌拾贰硕叁斗柒胜　礌石□。

26　　　　　　　捌拾贰硕　　　　　酸枣馆。

　　（中缺）

　　　　　　（帖）

27　　　□马侵食当馆斛斗，其斛斗并

28　　　在郡坊，具①食历如前，请填还者。

29　　　准状勘责②，从九月廿一日已后，具已

30　　　付，未付数如前，依检罗护、神泉、赤

　　　　（安）

31　　　亭、□昌等四馆未有申处，具检

32　　　如前，请处分。

33　　　牒件检如前。谨牒。

34　　　　　　　三月　日　典　竹　奉　琳　牒。

　　　　　（宝十三）

35　　　　　　　　天□□□载九月廿一日已后

（后缺）

---

① 关于"具"有各种各样的含义，此处理解为"准备、整顿"之意。王启涛 2005，第 250-251 页。

② 王启涛将"勘责"单纯地解释为"审查"。王启涛 2005，第 263 页。而石川重雄则认为该文书中的"勘责"应理解为"勘责（状）"，"责状"在《清明集》中有用例，意为被告人完全同意官府的最终判决"对裁决无异议，甘愿认罪"。关于"勘责状同"，意指"（对之进行）审查，本人对内容全无异议，与其他的事例相同"。也就是说，"勘责状"是责以调查状之意。不过，该状不是石川氏所说的宣誓书、同意书之类，而是连贴在《唐 西州都督府案卷为勘给过所事》文书上，意指针对讯问的辩解书，即"辩辞"。"勘责状同"的"同"字，应当理解为内容相同，即理解为责以调查（本人和保证人等的）状（辩辞）时（内容）相同。对此，森安孝夫在考证《唐 唐荣买胡婢失满儿市券》时，没有把"勘责"理解为"勘责（状）"，而是根据所"责"对象的状况来解释。另外关于"勘责状同"，还将"勘责"与"状同"分开来进行解释，把"状同"理解为"内容相同"。森安 2007A，第 232 页。本书关于"勘责"遵从森安氏的解释，不认为是"勘责（状）"。不过，关于"勘则状同"则持前述观点。

第5章 唐代河西、西域的交通制度（上）

【原书在文书录文后面有对第27~34行作了日译，兹删；但译文中对"郡坊帖马（向馆'帖'交河郡长行坊的长行马）"所作的注40则予保留[①]——译者注】

该文书是长行坊的典竹奉琳所上的天宝十三载（754）九月二十一日~十二月三十日（第4季度）的检查报告，其内容与郡坊帖马在交河郡境内各馆消费的马料有关。文书开头记载郡坊帖马在各馆消费了总计1068石3斗6升马料。以下列举马料消费的明细帐，前半部分（第6~11行）记载已支付的部分，为340石；后半部分记载未支付的部分，为728石。从后面连续粘贴的《唐 天宝十四载（755）郡坊申十三载九至十二月诸馆支贮马料帐》[73TAM506：4/32-20〈录〉《文书》第10册，第233-237页；〈图〉《图文》第4册，第543-546页] 可知，在已支付部分中，有20石（十月）是基于坊官刘惠振的状，30石（十一月）是基于西北两路巡官李大简等人的状，可知是根据预算支出来支给马料。最后是竹奉琳所上之牒。这项调查（检查）是长行坊的专职官员焦彦庄下的命令，后面附有长行坊的判辞，希望上级机构做出最终判决。

关于包括该本文书在内的阿斯塔那506号墓出土的长行坊文书的综合研究，容另文探讨[②]，此处仅考察各馆支给长行马马料的体制。该文书中所见的各馆是由交河郡长行坊配给马料的。表5-1一并显示出许多吐鲁番文书确切记载的吐鲁番周边各馆的名字（①）与该文书所见各馆与①的对照情况（②）（重要的馆标记◎），以及各馆所设之地（州

[①] 如后所论，"帖"意指本来不应配备，却分配了规定以外的资助。从交通情况来看，长行马既然是以驿传马为基准的官府马匹，必然应该配置在长行坊，其运营也应有严格的日程和路线规定。据此，长行马"帖"长行坊以外的机构，可能就不受相关规定的制约而发挥作用。王宏治推测帖马是从民间征发马匹。本书不采纳这一观点。王宏治1986，第309-321页。

[②] 荒川1995。

县治所和军事设施）（③）①。

表 5-1 吐鲁番周边诸馆一览表

① 吐鲁番周边的馆（今地）*1	②	③州县治所、军事设施
1. 北馆、中馆（Qara-khoja）*2		西州
(A) ［西州→伊州］路*3		
2. 柳中馆（Lukchun）	◎	柳中县
3. 蒲昌馆（Pichan）	◎	蒲昌县
4. 东磧馆		
5. 赤亭馆（Chik-tam）	◎	赤亭镇（守捉）、戍、烽
6. 草堆馆（Kiriklik-langar?）	◎	
7. 达匪馆（Hsi-yen-chih，西盐池?）	◎	达匪戍、烽
8. 罗护馆（Hui-ching tzu，惠井子）	◎	罗护镇（守捉）、烽
9. 神泉馆	◎	
10. 狼井馆		狼井戍
(B) ［西州→焉耆］路*4		
2. 安昌馆（Paka-bulak）	◎	
3. 天山馆（Toksun）	◎	天山县
4. 磧石馆（Arghai-bulak）	◎	磧石戍
5. 银山馆（Kumush）	◎	银山镇、戍
6. 磧西馆		

---

① 关于设在当地的馆和军事设施，此处列出所依据的吐鲁番文书和前人研究成果，为了尽量避免烦杂，仅限于中华人民共和国成立后发现和刊布的吐鲁番文书，除了严耕望 1985（1），第 453-470、592-602 页；张广达 1998，第 84-85 页（收入张广达 1995，第 140-142 页）；程喜霖 1990B，第 183-287、330-337 页附表（2）（3）；孙晓林 1991，第 251-254 页；苏北海 1999；巫新华 1999；陈国灿 2000 之外，还有许多研究成果。其中，苏北海 1999、巫新华 1999 概述了零散分布在吐鲁番及其周边地区的军事设施和交通设施，陈国灿 2000 详细地讨论了设在吐鲁番东面的折冲府（即蒲昌府）境内的军事设施和馆的关系。此外，Pelliot 2002 也是关于吐鲁番及周边地区的交通道路的重要研究成果，这虽然是新出吐鲁番文书发现以前的成果，但分析极为详细，至今仍有参考价值。

（续表）

① 吐鲁番周边的馆（今地）*1	②	③ 州县治所、军事设施
7. 吕光馆		
8. 新城馆		
（C）[西州→北庭] 路*5		
2. 交河馆（Yār-khoto）	◎	交河县
3. 酸枣馆（Shaftalluk）*6	◎	酸枣戍
4. 龙泉馆（Ishak-dawan）*7		
5. 柳谷馆（潘家地）*8	◎	柳谷镇
6. 石舍馆*9	◎	石舍镇（戍）（=石会汉戍）*10

*1　关于今地的比定，这里无暇详论。参严耕望 1985（1），第 453-464 页，图 9 "唐代瓜、沙、伊、西、安西、北庭交通图"。关于西州、北庭之间，参张承志（梅村坦译注）1981，第 152-156 页。

*2　关于中馆，参孙晓林 1991，第 252 页。

*3　《新唐书》卷 40《地理志四》伊州纳职县条云："自县西经<u>独泉</u>、<u>东华</u>、<u>西华</u>、<u>驼泉</u>、渡<u>茨萁水</u>，过<u>神泉</u>，三百九十里有<u>罗护守捉</u>，又西南经<u>达匪</u>、<u>草堆</u>，百九十里至<u>赤亭守捉</u>，与伊、西路合。"

*4　关于西州到焉耆的道路上配置的馆和军事设施，参严耕望 1985（1），第 464-470 页，图 9 "唐代瓜、沙、伊、西、安西、北庭交通图"。

*5　除了严耕望 1985（1）（第 592-602 页）图 9 "唐代瓜、沙、伊、西、安西、北庭交通图"外，参张承志 1981。

*6　张承志将酸枣戍比定为 Shaftalluk。张承志（梅村坦译注）1981，第 153 页。梅村氏翻译张氏论文时也认同这一观点，但另一方面指出也有可能是指 kīchik。张承志（梅村坦译注）1981，第 150 页。

*7　严耕望认为在"今桃花园子稍北"（Ishak-dawan 的南面）。严耕望 1985（1），第 594 页。而张承志则说在 Ishak-dawan 附近。张承志（梅村坦译注）1981，第 149 页。

*8　严耕望怀疑柳谷即三岔口。严耕望 1985（1），第 594 页。而张承志则将之比定为潘家地。张承志（梅村坦译注）1981，第 153 页。

*9　张承志将石舍馆比定为泉子街古城。张承志（梅村坦译注）1981，第143页。但严耕望指出，北庭都护府往南50里的神仙镇在泉子街附近。严耕望1985（1），第596页。笔者通过2007年夏参加森安孝夫组织的科研调查活动，认为张承志所说的泉子街古城即今东大龙口沟遗址。另外，从此处到北庭都护府的距离及其军事地形上的重要性来判断，东大龙口沟遗址确应为神仙镇所在地。由此可见，石舍馆再往南就是天山中间的分水岭。

*10　石会汉成见载于《新唐书》卷40《地理志四》，第1047页，但为石舍汉成之误。参程喜霖1990A，第546页；孙晓林1991，第253页。

从该一览表可知，由郡长行坊支给马料的馆，东有神泉馆，西有银山馆，北有石舍馆，这些馆几乎囊括了西州周边所设诸馆。由此可知，在天宝时代，长行马基本上是以州（郡）管辖下的馆为据点来发挥功能的。同时如表所示，从各馆的配置明显可以串连起从西州延伸出来的3条交通线（A）、（B）、（C）（参附图3）①，其中（B）在西州和焉耆之间设置安昌馆为往来据点，可知这就是《新唐书》卷40《地理志四》所记"自州西南有南平、安昌两城，百二十里至天山"（西州→南平→安昌→天山）的路线。这明确表示，当时从西州（高昌县）到焉耆的官道并不经过交河（Yār-khoto）。

《西州图经》（P.2009）记载了许多条吐鲁番向外延伸的交通道路，其中前三条道路在唐代被定为主要的官道。长行坊通过一定的手续，给这三条道路上的馆支给马料，以确保长行马往来穿行于荒漠和沙碛等不

---

①《唐天宝十四载（755）郡坊申十三载九至十二月诸馆支贮马料帐》[73TAM506：4/32-20〈录〉《文书》第10册，第233页；〈图〉《图文》第4册，第543页]记载"东西三路迎送使命"。这无疑是指前面所说的三条道路。孔祥星已经指出这三条道路上的长行马往来，程喜霖、孙晓林二氏也指出前揭文书中的"三路"有所重叠。孔祥星1981，第31-32页；程喜霖1990A，第549页；孙晓林1991，第254页。

毛之地时的供给，从而与邻近的伊州、北庭、焉耆等绿洲保持联络。客使①往来在日程上有严格的规定②，而馆的配置则保证了他们的往来。

这三条道路当然是唐朝驿道的主干线，不过如前所述［第1节（1）］，唐朝在统治之初就在西州府的驿道上设置驿站，但直到8世纪，吐鲁番文书中仍无驿站存在的丝毫痕迹。至迟到8世纪以后，馆取代驿站成为驿道上的递送据点，发挥了积极的作用③。

另外，客使当中不只有使用长行马的，也有率队使用长行车牛来搬运物资的。长行坊为客使管理、分派长行马，长行车坊则负责管理、分派长行车牛。客使运输物资时，随行的车夫、苦力等宿于何处，则无资料证明，但如果考虑到客使是在馆中投宿，那么除了长行马之外，长行车牛也应当同样以馆为据点，往来于上述三条道路上。《唐 开元年代（约731）西州府诸曹符帖目》［Or. 8212/520〈录〉《籍帐》No. 154，第362页；《斯坦因》第168-171页；Maspero 1953, p. 93；〈图〉Maspero 1953, pl. XIV］记载到"北馆车坊牛"亦可为馆中设有安置和停放车牛的坊之旁证。

（2）驿道及其军事加固和维修

上列表5-1之③记载到配置了馆的绿洲，除州、县城以外大概还设在镇、戍等军事设施。前揭阿斯塔那506号墓出土的文书中，有如下两件记载了馆的负责人"捉馆官"，由镇副和镇将充任，反映了馆和军事设施并列设置的部分状况。

---

① 客使所指的内容颇为多样，如后所见，汉文文书记载的是有官方身份的人，不只是有一定公务、出使于各地的"使"和"典"，也包括"别奏"、"傔人"等军官的随从，作为"官方的使节"往来各地。史料中还出现"公使"一词，但本书统称为"客使"。

② 从上列表格可以明确知道，西州到邻近的伊州的往还"程限"（规定的日程），与沙州和伊州的往还"程限"同样是一个月。

③ 关于"馆"，管见所及，除了设在西州（高昌）城内的"北馆"，明确记载到馆的文书没有一件上溯到7世纪。因此，8世纪以后，当地把唐朝的主干道路称作驿道稍有不确。为避免不必要的误解，此处为方便起见，统一称作驿道。

某馆＝捉馆官摄镇副上柱国，张□□［73TAM506：4/32-1〈录〉《文书》第10册，第74页；〈图〉《图文》第4册，第435页］。

磕石馆＝捉馆官镇将，张令献［73TAM506：4/32-4，5〈录〉《文书》第10册，第110、117页；〈图〉《图文》第4册，第458、461页］。

西州原本确切存在的馆，除了位于西州城内的北馆，其他的都不能追溯到8世纪。如前所述，当初西州传入驿制，配置了驿站的驿道显然是通到西州城的。可以确认，表5-1中的达匪馆等也是在开耀二年（682）左右设置驿站的。因此，这些馆除了设在西州的，很难说7世纪时在（A）、（B）、（C）三条道路上是完备的。另一方面，唐朝平定高昌国以后继续推进，西州成为安西都护府下面驻扎镇守军的前线基地，所以一开始就在吐鲁番周围设置了镇、戍等军事机构。西州向东、西、北三个方向延伸的交通道路均由军队控制，除了镇、戍以外，沿着交通道路还设置了许多烽燧。上述三条道路特别重要的身份是军用干线，也是连接中央的驿道。因此，上述诸馆大多不过是驿制废止后附设在当初设置的军用干线上的军事设施。

如此，上述三条道路上馆的设施得到了完善，以及长行坊为了便于管理运畜的往来，很可能是因为当地的军事情势。众所周知，7世纪末，唐朝为了强化军事统治，首次向安西都护府派遣3万士兵，表现出积极的经营姿态。在吐鲁番地区，天山军驻扎于西州城内，加强了兵马力量；在其周边地区，庭州设置北庭都护府、瀚海军，伊州则设置伊吾军。换言之，8世纪的时候，为了守卫安西和天山东部地区不受周边各势力的入侵，唐朝增加了各个绿洲的驻军。以该地驻军为中心的交通、通讯、运输活动也随之活跃起来。西州地区连接周边的政治、军事据点及唐朝内地的军事干线，也因此加强了维护，相应地，交通和运输状况也有了新的变化。可以说，西州最初传入了驿制，后来在交通手段上又完全放弃对驿制的依赖，试图实行以长行坊为中心的交通用马的一体化。

对应于这一交通状况的变化,长行坊作为州府的附属机构,在8世纪实质上由当地的驻军将士来管理和运营①。也就是说,作为长行坊的负责官员,坊官(专职官员)由县丞来充当,同时任命子将和果毅(都尉)②。另外,长行马在州槽③和长行群(长行坊的附属机构)中牧养,分派给士兵们放牧④。槽头、槽子监督槽中马匹的饲养,知封官、封子管理马粮,马子负责引导长行马,这些人均由健儿等兵士来充任⑤。

菊池英夫认为,"明确记载(西州)都督府的牒文中,经常使用'诸府县镇(戍)界内云云'之语,都督府统管一州之军事,对镇、戍及州内的军府和各县有命令权"⑥。西州都督府的都督兼任了当地驻军的军使,军府、镇、戍当初也是因为军队驻扎其地而设置的。长行坊由西州都督府的兵曹司管理,实质上由驻军将士管理、运营,也是基于这一体制。

要之,8世纪随着军事统治的强化,传入西州都督府的驿制废止了;同时长行坊作为州府的下属机构,其管理和运营与驻军密切相关。

---

① 孙晓林1990,第217页。

② 孙晓林1990,第216-217页。

③ 州槽中最初备有牲畜,因为西州都督府从设立之初就是镇守军驻屯的前线基地,所以其驿道不单单是用于官员的交通和运输,也有军事用途。参日比野开三郎所介绍的桥(本节哉)3号文书[〈录〉日比野1963,第292页]。

④ 荒川1990B。

⑤ 孙晓林1990,第202-216页;荒川1990B,第32页。直到8世纪初,牵着长行马的马子由州管辖下的县差发百姓来充当。参《唐 神龙元年(705)高昌县贾才敏等牒为长行马死方亭戍东事》[Ast. Ⅲ.4.083,084,089〈录〉《斯坦因》第264-265页];《唐 神龙元年(705)交河县录申上西州兵曹为长行官马致死金娑事》[Ast. Ⅲ.4.095(1)〈录〉《斯坦因》第245-247页]。另外在吐鲁番以外地区,重要的渡口(大河)所配备的渡子等与交通有关的劳役任务,由士兵来充当。滨口1933(收入滨口1966,第524-525页)。

⑥ 菊池1970A,第82页。

上述因素共同推动了以长行坊为基础的交通系统管理与运营的一体化。此一时期，以西州府城为中心的驿道上馆的设施得到完善，西州与唐朝内地及邻近的政治、军事据点（伊州、北庭、焉耆）的交通、通讯、运输功能也得到了强化。

不过，驿道上也有一些区间没有设馆，而是只设置军事设施，可见馆的设置是有限制的，而军事设施则几乎遍布各地。由此可知，客使的往来与驿道上的馆有关，没有馆的地方则投宿于军事设施。长行坊、长行车坊及馆和军事设施互相协作，利用驿道支撑各类客使的往来，作为交通机构与据点而发挥着功能。

（3）帖马与长行马运用

① "帖"的含义

西州都督府的长行马由长行坊管理，官马沿着设定的干线行进，原则上是骑乘穿越沙碛到达邻近州府的绿洲（伊州、北庭、焉耆）；但从馆提出的马料支出帐簿可知，长行马是连接州（郡）府之间的长途交通工具，同时也作为短途交通用马往来于干线上配备的各馆之间，频繁地提供给各位使节使用。这里值得注意的是，这种长行马在马料支出帐簿中记作"郡坊帖马"，或单称为"帖马"。上引《唐 天宝十四载（755）三月交河郡长行坊典竹奉琳状》开头部分将"侵食"馆中马料的长行坊的长行马总称为"郡坊帖马"。

这个"帖"字有多种含义，如《册府元龟》卷621《卿监部》监牧条记载：

> 开元九年正月诏："如闻天下有马之家，州县或因邮递、军旅，即先差遣帖助。（中略）自今已后，诸州百姓，不问有荫无荫，若能每家畜马十匹已上，缘帖驿、邮递及征行，并不得偏差遣帖助。"

据此，征发民户的牲畜给邮驿和军旅使用，称作"帖助"。此处还记载到"帖驿"一词，就史料上的解释，意指征发民间的马匹，分配给驿站使用。这个"帖"字的用法也见于开元二十五年的《水部式残卷》

[P.2507〈录〉TTD I(A)，第41页]，其中有一条记载给辽东的驻军运输军需物资，征发5400名转运水手，服役2年①，规定给他们免除征课并给予资助，其中说到"兼准屯丁例，每夫（水手）一年各帖一丁"。日野开三郎对此条规定做了研究，认为该部分是向水手所在的各州（河北、山东10州）发出命令，每位水手分配1名丁男，承担交纳税役的义务，以充作服役水手的家庭生活费②。也就是说，对服役水手专门分配丁男时使用的是"帖"字。此外，《唐 西州都督府牒为请留送东官马填充团结欠马事》[72TAM188：86（a）〈录〉《文书》第8册，第83页；〈图〉《图文》第4册，第39页]是为了填补向西州以外地区的团结兵运送所缺马匹而请求留在西州的牒文，其中所记"更须简廿匹瘦马，帖群"之语，是从官马中选取20匹瘦马分配给西州的群牧，故记作"帖群"③。

由此可知，"帖"意味着本来不应配备，却在规定之外配备并给予资助。从交通方面来看，长行马既然是以驿传马为标准的官马，就必须在长行坊中配置使用，其运营日程和路线也应有严格的制度。据此，很可能长行马在长行坊以外使用"帖"，故可不受制约而发挥作用④。

② 馆的帖马

显然，上述馆的马料支出簿所记载的"郡坊帖马"，大多是"郡坊帖某馆马"的省称[《唐 天宝十三载（754）礓石馆嗒子史希俊等牒》（73TAM506：4/32-4〈录〉《文书》第10册，第95页；〈图〉《图文》

---

① 具体为3400名海运水手，2000名平河水手（在水流平缓的河上熟练行船的水手，与山河水手相对置）。
② 日野1975，第277页。
③ 后面讨论的《唐残钱帐》[64TAM36：7（b）〈录〉《文书》第8册，第33页；〈图〉《图文》第4册，第15页]亦记载"四千文帖张思林宅"。
④ 王宏治推测，帖马是从民间征发的马匹。不过就像这里所探讨的那样，不遵从其说。王宏治1986，第309-321页。

第 4 册，第 448-449 页］，孙晓林对此已经做过探讨[①]，分析这件帐簿的内容可以看到向各馆相当自由地"帖"长行马的状况。下面举出一例，即《唐 天宝十三载（754）礌石馆具七至闰十一月帖马食历上郡长行坊状》［73TAM506：4/32-4〈录〉《文书》第 10 册，第 96-99 页；〈图〉《图文》第 4 册，第 449-451 页］记录了天宝十三载（754）七月～闰十一月礌石馆每日支出马料的情况，其中七月下旬到八月中旬的部分记载如下：

（前略）

47　（七月）廿五日，郡坊帖马五匹，食麦三丗□升。付马子吕承祖。

48　　　廿六日，郡坊帖马八匹，内［　　］到，过王判官，共食麦五斗六升。付吕祖、丁光。

49　　　廿七日，郡坊帖马八匹，［　　］帖马五匹，吕祖下帖马共食麦五斗六升。付吕祖。

（食麦五）

50　　　廿八日，郡坊帖马八匹，□□□斗六升。付马子吕承祖　健儿丁光。

51　　　廿九日，郡坊帖马八匹，食麦五斗六升。付马子吕承祖　健儿丁光。

52　　　同日，郡坊帖天山馆马四匹，送使掌书记王伯伦到，内一匹腾向银山，食麦二斗五升。付李罗汉。

53　　　卅日，郡坊帖马八匹，内三匹送使王伯伦到，便留礌石充帖馆马，共食麦五斗六升。付吕祖。

54　　　八月一日，郡坊马八匹，食麦五斗六升。付马子吕承祖。

[①] 孙晓林 1990，第 204-208 页。

55　　　二日，郡坊帖马八匹，食麦九斗六升。付马子吕承祖。

（中略）

73　　　　十三日，郡坊马十五匹，并先送向银山，今收回，内三匹充帖馆，共食麦七斗五升。付赵璀。

（后略）

根据第53行的记载，天宝十三载（754）七月三十日，给礤石馆的马子吕承祖管领的8匹郡坊帖马支给5斗6升麦子，以作为马料。不过，其中3匹原本是帖天山馆的长行马，驮送王伯伦到达礤石馆并留在馆中。从第52行可知，王伯伦从天山馆到礤石馆的前一天，即二十九日，郡坊又帖天山馆4匹长行马送王伯伦，其中1匹没有留在礤石馆，而是前往银山馆。

从第47行可知马子吕承祖管领5匹郡坊帖马，第48行又增加8匹郡坊帖马。虽然文书残缺，但增加部分似与王判官顺路到礤石馆有关。之后到二十九日，除了吕承祖之外，健儿丁光也领到了马料。三十日以后，吕承祖一人又领到8匹郡坊帖马的马料，所以推测丁光可能在三十日带着3匹郡坊帖马离开了礤石馆。同日，又帖天山馆3匹长行马送王伯伦，但由于新帖给礤石馆，所以8匹郡坊帖马的数字仍然没有变化。

第73行记载八月十三日，15匹郡坊马中有3匹从银山馆返回途中，也帖给礤石馆。

仅从天山馆—礤石馆—银山馆之间来看，长行马在各馆融通无碍地被帖用，灵活地应对各种使节的迎来送往。

此外，长行坊给官员、士兵等供给长行马时也采取帖的形式。《唐天宝十四载（755）某馆申十三载三至十二月侵食当馆马料帐历状》[73TAM506:4/32-15〈录〉《文书》第10册，第165-188页；〈图〉《图文》第4册，第501-512页]记录马料支出于下：

（郡）

① 　]坊帖岑判官马柒匹，共食青麦叁斗伍胜。付健儿陈

金。(1.153)

②]郡坊帖杨大夫马捌匹，共食青麦肆斗。付帖马健儿范老子。(1.171)

③ □日，郡坊帖李大夫细马壹匹，食青麦壹斗。付槽头王献玉。(1.178)

④ 闰十一月廿八日，郡坊帖李判官马伍匹，共食床麦伍斗，各半。付健儿杨元琰。(1.212)

⑤ 十二月十二日，郡坊帖　大夫马贰拾捌匹，共食床麦壹硕陆斗陆胜。付健儿魏琳。(1.226)

⑥ 十二月一日，郡坊帖　大夫马贰拾叁匹，共食床麦壹硕陆斗壹胜。付健儿魏琳。(1.241)

这种给官员、士兵帖长行马并转帖给馆的情况，可以从《唐 天宝十四载（755）某馆申十三载四至六月郡坊帖马食醋历状》[73TAM506：4/32-17〈录〉《文书》第 10 册，第 208-209 页；〈图〉《图文》第 4 册，第 526-527 页] 得到确认：

（前略）

① 四月十二日，郡坊上官什仵下细马两匹，帖礌石过黎大夫，食粟麦二斗。付天山坊健儿赵庆。(1.6)

② 十四日，郡坊帖天山馆、上官下马四匹，送苻判官到，便腾向银山，食麦粟四斗。付天山馆（马）子李罗汉。(1.8)

③ 十五日，郡坊帖上官下马两匹，送□大夫银山回到，食粟麦二斗。付赵嘉庆。(1.9)

据此可见，郡坊给健儿上官什仵帖马并转帖给礌石馆，他在东起天山馆、西至银山馆之间，短期内在"礌石馆→天山馆→礌石馆→银山馆→礌石馆"不断地往来。

按照当时的实际状况，军事干线上的各个馆及相关使用者灵活地用帖马的方式使用，通过各馆的马料供给簿，形成了由长行坊管理的

第5章 唐代河西、西域的交通制度（上） | 247

体制。

③ 镇、戍的帖马

实际上，除了馆以外，镇、戍等军事设施也帖长行马。《唐 天宝时代（742~756）敦煌郡会计帐》（P. 2862、2626〈录〉《籍帐》No. 219，第 484 页）记载到敦煌的长行坊：

> 长行坊
>
> 合同前月日见在长行及㽞马，总壹拾捌匹。
>
> 　　　　叁　匹　㽞　马　并　父。
>
> 　　　　壹　拾　伍　匹　长　行。^{壹拾壹匹父，肆匹□。}
>
> 　　　　　　　　　　　　　（马）
>
> 合同前月日见在郡东　八角、众备长行帖马及㽞□。
>
> 　　　　柒　匹　　　八　　　角　　　戍。
>
> 　　　叁匹㽞马。　　肆匹长行帖马。
>
> 　　　　伍　匹　　　众　　备　　　戍。
>
> 　　　叁匹㽞马。　　贰匹长行帖马。
>
> 合同前月日见在长行驴，总壹拾头　并父。

考虑到镇、戍的设置并不只是局限于军用干线上，对这些军事设施进行帖马，表明长行马在上述三条道路以外也发挥着功能。

这些馆和镇、戍的设置首先覆盖州府境内的州、县，遍及周围主要的绿洲城市，而郡长行坊实际上由驻军将士来管理和运营，以帖马维持统管一州军事的都督府及军镇管理下的"诸府县镇戍"自由往来。

此外还要注意的是，《武周时期某馆驿给乘长行马驴及粟草帐》[64TAM35:38（a）〈录〉《文书》第7册，第 465-466 页；〈图〉《图文》第3册，第 531 页] 中有一项记载①：

（前略）

---

① "同，达"系朱书。"达"是官员的签署，"同"是官员"达"与其他文书进行对勘后得出的结论，意指与其内容相同。

    8　　粟伍斛陆胜伍合"同，达"草贰拾柒束"同，达"
    9　　　　右同日给高昌县长行马捌匹，驴壹拾壹头，使人骨
利干乘往
    10　　　　胡城回，壹日料。
       （后略）

该文书是西州都督府的某馆向使节的长行马和驴供应谷物和草料的支给簿。文书记载这位使节名叫骨利干（quriqan），高昌县给他配备了 8 匹长行马、11 头驴，在前往胡城时每天支给 5 斗 6 升 5 合粟和 27 束草。胡城的准确位置难以确定，但从其名字来看很可能是位于高昌城周围的游牧民族所据之城①。长行坊管理的长行马除了"诸府县镇戍"等各绿洲外，有时还要确保与其他绿洲城邑的交通关系。

州（郡）府境内通过帖马实现自由交通，这种不见于唐朝内地的公用交通制度，也可以说就是长行马的特点。长行坊确实不只设在交通干线上，还密切连接着吐鲁番的各个绿洲，成为支撑驻屯将士与官员、使节流动以外的信息往来，以及在驻军和边州都督府的前线灵机应变的活动的交通机构。

（4）驱马和供使驴

---

①　正史中将天山东部的游牧民族记作"胡"，如"杂戎胡部落"（《旧唐书》卷 40《地理志三》，第 1647 页）与"降胡"［《新唐书》卷 117《裴炎等传》，第 4249 页］等例。另外，当地的游牧集团也修筑了"城"，如"处月俟斤所居城"［《资治通鉴》卷 196 贞观十六年九月条，第 6177 页］等。关于"胡城"，《新唐书》卷 215 下《突厥传下》（第 6059—6060 页）记载到"白水胡城"。内藤みどり指出，这与《慈恩传》卷 2 中的白水城是同一个地方，阿拉伯地理书中的 Isfījāb（白水）也有许多胡人，即 Nakhshāb（那色波）人、Bukhara（布哈拉）人、Samarkand（撒马尔罕）人等粟特人商业移民的城市。内藤みどり 1988，第 211 页。又参同书第 212 页，注（37）。这里出现了突厥式名字"骨利干（quriqan）"与高昌县管辖下的"夷胡户"［《唐 开元二十二年（734）西州 高昌县申西州都督府牒为差人夫修堤堰事》〈录〉《文书》第 9 册，第 107—109 页；〈图〉《图文》第 4 册，第 317—318 页］，很可能是指游牧民族。在该文书中，高昌县的长行马驴前往的"胡城"，也理解为游牧民族的"城"。

第 5 章　唐代河西、西域的交通制度（上）

8世纪，唐代的驿传体制趋于衰微，如前所见，不只在天山东部地区，河西地区也在各州府设置了长行坊机构，由长行使管辖。在这样的情况下，形成了新的交通、通讯、运输体制。前面探讨了长行马的交通功能，但问题是除了长行马用于交通之外，交通干线上还零散地设置了馆等交通设施，不过这些馆没有覆盖全部干线，大多只是零星分布在干线上的军事设施中。这里想要探讨的问题是：在这一体制下如何维持交通、通讯与运输功能？

① 亟马的功能

如前所述，基于驿制所设的驿站在8世纪的沙州已经消失了，西州府的情况也大致相同，吐鲁番出土了大量7~8世纪时期的西州府文书，但是完全没有反映8世纪西州府驿站继续存在的史料。驿站的重要功能之一是在紧急时期传送情报，作为事关统治基础的驿站，当它消亡之时，应该采取哪些善后措施以维持紧急时期的情报传送呢？

需要注意的是，通过8世纪的敦煌、吐鲁番文书可以发现有一种叫作亟马的官马。关于亟马的相关史料极少，以往几乎未有探讨。菊池英夫简略地说是"传送文书等物的官马"、"传送公文书的官府马坊的马匹"①。从前揭斯坦因所获长行群文书 [Or. 8212/551；552, Ast. Ⅲ.3.07-08；Ast.Ⅲ.3.037；〈录〉〈图〉《中亚》第1册，第91-96页] 也可看到亟马被派往长行坊，以及与长行马一起在长行群中放牧的状况。

关于敦煌、吐鲁番文书中所见的亟马的性质，下面拟作探讨。

首先，关于亟马的设置状况，《唐 天宝时代（742~756）敦煌郡会计帐》[P. 2862v、2626v〈录〉《籍帐》No. 219，第481-484页] 列出了附设在敦煌郡（沙州）所辖5戍中的亟马，具录如下（为供后节讨论，此处引录40多行，该会计帐中所记5个戍的相关部分悉予列出）：

---

① 菊池1980A，第136-137页；菊池1980B，第115页。

（前略）

38　　广明等五戍
39　合同前月日见在供使什物，总肆阡陆伯玖拾肆事。
40　　　　　　　叁伯伍拾玖事　广明戍。　叁伯肆拾捌事 乌山戍。
41　　　　　　　叁伯贰拾贰事　双泉戍。　肆伯陆拾玖事 第五戍。
42　　　　　　　叁伯玖拾叁事　冷泉戍。　贰阡捌伯叁事 郡库。
43　合同前月日市造什物价见在钱，总壹阡伍伯陆拾壹文。
44　合同前月日见在供使羊，总叁伯柒拾贰口。
45　合同前月日见在死羊皮，总肆拾捌张。
46　合同前月日见在羊毛，总柒拾陆斤壹拾壹两。
47　合同前月日见在马料粟，总贰阡叁伯贰拾硕。
48　　　　　　　肆伯陆拾肆硕　第五戍。　肆伯陆拾肆硕 双泉戍。
49　　　　　　　肆伯陆拾肆硕　乌山戍。　肆伯陆拾肆硕 冷泉戍。
50　　　　　　　肆伯陆拾肆硕　广明戍。

⋯⋯⋯⋯⋯⋯⋯⋯⋯⋯⋯⋯⋯⋯⋯⋯⋯⋯⋯⋯⋯⋯⋯⋯

51　合同前月日见在使料米面，总贰伯玖拾伍硕。羊壹拾伍口。
52　　　　　　　贰拾伍硕　米。每戍伍硕。　贰伯柒拾硕 面。每戍伍拾肆硕。
53　　　　　　　壹拾伍口　羊。每戍叁口。
54　合同前月日见在供使预备　亟马，总壹伯贰拾叁匹。
55　　　　　　　肆拾匹　　敦。陆拾伍匹　　父。

56	壹拾捌匹　草。
57	伍拾匹，充<u>广明</u>等五戍亟马乘使。每戍准额置拾匹。
58	壹拾壹匹　敦。叁拾玖匹　父。
59	柒拾叁匹，在阶亭外坊及郡坊饲，急疾送五戍，替换蹄穿脚
60	跙，不堪乘使亟马。
61	贰拾玖匹　敦。贰拾陆匹　父。
62	壹拾捌匹　草。
63	合同前月日见在供使驴马，总壹伯头。

....

64	壹拾叁头　<u>乌山</u>戍。壹拾肆头　<u>双泉</u>戍。
65	贰拾壹头　<u>第五</u>戍。贰拾头　<u>冷泉</u>戍。
66	叁拾贰头　<u>广明</u>戍。
67	合同前月日见在驼马皮，总壹伯捌拾肆张皮。伍拾叁斤壹拾贰两
68	胶。壹拾捌阡肆伯柒拾伍文钱。壹拾捌斤肆两羊毛。
69	壹伯陆张马皮。柒拾捌张驼皮。
70	伍拾叁斤壹拾贰两胶。壹拾捌阡肆伯柒拾伍文钱。
71	壹拾捌斤肆两羊毛。
72	合同前月日见在般柴车，总肆乘。
73	合同前月日见在杂药，总壹伯伍斤叁两。
74	合同前月日见在匹段，总伍匹柒尺叁寸大练。壹阡贰伯伍拾贰文钱。
75	伍　匹　柒　尺　叁　寸　大　练。
76	壹　阡　贰　伯　伍　拾　贰　文　钱。

....

77　合同前月日见在供使毡、什物，总捌伯叁拾玖事。
78　　　壹伯壹拾伍事　乌山戍。贰伯叁拾贰事　双泉戍。
79　　　玖拾捌事　　　第五戍。壹伯肆拾壹事　冷泉戍。
80　　　壹伯叁拾肆事　广明戍。壹伯壹拾玖事在郡库。

（后略）

从该会计帐的第 54~56 行可以明知，广明、乌山、双泉、第五、冷泉等 5 戍属敦煌郡管辖。这里的问题是总共配备 123 匹驱马，但根据第 57、58 行的记载，各戍实际只给使者供应了 50 匹，会计帐中根据规定的数额附注了给各戍分别配备 10 匹驱马。剩下的 73 匹驱马如接下来的第 59~62 行所记，全都饲养在阶亭外坊（附属于阶亭坊的车坊？）和郡（长行）坊中，原因是它们患了急病，从 5 戍送至（两坊），在那里换了马蹄（铁），切除了脚跬（马蹄病）。不过，很难说这 73 匹马都是这种状态，它们基本上是选取健康状况比较良好的 50 匹作为现役驱马以后剩下的驱马。可以想象，这些在阶亭外坊及长行坊（可能附属于该坊的长行群）中治疗和休养的马匹，后来恢复了健康又被配置给各戍。值得注意的是，这样预备好远远超过规定数额的驱马，表明戍中之马所负担的任务极为沉重，同时推测平常状态良好的驱马被要求配置在戍中。

从充当驱马的马匹明细帐可以看到，有 65 匹公马（父）、40 匹骟马（敦）、18 匹母马（草）。公马占了绝大多数，骟马次之，而且这 5 个戍实际上只配置了 39 匹公马和 11 匹骟马，少数母马全都去休养和治疗了，由此可见驱马首先是用公马来充当[①]。实际上，被差遣长途出行的长行马也是以公马和骟马占绝大多数[②]，其中也包含不少驴，而驱马

---

① 不过，长行群中的母马颇为引人注目，而且与公马一起放牧（参荒川 1990B，第 28 页之表格），长行群不光是长行马治疗和休养的地方，还担负马群繁衍的功能。

② 马伯乐介绍的 Ast. Ⅲ. 03.09-010 号文书（No. 297〈录〉Chavannes 1913, pp. 123-124）中有 20 匹/头长行马驴（15 匹长行马、5 头长行驴），从性别上明显可以分为 11 匹/头公马驴、7 匹/头骟马驴，合计 18 匹/头。

则只限于马匹来充当。如下所论，乘马的设置状况与马的性质密切相关。

然而，乘马不只是设于戍中，同时也在长行坊中设置。这件会计帐的第 104 行以下部分记载：

（前略）

104　　长行坊

105　合同前月日见在长行及乘马，总壹拾捌匹。

106　　　　叁匹乘马 并父。

107　　　　壹 拾 伍 匹 长 行。^{壹拾壹匹父,肆匹□。}

（马）

108　合同前月日见在郡东　八角、众备长行帖马及乘□。

109　　　　柒　匹　八　角　戍。

110　　　　　叁匹乘马。肆匹长行帖马。

111　　　　伍　匹　众　备　戍。

112　　　　　叁匹乘马。贰匹长行帖马。

113　合同前月日见在长行驴，总壹拾头　并父。

（后略）

据此可知，天宝某年，敦煌郡的长行坊配备了 15 匹长行马、3 匹乘马、10 匹长行驴；接下来又记载八角戍和众备戍（位于敦煌郡东面）的乘马和长行帖马①寄留在该坊。可见，长行坊中显然也预先置备了乘马，同时管理和使用着长行马，与作为军事机构的戍密切相关，发挥着重要的功能。

另外，通览敦煌、吐鲁番文书等资料可以确认，乘马除了敦煌郡管辖下的长行坊、戍以外，在下述北庭、西州管辖下的马坊、镇、戍中亦有设置：

---

① 关于此处所见的"长行帖马"一语，前一小节已经做过探讨。

（a）（北庭）马坊　《唐 开元九年（721）六月~七月北庭长行坊请粮牒案断简》[〈录〉罗振玉《贞松堂藏西陲秘籍丛残》第二册，第三八叶 a~b]

（b）石舍镇[①]　《唐 神龙二年（706）前后西州某县到来符帖目》[73TAM518：3/3-30（b），3/3-1（b），3/3-28（b），3/3-19（b），3/3-18（b）等〈录〉《文书》第 7 册，第 333-349 页]

（c）狼井戍、方亭戍、苁蓉戍　《唐 开元十年（722）蒲昌群帐簿残片》[Or. 8212/551；552，Ast. Ⅲ. 3. 07-08；Ast. Ⅲ. 3. 037〈录〉〈图〉《中亚》第 1 册，第 91-96（07-08）、121-122 页（037）]

以上文书规定，驲马与支撑当地官方交通的长行马并置，应该附设在州县管辖下的长行坊（马坊）及镇、戍等军事机构。这一推断若无问题，则驲马和长行马有着互补关系，推测是有着特定功能的官马。另外，仅从目前所知的文书来看，驲马不能追溯到 7 世纪，所以很可能是 8 世纪长行坊体制下出现的官方用马。

令人注目的是，当地的公文书（牒、帖、解等）基本上是通过长行坊送达各地的[②]。斯坦因所获吐鲁番文书 [Or. 8212/553，Ast. Ⅲ. 3. 10〈录〉Maspero 1953, pp. 123-124；《斯坦因》第 192-195 页；《中亚》第 1 册，第 97 页；〈图〉Maspero 1953, pl. XXV；《中亚》第 1 册，第 97 页] 记载如下：

（前略）

6　　使送卌道文解使四品孙麹识古乘马壹匹

7　　一匹紫父八岁，次肤，脊破一寸耳鼻全，带星，近人腿一点白。酉长官印

8　　同前月日马子雷忠友领到，近人帖破一寸并肿，次下

---

① 关于石舍镇，可以从《唐 开元十九年（731）正月西州 岸头府到来符帖目》[大谷 3472〈录〉《籍帐》No. 152，第 357 页] 所记"石舍等镇戍"来判断。张广达也提到了石舍镇。张广达 1988，第 85 页（1995，第 140 页）。

② S. 2703v。菊池 1980B，第 119-121 页；李锦绣 1995，第 1009 页。

肤，仙，曹耷

9　　　　　　以前使闰五月二日发，分付马子雷忠友领送

（后略）

这是开元十年（722）西州（蒲昌县）长行坊差往伊州①的长行马驴的记录。第 6 行中的"送册道文解使"是负责送达 40 件官文书（文解）的专使，可知不是用驱马，而是用长行马轮流送达文书。在这样的情况下，马子雷忠友带领并驮送这位专使（第 9 行），其所牵之马与身负其他使命的官员所使用的长行驴（第 1～5 行）一起，约在一个多月后（六月十日左右）②从伊州返回西州，可见此件文书的送达并不紧急。伊州～西州之间的距离大约与上述沙州～伊州之间相同，故其所用日程也与传马相近。

由此可知，驱马以长行坊为中心，以周围各镇、戍为递送据点，承担着紧急时期的信息传达任务③，而不必使用驱马的日常文书的传达，则由长行马来承担④。

笔者前面已经探讨了河西、西域地区 8 世纪驿传体制崩溃后，存在着长行坊体制所配备的交通机构的状况。推测在这样的交通变迁中，为了递送紧急要务⑤与边境的紧急军务，出现了以长行坊为中心、连接周边镇戍而形成的新的紧急通讯网络，支撑这一网络的就是驱马。在长行

---

① 笔者推测说的是西州（蒲昌县）与伊州之间的往还，参荒川 1990B 对该文书所作的再探讨。

② 五月二日马子雷忠友送这位使节从西州出发，但何时返回则未作记载。然而，稍后记载同样是五月二日从西州出发、送使者梁希迟和张燕客的长行马，于翌月（即六月）十日返回，所以雷忠友送使节返回的时间大致也在六月十日左右。

③ 程喜霖明确指出，在边境地区，驿马一并发挥着将紧急重要的烽之牒文传达给州县的功能。程喜霖 1982，第 37 页；程喜霖 1990B，第 233 页。这种功能可能也被驱马所继承和发展。

④ 《疏议》卷 10 记载："诸文书应遣驿而不遣驿，及不应遣驿而遣驿者，杖一百。"提到了不使用驿马来传达文书。参中村 1983；中村 1988B。

⑤ 参中村 1988A。

马体制中，驲马是与长行马、驴相补充而发挥功能的官马。

综上所述，吐鲁番、敦煌文书中所见的驲马是以长行坊为中心、连接着各镇戍而形成的支撑紧急时期通讯体制的官马。另外，在驿制破坏的同时，长行坊体制得到了完善，因其适应于当地的交通变迁，所以驲马显然继承了以往驿马作为紧急通讯用马的功能。如果这一观点没有大的问题，那么就可认为，驿马的通讯功能在 8 世纪为驲马所继承。

② 戍和供使驴的功能

上引《唐 天宝时代（742~756）敦煌郡会计帐》记录了戍中驴与驲马并置的情况，给使者供应的驴（"供使驴"）（第 63~66 行）有 100 头，刚好是驲马定额的 2 倍，也是分置于前述 5 个戍中（乌山戍 13 头、双泉戍 14 头、第五戍 21 头、冷泉戍 20 头、广明戍 32 头）。从这些"供使驴"的数量和驴的性质①可以推测，它们用于以运输物资为中心的公务活动。

广明、乌山、双泉、第五、冷泉等 5 戍均配有供使驴，这些戍都是莫贺延碛道上的军事设施，需要注意的是这条交通道路上设置了与各戍同名的驿站②。《沙州图经》卷 3（P.2005）"驿站"条中，记录了其中的广显、乌山驿的设置过程③：

1　新井驿　广显驿　乌山驿　已上驿，瓜州捉。

2　　　　右在州东北二百廿七里二百步，瓜州 常乐界。

3　（A）同前奉　　敕置，遣沙州百姓越界供奉。

4　如意元（年）四月三日　　敕，移就稍竿道

5　　　　行。至证圣元年正月十四日

---

① 驴在日常的官方交通中被驱使，参前列表 4-2。唐代公式令规定："诸行程，马日七十里，步及驴日五十里，车日卅里。"[P.2504《唐职官表》所载〈录〉TTD I（A），第 45 页（84）]，马和驴的运输能力有明显的区别。

② 与这 5 个戍相对应的 5 个驿站中，广显驿变成了广明戍，这是避唐中宗李显之讳。参菊池 1980A，第 136、146 页注（8）；严耕望 1985，第 445、450 页。

③ 池田 1975B，第 190 页。

6	敕，为<u>沙州</u>遭贼少草，运转极难，<u>稍竿道</u>
7	停，改于<u>第五道</u>来往。（B）<u>又奉今年二月廿七</u>
8	<u>日　　敕，第五道中，总置十驿，拟供</u>
9	<u>客使等食，付王孝杰并瓜州沙州</u>，审
10	更检问，令<u>瓜州</u>捉三驿，<u>沙州</u>捉四驿。件
11	检<u>瓜州</u>驿数如前。

图经的开头部分记载了两个驿站，注明属于瓜州管辖。（B）的下画线部分记载了包含这两个驿站在内的全部10个驿站①，"奉今年二月廿七日敕"，设置在莫贺延碛道（第五道）上。（B）部分前面（第5~7行）根据证圣元年（695）正月十四日的敕文，将交通路线从稍竿道改到莫贺延碛道，所以推测此处所记的"今年"即证圣元年（695）二月。不过，这些驿站由王孝杰审问检查（第9行），他于证圣元年（695）七月从朔方道行军总管改任肃边道行军大总管，在当地与吐蕃作战，翌年即万岁通天元年（696）三月，大败于吐蕃，遭到免官②，所以前述"今年"可能是万岁通天元年（696）③。不管哪种说法，可以推断这两个驿站的设置时间都不可能在万岁通天元年（696）三月以后。

与此同时，此事在前面的（A）下画线部分记作"同前奉敕置，遣沙州百姓越界供奉"，这些驿站设于证圣元年（695）或万岁通天元年（696）以前，但明确记在沙州管辖下，而非瓜州。此事后面紧接着如意元年（692）四月三日的敕文，记载到交通路线移至稍竿道，故此处提到的"敕"显然发生在如意元年以前。该驿站条之前唯有天授二年

---

① 10个驿站分别为：瓜州管辖3驿（新井、广显、乌山驿），沙州管辖（原属瓜州管辖）4驿（双泉、第五、冷泉、胡桐驿），伊州管辖3驿（赤崖驿及名称不详的另外2驿）。

② 《新唐书》卷61《宰相表第一》"万岁通天元年（696）"条记载"三月壬寅，（王）孝杰免"。详参《资治通鉴》卷205"万岁通天元年三月"条。

③ 严耕望得出"今年"即万岁通天元年（696）二月之结论。严耕望1985（1），第448页。

(691)五月十八日敕文("清泉驿"条)与证圣元年(695)十二月三十日敕文("横涧驿"条),所以(A)部分只能理解为奉天授二年(691)五月十八日敕文设置的驿站①。

关于双泉、第五、冷泉、胡桐4个驿站,该驿站条记载"唐仪凤三年闰十月,奉敕移稍竿道,就第五道莫贺延碛置"("双泉驿"条),"同前奉敕置"("第五驿"、"冷泉驿"、"胡桐驿"条),时代比天授二年(691)要早,是奉仪凤三年(678)闰十月的敕文设置的。要之,这10个驿站虽然不能全部确认,但是可以推测证圣元年(695)或万岁通天元年(696)设置的驿站曾经一度恢复,而且与以往不同的是有些驿站属瓜州管辖。

前面简略提到此一时期连接沙州与伊州的交通道路,下揭敦煌西面往北的稍竿道和东面以瓜州为起点的莫贺延碛道(第五道)在交互使用:

①稍竿道开通期……………………仪凤三年(678)闰十月以前

②莫贺延碛道(第五道)开通期……仪凤三年(678)闰十月~如意元年(692)四月三日

③稍竿道开通期……………………如意元年(692)四月三日~证圣元年(695)正月十四日

④莫贺延碛道(第五道)开通期……证圣元年(695)正月十四日以后

考虑到这条交通道路发生了变迁,在交通路线移至莫贺延碛道的②期间(678~692),沙、瓜二州管辖的莫贺延碛道上起初设置了一些驿站,后来移向稍竿道,使交通路线发生了变化,到④期间(695~)再次利用莫贺延碛道,重新恢复设置驿站。

这些驿站的时代没有明确记载,但在驿站条开头却记载"一十九

---

① 严耕望也将此处所揭之敕与天授二年(691)五月十八日敕文相勘同。严耕望1985(1),第446页。

驿，并废"，显然已经全部废弃。至少能够说明在 8 世纪时，保存下来的史料都没有记载到这些驿站继续存在。天宝年间的史料所记载的前述 5 戍，很可能就是这些驿站废弃后在同一地点设置的①。如此，不难想象作为沙、伊二州之间的重要交通路线，莫贺延碛道上设置的这些戍，伴随着驿站的废弃，基本上继承了以往的驿站功能。

笔者在前面讨论了当地的驿传制度，认为配备在传马坊中的传马承担了沙漠地带的交通，传马坊显然是官方的基本交通、运输机构；同时，驿站作为沙碛中的住宿设施而发挥着功能。总之，可以推测驿站是接待执行公务的官员和外国使者的机构。

上述《沙州图经》还记载了"供客使等食"，可见给莫贺延碛道上的客使提供食宿的方便，也是这些驿站的重要任务。实际上，从沙州到伊州走稍竿道（约 700 里），传马单程需要 8 天左右②。考虑到平常每天以 80~90 里的速度行进在沙、伊州之间的沙碛，如前所见，莫贺延碛道（约 800 里）上正好设有 10 个驿站，从它们的间隔来看，推测大约每 1 天的路程设置 1 个驿站。这表明，莫贺延碛道也是根据当地通常的实际行程而设置驿站的。

通览会计帐可以明确知道，前面说到的 5 个戍虽然记载到"见在"（余额）部分，但更多地记录了给使者供应的食料〔"供使羊，总叁伯柒拾贰口"（第 44 行）；"使料米面，总贰伯玖拾伍硕，羊，壹拾伍口"（第 51~53 行）〕和日用品〔"什物，总肆阡陆伯玖拾肆事"（第 39~42 行）；"毡、什物（毛织物毯子之类？），总捌伯叁拾玖事"（第 77~80 行）〕等物，可见供应给使者的部分占了戍的全部帐目的大部分。

---

① 当然，驿和戍有的时候并列设置是毫无疑问的，但此处驿站被废之时确实设置了戍。参菊池 1980A，第 136 页；严耕望 1985，第 445 页。

② 《唐 总章二年（669）沙州 敦煌县传马坊牒》（P.3714v）记载，给使节杨玄 2 匹传马，七月二十二日到八月二十一日往返沙、伊二州，期间"停经十四日"，由此计算，单程约需 8 天。另外，殷大夫（支给 19 匹传马）"停经十二日"，七月二十四日到八月二十一日往返沙、伊二州，也花费了大致相同的日数。

由此可知，随着驿站的废弃，戍取代了驿站，给往来于莫贺延碛道上执行公务的官员和蕃使等人提供住宿设施的功能①。

综上所论，8世纪在长行坊体制下，戍和长行坊密切协作，发挥着交通功能，并且继续像以往的驿站一样提供食宿。另外，附设于戍的"供使驴"显然是承担长途运输的长行车牛驴的补充②。

---

① 参李锦绣 1995，第 1030 页。
② 关于前述设在西州府的长行车牛，在本书第三部进行探讨。

第6章　唐代河西、西域的交通制度（下）

如上章所指出，唐朝对于政治统属下的羁縻府、州，也基本上与直辖统治地区一样授予官印和符牌，按照征发的人畜配备馆驿，开通驿道，并让羁縻府、州向唐朝进贡。那么，羁縻府、州所负担的人畜征发，在西域的游牧部族、绿洲国家具体是怎样的呢？对于游牧部族、绿洲国家来说，这意味着一并接受唐朝天可汗的统治，本章拟对此重新进行探讨。

1　游牧部落民众的 ulaɣ 负担

（1）吐鲁番阿斯塔那出土的《西州馆牒》

吐鲁番出土的汉文文书中有许多唐朝西州时代的长行坊和驿馆运营相关的公文书，其中关于馆的物资支给，有3件文书残片记载到"乌骆子"一词，它们全都出土于阿斯塔那古墓群的208号墓，《文书》对同墓所出的文书残片做了拼接缀合，从其内容可以定名为<u>《唐典高信贞申报供使人食料帐历牒》</u>。不过，本书将该文书定名为《<u>唐年代未详〔显庆二年（657）~〕西州馆牒</u>》（简称《<u>西州馆牒</u>》）。在目前能够确认的范围中，"乌骆子"或"乌骆"一词除了上述文书残片外，只有和田地区的麻札塔格（神山馆）出土了1件汉文文书。在许多与馆有关的文书中，该文书有着极其独特的内容。本节从探讨该文书入手，试图为研究设于当地的馆之性质的相关问题带来一线新的曙光。

本书所探讨的《西州馆牒》[73TAM208：23~31/1]有9个残片，《文书》、《图文》将它们复原为4件文书，其中一件如下[73TAM208：23，27〈录〉《文书》第6册，第186-187页；〈图〉《图文》第3册，第96页]①：

（前缺）
1 ［   ］□壹合，用面充［
　　（酢）
2 ［   ］柒合　用钱贰分　酱壹胜伍合［
3 ［   ］贰勺　用钱贰分　杂菜叁分　韭贰拾分［
4 ［   ］肆分，用刺柴捌分。
（右件）
5 □□料供使人王九言典二人，乌骆子一人，［
6 ［   ］总五人食讫。
7 ［   ］驴脚壹节　用钱叁文伍分　酒陆胜　用钱壹？文　面壹［
8 ［   ］围柴叁拾分。
9 ［   ］□请赐处月弓赖俟斤等［
（后缺）

（前缺）

---

① 笔者此处的录文，是根据1992年8月在新疆维吾尔自治区博物馆亲睹文书原件时的记录，所以与《文书》中的记载有不同之处。特别是末行文字（"记。宜神白"）判读困难，得到了博物馆吴震先生的教示，此据吴说录文。另外，《文书》将73TAM208：23和73TAM208：27拼接为同一文书并做了复原，但据笔者实际所见，没有发现确定它们是否能缀合的根据。不过这里姑且遵从《文书》的观点。

（牒，件录今日）

1 　□，□□□料如前，谨牒。
2 　　　　　　三月廿日 典<u>高信贞</u>牒。
3 　　　　记，<u>宜神</u>白。

（后缺）

该文书出土于阿斯塔那 208 号墓，一同还出土了卒于永徽四年（653）十二月七日的张元峻墓志①，所出文书全是从死者的纸靴上拆解下来的②。关于文书的内容，《文书》解说是作为交通设施的某馆在某年三月的"供食帐历"，担任馆典的高信贞向上级部门做了报告③。

该文书无纪年，不能确定其撰写年代，但上述永徽四年（653）的墓志给出了一个判定年代的大致标准。如果阿斯塔那 208 号墓不是个单室墓，该墓志不是从其他墓中窜入的，那么就可判断是撰作于死者的卒年即永徽四年十二月以前。但问题是上引文书中使用了"牒"字④。以往研究认为，用"牒"代替"牒"字是显庆二年（657）十二月以后的事⑤，所以该文书也是在显庆二年十二月以后撰成的。目前不明确阿斯塔那 208 号墓是单室葬墓还是合葬墓，死者穿着用该文书制作的纸靴，也可能就是墓志的主人张元峻。另外，从后节探讨的历史状况来看，也很难将其时代判定为永徽年间。因此，判断该文书撰成于显庆二年十二月是合适的。

另外，关于该文书的内容，《文书》定为《供食帐历》较为牵强⑥。在西州某馆中，书记官"典"高信贞在支给粮食的当日向管理部门上

---

① 侯灿发表了该墓志（73TAM208：1）的录文。侯灿 1990，第 594 页，录注 98。据侯氏介绍，该墓志现藏于新疆维吾尔自治区文物考古研究所。
② 〈录〉《文书》第 6 册，第 184 页；〈图〉《图文》第 3 册，第 95 页。
③ 〈录〉《文书》第 6 册，第 185 页；〈图〉《图文》第 3 册，第 95 页。
④ 《文书》录作"牒"字，但据笔者亲睹文书原件确认是"牒"。
⑤ 关于"牒"字的使用，参池田 1975A，第 85 页，注 32；中村 1985（收入中村 1991）；卢向前 1986，第 335-338 页等。
⑥ 所谓《供食帐历》是指该馆制作的支出粮食等物的帐簿，所以此牒的说明未必是贴切之词。关于"历"，参关尾 1992B，第 30-38 页。

牒，报告了给滞留者支出粮食等内容。最后的"记"及"宜神"是在帐簿中记录支给内容的批示①。

这件牒文首先在开头部分列记支出粮食等内容及其数量，其中关于醋、酒、"驴脚"等之类，用小字双行并注的形式记录了购买这些物品所用的钱（银钱）数；后面记录了馆中滞留者亦即支出对象的明细内容。这里记有2件残片，前半部分（第1~6行）有5人（含使者"典"王九言②），后半部分（第7~9行）提到处月的弓赖俟斤（-irkin）等名字，本书探讨的"乌骆子"记有1人，与前半部分的王九言等典2人相并列，剩下的2人因文书残损不得而知。比该牒早2天（三月十八日）的一件牒文［73TAM208：26，31/1〈录〉《文书》第6册，第185页；〈图〉《图文》第3册，第95页］云：

（前缺）

　　　　　　　　　　（九言典二人，乌骆子一人）
1　　右件料供使人王［　　　　　　　　　］
　　　　　　　　　　　（伍人食讫）
2　　典一人，乌骆子一人，总□□□。
　　　　　　　　　　　　（朕）
3　　今　日　料　如　前　谨　□。
　　　　　　　　　　　　　（信贞朕）
4　　　　　　三月十八日典　高□□□。
5　　　　　　记。宜神白。

---

① 《唐 贞观十八年（644）镇兵董君生等牒为给抄及送纳等事》［66TAM44：11/1〈录〉《文书》第6册，第128-129页；〈图〉《图文》第3册，第128-129页］也是同样的批示。

② 使职通常下设副使、判官、典等职。其中，典见于《武周 长安二年（702）三月括逃使典牒并敦煌县牒》［大谷2835〈录〉《籍帐》No.134，第342-343页］等，发挥了书记官的作用，但必须认识到像该文书所解释的那样，典代替使主出使各地。

（日）
6　　　　　　十□□。

另外还有一件日期不明的牒文［73TAM208：25，29〈录〉《文书》第6册，第187-188页；〈图〉《图文》第3册，第97-98页］云：

（前缺）

1　　米壹昇　　面［
2　　叁勺　醋柒合，用［
3　　杂菜叁分　韭贰［
　　　　　（使人王九言典二人，乌骆子一人，典一人）
4　　右件料供［　　　　　　　　　　　　　］
　　　　　（人食讫）
5　　乌骆子一人，总伍□□□。
（件录今）（如前谨牒）
6　　牒□□□日料□□□□。
（后缺）

（前缺）
　　　　　（三月）
1　　　　□□□□日典高信贞牒。
（后缺）

供给对象有5人，即"使人王九言典二人，乌骆子一人"和"典一人，乌骆子一人"。在该牒文中，这位"乌骆子"前面连着人名，所以无疑是馆中被支给食料的对象，这也明确表示有资格利用官方交通设施的并不限于客使。

这些"乌骆子"到底出自什么语言呢？"骆"在汉语中意为"黑色鬃毛的白马"或"骆驼"，但在目前所见的唐代公文书中，使用"骆"字的例子却并非指"骆驼"一词，骆驼全都统称作"驼"。在吐鲁番出土的汉文公文书中，"骆"在特定情况下确实是指马的毛色，与"瓜（觚）"、"留（駵）"、"骠"、"驳"等汉字并列使用。例如，《高昌高宁马帐》[〈录〉《文书》第3册，第239-241页；〈图〉《图文》第1册，第408-409页] 被推测是麴氏高昌国时代各类官方用马的登记簿，可以看到与"赤马"、"駵马"、"驳马"、"瓜马"、"紫马"、"青马"一起的还有"骆马"。然而，作为马匹的登记簿，有时必须详细登记饲养者与马的毛色特征，有时则不必一并登记毛色。本书所讨论的牒文是向上级部门报告某馆给滞留者支出粮食等内容，从上下文看不涉及马的毛色问题。因此，撇开"子"字，在汉语中很难解释"乌骆"，这自然要提出它是汉语以外的语言的音译汉字的观点。

问题是这个"乌骆"是出自什么语言呢？极为引人注目的是，有学者把"乌骆"的中古音复原为 uo-lâk[①]，前面探讨过的《慈恩传》中就记载到"邬落"（uo-lâk）。

如第1章第2节所探讨的，《慈恩传》中的"邬落"是古突厥语 ulaγ 的汉字音译，与之大约同时代的吐鲁番文书中的"乌骆子"，"乌骆"与"邬落"及其中古音也是相同的，所以同为古突厥语 ulaγ 音译的观点是最有说服力的。如此可以认为，"乌骆子"是古突厥语 ulaγ 与汉语"子"的合成词，相当于汉语的"驿传子"或"马子"等词。在上引文书中，"乌骆子"如同"马子"一样，附在使者"典"（即馆中支给粮食的对象）后面一并记录。

然而若是如此，唐朝统治吐鲁番以后，汉人官吏在公文书中也使用古突厥语 ulaγ 一词，应该如何解释呢？在唐朝统治之下，当地确立了长行坊制度，客使通常使用长行坊管理的长行马，由汉人马子牵送往来[②]。如前所述，"乌骆子"的"乌骆"即古突厥语 ulaγ，所以必须探

---

① Karlgren 1923, pp. 364, 142, 183 (Nos. 1288, 411, 566)。

② 参藤枝 1956；孔祥星 1981；王冀青 1986；荒川 1989A；荒川 1990B；荒川 1995；李锦绣 1995，第 1007-1024 页；荒川 2002 等。

讨唐代公文书中书写古突厥语的背景。

（2）游牧民众和汉道

对于当地的游牧势力和绿洲国家而言，汉人使节所使用的长行马及其交通路线，毕竟是外来势力设置的马和路线。与此关联的是有邻馆藏《唐 开元七～十年（719～722）前后五月史张奉状》［有邻馆 21；〈图〉〈录〉藤枝 1956，第 17 页］有如下记载：

(前缺)

(右)

1　□检案内，去四月廿三日得前件首领牒称，上件马
2　于此失却，阎洪达家人逃走。西州捉，来去●汉道，
3　是长行马。请对当①汉不伏。其日牒西州勘问□
4　检至今不报者。今得上件首领牒其马有使乘来
5　见在北庭马坊。请乞勘问，事须处分。
6　牒件检如前，谨牒。
7　　　　　五月　　　　日史张奉牒。

该文书是以"状"的格式写给上级的报告。显然，第 5 行末尾及第 6 行是状式特有的固定用语②。这件"状"式文书不是用于府、州、县、乡、里之间，而是同一官府之内，或者是在府、州、县境内所设的馆、坊、城或军府、游奕所（前线的军事组织）等，向府、州、县进行报告时所使用③。另外，有邻馆藏一组长行马文书并非草稿之类，而是开元七～十年（719～722）左右北庭都护府或发往北庭都护府的

---

① "对当"一词亦见于《唐 西州 高昌县上安西都护府牒稿为录上讯问曹禄山诉李绍谨两造辩辞事》［66TAM61：23（b），27/2，27/1（b）〈录〉《文书》第 6 册，第 472 页；〈图〉《图文》第 3 册，第 243 页］所记"请乞禁身与谨对当"，可以理解为当面直接审讯。

② 赤木 2003，第 144 页。

③ 详细的情况只好省略，但这一点除了上揭赤木 2003 之外，是确认了所有吐鲁番文书以后得出的结论。

官文书①。但应该注意的是，很可能当时北庭都护府的机构设在西州境内②。

由此可见，该文书的撰写者张奉很可能是位于西州境内的北庭都护府的"史"③，向北庭都护府的上级长官报告情况。另外，该文书中提到的"牒"文的提交者即首领，是统治天山东部一带的游牧部落首领，从他向北庭都护府提交牒文可知，他已经成为唐朝的官员。

如前所见[第2章第4节]，吐鲁番北面和西北面有处密、处月部及其别部朱耶（沙陀）部。在唐朝挺进中亚的同时，这些天山中间及天山以北的突厥系游牧部族，作为羁縻都督府、州被纳入都护府的统治之下。这些羁縻都督府、州被授予官印④，设置了都督、刺史、司马、参军、典等官职⑤。从吐鲁番文书中可以看到，游牧羁縻府、州以部落首领的名义向直辖府、州请求纸张⑥。换言之，游牧羁縻府、州为了完成"公务"而请求纸张等必要的事务经费⑦，也有以直辖州、县为标准

---

① 荒川2002。有邻馆藏有一组长行马文书，其中来自北庭都护府以外的官文书在日期部分钤盖了发文机构的朱印。参藤枝1956，第24页。

② 荒川2002，第389-394页。

③ 考虑到提出状文的机构中设置的是"史"，而非"典"，最有可能的是北庭都护府。

④ 关于羁縻府、州的印，所谓《张君义告身》（天理图书馆藏）上钤有"渠黎州之印"、"盐泊都督府之印"（边长均约6cm）。大庭1961，第3-5、13页。官印实物出土了"蒲类州之印"（边长5.7cm，高3.5cm）。《新疆》第56页。另外，《册府元龟》卷965《外臣部·封册三》（第11351页）记载到"部落印"。

⑤ 关于羁縻府、州的司马，《册府元龟》卷965《外臣部·朝贡四》（第11413页）记载到疏勒的"耀建州司马"之例；关于参军，《定远道行军大总管牒》[现藏于中国国家博物馆，〈录〉《历博》第235页；〈图〉《历博》第176-177页]记载到"□（部）落（盐泊都督府）参军"；关于典，见于《唐 开元十六年（728）八月请纸文书》[大谷5840〈录〉《集成》第3卷，第209-210页；〈图〉《集成》第3卷，图版10]之"朱耶部落典"。

⑥ 大谷5840号文书。内藤乾吉1960（收入内藤乾吉1963，第266-270页）。

⑦ 附带指出，律令官僚制中勾检官的职掌记有"给纸笔"，但为管理"公廨本钱"之意。李锦绣1991；大津1993，第416页（修订稿收入大津2006，第270页）。

而加强行政运作的一面。

不过,天山山中及天山以北的突厥系游牧民族正式纳入唐朝统治之下,自西州、庭州设置至《西州馆牒》的撰作年代(657)已近20年。易言之,永徽二年(651)爆发了阿史那贺鲁之乱,这对唐朝以庭州为据点经营天山以北地区造成了极大破坏。屯据在吐鲁番北面和西北面的处月、处密两部也与贺鲁一起叛离唐朝。永徽三年(652),处月别部的射脾部投降唐朝;永徽五年(654),唐朝在处月部落所在地设置金满州,最终于显庆二年(657)结束了叛乱①。

这件文书中提交牒文的首领就是被任命为羁縻府、州长官的突厥系游牧部落的首领。

该首领的牒文记载,他请求对自己所失之马进行调查。据其所言,这匹马似乎派给阎洪达的家人,但后者不知何故逃亡,马匹也因此丢失了。从天山馆的10匹长行帖马送"使韦芬等首领"[《唐 天宝十三载(754)礌石馆状》,《图文》第4册,第448页],可以知道,当时游牧部落的首领既利用唐朝的长行马出使,同时自己也提供交通用马。

关于阎洪达一职,《旧唐书》卷194下《突厥传下》(第5179页)云:"其官有叶护,有特勒,常以可汗子弟及宗族为之。又有乙斤、屈利啜、阎洪达、颉利发、吐屯、俟斤等官,皆代袭其位。"可见是西突厥的一个官职。该文书被推测撰于开元七~十年(719~722),开元七年(719)唐朝正好册立突骑施苏禄可汗为忠顺可汗,后来在开元十年(722)又立阿史那怀道之女为交河公主,下嫁给苏禄②。该文书中的阎洪达虽然立场不明,但唐朝对突骑施实行积极的怀柔政策,游牧羁縻府、州的部落首领将自己的马分派给阎洪达的家人。

---

① 关于阿史那贺鲁之乱的研究论著颇多,此处举出伊濑1955,第195-204页;松田1970,第304-309、331-333、341-351页;内藤みどり1988,第166-169页。

② 松田1970,第383页;齐藤1991,第45页。

阎洪达的家人逃走时所骑之马在西州被捕获，遂用于在"汉道"上的往来。据汉人方面的调查结果，这是首领自己的马匹。

这条"汉道"就是唐帝国从长安到中亚的主干路线，亦即驿道。前面说到西州都督府周边并列设置馆和军事机构的状况，而在北庭都护府境内，虽然馆名无从知晓，但在驿道上也配置了下列诸多军事机构：

【镇（守捉）】

（※《元和郡县图志》卷40《陇右道下》，第1034页；☆《新唐书》卷40《地理志四》，第1046-1047页）①

① 独山守捉☆［油库故城（木垒故城）］

② 蒲类镇※（吐虎马克故城）

③ 郝遮镇※（北道桥故城）

④ 神仙镇※神山镇☆（东大龙口沟遗址）②

⑤ 沙钵（城）镇〈※〉守捉〈☆〉（双岔河故城）

⑥ 耶勒城守捉☆（三台附近）

⑦ 俱六（城）镇〈※〉守捉〈☆〉（阜康县城附近）

⑧ 凭洛镇〈※〉守捉〈☆〉（乌鲁木齐以北地区）

⑨ 张堡城守捉☆（昌吉县城附近的花园故城，元代的昌八里）

⑩ 乌宰守捉☆

⑪ 清镇军城〈☆〉镇城镇→清海军〈※〉［玛纳斯（Mannas）或安集海附近］

---

① 关于地理位置的比定，参严耕望1985（1），第602-605页，图9"唐代瓜、沙、伊、西、安西、北庭交通图"。

② 神仙镇（神山镇）是位于北庭都护府往南50里的唐代军事机构［参严耕望1985（1），第596页］。从方位、距离及2007年度夏天进行科研调查时（森安孝夫主持）的实地踏查来判断，可以比定为东大龙口沟河东岸台地上残存的城址即"东大龙口沟遗址"。此地靠天山北麓的河口，是北庭境内军事、交通上的重要据点，与其他军事机构不同，位于表5-1所列主干线路中的（C）（西州→北庭）路，即连接北庭都护府和西州的主干道（《西州图经》中的"他地道"）上。

⑫ 叶河守捉☆

⑬ 黑水守捉☆〔库尔喀喇乌苏（Kur Qara-usu）〕

⑭ 东林守捉☆〔多木达喀喇乌苏（Tamta Qara-usu）〕

⑮ 西林守捉☆〔固尔图喀喇乌苏（Kortu Qara-usu）〕

总之，首领"牒"文中所见的"汉道"是唐朝军镇驻扎的绿洲及以此为据点相连接的主干驿道。从游牧部落方面来看，这条"汉道"是通往天可汗所在的长安的道路。

为了维持这条汉道，如前所见，唐朝对羁縻统治下的游牧民族征课交通劳役，即前揭《唐会要》卷73"安西都护府"条（第1567页）所记："(苏)定方悉命诸部，归其所居。开通道路，别置馆驿。"可知在显庆二年（657）贺鲁叛乱结束后不久，就安排羁縻府、州的部落民众修缮天山以北（含庭州附近）的汉道。尽管地域不同，但在羁縻体制下的"参天可汗道"上，游牧部落需要在沿途馆驿给"过使"（往来经过的使节）提供马匹及食料。

如前所述，唐朝在统治天山东部地区之初就配备和运用长行马作为交通用马；同时，对羁縻府、州的部落民众征课ulaγ劳役。但另一方面，该文书中的首领属于天山东部周边地区的游牧部落，担任了唐朝羁縻统治下的部落长官（都督或刺史），站在唐朝的立场上自然可以使用长行马。天山山中及天山以北地区的公用交通，确实是由游牧势力一方提供ulaγ劳役，与唐朝长行坊管理长行马互为补充来运营的。

游牧羁縻府、州的部落民众为唐朝供应人畜，将使节送到唐朝境内的馆中，前引文书记载了乌骆子的具体例子。

该文书中使用了"牒"字，很可能是显庆二年（657）以后撰成的公文书，而非墓志所示的永徽四年（653）以前。显庆二年平定了阿史那贺鲁之乱，庭州附近的突厥系处月、处密部落完全纳入唐朝的统治之下。另外，唐朝的公文书中写作"乌骆子"，也明显与汉人的"马子"相区别，所以"乌骆子"并非汉人，而是突厥系游牧部落的民众。前引文书在汉人使节王九言和佚名使者"典"①之后，提到随行的乌骆子，以及在馆中接待处月部落的首领弓赖俟斤（-irkin）。这表明，这位乌骆子是由处月部落提供的，汉人使节和"典"与处月部落的首领和乌骆子可能组成一个使团，来到西州的馆中。这种状况可能并不限于处月部落，而适用于当时居住在吐鲁番北面的所有游牧羁縻府、州部落。

引人注意的是，前引文书（73TAM208：23）第5行记载对汉人使节使用了"供""右件料"之语，而第9行残存"请赐处月弓赖俟斤等"一句是馆中请求给处月的首领"赐"给物品。请求的对象当然是西州官府，尤应注意的是该文书的撰写时期为显庆二年（657）十二月以后，可能吐鲁番已经设置了安西都护府②。另外从馆请求"赐"物来看，表明这与馆中日常的物品供应是不同的。这些赐物是什么呢？拟在下文进行探讨。

（3）游牧羁縻府、州和赐物

关于在西州的馆中给游牧羁縻府、州部落首领赐物，必须考虑《唐仪凤三年（678）度支奏抄、四年金部符》[72TAM230：46〈录〉大津1986，第6页；《文书》第8册，第137页；〈图〉《图文》第4册，第65-66页]的下条记载，两者关系极为密切：

---

① 使节名字残缺的"典"很可能表示非使节的"典"单独往来，不过应该考虑这也有可能是游牧羁縻府、州部落的"典"。《唐开元十六年（728）八月请纸文书》[大谷5840〈录〉《集成》第3卷，第209-210页；〈图〉《集成》第3卷，图版10]记载到"朱耶部落典"。另外，关于与使节一同派往各地的"典"的性质和作用，拟另外详加探讨。

② 贞观十四年（640）八月唐灭麴氏高昌国后，在交河城设置安西都护府；后来到显庆三年（658）五月，安西都护府迁至龟兹。参荣新江（青木茂、关尾史郎译注）1991B，第2页。此后，安西都护府的治所经常迁徙不定，咸亨元年（670）四月吐蕃攻陷安西四镇，安西都护府也撤回到西州。森安1984，第10-11页；荣新江（青木茂、关尾史郎译注）1991B，第3页。

第 6 章　唐代河西、西域的交通制度（下）　　273

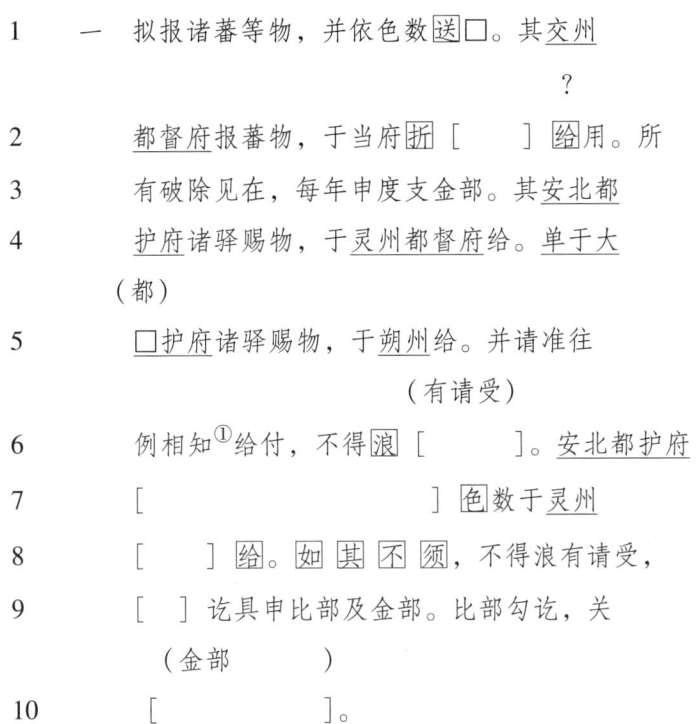

仪凤四年（679）度支奏抄是该年度的支出方案，这一条记的是为了回报诸蕃而向他们支给丝绢，其中有安北都护府、单于大都护府的"诸驿赐物"，命令灵州都督府和朔州向两都护府供给庸调绢。大津透指出，赐给对象是两都护府管理下的游牧羁縻府、州部落的首领[2]。换言之，大津氏在前述《唐会要》卷 73 "安北都护府"条的基础上，指出部落首领通过驿站向唐中央进贡貂皮等物，而唐朝则授予赐物。笔者遵从大津氏的说法。不过，驿站作为赐物之所，如果说在安北都护府，原则上就是前引《唐会要》所记"参天可汗道"上游牧民族设置的"六十六个驿站"，但实际上应当是仪凤三年（678）设在安北

---

① 王启涛将"相知"解释为"互相知道"之意。王启涛 2005，第 616 页。
② 大津 1986，第 23—24 页（修订稿收入大津 2006，第 56—57 页）。

都护府治所①的驿馆。单于大都护府的情况亦同样如此。总之,"诸驿赐物"名义上是指设置各驿站、开通驿道,同时通过它们给前来进贡的诸蕃回报赐物;实际上,设在统辖羁縻府、州的都护府治所的驿馆中,每年给进贡的首领赐予丝绢。如第9章第1节(2)所论,李锦绣认为这就是《通典》卷6《食货六·赋税下》所记支给"远小州"的"邮驿费"所用的庸调绢。

完全可以推测,这些使节是趁进贡的机会来开展贸易活动的。到中唐时期,下引史料《唐[广德二年(764)顷]河西节度使判集》(P.2942)[参菊池1980A,第183页]"判诸国首领停粮"条记载羁縻府、州的部落首领派遣使节的性质之一端:

> 沙州率粮,非不辛苦。首领进奉,凭此兴生。虽自远而来,诚合优当。掩留且久,难遂资粮。理贵适时,事宜停给。

从这组河西节度使判集可以看到,诸国首领派遣进奉使节的目的显然是为了贸易,所以在馆中逗留甚久。可以说,该判集如实地反映了首领派遣使节的性质。

另外,羁縻府、州的游牧部落中依然存在着粟特人②,因此完全可以设想,与麹氏高昌国时代一样,趁派遣出使之机招徕粟特人从事贸易。《唐译语人何德力代书突骑施首领多亥达干收领马价抄》[72TAM188:87(a)〈录〉《文书》第8册,第87页;〈图〉《图文》

---

① 关于仪凤三年(678)左右安北都护府的驻地,详情不明,但严耕望采用《元和郡县图志》的记载,即总章二年(699)后不久,安北都护府迁至甘州东北1018里处的大同城,之后在垂拱元年(685)迁到甘州删丹县南99里处的西安城。严耕望1985(1),第331页。另外关于单于大都护府的治所,齐藤茂雄比定在"托克托县市区周围"。齐藤2009,第31页。

② "处密部落百姓""康失芬"是个典型的例子。《唐宝应元年(762)六月康失芬行车伤人案卷》[73TAM509:8/1(a),8/2(a)〈录〉《文书》第9册,第130页;〈图〉《图文》第4册,第332页]。

第4册，第41页]展现了这种贸易活动的部分状况①：

（前缺）
1 　□钱贰拾贯肆伯文
2 　　右酬首领<u>多亥达干</u>马叁匹直。
3 　　十二月十一日付<u>突骑施首领多亥达</u>
4 　　<u>干</u>领。
5 　　　　　译语人　何　德力

该文书是突骑施首领在西州府卖马时开具的收据，从末行可知由粟特人充当翻译。该文书出土于阿斯塔那188号墓，此墓还出土了《<u>唐开元三年（715）张公夫人麹娘墓志</u>》，所以该文书的年代当在开元三年（715）以前。此墓一同出土的纪年为神龙二年（706）~开元四年（716）的文书亦可作为旁证②。当然，此处马的价格明确记作"钱"，但这并不表示实际的支付手段，如后所论，马匹交易中通常是用练结算的。实际上，与该文书一起出土的《<u>唐市马残牒</u>》〔72TAM188：88〈录〉《文书》第8册，第88-89页；〈图〉《图文》第4册，第42页]中，明确记载了首领之名与马及其价格"大练"。

不过，考虑到这是阿斯塔那墓出土的文书，虽然是用汉文书写的收据，但也应该可以看出这是突骑施首领向西州府提交的牒文③。最后落款的译语人翻译何德力也是突骑施一方的粟特人，他在确认内容无误以后，自己用指画押，向唐朝方面提交收据。

---

① 已经有许多学者对这件文书做过研究，参陈国灿2002，第183页。这里不一一列举，内藤みどり2000（第19页）也引用了该文书，一并考察了一同出土的相关文书。

② 陈国灿认为，该文书拆自阿斯塔那188号墓中所葬男性墓主的纸鞋，该纸鞋还使用了标有神龙二年（706）、三年（707）的纪年文书，所以推断其年代在神龙三年前后；而内藤みどり则认为，该文书的年代与开元八年（720）突厥进攻北庭有关，但从正文的论述中很难明显看出这一点。内藤みどり2000，第19-20页。

③ 关尾史郎也探讨了该文书，所持观点相同。关尾1992B，第50页。

这位突骑施首领是羁縻府、州的首领（都督、刺史）①，派遣使节来到西州，西州府接待突骑施使节并提供食宿的地方就是馆②，看来很可能就在馆中交易马匹。

综上所论，前述西州的驿馆中请求"赐"物，是唐朝给前来进贡的游牧羁縻府、州部落的首领赐予物品。唐朝对首领所遣的贡使赐予恩惠的形式，就是在馆中赐给丝绢及其他物品。文书虽残，但唐设置西州之初的《唐总计练残文书》[73TAM210：136/4-1〈录〉《文书》第6册，第81-82页；〈图〉《图文》第3册，第43-44页]是关于西州"练"的支出和结算的上行文书，其中记载了"首领"之名。总之，对游牧羁縻府、州部落民众而言，派遣进贡使节是开展贸易的绝佳机会，同时也是获得"赐物"的机会。

另外，在北庭都护府管辖的天山以北地区，羁縻统治下的游牧民众要向游牧势力的使节承担 ulaγ，并向汉人使节供应人畜③。换言之，在平定阿史那贺鲁之乱以后，唐朝正式向天山以北地区挺进，很可能向羁縻统治下的突厥系游牧民族征课劳役，以供应使节和当地的公用交通。这些游牧民族把供应使节的马子叫作"ulaγ 子"，当然是被征课了 ulaγ 义务。后来长行坊设施得到完善，交通制度完全发生了变化。在天山以北地区，长行坊体制下的交通秩序与游牧势力一方所保持的 ulaγ 传统，成为互相交错的场域。不管是唐朝控制时抑或游牧势力控制时都要征课

---

① 突骑施索葛莫贺部设置了嗢鹿州都督府，突骑施阿利施部设置了絜山都督府。在该文书的年代前后，突骑施首领乌质勒和娑葛继承了嗢鹿州都督一职。《新唐书》卷215下《西突厥传》，第6063页。

② 接待和安置首领的场地为"馆"，在中原王朝的北部地区亦同样如此，《会昌一品集》卷13《条疏应接天德讨逐回鹘事宜状》记载"其首领于公馆安置"。参《李德裕文集校笺》，河北教育出版社，2000年，第236页。

③ 从《唐开元二十二年（734）西州都督府致游奕首领骨逻拂斯关文为计会定人行水浇溉事》[73TAM509：23/2-1〈录〉《文书》第9册，第104-105页；〈图〉《图文》第4册，第315页]也可看到，8世纪时期，不只是交通运用，军事活动和一般杂役也根据情况由羁縻府、州部落民众提供劳力。

劳役①，那些部落民众都要负担 ulaγ②。游牧部落被纳入唐朝的羁縻府、州，既要负担劳役，其首领还向唐朝派遣朝贡使节。可以说，在麹氏高昌国时代，游牧集团平时向吐鲁番派遣使节，一边受到高昌国的接待，一边采购物品和开展贸易；而在唐朝统治之下，接待游牧集团的使节则由唐朝统一管理。两者都在馆中接待使节，游牧部落以"赐物"的形式来确保获得丝绢等物品，同时也从事贸易活动。这意味着在唐朝的统治下，游牧集团仍像前代一样继续向绿洲地带派遣大规模的使团商队。

2　安西四镇地区与 ulaγ

（1）安西地区和长行马

前节探讨了唐朝越过天山东部地区，在塔里木盆地周边的绿洲四国（焉耆、龟兹、疏勒、于阗王国）设置四个都督府（焉耆、龟兹、疏勒、毗沙都督府），并且驻留部分行军部队，演变为镇守军。不过，与天山东部地区的西州都督府不同，这四个都督府为羁縻都督府，下设羁

---

① 前面已经指出，西突厥统治时期，被授予 iltäbär（颉利发）等称号的各游牧部族也与绿洲诸国一起供应 ulaγ。时代发展到 9 世纪初左右，Tamīm ibn Bahr 通过天山以北的草原到 Tuγuzγuz（托古兹乌古斯）可汗的国家旅行，可汗允许他使用驿传马匹（古突厥语 ulaγ，阿拉伯语 barīd）。根据他的记载，草原上设有可以住宿的驿站，而承担驿递业务的人们则住在帐篷里。森安 1979，第 217–218 页。另外，Ibn Khurdādhbeh, *Kitāb al-Masālik wa'l-Mamālik*, ed. J. de Goeje, Bibliotheca Geographorum Arabicorum, Ⅵ, Leiden, 1889（Lugduni Batavorum, 1967）, pp. 29, 21 也简略地记载了天山以北地区的驿传情况。后来在贾姆希德（Jamshīd）式的游牧民族交通制度史中，在草原上设置驿站也可以追溯到西突厥时代。

② 如前所述，ulaγ 一词在北亚、中亚等地区广泛流布，蒙古语、满语中也使用该词称呼驿传。另外在蒙古统治时期，回鹘文、蒙古文文献中亦可见到 ulaγ 一词。不过该词的实际状况究竟如何，这与当地绿洲民众的突厥化历史变迁密切相关，是今后应该研究的重要课题。

縻州。以于阗的毗沙都督府为例，共设有10个州①，都督府及州的长官由于阗国王及王室成员来担任②。

这一地区经常被总称为安西四镇，包括碎叶代替焉耆成为四镇之一以后的时代③，基本上是指驻扎在这4个绿洲国家的镇守军团。这4个都督府、4镇由安西（大）都护府（后与安西节度使相并置）统辖，设在号称为规模最大的绿洲国家即龟兹王国（龟兹都督府）。另外在于阗王国采取了双重统治体制④，一方面统辖镇守军的镇守使是当地掌握军队的最高长官，另一方面以前的绿洲国王（都督）仍然存在。这一体制估计在其他绿洲国家亦基本相同⑤。

关于安西地区的公用交通设施或架构，可供研究的史料很少，详细情况不明，但从张九龄《敕碛西支度等使章仇兼琼书》（《曲江集》卷11；《全唐文》卷286）可以确认，管辖安西地区的碛西支度等使⑥章仇兼琼兼任"长行、转运"的职务，即敕书所载"敕。碛西支度、营田等使、兼知长行事、殿中侍御史章仇兼琼"，可知碛西支度、营田使章仇兼琼同时兼知长行事，从敕书接下来的内容可见这个长行事指的是

---

① 《旧唐书》卷40《地理志三》记载到5个蕃州，《新唐书》卷43下《地理志七下》记载最初有5个州，到上元二年（675）变成了10个州。

② 参森安1984，第55页；张广达、荣新江1988B（收入张广达、荣新江1993，第148页）等。

③ 关于安西四镇的变动，众说纷纭，论著不胜枚举，首先可参森安1984，第2-24页序论及该书第1~3章和薛宗正1995，第65-161页等。

④ 关于它的部分内容，参森安1984，第52-54页；Zhang & Rong 1987, pp. 90-91；张广达、荣新江1988B（收入张广达、荣新江1993，第140-149页）。

⑤ 关于龟兹地区的探讨，见荒川1997A。

⑥ 碛西支度等使本来是碛西节度使兼领的使职，但开元二十三年（735）盖嘉运出任碛西节度使，章仇兼琼分掌支度使。关于碛西节度使，参松田1970，第386-390页；伊濑1955，第283-314页；薛宗正1995，第301-311页等。尽管众说纷纭，但松田寿男指出，碛西节度使在开元十二年（724）~开元二十八年（740）"合并了伊西北庭节度使与安西四镇节度使两大功能"。松田1970，第388-389页。另参《唐方镇年表》卷8《碛西北庭》，中华书局，第1230-1233页。

"长行、转运"。如本书第三部所论,河西节度使在本土统辖"长行、转运使",章仇兼琼大约在开元二十年(732)~开元二十四年(736)担任碛西节度使,该敕书的起草年代为开元二十三年冬①。由此可见,这是开元二十二年到二十三年唐与突骑施之间激烈对抗的结果,是支度使而非节度使为了直接统辖军需物资的转运而采取的临时措置。西州府以东地区是否设置长行、转运使来统辖长行、转运事宜,不得而知,但不管如何,可以推测安西地区也配备了马驴车牛,以供穿越绿洲的交通运输之用。

另外,《唐 天宝十四载(755)交河郡某馆具上载帖马食踏历上郡长行坊状》[73TAM506:4/32-1〈录〉《文书》第10册,第68-69页;〈图〉《图文》第4册,第431页]记载如下②:

152　焉耆军长行马壹伯匹,九月廿二日过,准节度转牒,供半料,给青麦五硕。付

153　　　　　总管折冲张子奇。前状漏申。

此处记录焉耆(镇守)军有100匹长行马,天宝十四载九月二十二日经过吐鲁番某馆时,根据节度使的"转牒"支给"半料",即马料支给的规定数额(1匹官马给1斗粟)的一半,亦即5石青麦。被支给马料的总管折冲张子奇是焉耆军的军将③,这100匹长行马与总管率领的部队一起行动。行军部队原本驻扎在当地并开展军事行动,在行军大总管以下,许多部队按照行军组织设立大小不一的营,以此为单位开展活

---

① 何格恩1941,第67页;Chang 1980, p. 134(中译文2002,第39页)认为在开元二十四年冬,但此处遵从齐藤达也所持的开元二十三年冬的说法。齐藤1992,第142-143页。

② 关于马料的支给,厩牧令25之复原条文三(《拾遗》第698页)规定,每日支给额为"马粟一斗,盐六勺"。《六典》卷17太仆寺·典厩署(第484页)也引用了这一规定。参菊池1979B,第16页。

③ 总管折冲是指折冲都尉充任总管。关于总管、押官,参菊池1962,第33-37页(特别是第36页一览表);孙继民1995,第163-175页等。

动。营的规模从数千人到数百人,有时只有数十人,其长官称营主,隶属于总管,另外还有子总管和押(队)官等。例如,西州营有8队400人(每队50人)构成,由押(队)官统辖并担任营主①。上述总管折冲张子奇的部队具体由多大规模构成,情况不详,但同一件文书另外记载:

140　焉耆军新市马壹伯匹,准节度转牒,食全料。十一月十五日给

141　　青麦壹拾硕。付押官无敬希　　总管张子奇。

可知在同年十一月十五日,焉耆军总管张子奇之下有押(队)官无敬希。此处记载了100匹"新市马",而非"长行马",马料也与前述"半料"不同,而是全额支给〔10石青麦(每匹1斗)〕,在同一馆中根据同一件节度使"转牒"来支给马料。

这里"长行马"和"新市马"记载不一,关于这一点还可见于该文书的其他地方:

- "二月廿八日,新市长行马壹拾柒匹,食麦捌斗伍胜。付马子车光孙。"[《文书》第10册,第57页;《图文》第4册,第423页]

- "三月三日,新市长行马贰拾叁匹,食麦陆斗玖胜。付行官毛彦珪。"[《文书》第10册,第58页;《图文》第4册,第423页]

- "(十二月)廿二日,王庭悻下囗镇新市长行马贰拾匹,食㾕麦壹硕肆〔　　〕马贰拾匹,食㾕麦壹硕肆斗。付押官王庭悻。"[《文书》第10册,第73页;《图文》第4册,第434页]

---

① 《唐开元三年(715)西州营典李道上陇西县牒为通当营请马料姓名事》[68TAM108∶19(a)等〈录〉《文书》第8册,第38-51页;〈图〉《图文》第4册,第17-24页]。关于该文书,参菊池1979B。

可知"长行马"当时又称作"新市长行马",也就是说,"新市马"是"新市长行马"的简称。

据此,同一件文书的其他地方记载"十二月十八日,安西送北庭新市马贰拾柒匹,食床麦贰硕柒斗。付押官折冲刘奉仙"[《文书》第 10 册,第 74 页;《图文》第 4 册,第 435 页],从安西送往北庭的 17 匹新市马也是长行马。

安西四镇的守军原本是常年配备马匹的,《旧唐书》卷 40《地理志三》云:"安西都护府,镇兵二万四千人,马二千七百匹。"军队中除了征马(战马)之外,通常还配备军将所骑的官马和驮马(大部分是驴)①,所以《地理志》所记之马也基本上应该看作是这些马。而用于交通的长行马本来由都督府、州来配备,但安西地区如同西州府以东地区一样,镇守军在其运营和管理方面干预甚深。

如前所见,长行马像焉耆军的马匹一样被使用,可以推测也是基于这一体制,同时应该充分考虑上引《唐 天宝十四载(755)交河郡某馆具上载帖马食踏历上郡长行坊状》,其时代属于安禄山之乱爆发的天宝十四载(755),亦即唐朝对中亚统治的末期。换言之,镇守军应该常备的征马、官马能否充分保证是个问题,很可能把用于交通的长行马转为征马和军将所骑的官马来使用。

附带问一下,焉耆军的 100 匹新市长行马的往来是出于什么目的呢?从其匹数来看,这些长行马显然不是用于供给军将作为骑乘的官马。关于此点,同件文书其他地方记载:"同日〔四月廿四日〕,天山军□(送)大夫征马叁拾匹,食粟麦〔　　〕伍胜,付槽头常大郎"[《文书》第 10 册,第 59 页;《图文》第 4 册,第 424 页],天山军是设在西州的镇守军,派遣 30 匹"征马(战马)"来护送大夫②。这些

---

① 孙继民 1995,第 323—325 页。
② 散官系列的大夫从"光禄大夫"(从二品)到"朝散大夫"(从五品下);或者从唐代官员的待遇方面来看,可能特称为四品和五品官。参砺波 1986,第 230 页。

焉耆军的新市长行马可能也用于护送。不过，焉耆军的新市长行马送的是谁呢？文书中未明确记载，显然不是"高官"的护卫。如此，可以推测这些长行马应当是被派遣去护送军需物资①。护送基本上不是用马来搬运物资，而是用驴、车牛、骆驼来运输物资②。

综上所论，关于安西地区的公用交通手段，不能布设成与西州府以东地区类似的状况吗？易言之，安西地区的公用交通手段虽然配备了长行马驴车牛，但其运营却与镇守军密切相关，完全由节度使或支度使来管辖。

如下所示，在焉耆、龟兹、疏勒、毗沙都督府周边，其境内也与天山东部地区一样，在零散分布的绿洲上配备了守捉、镇等军事机构和馆，可见是开通了连接它们的汉道（驿道），当地的长行马、驴、车牛当然以汉道为往来据点。然而，这些不过是限于现存史料所知当时设置的部分军事机构和馆。从上述西州府的状况来考虑，馆除了设在州府治所以外，很难设想单独设在汉道上，与军事设施相并置的情况较为常见，这里姑且举出一些史料：

[安西四镇境内的军事设施和馆］ ［《新唐书》卷40、43《地理志》，第4册，第1046、1048、1150-1151页等]③：

【军事设施】　　　　　　【馆】
【西州→焉耆镇】
① 张三城守捉　　　　　① 碛西馆

---

① 基于这一观点，上述总管和押官率领的军队可能是辎重部队。在运输军需物资时，支给长行马的马料数额之所以是半额，是因为这只是去领取物资，而全额支给则包括运输物资的整个过程。

② 它们在使用上的不同，难以从长行坊文书、传马坊文书得到确认。管见所及，无有例外。

③ 在传世史料以外，还有后面讨论的《诸馆人马给粮历》（和田出土，MIK Ⅲ-7587）等出土文书史料。另外，严耕望1985（1），第463-477页；张平1990；柳晋文1985，第17-19页尝试着比定今地，但尚无定论。又参荒川1992C，第17、20页。

第 6 章　唐代河西、西域的交通制度（下）　| 283

　　　　　　　　　　　② 吕光馆

　　　　　　　　　　　③ 新城馆

【焉耆镇→安西镇】

① 于术　守捉　　　　① 关西馆

② 榆林　守捉

③ 龙泉　守捉

④ 东夷僻守捉

⑤ 西夷僻守捉

⑥ 赤岸　守捉

【安西镇→疏勒镇】

① 和平铺　　　　　　① 中馆①

　　　　　　　　　　　② 济浊馆

　　　　　　　　　　　③ 谒者馆

　　　　　　　　　　　④ 葭芦馆

【安西镇→于阗镇】

　　　　　　　　　　　① 草泽馆

　　　　　　　　　　　② 欣衡馆

　　　　　　　　　　　③ 谋常馆

　　　　　　　　　　　④ 远行馆

① 神山堡　　　　　　⑤ 神山馆

② 睢阳堡

③ 咸泊堡

【疏勒镇→于阗镇】

① 皮山镇　　　　　　① 羯饭馆

② 固城镇

---

① 库车（douldour-aqour，都勒都尔·阿护尔）出土的 Pelliot Chinois（伯希和汉文文书）129 号记载到"中馆"之名。Trombert 2000, p. 107。

③ 吉良镇

④ 葱岭守捉

【于阗镇→且末】

① 杰谢镇

② 坎城镇（守捉）

③ 移杜堡

④ 彭怀堡

⑤ 兰城镇（守捉）

【于阗镇→南方】

① 胡弩镇

② 播仙镇

此处所列的军事机构和馆中，按顺序配置如下：西州到焉耆一段，是从西州向西到碛西馆→吕光馆→张三城守捉→新城馆；焉耆到安西一段，是从焉耆向西到关西馆→于术守捉→榆林守捉→龙泉守捉→东夷僻守捉→西夷僻守捉→赤岸守捉；于阗镇城到且末一段，是从于阗镇城向东到坎城镇（守捉）→彭怀堡→移杜堡→兰城镇（守捉）。可见在安西四镇管辖范围内的汉道上，零散分布的馆和镇、戍串连起来，形成了一个有机的交通运输体系。

在唐代统治以前，这些绿洲国家与邻近绿洲诸国之间，就已经存在着交通道路和制度。另外如前所述，在安西四镇设置以后，以国王为首的绿洲国家仍然继续存在。因此，当地的长行马、驴、车牛和汉道也都与西州府以东地区一样，基本上继承了以往连接绿洲诸国的交通制度，修缮了交通道路。

限于史料，下面拟以于阗地区为中心，考察羁縻统治下绿洲国家所承担的交通劳役的情况。

（2）麻札塔格出土《乌骆马帐》的探讨

前节考证了吐鲁番汉文文书中的"乌骆"一词是古突厥语 ulaɣ 的

音译汉字，意为驿传或驿传所用的运畜，并在此基础上指出，唐朝要求其羁縻统治下的吐鲁番周边的游牧民族供应马匹和马子，亦即乌骆（ulaγ）和乌骆（ulaγ）子。在吐鲁番文书以外，斯坦因所获麻札塔格出土的汉文文书中也可见到"乌骆"一词。郭锋已经刊布了《唐马帐残文》（Or. 8212/1551 M. Tagh 0117）的录文①，后来笔者也在英国图书馆东方写本部亲眼见到该文书。本小节先以该文书［《唐年代未详（8世纪）于阗新市乌骆马帐》，以下引用时简称《乌骆马帐》］为中心进行考察。

① 文书录文

首先迻录《乌骆马帐》的文字于下②：

（前缺）

1　　　支付。仍帐次准式者

2　　新市乌骆马一匹留敦八　　主畅大意使酬　　马［一匹
　　　　　　　　　　　　　　钱肆阡文

3　　马一匹青骢七　　　　　　主张璇使酬钱叁　　马一匹□［
　　　　　　　　　　　　　　阡文

4　　马一匹瓜敦六　　　　　　主何自安使酬钱　　［
　　　　　　　　　　　　　　贰阡捌［　］

　　　　　　　　（主）

5　　马一匹瓜敦八　　□□广［

---

① 郭锋介绍了这件《唐马帐残文》文书并作了录文。郭锋1993，第49页。近年出版的《英藏斯坦因第三次中亚考古所获汉文文献（非佛经部分）》一并刊布了图版和录文。《中亚》第2卷，第213页（《唐马坊准式支付帐》开头部分有彩色图版）。另外，Or. 8212/1553＝M. Tagh 0117虽然没有正式刊布，但1993年9～10月森安孝夫在英国图书馆东方写本部调查中亚出土文书，对文书作了录文。承森安氏教示，该文书的年代为8世纪，应该注意8世纪于阗地区的汉文文书中也出现了"乌骆"。

② 15.5×15cm。文书的背面空白。第4、5行钤有朱方印（边长近6cm）。第1~4行横向画了一道红线（第1行最后一字下面的位置）。根据森安孝夫的调查，纸张厚度中等偏薄，帘纹略粗，中上纸质。

[

（后缺）

② 文书的出土地点和年代

该文书的出土地是麻札塔格（Mazār tāgh）遗址，位于今和田市墨玉县沿和田河往东北直线距离约200km的地方，在该河西岸的丘陵上（N38°23′，E80°51′）[①]。斯坦因在他的第2次（1908年）及第3次（1913年）探险中，在该遗址发现了许多汉文文书，同时还有藏文、于阗文（含汉文、于阗文双语文书）、粟特文等文书[②]，该文书即为其中之一。如后所论，该文书无疑是一件唐代汉文公文书，时代在8世纪末吐蕃军事进攻时期[③]，亦即唐朝（镇守军）统治当地的时期，此点已经毋庸赘论。另外，从同一地点出土的所有有纪年的汉文文书来判断，该文书的时代为8世纪，若进一步限定，则极可能属于开元、天宝时期至建中、贞元时期[④]。

③ 文书的形态和样式

从该文书末尾（第4、5行）所钤的朱方印可知，它不是草稿，而是正式的公文书。遗憾的是印文不清，印面略呈正方形，边长近6cm，

[①] 麻札塔格遗址的调查进行了以下几次：①斯坦因第2次探险（1908年4月）、第3次探险（1913年11月）[Stein 1921 Ⅲ, pp. 1284-1295; Stein 1928 Ⅰ, pp. 90-97]；②黄文弼（1929年4月）[黄文弼1954（1958，第45页）]；③侯灿（1984年10~11月）[侯灿1987，第63-70页]。经纬度的数据是基于2004年度科研调查（荒川正晴主持）。遗迹平面图见Stein 1921 Ⅲ, plan 59; Stein 1928 Ⅳ, plan 3；侯灿1987，第64页。

[②] 斯坦因报告了从遗址v（马厩）的东北斜坡（a、b、c地点）的废物层和遗址i出土的汉文文书。参Stein 1921 Ⅲ, pp. 1287-1288; Takeuchi 1998, Introduction, p. 18, note 26; p. 25。

[③] 森安1984，第55-58页。

[④] 有纪年的文书中，最早的是开元二十六年（738）[Or. 8212/1530（M. Tagh 0114）]，最晚的是贞元六年（790）[Or. 8212/709（M. Tagh 0634）]。另外，池田温断定《于阗某寺支出簿》（M. Tagh b.009）是撰于开元九年（721）的文书。

第 6 章 唐代河西、西域的交通制度（下）

其规格与唐朝直辖州县及军镇等使用的官印大致相同①。另外背面空白，无二次利用的痕迹。

从该文书的样式看，第 2 行以下部分开头明确记载"新市乌骆马一匹"，接着注明马的毛色、雌雄、阉割与否、年龄（齿岁）②，稍后用双行小字并注的形式记录了"主"+人名及"使酬"+金钱数额（用铜钱表示）。后面也像开头部分的"马一匹"一样，以同样的格式列记每匹马的同样信息。开头的"新市乌骆马"可能表明了所列马匹的性质，其后仅略记为"马"。总之，该文书是以一定的格式登记每匹新市乌骆马的帐簿。

这是唐朝公文书的正式格式，现存部分第 1 行记载"仍帐次准式者"。其中"帐次准式"，表示根据"式"来制作帐簿和登记簿，这是唐代公文书的固定句式，如有邻馆文书 11 号〔〈录〉藤枝 1956，第 29 页；〈图〉藤枝 1956，第 28 页〕的末尾云：

1　　　　　　　　　　开元七年　四月　九日
2　　　　　　　　　　典
3　专当官"仙"
4　　　　　　　　　　　　典　权　远
5　　　　　　　　　三月廿九日　受　四月九日行判。
6　　　　　　　　　录事"悉"检无稽失。
7　　　　　　　　　功曹摄录事参军"鸾"勾讫。
8　案为长行马两匹患死，帐次准式事。

这件有邻馆所藏的文书残损了正文部分，从残存部分推测是开元七年三

---

① 虽然不能一概而论，但从印章的边长近 6cm 来看，印文很可能刻 3 行。荒川 1993，第 88—93 页。

② 关于齿岁，敦煌文书《驿马录状牒》（P.3307v）记载"右通当驿马毛色齿岁槽号如前"；吐鲁番文书《唐西州都督府牒为请留送东官马填充团结欠马事》〔72TAM188:86(a)〈录〉《文书》第 8 册，第 83 页；〈图〉《图文》第 4 册，第 39 页〕亦记载到"毛色齿岁"。

月二十九日向北庭马坊报告该坊的 2 匹长行马死亡之事，四月九日北庭马坊的专门负责官员对此做出判决。因此，末行的"帐"是长行坊制作的《长行马登记簿》或《长行马死亡登记簿》，这些登记簿是按照"式"来制作的。

前引麻札塔格出土文书第 2 行以后是根据唐"式"规定的帐簿格式制作的，但因官印铭文不清，文书前后皆残，所以文书的性质不甚明了。从第 1 行末尾的"者"字可以判断，同行"支付。仍准帐次式"是撰写该文书的官员引用上级指示的末尾之语。因此，将该文书单纯地定作帐簿是不正确的，而与开头的"支付"之指示密切相关。关于此点，拟从内容上进行重新探讨。

④ 麻札塔格遗址的性质

麻札塔格通常被比定为于阗地区出土的汉文文书及传世史籍中所见的"神山"[①]。《新唐书》卷 43 下《地理志七下》记载此地：

> 自拨换南而东，经昆岗，渡赤河，又西南经神山、睢阳、咸泊，又南经疏树，九百三十里至于阗镇城。

开头的"拨换"在今阿克苏附近，从这里到于阗的路途中记有"神山"；末尾所记"九百三十里至于阗镇城"之"九百三十里"（约 511km），无疑是从拨换城（阿克苏）到于阗的大致距离。这是从库车的安西都护府经由拨换到于阗镇守军的主要路线[②]。"神山"是支撑该路线的一个据点。附带说一下，据汉文 [史料《汉书》卷 96 下《西域传下》和《水经注·河水篇》] 记载，从姑墨国（比定在今阿克苏附近）到于阗的路程，骑马需要 15 天。按照通常 1 天骑马行进 60 余里计

---

① 麻札塔格，吐蕃人称为神山（Shing-shan）。森安 1984，第 57、77 页注（268）。另外，于阗语把"hill（山）"也称作喀喇（gara）。Bailey 1961, p. 93；Воробьева-Десятовская 1992, pp. 68, 72。

② 从安西都护府到于阗镇守军的距离，参《唐 天宝年间地志残卷》［敦煌市博物馆〈录〉、〈图〉《释录》第 1 辑，第 57 页等］云："下于阗毗沙府 户四千四百八十七，安西南二千里。无本。"

算，当时从麻札塔格到于阗骑马需要走 7 天左右。

斯文·赫定所获文书（Hedin, No. 24）《于阗某王五十四年闰四月节度副使牒》（推测出土于今和田达玛沟周边地区）① 与新出土的汉文文书（L4）② 中明确记载了神山堡之名③，即为设在麻札塔格的军事机构，驻扎在于阗地区，隶属于于阗镇守军。此外，前述在于阗周围配置了许多堡或镇、守捉④。

于阗地区设置的军事机构［《新唐书》卷43下《地理志七下》］

【镇、守捉】　　　　　　　　　　　　【堡】

1　坎城镇（守捉）　（于阗东 300 里）　1　移杜堡（于阗东，坎城和兰城之间）

2　兰城镇（守捉）　（于阗东 600 里）　2　彭怀堡（于阗东，移杜堡西）

3　杰谢镇　　　　　［于阗东北，丹丹乌里克(Dandan uiliq)］　3　神山堡［于阗北约 400 里，麻札塔格(Mazār tāgh)］

4　固城镇　　　　　（于阗西 200 里）

5　吉良镇　　　　　（于阗西 390 里）

---

① 张广达、荣新江 1988A，第 70-71 页（有文书的录文和图版）（收入张广达、荣新江 1993，第 82 页，仅有录文）。

② 李吟屏 2004，第 85 页。和田出土，但具体地点不明。虽然从图版上难以准确确认，但若不考虑纸张的尺寸误差，则为 27cm 多（26cm 多）× 近 30cm（27cm 多）。有折痕。第 6 行记载"神山知堡官摄经略副知（使？）"。

③ 郭锋推测在神山设置了守捉。郭锋 1993，第 23-24 页。如后所见，可以确认于阗周边地区有守捉，但它是可以向镇下达命令的规模较大的军事机构，因此绝不能认为在神山设置了守捉。

④ 镇守军周边设置的镇和堡的正确关系难以详知，但从传世史料来看，存在着镇和镇之间设堡的可能性。另外从出土文书可知，杰谢镇设有"知镇官将军"［Or. 6406〈录〉Stein 1907, p. 524］，而郭锋认为"子将果毅（都尉）"［Or. 8212/1530, M. Tagh 0114〈录〉郭锋 1993，第 41-42 页］是设在神山堡的长官。

6 胡弩镇　　　　　（于阗南 600 里）

配置在麻札塔格的堡可能是位于安西和于阗之间的军事通道上的重要据点。记载神山堡之名的赫定 No. 24 文书的时代为 8 世纪，从麻札塔格出土汉文文书的年代及内容看，很可能在 8 世纪前期就已经在神山设置了堡这一军事机构。

另一方面，麻札塔格还设置了馆，同一遗址出土的《唐 贞元六年 (790) 十月于阗馆子王仵郎抄》［Or. 8212/709 M. Tagh 0634〈录〉Maspero 1953, pp. 187-188；陈国灿 1994，第 507 页］明确记载到 "神山馆" 之馆名，于阗新出土的汉文文书（C2）亦记载①：

　（前缺）

1　］□□安□驴十二头［
2　］□得行文赴安西［
3　］过神山馆□［
4　］命□□［
5　］日勿［

　（后缺）

从文书可以确认有神山馆之名。尤应注目的是，这件文书虽然残缺，但记有 "得行文赴安西" 一句，如后所论，从吐鲁番文书可知 "行文" 显然是指通行证，即过所②。从该文书可以看出，某人获得过所前往安西（龟兹），途中经过神山馆。如后所见，这件过所不是羁縻都督府而

---

① 和田近年出土了约 6 件汉文文书。L1~L4（洛浦县出土），C1、C2（策勒县出土）。〈录〉L1、L2，李吟屏 2001，第 58 页。L3、L4、C1、C2，李吟屏 2004，第 84-89 页；〈图〉L3、L4、C1、C2，李吟屏 2004，第 90 页。参荒川 2006，第 4-6 页。这里提到的文书是其中的 C2（约 13×约 15.5cm），录文见李吟屏 2004，第 88-89 页；荒川 2006，第 6 页。

② 第 8 章第 4 节及第 9 章第 3 节探讨的《唐 开元二十一年（733）西州都督府案卷为勘给过所事》［73TAM509：8/21（a）之一，8/15（a）之一］明确记载到 "行文"，意指过所。

是唐朝官府（在于阗为镇守使府）颁发的。

另外从后揭《诸馆人马给粮历》（和田出土，MIK Ⅲ-7587）可知，除了神山馆以外，还在其北面设置了4个馆。这表明，在连接于阗与龟兹的汉道上，不仅设置堡这一军事机构，还并列设置了许多馆。上述吐鲁番地区也设置了这些军事机构和馆。

在"安史之乱"后的8世纪，关于于阗、龟兹两地的往来状况虽然难以详知，但从出土文书可见，至少在8世纪末（790）的神山，堡、馆并置是没有疑问的。

8世纪末，唐朝对西域的统治完全终结①，此前麻札塔格（神山）一直是唐代龟兹和于阗地区交通、军事上的重要据点。

⑤ 文书内容的解释

引人注目的是，该文书第2行开头明确记载到"新市"一词，此词顾名思义可理解为"新购买"之意。例如，《通典》卷6《食货六·赋税下》记载天宝时期的"岁出"（年度支出）中，有"钱则二百余万贯，百四十万诸道州官课料及市驿马（后略）"，这个"市驿马"可理解为购买驿马②。另外，《唐 开元十九年（731）正月~三月西州 天山县到来符帖目》[大谷3481〈录〉《籍帐》No.153, 第360页]云："长行牒，为新市马六匹，检领欠速市过事。"这也意味着长行坊为了补充长行马而新买了6匹马。因此，此处所探讨的"新市乌骆马"也是指官方必须新购买"乌骆马"。

然而，问题是"新市马"并不是单纯如字面所说的"新购买马匹"之意，如《唐 西州 蒲昌县牒为申送健儿浑小弟马赴州事》等[72TAM188：30, 74（a）〈录〉《文书》第8册，第59-60页；〈图〉《图文》第4册，第27页]记载，"新市马"是用来置换"征马"（征

---

① 吉田丰研究认为，798年西域开始由吐蕃统治。吉田2006，第73页。
② 许多学者都采用这一观点。李锦绣1995 等。

发马匹）的①。这表明，该文书中的"新市"实际上也与征发相近②。

值得注意的是，这个"新市乌骆马"的后面有双行并注的小字，记载到"主"和"使酬"的关系。单就这一关系而论，吐鲁番出土的"北馆"文书也有这样的用例③。换言之，这是向民间的官方物资提供者（"主"）列记应由官方支付的数额（"酬直"）。问题不单单是"酬"，而是明确记载为"使酬"，必须充分解释"使"的含义。

"使"有着怎样的含义呢？关于这一问题可能有多种解释，如把长行马置换为使马④的例子，首先要考虑"使用"的含义。这里应该考虑到"主"是"乌骆马"的主人，"使酬"可以解释为给利用使马所付的"酬"（酬劳）。

这一观点若能成立，可以理解为让马的主人提供乌骆马，而官方则给他支付价钱。在吐鲁番文书中也可见到羁縻统治下的游牧民族为"汉使"派遣"乌骆子"。如前所述，这个"乌骆"是古突厥语 ulay 的音译汉字。从《乌骆马帐》可知，不只是羁縻统治下的突厥系游牧部落，即便在于阗那样的绿洲地区，ulay 也是唐朝对当地绿洲民众征课的交通劳役。

接下来为了探讨于阗地区 ulay（乌骆）的背景，拟研究唐朝统治时期该地区的公用交通维持和运营的问题。

（3）唐朝统治下于阗地区的牲畜供应和馆

① 唐朝的"使客"和交通劳役

唐代要求安西地区的绿洲国家（羁縻都督府）为往来于"汉道"上的"使客"提供交通方便。《新唐书》卷221上《西域传上》"焉

---

① 参《唐被问领马牒》之注记，《文书》第 8 册，第 60 页；《图文》第 4 册，第 27 页。
② 孙继民 2000（第 72-73 页）指出了这一点。
③ 与北馆文书相关的论著不少，但首先应参考大津 1993，第 391-405 页。
④ 有邻馆 44〈录〉藤枝 1956，第 8 页；〈图〉藤枝 1956，第 31 页。

耆"条［第6230页］云：

> 武后长安时，以其国小人寡，过使客不堪其劳，诏四镇经略使，禁止傔使私马，无品者肉食。

从这条史料可知，焉耆国作为羁縻都督府，要为往来的唐朝"使客"供应粮食［谷物之外还包括肉（羊）］①。另外从该史料还可看到，8世纪初绿洲国家承担的供应"使客"的粮食已经大幅增加。这些粮食是由向焉耆"百姓"征发（含强买）的谷物和肉（羊）构成，给"使客"供应这些粮食的场所就是上述零散分布在汉道上的馆。

设置羁縻都督府的绿洲国家供应的粮食和人畜，是支撑"使客"往来的一大支柱。这也是它们与唐朝的支配—从属关系派生的义务。

前面说到，驿道上的往来是由各州府供应人畜和钱粮物资支撑的。换言之，与军事、交通相关的州府供应劳役和税收，构成了国家统治的重要基础。这应当与羁縻都督府的情况是一样的。起初，唐朝在贞观二十二年（648）攻克龟兹后，西突厥、焉耆、于阗、安国争先赠送驼马和军粮②，无论是游牧国家抑或绿洲国家都献出粮食和牲畜，以作为向唐朝表达恭顺之意的方式。当这些西域国家成为唐朝的羁縻都督府时，这种状况也就长久地持续了下去。

那么，绿洲国家以怎样的体制来供应交通劳役呢？下面试做考察。

---

① 《旧唐书》卷103《郭虔瓘传》（第3188-3189页；《全唐文》卷200韦凑《谏征安西疏》）亦云："虔瓘乃奏请募关中兵一万人往安西讨击，皆给公乘，兼供熟食，敕许之。将作大匠韦凑上疏曰：'臣闻兵者凶器，不获已而用之。（略）又一万行人，诣六千余里，咸给递驮，并供熟食，道次州县，将何以供。秦、陇之西，人户渐少，凉州已去，沙碛悠然。遣彼居人，如何得济。又万人赏赐，费用极多，万里资粮，破损尤广。'"开元时，郭虔瓘提议从关中招募1万士兵前往安西，同时一并奏请向所有士兵支给公乘和熟食，得到敕令的许可。从接下来开元三年（715）十一月韦凑的上疏可知，公乘即指递驮。虽然韦凑自己最后撤回了这份上疏奏请，但从这份奏请可知，他请求在军队开赴安西（龟兹）时，向沿途州县征课粮食和递驮（用于递送的运畜）。州县一词也包含了羁縻府、州等绿洲。

② 《新唐书》卷110《阿史那社尔传》（第4115页）及《资治通鉴》卷199《唐纪十五》（第6265页）。参内藤みどり1988，第23-29页。

② 于阗地区的乡村、坊体制和徭役负担

首先想考察兼具羁縻都督府和绿洲国家特征的统治体制，但因史料原因，兹以于阗国为中心进行探讨。

在羁縻府、州治下的于阗，官文书中冠有"百姓"二字作为自己的称呼，再加上"羁縻州名+城邑名"（或仅有"城邑名"）。从这一格式也可知道，当时于阗地区在都督府（即于阗王国）之下设置了蕃州，但不设县。以往西域出土的唐代文书中，设县之事并未得到充分认可①。另外，与此相关的县以下行政组织的乡里制，在于阗出土的汉文文书中，本应是乡、里的地方却变成了乡、村②，没有出现人为设置的里的区划。此外，在出土文书中可以确认都城内设置了坊。总之，当地在羁縻都督府统治下，一府之下设有许多蕃州，下面还有原本已经存在的城邑和聚落，不过在名义上属于乡或村。都督由国王担任，王室成员被任命为州刺史，国王和王室成员分别统治着于阗国境内的各个绿洲。

在于阗，一方面设置羁縻府、州，另一方面还有于阗镇守军驻屯在于阗国都（都督府治所、王城）及其周边的绿洲城邑和聚落，在那里设置由镇守军统辖的镇和守捉等军事机构。

现在吉田丰已经明确指出，在这种羁縻统治体制下，百姓居住在城邑和聚落中，都城之内设坊，蕃州下面设有乡、村，以羁縻府、州（于阗国）和镇守使为首的唐朝驻军以各种方式征发物资和人畜。8世纪后期，这种征收和征发的内容是谷物、钱、织物及劳动力③。

---

① 《唐 天宝年间地志残卷》[敦煌市博物馆〈录〉、〈图〉《释录》第1辑，第57页等]云："安西 京七千五百，都八千三百。贡氍毹绯毡，赤铜，豆，白练七千匹，水硇三。无县。管蕃府四。"此处所记"无县"，意指安西都护府境内没有设县。

② 《唐 [开元九年（721）] 于阗某寺支出簿》[ch969-72〈录〉Chavannes 1913, pp. 206 - 216,《籍帐》No. 140, 第 348 - 350 页；〈图〉Chavannes 1913, pl. XXXIII-XXXVI] 记载"西河 勃宁野乡、厥弥拱村"。

③ 吉田 2006，第 99-116 页。不过吉田氏也指出，必须考虑能够利用的文书史料偏重于 8 世纪后期。吉田 2006，第 26、99 页。

库车出土的下揭汉文文书残片［大谷8074〈录〉《籍帐》No. 179，第383页，《集成》第3卷，第228页；〈图〉《集成》第3卷，图版18］①，推测是分派徭役的登记簿：

（前缺）

1 张游艺　窦常清
2 六人，　锄　　苜蓿。
3 吴兵马使两园家人　柘羯　来富　拔勿烂　苏达　素石奴鹞子
4 三人，　花　林　园　役。
5 白支陁羡宁　□□磨大斯　姐渠元裕作人俱满提
6 廿人，单　贫　老　小　不　济。
7 王子芝　［　　］　田叔良　贵奴　任□□
8 ［　　　　　　　　　　　　　　　　　　　　］
9 □玉琳　［　　］义　阿师奴　□□名失离　［　　　］
10 元金刚　［　　］俊　安拂延　李庭俊　［　　　］
11 一百七十一人，［　　　　　　　　　　　　　　　　　］

（后缺）

根据该文书可知，龟兹也按照一定的标准给"百姓"分派力役。正如吉田氏在研究于阗出土的汉文官文书时所指出，不能根据此文书用汉文写成就判断出自汉人官吏之手②。也就是说，当地的绿洲国家（羁縻都督府、州）不仅仅使用自己的语言，汉文也浸透到当地的文书行政之中。

---

① 关于该文书，池田温定名为《唐年代未详〔8世纪〕安西（龟兹）差科簿》。西村元佑认为，该文书是像敦煌差科簿文书那样在原簿基础上制作的第二稿。《籍帐》No. 179，第383页；西村元佑1968，第680-681页。这件《差科簿》无疑是存在的，所以唐朝向沙州和西州征课同样的徭役，而设在龟兹地区的安西都护府必然也要相应地征发各种名目杂多的、定期或临时的、长期或短期的力役。

② 吉田2006，第148-151页。

如此，各种力役实际上分派给了百姓，而劳役供应基本上由绿洲国家（羁縻都督府、州）方面来管理。另外，从该文书中的人名可以判断，被征课劳役的对象中，与龟兹人一同登录的还有粟特人和汉人。唐朝统治下的绿洲诸国有许多从唐朝内地迁来的移民，他们同时也是当地被征课劳役的对象。

安西都护府管辖设置4个镇守军的羁縻都督府（龟兹都督府、毗沙都督府、焉耆都督府、疏勒都督府），虽然存在地域差别，但无一例外都驻扎了唐朝军队，各个绿洲国家都要负担一定的税、役①。8世纪后期，唐朝驻军通过这种征收或征发体制，从于阗绿洲频繁地征收或征发物资和运畜②。

那么，这里的问题是，向唐朝提供的交通劳役即 ulaγ 负担究竟如何呢？

③ 运畜的供应和"钱"额估价

从前面探讨的库车文书可以确认，羁縻都督府不像设在唐朝内地的县和里，其课役负担的状况与内地不同，而是制作像差科簿那样的登记簿，并据此在羁縻都督府境内分派各种劳役。

关于这种劳役的内容亦见于于阗出土文书。值得注意的是，吉田丰指出，这种劳役不是供应马和骆驼，而是共同购买和交纳牲畜。另外，羊与部分牛似乎也作为税物来交纳。交纳这种劳役供应是没有时间限制的［吉田 2006，第 110-111 页］。

限时供应意味着直接交纳驴和牛等物，其中下揭丹丹乌里克出土的《唐 大历十六年（781）二月 于阗 六城 杰谢百姓思略牒》［S. 5864〈录〉Stein 1907, p. 526；《斯坦因》第 540-541 页；〈图〉Stein 1907,

---

① 库车周边地区出土的文书中也记载到与税、役有关的状况，对它们的研究是今后的课题。Trombert 2000, pp. 47-132；《集成》第 3 卷，第 221-248 页（《西域考古图谱》下卷所收文书中含有库车出土汉文文书）。

② 吉田 2006，第 16-26、50、127、147 页。

pl. CXV］记载，于阗地区的羁縻州百姓将自家的驴供应给于阗国（都督府）的官员：

1　　阿磨支师子下胡书典阿施捺，胡书典［
2　　籐，思略去年五月内，与上件二人驴，准作钱六阡［
3　　思略放丁。经今十个月，丁不得，驴不还。伏望［
4　　乞追征处分，谨籐。　　　　　　抄口抄人［
　　　　　　　　　　　　　　　　　　　　　　（略籐）
5　　　　　　　大历十六年二月　日,六城 杰谢百姓 思□□

该文书是大历十六年（781）二月杰谢百姓思略（Sīdaka）① 所上的牒文。杰谢比定为今丹丹乌里克②，属于毗沙都督府之下的一个羁縻州，即六城州③。据文书开头部分可知，大历十五年（780）五月，思略给阿磨支④师子手下的胡语书写者"典"（于阗文文书的书记官）阿施捺等 2 人供应自家的驴。文书记载到两点：①钱数为 6000 文（或超过此数）；②思略因为供应驴而被"放丁"，但是经过 10 个月，到了第二年，不仅"丁不得"（没有放丁），而且驴也没有返还，所以上牒请求处理。

首先关于①，从上下文可知，在杰谢供应马驴时要估算"钱"的数额，那么应该如何考虑这里的"钱"呢？

关于这个问题目前有两种解释：一是将"准作钱六阡"解读为"以

---

① 张广达、荣新江 1997，第 350-351 页；吉田 2006，第 54 页。
② 哈隆（Haloun）、荣新江等人主张把杰谢镇比定为丹丹乌里克。Bailey 1961, Appendix; Chinese Text tr. by G. Haloun, pp. 176-177; Zhang & Rong 1987, pp. 79-80；荣新江 1993B，第 9 页。森安孝夫曾以为六城位于丹丹乌里克地区，不赞成把六城管辖下的杰谢镇定在丹丹乌里克［森安 1984，第 54、76 页注（245），但这一说法现为学界所接受］。
③ 关于六城州，参张广达、荣新江 1988A（收入张广达、荣新江 1993，第 86 页）；吉田 2006，第 40、47 页注（66）。
④ 该词与藏语'A-ma-cha、梵语 āmātya"大臣、辅相"语源相同。另外，这不单单是指大臣，而是"仅次于国王的人"、"具有继承王位资格的人"，关于此点可参森安 1984，第 55 页。

作钱六阡为标准"①，把"作钱"当作一个词来把握；二是解读为"以制作钱六阡为标准"，把"作"、"钱"单独区别开来。不过，吐鲁番出土的《唐 上元二年（761）马寺尼法□买牛契》［73TAM506：04/17〈录〉《文书》第10册，第290-291页；〈图〉《图文》第4册，第575页］云：

1　　黑犗牛壹头伍岁
　　　　　　∨　　　　　　　（慈）
2　上元二年七月廿日六，马寺尼法［
　　　　　　　　　　（客）
3　遂于西州市买焉耆行［
　　　　　　　　　　（阡伍佰文？）
4　前件牛，准作钱壹［
　　　　　　　　（日）
5　其钱及牛，即□交相分付［
6　若后有寒盗及有人识［
　　　　　　（当）
7　主保知□，不关买人之事。［
　　　（悔）　　　　　（钱）
8　不许□诲，如有先诲者罚□
　　　　　　　　（两主）（对）
9　壹阡伍佰文入不诲人。□□共□
10　面平章，画指为记。
11　扶车人　辛□年卅　　牛主　姚令奇年□□
12　保［人

---

① 关于"准"字，王启涛解释为"抵价"（赔偿价钱）之意。参王启涛2005，第795-796页。不过，王氏引用的《唐 赵拂昏租田契》［73TAM506：04/15（A）〈录〉《文书》第10册，第305-306页；〈图〉《图文》第4册，第582页］记载租价为"亩别准青麦亩捌斗"，这个解释的例证并不合适。这里只应解释为"根据"、"规定"之意。

13 保［人

14 保［人

（后缺）

第4行中有"准作钱"之语。在这件买牛契中，该部分应明确记载到买卖对象即牛的价格，此处明显读作"作为钱六阡的标准"。敦煌汉文买卖契约中也同样可以见到这样的语句①，若将两者一并考虑，则《唐大历十六年（781）二月于阗 六城 杰谢百姓思略牒》中的这句话应当也解释为"作为钱（多少文）的标准"。

另外，在实际供应驴的同时把它换算为钱，这样就容易对于阗国（羁縻都督府）向百姓征课的税、役负担进行评价，可以把劳役换算为钱。或者说，驴的供应是一种特殊的劳役，也有可能把向官员供应的驴，估算出驴的钱数，今后据此减免杰谢百姓应该负担的徭役。

其次关于②，思略在供应驴的同时获得"放丁"，"放丁"是派遣牵驴的驴丁②。这一解释若无问题，则后面所记的"丁不得"意味着没有被派遣作为驴丁。

【原书此处为《唐 大历十六年（781）二月于阗 六城 杰谢百姓思略牒》的日译文，兹删；但保留对"准作钱六阡［"的注释96，即③】

---

① 《吐蕃未年（803）闰十月廿五日尼明相卖牛契》［TTD Ⅲ, No. 257, 第80页］记载"准作汉斗麦壹拾贰硕"。从《吐蕃未年（827?）十月三日上部落百姓安环清卖地契》［TTD Ⅲ, No. 260, 第81页］等可知，这个"准作"又记作"断作"。

② 《后汉书》卷65《段颎传》（第2152页）记载"不如乘虚放兵"，"放"字亦为差遣之意。

③ 即便"作为钱（几文）"应该理解为"作钱"，该文书的解读结论也无变化。附带说一下，从吐鲁番文书的研究可知，"作"是徭役劳动的术语，所以可能是把"作钱"理解为估算徭役劳动的钱数。当然，严格说来，必须要确认同一时期、同一地区其他公文书中的使用例证，但遗憾的是，于阗地区周围出土的文书中至今未发现可供研究的文书。不过，吐鲁番和于阗存在着所谓直辖州县地区和羁縻府州地区的差别，但比较两地的官文书即可明白，唐朝统治下的这两个地区，不仅是按照"式"的官文书格式，而且使用的制度、行政运作的相关术语亦无大差别。顺便说一下，吐鲁番地区的杂徭供应是用车牛代替人力。大津1988，第114-115页。

从该文书可知，于阗国（都督府、州）要求向该国官员（书写胡语的书记官）供应人畜，据此对杰谢绿洲征课劳役。

另外，唐朝统治时期的于阗语文书中明确有向杰谢的丁男征课劳役的相关文书（SIP103.53 = no. 321；SIP103.13 = no. 282；Дх. 18926 + SIP93.22+Дх. 18928）[①]，但应当留意的是，这些文书中的丁男被征课劳役是去完成"国家的工作"。如吉田丰所指出，这个国家是指于阗[②]，但于阗国同时又是唐朝的羁縻都督府。

于阗文书明确显示，唐朝的驻军向于阗人征课运畜，亦即吉田氏探讨的丹丹乌里克出土的木简 IOL Khot Wood 3 ［Skjærvø 2002, p. 560］记载，唐朝军队驻扎的坎城（Phema）守捉命令杰谢绿洲的于阗人必须为唐军高官兵马使（pem'ba'sī）供应 10 头运畜[③]。这一命令从杰谢绿洲担任 spāta 一职的 Tturgäsi 传达给同样担任 spāta 一职的 Sīdaka。这位 Sīdaka 就是前面说到的"思略"其人。不过，该文书的时代明显在 782 年到 785 年或 787 年以后[④]，唐军直接向各个绿洲征课供应运畜，这种情况是否追溯到 8 世纪前期即唐朝统治全盛期则不能详知。

于阗国作为唐朝的都督府，向唐朝承担和供应称为 ulaγ 的运畜，以作为缴纳的税、役，那么人力和粮食又是怎样提供的呢？下面拟对此进行探讨。

④ 馆的运营与确保粮食和马匹供应

如前所述，给唐朝使客提供粮食和人畜的场所是汉道上的馆，可以说绿洲国家征收的税收和役物有一部分就投入这些馆中。

如前所见，安西地区各地都配置了馆，于阗在麻札塔格设有神山馆。另外从下引史料可见，不仅在麻札塔格那样远离于阗都城（设毗沙

---

① 此处记作"国家的工作"。吉田 2006，第 130 页。
② 吉田 2006，第 130 页。吉田丰指出，于阗国与麹氏高昌国一样分为"国家"之税和"王宫"之税。
③ 吉田 2006，第 16-17 页。
④ 吉田 2006，第 17-18 页。

都督府）的地方设有馆，而且在都城近郊也设置了馆①：

> 拔伽百姓勿日桑宜纳馆家草壹落子。永泰三年正月五日曹头忽延牌（署名）

该史料是达玛沟周围出土的汉文木简，属于斯文·赫定收集品。从格式上看，开头的拔伽可以判断是其后所记百姓所属的乡村之名，吉田丰将其比定为 Birgamdara（Balawaste）②。达玛沟地区位于毗沙都督府之下的羁縻州"六城州"境内，荣新江、张广达认为 Birgamdara 是构成六城州的绿洲之一。从这枚木简的出土地来看，可以说上述吉田氏的推断是完全正确的。"拔伽"是六城州管辖下的一个乡村。附带说一下，六城州境内除了"拔伽"（Birgamdara）之外，还有"六城州"的州治"质逻"（Cira）③和"杰谢"（Gaysāta）④、"潘野"（phamña）、"屋悉贵"（Ustāka）⑤等。吉田氏推测"百姓"勿日桑宜是 Vaśi'rasamga 的音译汉字，拔伽的征税负责人（叱半或与身份相近者）向馆交纳"税草"。

该木简中的"馆家"是指馆的负责人⑥，在达玛沟附近也可见到有馆的设置。也就是说，永泰三年（767）正月五日，在六城州境内所设的馆中，当地拔伽绿洲的百姓勿日桑宜（Vaśi'rasamga）是征税负责人，交纳了税草。该木简就是记录 Vaśi'rasamga 向馆家交纳 1 "落子"草料的纳税证明。不过，其内容明确记载实际收纳草料的人是"曹头忽延牌"。草是马的饲料，所以这个收纳草料的"曹头"可以理解为"槽

---

① 日本书道教育会议 1988，第 128 页，No. 117。参吉田 2006，第 51 页。

② 参吉田 2006，第 51 页。文中将拔伽比定为 Birgamdara 的 Balawaste。Birgamdara 之名还见于 Or. 12637/21. 2a-c，3a。

③ 关于"六城质逻"一词，参吉田 2006，第 40、44 页注（37）、89 页注（8）。

④ 如前所述，"杰谢"可以比定为 Dandan-ulik（丹丹乌里克）。

⑤ 张广达、荣新江 1988A（1993，第 86 页）。吉田丰将"屋悉贵"比定为于阗语文书中的 Ustāka。吉田 2006，第 53 页。

⑥ 鲁才全 1984。

头",即管理槽子的负责人①,可见槽头是一种杂役,但从服役者的名字看应当是一位于阗人。另外,管理馆的馆家和在馆中执勤的馆子,与槽头、槽子都是杂役,这些人很可能也依附于于阗人。

从馆中设有"曹头"可知,在六城州境内所置的馆中设槽以饲养马匹。当然,槽是为汉人使节饲养牲畜的场所,而馆中也配备有牲畜。这种情况在于阗没有出现,但库车的都勒都尔·阿护尔出土的唐代汉文文书中记载有馆马,即 Pelliot Chinois(伯希和汉文文书)41 号〔〈录〉Trombert 2000, pp. 66-67;〈图〉Trombert 2000, pl. 41〕记载如下:

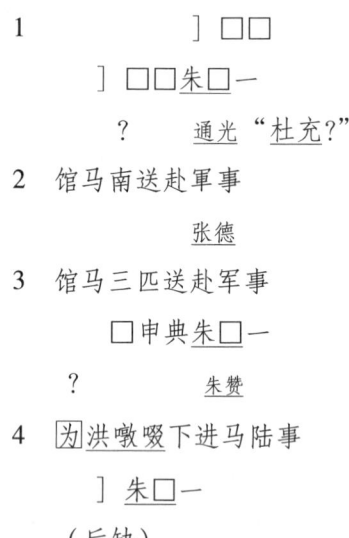

1   ]□□
     ]□□朱□一
       ?   通光"杜充?"
2 馆马南送赴军事
          张德
3 馆马三匹送赴军事
      □申典朱□一
    ?   朱赞
4 为洪噉啜下进马陆事
       ]朱□一
  (后缺)

从该文书可见,龟兹周围的馆中配备了马匹,这些马可能是向"军"(军衙)护送汉人使节,估计于阗也有这些馆马。

由上可知,即便在于阗,也与直辖州县境内配置的馆一样设置馆家和馆子,备有槽和牲畜,来开展馆的运营,并向于阗民众征课税、役来

---

① "槽头"一词见于《唐 神龙元年(705)西州都督府兵曹处分死马案卷》[Ast. Ⅲ.4.094〈录〉Maspero 1953, p. 141;《斯坦因》第 253 页]。参 Trombert 2002, p. 535, n. 135;吉田 2006,第 51 页。不过,童丕(E. Trombert)提到的"曹头"属于麴氏高昌国时代,这是否意指"槽头"还不确定。

维持运营。

设在麻札塔格（神山）的"神山馆"则由汉人而非于阗人来管理。下引麻札塔格出土的《唐 贞元六年（790）十月于阗馆子王仵郎抄》[Or. 8212/709 M. Tagh 0634〈录〉Maspero 1953, pp. 187-188;《斯坦因》第507页;《中亚》第1册,第188页;〈图〉《中亚》第1册,第188页]云:

(马)

1　善政坊　罗勃帝芬　神山馆□料青麦[

2　斗。贞元六年十月四日，馆子王仵郎抄。

　　　　　(馆马)　　　(壹)？

3　□货坊　扬师神山[　　]料青麦□

(贞元六)

4　　　　]年十月四日，馆子[

可见善政坊的罗勃帝芬和□货坊的扬师必须向神山馆的馆子王仵郎交纳马料（青麦），这位馆子从其名字可以判断为汉人，管理他的馆家也应当是汉人。

麻札塔格（神山）很难说原本是于阗人所建的聚落与日常居住的空间，从该地出土的文书年代来判断，可以推测唐朝统治以来，这里是于阗与龟兹之间交通、军事上的重要据点，修筑了驿站。循着这一点来看，充任神山馆的馆子和馆家的汉人很可能由驻扎在神山堡的士兵兼任①。

另外，在馆中消费的粮食当然不只是马料，如《诸馆人马给粮历》②[和田出土 MIK Ⅲ-7587〈图〉《現代書道20人展　第35回記念"トルファン古写本展"図録》,东京,朝日新闻社,1991年, No. 7]

---

①　吐鲁番的馆家也有"捉馆官摄镇副上柱国"之官衔，见前揭阿斯塔那506号墓出土的长行坊文书（2）《唐 交河郡 柳谷馆具上载帖马食封历上郡长行坊状》[〈录〉《文书》第10册,第74页;〈图〉《图文》第4册,第435页]。

②　27.5×34cm。图录中将该文书的年代定为8~9世纪。背面有一行多文字（倒书），还彩绘了一匹褐红色的马。文字读作"田九日停十二马两匹食麦"。

所记，也给人提供粮食：

(前缺)

1　　　　]□□□[

　　　　　　到　二月□

2　□□米一石二斗至二月十七日[

　　　　　　　　　　　(十七)

3　□□请食米六斗至二月[　　　　]□□日草泽馆

4　□一人，欣衡馆一人，远行馆□人，谋常馆一人，般运子一人，

　　(共)

5　□八人，食米一斗六升。□十八日草泽馆一人，欣衡

6　一人，远行四人，谋常一人，般运子一人，共八人

7　食米一升麦一斗。廿日神山已北四馆[

8　米一斗八升。二月九日都巡二人停十一日，食米

　　　　　　米

9　四斗八升，马两匹食一斗。都巡停十二马两匹食□[

10　□□月十七日押官田克入军，后至到二月十九日

11　]□□□急付已北四馆及使料并脚力人□[

12　]□五斗三升。廿一日神山已北四馆馆子八人食

13　]石五斗破用讫。廿二日神山已北四馆[

14　]米一斗六升

15　]四斗　　麨八斗

16　　　]米二斗　一人取米二斗

该文书的出土地点不明，谷物支出的对象是"神山已北四馆子"，无论哪个，均以"神山馆"为基点，可见该文书是与"神山馆"的谷物支出有关的帐簿式文书。易言之，该文书记录了某年二月按日支出谷物的内容，其明细情况如下：

某年二月十七日　神山以北四馆子 7 人+搬运子 1 人／米 1 斗 6 升

二月十八日　神山以北四馆子 7 人+搬运子 1 人／米 1 升、麦 1 斗

二月二十日　神山以北四馆子［7 人+搬运子 1 人］／米 1 斗 8 升

二月九日～十九日　都巡二人、马二匹／米 4 斗 8 升、1 斗

二月二十日　都巡二人、马二匹／

二月十七日　押官田克

二月十九日　某（"以北四馆子、使料（使者的粮食）、紧急付给脚力人"）／5 斗 3 升？

二月二十一日　神山以北四馆子 8 人／［　　　　］"支出完毕……米□石 5 斗"

二月二十二日　神山以北四馆子［8 人］／米 1 斗 6 升

从该文书的内容可以确认，沿着连接安西（龟兹）至于阗的官道，在神山馆以北设置 4 馆（草泽、欣衡、远行、谋常）。前揭新出土文书［C2，李吟屏 2004，第 88 页］记载获得"行文"（过所）前往安西之际，经过神山馆。上述诸馆是支撑着龟兹至于阗之间的公用交通和运输的递送据点，并发挥着功能。

值得注意的是，这种支撑着公用交通、运输机构的活动，是都巡[①]和押馆等军官利用馆来开展的，神山馆以北四馆的"馆子"与"搬运子"一起滞留在神山馆，被供应"米、麨"等食物。"馆子"是在馆中服务的杂役，与"搬运子"一起从事官方物资的运输。"馆子"与"脚力人"一并给往来的官员"急付"（紧急付给）"使料"（客使停留期间的供应物品，供给客使的物品）[②]。

麻札塔格还出土了下引汉文文书［Or. 8212/1557 M. Tagh 092〈录〉郭

[①]　都巡即都巡官（统辖烽候侦探事宜，是县、府、镇、戍之游奕巡官的上级官员）。参《唐　开元二十九年（741）十二月典侯奉牒》，黄文弼 1954（黄文弼 1958 再版，图版 36，第 42 页）。

[②]　关于"使料"，拟与馆的财政基本问题一起另作探讨。

锋1993，第51页；《斯坦因》第503页；《中亚》第2卷，第217页]①：

（前缺）

1　别奉②<u>康云汉</u>　作人<u>石者羯</u>　都囗[
2　奴<u>伊礼然</u>　奴<u>伏浑</u>　马壹匹　驴[
3　牛叁头　<u>榆论都督首领弓</u>囗[
4　　]囗<u>左右觅战</u>　<u>胡数浑</u>　马[
5　　]囗　<u>远衡监官王瓒</u>　<u>欣衡监官</u>囗囗

关于该文书，陈国灿定名为《<u>唐副使康云汉过所</u>》，但"副使"为"别奏"之误，他同时判断这是一件过所并进行了探讨。不过，至少开头所记"别奏康云汉"的后面所列之人，写明是作人（雇佣者）③和奴隶及牵引马驴牛之人。康云汉（wnx'n）及其雇佣的石者羯（c'kr）从名字上看无疑都是粟特人④。别奏是军镇子总管以上高官的随从人员⑤。《六典》卷5"兵部郎中员外郎"条（第159页）云："凡诸军镇，大使副使已上（下），皆有傔人别奏，以为之使。（中略）所铺傔奏，皆令自召以充。"从这条史料可知，别奏与傔人都是由军镇高官自己辟署的，受其主人的派遣出使外地⑥。粟特人在担任别奏的同时，还率领作

---

① 22.8×10cm。浅褐色。中~中下纸质。纸张厚度中等。另一面（背面）记录了信的部分内容，呈倒书。

② 郭锋1993（第51页）录作"副奉"，《斯坦因》（第503页）作"副使"，然据笔者1996年亲睹文书原件，当为"别奉"二字。不过"别奉"不辞，明显是"别奏"之误记。

③ 从唐代与交通有关的文书看，作人系指雇佣者，参程喜霖1990C，第442-453页（收入程喜霖2000，第269-279页）等。

④ 吉田1998，第41页。

⑤ 西村元佑1968，第585-586页；孙继民2000，第271-272页；孙继民2002，第68-73页。孙氏认为，傔人、别奏的地位比健儿高，别奏的地位更在傔人之上。孙继民2002，第72页。

⑥ 从买婢契中的保人陈希演的官衔"瀚海军别奏上柱国"可以确认，别奏属于军镇。《<u>唐</u>　开元二十年（732）<u>薛十五娘买婢市券</u>》[73TAM509：8/4-3（a）]〈录〉《文书》第9册，第29-30页；〈图〉《图文》第4册，第266-267页。

人、奴婢、牲畜往来于于阗和龟兹之间。实际上，如第三部所论，吐鲁番出土的过所文书记载［第 7 章第 3 节（3）］，担任别奏的粟特人率领作人和牲畜，与外来的粟特人即"兴胡"一起组成商队，开展商业活动，可见该文书中的粟特人别奏也在积极开展商业活动。

该文书的末行记载到"远衡监官王瓒"和"欣衡监官□□"。"欣衡监官"之"欣衡"，如前所见是"神山（堡、馆）以北的四馆"之一所设的交通、军事据点，监官是该地仓库的监督官。这也是因为麻札塔格同样出土了下引文书《唐 谋常监、馆人粮米帐》［Or. 8212/708 M. Tagh 0628〈录〉Maspero 1953, p. 187；《斯坦因》第 517-518 页；《中亚》第 1 册，第 187 页］：

1　　　］谋常监，馆二人粮
2　　　］监，馆二人粮米四胜
3　　　］二人粮米四胜
4　　　］六胜〔

该文书首行的"谋常"也是"神山（堡、馆）以北的四馆"之一所设的交通、军事据点，这里也设置了监官。第 2 行记载了其他交通、军事据点的监官。若与上述欣衡监官之例放在一起来考虑，可以认为每个据点都设有监官。如此，前面提到的"远衡监官王瓒"之"远衡"，很可能是"远行（馆）"的误写。《唐 谋常监、馆人粮米帐》记载这些监（官）与馆（子）一起来到神山并滞留在馆中，得到粮食的供应。这表明，他们与上述搬运子一起运输官方物资，同时也作为监督官和护送、搬运人，跟随运输队一同前行。笔者推测前引《唐别奏康云汉等文书》中的粟特人或许与运输官方物资有关。

实际上，维持馆的运营也依赖于他们所从事的商业活动，这在前引《唐 贞元六年（790）十月于阗馆子王仵郎抄》中已经初见端倪，这是因为向神山馆交纳青麦的 2 人所属的善政、□货二坊不在麻札塔格。前面指出，很难说麻札塔格存在着修建有坊的城邑。麻札塔格出土的寺院文书①确实记载到乡村名及坊名（西河勃宁野乡，厥弥拱村，政声坊、安仁坊、镇海坊），推测该文书中的寺院在于阗都城附近②。如此，该文书中坊村的设置也与于阗都城有关。另外，麻札塔格出土的《于阗薛刺村状》[M. Tagh b. 003〈图〉Chavannes 1913, pl. XXXII, No. 962;〈录〉Chavannes 1913, pp. 203-204] 记载，薛刺村向上级递交了状文，但这也未必证明麻札塔格周围有村存在③。

如此，《唐 贞元六年（790）十月于阗馆子王仵郎抄》记载从于阗城向麻札塔格运送马料青麦，该文书中的人承担着马料的运输。仅从他们的名字来判断，罗勃帝芬（pwtyfrn）④是粟特人，扬师似为汉人。当时粟特人与汉人居住在于阗都城内的坊中，从于阗向麻札塔格运送马料。吉田丰推测这些汉人和粟特人都是商人⑤。换言之，他们不是纳税者，而是承担从于阗都城向神山馆长途运送马料的任务的商人。

笔者也同意吉田氏的观点，原因如本书第三部所论，是因为许多往

---

① 许多学者提到了这件文书，但首先应该参照池田 1996。

② 斯坦因很早就指出了这一点。Stein 1921 Ⅲ, p. 1290。而陈国灿则认为该寺院在麻札塔格。《斯坦因》第 489 页。关于这个问题，池田温采取了慎重的立场，而荣新江则重新认同斯坦因的观点。池田 1996, 第 215 页；荣新江 1993B, 第 406-407 页。关于麻札塔格的寺院遗址，斯坦因的考古报告中说在距离城塞遗址 50 码（45.72 米，东北?）的"坟墓"[海拔 100 英尺（30.48 米）的低地] 到往北 68 英尺（20.73 米）的地点。参 Stein 1928 Ⅰ, p. 93; Ⅳ, pl. 3。不过，这是一个规模很小的寺院。参侯灿 1987, 第 69-70 页。

③ 当然，薛刺村是麻札塔格周边的绿洲，"状"也有可能是从薛刺村送往麻札塔格。

④ 这个罗勃帝分的勃帝分，粟特语写作 pwtyprn。这种音译汉字的形式亦见于敦煌文书（P.3559）所记之石勃帝忿。池田 1965A, 第 63 页。韦伯（D. Weber）指出 pwtyprn 的音译汉字还可写成伏帝忿和伏帝番。Weber 1972, p. 199。关于此点，承蒙粟特语研究专家吉田丰的教示，他也指出勃帝芬就是 pwtyprn。吉田氏还告诉笔者，《唐 田绪欢等课役名籍》[〈录〉《文书》第 6 册, 第 494 页；〈图〉《图文》第 3 册, 第 253 页] 还记载到史浮知潘一名，以及拉达克发现用粟特文书写的 pwtyprn 之人名。参 Sims-Williams 1993。感谢吉田氏的教示！

⑤ 吉田 2006, 第 133 页。吉田氏还认为，麻札塔格出土的粟特文文书是在此地从事商业活动的粟特商人遗留下来的。吉田 1994B, 第 14 页。

来于各地的商人从事公共物资运输和供应，设在沙漠途中的麻札塔格小绿洲的馆，就依靠这些商人运输必要的物资。

（4）于阗地区的 ulaγ

从以上的讨论来看，前引麻札塔格出土的《唐年代未详（8 世纪）于阗新市乌骆马帐》所记乌骆（ulaγ）马的供应者，也与上引《唐贞元六年（790）十月于阗馆子王仵郎抄》一样，不是麻札塔格的居民，而极可能居住在于阗都城。总之，要确保有乌骆（ulaγ）马就应当是在于阗都城。从现在残存的部分来看主要是汉人和粟特人，他们原本不养马，很可能是购买马匹，并将它们"市"（卖）给官府。

这个乌骆（ulaγ）马就是帐簿中所列的"新市马"，可能是从居住在都城中的商人那里买来的，从而保证官府用马。

基于这一推断，文书开头部分"新市乌骆马"之"新市"的实际状况，是作为官方必备的交通用马，由官府向于阗绿洲的商人购买"乌骆"，据此算出的报酬数额以"新市"来表达。这个报酬数额（4000，3000，2800 文）与当时的马价相比，推测是偏低很多的①。由此可见，比起买马这样的平常交易，以乌骆（ulaγ）的名义来买卖则有半强制性质②。不过，该帐簿中钤有汉字朱印，但印文尚未解读，购买乌骆（ulaγ）马的官府是什么机构，则难以详知。

乌骆（ulaγ）一词的本意为绿洲国家（羁縻都督府）向唐朝方面直接供应驿传所用的运畜，这本来就是绿洲国家自己征收的税、役。安西地区以 ulaγ 的名义来确保马匹供应，在维持当地公用交通运营上可能占据着重要的地位。

如前所见，喀喇沙尔（焉耆）地区的交通用马一旦出现不足，就

---

① 大约同时代的吐鲁番的马匹价格为 4000~9000 文。参池田 1968（二），第 53-60 页。关于牲畜类的买卖价格，汉文文书及各种胡语文书记载不少，所以有必要对它们进行综合研究。

② 而且，在该帐簿中记作"支付"、"酬"，往往由官府采购，但经常面临赊欠不还的风险。

以"新市长行马"来填补这一不足。如前揭《唐 开元十九年（731）正月~三月<u>西州 天山县</u>到来符帖目》所记，该新市长行马可以理解为从民间新"市"（购买）长行马来进行补充。

于阗地区可能也发生同样的事情。前引《<u>唐年代未详（8世纪）于阗</u>新市乌骆马帐》记载，为了填补交通用马所配备的乌骆马之不足，确实向绿洲居民购买马匹，"新市长行马"和"新市乌骆马"指的是同一现象。如前所述，尽管采取买马的方式，但这近乎于半强制的征发。此处使用"乌骆（ulaγ）马"一词，也明确表示马匹不单单是购买，还是绿洲国家（羁縻都督府）对唐朝供应税、役的一环。

首先通过 ulaγ 来确保马匹供应，以支撑各绿洲之间的交通，发挥当地交通用马的功能。也就是说，不只是在东部天山地区，安西四镇也是通过各镇（都督府）配备的乌骆马（汉语中称长行马）将各个绿洲互相连接起来。唐朝统治西域，来自内地的人员和信息往来就通过这些马匹来维持，同时马匹也成为支撑安西四镇的将士、官员、官方使节等开展活动的交通手段。

馆及连接各馆的汉道是支撑乌骆马（长行马）活动的生命线。如前所言，税物是支撑馆的运营的经济基础，但前揭《诸馆人马给粮历》中的"使料"也是以钱和布帛等税收为基础的。

伊濑仙太郎已经指出，开元七年（719），安西大都护府对焉耆、龟兹、疏勒、于阗的"西域贾"开始征收税钱［伊濑1955，第439-460页］。这些税钱充作馆的经营基金和运营资金（使料、买马、采购物品的费用），以确保交通运营。不难想象，为此新征的税收负担非常沉重。

那么，于阗地区的麻札塔格为什么使用古突厥语"乌骆"一词呢？关于此点，应该留意前面探讨的吐鲁番地区也使用了"乌骆"这一音译词汇。可见在唐朝统治下，这个音译汉字已经定型化。

不过，这并不说明在唐朝统治之初于阗地区才引入 ulaγ 一词，也应该考虑到在唐朝统治以前，西突厥（突厥系游牧国家）可能已经向于阗国征课 ulaγ 供应的义务①。换言之，在唐朝统治以前，西域的汉人绿洲国家和以印欧语系或伊朗语系的语言为母语的绿洲国家，ulaγ 一词不只在民间层面使用，还渗透到统治阶层当中。

如此，唐朝向羁縻统治地区的游牧民族和绿洲民众双方征课马驴，以供应给使节，同时基于唐以前西域地区广泛施行名曰 ulaγ 的牲畜供应状况，采用了"乌骆"一词②。

直接连通国都长安的汉道是唐帝国统治的象征，一方面保护唐朝的驻军，另一方面唐朝皇帝给游牧部落和绿洲国家颁授羁縻府、州的印信，以得到他们的支持。在天可汗及其政治统属关系下，无论是游牧部落抑或绿洲国家都要承担 ulaγ，供应人马和粮食等物。唐朝的都护府（节度使）给纵跨天山南北的西域地区带来的交通秩序，确实也是在天可汗的权威下形成的。

---

① 《旧唐书》卷 198《西戎传》"于阗国"条记载"先臣于西突厥"，可知于阗国也臣属于西突厥。

② 供应 ulaγ 及其报酬情况，在后来的西州回鹘时代和蒙古统治时期的回鹘文书中也有与 ulaγ 有关的文书，对这些文书的研究给予了重要的启示，应该成为今后详细研究的课题。

小　结

　　以上初步探讨了唐帝国在中亚构筑的交通体制。因为论点涉及许多方面,以下对第二部的结论进行简单总结。

　　(1)作为唐朝交通制度的基础,驿传制度由驿制和传制构成。驿制承担着国都与各州府之间部分使者(驿使)的往来,以及紧急情报的传达;而传制则支撑着驿制以外的广泛交通和运输。换言之,驿传制度包括:中央与各州府的使者在连接国都与地方州府的驿道上直接往来的驿制,以及以此为背后支撑、以各县为递送据点来承担广泛公用交通和运输的传制。县是驿使、传使以外各种各样的官方往来人员的递送单位,传制就是在这样的背景下立足的。

　　(2)保证驿传制度在广域范围内发挥功能的,是从国都(长安)呈辐射状延伸出去的驿道与随之扩展的县道。驿道覆盖了所有的州府,唐朝不仅在直辖州府,而且在周边地区的羁縻府、州也都有驿道相贯通。

　　(3)驿道本质上具有向唐朝皇帝进贡物品的贡道性质。这些道路作为支撑唐帝国的政治和军事干线而发挥着功能,甚至还被用来支持贸易活动。驿道及设在驿道上的驿站和馆等递送据点,以往只考虑与驿制有关,但必须明确认识到,它们象征着唐帝国中央与州府的统属关系和国家的交通管理,同时作为支撑帝国公私交通的基干道路及设施而发挥着功能。

（4）随着唐朝的统治伸向中亚，这些驿道也被铺设到那里，在其统治之初在河西及作为直辖州府的西州府设置了驿站。另一方面，作为实行传制的地区之一，河西沙州敦煌县设有传马坊，是交通功能中管理手段特殊的独特机构；西州府不设传马坊，而是继承了原来的远行马、远行车牛等穿越绿洲间的交通方式，设置了长行马、长行车牛，由长行坊、长行车坊来管理、经营。其中长行坊与传马坊不同，在县以上的州府一级配置。这种长行坊体制也传入了北庭都护府、安西都护府。

（5）河西以西地区在撤销驿站的同时，至迟在8世纪，在驿道上并列设置了馆和镇、戍等军事机构，而在不能设馆的地方则以军事机构来代替。设在河西的传马坊也换成了长行坊，而在河西、西域地区，长行坊、长行车坊、馆及军事设施发挥着支撑往来于驿道的客使（使、典、别奏、傔人等）的功能。换言之，长行坊、长行车坊专门承担着管理、经营交通手段的责任，馆和军事设施是给客使及其使用的长行马、长行车牛提供食宿的场所。长行坊、长行车坊、馆和军事设施实际上起到了补充交通的功能，支撑着贯通中亚的驿道的交通运输。

（6）唐朝贯通中亚的驿道，游牧部族，甚至可能连绿洲民众也都称之为汉道。这是通往唐都长安的道路，同时也是唐朝客使和军队的行进之路，象征着唐帝国的统治。设置羁縻府、州的绿洲国家与游牧部族，在与唐朝皇帝（天可汗）的政治统属关系下，供应 ulay 等人马和粮食等物，以支撑唐朝的交通运营。

（7）另一方面，对于设置羁縻府、州的游牧集团而言，设在驿道上的馆是非常重要的。在这些游牧集团与唐朝的天可汗（皇帝）结成政治统属的关系下，唐中央给他们颁授都督称号和"印契"，他们同时要承担护送唐朝客使至馆等"供役"（供应劳役）的义务。另外，游牧部落首领派遣使节向唐朝进贡，这些朝贡使团在馆中受到接待，并以"赐物"的形式获得丝绢等物，同时还从事贸易活动。这些赐赠的丝绢即"诸驿赐物"是从唐朝内地运送来的庸调绢。在麴氏高昌国时代，游牧集团频繁地向吐鲁番派遣使节（商队），在客馆受到接待，同时采购物品和开展贸易。即便在唐朝统治之下，也仍然以馆为场地进行贸易。换言之，在唐朝统治之下，游牧集团延续前代设置使团商队的传统，继续向绿洲地带派遣使节。

在唐代西域地区，以往形成的游牧国家统治下的中亚交通体制，演变为与唐朝政治统属关系下的交通体制。也就是说，中亚地区与外部世界的唐帝国重新结成政治统属关系，可以说在这种关系下被迫转向周边文明圈的交通体制。

不过在中亚地区，一方面有唐朝带来的交通体制及据此形成的秩序，另一方面有基于取代西突厥的唐朝天可汗的权威所给予的"赐物"。尤其是唐朝与设置羁縻府、州的游牧部落首领相互派遣使节，与前代一样保证相关贸易活动有序进行。不过在天可汗的统治下，西域地区成为唐帝国的一部分，得到所构筑的这种交通体制的支撑，人与物的流动呈现出与唐朝内地一体化的形式，贸易活动的环境发生了巨大变化。关于此点，拟在下面进行探讨。

第三部 唐帝国与胡汉商人的流动、贸易

小 序

7世纪唐帝国建立,以长安为国都,它的统治范围扩展至蒙古高原、中亚地区。唐帝国是怎样通过控制人员、物资、信息的流通来左右政权的命运,已无需赘言。正如第二部所述,唐朝把国都和直辖、羁縻两类都督府、州连接起来,为了统辖辽阔的领土完善了各种交通设施。

即便是通往遥远的中亚地区,唐帝国也设置了驿道(汉道),以保持直辖、羁縻两类都督府、州的沟通。本书第一部讨论了西突厥统治下构建的交通体系,此部分则讨论唐朝统治下形成的新的交通体系。如本书所述,唐朝取代游牧政权,掌握并统治了拥有大规模组织体系的粟特人和绿洲政权。

唐朝的交通体制与西突厥相比有了质的进展,但第一部所述游牧政权构建的长途运输人员、牲畜、物品的交通体制仍在运行。如第二部所述,在唐天可汗(皇帝)和都督府、州的政治统治—从属关系之下,由都督府、州的绿洲政权和游牧部族负责提供人员、牲畜与物品,维持驿道和帝都(长安)相连的交通体制。在此基础上,唐朝将内地征收的税物运往中亚地区,维护当地的交通体制。游牧民众乃至绿洲百姓都把这一交通体制中重要的驿道称为汉道,可见这条特殊的道路是唐朝统治中亚的象征。

这条汉道作为通往帝都的贡道,不只是政治、军事之路,同时还是商队长途运输的经济之路。与西突厥时期相比,唐代中亚商队的处境发生很大的变化。除了粟特人以外，汉族商人也逐渐进入中亚地区。

另外，唐朝驻军和这些商人互相配合共同活动，唐朝把内地收缴的绢作为军需物资，其所需数量在8世纪后急剧增加，值得注意的是，长途移动的商人成为军需物资的运输者。在这种状况下，从唐朝内地至中亚，运输的绢和唐朝的铜钱一样具有货币职能，中国内地和中亚一体化，人员和物资也逐渐流动起来。这无疑为中亚绿洲的经济带来巨大的影响。

本部分将明确唐帝国统治中亚以后，如何来掌控和管理往来于驿道（汉道）的商人；他们的商队贸易活动和西突厥时期相比，发生了怎样的变化。在此基础上，重新考证中亚和唐朝之间建立了怎样的关系。这不仅可以了解唐帝国统治中亚的具体情况，同时还可以探明唐朝统治中亚的意义。

第 7 章　唐帝国与胡汉商人

1　粟特商人在东方的活动及其主要活动区域

如前［第 4 章第 2 节（2）］所述，唐朝设置的驿道成为商人往来的经济之路，在本书第一部可以看到粟特人作为商人在唐朝积极地开展贸易活动。当然，他们的活动从 6 世纪之前就已经开始了，其与中国之间的往来可早至西汉时期①。史料中东汉时期的中原和漠北游牧地区都可见粟特人的活动踪迹②，他们以一定规模的移民聚落为据点进行贸易活动，这种状态在斯坦因所获粟特语文书"粟特人信札"中得到了证实③。据此可知，至迟到 4 世纪，河西地区就建立了粟特人的移民聚落，他们以此为中心将贸易活动的范围扩展至中国内地。因此，粟特商人构建包含中原地区与蒙古高原的东方贸易圈，可一直追溯至唐代以前。

为了维持与发展这个贸易圈，粟特人自然要努力寻求贸易地首领们

---

①　羽田明 1971，第 423 页（收入羽田明 1982，第 336-337 页）。

②　羽田明 1971，第 424 页（收入羽田明 1982，第 337 页）；护 1976，第 169、202-203 页。

③　"粟特人信札"中，A. L·Ⅱ（Or. 8212/95, 99）和 A. L·V ［Or. 8212/94, 100/商队成员寄给萨宝（s'rtp'w，'sp'nδt）的商业活动书信］经常被引用。前者的解读文字，参 Harmatta 1979, pp. 160-163；榎 1980，第 267-271 页；Sims-Williams 2001, pp. 268-273 等。后者的解读文字，参榎 1980，第 273-275 页；Grenet, Sims-Williams, De la Vaissière 2001, pp. 91-98 等。

的庇护，对于接纳方的中原诸王朝和漠北游牧势力来说，粟特人不只带来了物品，还有先进的文化和丰富的信息，甚至还可以增强军事力量①。另外，在游牧国家，粟特人经常作为政治顾问而闻名②，在北朝和隋、唐王朝的政治、军事、外交方面，他们的作用也不容忽视。

当然，粟特人的贸易活动不只限于东方，索格底亚那周边也留有他们贸易活动的痕迹③，序文叙述了3世纪以来粟特人在中央欧亚的政治状况，这是促使他们向东方活动的主要原因。特别是5、6世纪以来，粟特人积极出入于东方④，在商队路线的据点和贸易目的地设置了他们的移民聚落（或居留区），并以此作为根据地扩大其贸易网络。沿着草原之路来看其移民聚落设置的具体地点，西面向北越过锡尔河延伸至天山西部北麓的七河流域⑤，东面则一直延伸至蒙古高原。在蒙古高原地区，即使在突厥时期，他们也形成了以粟特人为首的独立部落，其首领

---

① 根据近年的研究，证明了草原地区存在掌握游牧骑射技术的"粟特系突厥"（Turco-sogdiens），同时，这也是沿着绿洲之路移动的粟特人成为武人的有力佐证。De la Vaissière 2002；森部 2004A；森部 2004B；山下 2004；山下 2005。

② 羽田亨 1923（收入羽田亨 1957）；Pulleyblank 1952；护 1967A，第 62-69 页。

③ 关于各地出土的粟特资料，详参吉田 1997，第 230-233 页。除了吉田丰介绍的资料之外，北高加索莫谢瓦亚·巴勒卡古墓群出土的绢织物是粟特锦。关于该古墓群，参加藤 1979，第 64-66 页；伊埃尔萨利姆斯卡娅 1985，第 75-89 页等。此古墓群中还发现了汉文文书，伊埃尔萨利姆斯卡娅对其中一部分作了释读，并在此基础上指出"这正是8世纪中国商人在这里停留的证据"。伊埃尔萨利姆斯卡娅 1985，第 77 页。另外，加藤九祚也对该汉文文书作了部分释读，成为"丝绸之路的商队中，不仅有粟特人，还有中国人"的证据。加藤 1979，第 66 页。虽然出土了汉文文书，但并不能证明"中国商人"直接到过这里，且凭借这件汉文文书，就认为汉人以外的人与这件文书没有关系的结论也有些草率。

④ 参荒川 1990A，第 151-152 页；荒川 1999，第 88 页。虽然是部概述性著作，但羽田明也认为5世纪中叶至8、9世纪是粟特人进行商业活动的顶盛时期。羽田明 1969，第 234 页。

⑤ 关于七河流域的粟特人聚落（城市），参内藤みどり 1988，第 10-21 页；加藤 1997 等。

被授予颉利发的称号①。

另一方面，粟特人沿着绿洲之路，广泛分布在从帕米尔东部塔里木盆地周边的绿洲诸国，到河西地区至华北的许多城市②。特别是中国内地的这些移民聚落，其首领在唐朝之前被任命为"萨宝"（s'rtp'w）③。

唐朝疆域的扩展过程，也是逐渐统摄粟特人移民聚落的过程。另外，对照之前所论唐朝驿道的分布［第4章第2节（1）］，可见以长安、洛阳为中心，连接西域与河东道的太原、代州以及河北道的幽州、营州等驿道上，主要州府的都市也有他们的移民聚落（参附图4）。除此之外，汴州也可能存有粟特人的移民聚落④，而其以南的地域，包括剑南道，现阶段还没有这些移民聚落的史料。

但是，这并不能直接说明在这些地区完全没有粟特人的移民聚落。稍做追溯，《南齐书》卷59《芮芮虏传》（第1024页）建元二、三年（479、480）记有"时有贾胡在蜀"，再如《梁书》卷18《康绚传》（第290页）记载康氏家族源自"康居"，从河西迁到蓝田，其中康绚

---

① 护1967A，第72页。

② 荣新江1999（收入荣新江2001）；Rong 2000；荣新江2005中有详细论述。参荒川1999，第84页；De la Vaissière 2002, pp. 128-153（英译2005，第122-147页）。关于粟特人聚落的大致分布，森安孝夫制作的地图非常便利。森安2007A，第110-111页。

③ 吉田丰确定了"萨宝"在粟特语中写作s'rtp'w。吉田1988，第168-171页；吉田1997，第230页。另外还有很多关于粟特人聚落和"萨宝"的相关研究，此处不再逐一罗列，最早进行研究的是藤田1925A（收入藤田1974）；羽田明1971等。这些研究在讨论粟特人聚落和"萨宝"时，多数把北魏至隋唐的情况一概而论，完全没有考虑时代的变化。纠正这一点的是荒川1998。之后，20世纪90年代后期关于粟特人的研究资料大量增加，特别是北朝隋唐时期在中国居住的粟特集团成为新的研究视角。换言之，来到中国形成聚落的粟特集团，以牧马和贸易为业，担任军官和牧马官，同时形成武装集团。山下2005。参山下2004。另外，还推测北朝末到隋、唐初的"萨宝"作为率领军府的军官而进行活动［荣新江2001；荣新江2003A］，北周时期的《康业墓志》中，更可见"大天主"的官职名称。可以说北朝隋唐时期"萨宝"的研究，迎来了一个崭新的阶段。

④ 谢海平1978，第50页。

的祖父康穆在南朝宋的永初年间（420~422），率领"乡族三千余家"迁居"襄阳"。以上表明了唐代蜀地和襄阳也可能存在粟特人的移民聚落。但在华北以南地区，至少在8世纪中叶以后，应注意粟特人以外的外国商人即波斯和大食商人的贸易活动。

波斯和大食商人与粟特商人分别居住，由此可知，这一时期以后波斯和大食商人通过南海路线真正开始了贸易活动①。根据妹尾达彦对《异人买宝谭》的分析与研究②，可知在开元、天宝时期以后波斯、大食商人活动的主要场所，与国都和部分都市中粟特商人的活动场所相同，也沿着长安、洛阳以南的运河沿线都市以及沿海的大都市而分布。

另外，日野开三郎论证，在8世纪以后，唐朝将回纥钱和波斯钱当作外国的金融资本③。关于回纥钱，森安孝夫已明确这是粟特商人的金融资本④，而波斯钱即波斯商人的金融资本。虽都称作"钱"，但都不仅仅指钱，而是金银、绢帛等借贷资本的总称。拥有巨额资本的金融商人，除了借贷、兑换等以外，还负责为他人保管金钱，另外还为存入资金者开具票据、现金支票和汇款票据，甚至进行资本的投资活动⑤。考虑到之前所见粟特商人和波斯商人们的活动区域，可以想象这两种外国的金融资本，在粟特商人和波斯商人南北分住的基础上更好地发挥作用。

唐朝的国都长安位于内陆，在唐建国之前，粟特商人就已深入中原，特别是华北地区，并在中亚、蒙古高原地区积极活动，那么唐朝是怎样统治这些粟特商人的呢？这无疑是很重要的问题。正如所说明的那样，唐朝深入到西域地区，将他们的活动范围纳入唐朝的统治体系之中。

---

① 当然，粟特人也有在南海路线进行贸易活动的踪迹。参姜伯勤1991；Grenet 1996；齐藤1998等。
② 妹尾1991，第296-300页。
③ 日野1965A（收入日野1982）；日野1965B（收入日野1982）。
④ 森安1997A，第112页；森安1997B，第24-28页。
⑤ 日野1965A（收入日野1982）；日野1965B（收入日野1982）。

2 唐朝的建立与粟特百姓、行客

唐朝形成了囊括蒙古高原、中亚在内的大帝国，将胡、汉民众毫无区分地纳入州县体制之下。在这种状况下，主要以华北和蒙古高原、中亚为活动场所的粟特人，他们的情况如何？

粟特人本身在唐朝建国之前就已进入中原开展商业活动，所以唐朝要统治粟特人，就必须要考虑到唐朝建国以前就居住在中原的粟特人和建国以后新流入的粟特人这两种情况。

如前所述，在唐朝建国之前，粟特人就已进入中原并形成移民聚落，以此为据点进行贸易活动。在北朝被称为"萨宝（萨保）"的官职是"视流内"（以流内官为准）官，是为了统辖移民聚落而正式设置的官职。唐朝赋予"萨宝（萨保）"对各个移民聚落的自治权[1]。

唐朝建立时，这些移民聚落也要面临巨大的变化。如敦煌、吐鲁番文书所具体反映的那样，唐朝建立后，为了统一律令管理，将独立的移民聚落编入唐朝州县之下，其中的粟特人也成为唐代州县的百姓[2]，州县定期制作籍帐把他们编为良民。其中，为唐朝建国而做出军事贡献的粟特人被授予唐朝官爵[3]，但大部分粟特人被归为白丁性的百姓。例

---

[1] 藤田1925A（收入藤田1974，第300页）；羽田明1971，第427页（收入羽田明1982，第340页）；荒川1998，第170页。

[2] "百姓"是指天下的百姓，即表现为皇帝统治下的全体良民。渡边2003，第46-52页，第64页注（8）。对此，山根2007（第379-383页）提出驳论。与此相对，公文书中所见的"百姓"，在编籍分类基础上用于表示身份。本书中的"百姓"基本上采用后者的含义。

[3] 参山下2004，第67-71页；山下2005，第12-13页。因父辈从事贸易来到中原居住的何潘仁也是粟特人，他在周至县依靠财力聚集"宾客"，形成了自己的军事力量，不只是隋炀帝，就连唐高祖都很重视他，授予其唐朝官爵。《旧唐书》卷58《柴绍传》（《太平御览》卷824；《资治通鉴》卷184《隋纪八》"义宁元年（617）"条）。

如，在唐朝的统治下，敦煌的粟特人聚落，成为沙州敦煌县所属的13乡之一（从化乡）。由此可以推测，在中国内地设置的其他粟特人移民聚落，也同样编入了州县下面的乡里。

　　唐高宗时期，唐帝国将统治范围扩展到帕米尔东西的中亚地域，在中亚各国、各集团设置了羁縻府、州。帕米尔以东绿洲国家设置羁縻府、州，其民众同样也是唐朝的百姓，是法定税收的对象，这一点从于阗羁縻府、州减免税役的官文书中把羁縻州民众称为"六城（州）杰谢百姓"① 的例子可以得到证明。再加上吐鲁番出土官文书中，还把游牧羁縻府、州的部落民众称为"处密部落百姓"②。从这些来看，可推测显庆三年（658）设置羁縻府、州的索格底亚那绿洲诸国民众，在以律令为基础的国家统治法则中，形成了唐朝羁縻府、州"百姓"的观念③。如后所见，粟特商人在唐朝建国以后进入唐朝内地并积极开展商业活动，这正是唐朝设置羁縻府、州以后的情况。

　　另外，从漠北迁徙而来的粟特六州胡，也没有编入直辖州县乡里的体制之中，而是编为羁縻府、州的民众，他们虽和直辖州县的百姓不同，但也是唐朝的百姓。

　　总而言之，在唐朝律令统治的体制之下，所有粟特人和汉人同样被视为唐朝百姓。这是在唐朝统治理念的基础上贯彻律令统治的结果。

---

① 《唐 大历三年（768）典成铣牒为杰谢百姓杂差科及人粮事》[丹丹乌里克出土，〈录〉Chavannes 1907, p. 523；森安1984，第52页；《斯坦因》第535-536页；〈图〉Hoernle 1901, pl. IV；森安1984，图版Ⅱ]。于阗出土的其他大量文书中，均可见把羁縻府、州下的一般良民作为百姓的实例。另外在唐代于阗绿洲，"百姓"这一汉语在于阗语中写作 pa'kisina。吉田2006，第122、158页注（41）。

② 〈录〉《文书》第9册，第130页；〈图〉《图文》第4册，第331页。

③ 关于在索格底亚那诸国设置的羁縻府、州，详参刘统1998，第127-131、189-191页；吴玉贵1998，第415-418页。关于撒马尔罕王拂呼缦就任康居都督，影山悦子通过阿弗拉西亚卜正壁唐朝派遣使节的壁画，敏锐地指出这是任命拂呼缦为康居都督的场面。影山1998，第27-28页。当然唐朝对索格底亚那羁縻府、州的统治，与帕米尔以东的统治明显不同。

但另一方面，唐朝律令统治时期（7~8世纪中叶）的西域，除百姓外还有"行客"。"行客"这种身份人数众多，由官府管理①。如后揭《唐 开元十六年（728）北庭 金满县牒》["金满县之印"，有邻馆15〈录〉《籍帐》No.148，第354页]所示，"行客"的身份是编户，不只是官文书中如此称呼，他们在私下也会自称为"行客"②。

关于行客的性质，许多学者对此进行了研究③，但没有明确的结论。姜伯勤在各种研究成果的基础上将行客的性质总结如下：①合法离开原籍流动的客籍人户，与非法的"浮客"有着本质的区别。②其中不只有商客，也包括士兵、农业劳动者等各色身份，大多与贸易活动相关，其中各州县的入籍者要承担税役。③他们持有过所通行证，在各地可以合法地移动④。行客取得过所后可以合法地长途移动，虽然西域出土文书中看不到这种例子，但从《唐会要》卷86"关市"条（第1872

---

① 姜伯勤认为"行客"身份出现的背景，是开元~大历年间唐代户籍、租税制度的巨大变动时期（姜伯勤1989，第277页），但在这之前，公文书中"行客"一词和"浮逃"是区别使用的。参《武周时期残状》[〈录〉黄文弼1954（黄文弼1958再版，第44页）；〈图〉黄文弼1954（黄文弼1958再版），图版2，图4]。

② 盛唐时期营造的敦煌莫高窟第166窟东壁多宝佛下部的供养人题记中，记有"行客王奉仙一心供养"。敦煌研究院1986，第78页。

③ 许多学者进行了研究，中村裕一把"行客"与"百姓"并列，在编籍中归为一类，并指出这个词语本来是指脱离原籍属地的人，也指长途移动的商业人员，依情况的不同有必要再进行说明。中村1988B，第52-55页（收入中村1991，第451-455页）。中村氏又提出，"与商业有关的人是有品级的押队官，应不会被任为守捉"，并禁止行客直接与商人相联系。中村1976，第150-151页。但一些士兵也和商业活动相关。另外，池田温认为行客本身是指离开原籍的"客、客户"，一般也指从事商业活动的行商，很多行客都是长途移动的商人。池田1980，第325、340页注（96）[收入池田2003，第158、177-178页注（96）]。另外，古贺登也把行客看成商队。古贺1966，第120页。

④ 姜伯勤1989。但是，如前举《武周时期残状》和《唐 开元十九年（731）正月~三月西州 天山县到来符帖目》[〈录〉《籍帐》No.153，第361页]所载户曹符目所示，不只是"浮逃"，行客也是检括的对象。关于过所，后面第8章第4节以后再做详细论述。

页）可以得到证实①。

如姜伯勤所述，行客与浮客不同，是合法的客籍人户，毫无疑问他们大部分与贸易活动密切相关。虽然他处另有详述，但首先应该考虑到，他们是以合法的形式离开原籍，因此在沿边州县成为客籍人，也有些是远征的行军士兵，没有返回而留在了当地。西域的行客与其说大部分是客商，不如说是士兵更加妥当。另外，敦煌文书《唐 天宝六载（747）十二月河西 豆卢军军仓收纳籴粟麦牒》[P.3348v〈录〉《籍帐》No. 213B，第 472 页，《释录》第 1 辑，第 444 页] 中可见，其中一些人在被称为行客的同时还被称为"兵客"②，因此他们在归入当地州县的客籍之后仍是士兵。如上举文书所示，这些士兵还参与了谷物贸易活动。

从上列敦煌文书可知，粟特人和汉人一样，有的也拥有行客的身份③。换言之，粟特人不只是百姓，还是行客。

对于百姓、行客中难以管理的粟特人，比如从索格底亚那绿洲诸国和天山以北的草原地区新流入的各种粟特人，唐朝是如何管理的呢？下一节来探讨这个问题。

3　唐帝国与外来粟特人

在唐朝，为了辨明外国朝贡使的真假，要使用一种被称为铜鱼符（铜契）的符契。根据榎本淳一的研究④可知，这种铜鱼符只在唐朝前期使用，授予经陆路国境入朝的西域诸国，而从海路入朝的日本等国则

---

① 宝应元年（762）九月敕。古贺 1966，第 120 页。
② 《唐 天宝六载（747）十二月河西 豆卢军军仓收纳籴粟麦牒》[P.3348v〈录〉《籍帐》No. 213B，第 471 页] 中行客曹庭训也被称为兵客。另外，《释录》第 1 辑（第 441 页）把行客录为兵客。
③ 池田 1980，第 325 页（收入池田 2003，第 157 页）。
④ 榎本 1995，第 465-468 页。

不会被授予铜鱼符。如榎本氏所述,这表明8世纪前期唐朝管理出入国境的重点是西北的陆路国境。

从外交方针来看,唐朝周边诸国通过朝贡和唐朝进行贸易即朝贡贸易。相对于国家间的朝贡贸易,唐与周边诸国之间还有民间的互市交易。当然,这种朝贡贸易和互市交易不只限于唐代,作为古代中国和周边国家之间独特的贸易形态,学界经常会讨论其性质以及历史意义[①]。

然而,唐前期与周边粟特诸国的贸易,并不局限于朝贡贸易和互市交易的框架。因为外来的粟特商人不只出现在朝贡贸易和互市交易中,还经常深入与此全无关系的唐朝内地。当然,这种现象在唐朝之前早已存在,此处讨论的是唐前期粟特商人的活动情况,这与唐朝之前的情况有着本质的不同,是唐朝统治体系的一部分。

有关唐朝前期与西方诸国贸易的研究成果,虽然明确了外来粟特商人活动的重要性,但经常将其与周边诸国放在同一平台。换言之,往往会将其置于朝贡贸易和互市交易这个框架内一概而论。因此,必须要把外来粟特商人和其他诸国分别讨论。

(1) 朝贡、互市贸易和外来粟特商人

如序言所述,唐帝国的体制基本上由内地都督府、州/羁縻都督府、州/远夷(入蕃)三重结构组成,这几乎是没有异议的。朝贡贸易的朝贡国,通常是其中的远夷国,即外蕃国家。《六典》卷4"礼部主客郎中员外郎"条(第129-130页)共记载了70个蕃国,其中一些还设置了羁縻都督府、州(以下简称为羁縻府、州),这些国家作为朝贡蕃国的同时,还是唐朝的羁縻府、州。在唐朝的周边有很多这样的国家,包括索格底亚那绿洲的中亚诸国,也在唐前期设置了羁縻府、州。众所周知,7~8世纪中叶,几乎整个中亚都被纳入唐帝国的统治体制中,但西域诸国作为唐朝羁縻府、州的一面很容易被忽视。至少从唐朝来看,西

[①] 关于北方游牧民族的研究有很多论著,首先参松田1936(收入松田1986);松田1959(收入松田1986)。

域诸国既是向唐朝朝贡的外国，同时也是唐朝的羁縻府、州，这一点有必要重新确认。

如前所述，相对于国家间的朝贡贸易，中外民间也会进行互市交易。如石见清裕所指出①，互市交易在唐代非常盛行，不只是北方，南方港市的交易也囊括其中。与此相对，中亚方面的互市交易，仅凭借其与游牧民族之间的史料是不能得到证实的②。对于外来粟特商人，《唐开元户部格残卷》[S.1344〈录〉TTD（A），第93页；〈图〉TTD（B），第72页]云：

> 敕：诸蕃商胡若有驰逐，任于内地贸易，不得入蕃。仍令边州关津镇戍严加捉搦。其贯属西、庭、伊等州府者，验有公文，听于本贯已东来往。
>
> 垂拱元年八月廿八日

垂拱元年（685）唐朝以来到东方谋利的商胡③（即外来粟特商人）为对象，正式许可他们经过互市，直至内地贸易。此诏敕为开元年间的户部格，因此这个政策应一直持续到8世纪前期。但又规定，他们入境后和唐朝内地的百姓一样，不准进入蕃地。

当然，此政策不是唐朝初期的规定，《资治通鉴》卷193 "贞观四年（630）十二月甲寅（24日）"条（第6083页）记载，西域诸国随高昌国王遣使入贡，唐太宗欲遣使迎接，对此，魏征上谏曰：

---

① 石见1997（收入石见1998，第508-511页）。

② 《旧唐书》卷194下《突厥传下》，第5191页（《资治通鉴》卷213 "开元十四年（726）十二月"条，第6776页）。吐鲁番出土《唐上李大使牒为三姓首领纳马酬价事》[72TAM188：89（a）]为首的一系列文书[〈录〉《文书》第8册，第84-90页；〈图〉《图文》第4册，第40-42页]也是与游牧民族相关的互市贸易。

③ 商胡，可能是唐朝为了与波斯、大食相区别而命名的。《旧唐书》卷110《（邓）景山传》（第3313页）记载 "商胡大食波斯等商旅死者数千人"，可解读为 "商胡、大食、波斯等商旅死者有数千人"。商胡决不是波斯系商人的总称，而是特指粟特商人。

>今天下初定，前者文泰之来，劳费已甚，今借使十国入贡，其徒旅不减千人。边民荒耗，将不胜其弊。若听其商贾往来，与边民交市，则可矣。倘以宾客遇之，非中国之利也。

从上谏内容来看，贞观四年的唐朝与其他多数国家一样，在和西域诸国的民间交易中，最大限度地允许"边民"之间的互市交易。如上所见，这种方针在武则天时期的垂拱元年发生了巨大的转变。

如前［第4章第2节（2）］所述，唐朝通过铜鱼符对西域来的朝贡使者进行入境审查，积极取缔贸易商人伪装的朝贡使者。但另一面，在不允许进入蕃地的前提下，允许外来粟特商人因私人贸易而入境，唐朝绝不会反对他们的私人贸易。由此可见，外来粟特商人合法的入境方法，除了随朝贡使前来，还有私人入境。

粟特人和朝贡使一同进入唐朝国境时，要进行一系列的入国审查[①]。粟特人在私入唐朝国境时，要通过怎样的手续才能从外蕃地域进入唐朝内地呢？接下来对此再作讨论。

（2）外来粟特商人的入境实况

关于外来粟特商人从西边进入唐境的实况，吐鲁番文书中有具体的记载，可以此为线索进行研究。下面首先列出《唐 垂拱元年（685）康义罗施等请过所案卷》［64TAM29：17（a），95（a），108（a），107，24，25〈录〉《文书》第7册，第88-94页，程喜霖2000，第246-248

[①] 唐朝体制中使节往来的费用全部由国家来负责，因为州县迎送的费用巨大，所以对朝贡使设立了严格的检查体制。关于边州承担的费用，如前揭《资治通鉴》所引史料可见，到8世纪后期的史料［《河西节度使判集》P.2942〈录〉《籍帐》No.236，第495页］中，判文"沙州率粮，非不辛苦。首领进奉，凭此兴生。虽自远而来，诚合优当。淹留且久，难遂资粮。理贵适时，事宜停给"规定，停止给诸国首领提供粮食。判文中的诸国首领，指的就是西域诸国的首领，他们借进贡之机进行贸易并滞留，给迎送的边境州带来沉重的负担。关于西域诸国首领的表现形式，参《隋书》卷67《裴矩传》所记"西蕃胡二十七国"（第1580页）的首领等。

页;〈图〉《图文》第 3 册,第 346–350 页][1] 的录文:

①

  (前 缺)

1   垂拱元年四月 日

2   译,翟那你潘

3   "连。亨白。

4   十九日。"

……………………………………………………………………"亨"

②

  (康尾)

5   □□义罗施年卅 | | |

6   [ ]□钵年六十 | | |

  (吐火罗)

7   □□□拂延年卅 | | |

  (吐火罗磨)

8   □□□□色多年卅五 | | |

  (罗施等辩)

9   □□□□。被问所请过所,有何来文[2],

---

[1] 根据 1998 年三菱财团助成金资助的文书调查,笔者确认了《文书》、《图文》的录文。西州时期公文书标准纸张(中等纸质,中等厚度,帘纹均匀)。录文没有说明文书③第 1 行"游击将军"的左侧有一个非汉字的文字,该文字很可能是粟特文。关于该文书,许多学者都引用过,参陈国灿 2002,第 122–123 页 [程喜霖 2000(第 248–258 页)作了订正,还应提到吴震 1990A]。另外,陈国灿从该文书无官印这一点,推测这是保留在官府的备案。陈国灿 2002,第 122 页。然而该文书原本是在官府查问粟特人时所作的记录,即使先不考虑文书中的画押,它也不是官府另外书写的备案。此处虽不能详尽讨论,但绝不能因为没有官印而直接判断此文书是备案。

[2] "来文"和接下来③中所见的"公文"一样,指的是上级发放的公文书。这里的"来文",具体指的是通行许可证。

10　仰答者，谨审，但罗施等并从西
11　来，欲向东兴易，为在西无人遮得，更
12　不请公文，请乞责保①，被问依实，谨
　　（辩）
13　□。"亨"。
　　　　　　　　　　（垂拱元年四）
14　　　　　　□□□□月　日。
　　（后　缺）

③
　　（前　缺）
1　　　　　　四月　日游击将军 [
2　　　　"连。亨白。
3　　　　　　　十九日"
4　……　兴生胡纥槎年五十五…… | … | … | …………"亨"
5　　　　 [ ] 苇潘年卅五　　　 | | |
6　　　　 [ ] □达年卅六　　　 | | |
7　　　　 [ ] □延年六十　　　 | | |
　　（苇潘等辩）
8　　　□□　□□。被问所请过所，有何公文
　　（仰答者,谨）
9　　　□□□□审，但苇潘等并从西
　　（来　　）
10　 [　　　] 汉官府，所以更不请
　　（公文。苇潘）

---

① 责保，直接解释是保证和担保的意思。参王启涛 2005，第 726-727 页。在此称为保人，他们可证明过所申请者提供证言的真实性，包括录取证言。

11　　□□□□等并请责保①，被

　　　（问依实，谨辩。"亨"。）

12　［　　　　　　　　　］

　　　（后 缺）

④

（前缺）

1　你那潘等辩，被问得上件人等辞，请将

2　家口入京，其人等不是压良②詃诱③寒盗④

3　等色以不，仰答者。谨审，但那你等保

4　知不是压良等色，若后不依今

　　　　　　　　　　　（辩）

5　款，求受依法罪，被问依实谨□。

6　"亨"　　　垂拱元年四月　日

7　　　　"连。　亨 白

8　　　　　　　　　十九日"

---

① 如前所指，"责保"称为保人，他们证明过所申请者所述证言的真实性，包括录取证言。

② "压良"就是"压良为贱"的意思，依照户婚律"放部曲奴婢还压"条及《资治通鉴》卷283《后晋纪四》"齐王天福八年（943）二月丙子（28日）"条（第9246页）。王启涛2005，第653页。后者记载"自烈祖相吴，禁压良为贱"，胡三省注曰："买良人子女为奴婢，谓之压良为贱，律之所禁也。"

③ "詃诱"和"诓诱"意义相同，都是欺骗并拐带人口的意思。参张九龄《曲江集》卷11《敕吐蕃 赞普书》，第67页。

④ 关于"寒盗"一语，王树楠在《新疆访古录》卷2《唐 上元二年买马私契》中认为"二字亦当时俗语，言人贫寒而为盗者"。仁井田陞也列举王氏的观点。仁井田1960［补订1981，第654页注（14）］。但蒋礼鸿认为"寒"音同"攃"，为偷盗之意。蒋礼鸿1994，第126页。王启涛又把"寒盗"与"诱盗"相对应，认为和一般的盗窃不同，有抢夺、掠夺之意。王启涛2005，第174-181页。此处笔者赞同王启涛的观点。

【原书此处为文书之日译文，兹删——译者注】

⑤

　　　　（前　缺）
　　　　　　　　　　（年）
1　保人庭伊百姓康阿了□〔
2　保人伊州百姓史保年卅 丨〔
3　保人庭州百姓韩小儿年丨卅〔
4　保人焉①耆人曹不那遮丨年〔
5　保人高昌县史康师年卅丨五〔
6　　康尾义罗施年卅　作人曹伏磨
7　　　婢可婢支　驴三头　马一匹　──
8　　吐火罗拂延年卅　奴突蜜□
9　　　奴割逻吉　驴三头　　──
　　　　　　　　　　（年）
10　　吐火罗磨色多□〔
11　　　奴莫贺咄〔
12　　　婢颉　婢〔
　　　　　　　　　（─────）
13　　　驼二头　驴五头。〔
14　　何胡数剌②　作人曹延那〔
15　　　驴三头。　　──────
16　　　康纥槎　男射鼻　男浮你了
17　　　作人曹野那　作人安莫延　康〔

----

① 从字形来看，文字上部的一撇很微妙，也可读作"乌"，此处姑且移录为"焉"。参《俗字》第 473-474 页。

② 《文书》、《图文》、程喜霖 2000 都移录为"刺"，但这里的"剌"是粟特人名"胡数剌（Ghosh-rat）"。参 Yoshida/Kageyama 2005, p. 306。

18　　　婢桃叶　驴一十二头。────

　　　　　　　　　　　　　　　（将）

19　　阿了辩，被问得上件人等臊称，请□

　　　　　　　　　　　　　　　（諠诱？）

20　　家口入京，其人等不是压良□□

　　　　　　　　　　　　　　　（等保知）

21　　冒名假代①等色以不者，谨审，但了□□□

　　　　　　　　　　　　　　　（依今款）

22　　不是压良假代等色，若后不□□□

　　　　　　　　　　　　　　　（辩）

23　　求受依法罪，被问依实谨□。

　　　　　　　　　　　　　　　（日）

24　　　垂拱元年四月　□。

　　　　　　　　　　　　　　　（白）

25　　　"连。　　亨□。

（后　缺）

该文书由 6 件残片粘连而成②，因原本粘连的顺序不能确定，故此处依照《文书》所列顺序。

首先，从该文书的书写格式来看很容易判断是"辩辞"。这个"辩辞"是受官府询问时的供述记录，也被称为"款"（记录，供述书）③。实际上是对询问的回答记录，代笔写下来后留在官府，在本人面前宣读

---

① "冒名假代"是"骗取他人的名字并取代"的意思，参《卫禁律》卷 4《宫殿门无籍》，第 152 页；卷 5《非应宿卫自代》；卷 23《宫门等冒名守卫》诸条，第 169 页；以及《律令》卷 6，第 21-26、69-72 页及王启涛 2005，第 212 页。"冒名"一词至今也仍在使用。

② ①和②之间，是把裁开的底纸粘在一起，从纸缝背面签署的"亨"可以判断，这两张纸本来就粘连在一起。

③ 王启涛 2005，第 269-270 页。

这份记录，无误后画押①。①部分第2行有译语人②翟那你潘的名字和画押，虽然姓翟，但"那你潘"是粟特语"nnyprn"③，因此可以确定他是粟特人。大概他是被调查者和官府中间的粟特人。若是外来粟特人，他们很可能不懂汉语，所以需要分别翻译汉语的询问和粟特语的辩辞，最终宣读的调查内容也需要把汉语翻译成粟特语后才能得到确认。①日期后有他的画押，是与汉人书记记录内容相符的证明。但可惜的是，②、③辩辞的末尾残缺，无法进一步确认，若译语人是中间人，此处应有他的名字和画押。

从辩辞的内容可知，这些文书都是外来粟特人在西州都督府请求过所时制作的，是西州都督府对外来粟特人询问时的供述记录。

如后所述，唐朝州县百姓离开原籍申请过所时，要向州县的录事提出申请，获取过所。根据④的第1行可知，该文书是外来粟特商人向西州都督府的官府提交申请过所的"辞"，那么，他们和平常百姓申请过所时的程序应是相同的。

审问时，要先取得相关保人的供述记录，该文书中，①~③是申请过所者的辩辞，接下来的④是翻译人翟那你潘的辩辞，之后粘连的⑤是保人的辩辞。

通常州县的百姓申请过所时，要在县里进行审问，这是负责发给过所的州府户曹司的命令，但根据吐鲁番文书可知，西州百姓若为商人

---

① 〈录〉《文书》第9册，第61页；〈图〉《图文》第4册，第290页，"辩辞"开头供述者名字的下面有画押，另外其末尾记有"典康仁依口抄并读示讫"，是指"书记康仁作记录，并将此在（供述本人面前）读示"后，供述者进行画押的意思。尚未见到有署名之例。

② 关于译语人，参李方1994等。

③ "nnyprn"（娜娜神的恩惠）。Weber 1972（p.198）中有"宁宁忿"，吉田1989（第71页）列举了"宁宁忿"和"那你潘"。参Sims-Williams 1992, pp. 60-61。

时，要直接接受州府户曹司的调查①。大概负责调查这些外来粟特商人的机构不是县，而是西州都督府的户曹司，该文书的"亨"可能是户曹参军的押字②。因此，外来粟特商人申请过所，要通过户曹司的审查，最终经过西州都督府的决定，由州府的录事发放过所。

另外，如该文书②、③辩辞所示，户曹司审查时会询问外来粟特商人持有怎样的公文。这里的公文指的是来文（通行许可证），亦即过所③。垂拱元年（685），外来粟特商人到达吐鲁番之前，要从唐朝官府获取过所，携带过所是来到西州府的前提。

如后所述，地方州府虽有发放过所的权力，但是否能够发放通向其他方向的过所，这一点还不清楚。特别是通向长安的交通许可，也就是请求进入京城四面关内的"勘入"过所，很可能由特定的官府来发放④。在西域，统辖当地、扼守汉道的安西、北庭两都护府（8世纪以前为庭州），是前往国都的许可证即过所的最初发放地。对于来自西方的商人，安西、北庭这种边境绿洲都市是与唐朝国都相连接的陆路中转地。无论是该文书中的外来粟特商人，还是本地粟特商人，都要从唐朝官府获取过所⑤。

---

① 从后面讨论的《唐 开元二十一年（733）染忽等保石染典往伊州市易辩辞》[〈录〉《文书》第9册，第44-47页；〈图〉《图文》第4册，第277-278页]可见，西州百姓粟特商人（石染典），在州府审查保人后就获发了通行证。
② 程喜霖已提出这一观点。参程喜霖1991，第241页；程喜霖2000，第249页。
③ 这个公文指的是来文这一点没有任何问题，此处不再赘述。另外，来文不仅有过所还要有公验，度关是需要过所的。关于过所和公验，详见第8章第5节。
④ 此事虽发生于南方，但圆珍前往长安之际，刚到越州都督府就取得了前往长安的过所。参砺波1993，第694-697页。
⑤ 在7世纪，唐和吐蕃围绕安西四镇反复争夺，该文书的垂拱元年（685），还不能确定此时唐朝是否恢复了对西域的统治。森安1984，第16、65页注（76）。该文书也记载"为在西无人遮得，更不请公文"，故此时唐朝再置安西四镇是有问题的。但对于西州府的外来粟特商人，无疑是希望可以携带唐朝的来文（过所）经过北庭（庭州），四镇是否恢复暂且搁置，至少安西都护府已重置于龟兹。但吴震推测，这些外来粟特人是通过天山以北的路线，从西面的轮台县来到西州府，而没有经过北庭。吴震1990A，第308页。

虽不能确定两都护府发放过所的审查程序如何，但可以明确的是，外来粟特商人到达西州官府之前并没有过所，接下来在调查保人的询问内容中，仅限于其带领人（畜）的来历。如④以下辩辞内容所示，需要保人来证明他们所带领的人（畜）"其人等不是压良訑诱寒盗"。由此可见，两都护府的审查都侧重于这一点，没有问题后便可发放过所。

从这些辩辞的内容可知，外来粟特商人的入境，虽是外蕃人员的入境情况之一，如后文所述百姓只要取得过所，就可以前往京城进行贸易。这表明他们和内地州县的百姓商人，在完全相同的条件下往来于唐朝内地。另外，外来粟特商人中还有滞留在边州的人，前引《户部格残卷》中西、庭、伊州籍贯的人，只要持有公文就可以前往原籍以东的地区，这也可能是专门以粟特人为对象的规定。

离开原籍的前提是必须获得过所，申请过所的条件是必须要有保人（连保人、连答人）来保证携带人员、牲畜的身份，外来粟特商人为进入唐境而申请过所时，也必须要有保人。在前件文书中，有如下保人的联名：

A. 庭伊百姓康阿了
B. 伊州百姓史保
C. 庭州百姓韩小儿
D. 焉耆人曹不那遮
E. 高昌县史康师

从保人的名字可以判断，保人由西、庭、伊3州籍贯的3名粟特人①和1名汉人、以及安西都护府下面的焉耆都督府的1名粟特人构成。其中E. 中所见的高昌县胥吏"史"也是粟特人的名字。向州司提交"辞"时必须提前联系保人。从这个保人组合来看，可以推定外来粟特

---

① 保人是指内地州县的百姓，由此可知垂拱年间有像"阿了"（ryw）这样的胡风名字。参Sims-Williams 1992, p. 68。从吉田丰的研究可知，"阿了"是粟特语ryw的音译汉字。

商人和定居于绿洲、成为唐朝州县百姓的粟特人有密切的联系。在他们相互联系的背景下，外来粟特商人得以顺利地私自进入唐朝内地。

若外国人入京①，自然需要获得中央的许可②，但依该文书所见并非如此，外来粟特商人的入境活动几乎已经日常化。另外，该文书的撰写日期在前一节所述武后时期垂拱元年（685）八月发布诏敕之前，可知这个诏敕的发布并没有为外来粟特商人的入朝开辟道路，只不过是承认当时粟特人的入境情况。从后一节所举文书可知，在高宗总章年间很多外来粟特人已经进入了唐朝内地。

特别是高宗时期，唐朝势力向西扩展，在帕米尔以西地区设置了很多羁縻府、州③。此时的"入蕃"概念扩至波斯地区④，索格底亚那周边诸国的民众表面上都是唐朝羁縻府、州的民众。粟特商人与唐朝建立了新的关系，并经常进入唐朝内地。

综上所述，外来粟特商人进入唐朝边境时，并不会通过使者审查程序，一般要通过取得过所才能进入唐朝内地。在周边诸国中，唐朝只承认外来粟特商人的入境，这是种特殊情况。那么，唐朝是如何掌控这些外来粟特商人的呢？前举《唐 垂拱元年（685）康义罗施等请过所案卷》③的文书非常重要。其中接受调查的粟特人有一人带有"兴生胡

---

① 从圆珍的事例可知，进京时在京城四面关（圆珍所经的是潼关）要接受检查。砺波1993，第694-697页。关于京城四面关，参砺波1992。

② 可以顺利进入长安的外国人，原本主要是指朝贡使节及其相关人员，他们从边境州县进入长安时要得到中央的许可。关于这一点，参石见1998，第290-294页等。

③ 《旧唐书》卷40《地理志三》（第1649页）载"西域十六都督州府"，龙朔元年（661）在于阗以西、波斯以东的地区，设置了16（一说8）个都督府、80（或76、88）个州、110个县、126个军府。

④ 《唐会要》卷100《杂录》（第2136页）载："圣历三年（700）三月六日敕，东至高丽国，南至真腊国，西至波斯、吐蕃及坚昆都督府，北至契丹、突厥、靺鞨，并为入蕃，以外为绝域。其使应给料各依式。"具体展现了7世纪末唐朝的远夷蕃国。在开元二十五年的杂令中，也列举了这些完全相同的蕃国。

（简称为兴胡）"① 的称号，这便是外来粟特人的身份。

（3）外来粟特商人和兴胡

首先，关于"兴生胡（兴胡）"，《唐 开元十六年（728）北庭 金满县牒》["金满县之印"，有邻馆 15〈录〉《籍帐》No. 148，第 354 页] 有如下记载：

1　金满县　　　牒上孔目司
2　　开十六税钱，支开十七年用。
3　　合当县管百姓、行客、兴胡，总壹阡柒伯陆拾人。见税钱，总计当
4　　贰伯伍拾玖阡陆伯伍拾文。
5　　　　　　　　　　　　捌拾伍阡陆伯伍拾文，百姓税。

（后 缺）

该文书把"兴生胡（兴胡）"和"百姓"、"行客"并列，附籍于北庭都护府管辖的金满县，并让他们交纳开元十六年的税钱。从金满县掌管编户民众（1760 人）收到的税钱总额（259 贯 650 文）来看，"百姓"所交的税钱只占总额的三分之一（85 贯 650 文），剩下的税钱是"行客"和"兴胡"交纳的。"百姓"中的下下户（第 9 等户）一年只需交纳 500 文②，可见天山北麓金满县（吉木萨尔）"百姓"交纳的税钱较少，或者其人数很少（一年间交纳 500 文的人数约为 170 人）。平均每人一年只交纳铜钱 150 文（≈银钱 5 文）③，即使税钱非常少，金

---

① 刘铭恕认为"兴胡"是"兴生胡"的简称，"兴生"是六朝以来的习惯用语，在进行商品贸易活动的同时还经营高利贷。刘铭恕 1984，第 85-88 页。另外，关于"兴生"一词，滋贺秀三认为是"商业贸易"，并加以注释。滋贺 1979，第 194 页注（2）。另外还有姜伯勤 1989（第 279 页）、桑山 1992（第 121 页的森安"兴胡"注）、尚衍斌 2001 等都进行了讨论。但是尚衍斌把所有粟特人都理解为"兴胡"，笔者不赞同这一点。尚衍斌 2001，第 19-20 页。

② 船越 1972（收入船越 1996，第 97-105 页）。

③ 当时银钱和铜钱的兑换比率是 1∶32，参池田 1975A，第 62、99 页注（99）。

满县辖下"百姓"的数量也不多。而附籍于此的"行客"、"兴胡"的人数所占比例却很高。

关于"兴胡",下揭《唐 仪凤三年(678)度支奏抄》有一条记载到"投化胡家",有学者已指出其与"兴胡"的含义相同①。

(一)

□ 雍州诸县及诸州投化胡家,富者□□
每年请税银钱拾文,次者丁别伍文,全
贫者请免。其所税银钱,每年九月
一日以后十月卅日以前,各请于大州
输纳。

通过本条记载可知,"投化胡家"由雍州(京兆府)诸县及诸州管辖,按照"富者、次者、贫者"等分类交纳税钱。

综上所述,经多方讨论的赋役令[复元赋役令六,《拾遗》第671-672页;《拾遗补》第1354页]②记载:

诸【蕃胡内附者】,亦定为九等。四等已上为上户,七等已上为次户,八等已下为下户。上户丁税钱十文,次户五文,下户免之。附贯经二年已上者,上户丁输羊二口,次户一口,下户三户共一口。无羊之处,准白羊估,折纳轻货。若有征行,令自备鞍马,过三十日已上者,免当年输羊。

该令文表明征收的税物为银钱和羊,征收的对象主要是西北地区的游牧部落与绿洲民众。另外,此令文中的"蕃胡内附者"也出现在武德令中③,所以这是唐朝初期对西北内附者的赋役规定。石见清裕认

---

① 大津1986,第30页(修订稿收入大津2006,第65-66页);石见1997,第75页(收入石见1998,第515-516页)。
② 《六典》卷3"户部郎中员外郎"条(第77页)也引用了相同的条文,开头"蕃胡"上加有"诸国"二字。
③ 参《拾遗》第672页注(1)(2)(3);《拾遗补》第767-768页。另参冈田宏二1986,第221-222页。

为，这是对粟特系和北方游牧系内附者（羁縻府、州民众）的规定，原为赋役令中一条，以各种内附者为对象的规定①。

如大津透所论述的那样②，该赋役令所示唐初银钱的税额（上户每人银钱 10 文、次户 5 文、下户免除）也是用银钱来表示，与上文"投化胡家"所承担的税额（富者每人银钱 10 文、次者 5 文、贫者免除）的规定一致。如前引《唐 开元十六年（728）北庭 金满县牒》所示，其中"百姓"所交纳的税钱经换算后，1 人大概是 150 文铜钱（≈5 文银钱）③。这是"兴胡"和"投化胡家"、"蕃胡内附者"都为粟特人的佐证，且均为新流入的内附于唐朝的外来粟特人。

然而中村裕一认为，前引《唐 开元十六年（728）北庭 金满县牒》所见"百姓"、"行客"、"兴胡"是不同的"编籍分类"④。换言之，"兴胡"虽与外来粟特商人的"投化胡家"、"蕃胡的内附者"等称号不

---

① 石见 1995，第 423-428 页（收入石见 1998，第 164-168 页）。对此，堀敏一提出本条文的规定虽与归化人相关，但不是以羁縻州的民众为对象。在本书研究的基础上，通过对该条文进行整体分析，认为这是以西北羁縻州府的民众为对象的规定。堀 1997，第 50 页。另外，最近所提出的"粟特系突厥"这一概念，斋藤胜对石见清裕的观点提出了异议。斋藤 2008。

② 大津 1986，第 29 页（修订稿收入大津 2006，第 65 页）指出"度支奏抄"是前举赋役令施行的细则。

③ "兴胡"在诸州附籍后要承担税钱，通过开元年间交纳的铜钱，可知税额是固定的，应是直接继承自武德年间的规定。如前所述，从通常"百姓"交纳的税额，可知税额不多。在 7、8 世纪，中亚的政治状况有了巨大变化，律令中持续规定征收的低额税钱，反映了唐朝对羁縻府、州的统治理念。《新唐书》卷 221 上《西域传上》（第 6230 页）云："开元七年，龙獭突死，焉吐拂延立。于是十姓可汗请居碎叶，安西节度使汤嘉惠表以焉耆备四镇。诏焉耆、龟兹、疏勒、于阗，征西域贾，各食其征，由北道者轮台征之。讫天宝常朝贡"，可见开元年间，对安西、北庭地区的粟特商人征收除税钱外的新的税种。以伊濑仙太郎为首的诸多学者都对开元年间的课税进行了研究，但仍然没有十分明确。伊濑 1995，第 439-460 页等。

④ 中村 1988B（收入中村 1991，第 452 页）。

同，但与行客一样都附籍于寄寓地的州县，是正式的身份①。

当时带"兴胡"称号的粟特人，仅出现在长安至西域地区②，即使史料上有所偏差，但也反映了他们的主要活动区域。他们寄寓的州县以国都为中心从华北扩散至西域地区，其中的主要都市都有粟特人的移民聚落。然而，"兴胡"的名称在高宗时期之前还没有出现。

如前［第3节（2）］所述，唐高宗时期在中亚实施大规模的羁縻统治，垂拱元年（685）正式允许外来粟特人进入唐朝内地，实际上是承认之前的这种状况。换言之，高宗时期构筑统治中亚体制的同时，大量粟特人进入唐境。在这种情况下，唐朝设定了"兴胡"这种身份应对。

从中亚进入唐朝边境的粟特商人，与高宗时期以后随朝贡来唐而居留的粟特人不同，他们带有"兴胡"的身份并附籍于长安以西的州县。虽然他们附籍于唐朝的州县，但并不是定居在州县的"百姓"。在这一点，附籍于寄寓州县的"行客"与州县中非"百姓"者的管理相同。律令规定"兴胡"和"行客"一样，原本是必须附于唐朝州府（直辖、羁縻）的"百姓"。因为律令规定不允许"百姓"自由移动，所以"兴胡""行客"脱离了这种身份，他们的移动得到了官方的许可。"兴胡"、"行客"寄寓在非原籍的州县，附籍时与"百姓"有区分。另外，他们在寄住地的州县根据富裕程度承担相应的税钱，可知允许他们移动与承担纳税义务是相对应的。

---

① 魏义天指出著籍粟特人和"兴胡"、"商胡"的区别［De la Vaissière 2002, p. 136（英译修订 De la Vaissière 2005, p. 131）］，在英译修订版的注释中根据荒川正晴的研究指出，有必要区别"兴胡"、"商胡"和"客胡"（De la Vaissière 英译修订 2005, p. 131 注 55）。但是①"兴胡"和"百姓""行客"同是附于州县籍贯的正式身份，和"商胡"不能一概而论，②中的粟特人中除了有"兴胡"和"百姓"，还有"行客"，③的"兴胡"应是唐朝统治范围扩大至中亚后，在高宗时期以后进入唐朝内地的外来粟特人。

② 寄住在长安的"兴胡"为了贸易前往中亚，参后面（4）讨论的文书《唐西州 高昌县上安西都护府牒稿为录上讯问曹禄山诉李绍谨两造辩辞事》。

综上所论，从唐帝国律令统治的理念来看，可将"百姓"、"行客""兴胡"的特征总结如下：唐朝没有进行胡汉区分，而将民众均视为统治下的"百姓"。律令规定，禁止定居原籍州县"百姓"的自由移动，又不得不承认违背规定而移动的人，这些人就是"行客"和"兴胡"。"行客"和"兴胡"本来都是由直辖州县、羁縻府州管理的"百姓"，是唐朝允许离开原籍的直辖州县而移动的客和客户[①]，并给予他们"行客"的身份。另一方面，唐朝在允许索格底亚那的羁縻都督府、州籍贯的粟特人进入内地活动时，给予其"兴胡"的身份，也就是将外蕃地域（外地）羁縻府、州的"百姓"编为"兴胡"并附籍于寄寓州县，这与原本将内地州府的"百姓"编为"行客"并附籍于寄寓州县一样，均是对特殊情况的相应处理。

唐朝即使在索格底亚那的绿洲诸国设置了羁縻府、州，事实上仅是名义而已[②]，它们实际上并不承担唐朝的赋役，而是作为独立的蕃国（外国）向唐朝朝贡。从外蕃地域来的商人，进入唐朝内地后就不能再返回外蕃，此时他们成为唐朝羁縻府、州的民众并承担赋役。换言之，他们进入唐朝内地后如"投化胡家"的称呼所示，已是外蕃地域的投化（归化）者，不再是蕃国（外国）的属民。

实际上，不只是索格底亚那的粟特人，以天山之北草原地区为据点活动的粟特人，他们进入唐朝内地后，也被按照索格底亚那粟特人的标准归为"兴胡"。这些"兴胡"以寄寓州县为据点，联系已融入内地州府"百姓"、"行客"的粟特人为保人来获取过所，进而从事长途贸易。

不仅如此，"兴胡"还和被称为"别奏"的粟特人一同从事商队贸

[①] "行客"的性质具有多样性，大部分是在中亚活动的商人。参姜伯勤1989，第290页。

[②] 不过，对于羁縻府、州的索格底亚那的绿洲国家来说，唐朝授予"都督"称号有着怎样的意义，参影山1998，第27—28页。

易，如《唐 开元二十一年（733）西州都督府 岸头府界都游奕所状》[〈录〉《文书》第 9 册，第 68-69 页，程喜霖 2000，第 70-71 页；〈图〉《图文》第 4 册，第 295 页] 云：①

（前　略）

171　　岸头府界都游奕所　　　　　状上州

172　　兴胡史计思 作人史胡煞　羊贰伯口　牛陆头　别奏石阿六作人　罗伏解　驴两头

173　　　右件羊牛等，今日从白水路来，今随状送者。

174　　史计思作人安阿达支

175　　　右件作人过所有名，点身不到者。

176　　牛壹头　马壹匹

177　　　右件牛马见在，过所上有剩，今随状送者。

178　　以前得游奕主帅张德质状称，件状如前者。史计思等既是兴胡，

179　　差游奕主帅张德质领送州，听裁者。谨录上。

180　　牒　件　状　如　前。谨　牒。

181　　　　　　　　开元廿一年二月六日　典何承仙牒。

182　　　　游奕都巡官、宣节校尉、前右果毅、要籍

（左果毅都尉刘敬）

摄□□□□□□元

（后　略）

该文书是交河县岸头府辖区之内都游奕所上呈给西州府的状，此处

---

① 1998 年三菱财团助成金资助的文书调查中，确认了《文书》、《图文》的录文。包括所举《唐 开元二十一年（733）西州都督府案卷为勘给过所事》[73TAM509：8/8（a），8/16（a），8/14（a），8/2（a），8/15（a）] 是西州府时期公文书的标准用纸（中等纸质，中等厚度，帘纹均匀）。关于该文书，吴震 1989B（第 385-387 页）、吴震 1990A（第 306-308 页）、程喜霖 2000（第 79-80 页）均有研究。

的"兴胡"史计思和别奏石阿六共同活动。另外,他们从天山以北沿着"白水路"① 进入西州府,途中被游奕主帅张德质抓获,送至岸头府的都游奕所。从本状内容来看,该"兴胡"被押送到西州府的原因,如第178~179行所示,与其说是因为过所内容不完备,还不如理解为"兴胡"必须在西州府接受检查。"兴胡"史计思没有自己的过所,很可能是跟随持有过所的别奏而移动。关于过所的发放以及移动的问题,后文再论。

本状开头与"兴胡"并列记载的粟特人石阿六为别奏,是侍奉军镇"子总管"以上高官的随从②,《六典》卷5"兵部郎中(员外郎)"条(第159页)记载:"凡诸军镇,大使、副使已下,皆有傔人、别奏,以为之使。(中略)所补傔、奏,皆令自召以充。"从这条史料可知,别奏和傔人都是军镇高官自己雇佣的,其侍奉的主人可以派遣他们。

作为军镇高官的随从,他们负责输送军需物资,本书第二部曾列举设在于阗的军事设施麻札塔格(神山堡)出土的文书[Or. 8212/1557 M. tagh 092〈录〉郭锋1993,第51页;《斯坦因》第503页]:

(前缺)

　　(奏)

1　别奉康云汉　　作人石者羯　都□[

2　奴伊礼然　　奴伏浑　马壹匹　驴[

3　牛叁头　　榆论都督首领弓□[

4　　　]□左右觅战　胡数浑　马[

---

① 白水路是《西州图经》(P.2009)中的白水涧道,是指今乌鲁木齐到吐鲁番的路线。参松田1970,第112-113页;严耕望1985,第602页;Pelliot 2002, pp. 81-87。

② 西村元佑1968,第585-586页;孙继民2000,第271-272页;孙继民2002,第68-73页。孙继民认为傔人和别奏比健儿的地位高,别奏的地位比傔人要高。孙继民2002,第72页。

5 ］□　远衡监官王瓒　　欣衡监官□□

如前所指，该文书是否为过所还需要进一步讨论，但至少可以明确的是，文书开头的别奏康云汉，带领着作人（被雇佣者）①和奴隶以及马驴牛。从康云汉（wnx'n）以及他所雇佣的石者羯（c'kr）的名字来看，可知他们都是粟特人②。粟特人身为别奏带领着作人、奴婢和牲畜，应该是往来于绿洲之间为军镇高官组建的运输队。

如前举文书《唐 开元二十一年（733）西州都督府 岸头府界都游奕所状》所示，"兴胡"和粟特人的别奏组成商队，率领作人、牛羊驴从北庭经由"白水路"来到西州府。另外，如《唐 开元二十年（732）薛十五娘买婢市券》［73TAM509：8/4-3（a）〈录〉《文书》第9册，第29-30页；〈图〉《图文》第4册，第266-267页］所示，从北庭来到西州府的别奏，在西州市场成为胡婢买卖的保人。

如前所述，以国都为中心从华北到西域地区的主要都市都分布有粟特人的移民聚落，他们以此为据点，成为唐朝内地的"百姓"、"行客"、"别奏"，粟特人之间互相合作，取得过所后积极地开展贸易活动。

唐朝把从中亚陆续进入唐朝内地的粟特人归为"兴胡"进行统治，如前举文书《唐 垂拱元年（685）康义罗施等请过所案卷》所示，这对构建通过发放过所来保证他们进入长安的体制具有重要意义。不仅可以保证中原王朝西部边境粟特商人的顺利进入，而且可以使其所携带的物品、文化与信息等顺利地流通到中原核心区。这是北魏以来一贯采用"商胡招徕政策"的最终状态③。

---

① 作人指的就是被雇佣者，详见程喜霖1990C，第442-453页（收入程喜霖2000，第269-279页）。

② 吉田1998，第41页。

③ 除了隋朝裴矩之外，还有北魏征服北凉时的讨伐缘由（《魏书》卷99《卢水胡沮渠蒙逊传》，第2207页）和北周的西域招抚政策（《隋书》卷7《礼仪志》，第149页）等。

（4）兴胡的贸易活动圈

唐朝的建国对于粟特人来说，使其活动环境发生了巨大变化，唐帝国在中亚进行统治和完善交通线路的同时，还取消了各个绿洲国家的通行规则，减免了通行税和在市场买卖商品时所征收之税①。这是在朝贡之外，吸引粟特人直接往来于中国并积极展开长途贸易的主要原因。

简言之，如果不解决交通、治安等基本问题，很难直接进行长途贸易，唐帝国的建立解决了这个问题。但如前引《户部格残卷》所述，他们进入唐朝内地后就不能再返回外蕃地域，那么实际的状况又是如何呢？

如前节所述，外来粟特商人积极进入唐朝内地，是高宗时期之后的状况，从吐鲁番出土文书可见此时他们的商业活动之一端。《文书》中定名为 <u>唐 西州 高昌县上安西都护府牒稿为录上讯问曹禄山诉李绍谨</u>两造辩辞事》的文书由 10 件残片组成，此处尚不能全部进行讨论，仅列出《文书》开头的两个残片［66TAM61：17（b）：23（b），27/2，27/1（b）〈录〉《文书》第 6 册，第 470-473 页；〈图〉《图文》第 3 册，第 242-243 页］，录文如下所示：

①66TAM61：17（b）（本残片开头两行记载奏疏的草稿，此处省略）②

    1   <u>高</u>昌县　牒上安西都护<u>府</u>

    2   <u>曹</u>禄山年卅

---

① 唐朝前期，除了部分例外，没有设置商税（通行税、买卖税等）。参青山 1963，第 134-135 页。至今关于唐朝商税的研究，参胡戟、张弓等 2002，第 383-384 页。

② 通过 2000 年的科研调查（荒川正晴主持），笔者透过玻璃陈列柜确定了《文书》、《图文》的录文。文书与西州府公文书的标准用纸（中等纸质，中等厚度）相比，材质略逊。关于该文书，参陈国灿 2002，第 91-92 页。《文书》中①的第 12 行"行恩泽于此间，请一个［　］"的记载，应为其他文书的残片，能否拼接还不能确定，此处遵循《文书》中的录文。

（依检？）
　　　　□□案内
　　（牒得）
3　□□上件人辞称，向西州长史［
4　□□□在弓月城有京师汉名李［
5　□□□在弓月城举取二百七十五匹绢，向龟
　　（兹。两）
6　□。□个相逐，从弓月城向龟兹。阿兄更有
　　（马）
7　□□匹，驼两头，牛四头，驴一头，百匹绢价华
8　□并碗，别有百匹绢价财物及汉鞍衣裳
9　调度。其李三两个相共从弓月城向龟兹，
10　不达到龟兹。其李三是汉，有气力语行。
11　身是胡，不解汉语。身了知此间□［
....
12　行恩泽于此间，请一个［
　　（后缺）

②66TAM61：23（b），27/2，27/1（b）
　　（前缺）
　　　　　　　　　　　　　　　　（者）
1　□□有所归，请乞禁身，与谨对当①□。
　　禄山　　　　　　　　　　　　（城？）
2　问得款，李谨当时共兄同伴，向弓月［

---

① 《唐 麟德二年（665）牛定相辞为请勘不还地子事》[69TAM134：9〈录〉《文书》第5册，第92页；〈图〉《图文》第2册，第216页] 中，"对当"可解释为"直接对本人进行调查"的意思。

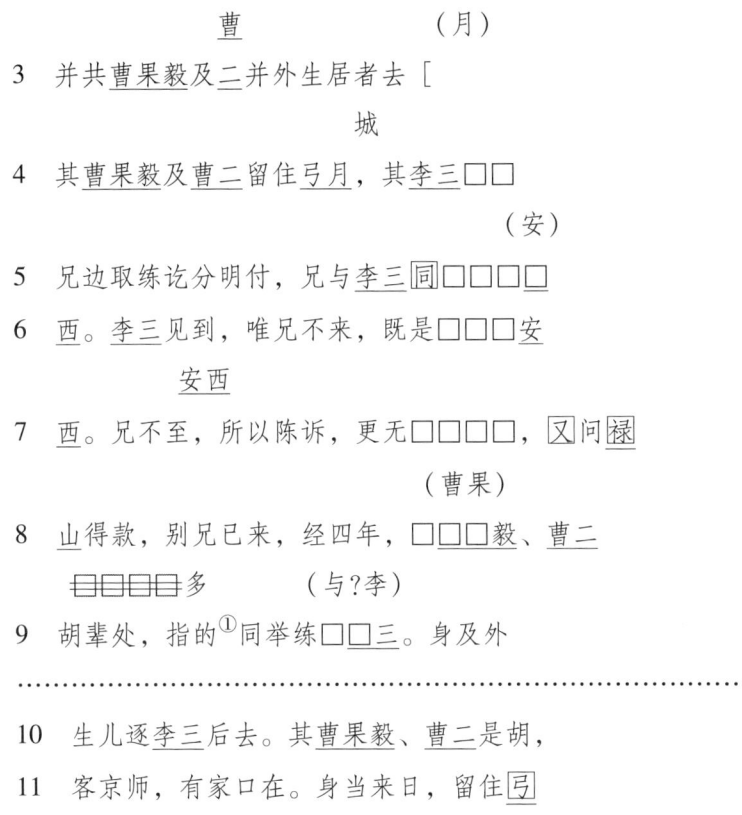

从该文书①的开头可知,这是高昌县上呈给安西都护府的牒,如文书题目所示,这不是正式的牒文,而是其草稿。虽然至今很多学者都引用该文书,但除了黄惠贤的研究之外,其他研究并没有真正地分析文书

---

① "指的"为"确实的、明确的"之意,《唐五代语言词典》(上海教育出版社,1997年)第448-449页已经指出这一点。

本身①。故此处参考黄氏的观点对该文书进行讨论。

该文书的纪年部分缺失，所以首先要确定该文书的制作年代，黄氏认为在总章元年（668）~咸亨元年（670）四月以前，并推测其上限应为公文书背面的纪年即麟德二年（665）至文书被废弃这一期间，又判断其下限应为龟兹设置安西都护府之时②。但是，从高昌县直接上牒给安西都护府来看③，此时安西都护府的治所仍在西州。也就是说，其上限为吐蕃攻陷安西四镇后安西都护府复置于西州的咸亨元年（670）四月④，下限为墓主人去世的咸亨四年（673）⑤。

关于前引文书的内容，有很多难以解释的细节之处，姑且先附上日译文。从其他文书残片来看，本案件可大致理解如下：

这个案件的基本内容，是债权人粟特人曹禄山的兄长（曹炎延）和债务人汉人李绍谨（李三）之间在绢的借贷上发生的纠纷诉讼，实际上向官府提出诉讼的是禄山。此处的官府机构是设置在吐鲁番的高昌县。从①开头引用禄山诉讼的辞，可判断这是连接②之第1行的部分。在接下来②之第2行以后，还是禄山的其他供述记录，从其他8个残片可知在高昌县的审议过程中，记录了诸多相关者的供述（款，供词）。

从整体来看，李绍谨在弓月城（伊犁盆地的胡地亚附近）⑥向曹炎延借了275匹绢，之后两人一同从弓月城前往龟兹（安西）。但在龟兹

---

① 黄惠贤 1983。
② 黄惠贤 1983，第 353-355 页。
③ 西州设置安西都护府的时期，如《文书》第 7 册（第 19-22 页）、《图文》第 3 册（第 310-311 页）等所示，都护府不是向州而是直接向县下符。由此可知，西州的县很可能直接上牒给都护府。但此时安西都护府若设于库车，西州在其管辖之外，这样就很难认为高昌县会直接上牒给安西府。
④ 森安 1984，第 10-11 页。
⑤ 出土了《唐 咸亨四年（673）海生墓志》。〈录〉《文书》第 6 册，第 458 页；〈图〉《图文》第 3 册，第 236 页。参陈国灿 2002，第 92 页。
⑥ 虽然没有进行准确的地理比定，但弓月城肯定在伊犁盆地的胡地亚一带。参松田 1970，第 338 页。

却不见曹炎延的踪影,所以其弟禄山为了让李绍谨偿还就向官方提起了诉讼。另外,借绢的见证人是②中的曹果毅和曹二(毕娑)①。这一点从其他的文书残片[66TAM61:16(b)〈录〉《文书》第 6 册,第 477-478 页;〈图〉《图文》第 3 册,第 246 页]可以确认。另外,该文书还记载了他们从弓月城一起西行的事情②。

据①记载,借绢的汉人李绍谨是长安人。据②记载,见证人曹果毅和曹二也与家人一起客居在长安。如黄惠贤所论,曹炎延、禄山兄弟可能也来自长安③。②中的曹果毅、曹二两人明显都是胡人,①中的曹禄山也表明自己的身份为"胡"④。其他的文书残片载有李绍谨的款状[66TAM61:22(b)〈录〉《文书》第 6 册,第 474 页;〈图〉《图文》第 3 册,第 244 页],从龟兹同行的曹炎延等粟特人被称为"兴生胡",指的就是外来粟特商人。由此可知,他们是在唐朝建国之后进入唐朝内地客居在长安的外来粟特商人。

由上可知,客居在长安的外来粟特商人,和同在京城的汉人一同前往安西(库车)和弓月城(伊犁),甚至到更西的地方,开展长途商业活动。

该文书所示内容,发生在唐朝把安西都护府从龟兹撤回到西州的前夕,即咸亨元年(670)四月左右。这段时间,唐朝平定了阿史那贺鲁之乱,扩大了在西域的统治。此时天山以北的状况,因 667 年统辖五弩失毕部的继往绝可汗去世,唐朝在这段时间失去了傀儡可汗⑤。从政治上来看,当时伊犁盆地周边并不在唐朝的实际

---

① 毕娑是粟特语 pysk(pēsakk)。吉田 1990,第 95 页注(14);Yoshida/Kageyama 2005, p. 305。

② 参黄惠贤 1983,第 355、359 页。

③ 黄惠贤 1983,第 353 页。

④ 炎延、禄山都是胡风的名字,吉田丰认为炎延是粟特语 y(')my'n(山神的恩惠)的音写。Yoshida/Kageyama 2005, p. 305。参 Sims-Williams 1992, p. 81。

⑤ 森安 1984,第 4 页。

统治范围之内。即使是这样,很多京城的胡、汉商人仍然进入此地积极地开展贸易,故伊犁无疑是通往天山以北的东西往来贸易路线上的交通枢纽。

如前所述［第 3 节（1）］,和内地州县的百姓一样,唐朝不允许进入唐朝内地的外来粟特商人返回外蕃地域。这与之前垂拱元年发布的诏敕无关,根据以唐律为基础的统治理论体系来判断,这应该是唐朝初期施行的外交方针,并在边州的贸易活动中设立各种严格的规定。关市令［复元关市令四,《拾遗》第 715 页］规定:"诸锦、绫、罗、縠、紬、绵、绢、丝、布、牦牛尾、真珠、金、银、铁,并不得将度西边北边诸关,及至缘边诸州兴易。"不仅禁止将常见的交易商品绢带出关外,还不允许在边州进行交易。包括之前垂拱元年的诏敕,这样的法律规定可能是对外来粟特商人活动的限制①,但至少对于前揭文书中的外来粟特商人,这些规定并没有实际作用。

关于这种状况,8 世纪唐朝在加强统治西域时,《唐会要》卷 86 "关市"条（第 1871-1872 页）云:

> 天宝二年十月敕,如闻,关已西诸国,兴贩往来不绝。虽托以求利,终交通外蕃,因循颇久,殊非稳便。自今已后,一切禁断。仍委四镇节度使及路次所由郡县,严加捉搦,不得更有往来。

如上所引,这是严禁商人往来于外蕃地域兴贩的诏敕。不难推测其中有进入唐朝内地的外来粟特商人,这就是严禁他们返回蕃地的法律条文。《慧超往五天竺国传》"建驮罗国"条也记载了"汉地兴胡",近年的译注中翻译为"从'中国'来的兴胡"②。该兴胡无疑指的是外来的

---

① 西北边境的入境管理非常严格,这些法规并不全部是具文。菊池 1980A,第 133-134 页;池田 1980,第 321 页（收入池田 2003,第 151-152 页）。

② 桑山 1992,第 38 页。

粟特商人，据此可知他们从中国前往犍陀罗居住①。另外，泰伯里的年代记中也有伊斯兰历104年（722年6月~723年6月）的记事③，统治呼罗珊的萨义德·伊本·阿穆尔·哈勒西（Sa'id ibn 'Amr al-Harashi）和粟特人的军团之间发生了战争，围绕粟特人虐杀穆斯林的囚犯：

> 可知（粟特人杀害穆斯林囚犯）这个报告是真实的，故哈勒西下令处死粟特人。但是他首先从中区分出商人。他们之中拥有巨量商品的商人有400人，其商品都是从"中国"带来的。

据此可知，开元十年（722）左右往来于索格底亚那和中国之间的长途贸易商人或者拥有资本的商人数量很多④。8世纪的穆格山文书（Б-27）在汉文文书的背面，用粟特语把每天的铜钱数记载下来⑤。如吉田丰所论⑥，日期1~30所表示的数字不是粟特日历，在中国发现的所谓"古代信札"中，也使用这样的数字来表示日期。另外，从在汉文文书的背面书写可推测，文书背面的粟特文应是在中国内地书写的。由此可知，这件文书是8世纪初粟特商人往来于中国和粟特之间的直接证据。当然，其中也有和朝贡使节一同入朝的，这些史料表明粟特商人经常往来于唐朝内地和索格底亚那之间。

通过以上讨论可知，唐朝前期，外来粟特商人兴胡经常违反律令，越过边境的关卡往来于唐朝内地和外蕃地域之间，并已经逐渐日常化。

在这样的贸易背景下，外来粟特商人只要在边境州县取得过所，就能轻易地进入唐朝内地。

---

① 吉田1997（第231页）也持有同样的观点。但吉田氏认为"他们也去了印度本土"。

③ 根据 al-Ṭabarī, Ta'rīkn al-rusul wa'l-mulūk. David Stephan Powers（translated and annotated）, The History of al-Tabari, vol. XXIV, New York, 1989, p.176 的英译。

④ 参荒川2003A，第14-21页。

⑤ Боголюбова и Смирновоий 1963, стр. 55-56.

⑥ 吉田1994A，第304页注（12）。

4 唐帝国的汉族商人

在唐朝体制中，不只是粟特商人，汉人也积极地从事商业活动。汉族豪商的存在非常引人注目，如唐高宗时期，家喻户晓的长安汉族豪商邹凤炽。长安城内西市西面的怀德坊聚集了很多粟特商人，邹凤炽就是建居于此处的豪商，并在全国各地设有邸店，集中四方的物产来获取巨额利益[①]。除此之外，8世纪长安汉族商人中还有很多著名的豪商[②]。

《通典》卷7《食货七》"历代盛衰户口"条（第152页）记载开元十三年（725）：

> 东至宋、汴，西至岐州，夹路列店、肆待客，酒馔丰溢。每店皆有驴，赁客乘，倏忽数十里，谓之驿驴。南诣荆、襄，北至太原、范阳，西至蜀川、凉府，皆有店肆，以供商旅，远适数千里，不持寸刃。

这段史料经常被学者引用，以长安、洛阳为中心，东面沿着运河可至宋州、汴州（河南道），西面通往西南方面的蜀川（剑南道）和通往中亚的岐州（关内道）、凉府（陇右道），南面连接长江流域中段的荆州、襄州（山南道），北面通往太原（河东道）和东北方向的范阳（河北道），沿途都设有店、肆为商旅提供补给。这些店、肆广泛分布在从国都通往四方的主要驿道上。但是，设置朔方节度使的关内道北部却没有

[①] 《太平广记》卷495《杂录三》"邹凤炽"条（第4062页）记载，卖馒头的邹凤炽在东市北邻的胜业坊经商，发现了数斗黄金。他得到巨额财富后，在西市西面的怀德坊置办居所，并在全国各地开设邸店，集中四方的物产，获得了巨大利益。

[②] 《开元天宝遗事》卷上《扫雪迎宾·豪友》"鹦鹉告事"条，第13-14、17-18页；《南部新书》卷辛，第125页等。根据佐伯富的研究，不只是长安，汉人豪商还活跃在山西的大都市太原。佐伯氏还指出山西（"河东"）是西面中亚，北面蒙古高原，南面江南、岭南的交通要冲，历代都是商业的中心地区；太原地区自古豪商众多，经常和游牧民族进行贸易。北朝时期商人就已活跃在以太原为中心的"河东"地区，在国内外积极地开展贸易活动，其地位直至唐朝也没有改变，且愈加重要。佐伯1999（上），第71-78页。

店、肆的记载，这一点是后文需要注意的。

关于唐代的店，日野开三郎有详细的研究，据此可知店不只提供住宿、饮食和仓库、运输，前揭邹凤炽还拥有大规模的"邸店"，兼营金融业和批售、批发业等①。如前举《通典》所载可知，店提供住宿、饮食和运输等服务。日野开三郎进一步讨论指出，店是从住宿的客商等处购入商品，并在当地贩卖的场所②。据吐鲁番文书《唐 开元二十二年（734）西州 高昌县申西州都督府牒为差人夫修堤堰事》〔73TAM509：23/1-1（a），23/1-2（a），23/1-3（a）〈录〉《文书》第 9 册，第 107-109 页；《籍帐》No. 168，第 377 页；〈图〉《图文》第 4 册，第 317 页〕可知，吐鲁番在修筑水利设施时，高昌县的"底（邸）店"是役夫课税的对象之一③，故不只是在唐朝内地，迟至 8 世纪前期西域的吐鲁番也设有很多的"邸店"④。

另外，《旧唐书》卷 185 下《良吏下》（第 4814 页）记载，开元五年（717）"御史中丞、兼检校营州都督"宋庆礼，因为要振兴营州经济，施行"招辑商胡，为立店、肆"的政策。为了招徕"商胡"，从范阳至营州设置了店、肆。可见不只是汉人，粟特商客也经常利用这些店、肆⑤。其中，原籍为唐朝内地的粟特人百姓，以"胡（商胡）"为对象而开设店⑥。从"胡店"这个词的使用来看，粟特人经营店在当时

---

① 日野 1968；日野 1970。
② 日野 1968，第 252-254 页。
③ "底"字的移录，是根据《图文》第 4 册（第 317 页）的录文。
④ 《唐 宝应元年（762）六月康失芬行车伤人案卷》〔73TAM509：8/1（a），8/2（a）〈录〉《文书》第 9 册，第 128-134 页；〈图〉《图文》第 4 册，第 329-333 页〕中记载"张游鹤店"。
⑤ 与官方编籍的兴胡不同，商胡是指一般的粟特客商。
⑥ 《朝野佥载》卷 3（第 75 页）、《太平广记》卷 243《治生》"何明远"条（第 1875 页）记载了善于操纵"官中三驿"的定州富豪何名（明）远，让商人停宿在驿附近的店，专以"袭""胡"为业。另外，何名远的家中有绫机 500 张。定州此时已有粟特人的聚落，又是后面所见的绢的生产地。根据史实记载，富豪何明远和"胡"都是粟特人。森部丰通过对《房山石经题记》的研究，证明在幽州设置的店和带有粟特姓的人相关。森部 2002，第 31-32 页；森部 2007，第 27 页。

并不是什么稀奇的事情①。

之前所见分布于主要驿道上的粟特人移民聚落［第1节］，和主要驿道上店的分布区域大多重合（参附图4），可知这些店不仅对汉人，对粟特商人（兴胡、百姓）来说也是不可或缺的。5世纪以后，唐朝店与交通体系的完善，有利于根植中国内地的粟特人开展新的贸易活动。从10世纪的敦煌、吐鲁番文书可知，粟特语和回鹘语也借用了汉语的"店"字②，这一点佐证了唐代中国内地及边州地带设置了店，不只是对汉族商人，对粟特人的商业活动，在很长时间内也起到了重要的作用。

在唐朝统治下，粟特人和汉人同样被编籍为承担课役的百姓，这表明聚落制度促进了两者的接触与融合。其中还有汉人雇佣粟特人为行客的现象③。在这种状况下，粟特商人（兴胡、百姓）和汉族商人之间自然而然形成了合作的关系。

关于粟特商人与汉族商人之间的具体关系，吐鲁番文书中可见在西域地区他们的活动。从前举吐鲁番文书《唐 西州 高昌县上安西都护府牒稿为录上讯问曹禄山诉李绍谨两造辩辞事》第308-310页可知，唐代统治西域地区之前，汉族商人的活动并不是很活跃，唐高宗时期向西域大举扩展势力，原居住在长安的汉族商人和粟特商人合作并一同前往西域进行贸易。该文书的内容，是债权人粟特人曹禄山的兄长（曹炎延）和债务人汉人李绍谨（李三）之间关于绢的借贷纠纷，如前所述，这个诉讼发生在咸亨元年（670）至咸亨四年（673）之间［第3节（4）］。

---

① 参日野1968，第246-248页。根据房山云居寺石经题记可知，店和带有粟特姓的人相关。森部2002，第31-32页。

② Sims-Williams and Hamilton 1990, p. 30；吉田1994A，第379、369、305页注（5）。另外姜伯勤指出，即使在10世纪，在包含索格底亚那的中亚地区也使用tym"店"。姜伯勤1994，第262-263页。参Clauson 1972, p. 503。但在回鹘语中，对应汉语"店""肆"的是kidin、kibit等词。森安1989，第57-59页。

③ 参前揭《唐 宝应元年（762）六月康失芬行车伤人案卷》［〈录〉《文书》第9册，第128-130页；〈图〉《图文》第4册，第329-331页］。

通览该文书,最值得注意的是相关粟特人、汉人都居住在长安。如②之第 2 行所见,曹禄山的兄长和汉族商人李绍谨相结为"同伴"一起从长安到西域,曹禄山的兄长在弓月城把资金(练)借给了汉族商人李绍谨。②中的曹果毅和曹二(毕娑)也来自长安,是李绍谨借练时的见证人。

综上可见,京城的汉人和客居在京城的粟特商人(兴胡)合作,从粟特商人那里融资,在弓月城(伊犁)和安西(库车)之间开展长途的商业活动。由此可知,汉族商人与特定的粟特人结成合作伙伴,由此融入粟特人的贸易网络。

唐代统治西域以前,几乎没有汉族商人在中亚活动。高宗时期唐朝的势力范围扩展至中亚,原长安的汉族商人就和同以京城为据点的粟特商人(兴胡)合作,一同前往中亚进行贸易。也就是说,汉族商人和身为兴胡的粟特商人进行合作,向外扩大自己的贸易圈[①]。他们互相竞争、交换信息、资金融通和借贷商品、互相合作等,建立了密切的联系。前引《唐会要》卷 86 "关市"条:"天宝二年十月敕,如闻,关已西诸国,兴贩往来不绝。虽托以求利,终交通外蕃,因循颇久,殊非稳便。自今已后,一切禁断。仍委四镇节度使及路次所由郡县,严加捉

---

① 《唐 开元年间讯案为兴胡作人事》(Дх. 02826〈录〉陈国灿 2005, 第 110 页)记载,汉人雇佣兴胡为作人。到 8 世纪后期,波斯商人和大食商人积极地往来于中国南部;另一方面,索格底亚那本土被阿拉伯人统治,从中亚到中国内地及其周边地区,来自索格底亚那的粟特人数量锐减。不过,如《中国印度见闻录(Akhbār al-Ṣīn wa al-Hind)》所见,直至 9 世纪仍有从索格底亚那经由陆路来到中国内地的粟特商人 [藤本 1976, 第 56 页]。另外, 魏义天、森部丰二氏 [De la Vaissière 2002, pp. 196-221;森部 2004A]指出"粟特系突厥(Turco-Sogdiens)"这种从蒙古高原流入的粟特系武人也在积极地活动;9 世纪以后,回鹘开始南下与西迁。在这种状况下,汉族商人和粟特人从中亚到中国华北及其北部、东北地区,互相竞争、交换情报、资金融通和借贷商品、互相合作等,构建了密切的关系。回鹘商人最终代替粟特商人,与粟特人一样在中国北部(华北)和蒙古高原、中亚构建贸易网络。此处所说的回鹘商人意指回鹘汗国的商人,其中包含了许多粟特人和汉人 [森安 1997A, 第 111-116 页]。这些汉族商人与粟特商人一起,不只在中国内地,还进一步向外扩大贸易活动的范围,这正是在唐代的基础上展开的。

搦，不得更有往来。"说明这种现象不断发展并一直持续至8世纪。

如前所见［第3节（3）］，行客在开元时期和兴胡一同在吉木萨尔（北庭）的县里登记簿籍，和百姓共同承担税钱①，说明当时大量的汉人客籍者从唐朝内地来到西域。另外，在唐朝统治时期的绿洲诸国，有大量人员从唐朝内地迁移来此，其中不仅包括商人，还有士兵和僧侣等。他们的活动轨迹，从于阗和库车出土的文书中可以得到强有力的证明②。而贯穿唐朝内地和中亚的完善的交通体制，自然促进了这些人员的流动。

在唐朝统治中亚之前，中亚的长途贸易几乎是粟特商人独占鳌头③，但唐朝的统治使这种状况发生了巨大的变化。

---

① 《唐 开元十六年（728）北庭都护府 金满县牒》［《籍帐》No.148，第354页］。《唐 西州 蒲昌县户曹牒为催征逋悬事》［73TAM224：080/1（a）〈录〉《文书》第9册，第237页；〈图〉《图文》第4册，第389页］也可见到征税对象中的各种行客。

② 《唐 建中三年（782）七月十二日健儿马令庄举钱契》［D. U. Ⅶ. 2 S. 5867〈录〉TTDⅢ（A），No.249，第77页；《斯坦因》第315页等］和前引库车出土的徭役差配台帐［大谷8074〈录〉《籍帐》No.179，第383页，《集成》第3卷，第228页；〈图〉《集成》第3卷，图版18］为首，很多文书中都可以得到确认。

③ 从本书第一部中对《称价钱文书》的分析可知，唐朝统治以前设在吐鲁番高昌都城内的对外贸易场所即"市场"的贸易，大部分是依靠粟特人而展开的。荒川2003A，第35-36页。

第 8 章　唐朝的通行证制度与公、私交通

在唐帝国统治范围内的交通往来，必须提前取得通行证，得到官府的认可。当然，百姓、行客、兴胡的移动，也要通过取得通行证才能得到保证。虽然学者经常具体讨论给兴胡发放叫作"过所"的通行证，但过所究竟是怎样的通行证？在唐朝的通行证体制中，过所和其他的通行证一同起到了怎样的作用？这些问题还完全没有涉及。本章针对这些问题进行研究，这种通行证是如何改变欧亚东部，特别是在中亚的交通和贸易的，解决这些问题有助于今后的讨论。

1　国家的交通管理

《疏议》卷8《卫禁律》之"疏议"（以下根据需要，简称为《卫禁律疏》），关于唐朝通行证，有如下规定：

> 诸私度关者，徒一年。越度者，加一等。不由门为越。疏议曰，水陆等关，两处各有门禁。行人来往皆有公文。谓驿使验符券，传送据递牒，军防、丁夫有总历。自余各请过所而度。

驿使需取得符券[①]，传送需取得递牒，军防、丁夫需取得总历[②]，其他

[①]　关于符券，第4章第2节已经作过论述。
[②]　总历意即名簿。《律令》6，第80页注（5）。参泷川1958（上），第27页；杉井1990，第161页。因为几乎没有可供研究的史料，故不明其详。关于军防、丁夫集体移动的通行证，虽没有提供运送，但在规定日期内的往返可从州县获得粮食。参气贺泽1999，第294-295页。这意味着递送属于公用交通范畴。

各项交通皆需取得各自的过所。卫禁律虽是通过关津的相关法规，但《疏议》所列"公文"不仅在通过关津时使用，同时还是允许移动的通行证。另外，纵观唐代整体法规，没有通过官方认可的移动是不能想象的，这一点意味着私人的往来原本是不合法的。

前举《卫禁律疏》是官方许可的交通，前三者负责官方的递送，这与驿站制度的运用密切相关。与此相对，最后的过所与官方的递送没有直接关系。因此，官方交通规定只有凭借符券、递牒、总历才可享有递送与补给的待遇，除此之外通过过所获得交通便利的，称为私用交通。即使是依靠过所的交通往来，也开始利用驿道以及交通设施。

要掌握客商的代表即粟特人的移动，不仅要关注百姓、行客、兴胡的私用交通，还必须注意他们的官方交通，如前［第 7 章第 3 节（3）］所述粟特人中有长途移动的别奏。在《唐给料钱历》［64TAM36：7（a）〈录〉《文书》第 8 册，第 32 页；〈图〉《图文》第 4 册，第 14 页］中，别奏不只得到了"州牒"，还在馆里领取了"停料"（做事的小费或报酬）并运输军需物资。那么这个"州牒"是什么？与《卫禁律疏》所见四种通行证中带"牒"字的递牒有着怎样的关系？接下来首先讨论递牒。

2 传世史料所见的递牒与递送

如前所述，递牒和符券都是保证官方递送的通行证，但唐朝的递送对象不只是官方使者[①]，官兵和外国宾客乃至流放的罪犯，都是官方递送的对象。

---

① 史料中只记载了"使"。关于"~使"，有（送帛练使、河西市马使、传送使、奉使、专使等）多种记载。从西域派遣使者的规模来看，地方州县有各种各样的使者。

第8章　唐朝的通行证制度与公、私交通 | 361

试举以下几例，首先是《全唐文》卷66穆宗《褒恤田颖敕》（第696页）载：

> 赠工部尚书田颖，夙彰忠勇，累效勋勤。方议奖能，遽闻弃代，永言嗟悼，须有优秩。宜赐绢布一百五十匹端，度支遂支给。仍令所在州县，传递送至许州。……

这位高级官员去世后，要有带有制敕的"传递"，才可以通过州县的递送顺利地把他的灵柩送还乡里。正如本书第二部所述，这里的传递是指可以利用各县设有传递（递送）这种交通手段的通行证，即递牒。

另外，《疏议》卷26《杂律》记载：

> 诸从征及从行公使，于所在身死，依令，应送还本乡。违而不送者，杖一百。若伤病而医食有阙者，杖六十，因而致死者，徒一年。疏议曰，……军防令，征行卫士以上，身死行军，具录随身资财及尸，付本府人将还。无本府人者，付随近州县递送。丧葬令，使人所在身丧，皆给殡殓调度，递送至家。从行，准兵部式，从行身死，折冲赗物三十段，果毅二十段，别将十段，并造灵轝，递送还府。队副以上，各给绢两匹，卫士给绢一匹，充殓衣，仍并给棺，令递送还家。……即卒官，家无手力不能胜致者，仰部送还乡，违而不送者，亦杖一百。疏议曰，……称"部送"者，差人部领，递送还乡。……

"公使"和行军的官兵去世时，规定其尸体和遗物要运还乡里。实际上这种规定在《册府元龟》卷975《外臣部·褒异二》（第11452页）亦有记载：

> （开元十六年）十一月乙酉，右羽林军大将军兼安西副大都护四镇节度等副大使谢知信卒，赠凉州都督，赙物五百段，官造灵轝，给递还乡。

这里所见的"给递还乡"的"给递"，在《全唐文》卷22《优恤张守洁等制》（第265页）记载灵舆"还乡"时表述如下：

> 宜官造灵舆，给传还乡。所缘葬事，并委有司支给。

可知"给递"即"给传"。"给传"就是本书第二部所述发放可以利用各县传送（递送）交通的证明。

即使是外蕃人员，在《六典》卷 18"典客署、典客令"条（第 506-507 页）记载：

> 若疾病所司遣医人，给以汤药。若身亡，使主副及第三等已上官奏闻。其丧事所须所司量给，欲还蕃者，则给舆递至境。

外蕃人员死后还乡时，也会提供舆，并一直递送至"境"。

另外，《入唐求法巡礼行记》卷 4"会昌五年（845）五月"条记载：

> 十四日早朝入京兆府，请公验。恐无公凭在路难为軟。西国三藏等七人亦同在府请公验，府司判与两道①。牒仰路次差人递过。（中略）（六月）十三日，到汴州。……京牒不说程粮，在路自持粮食。

把圆仁驱逐出长安使其归国，京兆府对两道（河南道、淮南道）下判文，命令两道向辖区之内发放牒文差人递送圆仁。实际上，京兆府的判文就是这则记事之后的"京牒"。也就是说，在"京牒"中命令差人递送，但因为没有命令途中提供食粮即程粮，所以圆仁要自己承担沿途的食粮。

在圆仁之后的经行记录中，明确记载县是递送的机构，特别需要注意的是，描绘了途中圆仁入县之前等待"县牒"的场面②。由此可知，

---

① 小野胜年、赖肖尔两氏作"两道"，但足立喜六作"两通"。小野 1969，第 140-141 页；Reischauer 1955, p. 364；足立、盐入 1985，第 274 页。小野氏把两道解释为河南道、淮南道，赖肖尔也将此处翻译为"The prefectural officials gave us documents for two provinces, ordering those on our way to let us through"，note 1388 指出"两道"为河南道、淮南道。虽然还需要讨论，此处遵从小野、赖肖尔两氏的见解。

② 《入唐求法巡礼行记》卷 4 记载"万年县""昭应县"等诸县为递送的场所，圆仁在陈留县城西面的泊船处等待陈留县"县牒"的到来。

长途传递时诸县是递送的机构，通过各县发放的县牒来构建县城之间的迎送体制。

此外，《唐大诏令集》卷58《大臣、宰相、贬降下》所收《杨收长流欢州制》（第309页）[《全唐文》卷83《懿宗皇帝》；参《旧唐书》卷177《杨收传》]记载：

> （前略）中外臣僚，各体朕意。宜除名配欢州，充长流百姓。纵逢恩赦，不在量移之限。仍锢身，所在防押，递送至彼，具到日申闻，仍路次县给递驴一头并熟食。咸通十年（869）二月。

可见各县都要给流刑罪人提供运畜和熟食（经过火烤的食物）并递送。

这种递送，从"公使"至官兵、蕃客、流放的罪犯，递送的对象形形色色，情况也各不相同①。与此相应，递送的内容也不同。仅从运畜、程粮（途中的食粮）来看，大致有以下几种情况：

（A）供给运畜、程粮；（B）只供给程粮；（C）运畜、程粮都不供给。

递送的内容虽然不同，但共通之处是递送的机构都为县。前揭《唐大诏令集》卷58《杨收长流欢州制》和《入唐求法巡礼行记》卷4所见之例以外，还有《全唐文》卷66穆宗《褒恤田颖敕》第696页也记载到"所在州县"，这表明递送的机构为县。

以上是对递牒和递送的传统史料的研究，接下来从出土文书来深入探讨。

3 文书所见的递牒

现今吐鲁番出土文书中有以下递牒文书：

---

① 此外，在"落蕃人"归还以及"化外人"归化之时，《养老户令》第16"没落外蕃"条[《拾遗》第238页]中可见"并给粮递送，使达前所"，可知这是供给粮食的递送。

首先，如第4章第3节（4）所述，从《唐 仪凤三年（678）度支奏抄、四年金部旨符》等文书可知，保证传送交通而递送的递牒，由凉州都督府发给庸调绢的递送者，是保证都督府境内以县为递送机构的往来通行证。

再如《唐 开元廿一年（733）唐益谦、薛光泚、康大之请给过所案卷》中的《唐开元廿一年正月别将唐益谦牒》［73TAM509：8/4-1(a)，8/23（a），8/4-2（a）〈录〉《文书》第9册，第31-32、34页，程喜霖2000，第221-223页；〈图〉《简报》B，图版3；《图文》第4册，第268、271页］①中，可见如下记载：

【Ⅰ】

（前 缺）

·· "元"

1　前长史唐侄益谦　奴典信　奴归命
2　　婢失满儿　婢绿叶　马四匹
3　　　问得牒，请将前件人畜往福州，检
4　无来由②，仰答者，谨审。但益谦从四镇来，见
5　有粮马递。奴典信、奴归命，先有尚书省
6　过所。其婢失满儿、绿叶两人，于此买得。
7　马四匹并元是家内马。其奴婢四人，谨

---

①　根据1998年三菱财团助成金资助的调查，笔者确认了《文书》、《图文》的录文。前文所列《唐 开元廿一年（733）唐益谦、薛光泚、康大之请给过所案卷》的纸张是西州府时期公文书的标准用纸（中等纸质，中等厚度，帘纹均匀）。关于该文书的研究，参陈国灿2002，第260页。陈国灿没有论述的部分，程喜霖2000，第225-226页有该文书的研究。程喜霖2000是一部关于过所的专著，全面列举了本书所引与过所相关的文书，但没有具体解读每件文书的核心内容，故仅在必要之处提及他的研究。

②　王启涛把"来由"解释为"来历"，参王启涛2005，第275-276页。暂且遵从此说。

8　连元赤及市券(保)白①如前。马四匹，如不委，
9　请责保入案。被问依实。谨牒。元
10　　开元廿一年正月　日　别将赏绯鱼袋唐益谦牒。
11　　　　"连。元白。
12　　　　　　　　　十一日"

【Ⅱ】

（前略）

唐长史侄益谦年廿三
　右得前件人牒，请过所往福州者。检无
　来文，问得唐谦款，从四镇来，见有
　粮马递者。依检过所，更不合别给。

（后略）

包含该文书在内的《唐 开元廿一年（733）唐益谦、薛光泚、康大之请给过所案卷》是一系列与过所相关的案件，西州都督府的户曹司是负责处理的机构②，除了调查取证时与法曹司相关，所有的文书基本上都是户曹司连续粘贴而成。

---

① 这个"白"是"保白"的简略形式，在第4节讨论的【Ⅱ】《唐 开元廿一年（733）唐益谦、薛光泚、康大之请给过所案卷》第32行载："见有市券保白，如前。"关于"保白"，《简报》B（第15页）指出"买卖当事者最初制作的是'私契'，也被称为'白契'，与官方承认押有官印的'红券'相对应。"参王启涛2005，第11—12页。与此相对，吴震举例抄写敕书为"敕白"的表现形式，把"市券保白"解读为"市券的抄件（抄写）"。不仅是"白"，还表现为"保白"，所以此处列记有保人姓名。吴震1989B，第384页。另外，杉井正臣把其他文书中的"保白"解读为"保证所说的话"。杉井1990，第182页。此处遵循吴震的说法比较妥当。

② 参程喜霖1988，第75—78页；吴震1990A，第318页；杉井1990，第164—165页；程喜霖2000，第71—72页。

前举文书中的前（西州都督府?）长史[①]是唐循忠的侄子别将唐益谦，他带领众多人畜从"四镇"前往福州，而前举文书即为在西州请求过所的文书之一。

从文书【Ⅰ】可知，他在西州申请过所时，没有提供至此的通行证，在调查取证的记录中可见他的理由是持有"粮马递"。

"粮马递"的具体内容虽然没有记载，但需要留意的是，申请过所时通常应向负责发放过所的官府提交至此所持的过所，但因唐益谦持有"粮马递"来到西州，故没有过所。由此可知，"粮马递"和过所是性质不同的通行证。

下节讨论其他的文书史料中载有"粮递"，即保证提供食粮的凭证，如此从"粮马递"的名称，不难推测其是保证供给马和食粮的凭证[②]。倘若如此，"粮马递"就是命令供应马和食粮的公文书，这就是递牒[③]。从该文书的内容可推测，此"粮马递"应是"四镇"或安西都护府发放的，唐益谦带着递牒来到西州府，在那里重新申请前往福州的过所。这意味着他从"四镇"前往西州府，是为了执行公务[④]；同时，安西都护府发放的递牒（"粮马递"）在西州府以东就失去了作用。

最后，如文书【Ⅱ】所见，户曹司的调查结果是"依检过所，更不合别给"。他所持有的这个过所，就是文书【Ⅰ】中所见尚书省（刑

---

① 其叔父"唐前长史"为何地的长史尚不明确，但从省略官府名称来看，可能是西州都督府的。但李方统计担任西州都督府的长官、上佐中没有该"唐前长史"。李方1997，第210-211页。

② 参杨德炳1983，第496页；程喜霖1986B，第56页；程喜霖2000，第74-75页。

③ 如此，"粮递"应是只允许递给粮食的递牒。

④ 下节所列《册府元龟》卷135《帝王部·愍征役》《开元十四年（726）六月诏》（第1629页）记载，兵募在归原籍时，若得病可允许递给驮驴。因此，带有别将官衔的军官归原籍时，很有可能会被授权使用马这种公用交通工具，而**唐益谦的情况**，如后所述并不属于从军归籍。

部，司门）发放的过所。在西州府，因为有了中央发放的过所，所以决定不再给他发放前往福州的过所。

另外，唐益谦的"四镇"之行，从他持有尚书省（刑部，司门）发放的过所可知，是从国都出发的"私行"①。也就是说，他带领奴婢 2 人从国都首先"私行"至"四镇"，之后因为某种公务又返回西州，在那里购买奴婢后，从西州府"私行"前往遥远的福州②。

综上所述，若考虑出土文书中的通行证即"粮马递"的有效范围，可知地方官府发放的"粮马递"不能直接递送至唐朝的所有区域。通行证的有效范围，应仅限于发放官府的统辖区域，超出这个范围，就要重新申请通行证。

另外，《唐 贞元二十年（804）明州牒》【A】[〈录〉砺波 1993，第 675-676 页；石田 1998，第 92-93 页等；〈图〉菊池 1990，第 156 页；砺波 1993，第 675-676 页等] 也是地方官府（此处指州府）发出的递送命令文书之一。近年，石田实洋的研究中附有部分的日译内容③，此处重新列出"最澄之牒"【B】的全文：

---

① 他是带有别将身份的军官，关于军官的交通，从《唐 安西军事申请牒》[Ast. Ⅲ.4.093〈录〉Maspero 1953, pp. 95-97；姜伯勤 1986B，第 128-129 页。〈图〉Maspero 1953, pl. XV] 可知，军事活动中派遣折冲、果毅、傔人及译语人等上前线时，可以使用"传驿"。姜伯勤认为该文书制作于 677~679 年间，也就是说，杜怀宝任命波斯军使之时或在这之前，是负责讨击波斯军的怀炭呈给该军最高负责人某殿下的牒文。姜伯勤 1986B，第 129-130 页。很遗憾，怀炭和波斯军使杜怀宝之间的关系至今不详，该牒文中怀炭关于波斯军的官兵补给进言曰："若发京多折冲、果毅、傔及译语等，恐烦传驿。"也就是说，统领蕃、汉兵的折冲、果毅等军官以及随从的傔人和译语人等，如果他们要从京师出发，需要用传驿。所以为了减轻传驿的负担，提出从伊州、西州、庭州等地差兵。因此，军事活动中折冲、果毅、傔人以及译语人等前往前线之时，可以使用传驿，但唐益谦的"四镇"之行应不属于军事活动。

② 唐益谦以国都为据点，从西域向华南地区长途移动，可见唐朝人口的流动非常活跃。

③ 石田 1998，第 92-95 页。开头的"廿二日　□"的□为"淳"，第 13 行有明确的解释。

【A】

　　　　　　　　　　　　　　　　　　　　　（淳）
1　明州　　　　牒　　　　　　　　"廿六日　□"
2　　　日本国求法僧最澄往天台山巡礼。将金字妙法莲花
3　　　　经等。
4　　　　　金字妙法莲花经一部　八卷，外标金字。无量义经一卷
5　　　　　观普贤经一卷　已上十卷共一函盛。封全。最澄称是日本国春宫永封，未到不许开析。
6　　　　　屈十大德疏十卷　本国大德诤论两卷　水精念珠十贯
7　　　　　檀龛水天菩萨一躯　高一尺。
8　　　　　右得僧最澄状称，总将往天台山供养。
9　　　　　供奉僧最澄　　沙弥僧义真　　从者丹福成
10　　　　文书钞疏及随身衣物等，总计贰伯余斤。
11　牒。得勾当军将刘承规状称，得日本僧最澄
12　状，欲往天台山巡礼。疾病渐可今月十五日发。谨
13　具如前者。　使君判付司，给公验，并下路次县，给入
14　及担送过者，准　判者，谨牒。
15　　　　贞元廿年九月十二日。史孙阶　牒。
16　　　　　　　　　　　　　司户参军 孙"□"。
························· "淳" ······

【B】

1　日本国
2　　　求法僧最澄　译语僧义真　行者丹福成　担夫四人
3　　　经论并天台文书变像及随身衣物等
4　牒。最澄等今欲却往明州及随身经论等。

5　恐在道不练行由①，伏乞公验。　处分。谨牒。

6　　　　贞元廿一年二月　日。日本国僧最澄牒。

7　"任为公验。三月

8　　　一日。台州刺史

9　　　陆淳"

………… "印" ……………………………………

文书【A】、【B】无疑都是最澄去天台山巡礼时的通行证，亦即第5节讨论的公验。但许多学者均认为只有【B】是公验［小野1961，第185页等］，这是不正确的。前半部的州牒也是公验，这一点在口头报告中已经指出②，石田氏又通过对该文书的分析加以证明③。

然而，石田氏根据【A】第14行的"谨牒"把【A】理解为是前往台州的牒④，他又提出疑问，此文书是如何带回日本的？这是因为当时"故牒"通常会改写为"谨牒"⑤。因此，把【A】理解为发给最澄自身的通行证比较妥当，其中有给境内诸县的递送命令。这样的话，【A】就是通行证的递牒。

此次递送的有效范围，明显与发出官府的管辖范围重合。这表明，州府发出递送的权限只限于州府统辖的诸县。

综上所论，作为通行证的递牒，顾名思义是保证递送的"牒"，解释为中央、地方州县的各机构在各自权限以及辖区之内的递送及其命令比较妥当。前文的"州牒"，也是本章第1节中的递牒之一。

由上可知，驿制的符券作为有效的通行证与州府的管辖范围无关，而递牒只在发放官府的实际管辖范围内才有效。若是"州牒"，也要依

---

① "行由"意为"来历"。王启涛2005，第636-637页。
② 在1997年11月第47回东方学会总会"敦煌、吐鲁番研究Ⅲ"已作过题为《唐代"过所"和"公验"——以吐鲁番出土文书的讨论为中心》的口头报告。
③ 石田1988，第96页。
④ 石田1988，第94、96页。
⑤ 中村1996，第190页。

靠辖县来保证供给与递送。此处的递牒，与后文所论的过所相同，不是特设的通行证①，而是各个官府发放命令递送的一般牒式公文。如本书第二部所论，唐朝由县提供运畜、役夫递送食粮，构建了驿道以外的交通体制。在驿制的背后，这种供给和递送维持着唐朝官方的日常交通与运输，而命令供给和递送的公文书就是递牒。

4　递牒和过所的交通

前引《唐 开元廿一年（733）唐益谦、薛光泚、康大之请给过所案卷》中《唐 开元廿一年正月别将唐益谦牒》，其中唐益谦携带尚书省发放过所的往来属于"私行"。如前所见，途中还为他发放了递牒。吐鲁番出土《唐 开元二十一年（733）西州都督府案卷为勘给过所事》[73TAM509：8/8（a），8/16（a），8/14（a），8/2（a），8/15（a）〈录〉《文书》第9册，第52-53页；程喜霖2000，第62-63页；〈图〉《图文》第4册，第282-283页]② 有如下记载：

```
1  仓曹
2        安西镇满放归兵孟怀福　贯坊州
3  户曹。得前件人牒称，去开廿年十月七日，从此发行至柳
4  中，卒染时患，交归③不得，遂在柳中安置，每日随市乞
   食，养
```

---

① 关于过所，应是公式令中的过所式。泷川1958（中），第86页；程喜霖1985B，第123页；中村1996，第26-27、35、130-131页；《拾遗补》，第1273页。

② 据1998年三菱财团助成金资助的文书调查，确认了《文书》、《图文》的录文。全文共钤有6处朱方印。详参陈国灿2000，第261页。其参考文献的缺漏部分，参程喜霖2000，第74-75页。

③ 王启涛将"交归"与"交"字一并说明，将"交归"解释为"近期返回"。王启涛2005，第221-222页。笔者亦赞同此说。

5　存性命。今患得损①，其过所粮递并随营②去，今欲归贯，
6　请处分者。都督判付仓检名过③者。得仓曹参军李克勤
7　等状，依检案内去年十月四日得交河县申递给前件人程粮，
8　当已依来递腂仓给粮。仍下柳中县递前讫有实者。安西
9　放归兵孟怀福去年十月已随大例④给粮发遣讫。今称染
10　患久在柳中，得损请归，复来重请行粮⑤，下柳中县先有给
11　处以否，审勘检处分讫申，其过所关户曹准状者。
12　关至，准状。谨关。
13　　　　　　　　　开元廿一年正月廿一日
14　功曹判仓曹九思　　　　　府
15　　　　　　　　　正月廿二日录事　元宾　受
16　　　　　　　　　　　　　　史汜友
17　　　　　　　　　功曹摄录事参军　思　付
　………………………………………………………………………"元"
18　　　　　　　　　"检案元白
19　　　　　　　　　　　　　廿三日"

（后　略）

通过该文书可知，坊州籍的士兵孟怀福从安西镇归还原籍时递给了

---

① 为了明确前后文意，将"损"解释为"病情痊愈"之意。关于这一点，参蒋礼鸿1994，第304-305页；王启涛2005，第503页。

② 关于吐鲁番文书中的"营"，参孙继民1995，第95-99页；王启涛2005，第693-694页指的是设置于西州府的军营。

③ "过"是"送（状）"的意思。参蒋礼鸿1994，第123页；王启涛2005，第170-171页。

④ "大例"有"通例"、"通则"的含义。参蒋礼鸿1994，第65-66页；王启涛2005，第103-104页。

⑤ "行粮"的意思是"行军或旅行的粮食"。此处指的是旅行的粮食。王启涛2005，第634页。

粮食。关于兵募，《册府元龟》卷135《帝王部·愍征役》（第1629页）记载：

> （开元）十四年六月诏曰，朕为人父母，抚有海内，以百姓为心，恐一夫失所，至于兵募，尤令存恤，去给行赐，<u>还给程粮</u>，以此优矜，不合辛苦。（中略）如病患者<u>递给驴乘</u>，令及伴侣。

士兵归还时可提供程粮。如前文书中的孟怀福，为其发放过所的同时还提供粮递，此粮递可保证归还途中的程粮[①]。在申请程序上，孟怀福要先向交河县提交此粮递，经县向西州府提出申请，请求重新从交河县仓领取食粮。

另外，《唐会要》卷61《御史台中·馆驿》（第1248页）记载：

> 其年（开元七年）七月一日敕，诸道按察使家口，往过宜给传递。

"按察使家口"的"传递"，也就是通过敕命让县提供递送的官畜和役夫等，和过所一同发放，是保证"传递"＝粮马递的递牒[②]。

由此可知，即使发放过所的往来属于"私行"，但因为特别恩典也会递给运畜和食粮。换言之，持有过所的人虽是"私行"，但通过发放的递牒可以保证沿途在县获得粮马递、粮递的递送和补给，可使用官方的递送网络[③]。但如本章第3节所论，递牒只有在发放官府的

[①] 参杨德炳1983，第496页；程喜霖1986B，第56页；程喜霖2000，第74-75页。孟怀福事例及前文《册府元龟》的记载表明，兵募时若无特殊情况不会供给马驴，但前文所列《旧唐书》卷103《郭虔瓘传》（第3188-3189页）（《全唐文》卷200韦凑《谏征安西疏》第2018页）记载，开元时期郭虔瓘谏言从关中向安西兵募一万人时，请求给所有的士兵提供公乘和熟食，并得到了允许。从开元三年（715）十一月韦凑的上疏内容可知，此公乘实为递驮（用于递送的运畜）。虽然这一请求最后因韦凑的上疏而撤回，但通过奏请的内容可知，即便不是军官只是一般的士兵，沿途的州县不仅为其提供熟食，还提供递驮。

[②] 至今所见"诸道按察使"的"家口"往来，只给过所，不给传递，或者同时发放过所与递牒，但不提供马和车牛。

[③] 与此性质不同，集体的军防、丁夫通过总历移动时也供给粮食，规定往来日期，也可视为递送之一。参本章第359页注②。

辖区之内是有效的。又如后第 5、7 节所见，递牒与使用过所的"私行"不同，需按照官方规定的通行路线移动，在各县的停留时间也有严格的时间规定，而过所是不受这些限制的。关于这一点，下节重新讨论。

5 过所和公验（行牒）的私用交通

前章讨论的符券、递牒，是保证递送、供给的通行证，本章开篇《卫禁律疏》中被称为过所的通行证与其形式不同，也在使用。唐朝严禁百姓①离开原籍，因为实施以原籍为基础的统治，所以允许通行的对象，从法律上看并非百姓而是官方人员。因此，过所从规定上来说是官员们公务外出的通行保证。第 4 章第 2 节②中所揭复元杂令［二三］条文（《拾遗》第 857 页）中，把留宿在驿站的官人称为"私行人"，这正是过所发放的对象。对于"私行人"，即使允许其留宿在驿站，也不会提供人马与食粮。

在唐朝，还有一种和过所极为相似的通行证即公验也在使用。关于这两种通行证，众所周知，至今许多学者都进行过研究。除了入唐僧人携来之物或日记所载之外，吐鲁番、敦煌文书中也留存有丰富的相关史料，以此为基础，进一步对两种通行证做深入研究。

为了明确过所的性质，接下来讨论其与公验的关系。

首先，概观以往的研究成果，关于这两种通行证的性质与作用，砺波护收集了所有过所和公验文书，公布其照片与录文，详细地整理了研究史②。

内藤虎次郎首次对唐朝的通行证进行举例研究，指出"过所在关津

---

① 关于百姓的身份，参山根 1982；山根 1988；山根 2007；渡边 1994，第 26-47、337-366 页；渡边 2003，第 14-63 页。
② 砺波 1993，第 663-673 页。

处使用，公验在出入普通的州县镇铺时使用"，这是两种通行证在性质上的差异①。也就是说，过所在通过关津时使用，使用范围较广；而公验在经过州县镇铺时使用，使用范围较小。

最先对此提出驳论的是仁井田陞，他认为公验的使用范围并非内藤氏所指出的那样狭小，也很难论定在通过关津时就不会使用②。

学界首先对过所和公验这两种通行证各自的作用开始讨论。之后，关于公验，小野胜年、程喜霖、杉井正臣等也提出了各自的观点。

首先，小野胜年认为公验本来就是官方证明书，出行许可书也是公验的一种③。这个观点基本上被学界所继承，特别是杉井正臣认为公验不仅由中央发放，地方也可以发放，均是由官府发放的证明书，使用范围的广泛性和通行范围的自由性是其主要特征④。

但这些研究都不能明确是哪级官府可以发放公验这种通行证，必须要重新讨论公验使用范围狭小、仅限定于州县镇铺的内藤说。

关于过所的研究，馆野和己对内藤说等进行修正⑤，通过与日本过所的比较，认为过所不仅在通过关津时使用，在通过其他地方时也可以使用。另外小西高弘指出，公验与过所的发放分为公用和私用⑥。

相对于日本学者的研究，中国学者程喜霖判断作为通行证的过所和公验，在作用上没有任何区别，明确否定了其作为通行证在性质上的差异⑦；并以此为前提，认为过所和公验的发放机构不是县而是州

---

① 内藤虎次郎1930，第1340页（收入内藤虎次郎1970，第629页）。另外，足立、盐入1985（第205-206页）也持有相同看法。
② 仁井田1937，第853-854页（复刊仁井田1983，第853-854页）。
③ 小野1961，第185页；小野1977，第146页。
④ 杉井1990，第162-163页。另外，山岸健二也基本上持有同样观点。山岸1996，第35页。
⑤ 馆野1984，第123页（收入馆野1998，第134页）。
⑥ 小西1979，第229-232页。
⑦ 程喜霖1985B，第126-129页；程喜霖2000，第182-185页。

府①。与此相对，杉井正臣发表反对意见，认为县是发给公验的机构②。

本节将在诸位学者研究过所和公验性质的基础上，通过对吐鲁番文书的分析，从新的视角来探讨这一问题。

在讨论之前，首先要重新确定一下过所与公验的含义。因为砺波护公布了所有过所文书的照片和录文③，本书亦引用其中相关文书的基本情况，避免繁杂，特此说明。表8-1中的过所和公验，可以确认现阶段所藏机构以及发给日期等基本信息。

关于过所，中央发放（5）和地方州府发放（1）~（4）的书写格式不同。（5）的格式与"符"一致，公式令上规定这种格式为"过所式"④，很可能就是（5）。

无论怎样，这些都是可以称为过所的通行证，这一点毫无疑问。过所在中央由尚书省的刑部司门等发放，在地方由州府发放，关于这种体制向无异议⑤。

与上相对，（6）~（16）全部是公验的观点是有争议的。据前［第3节］所述，有观点认为（8）[之前讨论的发给最澄的递牒【A】]之类的文书不能视为公验。也就是说，发给最澄的递牒【A】不是公验，而递牒之后附加的【B】即申请者提交申请书的辞或牒上所附负责机构的判辞才是公验⑥。

---

① 程喜霖1985B，第132页；程喜霖2000，第155-156页。
② 杉井1990，第162页。
③ 砺波1993。
④ 中村1996，第26-27、35页。
⑤ 仁井田1937，第847页；程喜霖1985B，第121页；杉井1990，第163-167页；砺波1993，第713页；山岸1996，第35、52-53页注（8）；中村1996，第53页。其中，砺波护认为中央的左右卫也可以发放过所；杉井正臣明确指出在地方上由拥有户曹（司户）参军事的官府发放过所。
⑥ 小野1961，第185页等。

表 8-1 过所、公验文书一览表

		所藏机构	发放时间	发放机构	发放对象	最终目的地
过所	(1)	新疆维吾尔自治区博物馆	开元二十年三月十四日	瓜州都督府	石染典	安西都护府
	(2)	敦煌文物研究所	天宝七载四月十□日	沙州		京兆府
	(3)	新疆维吾尔自治区博物馆	八世纪	西州都督府	年某	京兆府
	(4)	三井寺	大中九年三月十九日	越州都督府	圆珍	上京(长安)
	(5)	三井寺	大中九年十一月十五日	尚书省司门	圆珍	越州都督府
公验	(6)	新疆维吾尔自治区博物馆	贞观二十二年某月二十一日	庭州	米巡职	西州
	(7)	新疆维吾尔自治区博物馆	调露二年			
	(8)	延历寺	贞元二十年九月十二日	明州	最澄	台州
	(9)	延历寺	贞元二十一年三月一日	台州	最澄	明州
	(10)	东京国立博物馆	大中七年九月十四日	福州都督府	圆珍	天台山等
	(11)	东京国立博物馆	大中七年十月二十六日	温州横阳县	圆珍	天台山等
	(12)	东京国立博物馆	大中七年十月二十九日	温州安固县	圆珍	天台山等
	(13)	东京国立博物馆	大中七年十一月六日	温州永嘉县	圆珍	天台山等
	(14)	东京国立博物馆	大中七年十一月二十三日	台州黄岩县	圆珍	天台山等
	(15)	东京国立博物馆	大中七年十二月三日	台州	圆珍	天台山等
	(16)	东京国立博物馆	大中七年十二月六日	台州临海县	圆珍	天台山等

然而，前文［第 3 节］所引牒文的明州判案，有指示发放公验的命令。据此可知，发给最澄的牒就是公验。如前小野氏所指出，公验包括官府发放的所有证件，吐鲁番文书中还有以下残牒：

《唐 上元二年（675）府曹孝通牒为文峻赐勋事》［65TAM346：2〈录〉《文书》第 6 册，第 508—509 页；〈图〉《图文》第 3 册，第 262 页］云：

(前 略)

　　　　　　　　　　　　　　　　　　　　　　（准狀为公）

7 实给牒，任为公验者。今以状牒，牒至□□□□

8 验。故牒。

(后 略)

这件文书不是通行证，而是证明"赐勋"的牒，但牒文第 7 行可见"实给牒，任为公验者"，也就是将发放的牒作为公验。

由此可知，公验有两种形式，一种是官府发放的牒，另一种是申请通行证者向官府提出辞与牒的官方判辞①。

以此为前提，接下来看吐鲁番阿斯塔那出土的引人注目的 3 件文书，以下为其录文②。

【I】《唐 开元二十一年（733）西州都督府案卷为勘给过所事》[73TAM509：8/21（a）之一，8/15（a）之一〈录〉《文书》第 9 册，第 61-62、65-67 页，程喜霖 2000，第 67-70 页；〈图〉《图文》第 4 册，第 291、294-295 页]：

（中 缺）

□□［

97　　所将走去傔人③桑思利，经都督下牒，不敢道将过□□□都

戍

98　　督处分。傔人桑思利领化明将向北庭。行至酸枣，勘无过所，并被

见今

99　　勒留虞候先有文案，请检即知虚实。被问依实谨辩。

"思"

100　　　　　　　　　　　　开元廿一年正月　　　日

---

① 如本书第 369 页注②所述，在口头报告中已经指出了这一点。
② 据 1998 年三菱财团助成金资助的文书调查，确认了《文书》、《图文》的录文。《文书》、《图文》列出以下 3 件文书的行数，笔者根据文书原件修改了行数和纸缝的位置。参陈国灿 2002，第 261 页。另外，程喜霖 2000（第 78-79 页）也有讨论该文书的部分。
③ 如前所述，傔人是军镇"子总管"以上的高官侍从。参西村元佑 1968，第 585-586 页；孙继民 2000，第 271-272 页；孙继民 2002，第 68-73 页。

101　　　　　　蒋化明年廿六　　　　　｜｜｜

102　化明辩，被问先是何州县人，得共郭林驱驴，仰答。但化明

103　先是京兆府云阳县嵯峨乡人，从凉府与敦元暕驱驮至北庭。括

104　客，乃即附户为金满县百姓。为饥贫，与郭林驱驴伊州纳和籴。

　　　　　　　　　　　　人

105　正月十七日，到西州主曹才本家停。十八日欲发，遂即权奴子盗化明

106　过所将走。僆人桑思利经都督下牒，判付虞候勘当得实，责

107　保放出，法曹司见有文案，请检即知虚实。被问依实谨辩。

108　　　　　　开元廿一年正月　日　　　　"思"

109　　　付法曹检　九思白

110　　　　　　　　廿九日。

·· "九"

　　（中略）

　　（中缺）

147　　　　　]□□□问有凭，

·· "元"

148　　　准状告知，任连本过所，别

149　　　自陈请。其无行文①蒋化明

150　　　壹人，推逐来由，称是北庭

---

① 官文书中经常使用的"行文"均指"通行证"。参王启涛 2005，第 635-636 页。

151 　　　　　金满县户，责得保识①，又非
152 　　　　　逃避之色。牒知任还北庭。
153 　　　　　谘。元璟白。
154 　　　　　　　　　　　五日
155 "依判，谘。齐晏示。
156 　　　　　　　　　　　五日"
157 "依判，谘。崇示。
158 　　　　　　　　　　　五日
159 …"依判。斛斯示……………………纸背面有朱方印
160 　　　　　　　　　　　五日"
161 　蒋化明
162 牒。 件状如前， 牒至准状， 故牒。
163 　　　　　开元廿一年二月五日
164 　　　　　　　　　府谢忠
165 户曹参军"元"
166 　　　　　　　　　史
167 　　　　　正月廿九日受。二月五日行判。
168 　　　　　录事"元宾"　　检无稽失。
169 　　　　　功曹摄录事参军 "思"勾讫。
170 　牒蒋化明为往北庭给行牒事。
……………………………………………………"元"

（后略）

【Ⅱ】《唐 开元二十一年（733）唐益谦、薛光泚、康大之请给过所案卷》［73TAM509：8/4-2（a）之二，〈录〉《文书》第9册，第

---

① 王启涛2005（第12-13页）认为"保识"就是指保人、保证人，通过前后文意可理解为"保人的画押"。参《唐语林》卷4《豪爽》，第126页。

35-38 页，程喜霖 2000，第 223-225 页；〈图〉《图文》第 4 册，第 272-274 页]①：

（前略）

51	正月　　日　史谢忠牒
52	唐益谦牒，请将人拾马
53	]福州，薛光
54	泚人叁驴[
55	来文，并责保识有□
	（谦）
56	准给与所由过所。唐□
57	从西自有[
58	别给[
59	申康大之[
60	往轮台征债，[
61	同。牒知任去。谘。元
62	十四日

···"元"

63	"依判，谘。延祯示。
64	十四日"
65	"依判，谘。齐晏示。
66	十四日"
67	"依判，谘。崇示。
68	十四日"

---

① 据 1998 年三菱财团助成金资助的文书调查，确认了《文书》、《图文》的录文。参陈国灿 2002，第 260 页。另外，程喜霖 2000（第 227 页）有讨论本文书的部分内容。

(示)

69　　"依判，斛斯□。

(日)

70　　　　　　　　　　　　　十四□"

71　　福州、甘州件状如前，此已准给者。依勘过。

72　　　　　　　康大之

73　　牒件状如前。牒至准状，故牒。

74　　　　　　　开元廿一年正月十四日

75　　　　　　　　　　府谢忠

76　　户曹参军"元"

77　　　　　　　　　　　　史

78　　　　　　　正月十三日受。十四日行判。

79　　　　　　　录事"元宾"　　检无稽失。

80　　　　　　　功曹摄录事参军　"勤"勾讫。

81　　给前长史唐循忠縢福州已来过所事。

82　　给薛泚 甘州已来过所事。

83　　牒康大之为往轮台事。

　　　　　　　　　　　　　　　　　　　　　　　　"元"

【Ⅲ】《唐 开元二十一年（733）染勿等保石染典往伊州市易辩辞》[73TAM509：8/9（a）之一,〈录〉《文书》第9册, 第44—47页, 程喜霖2000, 第163—164页;〈图〉《简报》B, 第20页, 图15;《图文》第4册, 第277—278页][①]：

（前　缺）

---

① 据1998年三菱财团助成金资助的文书调查，确认了《文书》、《图文》的录文。是西州府时期公文书的标准用纸（中等纸质，中等厚度，帘纹均匀）。参陈国灿2002, 第261页。另外，程喜霖2000（第164—167页）有讨论该文书的内容。

1　　　　　　] 石 染 典计程 不 回，连 [

2　罪者。谨审，但 染勿　等保 石染典 在此见有家宅

3　及妻儿亲等，并总见在。所将人畜，并非寒詃等

4　色①。如 染典 等违程不回，连答之人，并请代承课

5　役，仍请准法受罪。被问依实，谨辩。"元"

6　　　　　　开元廿一年正月　　日。

7　"石染典 人肆，马壹，騾，驴拾壹。

　　……………………………………………………………………… "元"

8　　请往 伊州 市易，责保

9　　可凭，騋知任去。谘。元

10　　璟白。

11　　　　　　　　廿三日"

12　"依判，谘。延祯示。

13　　　　　　　　廿三日"

14　"依判，谘。齐晏示。

15　　　　　　　　廿三日"

16　"依判，谘。崇示。

17　………………………………… 廿三日" ……………… "崇"

18　"依判，斛斯示。

19　　　　　　　　廿三日"

　　…………………………………………………………… "元"

20　　石染典

21　騋。件状如前，騋至准状，故牒。

22　　　　　　开元廿一年正月廿三日

23　　　　　　　府谢忠

---

① "寒詃"指的是"寒盗"和"詃诱"。参王启涛2005，第180-182页。

24	户曹参军"元"		
25		史	
26	正月廿一日受。廿三日行判。		
27	录事"元宾"	检无稽失。	
28	功曹摄录事参军	"思"勾讫。	
29	滕石染典为将人畜往伊州市易事		

首先,【Ⅰ】是与蒋化明相关的史料,因为蒋化明前往北庭的途中没有携带过所,故在西州通往北庭途中的军事机构酸枣戍被查,带回西州接受调查。引用的部分,就是调查过程中功曹司所作的调查记录以及最终在户曹司的判案。

值得注意的是,从前半部分可知蒋化明为了和籴从北庭前往伊州,而从伊州返回北庭的归途中,因在西州过所被盗,所以被酸枣戍的巡查士兵查获。由此可知,他往来于伊州和北庭之间,并持有过所。据判词可知允许他返回北庭,第152行记载发放牒文允许其归还。通过末尾记事条目(第170行)可以明确,发给蒋化明的是行牒。

该文书第162行加框的部分,是给蒋化明发放行牒末尾的条目,内藤乾吉在研究大谷文书时也指出了同样的例子①。从史料可知,给从西州到北庭的蒋化明发放的不是过所,而是行牒。

史料【Ⅱ】是在户曹司一起处理的3个案件。据此可知,前文所论前往福州的唐益谦一行,确切地说是福州都督府长史唐循忠的媵等,以及前往甘州的薛光泚,均得到了过所。

与此相对,该文书第61行显示为前往轮台县的康大之发放的是牒。并在末尾的条目中明确作了区分。

就连第71~73行加框的部分,也是最初前往福州和甘州的通行证过所的末尾部分,之后是对前往轮台县的通行证行牒末尾部分的再抄。

---

① 内藤乾吉1960(收入内藤乾吉1963,第235页)。

由此可知，仅为前往轮台县的康大之发放了行牒。

史料【Ⅲ】是允许西州百姓粟特商人石染典（zymty'n）[①] 前往伊州交易的判辞，从9、12行可知给石染典发放了牒。

如后节所论，他携带过所从安西都护府到瓜州进行贸易，所以仅在往来伊州时使用了行牒。

综合以上内容，总结如下：

【Ⅰ】《唐 开元二十一年（733）西州都督府案卷为勘给过所事》

【北庭金满县百姓，蒋化明】

　　　伊州—西州—北庭→过所

　　　西州—北庭 →行牒（相邻州府）

【Ⅱ】《唐 开元二十一年（733）唐益谦、薛光泚、康大之请给过所案卷》

【①唐益谦，薛氏　②甘州百姓薛光泚　③康大之】

①　安西—西州—伊州—瓜州—甘州……福州→过所

②　西州—伊州—瓜州—甘州　　　　　→过所

③　西州—轮台　　　　　　　　　　　→行牒（邻县）

【Ⅲ】《唐 开元二十一年（733）染勿等保石染典往伊州市易辩辞》

【西州都督府百姓，石染典】

　　　安西—西州—伊州—沙州—瓜州　→过所

　　　西州—伊州　　　　　　　　　　→行牒（相邻州府）

综上可知，行牒的通行范围在相邻州县之间，而过所的通行范围超出了相邻州县的范围[②]。通过前文对公验的讨论可知，州府发给的行牒

[①] Yoshida 1994, p.391.

[②] 大庭修认为，汉代将相当于后世的过所的棨，发给私用通行关津的长途旅行者。大庭1982，第597、606-615页。另外，何双全认为汉代也明确有被称作过所的通行证，其特征是使用范围广，可跨越郡国使用。何双全1993，第81-82页。

就是公验。

那么两种通行证的区别是什么呢？应在于发放官府的管辖范围和返还日程的不同。

首先，两种通行证的区分标准在于，有效范围是否限于邻州的往来，即有效范围限于发放官府的辖区之内还是之外？严格来看，邻州属于辖区之外，但从敦煌文书"传马坊牒"可知，与邻州、邻县的往返无疑属于自身的递送范围，意味着是其管辖范围之内。

换言之，行牒的使用范围限于发放官府的管辖区域[①]，而过所的特征是使用范围与发放官府的管辖范围没有关系。

接下来是日程和路线的问题。

史料【Ⅲ】中，文书前半部分是石染典（zymty'n）的保人（石）染勿等的辩辞（调查记录），粟特商人石染典在往来伊州的途中，非常重视"计程"和"违程"，"程"也就是返还时规定的日程[②]。

关于公务，从表4-3所列实例可见，吐鲁番文书中有开元十年（722）闰五月~六月西州长行坊中长行马的出行记录。据此可知，西州与伊州的里程（约730里）即27日~38日的路程。由此可知，西州至伊州间因公务而往来的"程"（规定日程）为一个月左右。

执行公务时的"程"，不能确定是否适用于西州百姓石染典与邻州之间的往还，但无论怎样，还是会规定返回原籍州府的"程限"。

由此可知，使用行牒的往来是以公务为基准在官府办理，且其路线一定是沿着规定的官道（驿道）[③] 而行的。

如前所述，不仅州府发放公验（行牒），县以上的各级官府也可以发放，这意味着其与从县到京兆府各机构所发放的递牒性质相同。当公

---

① 通过前列表8-1之（10）~（16）可知，发给圆珍的通行证是公验（行牒），由州府发放，可跨越管辖范围直至最终目的地或者通行目的地。

② 程是指某公务完成的规定时期。《律令》5，第207页注（17）。

③ 如本书第二部所论，公道不仅是国家的驿道，而且还包括地方的县道。"行牒"若是由县来发放，应使用县道。

验（行牒）中有递送的指示时也可称为递牒，故公验（行牒）和递牒本来就是统一的通行证。

与此相对，过所的有效范围与发放官府的管辖范围没有关系。如后所述，过所没有严格规定返还原籍州府的"程限"，是长期有效的往来通行证。相对于公验（行牒）的时空限制，过所可以说是"私行"时使用的通行证，但本节开篇已述，即使是"私行"实际上也是要为官方服务的。

唐朝的通行证制度，首先需要确定的是基本上都是为官方服务，不是为兴胡、行客、百姓而制定的。虽然过所是为官方的"私行"而制定，但实际上也会发给兴胡、行客、百姓。那么过所是如何发放给非官方人员的呢？又以怎样的形式发放？接下来具体讨论这些问题。

6 过所的发放过程

（1）都督府、州发放的过所及其书写格式

通过研究可知，唐朝发放过所的机构，在中央为尚书省司门和亲王府，在地方为设置户曹或司户的京兆、河南、太原三府以及都护府、都督府、州等[①]。从于阗新出的汉文文书（C2）可知，安西四镇也可以发放过所[②]。虽然不能确定地方州府能否发放通向任何地方的过所，但如前［第7章第3节（2）］所述，特别是通向长安的交通，即请求发放

[①] 仁井田 1937，第 847 页；程喜霖 1985B，第 121 页；杉井 1990，第 163-167 页；砺波 1993，第 713 页；山岸 1996，第 35、52-53 页注（8）；中村 1996，第 53 页。如前砺波护所述，中央左右卫也发放过所。

[②] 荒川 2006，第 6-7 页。近年于阗出土了 6 件汉文文书。L1~L4（洛浦县出土），C1、C2（策勒县出土）。〈录〉L1、L2，李吟屏 2001，第 58 页。L3、L4、C1、C2，李吟屏 2004，第 84-89 页；〈图〉L3、L4、C1、C2，李吟屏 2004，第 90 页。参荒川 2006，第 4-6 页。这里所列的文书，其中 C2（约 13×约 15.5cm），录文参李吟屏 2004，第 88-89 页；荒川 2006，第 6 页。

"勘入"京城四面关的过卡，发放机构很可能只限于特定的官府。

现存过所之中，除了前表 8-1 中过所（5）的发放机构是中央，其他的发放机构都是地方都督府、州。该表中的过所（1）、（4）、（5）在发放日期处分别押有各个发放机构的方形朱印[①]，可以确定这是发给申请者的过所原件，而过所（2）、（3）没有方形朱印，所以不是给申请者的过所原件，应是保留在官府的过所抄本[②]。即使是抄本，内容与原件是一致的，因此把这些文书均视为唐代过所进行讨论是没有问题的。

毋庸赘言，过所是钤有官印的公文书，唐代公式令规定了"过所式"[③]。有的学者认为公式令所载"过所式"的书写格式是"符式"[④]，其具体的书写格式至今尚不明确。可以确定的是，如中村裕一所述[⑤]，中央发放的过所［表 8-1 之（5）］是以"符式"为基准制作的，而地方官府发放的过所，与后文所列中央发给过所的书写格式不同。通过中村氏与小野氏的研究[⑥]，在现存 8 世纪过所［表 8-1 之（1）］和 9 世纪过所［表 8-1 之（4）］的基础上，将地方官府发放过所的格式复原如下：

① 发放过所的都督府、州名
② 发放对象和同行人、畜的明细

[①] 不过，表 8-1 的过所（1），《文书》第 9 册，第 41 页；《图文》第 4 册，第 275-276 页在户曹、府史等官员的名字处有押印，关蔚然 1986，图版 119 中的日期部分可见官印残痕。

[②] 表 8-1 的过所（3）明显是过所的发放机构留存在西州都督府的抄本，在敦煌莫高窟发现的过所（2）也是抄本。砺波 1993，第 708 页；程喜霖 1992，第 43 页。但沙州发放的过所（2），东行时在过所后粘贴了沙州东面的守捉、戍的调查记录，即使是抄本，这个过所也不应该留存在沙州。

[③] 关于唐公式令的过所式，也如前所列，泷川 1958（中），第 86 页；程喜霖 1985B，第 123 页；中村 1996，第 26-27、35、130-132 页；《拾遗补》第 1273 页等皆有讨论。

[④] 山岸 1996，第 35 页。

[⑤] 中村 1996，第 53 页。

[⑥] 中村 1996，第 130-132、241-245 页；小野 1977，第 150 页。

③　目的地+"已来（路次）"。~"幸依勘过"

"府"官员名

④　"户曹参军"（官员名"自署"）。

"史"官员名

⑤　　　　　　　　　　　某年某月某日+"给"

与中央制作的符式过所一样，地方州府也在开头①署有发放过所的机构名称，②的申请者与同行人员、牲畜及携带物品等需要低一格书写。通过记载可知，要注明申请者和同行人（家人、作人、奴婢）的身份、姓名、年龄等，还要标注同行牲畜的种类、毛色、雌雄、去势与否及数量、年龄等①。

之后的③是过所的正文，开头的目的地处附上"已来"这个固定句式。许多文书、传世史料都已证明，这个"已来"就是"……为止"的意思②。相当于前文过所符式 A 开头处的"（地名）+已来路次关防主者（~为止途中关卡和军事设施的负责人），这是发信地①的州府明确发给途中关卡等负责人的内容。之后是所记人数、运畜的数量，以及不同情况下所携带的各种物品，接下来引用的是申请者的牒（辞）③，其后是都督和刺史的判。在③的末尾处是"幸依勘过"的常用句式。

接下来④有审查机构户曹司官员的署名，下面是户曹史或府所制作的过所原件。在过所原件的上部，在"户曹参军"官员署名的位置有

---

①　然而，过所中没有记载所有的项目，只有运畜的种类和头数。养老公式令的过所式规定"其毛牡牝马牛若干匹头"，没有年龄这一项。《拾遗补》第 1273 页。参泷川 1958（中），第 86 页。

②　小野胜年忠实于原文，翻译为"从~开始的形态"。小野 1977，第 150 页。《大唐新定吉凶书仪》（S.6537，V.14）中"转牒式"记载"转牒上都已来"，《户部格残卷》（S.1344）中记载"安西已来"，都是"到……为止"之意。这种例子在传世史料中也不胜枚举（张九龄《曲江集》卷 11《敕吐蕃赞普书》第 68 页"西从葱岭已来"等）。再加上"某年某月"+"以往"也意味着"（某年某月）以前"的意思。

③　申请者若是官吏则呈牒，若是白丁则呈辞。参中村 1996，第 248 页。

参军的亲笔签名。

最后的⑤载有过所的发放日期，如砺波氏所指出，规定日期的书写要使用大写的数字①。⑤最后的"给"字相当于符式过所的"下"，和③末尾的"幸依勘过"，一同表明都督府、州发放过所与普通地方州府所用的"符"、"牒"、"帖"等官文书的性质不同。另外，过所原件中通常在⑤处钤有发放机构的官印。

（2）过所的发放程序

都督府、州通过怎样的程序发放过所呢？所幸通过吐鲁番阿斯塔那509号墓出土的诸多官文书可以讨论其真实的状况，其中有如下与过所、公验相关的案件②：

①西州高昌县百姓，麴嘉琰。

②西州百姓，石染典。

③福州都督府长史唐循忠侄，唐益谦。

④甘州张掖县人，薛光泚。

⑤康大之。

⑥安西镇满归还士兵，孟怀福（原籍坊州）。

⑦安西给过所放还京人，王奉仙（原籍京兆府华原县）。

⑧北庭都护府金满县百姓，蒋化明。

⑨兴胡（外来粟特人）。

如前所论，8、9世纪过所的书写格式基本一致，但关于其发放程

---

① 砺波1993，第696页。

② ①、⑥~⑨是《唐 开元二十一年（733）西州都督府案卷为勘给过所事》[〈录〉《文书》第9册，第51-70页；〈图〉《新疆》第61页；《图文》第4册，第281-296页]。②是《唐 开元二十年（732）瓜州都督府给西州百姓游击将军石染典过所》[〈录〉《文书》第9册，第40-43页；〈图〉《图文》第4册，第275-276页]。③~⑤是《唐 开元二十一年（733）唐益谦、薛光泚、康大之请给过所案卷》[〈录〉《文书》第9册，第31-39页；〈图〉《图文》第4册，第268-274页]。

序，必须考虑到时代的变迁，即使是同一时期，根据申请者的不同发放程序也可能不同。

遗憾的是，给行客发放过所的程序至今还没有史料可以证实，关于兴胡，如前所论［第7章第3节（2）］；此处的行客，姑且也以离开原籍的兴胡为标准来考虑。那么，给百姓发放过所的过程又是怎样的呢？我们将继续讨论。

发放的过所中规定了使用的有效期限，许多学者举出日本养老律令中过所的有效期限为30日[①]，以此作为根据。据表8-1可确认（1）、（2）是"改发"的过所，可知若超过了规定日期，则必须在所在官府重新申请过所[②]。不过，前述日本养老律令规定在一个地方停留的时间是一定的[③]，所以要凭借一件过所到达目的地，就不能在一个地方长期停留，要不断地移动。因此，在研究给州县百姓发放过所的程序时，有必要区别（A）离开原籍府、州并领取过所，与（B）在途中州府的停留时间超出规定再重新领取过所[④]这两种情况。但是，给百姓发放过所的情况大多数属于（A），接下来，通过对前揭①西州高昌县百姓麴嘉琰的事例进一步深入研究。

①麴嘉琰相关文书的录文

前举与①麴嘉琰案件相粘贴的文书，是《唐 开元二十一年（733）西州都督府案卷为勘给过所事》［〈录〉《文书》第9册，第51、56-58

---

① 参泷川1958（下），第18页；程喜霖1985B，第124页；程喜霖1986B，第56页；程喜霖1988，第77页；程喜霖2000，第87页。

② 除此之外，吐鲁番文书中可见改发的过所。参《唐 开元二十一年（733）西州都督府案卷为勘给过所事》的"王奉仙"案例［73TAM509∶8/21（a）之三〈录〉《文书》第9册，第64页；〈图〉《图文》第4册，第293页］。

③ 养老关市令第27第1条［《拾遗》第714页］中规定："若已得过所，有故卅日不去者，将旧过所，申牒改给。若在路有故者，申随近国司，具状送关。虽非所部，有来文者亦给。"虽然过所有有效期限，但指的是在一个地方停留的期限。参程喜霖2000，第87页。

④ 参程喜霖2000，第87页。

页，程喜霖2000，第62、64-65页；〈图〉《新疆》第61页；《图文》第4册，第281、286-288页]。除此之外，该文书还记载了前举⑥、⑦、⑧、⑨的案件，都可在纸缝处看到后文所列户曹参军"元"（梁元璟）① 的署名，很明显这些文书是在西州都督府户曹司粘贴制作的。因为文书较长，所以只举例相关部分（第1~6、50~68行）的录文和译文②。另外中间省略部分，含有⑥坊州籍贯的士兵孟怀福从安西镇返还的事件。

（前缺）

1　户曹参军"元"

2　　　　　　　　　史

3　　　　　正月廿四日受，廿五日行判。

4　　　　　录事元宾　　检无稽失。

5　　　　　功曹摄录事参军　思　勾讫。

6　下高昌县为勘麹嘉琰去后何人承后上事。

……………………………………………………………

（中略）

50　高昌县　　为申麹嘉琰请过所所由具状上事

51　　陇右别　敕行官，前镇副麹嘉琰，男清年拾陆。奴乌鸡年拾贰，婢千年年拾叁，已上家生。

52　　作人王贞子年贰拾陆，骆敬仙年贰拾叁。驴拾头八青黄，二

---

① 程喜霖已经指出，户曹参军"元"是梁元璟，之后的录事参军"思"即功曹参军且同时兼任仓曹判案的宋九思。程喜霖1986B，第54页；程喜霖2000，第72页。

② 据1998年三菱财团助成金资助的调查，确认了《文书》、《图文》的录文。程喜霖2000（第72-74页）有讨论该文书的内容。关于该文书的部分内容，杉井正臣作了汉文释读。杉井1990，第175-176页。释读中尚有不明确之处。本书尝试对全文进行日译。除此之外，程喜霖1986B；程喜霖1988；吴震1989B；吴震1990A；中村1996，第245-248页；程喜霖2000，第74、83-87页等也讨论了该件文书。

乌，马壹匹骝。

53　　右被符称，得上件人牒称，今将前件人畜等往陇右。恐所在关镇守捉，不

54　　练行由，请给过所者。麹嘉琰将男及作人等赴陇右，下高昌县勘责①。去后何

55　　人代承户徭②。并勘作人是何等色。具申者。准状责问，得保人麹忠诚等

56　　五人款，麹琰所将人畜，保并非寒盗眩诱③等色者。又问里正赵德宗款，上

57　　件人户当第六。其奴婢先来漏籍，已经州司首附④下乡讫。在后虽有小男

58　　二人，并不堪祗承第六户。有同籍弟嘉瓒见在，请追问⑤能代兄承户否。

59　　其驴马奴婢，并是麹琰家畜者。依问弟嘉瓒得款，兄

---

① 关于勘责，参第5章所举《唐天宝十四载三月交河郡长行坊典竹奉琳状》中第234页注②。

② 麹嘉琰户应该承担的徭役。根据大津透的研究，明确徭役以户为单位，按户的等级来区分轻重。大津1988，第110-120页（收入大津2006，第116-127页）。

③ 关于"寒盗"一词，王树楠在《新疆访古录》卷2《唐 上元二年买马私契》中主张"按照当时的俗语，人是因为贫寒才偷盗"。仁井田陞也列举了王氏的观点。仁井田1960〔补订后收入仁井田1981，第654页注（14）〕。但蒋礼鸿认为"寒"通"撺"音，为盗取之意。蒋礼鸿1994，第126页。王启涛认为"寒盗"与"诱盗"相对应，与一般盗窃不同，解释为强夺、掠夺的意思。王启涛2005，第174-181页。此处遵从王启涛的观点，另外关于"眩诱"，参第7章第332页注③。

④ 关于"经州司首附"，和《疏议》卷4《名例五》规定"诸盗，诈取人财物而于财主首露者，与经官司自首同"的"经官司自首"相同，可解释为亲自向州的官署申请附籍之意。参滋贺1979，第232-235页；钱大群1988，第51-52页。

⑤ "追问"的"追"是"拘禁"或只是"叫出"的意思，此处遵从后者。之前的"责问"是对替申请者承担法律责任的人进行询问，而"追问"只是对相关人员的询问。

嘉琰去后，所有户

60　　徭一事以上，并请嘉瓒祗承，仰不阙事者。依问麹琰，得款，其作人王贞子、

61　　骆敬仙等，元从临洮军来日雇将来，亦不是诸军州兵募，逃户等色

62　　者。依问王贞子等，得款，去开元廿年九月，从临洮军，共麹琰驱驮客作到

63　　此。今还却共麹琰充作人，驱驮往临洮军。实不是诸军州逃兵募，

64　　健儿等色者。麹嘉琰请将男及人畜等往临洮军，请过所。勘责

65　　状同①，录申州户曹听裁者。谨依录申。

66　　　一　日　勘②

67　朝议郎行录事参军摄令上柱国　沙安　朝议郎行丞上柱国　才感

　　（中　缺）

68　给麹嘉琰为往陇右过所事

【原书此处为文书之日译文，兹删；但保留译文中对"八青黄"所作的注释，即③——译者注】

---

① 如第5章第234页注②所释。过所中的"勘责状同此已"，经常被断句为"勘责状同此，已"。《籍帐》No. 155，第363页；《文书》第9册，第40页；〈图〉《图文》第4册，第275页；程喜霖2000，第94页。但"勘责状同"这样的表达经常出现，应如砺波护移录的"勘责状同，此已"。砺波1993，第705、708-709页。

② 关于第66行文字的移录，尚无定论。《籍帐》No. 160（第366页）、杉井1990（第174页）、程喜霖1986B（第50页）、程喜霖2000（第65页）录为"一日勘"，中村1996（第246页）录为"召勘囗"，吴震1989B（第380页）移录为"过了"。此处需要重视西州蒲昌县制作的牒文的末尾［《籍帐》No. 162，第368页］同样写入了"廿五日勘"，应为"一日勘"。

③ 毛色也不是指马整体的颜色，而是各部分颜色的组合。参《古今合璧事类备要》别集卷81《畜产门·马》，"格物总论"条［《四库全书》同卷第1叶正背面］。

②向西州高昌县百姓发放过所的程序

该文书虽然记载的是西州高昌县的案件,但对于探索唐朝如何为离开原籍的百姓发放过所来说,是非常重要的史料。很多学者对过所的发放程序进行了讨论,尤其是程喜霖、吴震、杉井正臣等研究成果尤为重要①。笔者赞成这些研究观点,为了进一步补充,在内藤乾吉研究的基础上②,通过对该文书及前论都督府、州发放过所的分析,尽量描绘从申请者提出申请书到发放过所的详细过程。关于文书行政的核心即录事司的作用,之前的研究都没有给予足够的重视。为了继续研究,首先讨论(A)文书第1~6行、(B)文书第50~68行的内容。

(A)文书第1、2行前的缺载部分,应是西州府录事司返回的文书,由负责机构户曹司的府、史处理,户曹参军下"判"(处决)。录事受理的日期是第3行"正月廿四日",户曹参军事翌日下发判文。那么,录事受理的文书是什么呢?在这里值得注意的是(B)文书第53行"右被符称,得上件人牒称"。如诸多学者所述,(B)文书是高昌县上给西州都督府、户曹司的申请书,即第53行的内容,也就是说,西州都督府向高昌县下发的符文书,其中引用了麴嘉琰申请书的内容。这表明高昌县收到州下发的符后开始处理过所申请书,同时可推测附籍于西州高昌县的百姓,不是向县申请,而是向州申请过所③。大概是因为西州都督府和高昌县同设于高昌城(哈拉和卓)内。若非附郭县,通常由县向州提交申请书。

综上讨论可知,(A)文书的前缺部分是西州都督府录事受理的文

---

① 程喜霖1988,第74-78页;吴震1990A,第318页;杉井1990,第177-186页;程喜霖2000,第83-104页。还有王仲荦1987(第303-306页)、中村1996(第245-248页)也作了研究。本来应把已经讨论过该文书的观点逐一标注,但为了避免繁琐尽量缩减。

② 关于州县文书行政的流程,内藤乾吉的研究至今仍大有裨益。内藤乾吉1960(收入内藤乾吉1963)。

③ 关于这个问题,程喜霖认为高昌县接受申请书后再向州府上呈牒文,但本书所论附郭县并非如此。程喜霖1986B,第54页。

书，能够推测是麹嘉琰申请过所的牒文①。录事接收申请书之后，都督批示"付司"或"付判"并署名，命令发回相关机构处理②。再次收到文书的录事在记录"受事"、"发辰"（受付、发日）的同时，提前书写录事参军的职掌即"付事"（负责机构的决定及其回付），最后由掌管监印的录事参军署名并押西州都督府的官印。在此基础上，录事司将案件发给负责机构（该文书中的户曹司）。此时押州府官印的录事司在"印历"（押"西州都督府之印"的文书目录）上写入此牒的简洁要文即"条目"③。这个"印历"的性质相当于"西州都督府文书目录"。

最后，处理申请书的户曹司判决"下高昌县为勘麹嘉琰去后何人承后上事"，这在（A）文书末尾的"条目"中也有体现。之后，户曹

---

① 因为麹嘉琰是官员，所以提交的不是辞，而是牒。参中村 1996，第 248 页。
② 内藤乾吉 1960（收入内藤乾吉 1963，第 232-233 页）。
③ 录事司的"印历"是钤有"西州都督府之印"的案件目录。内藤乾吉认为"应把文牒的目录记载为文书发行簿"［内藤乾吉 1960（收入内藤乾吉 1963，第 319 页）］，也就是在此处写入"印历"，是录事司的职务。但实例显示，并不是录事司，而是军镇的录事司的机构孔目司制作了"印历"。如荒川 1997A，图版第二，第 8 页发表的录文和照片，笔者省略了不合适的文书题名及部分录文，以下是修订过的文书题名，并列举全部录文《唐 北庭瀚海军兵曹司开元十五年（728）十二月印历》（S.11459，G）第 2~3 行中钤有"瀚海军之印"。

....

1　兵曹司开元十五年十二月印历　　典　杜言　官　乐元
2　五日牒中军为收李景廉讫上事。
3　　牒车坊为收扶车兵王玄方事。
4　　牒西门为收高汉子事。　　牒胄曹为磨甲兵事。
5　　牒东道守捉为置堡子事。
　　　　　　　　　　同
6　　　　右伍道典杜言　官乐
7　七日牒仓曹为傅大斌身死事。
8　　牒右一军为同前事。　　牒六军为斫年支材木来□事。
9　　牒虞候为同前事。　　牒车坊为收患损兵眭奉礼事。
10　牒作坊为收患损匠庞珪事。　　牒左一左二军为收患损兵［　］。
　　（后缺）

府、史向高昌县下发符文书，同时将相关文案（申请过所的牒+录事司以及户曹司的处理）附于之后。前（A）文书第1、2行应为该文书的后半部分，但只残存了户曹参军和录事、录事参军的署名。最后是户曹参军的亲笔署名，第3、4行是为了检查该案件处理有无稽失（延误、贻误）的情况，将文书发回录事司。录事司的录事、录事参军分别勾、检[①]。根据内藤氏的研究[②]，可知每隔15日就要把官府留存的案件做成案卷，所以户曹司大概每隔15日就把规定日期内的相关案件做成案卷送到录事司，再收纳于"库"中。（以上参图8-1所示流程）

户曹府、史命令制作的符文书和下达高昌县的符文书一同完成，经过户曹参军的署名，再把符文书的原件送到掌管官印的录事司处，录事司的录事参军在文书上押上官印，录事写入"印历"之后，由负责机构（此处是户曹司）向高昌县下达符文书。这个"印历"对前述文书目录来说，具有西州都督府发出文书目录的性质。

在（B）文书第53~55行，下达的符文书中载有"得上件人牒称，今将前件人畜等往陇右。恐所在关镇守捉，不练行由，请给过所者。麹嘉琰将男及作人等赴陇右，下高昌县勘责。去后何人代承户徭。并勘作人是何等色。具申"。

接收符文书的高昌县，按照保人、里正、弟、申请者、作人的顺序进行调查，这一点从高昌县上呈给西州都督府的（B）文书可以体现。可见高昌县省略了文书的手续，按照符文书的指示，由县来调查麹嘉琰以及携带人员、牲畜的身份，同时还要明确在他离开西州之后由谁来负责户徭。从麹嘉琰的辩辞、供词（询问记录）可知，由他原籍的弟弟负责。虽然上文申请书中有所省略，但经常在辩辞、供词的末尾，标记若与调查记录相违而申请者甘愿受罚的要文。

受理申请书后，西州都督府户曹司重新给麹嘉琰发放过所，相关报

---

① 关于勾、检的区别，参滋贺1979，第241-242页。
② 内藤乾吉1960（收入内藤乾吉1963，第318页）。

告文书由府、史出具，户曹参军判决。接下来由司马、长史审核（通判），最终由都督裁决。户曹参军接收后，将其附于①制作过所和②相关文书（高昌县的上申书+户曹司的处理+都督等最终的裁决）之后，命令府、史制作带有录事司勾、检的文书。②之后的处理过程与前述【Ⅰ】的手续相同。因此，中间省略的部分，应是接受高昌县上书后，在西州府的一系列处理流程，恐怕只有第68行最后"条目"的部分残存下来。（以上参图8-1【Ⅱ】的手续流程）

在处理申请发放过所的文书后，并无史料记载给申请者发放过所的具体流程，大概接到都督命令的户曹参军，让户曹司的府、史按照前文的书写格式制作过所。同时为了备案，户曹府、史还制作了过所的副本。过所的原件首先要有户曹参军的署名，再把它送到录事司。录事参军押上府州之印后，接收文书的录事才会给申请者发放过所。此时，录事司押印发放的过所会以"印历"条文的形式保存下来。（以上参图8-1【Ⅲ】的手续流程）

上述繁杂的过所发放流程，可总结为图8-1。

综上所论，西州府高昌县百姓麹嘉琰向西州府录事提出过所申请书，并从该录事处领取过所。但这并不意味着过所的申请地固定为州府，麹嘉琰向州司的录事提交申请，不过是因为他所属的县和州在同一个城邑，若不是附郭县，通常是县受理过所申请书，然后再向州传达。另外，原籍州县处理文书和审查申请者的过程，可总结为图8-1。

第三部 唐帝国与胡汉商人的流动、贸易

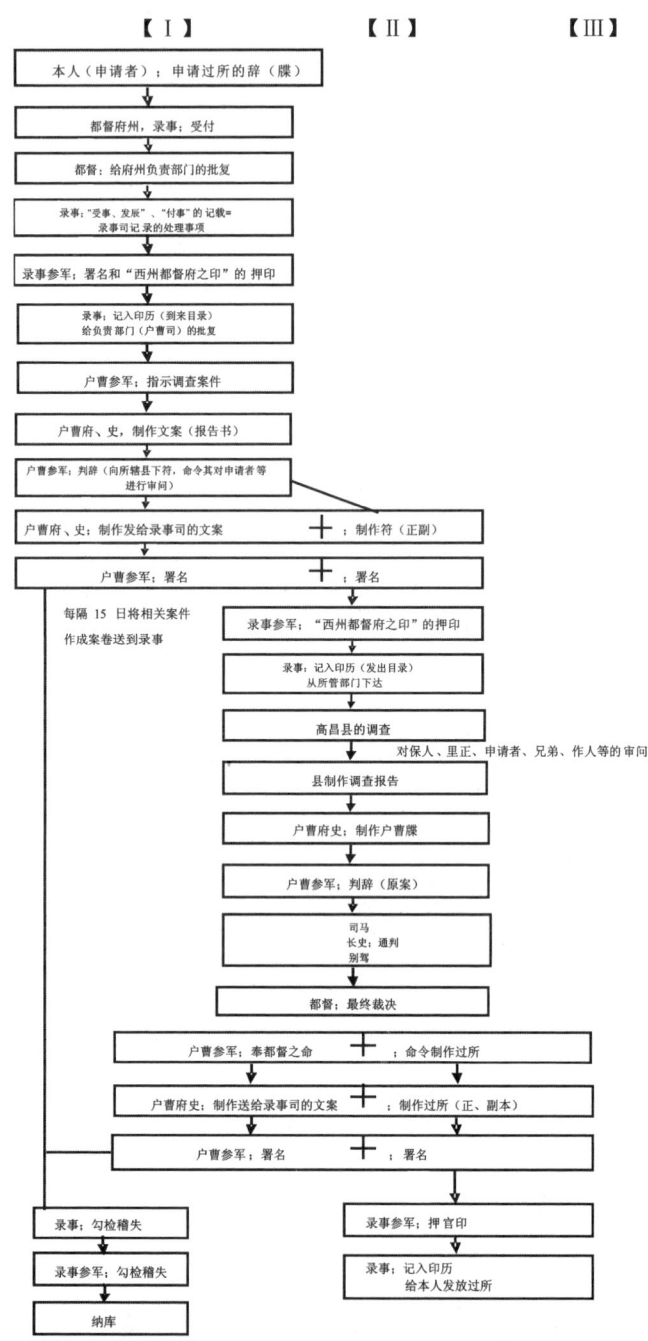

图 8-1

不管怎样，最终判决是否发放过所的是都督或刺史，而实际的调查则在县中进行。另外，该文书中值得注意的是，申请过所的麹嘉琰属于第6等（中下）户。在沙州敦煌县和西州交河县（名山乡）以及蒲昌县，6等户是最高等级①，在他所隶属的高昌县也应是最上层的富裕户。他携带的人员、牲畜中，有作人（被雇佣者）2人和1匹马、10头驴，如果没有相当财力不可能拥有这些。根据西州高昌县某乡的"户口帐"可知，与牛相比，马和驴是非常少见的家畜②。

再看麹嘉琰的身份，身为百姓的同时还带有"陇右别敕行官，前镇副"的官职。即使这样，在离开原籍州府时，官方不只对其本人，还要对原籍的负责人、保人，以及代役者和作人等进行严格的审查。

与此相对，②西州石染典身为百姓的同时，还是游击将军（从五品下）。从前引《唐 开元二十一年（733）染勿等保石染典往伊州市易辩辞》可知，只对原籍州府的保人进行审查就可发放通行证。但需要注意的是，这不是过所而是公验。与此相关，前表8-1公验（6）［〈录〉《文书》第7册，第8-9页；〈图〉《图文》第3册，第306页］是无官位的白丁即粟特人"百姓"③携带的通行证，申请者（米巡职）只向原籍庭州提交"辞"，再附上庭州官府同意的处决意见，未经审查程序就发放了过所。由此可知，即使白丁百姓，若为粟特商人，就可为其发放州府境内以及管理范围之内的通行证。

如前第7章第3节（2）所论，为兴胡发放过所时需要一定的审查

---

① 如敦煌、吐鲁番文书（户籍和差科簿等）所见，西州、沙州县下的乡中，最高的户等是中下户（六等户）或下上户（七等户）。参《籍帐》第67页，No.78，第286页；No.162，第368页。

② 如前《唐 西州某乡户口帐》［64TKM1：29（a），30（a）〈录〉《文书》第4册，第11页；〈图〉《图文》第2册，第9页］所示，在西州高昌县下的某乡，有146头去势牡牛和47头牝牛，而马仅有6匹，驴有7头。

③ 在该公验中，申请者米巡职只是"庭州人"、"庭州根民"，不能确定他是否为百姓，是否可以称其为行客、兴胡也是有疑问的。此处姑且理解为百姓。

程序，但给百姓发放过所时，不需要多人担保那样的严格，只需同族保人的证言即可。粟特商人在唐朝就是利用这种机会获得通行证，开展他们的商队贸易。

但这并不意味着，白丁百姓在从军之外就没有越过邻州进行长途移动的机会。关于这一点，将在第10章第1节重新论述。

7 过所的交通

如前所论，当"行牒"无法满足通行条件时，州府会给百姓发放过所。也就是说，超出州府管辖范围的移动需要发放过所。这意味着，过所与符券一样是可以超出州府管辖范围的通行证。其中，持有符券可通过驿道往来于中央与州府之间，过所虽然有指定的目的地和经行关津，但活动范围相对灵活。

与前引带有官衔的粟特商人石染典的过所文书同样展现商人私用交通的真实情况的，还有如下吐鲁番出土文书《唐 开元二十年（732）瓜州都督府给西州百姓游击将军石染典过所》[73TAM509：8/13（a）之一〈录〉《文书》第9册，第40-42页；〈图〉《图文》第4册，第275-276页][①]：

【A】

（前缺）

---

① 2000年的科研调查（荒川正晴主持）及2007年的科研调查（森安孝夫主持），笔者确认了《文书》、《图文》的录文。该件文书由3张纸连接而成，首部残缺，尾部完好，上下完整。纵28.3～28.8cm×横78.5cm（第1张纸横27.0cm，第2张纸横15.2cm，第3张纸横37.8cm；整体减去纸缝的部分会变短）。因为夹在塑料板和底纸之间，不能判断其厚度和帘纹，质地似为中等。关于该文书，参池田1980，第326-330页；杉井1990，第188页；砺波1993，第705-708页；中村1996，第242-244页；程喜霖2000，第94-98页等诸位研究者的引用与研究。关于该文书的参考文献，参陈国灿2002，第257页。

　　　　　　　（多地）　　　　（驴拾头）

1　　　　家 生 奴 移 □□　　　[

2　安西已来，上件人肆，驴拾。今月　　　日，得牒

3　称，从西来至此市易事了。今欲却往安

4　西已来，路由铁门关，镇戍守捉不练行由，

5　请改给者。依勘来文同此，已判给，幸依勘

6　过。

7　　　　　　　　　　　　府

8　户曹参军"亶"

9　　　　　　　　　　史杨祇

10　　　　　　　　开元贰拾年叁月拾肆日给

【B】

....□（纸背）

11　三月十九日，悬泉守捉官高"宾"　　勘西过①。

12　三月十九日，常乐守捉官果毅孟"进"　　勘西过。

13　三月廿日，苦水守捉押官"年五用"　　勘西过。

14　三月廿一日，盐池戍守捉押官健儿吕"楚珪"　　勘过。

【C】

"琛"...

15　作人康禄山　　石怒忿　　家生奴移多地

16　驴拾头沙州市勘同，市令张休。

17　牒，染典先蒙瓜州给过所，今至此市易

18　事了，欲往伊州市易。路由恐所在守捉不

19　练行由。谨连来文如前，请乞判命。谨牒。

---

① 与【A】中"依勘过"的"勘过"（调查，请求通过）形式相同。不过，王启涛把"勘过"解释为"经过审核（通过审查）"。王启涛2005，第261页。

20　印　　　　　开元廿年三月廿　日，西州百姓游击将军石染
典牒。

21　　　　"任去。琛示。

22　　　　　　廿五日。"

【D】

23　印

24　　四月六月伊州刺史张"宾"　　押过①

【原书此处为文书之日译文，兹删；但保留译文中对"家生奴"所作的注释，即②——译者注】

【A】是瓜州都督府发给石染典的过所文书原件。从其内容可知，他为了贸易从西州向东移动，停留于瓜州。在瓜州的交易活动结束后，重新向滞留地的瓜州府申请前往安西（库车）的过所。受理后，经过瓜州府户曹司的确认才可发放过所。由此可见，在原籍州府之外，需要提交旧过所以及申请书，通过州府户曹司的简单审查后可以改发过所③。

值得注意的是，该过所正文开头的书写格式"安西已来"，与此相对应的是州府发放（如前表8-1）过所（4）《唐 大中九年（855）越州都督府给日本国僧圆珍过所》正文开头的"上都已来路次"。虽然唐代前、后期时代不同，但肯定都是按照同一书写格式制作过所，"安西

---

① "押过"的"押"是"署名"的意思，王启涛2005，第651-652页。但关于"过"，不是"署名"之意，与之前"勘西过"的"过"同样理解为"允许通过"比较妥当。

② 四川省图书馆藏敦煌文书中可见"家生奴"的"家生"，与"蕃"字相对应。张勋燎1990；池田1983。

③ 参程喜霖2000，第87页。如后节所论《唐 开元二十年（732）瓜州都督府给西州百姓游击将军石染典过所》的【A】所见"依勘来文同"，是"调查的旧过所，和申请书的内容相同"的意思。另外，关于【C】申请书中的人畜，因为写入了市令调查的结果，所以关于人畜的调查在提出申请书之前就已在"市"中完成。参程喜霖1988，第79页；程喜霖2000，第122-123页。

已来"(至安西)是"安西已来路次"(至安西路次)的省略记述。

中央发给的过所表 8-1 过所（5）《唐 大中九年（855）尚书省司门给日本国僧圆珍过所》正文开头的"韶广两浙已来关防主者"，没有明确的目的地。本来应正式记载为"安西已来路次关防主者"，指的是"至安西路次的关卡和防卫机构的负责人"，明确了过所通行的目的地。该过所粘贴的【B】文书，是石染典经行途中的负责人对过所的审核。【B】文书的各行自然都由不同的笔迹书写。

如过所正文的开头用语所示，申请过所时必须要明确通行目的地。接下来如【C】、【D】文书所见，在各州重新申请前往下一州的过所，即【C】文书是石染典在沙州提交前往伊州的过所申请①，【D】文书是在伊州提交前往下个州的过所申请，很可能是要前往西州，通过简单的程序就可允许通行（图 8-2）。

当时，从瓜州经铁门关到安西的主要西进路线（驿道），是从瓜州直接北上伊州，再从伊州西至西州、焉耆，过所虽然设定了途中经由的关卡和最终目的地，但无论经过哪条路线，都可以得到途中州府的通行证。瓜州府的通行证带有前文所讨论行牒的性质，也就是利用过所后粘连的所停留州府发放的行牒，可以脱离主要路线（驿道）而通行，活动比较灵活。

如前所述，行牒用于规定了程限的"公行"，而过所完全没有规定程限。虽然过所规定了在一处的停留期限，但即使是经过，途中停留地的官府也允许重新改发过所。这表明过所在时间上有较大的通融性。

---

① 当时从沙州到焉耆，除了北进的路线之外，还可以从沙州直接向西，也存在西北方向通往焉耆的路线。另外砺波护指出，石染典在瓜州都督府取得通过铁门关时需要的过所，但因为在沙州的贸易结束后立刻要前往伊州交易，所以在沙州要重新申请通往伊州的通行许可证。砺波 1993，第 707 页。欲要前往沙州西面，这刚好是瓜州都督府通向焉耆西面铁门关的主干道（驿道），但此路线还没有经过铁门关。如后所述，当时从瓜州都督府通往焉耆西面铁门关的主干道（驿道），就是从瓜州都督府向伊州的"莫贺延碛道"。

这种时空的通融性,与保证递送、供给的官方通行有着根本的差异,是过所的特性,但过所的移动终究在唐朝的交通管理之下。如前所述,按照官方规定设置了途中经由的关卡和最终目的地,如后第 9 章第 3 节所讨论的《唐 开元二十一年(733)西州都督府案卷为勘给过所事》规定,到达最终目的地之前,不允许途中返回。

若从前章第 3 节所列兴胡的事例来看,西州府发放过所的目的地是长安,所以他们肯定从西州府出发,以京城为目标。在这种体制下,对于来自西方的商人来说,安西、北庭和西州等绿洲城市都是直接连接唐朝国都的中转地。

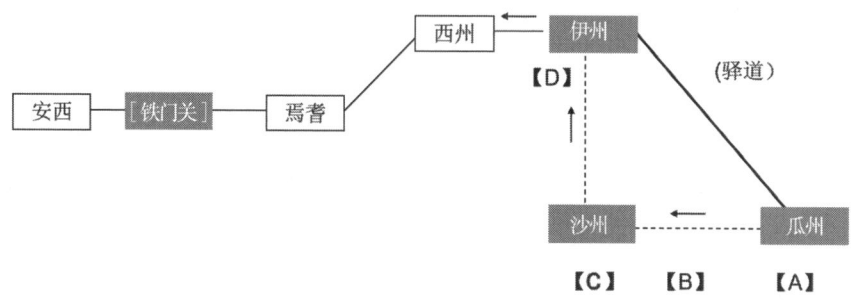

图 8-2　过所的移动路线和驿道

第9章 唐朝向河西、西域运送军需物资与商人

1 军事财政的扩大化与庸调绢

（1）庸调绢的输送和驿传体制

唐朝统治中亚地区无疑要承担沉重的财政负担。唐朝统治中亚地区伊始，必须为天山南北的军事活动和驻扎的镇守军提供大量的军需物资。而河西地区是供给军需物资的基地，除了征募士兵，还要承担军需物资的调动和运输。这种情况在《旧唐书》卷80《褚遂良传》（第2736页）有载：

> 陛下诛灭高昌，威加西域，收其鲸鲵，以为州县。然则，王师初发之岁，河西供役之年，飞刍挽粟，十室九空，数郡萧然，五年不复。

由上可见，为了高昌的军事行动和初步的经营，需要调动和运输军粮，这给河西人民带来了沉重的负担。因此，河西地区成为向西域运输军需物资的军事基地，关于军粮（将士的月粮、军马的粮草、士卒的兵食等），除了临时紧急的军事补给，平时还要在当地开设军粮田（屯田、

营田)①，并通过和籴收购等来支撑当地军需物资的调动。

如下所论，与军粮相比，给将士的补给以及和籴的资金，不得不从内地定期补给，也就是通过庸调来征收绢。如后所论，官料、邮驿费也需要庸调绢的补给。因此，每年都要从唐朝内地向西域运输庸调绢。

如前所指，充当军需物资的庸调绢，不是经中央的长安、洛阳运输，而是听从管理财政的度支的命令，直接从各州送至边州的收纳地②。收纳庸调的各州再送到指定的接收地，其中运往河西、西域的收纳地点是凉州都督府③。凉州府在 7 世纪就已是军需物资绢的主要集结地，从此经由河西把绢送至西域。第 4 章第 3 节（4）中所列《唐 仪凤三年（678）十月度支奏抄、四年金部旨符》[〈录〉大津 1986，第 10-11 页（收入大津 2006，第 41 页）] 中有一条表明，7 世纪仪凤年间凉州都督府辖区之内（管辖凉、甘、肃、瓜、沙、伊、雄等七州）的伊州和瓜州，每年配给 4 万段绢，而剑南道诸州的庸调绢是其来源地。如前所述，根据度支的指示，把这些绢一并集结于凉府（凉州都督府），该府司再根据数量派遣官典（官方物资运输队的监督官）负责运输。

---

① 开元年间关于西域屯田的设置，《六典》卷 7 "尚书工部屯田郎中员外郎" 条（第 223 页）载："安西二十屯，疏勒七屯，焉耆七屯，北庭二十屯，伊吾一屯，天山一屯。"实际上从天山一屯的西州来看，天山屯营田（50 顷＝1 屯）、柳中屯营田（30 顷）[《唐 开元年代西州屯营田收谷计会》，大谷 3786〈录〉《籍帐》No. 143，第 351 页]、白涧屯 [《唐 神龙二年（706）白涧屯纳官仓粮帐》，64TAM20：21（a）〈录〉《文书》第 7 册，372-373 页；〈图〉《图文》第 3 册，第 477 页]、管内诸镇戍营田（十余顷）[《唐 西州都督府上支度营田使牒为具报当州诸镇戍营田顷亩数事》，72TAM226：51〈录〉《文书》第 8 册，第 219-220 页；〈图〉《图文》第 4 册，第 101 页] 等，《六典》的记载上溯到军队的粮田经营，内容翔实。关于唐朝的军队粮田政策，详见日野 1962B（收入日野 1988）和日野 1962C（收入日野 1988）。

② 大津 1990，第 10-12 页（收入大津 2006，第 84-86 页）。

③ 《唐 仪凤三年（678）十月度支奏抄、四年金部旨符》中，秦州也是指定的收纳地点，但与其说秦州是运往河西、西域的军需物资中转地，不如认为其与监牧的经营相关更为妥当。

这时给官典发放传递,官典依此规定前往瓜、伊两州。为了保证完成传递,可以利用县中完善的交通设施,如前再三说明的那样,会给官典发放拥有权限的通行证,即递牒。

另一方面,同条第 5 行明确命令要差遣夫脚(脚夫)。通过度支的命令可知,庸调绢需要夫脚运输,即人力运输。也就是说,规定只为官典提供传马等牲畜。

关于河西传马使用的实际情况,如前举敦煌文书《唐 总章二年(669)八月沙州 敦煌县传马坊牒》(P.3714v)所见,几乎在同一时代的敦煌也需要传马、驴及饲养它们的"马驴丁"等来运输庸调绢。也就是说,河西各州在县中特设传马坊,为拥有递牒的官典提供马驴和马驴子来运输绢。当然,传马坊配备的马驴和马驴子的数量都是有限的,超出其限度的大规模运输,可能需要从民间征补或雇佣运输力量,但基本上由特设的传马坊来承担河西军需物资的运输。

如前所指①,《陈拾遗集》卷 8《杂著》所收《上军国机要事一条》(第 70 页)(万岁通天元年九月陈子昂上疏,《全唐文》卷 211,第 2136 页)一节中,描述了唐朝内地"又(江南淮南)诸州行纲,承前多僦勾,至都籴纳"的运输情况。运输江南、淮南诸州租米的行纲(官方运输队)②,如后所述经常通过民间的雇佣输送即"僦勾客运"来维持,这种现象出现在万岁通天元年(696)以前。由此可见,大概在 7 世纪之前,江南、淮南州府派遣的租米运输队就不得不依靠雇佣体制。

与租米不同,前线军需物资输送是国家的责任,至少在 7 世纪,要

---

① 菊池 1975,第 138 页。
② 通常,输送官方物资时,纲与典都充当监督官。参《疏议》卷 11《职制律》"奉使部送雇寄人"条。两者并存时,纲为主(责任人),典为从(辅佐者),行纲即指纲。州县官也可担任此职,《新唐书》卷 53《食货志三》(第 1371 页)记载:"故事,州县官充纲,送轻货四万,书上考。"另外,纲有时也指官方物资运输队。关于唐代官方物资的输送种类,参清木场 1988B(收入清木场 1996)。

通过河西驿传制度的传马制来完成军需物资的输送。在统摄西域军事基地的河西推行驿传制度，就是为了缓解当地沉重的劳役负担。

从前文度支的指示内容只能解读凉州都督府辖区之内的状况，而向辖区之外的西州、庭州等安西地区运输绢时，无疑也要经由河西来运输凉州集结的绢。前文敦煌的"送庭州帛练使"从凉州运输帛练绢至庭州之时，沙州敦煌县的传马坊将其递送到伊州坊（伊州的马坊）[第4章第3节（3）]。向凉州都督府辖区之外的行军和镇守军运输绢（帛练），显然也要使用河西的传马。

但在伊州以西的地区，如前所见，设置了取代传马坊的长行坊和长行车坊。若长行坊和长行车坊代替传马坊来维持官方的交通和运输，那么拥有递牒的纲典只能在长行坊和长行车坊得到长途运输所需的运畜① 和车夫等。当然，这两坊的供给能力与传马坊一样也是有限的，递送时也要通过征发或从民间雇佣运畜、车夫来补充运输力②。

不管怎样，7世纪凉州都督府集结的庸调绢，基本上是依靠连接凉州管辖区内、区外的县和州中特设马车坊等构成的递送体系来输送的。"作为防御经费，向西面运输的庸调是唐朝律令制度下国家的财政基

---

① 简言之，在吐鲁番地区长途搬运物资时，比起驴马，车牛是主要的交通工具。参第1章第3节。

② 与《唐 龙朔二年（662）赵绪丰墓表》一同出土的阿斯塔那317号墓的契约文书《唐某人雇人送练契》[60TAM317：30/8〈录〉《文书》第6册，第182页；〈图〉《图文》第3册，第93页]，《唐 张某等雇赵申君送练契》[60TAM317：30/2，30/3〈录〉《文书》第6册，第183页；〈图〉《图文》第3册，第93页]，表明对7世纪西州的大多百姓来说，军需物资帛练的运输是一种杂徭。大津1988，第124页（修订稿收入大津2006，第131-132页）。当然，此处的输送很可能是短期内的短途运输，同时似乎还有长途的差役、夫役及其免役纳钱，参《唐 西州下高昌县牒为差夫役事》[72TAM230：50/1，50/2，50/3，50/4〈录〉《文书》第8册，第186-187页；〈图〉《图文》第4册，第86页]和《唐 显庆三年（658）赵知德上车牛道价抄》[67TAM74：1/3〈录〉《文书》第6册，第156页；〈图〉《图文》第3册，第79页]。

础"①，在军镇设置之前的 7 世纪，每年从中央财政支出庸调绢的总额并未增加，其运输量本身也是有限的。至 7 世纪末，随着唐朝对中亚的政策发生了巨大的变化，庸调绢的需求也发生了新的变化。

(2) 庸调绢支出的扩大化

7 世纪末长寿元年（692）~延载元年（694），唐朝以王孝杰等为首和阿史那忠节率领的突骑施组成联军攻打吐蕃，唐收复安西四镇，再次于龟兹设置安西都护府②。派遣到安西都护府的 3 万士兵便驻扎下来，为巩固军事统治而积极经营。

众所周知，从 7 世纪末到 8 世纪初，包括河西在内的西北地区常驻有大量军镇，最终形成节度使的统治体系。这必然会加剧唐在军事上的负担，8 世纪运往河西和西域的军需物资急剧增加，为了保障运输从而形成了新的体制。

特别在开元时期以后，军费猛增，《旧唐书》卷 38《地理志一》（第 1385 页）记载每年的具体经费为"衣赐则千二十万匹段，军食则百九十万石，大凡千二百一十万"，接下来注曰"开元已前，每年边用不过二百万，天宝中至于是数"。总之，指出了天宝年间的军费是开元之前的 6 倍之多③。军镇形成后军需物资的支出总额可见于天宝年间中央财政的支出记录。《通典》卷 6《食货六·赋税下》（第 110-111 页）（〈 〉中的数字是清木场东的研究成果）记载④：

大凡都计租税庸调，每岁钱粟绢绵布约得五千二百三十余万端

---

① 大津 1990，第 16 页（改订稿收入大津 2006，第 90 页）。
② 以往学界认为唐与吐蕃围绕安西四镇的攻防于长寿元年（692）结束，但实际上一直持续到延载元年（694），参森安 1984，第 18-20 页。
③ 《资治通鉴》卷 215《唐纪三十一》"天宝元年（742）正月壬子"条（第 6851 页）以及《通典》卷 6《食货·赋税下》（第 111 页）也有同样的记载。渡边 1988，第 6 页；大津 1990，第 20、24 页注（53）。胡宝华否定增加军费的观点，但其论据缺乏说服力。胡宝华 1990，第 167 页。
④ 清木场 1987，第 12-13 页（收入清木场 1996，第 10-11 页）。

匹屯贯石，诸色资课及句剥所获不在其中。其度支岁计，粟则二千五百余万石，三百万折充绢布，添入西京库。三百万回充米豆，供尚食及诸司官厨等料，并入京仓。四百万江、淮回造米转入京，充官禄及诸司粮料。五百万留当州官禄及递粮。一千万诸道节度军粮及贮备当州仓。（A）布绢绵则二千七百余万端屯匹，千三百万入西京，一百万入东京，千三百万诸道兵赐及和籴，并远小州使充官料邮驿等费。（B）钱则二百余万贯。百四十万诸道州官课料及市驿马，六十余万添充诸军州和籴军粮。（C）自开元中及于天宝，开拓边境，多立功勋，每岁军用日增。其费籴米粟则三百四〈六〉十万匹段，朔方、河西各八十万，陇右百万，伊西、北庭八万，安西十二万。河东节度及群牧使各四十万。给衣则五百二〈三〉十万，朔方百二十万，陇右百五十万，河西百万，伊西、北庭四十万，安西五十万，河东节度四十万，群牧二十万。别支计则二百一十万，河东五十万，幽州、剑南各八十万。馈军食则百九十万石。河东五十万，幽州、剑南各七十万。

《通典》卷6《食货六·赋税下》载有玄宗时期度支（户部下属的会计机构）经常统计的年度收支（岁计），引文中的税物主要分为粟（一般谷物）、布绢绵、钱这3大项，在此基础上分别列有各自的支出明细①。其中粟通过租和地税、布绢绵通过庸调、钱通过税钱分别征收。

（C）中每年向安西节度使、伊西庭节度使以及河西节度使供给籴谷用绢100万段，衣赐用绢170万段②。因此每年向安西、北庭、河西方面就要运送270万段绢，约占军费支出总额的30%。

在此背景下，特别是开元末年［开元二十五年（737）］以后，经常通过和籴来保证军粮，同时征兵制转向为派遣职业化军队的体制，而

---

① 清木场1987（收入清木场1996，第7—8页）指出，这不是统计的原型，而是在具体资料基础上的支出统计。

② "衣赐"不仅意味着身上的衣料，而且还带有补给士兵的性质，因此也称为"兵赐"。此处讨论的是安西、北庭、河西方面的情况，为了保证补给，唐朝要从内地长途运送大量的庸调绢。

第9章 唐朝向河西、西域运送军需物资与商人 | 411

所需军用物资绢的数量愈加庞大[①]。仅河西每年就需要从内地州县运输180万匹段绢，与7世纪的数万段相比，数量急剧增长。

实际上，庸调绢不只充当军需物资，(A)中明确显示庸调绢除了运入长安、洛阳之外，还经常充当度支的支出项目即和籴的采购经费，以及"远小州"的"使充官料邮役"[②]。必须留意的是，和籴是官方收购的谷物，不仅保障军镇军仓军粮的收纳，还要保障附篇所见州县仓的储存谷物。除了满足中央和军镇的经费，还要充当州县仓谷物的收购和"远小州""使充官料邮役"的经费。庸调征收的布、绢、绵，除了作中央和军镇的经费，还是州县仓的谷物收购和"远小州"的"使充官料邮役"的使用经费。其中的庸调绢带有货币职能，是每年主要的财政支出[③]。

从总体上来看，运往军镇的经费数额非常巨大。关于和籴，各节度使境内的州（郡）府的军仓，以及州（郡）仓、县仓都要通过庸调绢从民间收购所需谷物[④]。因为州（郡）仓、县仓的和籴需要大量的庸调绢，因此将庸调绢运往包括西域在内的西北—东北方向各个节度使的州（郡）府中。西域长行坊和馆等交通机构所需的谷物，也要通过州仓或

---

① 参日野1962B（收入日野1988），日野1962C（收入日野1988）。
② "使充官料邮驿"的"使"字，依据北宋本（日本宫内厅书陵部藏本，古典研究会影印出版《北宋版通典》），将其他版本的"远小州便"改为"远小州使"（第1卷，第230页）。北宋本影印版出版之前解读为"远小州便"[滨口1934（收入滨口1966，第922、928页）等]，出版后李锦绣、清木场两氏将中华书局出版的点校本《通典》（1988年）中的"远小州便"改为"远小州使"。李锦绣1995，第988、1276页；清木场1987（收入清木场1996，第17页）。
③ 庸调主要征收绢和布（麻布）两种，其中绢主要充当收购谷物和"远小州"的"使充官料邮驿"的费用，并作为补给驻守士兵的兵赐，拥有流通货币的基本职能，所以从唐朝内地运往西域的庸调主要为绢。据此，本书根据情况，会把运往西域的"庸调绢布"统称为"庸调绢"。庸调绢即帛练，关于其含义参第1节(3)及第10章第2节(4)。
④ 开辟屯田收获大量谷物的州（郡）府，不仅没有必要收购这些谷物，反而要向其他州（郡）府输出谷物。参第4节(3)。

县仓来获得。

另外,"使充官料邮驿"的经费是以边州的"远小州"为对象。李锦绣把"远小州"分为远州和小州来理解,在此基础上指出,关于邮驿费用,只有远州的邮驿费用由庸调绢来进行财政补给①。据此,即便是"远小州使充官料邮驿等费"的开头所记之"远小州",其邮驿费用也只是与远州相关而已。另外,李氏把"远小州使充官料邮驿等费"理解为"远小州的官料以及北边羁縻州等邮驿费"②,主张远州是以"北边"的羁縻州为主。

李锦绣把远州理解为"北边的羁縻州",是根据本书第二部仪凤四年(679)的支出案例《唐 仪凤三年(678)十月支度抄奏抄、四年金部旨符》[72TAM230:46〈录〉大津1986,第6页;《文书》第8册,第137页;〈图〉《图文》第4册,第65-66页]的一条史料。

如前所述,本条史料中安北都护府、单于大都护府的"诸驿赐物",是灵州都督府、朔州按照度支的指示交纳的庸调绢,李氏认为"诸驿赐物"就是度支经常统计收支(岁计)中"远州"的"邮驿费"③。

笔者很难赞同李氏将"远小州"分为远州(羁縻州)和小州(正州)这一观点,且前举度支岁计不仅列有具体的庸调绢额,还应明确中央财政支援的小州应具体为正州的某个州。但唐朝的正州根据户数的规模分为上、中、下三等,制度规定中没有"小州"这种分类。只有羁縻府州(关内道)的辖区之内设有"小州"[《旧唐书》卷38《地理志一》,第1409、1413-1415页]④。另外,"小州远郡,蛮陬夷落"的例子可见于边境异族之地[《旧唐书》卷98《卢怀慎传》,第3067页]。

---

① 与此相对,小州的邮驿由其他州的户税来提供财政支援。李锦绣1995,第988页。
② 李锦绣1995,第1276页。
③ 李锦绣1995(第987-988页)解释为驿站运输的费用。
④ 参石见1995(收入石见1998,第151页)。

连粟特的西曹国也归附唐朝,"望乞慈恩,将奴国土同为唐国小州"[《全唐文》卷999《诸内属表》,第10353页],请求成为唐朝羁縻都督府下的羁縻州。由此可知,把"远小州"分为远州(羁縻州)和小州(正州)是不妥当的,虽从字面上可理解为边境的州①,但其主体应是羁縻州或包括羁縻州的边州。

接下来的问题是"使充官料邮驿等费"的含义。关于"使充",可参考度支财政指示中的"使充",即交州都督府规定②交州府从辖区之外的钦州安海县征收税物时的"支配使充"(分配使充当)。这是"使充"为"充当辖外之州的非正规税物"的例子。因此"远小州使充的官料邮驿等费",应理解为远小州的"官料、邮驿等费"是通过其他州的税物(庸调绢)来充当的。

"官料邮驿等费"指的是"官料"和"邮驿费",其中的"官料"就是前述外官的月料"官课料"("料钱"、"本料")。关于"使充"的"官料",接下来参考《唐 天宝某载(约751~756)文书事目历》[73TAM193:15(a)〈录〉《文书》第8册,第500-501页;〈图〉《图文》第4册,第241页]:

(前略)

10　　　录 事 宋威德牒为差往武威,请诸官料钱事。

11　　　]差府使白忠讫,依前勒行。仍牒宋威德知。

该文书是按照官文书的固定格式列举条文的文书目录,此处引用的内容即为其中一条。本条的附记是对本案件的判案(第11行)。因此,

---

① 宋代的史料把边地的州一概称为"边远小州"[《宋史》卷172《职官志十二·奉禄制下·职田》,第4146页]。

② 72TAM230:46/2〈录〉《文书》第8册,第138-139页,大津1986,第4页(修订稿收入大津2006,第34页);〈图〉《图文》第4册,第67页)。该度支命令的解说,参大津1986,第22页(修订稿收入大津2006,第55页)。关于"使充"的含义,王启涛2005(第457页)解说为"命令充抵",但仅理解为"使充抵"是不正确的,重要的是"非正规地充抵管辖外的州之税物"这一点。

西州都督府向武威派遣使者,请求武威的"诸官料钱"①。此处的"诸官料钱"的请求对象若是武威,收取的"料钱"就未必是"钱"。如后所论,7、8世纪时武威(凉州府)一直是向河西、西域运输庸调绢的基地[第9章第1节(4)],"官料"本不是"钱",而是折成的庸调绢,使者收取的应该是庸调绢。判决中派遣"(西州都督)府使(史?)"前往武威。

由上可知,庸调征收的绢或为军需物资,或为羁縻府、州的"官料、邮驿费",主要运往西北边(陇右、河西两道,以下同)—北边—东北边。可以说,8世纪以后大量的绢不断地流入各节度使辖区之内。前引《通典》卷6《食货六·赋税下》中的庸调绢布岁入2700余万端屯匹,其中有1300万端屯匹充当天宝时期的军事经费(兵赐、和籴、别支)和远小州的官料、邮驿等费用。其支出明细可简略分为节度使(①西北,②北,③东北,④西南各方)、群牧使、远小州如下②:

①河西节度使(180万)、伊西北庭节度使(48万)、安西节度使(62万)、陇右节度使(250万)

②朔方节度使(200万)、河东节度使(130万)

③范阳节度使(80万)、平卢节度使(缺载)

④剑南节度使(80万)

⑤群牧使(60万)

⑥远小州的官料、邮驿等费(210万)

由此可见,天宝年间国库收入(约)一半的庸调绢,都运往以远小州(边州、羁縻州)为主的河西、陇右、关内、河东、河北诸道等边境地区。7~8世纪设置节度使期间,流入边境的庸调绢数量不断增加,其中输送至西北的数额剧增。结果导致唐朝前期征收大量的庸调

---

① 李锦绣1995,第847页。
② 清木场1987(收入清木场1996,第16页)。但如前所述,清木场东认为远小州的官料、邮驿等费为数十万左右。清木场1987(收入清木场1996,第17页)。

绢，从唐朝内地运往遥远西域的西北边境。那么，唐代运往西域的大量庸调绢主要是从哪里征收的呢？接下来讨论这一点。

（3）庸调绢布交纳州的分布和编户数的变动

毋庸赘言，7~8世纪中叶的庸调不只征收绢，还有布（麻布），征收绢、布的不同依各州情况而定。此处一并讨论唐朝庸调征收绢、布的分布地域①。

通过开元时期《六典》卷3"户部郎中员外郎"条（第64-72页）、卷20"太府寺卿少卿"条（第541页）可见，交纳庸调绢和布的州互有重合。滨口重国认为，《六典》开始编纂于开元十年（722），在开元二十六年（738）奏呈唐玄宗，其中卷3各道条下的注文中明确记载"赋"（庸调）的供出州，关内道的注文还收录了开元二十五年（737）发布的敕文，反映了开元二十五、二十六年的制度［滨口1934（收入滨口1966，第919页）］。《六典》卷3"户部郎中员外郎"条几乎收载了所有交纳庸调绢布的州，卷20"太府寺卿少卿"条的收载如后所见，为了区分绢、布的等级，并没有列出所有交纳的州。另一方面，9世纪初编纂《图志》的各个州府都载有"开元赋"的条目，但开元时期庸调绢布的内容不仅佚失，而且"开元赋"条还缺载了很多州府。因此，概观8世纪前期交纳庸调绢布的州，《六典》卷3"户部郎中员外郎"条的记载最为周全。

因此，以《六典》卷3"户部郎中员外郎"条的记载为基础，把庸调所课绢布的明细和交纳州，按各道重新整理如下：

河南（含都畿）道——绝绵（陈、许、汝、颍州），绢绵（其他州）

河北道——丝（相州），绢绵（其他州）

---

① 关于此研究，佐藤武敏发表了研究成果［佐藤武敏1968，第294-310页］，虽然只是框架，但佐藤氏的研究并没有将本书中重视的练进行定位。因此笔者从本书的视角进行研究。

剑南道——葛纻布（泸州），绵绢、纻布（其他州）

淮南道——布绵麻（寿州），绝绢（安、光州），绵绢（申州）

山南道——绵绢（梁、利、随、均、荆、襄、杂州），绵绸（合州），麻布（其他州）

关内（含京畿道）道——绢绵（仅京兆府，同、华、岐州），布麻（其他州）

河东道——茧（蒲州），麻布（其他州）

陇右道——布麻

江南道——火麻（润州），纻布（其他州）

岭南道——纻布（广州等），蕉布（端州），落麻布（康、封州）

由此可知，绢类由河南道、河北道交纳，绢、布两类由剑南道、淮南道、山南道、关内道交纳，布类由河东道、陇右道、江南道、岭南道交纳。此处指定的"绢"和锦、绫、罗等高级绢织物等有着明确的区别，是充当税物所征收的一般的绢。上列《六典》中除了"绢"还征收绝，如上所示，绝的征收限于特定的州，而"绢"的征收范围较广。除了绝，"绢"如下文（4）中所论，具体来说是练、生绢、缦的总称。另一方面，这些练、生绢、缦和绝在唐代被总称为帛练，在贸易市场上依据商品种类设置的商店机构称之为"行"，其中之一的"帛练行"买卖帛练的具体商品就是绢织物，以大练、小练为主，还有绝、生绢、缦[①]。可知帛练实际上以练为主，当整体称为庸调绢时，帛练即是练、生绢、缦，以及绝的总称。

如附图5所见，交纳庸调绢的州多集中在河北道、河南道以及剑南道，据此可把交纳庸调绢、布的州的总数与其明细按各道归纳如下：

绢100—α 州（剑南道32—α，河南道28，河北道25，山南道7，关内道4，淮南道4）

[①]《唐 天宝二年（743）交河郡市估案》[〈录〉《籍帐》No. 210，第448页]。

布 217+α 州（岭南道 70，江南道 51，山南道 26，陇右道 21，河东道 19，关内道 18，淮南道 11，剑南道 1+α,）

※关内道 4，含京兆府。

※关于淮南道，寿州同时交纳庸调的绢、布，分别加算。

※关于剑南道，供应绢和布的州各有多少尚不明确。

通过比较交纳州的数量可知，绢的交纳州数还不到布的交纳州数的一半。对此，如下所示，庸调绢的课丁数约占全体的 4 成。

全课丁 820 万人——庸调绢绵 370 万人/庸调布 450 万人①

关于布的交纳州，大部分为岭南道的羁縻州，所以不能进行直接比较，而绢的交纳州大多编户的规模较大，如附图 5 所示。另外，如本书卷末所附"府州郡编户及供绢一览表"②所示，从 7 世纪［《旧唐书》卷 38~41《地理志》，贞观十三年（639）］③至 8 世纪［《元和郡县图志》，开元十七年（729）或十八年（730）/《通典》卷 171-184《州郡典》，天宝元年（742）］④交纳庸调绢布的编户数量在各道均大幅上升，除了京畿、都畿两道，河北道、河东道、河南道、江南东道的增加尤为显著。特别是天宝元年（742）9 万户以上的州府在全国有 19 个（其中 10 万户以上的有 16 个）州，其中 13 个州属于北方诸道⑤，并且绢的征收范围集中于两畿与河北、河南两道（附图 5 "府州郡编户及供绢一览表"）。另外从编户数量的规模来看，江南西道、淮南道、剑南道、河东道继上述 6 道之后，部分州的编户数量飞速增长。而山南道、

---

① 交纳庸调布的 450 万人中，淮南、山南道（260 万人）交纳庸调布和租粟，江南道（190 万人）交纳庸调布和租布。另外，总编户数为 890 万，户税为 222.5 万贯，地税征收了 1246 万石。滨口 1934（收入滨口 1966，第 916 页）。

② 与附图 5 相关的一览表，不仅有各府州郡的编户数，交纳庸调绢的府州郡在编户数前标记○，可供一并参考的贡物绢则标记为×。关于一览表，还有待重新讨论。

③ 日野 1961（收入日野 1988）；冻国栋 2002，第 23 页。

④ 冻国栋 2002，第 14 页。

⑤ 参冻国栋 2002，第 203 页。

黔中道、陇右道、岭南道整体编户数量的规模减小，至 8 世纪编户数量的趋势稍有增长①。

因此，8 世纪前期，除了京畿、都畿两道的编户数量较为突出，绢的主要课税地区集中于河北道和河南道 10 万户以上的州府，其次是剑南道②。关于布的主要课税地区，首先是江南东道，然后是江南西道、淮南道、河东道。

关于唐朝前期织物产地的分布情况，其中绢基本上延续了之前南北朝时期的分布情况。南北朝时期绢织物的生产中心定州（博陵郡）、相州（魏郡）、贝州（清河郡）等均位于黄河北侧（河北道），其次是黄河南北的其他诸郡及蜀郡③。另外佐藤武敏认为，唐朝后期江淮地区的产绢地有所增加，基本上以河南、河北道为主④。

如此，庸调绢的交纳州是以河北道、河南道及剑南道为中心。

如前所述，8 世纪前期这些道主要是唐朝内地编户数量集中的地区。再次来看附图 5，通过其中的各种信息可知，粟特人聚落沿着驿道编户数量集中的州府而分布，并与河北道、河南道绢的交纳州相重合，这也是值得特别注意的情况。除了高级绢织物，河北、河南道产绢的质量较高，而剑南道产绢的质量稍劣，如表 9-1 所示，《六典》卷 20 "太府寺卿少卿"条（第 541 页）可见绢织物的价格。

---

① 唐代编户数变动的问题，古贺登、冻国栋两氏提供了详细的数据并进行分析［古贺 1992；冻国栋 2002］。应当以此为基础进行讨论，但目前笔者遗留的课题较多，待日后详细讨论。

② 依照《图志》，关于庸调绢的交纳州数量如下所示，河南道、河北道在开元时期仍然占据优势，而剑南道交纳州的数量却很少。例如，《图志》记载的 65 州中，河南道 25 州、河北道 11 州、剑南道 6 州、江南道 6 州、山南道 6 州、河东道 4 州、关内道 3 州、淮南道 3 州、岭南道 1 州。此处剑南道的州府，缺少很多开元时期交纳庸调绢的州府。7 世纪剑南道的绢（帛练）曾作为军需物资运往西域［第 4 章第 3 节（4）］，所以 8 世纪的剑南道也应有交纳绢的州。

③ 参严耕望 1969，附篇 7《唐代纺织工业之地理分布》。

④ 佐藤武敏 1968，第 326-327 页。另参日野 1952（收入日野 1984，第 466 页）；日野 1968-77（收入日野 1984，第 395 页）。

表 9-1　唐朝绢织物的等级 [《六典》卷 20 "太府寺卿少卿" 条]

等级	产地	种类
1	【河南道】宋、亳州	绢
2	【河南道】郑、汴、曹州　【河南〈都畿〉道】怀州	绢
3	【河南道】滑、陈、海、濮、泗、徐、兖州 【河北道】卫、魏、相、冀、德、贝、博州	绢
4	【河南道】齐、许、豫、郓州　【河南〈都畿〉道】仙州 【河北道】沧、瀛、深、莫、洺、邢、恒、定、赵、棣州	绢
5	【河南道】颍、淄、青、沂、密州 【河北道】幽、易州 【淮南道】寿、申、光、安、黄州 【山南东道】唐、随州	绢
6	【剑南道】益、彭、蜀、梓、汉、剑、遂、简、绵、褒州 【山南东道】襄、邓州	绢
7	【剑南道】资、眉、邛、雅、嘉、龙、陵州 【山南西道】阆、壁、集、果、洋、渠州 【河东道】普州	绢
8	【山南东西道】利、兴、通、巴、蓬、金、均、开、合州 【江南道】泉、建州，闽县	绢

可知河北道、河南道粟特聚落中的商人，与本地所产优质绢帛的贸易有着密切的联系，遗憾的是，具体详情至今不明。关于庸调绢向边疆州府的输送和商人之间的关系，后文再论。

而交纳布的州，北面以河东道、陇右道为中心，南面扩展到淮南道、江南道、山南道、岭南道等地区。其质量如《六典》卷 20 "太府寺卿少卿"条所示，在淮南、江南、山南道，即使是同一道内，各州交纳布的品质也有很大的差异（表 9-2）。

表 9-2　唐朝布的价格等级 [《六典》卷 20 "太府寺卿少卿"条]

等级	产地	种类
1	【山南东道】复州 【淮南道】沔州　　　　　【江南东西道】宣、润州 【淮南道】黄州	纻 火麻 贲
2	【江南东道】常州 【淮南道】舒、蕲、黄州　【江南西道】岳州　【山南东道】荆州 【淮南道】庐、和州　　　【河南道】泗州　　【河东道】晋州	纻 火麻 贲
3	【淮南道】扬、沔州　　　【江南东道】湖州 【淮南道】楚、庐、寿州　【河南道】徐州 【淮南道】楚、滁州　　　【河东道】绛州	纻 火麻 贲
4	【淮南道】蕲、庐州　　　【江南东道】苏、越、杭州 【江南西道】澧、朗、潭州 【河东道】泽、潞、沁州	纻 火麻 贲
5	【江南东西道】衢、饶、洪、婺州 【京畿道】京兆府　　　　【河东道】太原府、汾州	纻 贲
6	【山南东道】鄀州　【江南西道】江州 【剑南道】襄州　　【山南西道】洋州　　【关内道】同、岐州	纻 贲
7	【江南东西道】台、括、抚、睦、歙、虔、吉、温州 【山南东道】唐州　【河东道】慈州　　【关内道】坊、宁州	纻 贲
8	【江南道】泉、建、袁州，闽县 【河南道】登、莱州　　【山南东道】邓州	纻 贲
9	【山南东西道】金、均、合州	贲

（4）庸调绢的收纳地

如前所指，各州交纳的庸调绢不仅送至中央，而且还直接运送到地方。各州交纳的庸调绢集中后，先输送至中转地，再送到最终目的地。凉州都督府在 7 世纪就是中转地，经此可将庸调绢运往河西、西域地区 [本节（1）]。

在《唐 天宝四载（745）河西 豆卢军和籴、交籴会计牒》[P.3348v〈录〉《籍帐》No.211B，第 464 页；《释录》第 1 辑，第 429

页]有如下记载：

2　合当军天宝四载和籴，准　　旨支贰万段，出武

3　威郡，准估折请得绝绢练绵等，总壹万

4　肆阡陆伯柒拾捌屯匹叁丈伍尺肆寸壹拾铢。

5　　　伍阡陆伯匹，大生绢①。

6　　　伍伯伍拾匹，河南府绝②。

7　　　贰伯柒拾匹，缦绯③。

8　　　贰伯柒拾匹，缦绿④。

9　　　壹阡玖伯贰拾柒屯壹拾铢，大绵。

10　　壹阡柒伯匹，陕郡绝⑤。

11　　肆阡叁伯陆拾壹匹叁丈伍尺肆寸，大练⑥。

该文书是天宝四载（745）豆卢军在和籴、交籴时制作会计报告的一部分，按照（长行）旨的命令，天宝四载为了保证豆卢军军粮的和籴，从武威郡（凉州都督府）支出2万段布。豆卢军是以布估（布的价格）为准，折为绝绢练绵等后再将此纳入军仓。

这些帛练、绵是每年定期支出的军需物资，尤其是伴随着频繁的军事行动而临时运输军需物资，《曲江集》卷12（第72页）《敕河西节度副大使牛仙客书》（《全唐文》卷287，第2909页）有载：

---

① 线没有经过精炼与染色，仅是织的白线，之后还要加工染色。应为佐藤武敏分类的"平绢"，佐藤氏没有明确区分绢和练的区别。佐藤武敏1968，第222-245页。

② 都畿道东都洛阳的绝，即为平织的粗的绢织物。平织是经线和纬线交替相织的最基本的织法。参佐藤武敏1968，第282-285页。

③ 没有纹饰的染红的绢。参佐藤武敏1968，第203页。

④ 没有纹饰的染青黄色的绢。

⑤ 都畿道，陕州的绝。

⑥ 绢和精炼、染色的生绢（生织物），以及精炼、染色的线织物（练织物）有很大的区别，练即为后者。参佐藤武敏1968，第205页。

敕。河西节度副大使太仆卿摄御史大夫牛仙客。突骑施连岁犯边，凶恶如此。(中略)又，恐安西资用之乏，卿可于凉府将二十万段物往安西。令随事支拟，及克宴赐。朕则续支送凉州①。

命令河西节度副大使牛仙客从凉州运输20万段绢到安西。牛仙客在开元十七年（729）～二十五年（737）被任命为河西节度使，该敕书起草于开元二十三年（735）冬②。从内容来看，唐朝因为当时与突骑施之间的战事激化，命令运输20万段绢，这是和派遣军队一同采取的临时措施，之后继续把绢运往凉州。由此可知，无论是定期还是紧急补给，凉州府在唐前期一直是河西至西域运输绢的重要中转站，特别是8世纪的开元、天宝时期，此处经常集结大量的绢。

从前举《唐仪凤三年（678）十月度支奏抄、四年金部旨符》可知，凉州都督府在7世纪后期集结并储存了剑南道交纳的庸调绢（帛练）。再如前举会计牒（P.3348v）所示，8世纪中叶的凉州都督府收纳了多种庸调绢。庸调绢大致可分为普通州征收的大练、大生绢、缦与特定产地（都畿道的河南府、陕郡）征收的绌。前文会计牒（P.3348v）的绢就作为敦煌豆卢军的和籴费用而运输，通过下文敦煌郡（沙州）的会计文书和西州官方定价文书可以确认绢的种类。

【敦煌郡（沙州）的会计文书】③　　【西州的官方定价文书】④

---

① 《全唐文》卷287作"及充宴赐，朕则续支送凉府"。
② 何格恩1941，第58页；齐藤1992，第146页。两人皆推测本敕书的起草时间为开元二十三年冬。
③ 《唐 开元二十三年（735）? 沙州会计历》[P.3841v〈录〉《籍帐》No.164，第370-373页；《释录》第1辑，第415-425页]，《唐 天宝十三载（754）敦煌郡会计牒》[P.3559+P.3664〈录〉《籍帐》No.218，第479-481页；《释录》第1辑，第463-467页]，《唐 天宝时代（744~758）敦煌郡会计牒》[P.2862v+P.2626v〈录〉《籍帐》No.219，第481-484页；《释录》第1辑，第468-478页]。
④ 《唐 天宝二年（743）交河郡市估案》[大谷3044、3045、3084、3097〈录〉《籍帐》No.210，第447-462页；《集成》第2卷，第11、19、24页]。

① 大练

② 杂州的小练

③ 梓州、益州的小练

④ 大生绢

⑤ 陈留郡的大绢

⑥ 河南府的绝（生绝）

⑦ 陕郡的绝

⑧ 大、小绵

⑨ 缦

⑩ 纱

① 大练

③ 梓州的小练

④ 生绢

⑥ 河南府的生绝

⑦ 陕、蒲州的绝

⑧ 大绵

⑨ 缦

⑪ 常州布、杂州布、火麻布、赀布、毾布等

虽然各种史料性质不同，但所记绢的内容却有共通性，特别是西州官方定价文书中的绢，实际上成为西州市场上的贸易商品。集结于凉州的庸调绢，不仅运至敦煌，还充当军需物资运往西州（吐鲁番），送至西州军镇的庸调绢应用于军镇及其所涉州郡的官方物资，最终流向民间市场。

与此相对，从前引敦煌郡（沙州）会计文书和《唐 天宝四载（745）河西 豆卢军和籴、交籴会计牒》可见，军镇、官府的财政支出中没有布，这说明布一般不作为官方的财政支付手段。即使陇右道为庸调布的产地，也很难认为布和绢一样，从中国内地按照度支的指示把大量的庸调布运往凉州。

吐鲁番阿斯塔那古墓不仅出土了庸调绢，还出土了庸调布的实物，如表9-3所示：

表 9-3　吐鲁番出土的庸调绢布、脚布、租布

道名	征收州县名		绢布的种类	时代	出土墓、文物编号
都畿道	河南府	长水县	绝（庸调）*1	8世纪前期	73TAM192：5
江南西道	宣州	溧阳县	布（庸调）	7世纪末或8世纪初	72TAM225：1
东道	婺州		布（庸调）	8世纪前期？	72TAM194：9
	婺州	兰溪县	布（脚布）		67TAM96：4
	婺州	兰溪县	布（庸调）	神龙二年（706）	Ast. ix. 2a. 07
	婺州	信安县	布（租布）	光宅元年（684）	Ast. ix. 2b. 011
	湖州	安吉县	布（庸调）	7世纪后期？	72TAM191：107
	明州	鄞县	布（庸调）	开元九年（721）	68TAM108：16
山南西道	梁州		布（庸调）	开元九年（721）	2TAM218：17
	洋州	西乡县	布（庸调）	7世纪末或8世纪初	72TAM157：4
东道	均州	郧乡县	布（租布）	8世纪前期？	72TAM194：13
	澧州	慈利县	布（调）	永隆二年（681）	0TAM340
剑南道	陵州		布（庸调）		67TAM76：11
	成都府	双流县	绫（折调细绫）	景云元年（710）	2TAM226：16
	益州		练或生绢（庸调）*2		72TAM227：4

*1 王炳华 1983（第 8 页）录为"麻布"，《新疆博》（第 187 页）作"绢"。河南道交纳的赋税为绝，另外，绝与麻布相比外观相似，此处进一步将新疆维吾尔自治区博物馆的判断确定为绝。参关尾 1989A，第 104 页及 107 页的注。

*2 益州的绢，不能确定是生绢抑或练，前引敦煌郡（沙州）会计文书和西州的官方定价文书中可见剑南道的梓州和益州的小练。今后拟根据实物进行课题研究。

本表在关尾 1989A 的基础上制作。

吐鲁番阿斯塔那古墓出土的庸调绢布，从考古材料可证明庸调绢（绝、练或生绢）来自都畿道和剑南道。关于布，除了陇右道，江南道和山南道也交纳庸调布。当然零散的出土资料中，如前文所引西州官方定价的文书中载有常州（江南东道）的布①，可知大量的庸调布从江南运输至吐鲁番。从唐朝内地流入的庸调布，本来是充当军需物资，首先

---

① 关于杂州，指的是岭南道羁縻州的杂州，这里并不是特定州的产物。池田 1968（二），第 50 页。

用于当地军镇驻屯士兵的衣料,并流向民间。但庸调布并未像庸调绢那样,大量地集结于凉州府并运往西域地区。招募行军时,兵募的州县还要各自承担军需财物和补给物资,所以庸调布很可能会被送到前线充当财物与物资①。

综上所论,若将前节所示庸调绢、布的主要产地一并考虑,运往西域的绢以凉州为中转地,收纳了以剑南道及都畿道为主的大量庸调绢。另外,征收的布虽用于士兵的衣料,但其与绢的征收规模不可比拟,除了陇右道,江南道、山南道等江南地区也交纳庸调布②。

2 河西道运输体制的完善

(1) 长行、转运使的设置

第5章第2节已论,8世纪河西地区废弃了驿站和传马坊,随之代替的是设置长行坊③。如前所述,西域(天山东部地区)的长行坊从唐朝统治之初就已设置,可以说西域的交通体制在8世纪就已扩展至河西

---

① 参菊池1979B,第27页。
② 顺便说一下,关于东北部和北部,能够用来探讨交纳庸调绢、布的史料很少,《颜鲁公集》中《颜鲁公集行状》(第100页)记载向东北边军运输军需物资,除了河北道清河郡(贝州)北库储存"江东布300余万匹"之外,还有储存的"河北租调绢70余万、当郡彩绫10余万"等。滨口1934(1966,第936-937页);宫园1976,第33-34页。关于北部,史料中很难确认,从后文讨论绢的货币功能来看,不仅运送布,而且可能还运送绢。如前文史料所示,绢的主要生产地为河北道,很可能河南道也交纳绢,布的主要生产地为河东道,以江南东道为首的淮南道和山南道等江南地区也交纳庸调布。日野1962A(收入日野1984,第244页);宫园1976,第33-34、37页;丸桥1996,第60页(增补修订稿收入丸桥2006,第175页)。
③ 关于笔者对传马坊(传马驴)和长行坊(长行马驴)的见解,孟彦弘提出新的看法,认为不应把这些另作解释,断定敦煌、吐鲁番文书中所见的长行马驴是律令规定在各州设置的传马驴。孟彦弘2006,第45-47页。与笔者的主张完全不同。但限于篇幅,日后再论。

地区。通过前揭吐鲁番文书（Or. 8212/529，Ast. Ⅲ. 4. 092）可知，当初这些长行坊归"敕检校长行使"统辖，文书还显示了任命此使职的河西节度副使的治所位于甘州。《唐会要》卷78《诸使中·节度使》（第1689页）记载：

> 河西节度使……（中略）十二年十月，除王君㚟，又加长行、转运使。自后，遂为定额也。

开元十二年（724），凉州河西节度使兼任长行、转运使已成为固定的搭配形式。这个长行、转运使是继承之前"敕检校长行使"的使职。但此处需注意的是，不只设置了长行使，还设有转运使。

王君㚟以后兼任长行、转运使的节度使，包括遥领，如表9-4的②后所列。

表9-4 长行、转运使一览表

姓名	官衔	任职时间
①阴嗣瑗	正议大夫、检校豆卢军事、兼长行坊转运支度等使、赐紫金鱼袋、上柱国、开国侯	唐隆元年（710）左右
②王君㚟	河西节度长行转运使	开元十二年（724）~十五年（727）
③庆王琮	太子太师、兼凉州大都督、河西诸军州节度大使、支度营田九姓长行转运使、上柱国	开元二十四年（736）
④杨行审	朝散大夫、凉州都督府司马、河西转运判官、柱国	开元二十四年（736）秋以前
⑤崔希逸	河西节度经略支度营田九姓长行转运等副大使、知节度使、判凉州事、赤水军使、上护军、摄御史中丞	开元二十五年（737）~二十六年（738）五月
⑥李林甫	河西节度经略支度营田长行转运九姓等使、节度事、赤水军	开元二十六年（738）五月

(续表)

姓名	官衔	任职时间
⑦王倕	河西节度经略使营田九姓长行转运等副使、判武威郡事、赤水军使、摄御史中丞	开元二十九年（741）~天宝二年（743）
⑧哥舒翰	陇右河西节度支度营田长行转运九姓等副大使、知节度事、赤水军使、上柱国、凉国公	天宝十二载（753）
⑨章仇兼琼	敕碛西支度、营田等使、兼知长行事、殿中侍御史	开元二十三年（735）

① 《大番故敦煌郡 莫高窟 阴处士公修功德记》（839 年书写）[P.4638《录》《释录》第 5 辑，第 221 页]

② 《唐会要》卷 78《诸使中·节度使》，第 1689 页

③ 《唐大诏令集》卷 36，第 154 页（《全唐文》卷 23，第 273 页）《庆王琮司徒制》

④ 《文苑英华》卷 414，第 2096 页孙逖《授杨行审灵州长史制》

⑤ 《文苑英华》卷 406，第 2060 页（《全唐文》卷 309，第 3142 页）孙逖《开元二十六年（738）授崔希逸河南尹制》

⑥ 《唐大诏令集》卷 52，第 274 页（《全唐文》卷 310，第 3145 页）孙逖《开元二十六年（738）李林甫兼河西节度使制》

⑦ 《文苑英华》卷 648，第 3333 页樊衡《天宝元年（742）河西破蕃贼露布》

⑧ 《唐大诏令集》卷 60，第 323 页（《全唐文》卷 25，第 291 页）《陇右河西节度使哥舒翰 西平郡王制》

⑨ 《曲江集》卷 11，第 68 页（《全唐文》卷 286，第 2904-2905 页）张九龄《敕碛西支度等使章仇兼琼书》。同敕书还可见"藉卿使车兼有提振，不独长行、转运、营田而已"。

※②王君㚟，《唐会要》卷 78《诸使中·节度使》记载："开元十四年（726）三月二日敕，河西长行转运九姓，即隶入支度使，宜加支度判官一人。"可知在王君㚟时代，长行、转运使和九姓（督察九姓部落）使一同隶属于支度使。另外，当时支度使兼领节度使，《张燕公集》卷 19《碑文》所收《右羽林大将军王公神道碑奉敕撰》载有"维大唐 开元十五年（727）闰九月二十三日庚申，右羽林大将军、持节河西 陇右两道节度使、营田九姓转运十副大使兼赤水大使、专知节度事、摄御史中丞、判凉州都督、上柱国、晋昌伯"。

另外，如表中之①所示，9 世纪中叶（839 年）《大番故敦煌郡 莫高窟 阴处士公修功德记》（P.4638）载有"曾皇祖讳嗣瑗，唐朝正议大夫、检校豆卢军事、兼长行坊转运支度等使、赐紫金鱼袋、上柱国、开国侯"[《释录》第 5 辑，第 221 页]①，阴嗣瑗常驻于敦煌，"检校"

---

① P.4640《阴处士碑》中也载有同样的官衔。

豆卢军，同时还是长行（坊）、转运使。

可见这个长行（坊）、转运使，除了河西节度使之外赐予对象的范围较广。不过，阴嗣瑗之名又见于《敦煌名族志残卷》（P.2625）："希次子嗣瑗……见任昭武校尉、左金吾卫陇州源汧府左果毅都尉、赏绯、上柱国、豆卢军子总管"[《释录》第1辑，第101页]，池田温认为阴嗣瑗带此官衔的时期应在景龙二年（708）九月至唐隆元年（710）六月之间①。所以他从武散官昭武校尉（正六品上）晋升到文散官正议大夫（正四品上），任长行坊、转运等使职的时间应在唐隆元年（710）之后不久。因此，河西节度使兼长行、转运使的这种固定搭配形式，之前早已存在。如第5章第2节所论，"敕检校长行使"很有可能设置在景龙三年（709），7~8世纪随着交通、运输环境的巨大变化，在此期间临时为个别绿洲的官员赐予长行使、转运使等使职。至开元年间以整合的方式形成河西节度使兼长行、转运使的这种固定搭配形式。

除了河西节度使，⑨张九龄《敕碛西支度等使章仇兼琼书》也见兼有长行、转运使的情况。根据该敕书可知章仇兼琼为"敕碛西支度、营田等使、兼知长行事、殿中侍御史"，该敕书中还有"不独长行、转运、营田而已"之记载。这表明碛西支度营田使很有可能还兼长行、转运的使职。章仇兼琼是开元二十年（732）至开元二十四年（736）的碛西支度使，该敕书的起草时期为开元二十三年冬②。因此这是开元二十二年到开元二十三年唐与突骑施激战的结果，作为临时措施，让支度使统辖军需物资的运转。不能确定长行、转运使是否成为固定的搭配形式，若为固定的搭配形式，也很可能是节度使自身兼任的使职。

转运使经常与长行使一同出现，表明该地区的运转工作与辖区之内

---

① 池田1965B，第20-21页。
② 何格恩1941，第67页；Chang 1980, p.134（中译本2002，第39页）中虽作开元二十四年冬，此处遵循齐藤达也开元二十三年冬的观点。齐藤1992，第142-143页。

官方交通机构的中枢长行坊密不可分。关于这点，下节继续讨论。

国家向边境驻屯军队运输军需物资，始自5世纪中叶北魏献文帝的政策①，隋唐随之继承与完成。唐朝命令各州把交纳的庸调绢输送至国家指定的收纳地点，再把这些作为军需物资在国家的监督下运往前线的驻屯军队。如前所述，向西域的输送在7世纪由官典（或者是纲典、行纲）通过驿传制监督运输队进行递送，但按照驿传制，其输送量是有限的。8世纪在边境设置节度使，导致西域至唐朝北部—东北部驻守军镇所需的物资急剧增加，与7世纪相比，军需物资的输送量亦大幅度提高。

在这种状况下，唐朝内地陆续增设如下使职。首先，关于江南的税物运输（从洛阳至长安的运输，江南各州负担到洛阳的运输）设置的使职如下②：

①陕州刺史兼水陆运使——李杰。先天二年［开元元年（713）］。

②江淮河南转运使——裴耀卿。开元二十二年（734）③。

另外几乎在同一时期，在北部和东北部也分别设置了以下诸使：

①朔方道水陆运使（治胜州）——王承裕。开元二十年代前期。

（《千唐志斋藏志》下 张瑗《唐故榆林郡都督府长史太原王府君墓志铭并序》，《目录》，第153页）④

②六城水运使（治灵州）（由朔方节度使兼领）——杨行审。开元二十四年（736）~开元二十七年（739）。

（《文苑英华》卷414，第2096页孙逖《授杨行审灵州长史

---

① 渡边2002，第12-14页。

② 青山1963，第296-297页等。

③ 关于江淮船的回归地点和洛阳、陕州间运输路线的变化，详参清木场1996，第59-134页等。

④ 丸桥1996，第37-41页（增补修订收入丸桥2006，第96-100、107页）。

制》）①

③河北海运使（由范阳节度使兼领）——李适之。开元二十七年（739）。

（《唐会要》卷78《诸使中》，第1691页等）②

④陆运使、平卢河北转运使（由范阳节度使、兼平卢节度使兼领）——安禄山。天宝七载（748）。

（《安禄山事迹》卷上天宝七载六月诏，第78页）③

开元时期，加强了税物的漕运、陆运。为了从江南的输送，以及向北边—东北边的输送，陆续设置了转运使。河西道的长行、转运使，正是在这样的背景下设置的。

（2）转运坊的运输体制

如前所述，长行使统辖长行坊，长行坊在管理官方交通工具长行马的同时，还要承担分配给长行坊的任务，即负责驿道上馆所需的马料[第5章第2节及荒川1995]。由此可知，长行使通过馆的长行马来统辖官方交通。关于长行车牛的管理虽没有明确的史料记载，但长行车坊的管理可能也隶属于长行使，长行车坊即负责长途运输的交通机构。那么转运使的使职究竟有怎样的作用？下引《唐 开元十四年（726）转运坊牒》[今国家博物馆所藏〈录〉《历博》，第230页；〈图〉《历博》，

---

① 丸桥1996，第37-41页（增补修订收入丸桥2006，第98-100、107页等）。

② 关于海运使，近年村井恭子有详细的研究。村井2006。

③ 《安禄山事迹》卷上《天宝七载六月诏》载："范阳郡大都督府长史，柳城郡太守，持节范阳节度、经略、度支、营田副大使知节度兼平卢节度使、度支、营田、<u>陆运</u>、押两蕃、渤海、黑水四府经略处置及<u>平卢河北转运</u>并管内采访等使"。至德元年（756）四月任命平卢军节度使刘客奴兼领陆运使。日野1962A（收入日野1984，第245-246页）。

第151-152页]①（2、3~5行有"伊州之印"）可证明设置了转运坊：

1　转运坊　　　　　䑓州
2　　当坊今年年支草伍万围
3　䑓。得䑓称，得录事参军判司户徐思宗□䑓称，上件
4　支草，五月二日准例各各䑓诸戍长行车坊并令及时
5　收刈，恐所由不存检校，致事阙供。事须重䑓催□②。䑓举（者）
6　□。开十三年年支草，寻䑓□□□刈计合向了并未申数莫
7　□□□□□[　　　　　　]□刈勿使失时。去年收刈
8　[　　　　　　　　]□牛一则虚费八功二
9　[　　　　　　　　　]隋驼马死于道□
10　[　　　　　　　　　]□报待凭□
11　[　　　　　　　　　　　　]
　　（后　缺）

【原书此处为文书第1~5行之日译文，兹删；但保留译文中对"伍万围"所作的注释，即③——译者注】

从文书中钤有"伊州之印"可知该文书从伊州发出，因此文书开头处的转运坊很可能设在伊州④，而收信地的"䑓州"应是伊州以外的州。从长行使统辖长行坊、长行车坊来看，转运坊也应归转运使统辖。但是，该文书的撰写时间被推定为开元十四年（726），此时伊州尚在

---

① 关于该文书，参陈国灿2002，第241页。陈氏将该文书定名为《伊州转运坊牒州为当坊年支草五万围》。关于伊州转运坊，与笔者的见解相同，都认为是发给伊州的牒。如本文所述，这并没有被采纳。
② 陈国灿把第5行的□释读为"达"，第6行的"寻䑓□□□刈"移录为"寻䑓所□□（由收）刈"。陈国灿2002，第241页。关于这一录文，暂且保留。
③ 围，这里用作束的意思。参下揭文书。
④ 如前所述，陈国灿断定这个转运坊为伊州转运坊，乜小红也同意此说。陈国灿2002，第241页；乜小红2006，第148页。

碛西节度使管辖之下①，所以该文书的转运坊必定与河西节度使兼任的转运使无关，而与碛西节度使有统属关系。

从该文书引用的牒文可知，伊州诸机构通知各戍和长行车坊收草。特别是长行车坊负责运输的草，可参《唐 上元二年（761）蒲昌县界长行小作具收支饲草数请处分状》［73TAM506：4/40］的长行坊。也就是说，作为管理官方交通运输的机构，长行车坊和长行坊一同负责草的相关事宜。转运坊通过长行车坊和戍来管理收草，是负责支出的机构。

如前［第5章第1节（1）］所述，长行坊设置于西州府的治所，而长行车坊另置在天山县（托克逊）。其背景为天山县绿洲是从吐鲁番通往焉耆（喀喇沙尔）的"银山道"的出发地，这是继承了麹氏高昌国的远行车牛的体制。另外，和长行坊不同，敦煌设置的阶亭坊位于瓜州常乐县西面一带的阶亭驿，并配备了很多车、牛。阶亭绿洲位于前往伊州"莫贺延碛道"的出发地一带，很可能也是长行车坊②。驿道上饲养牲畜和供给车牛的主要绿洲应设有长行车坊。

另外，《唐 天宝时代（744~758）敦煌郡会计帐》［〈录〉《籍帐》No.219，第481-484页］记载戍和长行车坊配备运畜的具体情况，天宝时期的阶亭坊配备了137乘车、140头牛、12头骆驼、48头驴，瓜州至哈密间驿道上的"广明等5戍"，除了各戍配备的10匹驱马之外，还有100头驴（乌山戍13头、双泉戍14头、第五戍21头、冷泉戍20头、广明戍32头）［参附图3］。

向各戍和长行车坊运输草时，也要利用驿道上的车牛和驴、驼等运畜来递送物资，并且该文书开头记载的转运坊，由州县来监督"诸戍和

---

① 松田1970，第388页。如松田寿男所指，开元十二年（724）杜暹为安西副大都护统领碛西节度使，这个碛西节度使合并了伊西北庭节度使和安西四镇节度使两种职能。参《唐方镇年表》卷8《碛西北庭》"杜暹"条，第1230-1231页。

② 李锦绣认为阶亭坊是敦煌郡（沙州）的车坊，但从设置地点来看，这种观点很难成立。李锦绣1995，第1032-1033页。

长行车坊"的草料运输。由此可知，文书开头记载转运坊发信的接收"州"很可能指的是西州，其与伊州一同管理向西延伸的驿道。

如前所见，往来驿道上供客使及其长行马停歇的馆大多并设有镇、戍等军事设施①，驿道上固定的区间距离内有相应的军事设施，但驿道上馆的数量十分有限，相对来说，军事设施几乎呈点状遍布驿道［参附图3］。因此，客使一般聚集在驿道上的馆，即使没有馆，也会停歇在军事设施。客使在运输物资时，除了客使之外还有搬运的运畜（车牛或驼、驴）和车夫，这些人和牲畜的停歇地点尚不明确。

关于该地区设置的馆，《唐 开元年代（约731年）西州府诸曹符帖目》［Or. 8212/520〈录〉《籍帐》No. 154，第362页；《斯坦因》第168-171页；Maspero 1953, p.93；〈图〉Maspero 1953, pl. XIV］中有载：

[ ]，为征北馆车坊牛事

如上所见，馆与车坊有密切的联系。如后［第3节（2）、（3）］所述，受雇于官方运输的白丁在"赤亭（并设在镇的馆）的车坊"养病一事需值得注意，这表明馆和军事设施所在的绿洲设置了车坊，客使负责搬送物资时，那里便成为了搬运运畜（车牛或者驼、驴）和赶车人的停歇之地②。

但这些运畜和赶车人最终由专门负责交通工具的长行坊和长行车坊管理、差派与使用③。这样的话，转运坊应是负责特定运输的特设机构。如后所述，统辖转运坊的转运使负责唐朝内地税物（庸调绢）的运输，那么转运坊就是负责输送的特设机构。换言之，长行坊掌管长行马，长行车坊管理、差派长行车牛，而转运坊要承担唐朝内地税物（庸

---

① 馆和镇、戍并设之时，其位置关系并不清楚，但若作常识性的考虑，馆由镇、戍等军事设施来保护，并设于其内。
② 参李锦绣1998，第345-346页。
③ 参第5章第3节以及荒川1990B；荒川1995；荒川2002等。

调绢）的输送[①]。

此观点若成立，8世纪的税物运输就是在转运使的统辖下，依靠转运坊完成的[②]。如前节所见，长行、转运使管辖长行坊、长行车坊等专门交通机构，是负责凉州向河西境内以及西域运输税物事宜的使职。开元时期以后设置的使职，正是为了强化和支持通过驿道向西域运输大量的税物。

从唐朝整体来看，8世纪以后废弃了驿传制度，同时唐朝为了维持对整个中亚的统治，一面要完善从江南向两都运输税物的水陆输送网，另一面为了向西域及其相连的北方前线运输军需物资，必须要完善运输军需物资的税物输送网。因此，唐朝财政、军事的重要输送路线中，如前所论，陆续地设置了水陆运使和转运使，并在此基础上形成了独立的

---

① 孟彦弘认为笔者的观点是"代替客商（的输送活动）的是传马坊"，有很大的误解，笔者未曾提出这一种观点。孟彦弘2006，第45页注（77）。如前所述，其在交通、运输体制上的见解与笔者的观点有很大的不同，关于这点待日后再论。

② 即使搬运用的车牛、驴、驼配备于长行车牛坊，但长行坊仍然要为运输官方物资的"驮头"提供马匹。即使S. 11450A文书是残片，也可见西州府兵曹司的裁决：

（前缺）

....

1　牒检案连如前。谨牒。
2　　　　　　　　　　十一月　　日　史汜通牒。
3　　　　　　　以状牒交河县仍牒
4　　　　　　　长行坊通驮头给
5　　　　　　　马叁匹粮料草暗
6　　　　　　　各开牒所由准状谘
7　　　　　　　□胡白
8　　　　　　　　　　　　　　　　九日

（后缺）

此处可见给"驮头"提供了马和马料。关于"驮头"，"~头"是指管理役夫的首领，可推测其是官方物资运输的负责人。关尾1997。此处的"驮头"，如第8章第3节所论，通过节度使和长行使等诸使和都护府及州府司发放的递牒，在州与州之间开展递送（有士兵护送），还可在途中的馆里获取食料。

递送体系。首先，特别设置了陕州刺史兼水陆运使（之后的江淮、河南转运使），强化从江南至太原仓转运途中每一段距离的输送[①]。与此同时，值得注意的是开始设置的长行、转运使。江南道等大量的税物（谷物）通过漕运和转运系统运输的同时，在河西以西还设置了转运使，这对于把唐朝内地的税物（庸调绢）顺利地输送至西域来说非常重要。长行、转运使掌管向西域的长途陆地输送，而转运使掌管通过运河从江南的长途漕运，两者对于唐朝统治中亚广阔的领土来说都是不可或缺的运输命脉。

3 军需物资绢的保障与行客、百姓

（1）庸调绢的输送和军镇的行纲

如第5章第2节所指，8世纪河西地区的长行坊代替了一直以来作为交通、运输基本机构的传马坊，和天山东部地域一样，长行坊成为当地官方交通、运输的主要机构，甚至常设长行、转运使。军镇的常驻和扩大化使得军需物资急剧增加，为了应对这种情况，需要从唐朝内地输送援助物资。如前节所见，至开元时期，为了增强税物、军需物资的漕运和陆运，陆续设置了转运使，负责从江南的运输，以及向西北部~北部~东北部的运输。

但需要留意的是，向西域的运输与向北边、东北边的运输不同，不需要长途输送谷物，只需要从唐朝内地输送绢布。

关于凉州集结绢的输送，前引《唐 天宝四载（745）河西 豆卢军和籴、交籴会计牒》[P.3348v〈录〉《籍帐》No.211B，第464、466页；《释录》第1辑，第429-430、432页]记载：

12 柒阡壹拾柒屯匹壹拾铢，行纲敦煌郡

[①] 清木场1988A（收入清木场1996）。

13 　　　　参军<u>武少鸾</u>，天宝三载十
14 　　　　月十二日，充旨　　支四载和
15 　　　　籴壹万段数。其物并给百
16 　　　　姓等和籴直，破用并尽。

另外：

44 　　　　柒阡陆伯陆拾壹屯叁丈伍尺肆寸匹段。
45 　　　　行纲别将<u>张虔廉</u>，三月十八日于<u>武威</u>
46 　　　　郡领充到　　旨支四载和
47 　　　　籴壹万段数。春季新附，其
48 　　　　匹给百姓和（籴）斛斗。并准金部
49 　　　　格，给副使禄直，破用并尽。

豆卢军军镇所在军州的行纲（官方物资运输队的监督官）[①]，由敦煌郡参军和所在地的折冲府官员别将二人充当，他们负责从凉州运输庸调绢。此处只见支出了和籴所用的绢，和衣赐一样，均由运输队的负责人运输。这种绢的输送，不只是豆卢军的特殊任务，河西地区的其他军镇也应有同样的运输体制。这与之前凉州派遣官典和行纲负责的运输不同，由各个军镇或其设置的军州组织运输队来负责运输收纳于军仓的军需物资。

也就是说，军镇派遣运输负责人的行纲到凉州，由行纲监督从凉州到军镇的运输。

接下来列举的是库车出土的汉文文书［Pelliot Chinois 114〈录〉Trombert 2000, p. 99;〈图〉Trombert 2000, pl. 114][②]中的记载：

---

① 参本章第407页注②。
② 根据2003年度的科研（荒川正晴主持）调查，确认了Trombert 2000 的录文，并作部分订正。确认开头存在的纸缝，将另一面所见的署名解读为"索"。另外，第3行的"钢□"改为"纲使"。文书的基本情况如下：纵24.1×横12.1cm（下部缺损）。开头的纸缝接合部分宽6mm，右上方与左下方可接合。纸色为浅褐色。纸的厚度为中等~中等稍薄，中~中下等纸质。每厘米有4~5根帘纹，有滤斑。

第9章 唐朝向河西、西域运送军需物资与商人

(前缺)

·· "索"(纸缝背)

1 钢壹阡斤　　行纲凉州明威镇兵曹武凤祥　　典龙 [
2 　　　右得凉州牒，称得朔方军兴□ [
3 　　　　　　　　　　] 纲使 [

(后缺)

该文书出土于库车附近的都勒都尔·阿护尔，凉州派遣行纲到库车去收取一千斤（约600kg）钢铁。当时节度使和军镇为了缴纳与补给定期、不定期的必要军需物资，各节度使和军镇均派遣了大量行纲进行长途往来。

由此可见，关于军需物资的输送，收取军需物资的节度使和各军镇要承担运输的责任。如第5章第2节及前节所论，在河西及西域的节度使境内，长行坊和长行车坊会配备马驴、车牛。但这些马驴、车牛很难应对8世纪大量军需物资的输送。特别是向西域方面的输送，如前所述，河西节度使境内东端的凉州府是运输庸调绢的首个中转地，所以唐前期的凉州府一直是庸调绢的储存地。因此，为了将凉州储存的绢运往遥远西域的伊西北庭节度使、安西节度使的治所，必须要通过官方车牛驴的递送体制经由河西完成输送，因此负责递送的各戍、长行车坊的负担过于沉重[①]。其中官方配备的车牛驴，平时负责的是各军镇、州境内物资的短途输送。

接下来拟作进一步深入探讨。

（2）庸调绢的长途运输队

---

① 《唐 开元十三年（725）转运坊典窦元贞牒》[现中国历史博物馆藏〈录〉《历博》第230页;〈图〉《历博》第153页] 中可见，（长行车）坊的士兵"入碛扶车"（牵着车牛进入沙漠），并借出草饲料。"扶车"就是"扶车人"，在《唐 宝应元年（762）六月康失芬行车伤人案卷》[73TAM509: 8/1 (a)，8/2 (a)，〈录〉《文书》第9册，第128-134页] 中有载。根据该文书内容，可知粟特人被客商雇佣为驾驭车牛的"扶车人"。

首先关于到安西大都护府（库车）的长途运输，《唐 开元二十一年 (733) 西州都督府案卷为勘给过所事》 [73TAM509：8/8（a），8/16 (a)，8/14（a），8/21（a），8/15（a）〈录〉《文书》第 9 册，第 63-65 页，程喜霖 2000，第 68-69 页；〈图〉《图文》第 4 册，第 292-293 页，《简报》B，第 19 页、图 13]① 记载如下：

……………………………………………………………………"九"

1　安西给过所放还京人王奉仙
2　右得岸头府界都游奕所状称，上件人无向北庭行文②，至
3　酸枣戍捉获，今随状送者。依问王奉仙得款贯京兆府 华
4　源县，去年三月内，共行纲李承胤下驮主徐忠驱驴，送兵赐
5　至安西输纳了。却回至西州判得过所，行至赤亭为患，
6　复承负物主张思忠负奉仙钱三千文，随后却趁来至
7　酸枣；趁不及，遂被戍家③捉来。所有行文见在，请检即知
8　者。依检，王奉仙并驴一头，去年八月廿九日，安西大都护府
9　给放还京已来过所有实。其年十一月十日到西州，都督
10　押过④，向东，十四日，赤亭镇勘过⑤，检上件人无却回赴北庭来
11　行文者。又问王仙得款，去年十一月十日，经都督批得过
12　所，十四日至赤亭镇官勘过，为卒患不能前进，承有债
13　主张思忠过向州来，即随张忠驴驮到州，趁张忠不及，至

---

① 通过 2000 年的科研（荒川正晴主持）调查，确认了《文书》、《图文》的录文。关于本文书，郭平梁 1986（第 136-138 页）、程喜霖 1986B、程喜霖 2000（第 76-78 页）均有讨论。如陈国灿 2002（第 261 页）所列，除了这些之外还有很多参考文献。
② 吐鲁番出土的官文书中"行文"的含义，按照上下文意可明确为"通行证"。参王启涛 2005，第 635-636 页。
③ 王启涛认为"戍家"是戍的负责人，同时还指出戍是一个军事机构。王启涛 2005，第 482-483 页。
④ 如前所论，"押过"就是"署名使通过"的含义。
⑤ 如前所论，"勘过"就是"调查使通过"的含义。

14 酸枣戍，即被捉来。所有不陈却来行文，兵夫不解，① 伏听
15 处分。亦不是诸军镇逃走及影名假代②等色。如后推问③，
16 称不是徐忠作人，求受重罪者。又款，至赤亭染患，在赤
17 亭车坊内将息，经十五日至廿九日，即随乡家④任元祥却
...."九"

昌
18 到蒲，在任祥傔人⑤姓王不得名家停止，经五十日余。今年
19 正月廿一日，从蒲昌却来赴张忠，廿五日至酸枣，赴不及
20 [   ]州，所有不陈患由及却来文，
21 [   ]□从西行到安昌城死讫者。
22 [   ]□无过所，今

（中　缺）

（后　略）

该文书是开元二十一年（733）正月~二月西州都督府处理系列案卷的一部分，现存188行。其内容记录了西州官府发放过所的程序，和对无合法过所或无过所的违法者进行调查，以及处罚的部分判决内容。第125~146行是正月二十七日岸头府的都游奕所向西州所呈状文和调查王奉仙的部分记录，由功曹司调查此人有无罪状并制作文书。粘连纸缝背面的"九"字，是功曹参军宋九思的署名，功曹司粘连一系列的调查报告，再送到户曹司等待户曹参军的判文。根据记录，正月二十九

---

① 王启涛认为，这个"解"是"能（能力、能够）"的意思。王启涛2005，第229页。
② "影名"就是"隐藏名字"的意思。另外，关于"假代"为"顶替、代理"的含义，参王启涛2005，第698-699、212页。
③ "推问"就是"审问、调查"的含义。参王启涛2005，第553页。
④ 王启涛认为，"乡家"的含义就是"乡的责任人"。这里遵从王氏的说法。王启涛2005，第617-618页。
⑤ 如前所论，"傔人"就是军镇"子总管"以上高官的侍者。参西村元佑1968，第585-586页；孙继民2000，第271-272页；孙继民2002，第68-73页。

日户曹司受理,二月五日户曹参军梁元璟判文,但是判文的现存部分没有对王奉仙处理的记载。

关于该文书的内容,在行纲李承胤手下的王奉仙是驮主徐忠的作人(被雇佣者)①,负责把兵赐输送到安西,归途中在西州的酸枣戍被捕。这里的兵赐明显是给将士的庸调绢,清木场东认为指的是前引《通典》的给衣和别支②。

该文书没有明确记载从哪里运输的庸调绢,程喜霖、郭平梁二氏认为是从京城长安运来的③,这大概是根据王奉仙的籍贯来判断的。如前所述,作为军需物资运输的庸调绢,不是集结于中央再转运到边境,而是集结在指定的储存地点后再送往边境。

开元、天宝时期,凉州不只是向河西,还是向西域运输绢的中转地,如前[第1节(4)]所述,从凉州向安西和北庭运输军需物资[《曲江集》卷12《敕河西节度副大使牛仙客书》;《全唐文》卷287,第2909页等]的记载,应与该文书中绢的输送一样都是从凉州运往安西。原籍为京兆府的王奉仙参与了凉州物资的运输,在当时并不罕见。如下文书[〈录〉《文书》第9册,第61-62页,程喜霖2000,第67页;〈图〉《图文》第4册,第291页,《简报》B,第22页,图19]④中"无过所人"蒋化明的辩文所示:

(前略)

101 　　　　　　　蒋化明年　廿六　　　|||

102 化明辩,被问先是何州县人,得共郭林驱驴,仰答。但化明

---

① 这个作人是被雇佣者,详见程喜霖1990C,第442-453页(收入程喜霖2000,第269-279页)。

② 清木场1987,第14页(收录清木场1996,第12页)。

③ 郭平梁1986,第137页;程喜霖1990C,第441页(收入程喜霖2000,第268页)。

④ 根据2000年的科研(荒川正晴主持)调查,确认了《文书》、《图文》的录文。参程喜霖2000,第78页。

103	先是京兆府云阳县嵯峨乡人，从凉府与郭元暕驱驮至北庭。括
104	客，乃即附户为金满县百姓。为饥贫，与郭林驱驴伊州纳和籴。
	人
105	正月十七日，到西州主曹才本家停。十八日欲发，遂即权奴子盗化明
106	过所将走。（后略）

如前所见，凉州府储存了大量的庸调绢，运往安西的同时还运往北庭。经过统计，天宝时期每年要输出近100万段绢，所以蒋化明辩文中所见从凉州府运往北庭的物资，很有可能就是凉州府为补给西域而大量储存的庸调绢。

若凉州府每年输出100万段绢，行纲每年都会组织大量的庸调绢运输队，负责到西域的长途输送。张籍《凉州词》载有"无数铃声遥过碛，应驮白练到安西"的诗句，形象地描绘了凉州府输送绢的画面。那么，行纲的运输队是怎样构成的呢？接下来根据前引文书继续讨论。

（3）长途运输队和行客、百姓

从前揭文书可知，凉州府向安西输送绢时，与行纲李承胤一行的还有驮主徐忠、作人（被雇佣者）王奉仙。文书内容表明，王奉仙带着自己的驮驴、驮马加入运输队，到达了最终的目的地安西。

由此可知，此次绢的长途运输过程中没有使用官方的马、驴、车牛和脚夫进行递送。另外，该文书输送绢的时间为开元二十一年（733），是和突骑施开战前的和平时期，此时输送的军需物资（兵赐）应是定期的补给。这种输送体制应是开元时期长途输送绢的常态。这表明，军需物资输送量剧增的8世纪，至少在长途输送中没有利用官方的马、驴、车牛和脚夫，而是通过民间雇佣完成的。

唐朝州府机构通过民间运输官方物资的方式，主要有"和雇送达"与"僦勾客运"两种①。"和雇送达"大概是负责人行纲直接通过支付

---

① 菊池1976，第2-4页。

脚钱，雇佣负责搬运的纲丁来监督运输；"傤勾客运"中行纲没有直接雇佣搬运者，而是由客商来负责运输。

前者行纲的直接监督是合法输送，而后者由客商来代运的运输方式在律令上是禁止的，度支命令向凉州的运输如下所示①：

（一）

□ [　　　　　] 纳秦凉二府者，其绢并令练

[　　　　　] □，其州县官人及亲识并公

（廨典　）（依？）

[　　　　　] □ 令 并 不得傤勾受雇为□

（后　缺）

如陈子昂上疏所示②，武后时期之前江南、淮南诸州的行纲，经常通过"傤勾客运"的方式运输，菊池英夫认为此种方式已逐渐日常化，开元二十五年赋役令庸调物条［《律令》，第665-666页］中则取消了禁止"傤勾客运"的条文③。

可知唐朝内地迟至8世纪，官方物资的运输方式多由行纲委托客商来输送。这表明唐朝内地的状况如前引文书所示，在西域直接雇佣运输者王奉仙为作人的是驮主徐忠，而不是行纲李承胤。因此，王奉仙证言中表明他没有和行纲李承胤一起行动，而是和驮主徐忠一起把绢运往安西。

徐忠被称为驮主，因为他是运输（驮运）的负责人，即商队首领。该文书显示绢的运输队是行纲通过驮主及其雇佣作人组建的，如前所指，这若是开元时期长途输送绢的一种常态的话，当时向西域输送的

---

① 大津1990，第10页（收入大津2006，第84页）；大津2006，第36页。
② 《上军国机要事一条》（万岁通天元年九月上奏）《陈拾遗集》卷8《杂著·上军国机要事一条》，第70页（《全唐文》卷211，第2136页）。参菊池1976，第6页。
③ 菊池1976，第4、6-7页。

绢，基本上都是通过驮主和被雇佣者完成的。

遗憾的是，该文书中这位驮主的身份并不明确，考虑到凉州是连接西域和中原地区的中转贸易城市这一历史特点，驮主承担凉州至安西的长途运输，推测应是把凉州当作据点来经营通往西域、从事长途商贸的客商。

另外，被雇佣为作人的王奉仙，如前揭文书所记"复承负物主张思忠负奉仙钱三千文"，这种鼓励商人借贷的经营行为体现了运输队的特性。另外如该文书所示，王奉仙是籍隶京兆府华原县的合法编户百姓，从安西归京时发放了过所，这表明雇主的驮主徐忠可能以京城为根据地进行活动，是以凉州为中继地、往来于京城和安西之间的汉人客商。京城的汉人在安西的交易活动，见于如前论《唐 西州 高昌县上安西都护府牒稿为录上讯问曹禄山诉李绍谨两造辩辞事》[第7章第3节(4)]。前文已多次指出，当时大量汉人客商和兴胡一同频繁地往来于国都与西域之间。

在前线存在安全问题，保障运输安全的任务无疑由行纲来承担。如此，运输军需物资时，行纲不可能完全不参与。节度使和各军镇派遣的行纲，在凉州雇佣客商，通过客商组织运输队，以行纲运输队的名义往来于驿道，可能这就是真实的情况。也就是说，客商们自己作为驮主雇佣作人，虽然依靠的是驮主组织的运输队，但名目上仍旧由监督官方物资的行纲运输队来运输绢。在这点，此种输送和唐朝内地的"僦勾客运"是不同的。另外，凉州府给这些官方物资运输队的驮主发放递牒，可在途中的馆补给食料。除此之外，州与州之间还有"防援"的士兵来护卫官方物资运输队，当然，在驿道上还设有供官方物资运输队停歇的馆、镇和戍。

虽不能确认兴胡是否与汉人客商一样成为驮主，但通过《唐 开元年间讯案为兴胡作人事》[Дх.02826〈录〉陈国灿 2005，第 110 页；〈图〉《俄藏》第 10 册，第 78 页]可知，兴胡至少和百姓一样，可以被雇佣为作人。

这样，每年为了长途运送凉州府所储存大量的绢，一般由行纲通过客商及其作人来完成运输。如前所述，行纲运输队即使由客商运输队组成，也要利用州府绿洲之间相互连接的驿道及其分布的馆、镇、戍来完成运输任务。此处所见税物绢的运输，是转运使通过辖区之内转运坊的顺利运输，这是客商运输税物的保证。在这种背景下，前举文书中"驮主"的"作人"在归还时才可在赤亭馆的车坊养病①。

大量运输绢时，不仅需要行纲，有时还会任命百姓为行官来负责运输军需物资。如前所示，西州高昌县百姓麹嘉琰申请从西州府到陇右道临洮军的通行证，他此时带有"陇右别敕行官、前镇副"的官衔［第8章第6节（2）］。通过对他的调查记录可知，他在临洮军当地雇佣作人一同返回西州府，于西州府再次申请过所，和作人一同前往临洮军。大概身为陇右（节度使）的行官②前往临洮军的目的是运输某种物资。

如前所述，任命粟特人为军官侍者的别奏（随从），运输军需物资时为其发放州牒（递牒），可在馆补给"停料"等。

行纲、行官以及别奏等组织的商队，经常往来于河西与西域之间运输军需物资的驿道（汉道），不只有行客和百姓，兴胡也作为驮主和作人参与了运输。但兴胡与行客、百姓不同的是，没有带有官职称号被官方雇佣其承担公务的例子。兴胡与唐代官方下层联系密切，得到了有形无形的恩惠和权限，可将其从官员的行列排除。同为粟特人，唐朝的行客、百姓，对唐朝在世界的活动起到了有力的推动作用，而兴胡仅仅是

---

① 王奉仙停留在赤亭馆的车坊养病。参李锦绣1998，第345-346页。关于当地公用交通中心长行坊的机构及其运营状态，特别是周边的馆和镇、戍，是怎样联合形成的交通线路的，参第5章第3节（1）。

② 行官是指"向各地传达节度使巡视和命令的下级官员"。小野1969，第269页。但关于行官的性质及其实例，参中村1976，第194-195页；荒川1997A，第6页；荒川2009，第280-281页。

从外蕃地域来的外国商人。

那么向唐朝北部—东北部运输军需物资，又是怎样的状况呢？如前所指，东北部的范阳节度使、平卢节度使，除了海运使和陆运使之外还设置了转运使。可见其运输方式以海上和运河的漕运为中心，与西北部的长途运输不同，漕运运输的货物主要是谷物，当然也要输送绢、布等重要的军需物资[①]。海运使的基地为师州，负责基本军需物资的海运[②]。运输时被称为"水手（海运、平河）"的运输者，虽是征发而来，但每人每年会"各帖一丁"，有相应的资金补助[③]。

虽然还不清楚陆运使和转运使管理的运输情况，但可推测管理陆运和河、渠的水运情况，河、渠的水运，如前所述是通过"水手（平河）"来运输，但向河北漕运的总体情况如菊池英夫所论，有必要和客商"僦勾客运"的运输方式一并考虑[④]。

粟特人、汉人客商往来大多是因为大量的绢向西域的运输，如前所述，在行纲的监督下可以通过客商完成运输。如第7章第1、4节所见，唐朝前期幽州、营州等东北部拥有很多粟特人聚落和店（不仅兼有住宿、饮食和仓库、运输，而且还有如"邸店"这样大规模的商铺，兼

---

① 日野1962A（收入日野1984，第243页）。

② 日野1962A（收入日野1984，第243-245页）。日野氏认为海运使一直要为平卢节度使补给军需物资，其运输路线是"通过大运河运输至北方的东南物资，从楚州（淮安）水运至海州，再从这里迂回至山东半岛，通过海运进入渤海湾，和集结在登州、莱州的储存物资一同运输到平卢"。

③ 开元二十五年的《水部式残卷》[P.2507, TTD1（A）第41页]的一条记载，为辽东驻军运输军用物资的5400名水手（海运3400人、平河2000人），都是服役两年以上的水手，免除他们的课税，并资助"兼准屯丁例，每夫一年各帖一丁"。日野开三郎讨论该条记载，认为此部分是命令水手出身的各州（河北、山东等10州），为每个水手分配一名丁男，通过分配的丁男来完成纳税任务，将此充当长上水手家庭的生活费。参日野1975，第277页。另参宫园1976，第27-30页；宫园1977，第46-47页。

④ 菊池1976，第5-7页。参宫园1977，第44-45页。

营金融业和批售、批发业等），大量的粟特、汉人客商往来于此①。至少唐朝前期绢布的运输可能与同时代军需物资向西域的运输一样，都以客商为中介。在通往河东道河东节度使辖区的驿道上也设有粟特人的据点和店，所以在向节度使输送绢布时同样也有商人参与其中。但在唐朝前期，行纲还没有监督运输，并不清楚此时的运输是否全部由客商来负责。

另一方面，北边的朔方节度使也设置了水陆运使、水运使，军需物资主要依靠黄河的水运来运输。漕运的物资主要是谷物，通过勋官和征发的白丁（"胜州转运水手"）来完成运输②。丸桥充拓认为大概至贞元年间，北部漕运利用雇佣官健进行运输，但未见商人活动的踪迹③。通往关内道北部的驿道，和华北地区的驿道不同，没有明确设有店的记载，和西域、东北、江南等地区不同，关内道北部可能不是客商主要的活动区域。唐朝前期关内道北部的绢布输送和其他地区不同，没有通过客商进行运输。

唐代军需物资向北部与东北部的运输方式虽截然不同，但在客商活跃的地域，与西域、河西地区相同，都需要通过他们的力量来输送军需物资。

4 军粮的保障与行客、百姓

本节主要对P.3348v文书进行分析，明确官方通过行客、百姓来保证军需物资运输的一面。此文书曾被那波利贞命名为《天宝四载乃至六

---

① 以幽州为据点的节度使安禄山和胡商（粟特商人）之间的合作，见《安禄山事迹》卷上"天宝十载"条，第83页。参荣新江1997（收入荣新江2001，第234-237页）。

② 上揭《水部式残卷》［P.2507，TTD1（A）第41页］。规定免除白丁的课税并给予资助，如前文所述"海运水手"之例。

③ 丸桥1996，第58-61页（增补修订收入丸桥2006，第171-185页）。

载豆卢军军仓收纳谷物并收支经济计算文书》,并移录全文进行介绍①,后来《籍帐》(No. 211, 213AB,第463-472页)与《释录》第1辑(第426-444页)也收录了该文书的全部录文。

作为唐天宝年间重要的经济文书,迄今,在中国史研究领域,杨际平、李锦绣等诸多学者都对此文书加以研究②,本书也将再次讨论。

(1) 和籴与交籴的实施

P. 3348v 文书记载了天宝三至四载(744~745)用绢绵为沙州敦煌郡豆卢军购买军粮的会计报告I。其中天宝四载豆卢军的和籴[以下简称"会计报告I",〈录〉《籍帐》No. 211B,第464-466页;《释录》第1辑,第429-434页]中,开头载有"合当军天宝四载和籴,准旨,支贰万段,出武威郡,准估折,请得绝绢练绵等,总壹万肆阡陆伯柒拾捌屯匹叁丈伍尺肆寸壹拾铢"。如前所示③,豆卢军天宝四载的和籴费用以(河西节度使驻地)凉州武威郡的(长行)旨④为准,在会计上支出 2 万段,再按照官定价格折成绝绢练绵。第 1 节已明确了这些绝绢练绵就是送往凉州的庸调绢绵。所折的庸调绢绵分为两次运往敦煌郡,会计报告I分别记录了年月日以及运输庸调绢、绵的数量和负责人(行纲)的名字:①"柒阡壹拾柒屯匹壹拾铢,行纲敦煌郡参军武少鸾,天宝三载十月十二日充旨支四载和籴壹万段数。其物并给百姓等和籴直,破用并尽"。②"柒阡陆伯陆拾壹屯匹叁丈伍尺肆寸匹段。行纲别将张处廉,(天宝四载)三月十八日于武威郡领数旨支四载和籴壹万段

---

① 那波 1952,第12-27页;刘复 1925(刘复 1985 再版,琐 66,第285-292页)。
② 杨际平 1992;李锦绣 1995,第747-753页。其他诸多研究者虽也引用该文书,但此处明确区分了和籴与交籴的区别,荒川 1982 首先考明了其含义。
③ 参日野 1974,第437、639页等。
④ 《六典》卷3"户部度支"条(第18页)记载:"凡天下边军,皆有支度之使。以计军资粮仗之用。每岁所费,皆申支而会计之。以长行旨为准。支度使及军州,每年终,各具破用、见在数,申金部、度支、仓部勘会。"由此来看,该旨当为长行旨。

数。(后略)"。

①、②之后还记载了和籴支出的庸调绢、绵与和籴谷物的种类、数量,并分别记录将这些换算为钱的结果。综合来看,豆卢军天宝四载的和籴经费约14678屯匹的庸调绢绵,军购谷物总计约2万余石。其中①的和籴谷物,天宝三载冬季将纳入军仓的谷物记入支粮帐,在支度使的监察下报告给中央金部、比部①、度支来处理。

在豆卢军和籴的会计报告Ⅰ之前,可见同样为豆卢军购买谷物的会计报告[简称"会计报告Ⅱ",〈录〉《籍帐》No. 211A,第463—464页;《释录》第1辑,第426—429页]。以下是供讨论的录文,录文较长,故只列出需要讨论的部分:

(前略)

1　伍阡柒伯玖拾壹硕贰斗肆胜肆合,斛斗。
2　　　三载冬季交籴纳,准估计当
3　　　钱壹阡伍伯柒拾伍贯玖伯五文。
4　伍阡肆伯伍硕捌斗叁胜柒合,粟,斗估廿七文
5　　　计壹阡肆伯伍拾玖贯伍伯柒拾陆文。
6　壹拾柒硕壹斗,𪋤,斗估廿七文,计肆贯
7　　　陆伯壹拾柒文。
8　贰伯陆拾贰硕伍斗,青麦,斗估卅文。
9　　　计柒拾捌贯柒伯伍拾文。
10　柒拾陆硕柒合,小麦斗估卅二文,计贰拾
11　　　肆贯叁伯贰拾叁文伍分。
12　贰拾玖硕捌斗,豌豆,斗估廿九文,计捌贯
13　　　陆伯肆拾贰文。

---

① 通过前引《六典》的记载,可知报告年终结算军粮等的部门为金部、度支、仓部,但该文书却记载为金部、比部、度支。可能比部也掌管和籴的相关事务。

14　　肆阡捌伯捌拾陆硕叁斗伍胜伍合，麦
15　　　　　粟床豆等，准和籴估，折填充
16　　　　　交籴匹段本。其斛斗，收附军
17　　　　　仓，同前载冬季载支粮帐讫
　（中　略）
23　　　　　玖伯肆硕捌斗捌胜玖合，粟。填本外
24　　　　　利润，其粟收附同前季利润帐讫。
　（后　略）

这份会计报告Ⅱ与之前的会计报告Ⅰ的格式明显不同，并且第2行所载天宝三载冬季豆卢军收购的谷物不是和籴，而是交籴。这部分内容的前后均有残缺，仅留有天宝三载夏季和天宝四载春季收购谷物的记录，这些也是交籴时收购的谷物。该文书很难有合适的定名，但这份会计报告Ⅱ应该称作交籴会计报告，很明显交籴与和籴不同。会计报告Ⅰ、Ⅱ中交籴与和籴分别实施时期的比较，如表9-5所示：

表9-5　交籴、和籴实施时期一览表

交籴	和籴
（天宝）三载夏季	
（天宝）三载冬季	（天宝）三载冬季（十月）
（天宝）四载春季	（天宝）四载春季（三月）

天宝三载冬季和天宝四载春季时，豆卢军为收购谷物实施了和籴与交籴，是同一时期以不同名称实施的收购活动。那么，此处的交籴究竟是怎样的呢？首先对前文已列史料进行具体讨论。

前举天宝三载冬季交籴的记载中，第1行的数字是5791石2斗4升4合，这是三载冬季交籴的总额，换算钱后为第3行的1575贯905文。详细内容如第4~13行所示，将收购粟、床、青麦、小麦、豌豆分别换算成钱。但其总额还不到三载夏季交籴的一半，可见冬季交籴的规

模较小。冬季的交籴总额5791石余,其中4886石3斗5升5合,如第14~16行所示"准和籴估折,填充交籴匹段本"〔按照和籴购买的谷物价格,(4866石余的交籴谷物)换算成钱再(将此)充当交籴支出绢帛的费用〕。接下来的第19行以下记载收购谷物的种类和数量,此处省略。天宝三载冬季实施交籴谷物时剩余的904石88升9合粟,如第23行"填本外利润,其粟收附同前季利润帐讫"所见,作为交籴支出的绢帛费用以外的利润,记录在会计牒上。就算是交籴,在会计处理上也要按照和籴估(和籴时官方购买谷物的价格)作为谷物价格的标准,也就是交籴支出的绢帛价格换算为和籴估算谷物的价格,如第17行军仓的支粮帐目所载,之外的谷物全部记于第24行的利润帐目。豆卢军仓的支粮帐与之前和籴的会计报告所记军仓的支粮帐目相同,所以登录支粮帐时要以和籴估为登录基准进行处理。支粮帐目记载的是按照和籴而估算交籴时支出绢帛价格所收购的谷物,之外剩余的交籴谷物记录于利润帐目。这样的话,交籴价格必须要比和籴价格低。再次检索会计报告Ⅰ、Ⅱ,可知和籴与交籴时每斗谷物的购买价格均有一定的差额。归纳为表9-6:

表9-6 交籴、和籴收购价格表

谷物种类	交籴的斗价	和籴的斗价
粟	27文	32文
小麦	32文	37文
床	27文	32文
豌豆	29文	34文
青麦	30文	35文

如表所示,交籴与和籴每斗的价格相差5文。从该文书可知,无论是和籴还是交籴,天宝三载冬季(十月)到天宝四载春季(三月),和籴和交籴每斗的价格是固定的。另外,不论是小麦还是粟等谷物,和籴和交籴每斗的价格都有5文的差价。这表明官方在购买谷物的价格上进

行了操作，也就是说，通过和籴价格与交籴价格均等的价格差，无法获取不同时期（季节）谷物市价的变动情况。

因此，这一和籴价格比同时期的交籴价格每斗高出 5 文，如前所论，交籴的会计报告Ⅱ"准和籴估，折填充交籴匹段本"，实际上，若按和籴价格计算的话，如下所见合约 1575 贯 928 文。

	［交籴谷物］（斗）		［和籴价格］（文）		
（粟）	45009.48	×	32	≈	1440303
（床）	171	×	32	≈	5472
（青麦）	2625	×	35	≈	91875
（小麦）	760.7	×	37	≈	28146
（豌豆）	298	×	34	≈	10123
（合计）					1575 贯 928 文

这个总额相当于交籴支出绢帛的费用，这个数字确实与天宝三载冬季进行的交籴总额几乎一致。第二年春季的交籴亦应如此，首先以交籴价格收购谷物，换算时的交籴总额按照每斗多 5 文的和籴价格为标准，换算的谷物记录在支粮帐目，而剩下的谷物记录在利润帐目。另外，如会计报告Ⅰ所见，支度使的监察对象只是和籴谷物的支粮帐目，而利润帐目不在监察范围之内。因此利润帐目是交籴收购谷物的显著特征，关于这一点后文再论。

（2）和籴价格与交籴价格

接下来将涉及和籴与交籴的价格。

天宝年间为了确保每年国库的军粮，各节度使都要支出大量的籴买资金[①]，设置豆卢军的敦煌若没有特别情况，至少于天宝年间每年都会

---

① 《通典》卷 6《食货六·赋税下》（第 111 页）："自开元中及于天宝，开拓边境，多立功勋。每岁军用日增，其费籴米粟则三百六十万匹段……"

实施籴买。敦煌一年的春季（军仓的和籴、交籴）、夏季（军仓的交籴）、秋季（郡州仓的和籴）、冬季（军仓的和籴、交籴）等籴买活动①，至少从冬季到春季，其和籴与交籴的价格是固定的。和籴价格是参照当时的时价而决定的②，《唐 天宝时代（742~756）敦煌郡会计帐》［P. 2862v+P. 2626v〈录〉No. 219，第 481-484 页；《释录》第 1 辑，第 468-478 页］中可见敦煌谷物的时价，和前文所列天宝四载的和籴价格相比，可知和籴价格应是根据时价来决定的（表 9-7）。

表 9-7 和籴收购价格与谷物时价

谷物种类	和籴斗价（天宝四载）	天宝年间的谷物时价（斗价）
粟	32（文）	34（文）
小麦	37	49
床	32	31
豌豆	34	35

大概一年之内根据一次时价决定价格，然后固定下来。开元末的《沙州会计历》［P. 3841v〈录〉《籍帐》No. 164，第 370-373 页；《释录》第 1 辑，第 415-425 页］可见，秋季纳入州仓的和籴在实施时，旧和籴价格与新和籴价格是交替的，大概是由谷价（敦煌主要的和籴谷物是粟）最便宜的秋季时价来决定和籴价格，至冬季和第二年春季的价格应是固定的。比起和籴价格，交籴时粟麦的价格每斗均少 5 文。因此，和籴价格是根据时价的多少来决定，暂且不说冬季、春季的交籴，

---

① 本书所举文书之外，还有《唐 天宝九载八月~九月敦煌郡仓纳谷牒》［P. 2803v〈录〉《籍帐》No. 215，第 472-477 页；《释录》第 1 辑，第 445-462 页］。

② 在唐代各种史料中所见的和籴，籴买价格一般要比时价高，依笔者来看，和籴主要是因丰稔谷贱而实施的救农措施，如天宝年间的敦煌，为了确保豆卢军的军粮，每年进行和籴时其价格没有必要在时价之上。和籴时是否增加时价，与当时粟每斗 15 文的官定价格密切相关，关于这一点他日再论。

对于一般的百姓,就连和籴对他们也是不利的。但在实施和籴时,从文书(大谷2836号)依然可见沙州8世纪初敦煌百姓们对此活动翘首以待的情景。因为和籴对于敦煌百姓来说,是从唐朝内地得到具有通货功能的绢绵的重要时机。

(3)交籴的性质

前文豆卢军同时实施和籴与交籴时,可见交籴的价格与和籴价格相比每斗少5文。那么,交籴具体以何种对象来购买谷物呢?幸运的是,在P.3348v《唐 豆卢军军仓收纳籴粟麦牒》中留存有相应交籴者的名字。此处列举一例如下[〈录〉《籍帐》No.213B,第470-471页;《释录》第1辑,第440页]:

1 　粟柒拾硕。小麦叁拾硕。———
2 　牒,重进今有前件斛斗,请充交籴。谨牒。
3 　　　　　天宝六载十二月　日,行客常重进牒。
4 　"付仓检纳,元感
5 　示。十四日。"

上引文书是天宝六载十二月行客常重进请求将70石粟和30石小麦充当交籴的申请书,豆卢军使"元感"命军仓"付仓检纳"。《豆卢军军仓收纳籴粟麦牒》中粘贴有很多这样的文书,共有13名交籴者的名字,还标明了他们的身份是百姓或是行客。这13名交籴者中有9名是行客,百姓提交谷物数量为50石~100石,而行客提交的谷物数量为50石~200石。从《豆卢军军仓收纳籴粟麦牒》可知,交籴的主要对象是行客。关于百姓,公文书上通常会标明为百姓,从省略所属州县名称来看,百姓肯定是豆卢军所在地沙州的百姓。如池田温所指出[①],从这些百姓的姓氏(张、宋、氾等诸姓)与敦煌当地有势力的豪族同姓,从收购的谷物数量可推测这些百姓具有很强的影响力。关于交籴主要对象行客,如前所论,

---

① 池田1980,第325页(收入池田2003,第157页)。

行客是指离开原籍长途移动的客籍人,虽不能把这些人直接和商人联系在一起,但从他们提交谷物的数量来看,这些行客无疑是以商利为目的而进行活动。其中交籴的行客康仁希很可能是粟特人①。

与和籴一样,这些行客或敦煌有势力的百姓,很明显也是交籴的对象,交籴的价格与和籴相比每斗少5文。这种谷物收购活动是对行客和有势力的百姓实施的,即使交籴的价格较低,行客也很有可能会从中获取相应的利益。

接下来,可以继续从以下三点深入探讨。

第一,关于交籴,交籴时可以预付绢帛,之后再交纳谷物。前引《唐豆卢军军仓收纳籴粟麦牒》之后有如下记载〔〈录〉《籍帐》No. 213B,第 471 页;《释录》第 1 辑,第 442 页〕:

1　　右重进等,各请上件交籴斛斗,望请预付匹段。
2　　其斛斗,限日填纳。谨连判状如前,请处分。
3　　牒,件状如前,谨牒。
4　　　　　　　　天宝六载十二月　日　行客常重进等牒。
5　　　　　　　　　　　　　　　　　　　行客曹庭训
6　　"付判准状,元感
7　　示。　　　　　十七日。"

（后略）

这是行客常重进等人在提交交籴谷物时,请求预先支付绢帛,限期之内再将谷物交纳于军仓,最后官方同意其请求。这位行客提交谷物的日期虽不明确,但贸易活动盛行时沙州绿洲土地税一月的利息为一成②,这样的话,行客们得到预先支付交籴的绢帛,就可获得利润。另外,这个收购方法表明豆卢军和这些行客之间的关系密切,这些行客和

---

① 池田氏认为康仁希所押的朱迹不是汉字,看起来像粟特文字的简写。池田 1980,第 340 页注 (94)（收入池田 2003,第 177 页）。

② 池田 1973,第 69 页。

百姓的籍贯很可能都隶属于沙州。

第二，从行客的特征来看，他们交纳的谷物应是在谷价便宜的地方大量收购的①。如果他们实施长途高效的运输，可以在敦煌之外收购低价的谷物再运输回来。从广德二年（764）②《河西节度使判集》[P.2492〈录〉《籍帐》No.236，第494页；〈图〉《释录》第2辑，第620页] 可见，绿洲间商贾们的谷物交易非常盛行，如下所示：

1　肃州请闭籴不许，甘州交易。
2　邻德不孤，大义斯在。边城克守，小利须通。岂唯甘、肃比
3　州，抑亦人烟接武。见危自可奔救，闭籴岂曰能贤。商贾
4　往来，请无壅塞。粟麦交易，自合通流。准状。仍牓军州，
5　切勒捉搦。少有宽许，当按刑书。

不允许肃州闭籴（禁止通过商贾购买谷物），关于与甘州交易的请求，河西节度使的判辞为"岂唯甘、肃比州，抑亦人烟接武。见危自可奔救，闭籴岂曰能贤。商贾往来，请无壅塞。粟麦交易，自合通流。准状"。由此可知，相邻绿洲之间的粟麦是流通的，虽然主要是通过商贾盈利的交易方式，但对于谷物不足的绿洲来说是重要的补给途径。通过《河西节度使判集》可知，甘州是支撑河西谷物的重要屯田基地，地产丰饶且谷价较低③，所以8世纪后期，肃州也不得不依赖其输入的谷物。

商人从地产丰饶的绿洲收购廉价的谷物再运往其他绿洲，这种现象非常常见，北庭与吐鲁番（西州）也有同样的现象。如天宝二年（743）《交河郡市估案》[大谷3072〈录〉《籍帐》No.210，第447页；《集成》第2卷，第16页；〈图〉《集成》第2卷，图版14] 有载：

---

① 池田1980，第325页（收入池田2003，第157页）。
② 菊池1980A，第183页。
③ 《册府元龟》卷503《邦计部·屯田门》（第6036页）载："（郭）元振令甘州刺史李汉通开置屯田，尽其水陆之利。旧凉州粟麦斛至数千。及汉通收率之后，数年丰稔。遂斛至数十钱。积军粮可支数十年。"可知甘州屯田的增设给凉州的谷价带来巨大的影响。

1　米面行
2　白面壹斗　　上直钱叁拾捌文　次叁拾柒文　下叁拾陆文
　　　　　　　　（次）
3　北庭面壹斗　上直钱叁拾伍文　[

池田温认为该文书是天宝二年交河郡（吐鲁番）的市估案，也就是说，官员参照市场时价而决定的官方定价，都是当时最合适的价格，可信度高①。每行都记载着物品的价格，从其中所载的米面行可见，吐鲁番不仅买卖白面，还生产白面。比起吐鲁番所产的白面，北庭所产面的价格每斗少3文。如池田氏所指出②，即使是因为品质而造成的差价，在当时高效的谷物输送条件下，北庭并非因为屯田较多而谷物充裕③，很可能是大量贩卖的商人，使得北庭的面顺畅地流通。

敦煌没有开垦屯田，设置的豆卢军又需要大量的谷物，所以要从屯田规模较大且谷物充裕的地方收购廉价的谷物，再通过行客、百姓输入敦煌。另外，如前所述交籴的百姓应是敦煌的百姓，他们为了交籴积极地对"外"交流。

第三，前举《唐 开元二十一年（733）西州都督府案卷为勘给过所事》[73TAM509：8/21（a）之一，8/15（a）之一〈录〉《文书》第9册，第61-62、65-67页，程喜霖2000，第67-70页；〈图〉《图文》第4册，第291、294-295页]可见蒋化明为官方、军方购买谷物（籴买），因此给他发放通行证的过所。西域发放的过所，如前所述对于交通来说非常重要，对开展贸易活动来说也是不可或缺的。过所的发放是交籴活动的保障，这一点另章再论。

---

① 池田1968（一）。
② 池田1968（二），第49、54页注（3）。
③ 通过《唐年代未详伊吾军纳粮牒》[〈录〉《籍帐》No.170，第379页]可知，北庭产的粮米运输至伊吾军仓、伊州仓。另外，《唐 开元二十一年（733）正月二月北庭 蒋化明辩及判案》[〈录〉《籍帐》No.161，第367-368页]记载，北庭子将郭琳派遣作人蒋化明到伊州收购和籴谷物。

第 9 章　唐朝向河西、西域运送军需物资与商人　|　457

　　从以上所举三点来看，比起和籴，即使交籴的价格更加不利①，行客、百姓们也会接受，并很有可能从中获利。交籴收购的谷物分别记为和籴估换算的支粮帐目和利润帐目，这是因为交籴与支度使监察的和籴不同，交籴是军方和谋求商利者进行的交易，可以获取廉价的谷物。此处需要讨论的是，交籴的谷物是籴买州之外生产的，而和籴的谷物是籴买州之内生产的。在敦煌，沙州（敦煌郡）与豆卢军一同和籴，但和籴百姓每人所交纳谷物的数量非常少（P.2803v）。

　　综上讨论可知，迟至 8 世纪的开元、天宝年间，为了确保各绿洲驻屯军镇的军粮，保证州（郡）仓储存谷物的补给（对馆和厩等的补给），开始从唐朝内地运输绢帛来购买谷物，P.3348v 文书记载实施交籴与和籴的活动。无论和籴各种谷物的价格如何，交籴与和籴价格相比，所有谷物一律每斗少 5 文。和籴以一般百姓为对象，交籴的对象与其不同，主要是以经济上有优势的行客和有影响力的百姓为主。如前所述，行客以客商为主，由于他们的积极往来，交籴时才可以收购"外"部廉价的谷物②。

　　这样，为了确保绿洲驻屯军镇和州（郡）的粮食，通过行客和百姓从唐朝内地运输的庸调绢绵为资金，再依靠本地的行客和有影响力的百姓实施籴买。这正是西域"官方"和客商之间密切联系的象征。

---

　　①　《唐 天宝六载（747）十一月河西 豆卢军军仓收纳籴粟牒》［P.3348v〈录〉《籍帐》No.213A，第 467-468 页；《释录》第 1 辑，第 435 页］中，行客任哲子交籴谷物时，每斗粟交纳 21 文，如前所示，天宝年间的谷物时价（斗价），每斗粟 21 文在敦煌是很便宜的价格。

　　②　只有一例（曹庭训），虽然人物相同，但其身份不只是行客，同时还是兵客。《唐 天宝六载（747）十二月河西 豆卢军军仓收纳籴粟牒》［P.3348v〈录〉《籍帐》No.213B，第 471 页；〈图〉《法藏》第 23 卷，第 269 页］。《释录》（《释录》第 1 辑，第 441 页）的录文中，未录作"兵客"，而录为"行客"。通过对该文书原件的考察，无疑应录为"兵客"。这表明交籴行客的身份并不完全是商人，离开原籍的士兵往来于各地，也像商人一样活动。这种交籴与中原商人的关系，成为后世各种和籴法的萌芽。

第10章　唐朝的统治与贸易、经济环境的变动

1　过所的发放与商队贸易

最后，在前面研究内容的基础上，重新探讨唐朝的统治给中亚带来了什么，也就是重新来讨论唐朝给中亚带来了什么变化。

首先，最引人注目的是，一直以来诸多游牧集团派遣的商队吸收了集团内外的大量粟特商人，在保证他们顺利通行的同时，还将他们招徕至财源之地绿洲国家，但这种体制在唐朝的统治下完全瓦解。换言之，本书第一部中所述的游牧国家和绿洲国家间互利共生的关系被打上了休止符。唐朝在绿洲国家和游牧部落设置羁縻都督府、州的同时，贯通连接国都和各州府之间的驿道（汉道），并在主要绿洲（吉木萨尔、吐鲁番和安西四镇的绿洲）构建唐朝官方给粟特商人发放过所并允许其往来于驿道（汉道）的体制。

接下来，从中亚绿洲、游牧民族来看唐朝对该地区交通和贸易的一元化管理，其中只有通过获取过所才能拥有组建商队的资格。因此，为了从事贸易活动，需要利用各种方法与手段获得唐朝官府发放的过所，以获得组建商队的资格。西突厥时期，中亚的长途贸易者主要是粟特商人。随着唐朝交通体系的不断完善，也开始有汉族商人活动于中亚的长途贸易之中。

第 10 章　唐朝的统治与贸易、经济环境的变动

唐朝交通体制中重要的过所，在唐朝之前就作为通行证使用。《三国志》卷 16《魏书·仓慈传》（第 512 页，《魏略·仓慈传》）记载了过所及其功能：

> 仓慈字孝仁，淮南人也。始为郡吏。……太和中，迁敦煌太守。郡在西陲，以丧乱隔绝，旷无太守二十岁，大姓雄张，遂以为俗。前太守尹奉等，循故而已，无所匡革。慈到，抑挫权右，抚恤贫羸，甚得其理。……又常曰，西域杂胡欲来贡献，而诸豪族多逆断绝。既与贸迁，欺诈侮易，多不得分明。胡常怨望。慈皆劳之，欲诣洛者，为封过所，欲从郡还者，官为平取，辄以府见物与共交市，使吏民护送道路。由是民夷翕然称其德惠。

从这条史料可知，三国魏时的敦煌太守仓慈为西域的"杂胡"发放过所。这里需要确认的是，通过发放通行证来保证从敦煌至洛阳的长途移动是唐廷赋予敦煌太守的权力，这个通行证就是过所。从这一点来看，国家给粟特人等客商发放的过所，不受各州郡当地富户（大姓）的干扰，可以确保国家长途通行的安全。唐朝对中亚的统治，在构建和完善驿道（汉道）的同时，还保证充分地发挥过所的职能。

唐朝这种交通体制，不仅在天山以南的绿洲，而且安西四镇之一的碎叶镇也陆续设置，在天山以北的草原地带也有所完善。天山以北的游牧势力兴盛时，必然会阻碍唐朝草原之路的交通体制。在吉木萨尔（北庭都护府）设置的军镇，如前［第 6 章第 1 节（2）］所见，这一带东西两侧的军事设施皆有完善。唐朝略占优势时，对游牧国家派遣商队经草原之路的交通产生了很大的阻碍。特别是吉木萨尔作为草原之路重要的贸易据点[①]，周边的游牧集团在唐朝势力与游牧国家之间左右摇摆。

[①] 裴伷先前往北庭，通过贸易获得了巨额财富，从其传文可知北庭（吉木萨尔）是个重要的贸易据点。伊瀬 1955，第 470-471 页；森安 2007A，第 269-270 页。

因此，游牧国家围绕绿洲与唐朝展开了激烈的反复争夺①。

唐朝掌管商业活动后，废除了通行税等商税②，还为外来粟特商人设定了兴胡的身份，使其隶属于州县。兴胡和唐朝内地的行客（汉人和粟特人）③均附籍于各州县，并作为课税（征收课税）对象，在此基础上构建由州府发放过所的体制。

取得过所是依靠国家体制而获得移动的保障，持有过所的粟特商人不仅可以安全往来于国家管理下的驿道（汉道），还可以在所经州府的都市顺利贸易并继续前行。当然，经常有不遵循国家交通体制而非法活动的商人。

西突厥统治时期由游牧国家主导交通与商队贸易，转入唐朝管辖后，粟特商人和汉族商人都要通过国家发放的过所才能顺利地长途移动。对于这些长途移动进行商贸活动的客商来说，主要问题是商队往来路线的安全，以及在各都市的贸易据点进行贸易并顺利通行，而这些在唐朝的统治下都能得到保证。

其中索格底亚那的外来商人在东方的贸易活动，通过驿道（汉道）和过所可与唐朝国都直接相连，外来粟特商人中的兴胡以长安周边为据点进行活动，故唐朝内地至中亚频繁的贸易活动是随着行客的活跃而展开的。

如前所述，唐朝过所不仅发给兴胡、行客，也发给州县的百姓，保证他们长途移动。在"律令制统治"盛行的唐朝前期，以律令统治为原则，在"原籍主义"的基础上，定期给直辖州县编户的百姓制作籍帐，极力限制他们的移动。这种原籍主义在唐朝前期不只是一条具文，

---

① 游牧国家和唐朝围绕北庭（吉木萨尔）的争夺，参内藤みどり1995；内藤みどり2000。

② 唐朝前期，除了部分例外，均未设商税（通过税、买卖税等）。参青山1963，第134-135页。关于唐朝商税以往的研究成果，参胡戟、张弓等2002，第383-384页。

③ 这些行客，并不是唐高宗时期之后进入中国的外来粟特人，而主要是之前就居住在中国的非百姓粟特人。

如前［第8章第6节（2）］可见，州县为百姓发放过所时要对其进行严格的审查，如此，只有合法的百姓才能离开乡里。当百姓有合法理由时，可以视为过所的发放对象。如阿斯塔那古墓509号出土吐鲁番文书［第8章第6节（2）］，除了随兵役到前线时会发放过所，另外发给百姓过所的还有以下四种情况：①兵募到前线后，从驻屯地归还时；②被雇佣为作人运输军需物资后，从运输目的地返还时；③因归葬而移动时；④因和籴而移动时。百姓可以通过各种时机取得过所。如前所论，尤其是8世纪以后大量的税物（庸调绢）运往西域，充当籴买资金来保证购买所需的大量谷物，此时的百姓经常可以通过运输官方物资而取得过所。

当百姓作为商人因私自贸易而移动时，官府也会为其发放过所，如前文西州百姓粟特人石染典因贸易离开原籍。但石染典身为百姓的同时，还有游击将军（从五品上）这一武散官的身份。故他向官府提出的申请书，不是白丁身份的百姓所用的辞，而是官吏用的牒。通过《新唐书》卷50《兵志》（第1338页）可知，8世纪前期羁縻州百姓的粟特人，可以用钱物买得散官。随着律令制的松弛，不少粟特人百姓都可以买得散官官职，大概他们是以官员的身份来获取过所的。

粟特卜聚落中有许多人从事商业活动，不可否认，在唐朝律令统治初期，限制人们离开本州籍贯的自由贸易活动，但随着律令制的松弛，粟特人聚落的百姓通过买得散官来获取过所，在此基础上进一步展开贸易活动。

此外，在西州高昌县麹嘉琰申请往来于西州府和陇右道临洮军之间的过所中，他既是该州县中属于最高等级的六等（中下）户的百姓，同时还有"陇右别敕行官、前镇副"的官衔①。行官即"向各地传达节

---

① 第8章第6节已论，《唐 开元二十一年（733）西州高昌县为申麹嘉琰请过所所由具状上事》［〈录〉《文书》第9册，第56-58页；〈图〉《图文》第4册，第285-288页］。

度使巡视和命令的下级官员"①，麹嘉琰担任的是陇右节度使的行官。即便如此，在离开本州府籍贯取得过所之时，因为身为百姓，还是要经过对诸多相关人员严格审问等繁琐的程序［第8章第6节（2）］。

另外，往来于西州府和陇右道临洮军之间的麹嘉琰，身为行官很可能参与了军需物资的运输，除了该行官，前文中军镇高官的侍者别奏也参与了军需物资的运输。百姓本身虽不是官员，但可带有官衔，如前所见，粟特人可以担任别奏，和兴胡一起组建商队共同活动。

虽缺乏明确的证据，但白丁百姓因私自贸易可以获得公验［第8章第6节（2）］，那么，是否也可以如此轻易地获得过所呢？如前所述，唐朝前期律令统治全盛之时，严格限制百姓离开原籍，很难想象在这种情况下白丁可以轻易地获得过所。如前所示，为百姓发放过所时，多与官（军）需物资的运输相关，或者利用这样的机会可以被任命为行官、别奏，或带有散官的某种身份。

特别是行官和别奏（军官的随从）在各地移动时，会为其发放"公用"的"递牒"［第8章第2~4节］，在此基础上赋予其使用官方交通设施的权力。如前所指，别奏通过州牒（递牒）可以在馆中获取"停料"（给使者的津贴或报酬）等往来于各地。

百姓戴着"游击将军"这种散官头衔移动，即使是"私用"的移动，也会因官员身份获得其使用官方交通设施的权利［第8章第6节（2）］。

与百姓相对，行客的研究资料虽然较少，但交籴运输谷物时，行客作为行纲的驮主而从事运输［第9章第3节（3）］。他们也有官职②，所以也可以使用官方的交通设施。

唐朝统治下，行纲的驮主及行官、别奏组织的商队，每个季节都会

---

① 小野1969，第269页。关于行官，详参中村1976，第194-195页；荒川1997A，第6页。

② 行客获得官职的例子，参姜伯勤1989，第279页。

在军镇购买谷物,频繁地往来于河西、西域之间的驿道(汉道),以保证军需物资的运输,并由百姓和行客负责。关于此点,兴胡与百姓、行客不同,至今未见其获官职、被官方直接雇佣负责公务的例子。其与唐代官方下层相连,得到了有形无形的恩惠和权限,可将其从官员的行列排除。同为粟特人,唐朝的行客、百姓对唐朝在世界的活动起到了有力的推动作用,而兴胡仅仅是唐朝掌管下从外蕃地域流入的外国商人。但从事实来看,担任别奏的粟特人和商队共同活动,还和百姓一同充当作人[被雇佣者,参第6章第2节(3)第306页注③],这从《唐 开元年间讯案为兴胡作人事》[Дx.02826〈录〉陈国灿2005,第110页;〈图〉《俄藏》第10册,第78页]中可得到确认。后者中,虽不能明确是谁雇佣的作人,但根据不同的情况,兴胡也可以巧妙地享有官方交通设施的恩惠和特殊待遇。

唐代西域商队所取得的过所中,除了携带奴婢和马、驴、驼之外,还有很多带有作人的例子。8世纪唐朝统治下的实例,可归纳如表10-1:

表10-1　商队的构成(8世纪,吐鲁番绿洲)

①石染典	作人/康禄山、石怒忿	奴/移多地 驴/10头
②米巡职 (30岁)		奴/哥多弥施(15岁) 婢/娑匐(12岁) 驼/1头(雄,8岁) 羊/15口
③康尾义罗施 (30岁)	作人/曹伏磨	婢/可婢支 驴/3头 马/1匹
④吐火罗拂延 (30岁)		奴/突蜜,割逻吉 驴/3头

（续表）

⑤吐火罗磨色多		奴/莫贺咄 婢/颉，某 驼/2 头 驴/5 头
⑥何胡数剌	作人/曹延那	驴/3 头
⑦康纥槎	儿子/射鼻，浮你了 作人/曹野那，安莫延，康〔　〕	婢/桃叶 驴/12 头
⑧麹嘉琰	儿子/清（16 岁） 作人/王贞子（26 岁），骆敬仙（23 岁）	奴/乌鸡（12 岁） 婢/千年（13 岁） 驴/10 头 马/1 匹
⑨唐益谦，薛（18 岁）	儿子/意奴（31 岁） 作人/段洪（35 岁）	奴/典信（26 岁） 　归命（21 岁） 　捧鞭（22 岁） 逐马（18 岁） 婢/春儿（20 岁） 绿珠（13 岁） 失满儿（14 岁） 马/8 匹（2~9 岁） 驴/5 头（8 岁）

如前所见，这些作人是被雇佣者①，从前揭麹嘉琰过所文书明确可知，作人的身份为百姓。也就是说，就算不给他们发放过所，作人也可以离开原籍进行长途移动。过所发放给"有官位的百姓、行客、兴胡"，而白丁百姓通过参加其组建的商队，即使不能获得过所也可以移动。

如前所见，同样是白丁百姓，若参与军需物资的运输，几乎都可以获得过所。给百姓发放过所的情况，如前文②中所示，从凉州到安西

---

① 参程喜霖 1990C，第 442-453 页（收入程喜霖 2000，第 269-279 页）。

（库车）输送庸调绢后，为输送队实际的首领驮主所雇佣的每位作人都发放从输送地安西（库车）归还原籍的过所。值得注意的是，取得过所的作人，从安西（库车）到西州府（吐鲁番）的路程，花费约两个多月的时间（八月二十九日~十一月十日），这一期间他们可以积极地展开营利活动，并允许作人在驿道（汉道）的交通设施中进行治疗和休养［第7章第3节（2）（3）］①。

当然在运输官方物资时，不能否定雇佣时有强制征发的情况，《唐大诏令集》卷86《光启三年（887）七月德音》（第493页）（《全唐文》卷89僖宗，第926页）中记载：

> （前略）江淮商贾，业在舟船。如闻近日官中，掳借甚苦。或倾夺以充运米。或题关以备载军。非理滞留，散失财货。州县虽云和雇，商人焉敢请钱。本求锥刀，翻成损折。纵有冤屈，岂能申论。道路怨嗟，莫甚于此。自今以后，委所在长吏切加禁断。（后略）

虽然时代、地域、雇佣状况不同，但也是官方对雇佣的一种态度。不管是官方物资运输队的驮主，还是被雇佣的作人，虽然不能保证可以获得佣金，但吸引他们加入的原因，是因为参加官方物资运输队就可以获取过所。输送官方物资后，返途中可通过递牒利用官方交通设施而移动。如前所示，归途中若持有过所还可以在驿道（汉道）的交通设施中治疗和休养。驮主、作人参加官方物资运输队，完成任务后，不仅可以保证他们组织商队的权利，还可以获得官方交通的特殊优待与补给。

如上所述，为了在当地从事贸易，可利用各种各样的方法、手段来获取过所，得到组建商队的机会，并以多种形态构建与唐朝"官方"

---

① 郭平梁1986，第138页；荒川1992A，第44页。但须留意的是，患病者可以在交通设施中的"车坊"疗养。过所的发放对象，名义上是"行纲"运输队的"作人"，如前推测［第9章第2节］，这种运输队的马、车牛和车夫均可停留在途中的"车坊"。

之间"互助合作"的关系。特别需要注意的是，唐朝的"官"和"百姓"也形成了互利关系。换言之，不只是"兴胡"、"行客"，"百姓"也可以利用唐朝的交通体制获得长途贸易的多种机会。

如前所述，实行检括客户时，存在没有过所非法离开原籍的人，实际上这种非法移动者的数量有很多。但是，这种移动无疑缺少安定性和持续性，特别是与中亚地区的往来，要通过与绿洲中设置的馆和军事机构等相连接的驿道（汉道），而没有过所的非法移动是很困难的，所以商队在绿洲间的移动必须要获取过所。

前文已述，粟特人不仅仅有兴胡，还有附籍于州县的百姓、行客，但这不能说明直辖州县完全掌控了粟特人。粟特人还居住在和田（于阗）、库车（龟兹）、喀喇沙尔（焉耆）、喀什（疏勒）等羁縻都督府、州①，于阗、库车等地也承认其行客、百姓的身份②。其详细情况留待今后研究，居住在绿洲的粟特人很可能也带有同样的身份，但在他们移动时必须获取过所。

至今对过所的认识，仅限于管理和检查往来的通行证，但特别要注意的是，给西域商队发放过所是对其组建商队权利的认可。

唐帝国对中亚的政治统治，意味着羁縻府州辖区内交通和贸易的管理权完全隶属于唐朝，其标志是过所和驿道（汉道）。为了进一步控制

---

① 荣新江1993A；2005。前引文书中也记载到哈拉和卓的"曹不那遮"[第7章第2节]之人名。

② 在唐代的于阗绿洲，"百姓"这个汉语，收入于阗语并转写为 pa'kisina。吉田2006，第122、158页注（41）。另外，库车都勒都尔·阿护尔出土的伯希和所获汉文文书经常可见"行客"一词 [Trombert 2000, pp. 63（No. 33），69（No. 47），74（No. 58），84（No. 86），100（No. 115）]。特别是第84页所载 No. 86文书，明确库车地区存有行客。参姜伯勤1989，第281、288页。另外，姜伯勤指出焉耆也有行客。姜伯勤1989，第285-286页。于阗出土的契约文书 [《唐建中七年（786）七月廿日苏门悌举钱契》Or. 6407, TTD Ⅲ（A），第77页；（B），第39页] 载有于阗人"□□村黄客"的苏门悌，是 Or. 6394/1 中的 haru（商人），其身份"黄客"很有可能是"行客"。参吉田2006，第133页。

人们，还设定了兴胡、行客、百姓等身份。通行证成为组建商队的保证，这表明至此原本由游牧国家所掌握的中亚商队贸易的主导权，至少塔里木盆地周边绿洲地带贸易的重要据点，已完全隶属于唐朝。

唐朝对交通、贸易进行一元化管理，在其基础上通过驿道（汉道）和发放过所，向西域运输庸调绢作为军需物资及交通经费，维持当地官方物资的调动。另一方面，中亚通过驿道（汉道）和过所维系的长途贸易，不仅可以保障兴胡、行客，也可以保障百姓长途贸易的安全与高效。

如本书第一部所论，在唐朝进入中亚之前，西突厥统治该地区，此时掌握商队长途贸易主导权的是游牧国家的可汗及其亲属，还有组成游牧国家的各种游牧集团。另外，绿洲国家各自管理境内的交通和贸易权，并在此基础上迎送游牧集团的商队，同时也派遣自己的商队。

唐朝统治中亚后，夺取了游牧势力的财政来源，即向塔里木盆地周边绿洲地带组织和派遣商队的主导权。这样，中亚游牧国家之前往来于绿洲的商队，不得不改为前往国境线上的互市。如第6章第1节（3）所论，至此游牧国家的一些游牧集团也纳入羁縻府、州的统治，并在唐中央、州府的政治统属之下，向唐朝统治的绿洲派遣商队（使节），获得所"赐"的庸调绢。唐朝在天山以北的草原之路也设置了军事机构和馆［第6章第1节（2）］，目的是掌控原由游牧国家控制的交通路线。唐朝和游牧势力反复争夺草原之路的主导权，即使唐朝设置的碎叶镇和碎叶路使得游牧国家的势力一时衰退，但唐朝掌控草原之路交通、贸易主导权的时间也可以说是昙花一现。

2　中亚与唐朝的货币流通

如前所见，军需物资和交通经费的庸调绢（练、生绢、绝等）的运输，是唐朝内地和西域间规模很大的物资流动。以凉州府作为中转地，在"行纲"（官方物资输送的监督官）的监督下，通过驿道（汉道）把庸调绢送至西域，但这种长途运输实质上依靠的是客商（行客）的驮主及其雇佣的作人（百姓或兴胡）。

每年运往西北地区的庸调绢等官方补给物资数额庞大，玄宗时期每年可达300万匹端，这使得西域完全融入唐朝绢的流通圈中。不用说，这给当时的西域经济和商队贸易带来巨大的影响。但当时流通的庸调绢不只是绢，故此处重新讨论唐代绢的类别以及各自的特性。

（1）地方州府"市"中的商品绢

在唐朝统治下的各州境内，买卖各种商品的场所设置了"市"，其中每种商品都设有"行"，每行聚集买卖同类商品的商人进行贸易。但关于唐朝州"市"中各行的名称，除了长安、洛阳之外，可以明确的就只有西州（今吐鲁番）和幽州（今北京附近）一带的"市"。

而且，这两州的"市"中均有绢织物的"行"。首先从吐鲁番文书［《唐 天宝二年（743）交河郡市估案》《籍帐》，第447-462页］中可见，西州（吐鲁番）的"市"设置了"帛练行"，在那里买卖的绢织物以大练、小练为主，及绝、生绢、缦。由此可知，帛练就是大练、小练、绝、生绢、缦等的总称。通过帛练之名可以推测其以练（练绢）为主。与帛练行同时分别设立的还有"彩帛行"，买卖绫、纱、绮等高级绢织物。由此可知，帛练不是高级丝织品而是广泛流通的"普通"丝织品。而且，这里的绢织物与其他"行"不同，还买卖绵、丝等商品［参《籍帐》，第449、459页；片山2009，第321、327-329页］。这在其他地区也是如此，如《房山云居寺石经题记》明确记载幽州周边地区有"彩帛行"和"（小）绢行""丝绵行"［参日野1983，第276-277页；土肥1995，第750-763页；森部2002，第30-31页］。与"彩帛行"不同的"绢行"的"绢"，如前［第9章第3节］所论是除了绝以外大练、小练、生绢、缦的总称。换言之，绢行和帛练行一样，买卖的都是普通的绢织物。

综上，关于地方州府"市"中绢织物的"行"可分为以下三种：

① "彩帛行"——绫、纱、绮等高级绢织物

② "帛练行"或"绢行"——大练、小练、生绢、绝、缦等普通绢织物

③ "丝绵行"等——丝绢、纯绵

通览这些绢的种类，不难发现完全没有锦这种绢织物。即便在①高级绢织物的"彩帛行"，也没有锦的痕迹。可能锦和彩帛原本就属于不同的种类。

由此可知，唐朝生产的锦在地方州府中的"市"中很难买到。换言之，唐锦或是皇帝的赐品，或者只能在京城的"市"才能买到，除了部分州例外，基本上只能在京城才能得到这种最高级的绢织物。

（2）4 种绢

唐朝像西州这样不产绢的边疆地区究竟怎样对绢进行分类呢①？至今还没有讨论，但在前节讨论的基础上，西州的绢可分为以下四组：

①锦组；②彩帛组（绫、纱、绮等）；③帛练、绢组（练、生绢、绝、缦）；④丝、绵组。

如前所见，其中①可从京城获得，像西州这样的地方州府，很少能买到商人从京城长途带来的唐锦，而地方州府的"市"也很难买到锦。锦或是特别赠答之物，或是高级商品。因此，吐鲁番文书记载买卖锦时，需要制作特别的契约文书。锦若是皇帝下赐的贵重绢织物，也是理所应当的。

②③④是州府市场上平常就可以买到的绢。但是，②在西州的市场具体以尺（约 30 厘米）为单位买卖，买卖的标准较为精细。④中的丝以两（约 37 克）为单位，但交易的数量很少。比起制作衣服，多用于装饰。

---

① 西州时期的吐鲁番不生产绢，关于此观点另稿再述。荒川 1994，第 57 页。参池田 1968，第 54 页（5）。

③在西州的市场以匹（12 米）为单位买卖，显然这是制衣服的布匹。另外，④中的绵以屯（约 220 克）为单位交易，是制衣所用的绵。

(3) 唐代的绢和帛练、绵

如前所见③中的帛练、绢组和④中的丝、绵组的纯绵，都用于衣料，实际上除了③以外，从敦煌、吐鲁番文书可知④中的纯绵也具有商品货币的职能。前文所列《<u>唐 天宝四载（745）河西 豆卢军</u>和籴、交籴会计牒》[P.3348v〈录〉《籍帐》No. 211B，第 464 页；《释录》第 1 辑，第 429 页] 有如下记载：

2　　合当军<u>天宝四载</u>和籴，准　　旨支贰万段，出<u>武</u>

3　　<u>威</u>郡，准估折请得绁绢练绵等，总壹万

4　　肆阡陆伯柒拾捌屯匹叁丈伍尺肆寸壹拾铢。

5　　　　　　伍阡陆伯匹，<u>大生绢</u>。

6　　　　　　伍伯伍拾匹，<u>河南府</u>绁。

7　　　　　　贰伯柒拾匹，<u>缦绯</u>。

8　　　　　　贰伯柒拾匹，<u>缦绿</u>。

9　　　　　　壹阡玖伯贰拾柒屯壹拾铢，<u>大绵</u>。

10　　　　　壹阡柒伯匹，<u>陕郡</u>绁。

11　　　　　肆阡叁伯陆拾壹匹叁丈伍尺肆寸，<u>大练</u>。

如前所指，该文书是天宝四载（745）敦煌豆卢军在和籴与交籴时制作会计报告的一部分。由此可知，为了确保天宝四载豆卢军军粮的和籴，从武威郡（凉州都督府）支出了 2 万段布。但是，豆卢军以布估（布的价格）为准折成绁、（生）绢、练、绵等，将之纳入豆卢军的军仓。

这份会计报告（P.3348v）所列的绁、（生）绢、练、绵，是运送给敦煌豆卢军的和籴费用，如前所见，敦煌郡（沙州）的会计文书和西州的官方定价文书中也有记载。

另外，有邻馆所藏文书（No.5）记载了补给士兵的练和绵：

（前缺）

1　　　]□□□□□[
2　　　]三匹。遂被前二典请练二匹、绵二屯，将入既用。迄今两
3　　　]推不与。思泰昨后请赐，只得练一匹、绵一屯。思泰兵
4　　　]日在外役，赐被此人隐没将用。请乞推问兵儿。庶有
5　　　]济。谨辞。

（后缺）

该文书是士兵思泰的"辞"，和有邻馆所藏其他文书相联系，可判断其撰写时间为开元年间。虽不能准确释读文书的内容，但可明确思泰请求给予的赐物是练和绵。由此可见，给驻军的补给应是练和绵。

以上史料所载绢的种类各自不同，但大致可总结出绢织物种类之间的共同特点。特别是西州官方定价文书中的绢织物，在西州"市"中作为商品进行交易。凉州储存的庸调绢织物，不仅充当军需物资运往敦煌，还运往西州（吐鲁番）。这样考虑的话，运送至吐鲁番的庸调练、生绢、纯、缦和绵，为驻军购买谷物、军马和其他必需品，并用于将士补给、衣料等支出，也流入民间的交易市场。可见，通过官员、军队、士兵，③中的练、生绢、纯、缦和④中的绵在当地大量流通，除了充当织物还具备商品货币的职能。

（4）商品货币的流通

如前所述，运往西域的大量绢绵，为驻屯军队收购谷物、军马及其他必需品，还用于将士补给、衣料等支出，当然这些绢绵都会流向民间。如表10-2所示，值得注意的是吐鲁番文书中关于宅舍、家畜、奴隶等买卖和"钱物"的借贷，都会使用绢绵中的练来结算，并当作"钱物"使用①。

---

① 练有大练和小练。现存的买卖契约中，有使用大练进行人畜交易的记载。

另外，以练为主的绢织物还流入了北方草原地区，如下举文书《唐开元十六年（728）末庭州 轮台县钱帛计会稿》（3 件中的 2 件）［有邻馆 7，37〈录〉《籍帐》No.150，第 355 页］所示：①

（前缺）

秋冬两季

1　轮台县白直执衣，季别玖阡叁伯陆拾文。~~秋冬两季~~
2　~~共~~计壹拾捌贯柒伯贰拾文。
3　军使八人料，每月贰阡贰伯文，从七月八月九月 田
4　月十一月十二月，每月二千贰伯文，计一十三贯二百文。
5　　　　　~~匹绝，匹别肆佰捌拾文~~
6　一十一匹绝，绝别肆佰捌拾文，田 五千二百八十文
　　　　　　　　　　　　　　　　　　［　　　　］。二
7　~~捌匹绝~~
8　　　六匹，纳马价直。五匹，纳纸价直。
9　一百六十四匹大练，匹别肆伯文，　计六十四贯。
10　~~马价练~~，叁拾三匹纳马价大练。壹拾肆匹，请得纳突厥马及甲价，
11　　贰拾匹，田 小练换得。拾匹~~大练~~纳纸价。捌拾叁匹　纳（进马价）
　　　　　　　　　　　　　　　　　　　　　　　　　　　　　［　　　］。
12　四百田卅三匹　　小练，匹别三百廿文。~~九十一贯~~????，计百八贯五百六旺文。
13　　　一百五十匹［～～～～］囚口囸［　］ ~~耑~~ ~~卅贯五百六十文~~。

（后缺）

该文书是开元十六年（728）末庭州轮台县制作的会计簿草稿，从其中的第 6 行以下内容可知，绢充当轮台县必要物资的购买经费。其明

---

① 关于该文书，参陈国灿 2002，第 250 页。与此相连接的文书藏于中国国家博物馆。《军府结帐残籍》［〈录〉《历博》第 235 页；〈图〉《历博》第 175 页］。

细内容整理如下：

绝 11 匹（1 匹相当于 480 文）——马价（6 匹），纸价（5 匹）

大练 160 匹（1 匹相当于 400 文）——马价（33 匹），突厥马、甲价（14 匹），纸价（10 匹）

进马价（83 匹）。剩下 20 匹是用小练换购

小练 433 匹（1 匹相当于 320 文）——购入品不详

除了少量的绝以外，其余都是用练来购买马（包含突厥马、"进马"①）以及盔甲（甲）。天山北面的庭州，要从游牧民众手中购买马和武具，在和游牧民众贸易时，粟特人经常会充当中介。即使和突骑施的首领进行马匹贸易，也可见到粟特人的身影，如吐鲁番出土文书《唐译语人何德力代书突骑施首领多亥达干收领马价抄》[72TAM188：87（a）〈录〉《文书》第 8 册，第 87 页；〈图〉《图文》第 4 册，第 41 页]。可见，练不仅使用于当地的大额贸易，而且是对外（地域之间）贸易的结算工具。

---

① 如前所述，乜小红指出西州为了向中央进贡马（进马）设置了专门机构（坊）。乜小红 2006，第 148 页。

表10-2 吐鲁番出土西州时期买卖与借贷契中的绢、钱

时期	货币种类	文书名	文书编号	录文
贞观年间（640~649）	绢	某人用练买物契	69TAM117:57/1	图文2，第297页/TTD，第9页
贞观年间（640~649）	银钱	赵怀愿买舍券	59TAM301:15/4-3	图文2，第84页/TTD，第9-10页
贞观十八年（644）	银钱	张阿赵买舍券	60TAM338:14/5	图文2，第239页/TTD，第10页
贞观二十三年（649）	绢	范欢进买马契	60TAM337:11/8, 11/5	图文2，第223页/TTD，第10页
贞观二十三年（649）	银钱	口欢天骡马契	60TAM337:11/6	图文2，第222页/TTD，第10页
贞观某年（647~650）	绢	某人买马契	60TAM337:11/7	图文2，第224页/TTD，第11页
永徽元年（650）	绢帛	范欢进买女契	60TAM337:11/10	图文2，第224页/TTD，第11页
西州时期（7世纪中叶）	银钱	范阿伯买舍契	60TAM337:11/4(a), 11(3)	图文2，第228页/TTD，第11页
显庆五年（660）	银钱	张利富举练钱契	64TAM4:38	图文2，第209页/TTD，第24-25页
龙朔元年（661）	绢	龙惠奴举练契	64TAM4:34	图文3，第211页/TTD，第25页
龙朔元年（661）	练钱+银钱	左憧憙买女契	64TAM4:44	图文3，第212页/TTD，第12页
西州时期龙朔二年（662）以前	绢	某人买女契	60TAM317:30/7	图文3，第91页/TTD，第12页
麟德二年（665）	银钱	卜老师举钱契	67TAM363:9	图文3，第568页/TTD，第26页
麟德二年（665）	绢	赵丑胡举练契	64TAM4:36	图文3，第213页/TTD，第26-27页
麟德二年（665）	银钱	张海欢买贷钱契	64TAM4:53	图文3，第214页/TTD，第27页
乾封元年（666）	银钱	郑海石举钱契	64TAM4:39	图文3，第216页/TTD，第27-28页
乾封三年（668）	银钱	张善憙举钱契	64TAM4:40	图文3，第219页/TTD，第28页
总章元年（668）	银钱	左憧憙买草契	64TAM4:32	图文3，第220页/TTD，第13页
总章三年（670）	银钱	张善憙买钱契	64TAM4:41	图文3，第223页/TTD，第28-29页
总章三年（670）	银钱	白怀洛举钱契	64TAM4:37	图文3，第224页/TTD，第29页

（续表）

时期	货币种类	文书名	文书编号	录文
咸亨四年（673）	银钱	张尾仁举钱契	64TAM19:45, 46	图文 3，第 268 页 /TTD，第 29 页
咸亨四年（673）	氎	队正柱某买驼契	64TAM35:21	图文 3，第 485 页 /TTD，第 13 页
咸亨五年（674）	银钱	某人举钱契	60TAM330:26-4	图文 3，第 234 页 /TTD，第 30 页
仪凤二年（677）	银钱	卜老师举钱契	97TAM363:7-2	图文 3，第 569 页 /TTD，第 30 页
长安三年（703）	铜钱	曹保保并母贷钱契	64TAM35:15	图文 3，第 524 页 /TTD，第 32 页
景龙二年（708）	铜钱	宋悉感举钱契	75TAM239:12	图文 3，第 553 页 /TTD，第 32 页
开元十九年（731）	氎	唐荣买婢市券	73TAM509:8/12-1, 8-12-2	图文 4，第 264-265 页 /TTD，第 13-14 页
开元二十年（732）	练	薛十五娘买婢市券	73TAM509:8/4-3（a）	图文 4，第 266-267 页
开元二十一年（733）	练	石染典买马契	73TAM509:8/10	图文 4，第 279 页 /TTD，第 14 页
开元二十一年（733）	练	石染典买马练契	73TAM509:8/7	图文 4，第 280 页 /TTD，第 41 页
开元二十九年（741）	练	真寺寺买牛契	书道博物馆	金祖同，流砂遗珍 3/TTD，第 14-15 页
至德二载（757）[*1]	铜钱+帛练	张公买阴宅地契	71TWM1:2	图文 4，第 601 页 /TTD（S），第 42 页
乾元二年（759）	铜钱	康奴子卖奴契	73TAM506:04-33	图文 4，第 549 页 /TTD（S），第 41 页
上元二年（761）	铜钱	马寺尼法口卖牛契	73TAM506:04-17	图文 4，第 575 页 /TTD（S），第 42 页

[*1] 本契约是葬礼文书，因据此可判断当时的货币流通，故加入表中。

综合表 10-2，绢虽有各种类别，但作为当地大额贸易和对外（地域间）贸易的结算工具的主要是其中的练①。其结果是以练为主的绢在西域大量流通。《慧超往五天竺国传》（桑山 1992，第 44-45 页）描述 8 世纪前期（8 世纪 20 年代）的情况，也提到帕米尔山中的胡蜜国（Wakhkhān）条：

> 此胡蜜王，兵马少弱，不能自护，见属大食所管，每年输税绢三千匹。

接下来的识匿国（Shighnān）条亦载：

> 彼王常遣三二百人于大播蜜川，劫彼兴胡及于使命。纵劫得绢，积在库中，听从坏烂，亦不解作衣著也。

两条记载皆表明 8 世纪前期（720）②，大量的绢流通于西域地区，特别是后条明确记载是"兴胡"把绢运到了西方③。

这不只是西域的情况，唐朝北部和东北部很可能亦同样如此。《六典》卷 3 尚书户部金部郎中员外郎条（第 82 页）有关互市的法律规定：

> （凡有互市，皆为之节制。）诸官私互市唯得用帛练、蕃彩，自外并不得交易。其官市者，两分帛练，一分蕃彩。若蕃人须籴粮食者，监司斟酌须数，与州司相知，听百姓将物就互市所交易。

此处通过法令规定"官私"互市上的帛练作为交易结算工具，这里的帛练指的是特定的绢织物，至少不是一般泛指的绢织物。需要注意的是，前已提及交河郡（吐鲁番）的市场上交易同类商品之处为"行"，其中的帛练行交易的绢织物主要是大练、小练，以及绝、生绢、缦④，可知帛练是大练、

---

① 吐鲁番以西的绿洲，例如于阗和库车周边发现不少贸易、借贷的契约文书，遗憾的是撰作年代多是唐朝势力撤出中亚的 8 世纪后期。可知贸易时使用的不是帛练，主要是铜钱。参 Wang 2004, pp. 85-87。

② 根据桑山 1992（第 10 页）可知，慧超到胡蜜国（Wakhkhān）和识匿国（Shighnān）的时间在 727 年左右。

③ 参森安 2007A，第 336-337 页。

④ 《唐 天宝二年（743）交河郡市估案》[《录》《籍帐》No. 210，第 448 页]。

小练、绌、生绢、缦的总称。帛练一名,应以练为主。在设置帛练行的同时,还设置了彩帛行,后者与前者不同,买卖的是绫、纱等高级绢织物。可知帛练买卖的不是高级产品,而是广泛流通的普通商品。这种情况在其他地区亦同样如此,如幽州周边地区,《房山云居寺石经题记》中彩帛行和绢行有明确的区分①。与彩帛行不同,如前所论,绢行的绢是除了绌以外大练、小练、生绢、缦的总称。以上如法令所见,帛练是广泛流通以练为主的"普通"绢织物,而"蕃彩"是"蕃"(外国)生产的"彩帛"(高级绢织物)。

如前所见,帛练的生产地主要是河北道、河南道(包含都畿道)以及剑南道诸州。中国北部和西南部征收的庸调主要是帛练,充当军需物资或交通经费运至遥远的西域,并流向唐朝的北部和东北部。特别是 8 世纪,唐朝完善交通体制的同时,每年通过驿道定期运输大量的帛练,不难推测,大量的帛练通过牲畜等贸易流入北方游牧地区。其结果是,唐朝以绢税的征收地(主要是河北、河南、剑南道)为中心,扩展到包含中亚在内的邻近地区,形成了以帛练为流通货币的大经济圈②。换言之,流入西域—唐朝北部、东北部大量的绢布,其中以练为主的帛练,作为当地巨额贸易和对外(地域间)贸易的结算工具而流通。

这是唐朝前期的情况,安史之乱以后,唐朝继续向北部边境运输军需物资,同时中央对东北地区的贸易管理有所松弛,而商人们(粟特人、汉人等)积极地进行活动③。

---

① 参森部 2002,第 30-31 页。

② 唐朝前期的内地并没有帛练和铜钱一同作为货币流通的实例。史料虽很难证实,但当时可见有铜钱的流通,当发生巨额贸易时,在没有贵重金属和纸币的情况下,轻货(主要是绢织物)作为常见的流通媒介成为交易对象。池田 1968(二),第 46-47 页。不用说,拥有货币职能的绢织物由主要产地的标准产品来充当。这是为了保证庸调对象即帛练(大小练、生绢等)质量的稳定性,和绌等不同的是,帛练作为一般产品,其生产地点没有限定于特定州府,当时至少在关内、河东、河北、河南、剑南、山南、淮南道一带,均征收大量的帛练来充当庸调。参池田 1968(二),第 49-50 页。

③ 森部 2002,第 31-32 页。

北宋时期，为了维持北部驻屯的百万军队，在财政上招徕商人运输大量的米、麦、绢、布、丝①，可见绢帛仍在继续流通。中原王朝交纳的岁币中，除了银钱，辽、西夏还要求交纳绢，因为绢不仅用于衣料和仪礼，还是宋朝北部—东北部流通的货币。辽规定和宋朝的贸易结算中不准使用银钱②，即由宋朝北部、东北部流通的绢来充当货币，而和西方、朝鲜半岛贸易时则使用银钱。实际上，大量的银钱还是都回流到了宋朝③。

如森安孝夫所指出④，证实银作为通货与交换手段的回鹘语世俗文书全部属于蒙古时期之后，这不仅否定了爱宕松男提出的银通过宋代到辽、金、夏时期流向西方的旧观点，还论证了银币的使用时间扩大到蒙古时期。这一观点符合前面所说的"银环流'中国'说"。

另外，银在蒙古统治时期作为货币并广泛使用，《黑鞑事略》（宋彭大雅撰，宋徐霆疏，第222页）记载：

> 其贸易，以羊、马、金、银、缣帛。

这条史料记载于南宋使者的蒙古（窝阔台汗时期）见闻记中，宇野伸浩把这种现象解释为一般牧民的贸易形态⑤。从该史料可见，即便在蒙元时期，缣（＝绢）帛也和金、银一同作为货币使用，并作为与游牧民族贸易的结算货币。帛练是以练为主的商品货币，在唐朝前期正式流通，长时间内都具有货币职能。

与中国北部和东北部不同，唐朝在中亚的统治结束以后，中亚的帛练没有继续延续其货币职能⑥。这表明中亚地区帛练作为货币的流通，

---

① 宫泽1998，第42-54、507页。
② 日野1952（收入日野1984，第456页）。
③ 日野1952（收入日野1984，第463-497页）。
④ 森安2004B，第10-29页。
⑤ 宇野1989，第83页。
⑥ 10世纪左右，敦煌和吐鲁番的"官布"具有货币功能，敦煌的官布一直为麻布，吐鲁番的官布为棉布。参森安2004B，第16页。但近年有学者指出敦煌的官布和吐鲁番的一样都是棉布。刘惠琴1995；郑炳林1999等。

只是7、8世纪与唐朝内地相联系的特殊现象。

(5) 从波斯银币到唐朝铜钱的流通

一方面,帛练作为商品货币而流通;另一方面,唐朝还铸造基本流通货币铜钱。但是,关于唐朝前期铜钱的流通,唐朝除了部分都市外,民间广泛流通的货币并非铜钱①,但在唐朝统治下的中亚,铜钱不只流通于大的绿洲都市,在其他地区也广泛流通。如于阗王国中,即使其辖区之内小型的绿洲居民聚落,为了生活向当地寺院借铜钱时,也需要制作契约文书②。这表明除了于阗王国的中心城市,分布在周边的小型绿洲社会也广泛地使用铜钱。契约文书的制作时期为建中七年 (786),此时唐朝统治中亚的时代已经结束。

关于这一点,蒂埃里 (F. Thierry) 和罗德斯 (N. Rhodes) 两氏认为,流通于中亚的铜钱不是从唐朝内地流入的,而是铸造于当地③。换言之,中亚的唐朝铜钱 ("大历元宝"、"建中通宝"或"开元通宝")也是在当地 (安西都护府) 铸造的。此一时期,于阗也很可能铸造并流通铜钱。而帛练也已从唐朝内地输入,流通于民间。

在唐朝统治之前,中亚原本广泛流通的货币是萨珊银币,甚至已经流通至河西地区④。其被唐朝铜钱所取代的过程,按照时间顺序列之如下⑤:

---

① 参池田1968 (二),第46-47页。

② 参《唐 建中七年 (786) 七月廿日苏门悌举钱契》[TTDⅢ (A),第77页;(B),第39页]。

③ "大历元宝"、"建中通宝"在安西都护府铸造并流通,另外"开元通宝"显然也铸造于当地。Thierry 1997, pp. 152–159; Rhodes 1997, p. 183。参森安2004B,第20页以及注 (123);张广达、荣新江1997,第348、358页注 (24)。但不能确认是否从7世纪开始就已经在当地铸造。

④ 冈崎1973,第256-257页;池田1980,第307-311页 (收入池田2003,第133-137页)。

⑤ 池田1968 (二),第53-54页;池田1980,第310页 (收入池田2003,第136页);森安2004B,第2-4页等。

① 7世纪前期唐朝统治以前（萨珊银币的流通）[①]

② 唐朝统治以后（~7世纪末）（萨珊银币、唐朝铜钱并用时期）[②]

③ 8世纪以后（唐朝铜钱的流通，完全融入唐朝经济圈）

但在中亚，①唐朝统治以前，萨珊银币作为流通货币使用，同时铜钱（中国式方孔钱）也作辅助使用。唐朝统治中亚以后，唐代铜钱被定为"官钱"（官方流通货币），但实际上萨珊银币仍在持续使用，唐朝铜钱和贵金属流通货币有固定的换算值，并且具有辅助货币的职能。到8世纪，一直充当辅助货币的铜钱代替了银钱，成为主要流通货币。如前所见，"开元通宝"很可能是在当地铸造的[③]，铜钱也成了名副其实的官方钱币。这一阶段，巨额贸易结算货币银钱逐渐消失，在8世纪以后的贸易中已不见踪迹。

另一方面，帛练和银钱一样，都是巨额贸易的结算货币，7世纪唐朝统治吐鲁番［贞观十四年（640）］之后，整个唐朝统治时期都在使用帛练（参前表9-3）。《唐 咸亨四年（673）左憧憙生前功德及随身钱物疏》［64TAM4：29（a）〈录〉《文书》第6册，第402-403页；〈图〉《图文》第3册，第208页］记载，埋葬时陪葬品目录中的主要财货就是银钱和练，唐朝统治吐鲁番以后，迟至670年，以练为主的帛练成为固定的商品货币。

从前表9-3中可知，从唐朝统治开始至7世纪末，巨额贸易的流通货币是帛练和银货，至8世纪最终变成了帛练和铜钱。比起铜钱，巨额贸易时结算货币使用帛练的次数自然更多。前引《唐译语人何德力代书

---

① 吐鲁番地区在6世纪中叶流通的是银钱。荒川1990A，第148-152页。

② 7世纪的银钱是主要的流通货币。参池田1973，第60、97页注（34）；池田1980，第310页（收入池田2003，第136页）。

③ Rhodes 1997, p. 183。根据罗德斯（Rhodes）的研究，当地铸造的铜钱比其他地区的含铅率要高很多。

突骑施首领多亥达干收领马价抄》［第 6 章第 1 节（3）］虽然记载使用铜钱来结算，但实际上很难确认最后是否用铜钱来结算。因为和游牧民族的贸易，使用的结算货币多为帛练，而非铜钱。

由此可知，8 世纪以后帕米尔以东的西域，银币不再是流通货币，唐代统治以后，帛练大量地从唐朝内地流入，成为对外贸易的结算货币，而当地银币作为对外贸易结算货币的职能大大削弱。帛练的货币职能虽远不如银币持久，却代替银钱成为流通货币，与其认为是因为帛练的优先性而导致银钱的储藏减少，还不如认为是帛练的广泛流通所造成的。

综上可知，中亚在 8 世纪形成了以唐朝铜钱（开元通宝）和帛练为主的流通圈，在此背景下，如前再三论述，与 7 世纪相比，大量的庸调绢在 8 世纪前后流入西域。虽然前已指出，保证西面的商业路线即"中国和帕米尔以西诸国之间交通的顺利"是历代"统治西域"的目的之一①，至少在唐代统治中亚时期，常年需要巨额的财政支出，但若从经济视角来看，唐朝统治中亚的目的很难理解成是为了保证商业路线和贸易。8 世纪商业活动的多样性，使每年都有大量的绢流入西域来充当军需物资和交通经费，其运输无疑促进了客商的积极性，不该忘记这是在唐朝对中亚的军事统治及其交通、运输体制的基础上实现的。

---

① 羽田亨 1931，第 121 页；松田 1966A（松田 1994 再刊，第 199 页）；松田 1970，第 292 页。

小 结

　　第三部讨论了唐朝在欧亚东部构筑交通体制的基础上，以中亚为中心，在怎样的背景下实现怎样的交通和贸易。第三部和第二部的研究一样，分为诸多方面，现简要归纳如下：

　　（1）在唐朝建国以前，特别是5世纪以来粟特商人活跃于东方，进入中亚和蒙古高原，以及中原，特别是华北地区。他们在都市的贸易据点构建移民聚落，连通这些聚落形成的贸易网络，大部分与唐代的驿道相重合。特别值得注意的是，华北东部的粟特人聚落位于唐朝财政征收绢（帛练）仅有的几个产出地。唐朝的统治范围扩大至中亚和蒙古高原，并设置了驿道，如何统治这些粟特人是个大问题。

　　（2）对此课题，唐朝首先把建国之前进入中原的粟特人聚落纳入州县乡里的体制之中，把粟特人编为百姓。在律令统治下，严格限制所有百姓离开原籍州县的移动。但是，唐朝又不得不承认早已离开原籍的长途移动者，并将其称为行客，使其附籍于寄寓地。而粟特人聚落的百姓，有的也成为了行客。

　　（3）唐朝进一步将粟特人活动的西方腹地纳入统治范围之下，并把包括索格底亚那在内的中亚（除了天山东部地域）置于唐朝羁縻统治之下，使其民众成为唐朝的百姓，同时给新流入唐境的粟特人赋予兴胡的身份，允许其进行活动。

　　（4）粟特绿洲诸国虽作为唐朝的羁縻府、州，但实际上仍是外国

（蕃国），粟特人凭借兴胡这一身份，可以经常进入唐朝内地。在唐帝国的统治理念中，特别允许兴胡离开原籍的羁縻府、州。所以，和允许离开原籍到内地州县的行客一样，兴胡也被附籍于寄寓地的州县，和行客一同在寄寓州县交纳税钱。

（5）对于行客、兴胡，唐朝在为其发放过所保证贸易活动的同时，通过发放通行证来管理和掌握他们的行动。

（6）过所是中央和州府发放的有效通行证，西域地区的发放机构是天山东部的直辖州府、安西都护府以及四镇。过所的特征是，即使在发给机构辖区之外的地方，也可以保证在唐境的通行直至目的地。

（7）一旦发放了过所，到达目的地的通行时间是没有限制的。但在固定地方的停留时间却有限定，如果超过了规定时间，必须要请求改发过所才能够顺利通行。实际上，发放过所的审查程序很简单。只要其出行得到了州府的认可，就可以自行选择到达目的地的经行关津与路线，也可以离开驿道。

（8）唐朝招徕兴胡至京城长安，利用过所来构建将西方世界的人、物、文化、信息集中于国都的体制。也就是说，从中亚进入唐境的兴胡若持有过所，允许其直接进入唐朝国都。发放过所的必要审查中，需要已经进入唐朝内地并被编入州府百姓和行客的粟特人作为保证人（保人）并画押，北魏时就开始实施这种向国都"招徕商胡"的政策，但一直未能完成。

（9）高宗时期允许进入唐境并寄寓京城的兴胡和国都的汉人一同往来于遥远的中亚。这使得唐朝国都和中亚之间粟特人的贸易活动更加活跃。在唐朝统治以前，包含中亚在内的欧亚东部的长途交易的人员主要是粟特商人，但唐朝统治中亚之后构建的欧亚东部交通体制，改变了这种情况。

（10）虽然百姓离开原籍的移动受到严格限制，但在参与运输军需物资与和籴等相关公务时，会为其发放过所。特别是8世纪后，唐朝向河西和西域运输大量的军需物资（帛练），充当籴买资金来确保军民所需的粮食，百姓利用此时期的这一情况拥有了更多获取过所的机会。

（11）若百姓有散官身份，可因私人交易获取过所。此外，还有不少担任行官、别奏，或以官员的身份进行移动的情况，而且，有散官身份的人都可以利用驿馆等官方交通设施。而兴胡和担任别奏的粟特人共同组建商队，一同行动。

（12）没有官位的白丁百姓虽然很难获得长途移动的过所，但可以被持有过所的兴胡、行客、百姓雇佣为作人，离开原籍进行长途移动。而作人在完成从凉州府到安西（库车）长途运输官方物资的任务后，也会获得过所。

（13）另一方面，唐代的公验与过所并称为通行证。公验又被称为行牒，是各个机构所出示的牒式证明，除了州府，县也可以发放公验。公验基本上是因公务而发放的往来通行证，只在发放官府的辖区之内是有效的，州府发放的在一定时间内通行的公验有效范围仅限于邻近州府。有官职的百姓可以取得过所，白丁百姓也完全可以获取公验。与过所相比，公验发放的程序要简单得多，但与过所不同的是，公验对时空的限制非常严格。相对于过所，白丁百姓更容易通过申请公验获得私人贸易活动的机会。

（14）为了在唐代中亚从事贸易，粟特人使用各种方法和手段申请过所和公验，来获得贸易的机会，他们会用某种方式和唐朝官方之间构建"互相依存"的关系。尤需注意的是，唐朝的官和百姓形成了互利互惠的关系。也就是说，不只是兴胡、行客，百姓也可以通过唐朝交通体制获得很多长途贸易的机会。

（15）唐帝国对中亚绿洲国家、地域和游牧民族的政治统治，使他们原本拥有交通和贸易的决定权，转移到唐朝，其象征就是设置的驿道（汉道）和过所，以及设定兴胡、行客、百姓的身份。

（16）唐朝发放的过所是中亚组织商队的权利保证，这表明原本由游牧国家掌握的绿洲商队贸易的主导权已经转移至唐帝国的统治之下。

（17）人员和物资如此的流动盛况前所未有。其中从唐朝内地运输庸调绢的庞大数量非常值得注意，长行、转运使掌管运往河西、西域的陆运体制，以保证大量庸调绢的输送，与转运使掌管的江南运河的漕运共同作为8世纪官方运输的大动脉，支持着唐帝国统领中亚以及广大领土的财政和军事。向西域的长途运输，名目上是官方运输队，实际上依靠的是长途往来的行客、百姓、兴胡等的运输力量。

（18）8世纪向西域输送的大量庸调绢，促进了庸调绢的广泛流通，其范围从唐朝内地绢的生产中心河东、河南、剑南道一直至西域。特别是帛练，这种以练为主的绢充当货币并流通于当地。这样，帛练不仅流入中亚，还流向唐朝北部、东北部，充当流通货币并形成一大经济圈，其范围以帛练征收地中国北部和西南部为中心，蔓延至西、北、东部地区。

（19）帛练不仅是当地（地域内）的货币，还具有对外（地域间）交易结算的职能。结果使得8世纪后中亚地区的帛练代替银钱成为主要的流通货币，主要在巨额贸易中使用。与此同时，唐朝铜钱也成为唯一的流通货币。铜钱和银钱不同，铸造于当地，和练一样，都是衡量物价的标准。但这些货币的流通，特别是帛练，只是唐代统治时期的特殊现象，随着唐朝统治的结束而消失。

唐朝对中亚进行军事统治时期，绿洲国家、地域和游牧部族编入直辖或羁縻都督府、州，唐天可汗之下的政治统属关系与西突厥统治时期不同，中亚和唐朝构建了新的互利关系。派遣商队的主导权也归于唐朝，利用唐朝的交通体制可获得很多长途贸易的机会。

唐朝通过商人把大量的帛练从内地送至西域，来维持其军事统治，并与唐朝内地的货币流通一体化，西域的这种军需情况是唐朝统治时期值得注意的现象。另外，虽然本书没有涉及唐朝当地的谷物供给，但官方的资金运转要依靠商人。如前所见，唐朝构建控制商人及其活动的体制，并从唐朝内地诸州征收具有货币功能的庸调绢，持续大量地向西域运输，以维持延伸至中亚的唐代交通体制，同时也促进了人员和物资的流通。在构建这种体制的基础上，积极地利用了商人这个群体。

唐朝为什么统治中亚，以至于承担如此沉重的财政负担？这是出于唐朝与北方游牧势力及吐蕃对峙的国防需要，同时通过管理中亚的交通和贸易，把粟特人吸取到唐朝内部来。换言之，唐朝不仅从具有军事威胁的游牧势力手中夺取了蓄聚财富的塔里木盆地周边的绿洲国家，而且夺取了原本由游牧国家主导绿洲国家和商队贸易的实权。在唐朝统治下的中亚地区，和唐朝之间构建新的互利关系，代替了原本游牧国家和绿洲国家之间的共生关系。这样，中亚和唐朝内地之间的人员和物资开始大规模的流动。这对中亚来说，是融入唐朝统治的必然结果。唐代丝绸之路贸易的兴盛，也正是这个时代的真实反映。

结　语

以上从国家和地域或集团的政治统属关系，以及在这一关系下形成的共生关系和地域秩序为视角，讨论6~8世纪活跃在欧亚东部的中亚交通和贸易。主要内容是在总结第一至三部各自内容的基础上，对序言中提出的问题，即"唐帝国为什么因统治中亚而承受如此重的财政负担"、"唐帝国的统治给中亚带来了怎样的变化"等问题进行总结回答。

首先，在第一部中，讨论了唐帝国建立以前的中亚交通和贸易。此处主要利用吐鲁番文书来分析中亚游牧国家和绿洲国家的政治统属关系之下，两者构筑多样共生关系的一面，从而试图说明当地交通和贸易的实际状况。

草原地带的游牧势力统合为同一政权之时，游牧国家自然就会统治南面的绿洲国家。也就是把聚集财富之地的绿洲国家融入军事占优势的游牧国家，掠夺其财富。6世纪后期~7世纪初的西突厥也是这些游牧国家之一，除了游牧部族，绿洲国家也被纳入其国家体制之中。通过授予"颉利发（iltäbär）"的称号，西突厥可汗和绿洲国王之间在政治上形成统属关系，同时在此基础上两者之间构筑了互利且多样的共生关系。

其核心是包括游牧国家的各种游牧集团所组织和派出的使节从绿洲国家得到互惠的关系。如麹氏高昌国，除了游牧国家的可汗以及亲属、属官之外，统领各个领地、领民带有šad、yabɣu、irkin等西突厥官号的首领们，在其权威下自主派遣了大量使节，麹氏高昌国接待了他们。派遣这些使节已成为日常行为，且每年使者的数量都非常庞大。

这些集团派遣使节的目的之一，自然是要确保对绿洲国家储存的丰富物品的征收，另一方面，以可汗为首的各种游牧集团派出的使节中，有很多粟特人作为使节代表或随行者。从使节和随行者多为粟特人来看，不难推测派遣这些使节的主要目的是贸易。也就是说，游牧国家中各游牧集团的首领们，把身边的粟特人作为使节代表或随行者派遣到绿洲国家，强行要求绿洲国家提供食宿以及赠品，同时还趁机购买绿洲所积聚各种各样的奢侈品，并销售自己的产品或中转交易品。可以说，派遣使节就是为了组织贸易的商队。

为使节提供安全的长途的移动机会，吸引了很多与使节没有关系的各色粟特商人。在此基础上，接待游牧各集团使节的绿洲国家，自身在游牧国家统治的交通秩序下，也派遣各种使节。这样，使节作为游牧、绿洲双方国家或集团所护卫、引导的商队，给各形各色的粟特商人提供了大量的长途贸易的机会。这促使中亚贸易活动在大范围内兴盛起来。强大游牧国家的建立，给中亚带来的不只是包括草原、沙漠地带大规模的统治秩序，同时还有在此背景下兴盛的长途贸易。

对于绿洲国家，使节的不断来访意味着可以招徕粟特商人，这左右着国家的盛衰。从绿洲国家来看，为各种游牧集团的使节提供粮食和劳力，并赠送以织物为主的礼品，这种接待无疑是沉重的负担，但从绿洲国家招揽商队来访的立场来看，可加强其接待功能。接待游牧集团的使节，可防止他们肆意的掠夺。对立足于贸易的绿洲国家来说，接待各种集团游牧国家的使节，是关乎国家存亡盛衰的大事。麴氏高昌国为了维持接待使节的财政，向"官员、民众、僧侣、寺院"大范围地征收税、役。

麴氏高昌国时代的课税特征，是在国家管理下通过渠堰与灌溉田地紧密结合的方式，来征收税、役。也就是说，在国家管理水利之下，以税、役为一大支柱，向获得水利权的绿洲民众公平征收税、役的体制。

另外，高昌国存有大量的"公田"，耕作便充当劳役的一部分，为官员及其所率小组分配"公田"，命其耕营。特别是棉花的栽培，国家主导"公田"的生产工作，也是确保为游牧使节提供棉布生产。此外，关于葡萄的栽培，除了民田，"公田"上也积极地耕作，以确保葡萄酒的生产。如此，税、役基本上全由高昌国来承担，成为麴氏高昌国的国家事业，以维持外来使节的接待工作。

国家或国王在管理水利的同时，还要防止游牧集团肆意的掠夺、诱揽商队，以谋求存立。民众也遵从国王的指示，承担税役，这是因为国王发挥的作用。

其他绿洲国家虽缺乏接待游牧集团使节（商队）的实例，应与吐鲁番一样在各自的绿洲国家构建税役体制。从绿洲国家来看，派遣的使节（商队）不只是游牧国家的掠夺，还可护卫、招揽粟特商人，促使贸易兴盛而带来繁荣。中亚游牧民族和绿洲民众构建了多样、多层的共生关系，游牧诸集团派遣使节（商队）与绿洲国家的接待，体现了当时这一地区国家之间的共生关系。

另外，横跨游牧国家和绿洲国家的粟特人，通过派遣的使节（商队）进行长途移动，以强化自身的贸易网络。

接下来，第二、三部讨论了位于欧亚东端的唐朝统治如何改变中亚内部的共生关系和交通、贸易体制。问题分很多方面，在各部分的小结中有笔者得出的新观点。总而言之，唐帝国在中亚的政治统属，意味着中亚及其交通和贸易全部隶于唐朝的管理之下。通过修建其象征性的驿道（汉道）和设定百姓、行客、兴胡的身份来掌控和管理人员，又通过发放过所、公验等通行证构建了通行证体制。

首先，第二部讨论了在唐朝统治下如何来具体构筑并维持、运用交通体制。其中驿制的基本功能是唐朝交通体制的根基，也就是将国都和地方州府直接连接起来，从国都（长安）呈放射线状的驿道可以保障这种功能。这种驿道对于唐朝皇帝来说是贡纳之道，这也是驿道的基本特征。它不仅是唐帝国政治和军事的支柱,而且在私用交通方面还是维持贸易活动的道路。

在设置直辖州府和羁縻府、州的中亚,也有这样的与唐朝国都直接相连的驿道相贯通。随着驿道的贯通,唐朝在统治之初于西州府设置驿站,同时继承原有的交通体制,在绿洲设置管理、差配长行马、长行车牛的长行坊、长行车坊。此处的交通功能,只有对交通手段的管理是以特殊的方式在中亚设置了独特的机构。

不久,驿站遭到撤废,与此同时,至迟在8世纪,驿道上的馆与军事设施(镇、戍)一并设置,另外在没有设置馆的地区,则有军事设施来代行馆的功能。此处的长行坊、长行车坊和馆以及军事设施等机构的作用就是支持驿道的客使(使、典、别奏、僸人等)的往来。换言之,长行坊、长行车坊专门负责管理、差配交通工具,馆和军事设施是为客使及其长行马、长行车牛提供食宿的场所。长行坊、长行车坊和馆及军事设施正好补足了这一交通功能,同时还是贯通中亚的驿道上的交通运输的关键。

另外,其他游牧民族或绿洲民众将贯通中亚的唐朝驿道称为汉道。这是通往唐都(长安)的道路,同时还是唐朝客使和军队移动的道路,象征着唐朝的统治。在绿洲国家和游牧部族设置的羁縻府、州,在唐朝皇帝天可汗及其政治统属关系下,实行 ulaɣ 供给人马和粮食等制度,来维持唐朝的交通运营。

另一方面,驿道上的馆对于羁縻府、州的游牧集团非常重要。游牧集团在唐天可汗(皇帝)政治统属关系之下,唐中央授予其都督的称号和"印契",同时负责护送唐朝客使往来于馆的"供役"任务。另外,游牧集团首领派遣进贡的使节时,也要在馆中接待送使的团队,确保"赐"绢的同时还从事贸易活动。所赐之绢正是由唐朝内地运输的庸调绢充当"诸驿的赐物"。麹氏高昌国时期,游牧集团频繁地向吐鲁番派遣使节(商队),在客馆受到接待的同时还可以采购物品,从事贸易，唐朝统治下的馆继承了这一职能。换言之，只有在唐朝的统治下，游牧集团才能继往开来，继续向绿洲地带派遣使节也就是商队。

接下来的第三部，讨论在完善、维持这种交通体制中，唐朝是如何掌控粟特人的，并在此基础上实现了怎样的交通和贸易。

唐朝在律令统治体制下，将所有的民众归为百姓，并严格限制离开原籍州府的移动，但是又不得不承认早已离开原籍州府而移动的人员，并将它们设定为行客附籍于州府。唐朝之前的粟特人以华北为中心构建移民聚落而活动，唐朝建国以后，将他们归为直辖州府的百姓，但又承认其中离开州府移动的人，并名为行客。

为了区分，将从中亚新入境至唐朝内地的粟特人设定为兴胡，使其附籍于州府。这样从中亚经国都一直到华北方面的州府，是粟特人聚落分布的主要都市的中心。唐朝将允许移动的行客、兴胡，与寄寓州府的百姓一同作为征税对象，又通过发放过所和公验保证他们长途的贸易活动，同时还要管理、控制他们的移动。

另外，这种发放的通行证，不仅是通行许可证，还赋予其持有者在西域组建商队的权利，这一点需要铭记。尤其过所的取得，是沿着驿道（汉道）至唐帝国内地长途贸易的保证。

唐朝在这种状况下，通过"下赐"的体制为游牧国家提供朝贡和边境互市的机会，如前所述，游牧民族融入羁縻府、州，以"驿赐"的名义承认其所派遣的使节（商队）。甚至为新入境直达唐朝国都的兴胡发放过所，使他们通过驿道（汉道）与国都相连接。换言之，通过给外来粟特商人发放过所，招徕其前往国都，构建把西方世界的人员、物资、文化、信息集中到国都的体制。另外，据此完成了从北魏开始实施的"招徕商胡"的任务。

另一方面，如前所见，为了维持唐朝在中亚的军事统治，不得不向西域输送税物庸调绢。也就是把唐朝内地各州征收的庸调绢，作为边境州府的"驿赐"即"邮驿费"，同时还作为军需物资而使用。特别是8

世纪节度使制度的形成，使得每年大量的庸调绢不仅要运输到河西，而且还运输至西域。这些庸调绢的征收地主要是河北、河南（包含都畿道）、剑南三道，构建了以凉州府为中转和集结地，将剑南、都畿道为主的大量庸调绢经此输送至西域的运输体制。

与剧增的税物（庸调绢）运输相对应，8世纪设置的长行、转运使，由以凉州府为据点的河西节度使兼任其使职。从唐朝整体来看，开元时期，为了加强税物的漕运、陆运，完成江南税物的运输，以及向北部、东北部的运输，陆续设置了转运使等职。河西道的长行、转运使也是在此背景下设置的。

在这种体制之下，从凉州府至西域税物（庸调绢）的长途输送，主要是通过商人组建的运输队。也就是说，这种长途输送要通过往来于驿道（汉道）的行客、百姓甚至兴胡等来完成。

另外，当地军粮的供给和军需物资的运输也要利用他们。特别是运输军需物资时，百姓中有的是行官和别奏，有的作为官吏和高官的随从负责输送。

另一方面，从行客、百姓、兴胡来看，和官府、军队之间的紧密关系更有利于在河西和西域展开贸易。也就是在当地从事交易，要通过各种方法、手段来获取过所、公验，得到组建商队的权利，其中大多是以某种形态和官府结成"互相依存"的关系。特别需要留意的是，唐朝的官府和百姓结成了这种互利的关系。除了兴胡和行客以外，百姓也可以利用唐朝构建的交通体制，获得长途贸易的大量机会。

如前所见，唐朝构建的体系可以掌握他们移动的主体和动向，并且将唐朝内地征收具有货币职能的"帛练"安全、稳定、大量地运输至西域。如此使得唐朝北部、东北部以及西域地区大量流通帛练这种商品货币，与唐朝内地形成了货币流通一体化的状态。在构建这种体制的基础上，唐朝更加积极地利用移动人员。从中亚来看，至少绿洲地区和中国内地的其他地区，以长安为中心构成唐帝国的组成部分。

那么，唐帝国为什么背负如此沉重的财政负担来统治中亚地区呢？是因为唐朝与北方游牧势力、吐蕃对峙的边防需要，同时通过管理中亚的交通和贸易，把粟特人吸收到唐朝内部来。也就是占领具有军事威胁的游牧势力聚集、吸收财富的要地，即塔里木周边的绿洲国家，并夺取游牧国家向绿洲国家派遣商队进行贸易的主导权。取而代之是，唐朝在中亚和隶属于直辖、羁縻州府的绿洲、游牧部落之间的政治统属关系之下，构建新的共生关系和地域秩序，同时形成了本书所述唐朝交通和贸易的"形态"。这样，中亚和唐朝内地之间的人员与物资开始频繁流通。这对中亚来说，是融入唐帝国的必然结果。唐代丝绸之路贸易的兴盛，正是这个时代的真实反映。

如本书所见，中亚交通和贸易的问题，不只是游牧国家和绿洲国家之间的关系，必须要和中亚外部的动向一并把握，也就是跨越通常限定的地区范围，以广域"世界"为视角。但是，一直以来的"世界"历史，如中国中原地区和中亚的历史，大多是以个别区域的流通来讨论，再把这些综合起来研究。其中，松田寿男提出有计划地综合研究分散的各个地区，之后，冈田英弘、杉山正明、森安孝夫、妹尾达彦等又进一步加以完善①，捕捉各个地区间在历史上的互动关系，生动地把握欧亚这个范围的历史。

从这样的研究方法来看，6~8世纪这个时代是13世纪蒙古王朝和欧亚各地紧密相连的先驱，成为"世界"平稳的统一时代。正如序言所述，这个时期突厥系游牧民族建立"帝国"，同时中央欧亚边缘的东西两方也各自建立了大帝国。也就是说，随着突厥"帝国"的建立，以巴格达为中心的阿拉伯帝国和以长安为中心的唐帝国，均各自形成了新的政治和经济关系。

---

① 这里仅举出松田1971；冈田英弘1992；杉山1997A；杉山1997B；森安2002；妹尾2001等。

另外，阿布·勒高德设想13世纪的"世界体系"由8个"子系统"构成，其中之一的"子系统"就是里海、黑海—中央、北亚—中国北部①，如此，突厥汗国和唐帝国的建立，作为组成部分，都是这个"子系统"部分的萌芽。

然而，6~8世纪的局面并不是突然形成的。3、4世纪以后游牧民族在欧亚展开活动，给各个古典文明圈带来了巨大冲击，并分别在东西方形成了新的帝国，此后的粟特人在东方的活动盛行，形成中亚至蒙古高原和中原的贸易网络。唐朝在融入粟特人贸易网络的同时，还构筑了欧亚东部的一大交流圈。在这个交流圈中，无论是经济抑或社会和文化，甚至在政治和军事等方面，都与粟特人有着密切的关系。

从中亚来看，6~8世纪从游牧国家统治到中原王朝统治的交替，在时间上从未间断，将其放置于欧亚东部的历史发展中，可以看到其连续的一面。从3、4世纪开始，应以欧亚地区发生巨大变化的突厥汗国和唐帝国的视角来研究。在突厥汗国和唐帝国大规模统治的时代，欧亚东部的交通和交易非常兴盛。本书在唐天可汗及其政治统属关系下，勾勒欧亚东部所构筑划时代的交通、贸易"形态"，明确此时期所谓"丝绸之路"兴盛的真相。

唐帝国之后的9、10世纪，森安孝夫从整个中央欧亚的视角提出如下观点②：此时游牧民族在草原地域仍留有政治据点，并欲逐渐建立统治居民地区的"中央欧亚型国家"。在这一背景下，此时的游牧民族为了统治居民地区，开始完善各种政治、经济、文化等设施。

欧亚东部地域经过唐帝国的统治后留有很多基础设施，游牧民族直接获得了大量的设施。特别是唐朝羁縻府、州为游牧民族部落设置的书记官，彻底贯彻了唐朝的文书行政体制，这对游牧民族来说是重要的统治手段。

---

① 阿布·勒高德2001，第42-43、192-198、220-228页。
② 森安2002，第121-122页。

特别在经济方面，在唐帝国的军事统治下，作为货币的帛练大量地、持续地流向西北边缘地区，在刺激西北边缘地区经济的同时，使其和唐朝内地经济发生同化或相互联系。这不仅使游牧民族的贸易活动更加活跃，还加速了唐朝统治其居住地的步伐。

如此说来，"边境贸易热"可能是因之后游牧势力的扩大和出入中原而引起的，但这并不只限于唐代。众所周知，明末的"边境贸易热"以及之后北方民族的出入，都可以理解为其中的动态之一。

随着"边境贸易热"和游牧民族势力的扩大，唐帝国在中亚的统治结束了，索格底亚那地区也被西方势力完全吞没。在这种状况下，出现粟特本国的商人向东方的贸易活动逐渐衰退的观点，但实际上中亚和天山以北至蒙古的草原之路开始联合。如本书所述，从伊斯兰资料中可看到9世纪在天山北部的草原设置驿站的报告。当然，绿洲之路的贸易路线仍然使用，但草原之路也作为贸易路线而萌芽。在这种情势下，新"中央欧亚型国家"在9世纪末的天山东端出现。也就是说，统治突厥系游牧民族的西州回鹘王国，一面控制天山北方草原之路的重要据点，一面统治南面的绿洲地区。

这一时期粟特人的活动得到了认可，他们从中亚、蒙古高原至华北大规模的贸易网络，顺应时代而愈发活跃。最终，继承粟特商人的回鹘商人登场，迎来了13世纪的蒙古帝国时代。

随着唐帝国建立而被取代的绿洲诸国和游牧国家的共生关系及其交通、贸易体制，很可能在唐朝军事衰退后再次形成，但在上述新时代的状况下需要采取怎样的形式，是今后必须讨论的课题。另外，此后中亚内部以及中亚内外的政治统属关系，以及在此基础上形成的共生关系和地域秩序，是遗留下来的重大课题，即使是情况完全不同的时代，本书中得出的结论应该会为其提供一丝线索。

后　记

本书是在2008年度向大阪大学提交申请博士学位的论文的基础上略加修改而成，篇章结构也作了变动。书中各章以已刊拙文为基础，关于此点请参见书后的"论文初刊一览"。本书尽力搜集了笔者过去发表的与交通和贸易有关的论文，但以唐代交通问题为研究契机的"长行马文书"相关的拙文，也有些是以细碎的古文书学研究为中心，所以大多不得不弃而未收，这些论文希望另有机会进行整理。

我研究的主要时代和地区是6~8世纪帕米尔以东的干燥地带。在研究之初，我原本是把这一地区的历史当作中国边疆史来对待，单从中亚史的既有框架来理解，感到有强烈的抵触感，部分原因大概是我依据的后述史料的性质和研究环境。如本书开篇所言，近代以前的欧亚历史，游牧势力左右着很大的动向，同时在游牧世界和定居的农耕世界的不断接触中，两者反复冲突与融合。因此，正确把握像我所研究的地区那样的两者交错地带时，受以往研究框架的束缚，理解起来反而有障碍，所以本书在出版时，标题中采用的不是"中亚交通与贸易"，而是"欧亚交通与贸易"之语。

在这样的研究态度下，超越"中亚史"和"中国史"的框架，对6~8世纪帕米尔以东地区的交通和贸易问题作了各种探讨。这次全面搜集了以往的研究成果，采用"国家与集团层面结成的政治统属关系"及在此基础上形成的"共生关系与地域秩序"这一双向视角，尝试重新分析穿越广阔地域的交通和贸易问题。只要能对原来研究框架中难以处理的欧亚东部世界构筑新的历史形象略有贡献，对以往的概论性著作中经常见到的所谓"丝绸之路"的交通和贸易拂去误解和无根据的印象，我将不胜喜悦。

帕米尔以东地区纳入中国领土溯源于汉唐时代，特别是本书所研究的唐代，是中国开始对该地区进行直接统治的时代，因此不能仅停留于表层现象的解释，而要从根本上来理解两者的关系，细致分析唐代的胡汉关系，有必要看清楚两者关系是一脉相承的。从这个意义上思考新疆地区的多样性问题，深切感到有必要拆除空间和时间上的藩篱。本书若能对这些问题略有贡献之处，则幸何如之。

如前所述，本书汇集了我关于交通和贸易的研究论文，但从整体上重新来看，也一并刻画出了以往分析忽略的部分。如今吐鲁番与和田等地不断发现文书史料，据此对本书中的欠缺作了补订，而全面的修订则以俟将来。

我很早就有志于东洋史研究，从进入早稻田大学研究生院学习至今已有30多年了。在本科入学之初，我强烈地希望研究日本史，尤其是中世纪佛教史，在教育课程方面选修了中亚史的相关研讨课，开始感受到中亚史的巨大魅力。当时担任教师的是长泽和俊先生，后来在本科、研究生院学习时，先生亲自指导我研究中亚史。另一方面，在古贺登先生的中国史课程和研讨班上，学习超越中亚史的研究框架，从更广阔的视野去看待各种研究对象的地域历史的重要性。我没有停留在中亚史领域，而对中国史中的唐代史怀着强烈的关心，是取决于本科、研究生院时代的研究环境。这一点使我不束缚于既定的研究领域，自认为有必要推进交通和贸易研究，这一研究题目遂成为适合于我的课题。

另外，我主要利用吐鲁番出土的文书史料，其中有很多是中华人民共和国成立以后新发现的，有力地支撑了我的研究工作。日本学者之间开始介绍和探讨这些新出土的吐鲁番文书，正好是我在读研究生的时代。不过，那时我埋首于出土文书却不知道如何研究文书，幸运的是，当时东京大学东洋文化研究所从事吐鲁番文书研究的池田温先生正在开办研讨班，所以我厚着脸皮悄悄旁听，从文书史料基础方面所受的教育支撑了我现在的文书研究。

今天回首往事，我深切感到许多优秀的老师、前辈、友人所给予的恩惠。仅从文书研究来看，与上述池田先生一起的土肥义和先生眼光犀利地解读文书，非常认真地教我如何研究文书。另外，在早稻田大学的本科、研究生院时代，除了长泽、古贺两位先生以外，以福井重雅先生和吉田顺一先生为首的东洋史研究室的许多老师、前辈、友人，在研讨班和聚饮叙谈中给予我种种有益的意见。其中，工藤元男、李成市、石见清裕等学问优秀、极其严谨的前辈、友人也给了我各种宝贵的建议。我还到工藤前辈的家中访问，得到他对论文的热心指导，现在想起来恍如昨日。

研究生毕业以后，我一直没能找到固定的工作，从硕士时代起在高中担任非常勤讲师，另外也在大学中兼职授课。为了确保时间进行研究，不断地写作论文，十分辛苦，但最后悔的是年轻时代没能到研究对象所在地留学。不过在那个时代，与白须净真、关尾史郎、町田隆吉、片山章雄诸氏组建了一个研究团队，名为"吐鲁番出土文物研究会"，互相砥砺，切磋琢磨，振奋了我当时萎顿的心灵。这个共同研究文书的团队同时还得到研究胡语文献的"青年敦煌委员会（YTS）"各位前辈、友人的宝贵指教和研究信息。特别是森安孝夫先生和语言学家吉田丰先生，时至今日仍以他们对胡汉文书的丰富的通盘见识，对拙著进行尖锐而切中肯綮的批评。

当我决定到大阪大学任教之时，思考能否获得悠然的研究时间，但现实是严酷的，国立大学重点建设研究生院和法人化的问题，以及与其他大学的合并等等，使我不断地经受巨大变革的波浪袭击，埋首于个人自由研究的悠闲时代已经一去不复返了。然而，我在大阪大学得到了以同事森安孝夫氏为首，以及片山刚、桃木至朗二氏在教学、研究方面的诸多教示和帮助。特别是我在修改以博士论文为基础的本书时，需要确保时间，得到了他们的关怀，他们审读书稿所提出的种种建设性意见，在此深致谢忱，同时尽可能努力在本书中吸收审读意见。

本书的出版，在编辑等方面得到名古屋大学出版会橘宗吾、安田有希二氏的帮助。另外，本书所收精美的地图和正文的校对，给中田美绘（甲南大学非常勤讲师）增添了麻烦。在此一并申谢！

本书的刊行，得到 2010 年度日本学术振兴会科学研究费补助金（研究成果公开促进费）的资助。

最后，我在很长时间内没有固定的工作，但已故父亲和母亲却一直支持我的学业，妻子也经常在精神上给予我支持，从心底里对他们表达感谢之意！

荒川正晴

2010 年 11 月 2 日于北京中关村

论文初刊一览

本书以笔者原先发表的论文为基础，目录如下所示。本书出版时原则上尽量不照搬这些论文，而是对原论文进行析分、修订、增补，然后再编成本书，所以为了行文的方便，没有编入的部分当然弃而未收。

第1章

第1节　新写

第2节　《トゥルファン出土漢文文書に見えるulaγについて》，《内陸アジア言語の研究》9，1994年，第1-25页之"二.《慈恩伝》に見える'鄔落'"和"三. 西突厥におけるulaγ"。

第3节　《麹氏高昌国の王権とソグド人》，《福井重雅先生古稀・退職記念論集　古代東アジアの社会と文化》，汲古書院，2007年，第337-362页之"二.《給価文書》に見える史氏一族と麹氏王との提携関係"。

第2章

第1节　《北朝隋・唐代における"薩宝"の性格をめぐって》，《東洋史苑》第50、51号，1998年，第164-186页之第一节。

第2节　修订前揭《麹氏高昌国の王権とソグド人》之"一. 麹氏高昌国におけるソグド人の任官"和"二.《給価文書》に見える史氏一族と麹氏王との提携関係"的部分内容。

第3~5节　大幅增补《遊牧国家とオアシス国家の共生関係——西突厥と麹氏高昌国のケースから》，《東洋史研究》第67編第2号，

2008年，第194-228页。

第3章　增补《麹氏高昌国の灌漑水利と税役》，《西北出土文献研究》第7号，2009年，第19-41页。

第4章　《唐朝の交通システム》，《大阪大学大学院文学研究科紀要》第40号，2000年，第199-335页之第一章第一节《駅制による交通》、第二节《伝送による交通》。

第5章

第1节　增补改编《中央アジア地域における唐の交通運用について》，《東洋史研究》第52编第2号，1993年，第23-51页之"二．唐の中央アジア進出とトゥルファンの長行坊"(1)。

第2节　《唐河西以西の伝馬坊と長行坊》，《東洋学報》第70卷第3、4号，1989年，第35-69页之"三．河西道の長行坊制度"。

第3节　《中央アジア地域における唐の交通運用について》，《東洋史研究》第52编第2号，1993年，第23-51页之"二．唐の中央アジア進出とトゥルファンの長行坊"（2）（3）及《西域出土文書に見える亜馬について（上）・（下）》，《会報》第40、41号，1990年，第215-223页。

第6章

第1节

（1）前揭《トゥルファン出土漢文文書に見えるulaγについて》之"一．トゥルファン・アスターナ出土の《唐年次未詳（顕慶二年（657）～）三月西州館典高信貞牒》"。

（2）《中央アジア地域における唐の交通運用について》，《東洋史研究》第52编第2号，1993年，第23-51页之"三．安西・北庭地域における長行坊制度"（2），对北庭地区和长行坊作了增补。

（3）新写

第2节　增补《唐代コータン地域のulaγについて——マザル＝タ

一ク出土，ulay 関係文書の分析を中心にして》，《龍谷史壇》第 103、104 号，1994 年，第 17-38 页。

第 7 章

第 1 节 《唐代前半の胡漢商人と帛練の流通》，《唐代史研究》第 7 号，2004 年，第 17-59 页之"1. 唐代の交通体制と胡漢の商人"(3)，对部分内容作了大幅增补。

第 2 节 《唐帝国とソグド人の交易活動》，《東洋史研究》第 56 编第 3 号，1997 年，第 171-204 页之"四．羈縻州府'百姓'としての外来ソグド商人"及《ソグド人の移住聚落と東方交易活動》，《岩波講座 世界歴史》15（商人と市場），岩波書店，1999 年，第 81-103 页之"三．唐帝国の成立と集落"，对部分内容作了改编。

第 3 节 前揭《唐帝国とソグド人の交易活動》之"二．外来ソグド商人の入境実態"、"三．外来ソグド商人の交易活動圏"及"四"。

第 4 节 前揭《唐代前半の胡漢商人と帛練の流通》之"1. 唐代の交通体制と胡漢の商人"(3)，对部分内容作了增补改编。

第 8 章

第 1~5 节 前揭《唐朝の交通システム》之第一章第一节《伝送による交通》、第三节《駅伝制運用の実状》及第二章第一节《過所と公験》。

第 6 节 《唐の州県百姓と過所の発給——唐代過所公験文書劄記(1)》，《史観》第 137 册，1997 年，第 4-18 页。

第 7 节 合并改编前揭《唐朝の交通システム》之第二章第二节《過所による交通》及《魏晋南北朝隋唐期の通過公証制度と商人の移動》，《中国の歴史世界——統合のシステムと多元的発展》，东京都立大学出版社，2002 年，第 337-349 页和 The Transit Permit System of the Tang Empire and the Passage of Merchants, *The Memoirs of the Toyo Bunko*, 59, 2002, pp. 1-21。

第 9 章

第 1 节

（1）合并改编《唐河西以西の伝馬坊と長行坊》，《東洋学報》第 70 卷第 3、4 号，1989 年，第 35-69 页之"一．涼州都督府管内の駅伝制度"和《唐の対西域布帛輸送と客商の活動について》，《東洋学報》第 73 编第 3、4 号，1992 年，第 31-63 页之"一．七世紀における布帛輸送体制"。

（2）前揭《唐代前半の胡漢商人と帛練の流通》之"1. 唐代の交通体制と胡漢の商人"（1），对羁縻州和驿传制作了大幅改编。

（3）（4）改编前揭《唐代前半の胡漢商人と帛練の流通》之"2. 唐代における貨幣（帛練）の流通"（1）（2）（3）。

第 2 节　改编前揭《唐代前半の胡漢商人と帛練の流通》之"2. 唐代における貨幣（帛練）の流通"（4）。

第 3 节

（1）前揭《唐代前半の胡漢商人と帛練の流通》，《唐代史研究》第 7 号，2004 年，第 17-59 页之"2. 唐代における貨幣（帛練）の流通"（3），对部分内容作了改编。

（2）（3）增补改编《唐の対西域布帛輸送と客商の活動について》，《東洋学報》第 73 卷第 3、4 号，1992 年，第 31-63 页之"二．八世紀における布帛輸送の実状"、"三．輸送体制の変遷と客商の活動"。

第 4 节　《唐代敦煌に於ける糴買について——ペリオ 3348 号文書を中心として》，《早稲田大学文学研究科紀要》別冊 8，1982 年，第 191-200 页。

第 10 章

第 1 节　新写

第 2 节　增补前揭《唐代前半の胡漢商人と帛練の流通》之"2. 唐代における貨幣（帛練）の流通"（5）（6）。

引用史料（汉文史籍）出处

二十四史：《史记》《后汉书》《宋书》《梁书》《魏书》《周书》《北史》《隋书》《旧唐书》《新唐书》，中华书局标点本。

《安禄山事迹》=（唐）姚汝能撰、曾贻芬点校《安禄山事迹》（唐宋史料笔记丛刊），中华书局，2006年。

《因话录》=（唐）赵璘撰《新校因话录》6卷 （唐）李肇撰《唐国史补等八种》（中国学术名著 第1辑；增补中国笔记小说名著 第1集 第3册），世界书局，1962年。

《开元天宝遗事》=（五代）王仁裕撰、曾贻芬点校《开元天宝遗事》（唐宋史料笔记丛刊），中华书局，2006年。

《颜鲁公集》=《颜鲁公文集》（四部丛刊初编缩本所收）。

《曲江集》=《曲江张先生文集》（四部丛刊初编缩本所收）。

《元和郡县图志》=（唐）李吉甫撰《元和郡县图志》（上、下），中华书局，1983年。

《黑鞑事略》=《黑鞑事略笺证》（《王国维遗书》第8册所收），上海书店出版社，1983年。

《古今合璧事类备要》=《古今合璧事类备要》（文渊阁四库全书）。

《册府元龟》=（宋）王钦若等编《宋本册府元龟》，中华书局，1989年/明刊影印本《册府元龟》，中华书局，1960年。

《慈恩传》=（唐）慧立撰、彦悰笺《大慈恩寺三藏法师传》，中华书局，1983 年。

《资治通鉴》=（宋）司马光撰《资治通鉴》，中华书局，1956 年。

《全唐诗》=（清）彭定求等奉敕撰《全唐诗》，中华书局，1960 年。

《全唐文》=（清）董诰等奉敕撰《全唐文》，中华书局，1983 年。

《疏议》=（唐）长孙无忌等奉敕撰《唐律疏议》，中华书局，1985 年。

《续高僧传》=（唐）道宣撰《续高僧传》（《大正新修大藏经》第 50 卷，史传部所收）。

《大唐西域记》=（唐）玄奘撰，季羡林等校注《大唐西域记校注》，新文丰出版公司，1987 年。

《太平御览》=（宋）李昉编《太平御览》，四部丛刊三编本，1967 年。

《太平广记》=（宋）李昉等编《太平广记》，中华书局，1961 年。

《张燕公集》=《张燕公集》（文渊阁四库全书所收）。

《陈拾遗集》=《陈伯玉文集》（四部丛刊初编缩本所收）。

《新疆访古录》=《新疆访古录》（四部丛刊初编缩本所收）。

《通典》=（唐）杜佑撰《通典》（校点本），中华书局，1988 年。

《唐会要》=（宋）王溥撰《唐会要》，上海古籍出版社，1991 年。

《唐语林》=（宋）王谠撰《唐语林：外十一种》，上海古籍出版社，1991 年。

《唐大诏令集》=（宋）宋敏求编《唐大诏令集》，商务印书馆，1983-1986 年。

《南部新书》=（宋）钱易撰、黄寿成点校《南部新书》（唐宋史料笔记丛刊），中华书局，2002 年。

《入唐求法巡礼行记》=圆仁著，小野胜年校注，白化文等修订校注《入唐求法巡礼行记校注》，花山文艺出版社，1992 年。

《文苑英华》=（宋）李昉等编《文苑英华》，中华书局，1966年。

《北宋版通典》=（唐）杜佑撰《通典》（北宋版）（日本宫内厅书陵部藏本），汲古书院，1980-1981年。

《法显传》=（晋）法显撰《法显传》，文学古籍刊行社，1955年。

《柳河东集》=（唐）柳宗元著《注释音辩唐柳先生集》（四部丛刊初编缩本所收）。

《六典》=（唐）李林甫等撰《大唐六典》，中华书局，1992年。

引用文献缩略号

《会报》=吐鲁番出土文物研究会编《吐鲁番出土文物研究会会报》，吐鲁番出土文物研究会，1988-（第1-50号，吐鲁番出土文物研究会编《吐鲁番出土文物研究情报集录》〔中央ユーラシア諸民族の歴史・文化に関する国際共同研究の企画・立案〕成果报告书No.2，1991年合册）。

《俄藏》=俄罗斯科学院东方研究所圣彼得堡分所、俄罗斯科学出版社东方文学部、上海古籍出版社编《俄罗斯科学院东方研究所圣彼得堡分所藏敦煌文献》第1-17卷，上海古籍出版社，1992-2001年。

《斯坦因》=陈国灿《斯坦因所获吐鲁番文书研究》，武汉大学出版社，1994年。

《释录》=唐耕耦、陆宏基编《敦煌社会经济文献真迹释录》第1-5辑，书目文献出版社/全国图书馆文献缩微复制中心、古佚小说会，1986-1990年。

《拾遗》=仁井田陞《唐令拾遺》，东方文化学院，1933年（东京大学出版会，1964年复刊）。

《拾遗补》=仁井田陞著，池田温主编《唐令拾遺補》，东京大学出版会，1997年。

《集成》=龙谷大学佛教文化研究所编，小田义久主编《大谷文書集成》第1-3卷，法藏馆，1984、1990、2003年。

《新疆》=新疆维吾尔自治区博物馆编《新疆出土文物》，文物出版社，1975年。

《新疆博》=新疆维吾尔自治区博物馆编《新疆ウイグル自治区博物館》，讲谈社，1987年。

《新出》=柳洪亮《新出吐鲁番文书及其研究》，新疆人民出版社，1997年。

《图文》=唐长孺主编，中国文物研究所、新疆维吾尔自治区博物馆、武汉大学历史系编《吐鲁番出土文书》第1-4册，文物出版社，1992-1996年。

《籍帐》=池田温《中国古代籍帐研究——概観・録文》，东京大学出版会，1979年。

《增集》=黄文弼《增订本高昌砖集》（《考古学特刊》2），中国科学院，1951年。

《俗字》=黄征《敦煌俗字典》，上海教育出版社，2005年。

《中亚》=《斯坦因第三次中亚考古所获汉文文献（非佛经部分）》第1、2册，上海辞书出版社，2005年。

《宁乐》=陈国灿、刘永增编《日本宁乐美术馆藏 吐鲁番文书》，文物出版社，1997年。

《法藏》=法国国家图书馆、上海古籍出版社编《法藏敦煌西域文献》第1-27卷，上海古籍出版社，1995-2002年。

《目录》=气贺泽保规编《新版 唐代墓誌所在総合目録》，汲古书院，2004年。

《文书》=国家文物局古文献研究室、新疆维吾尔自治区博物馆、武汉大学历史系编《吐鲁番出土文书》第1-10册，文物出版社，1981-1991年。

《律令》=律令研究会编《訳注日本律令》5-8（唐律疏議訳注篇1-4），东京堂出版，1984-1986年。

《历博》=史树青主编，中国歷史博物馆编著《中国歷史博物馆藏法書大觀》第 11 卷，柳原书店、上海教育出版社，1999 年。

《简报》A=新疆维吾尔自治区博物馆《吐鲁番县阿斯塔那—哈拉和卓古墓群发掘简报（1963-1965）》，《文物》1973 年第 10 期，第 7-27 页（收入新疆社会科学院考古研究所编《新疆考古三十年》，新疆人民出版社，1983 年，第 79-91 页）。

《简报》B=新疆维吾尔自治区博物馆、西北大学历史系考古专业《一九七三年吐鲁番阿斯塔那古墓群发掘简报》，《文物》1975 年第 7 期，第 8-26、6 页（收入新疆社会科学院考古研究所编《新疆考古三十年》，新疆人民出版社，1983 年，第 108-116 页）。

TTD = Yamamoto, T. et al., *Tun-huang and Turfan Documents concerning social and economic history* I-IV & supplements, The Toyo Bunko, 1978-1987, 2001.

引用文献目录

日文（作者姓名五十音图顺序）*

青山定雄（1938）《支那上代の駅伝》，《交通文化》3，第254-266页。

——（1944）《唐代の駅と郵とについて（一）（二）》，《史学雑誌》55-6，第1-35页；55-7，第35-57页（修订后收入《唐宋時代の交通と地誌地図の研究》，吉川弘文館，1963年，第51-85页）。

——（1963）《唐宋時代の交通と地誌地図の研究》，吉川弘文館。

赤木崇敏（2003）《曹氏帰義軍時代の外交関係文書》，《シルクロードと世界史》（大阪大学21世紀COEプログラム"インターフェイスの人文学"2002、2003年度报告書），第132-157页。

——（2007）《帰義軍時代敦煌オアシスの税草徴発と文書行政》，《待兼山論叢》41（史学篇），第27-53页。

赤松明彦（2005）《楼蘭王国——ロプ・ノール湖畔の四千年》（中公新書1823），中央公論新社。

足立喜六译注、盐入良道补注（1985）《入唐求法巡礼行記》2（东洋文库442），平凡社。

阿布·勒高德，J.L.（佐藤次高、斯波义信、高山博、三浦彻译）

---

* 本书原按作者姓名五十音图顺序排列，因涉及量大，中译本不改为按汉语拼音排序。——译者注

（2001）《ヨーロッパ覇権以前——もうひとつの世界システム（上）》，岩波书店。

荒川正晴（1982）《唐代敦煌に於ける糴買について——ペリオ3348号文書を中心として》，《早稲田大学文学研究科紀要》別冊8，第191-200页。

——（1986）《麹氏高昌国における郡県制の性格をめぐって——主としてトゥルファン出土資料による》，《史学雑誌》95-3，第37-74页。

——（1989A）《唐河西以西の伝馬坊と長行坊》，《東洋学報》70-3/4，第35-69页。

——（1989B）《唐の中央アジア支配と墨離の吐谷渾（下）——主に墨離軍の性格をめぐって》，《史滴》10，第19-42页。

——（1990A）《トゥルファン出土〈麹氏高昌国時代ソグド文女奴隷売買文書〉の理解をめぐって》，《内陸アジア言語の研究》5，第137-153页。

——（1990B）《スタイン将来"蒲昌群文書"の検討—Ast.Ⅲ.3.07，08，037号文書の分析を中心にして—》，《西北史地》1990-2，第23-34页（中译文：《关于斯坦因〈蒲昌群文书〉的研究——以Ast.Ⅲ.3.07，08，037号文书的分析为中心》，《西北史地》1990-2，第35-44页）。

——（1990C）《西域出土文書に見える駆馬について（上）・（下）》，《会報》40、41，第215-223页。

——（1992A）《唐の対西域布帛輸送と客商の活動について》，《東洋学報》73-3/4，第31-63页（中译文：①《唐政府对西域布帛的运送及客商的活动》，《敦煌学辑刊》1993-2，第108-118页；②《关于唐向西域输送布帛与客商的关系》，《魏晋南北朝隋唐史资料》16，1998年，第342-353页）。

——（1992B）《唐代駅伝制度の構造とその運用（Ⅰ～Ⅴ）》，《会報》78-83，第 435-438、441-461、463-468 页。

——（1992C）《南疆遺跡参観報告》，《内陸アジア史研究》7、8，第 10-20 页。

——（1993）《トゥルファン漢文文書閲読雑記》，《内陸アジア史研究》9，第 79-93 页。

——（1994）《トゥルファンの棉布生産とその流通》，长泽和俊主编《アジアにおける国際交流と地域文化》，1992-1993 年度科研报告书，第 56-59 页。

——（1995）《北庭都護府の輪台県と長行坊——アスターナ506号墓出土，長行坊関係文書の検討を中心として》，《小田義久博士還暦記念 東洋史論集》，龙谷大学东洋史学研究会，第 93-126 页。

——（1997A）《クチャ出土"孔目司文書"攷》，《古代文化》49-3，第 1-18 页。

——（1997B）《唐代トゥルファン高昌城周辺の水利開発と非漢人住民》，森安孝夫主编《近世・近代中国および周辺地域における諸民族の移動と地域開発》，1995-1996 年度科学研究費補助金 基盤研究（B）（2）研究成果報告書，第 49-64 页。

——（1998）《北朝隋・唐代における"薩寶"の性格をめぐって》，《東洋史苑》50/51，第 164-186 页。

——（1999）《ソグド人の移住聚落と東方交易活動》，《商人と市場》（岩波讲座世界历史 15），岩波书店，第 81-103 页。

——（2000）《ヤールホト古墓群新出の墓表・墓誌をめぐって》，《シルクロード学研究紀要》10，第 160-168 页。

——（2002）《長行馬文書攷——英国図書館所蔵文書を中心として》，《日中律令制の諸相》，东方书店，第 379-405 页。

——（2003A）《オアシス国家とキャラヴァン交易》，《世界史リブレット62》，山川出版社。

——（2003B）《随葬物別出土文書一覧表》，荒川正晴主編《トゥルファン出土文書および関連伴出資料の調査》，2000-2002年度科学研究費补助金　基盘研究（B）(1) 研究成果报告书，第107-190页。

——（2006）《調査の概略とコータン新出漢文文書》，荒川正晴主編《東トルキスタン出土"胡漢文書"の總合調査》，2003-2005年度科学研究費补助金　基盘研究（B）研究成果报告书，第1-29页。

——（2009）《唐代中央アジアにおける帖式文書の性格をめぐって》，土肥义和编《敦煌・吐鲁番出土漢文文書の新研究》（东洋文库论丛72），东洋文库，第271-291页。

荒川正晴、关尾史郎（2000）《トゥルファン出土文書調査記》，《唐代史研究》3，第59-74页。

伊埃尔萨利姆斯卡娅，A. A.（雪島宏一译注）（1985）《"シルクロード"途上のアラン世界——8・9世纪の文化的複合モシチェヴァヤ・バルカ》，《ユーラシア》新2号，新时代社，第73-90页。

生田保夫（1998）《交通学の視点》，流通经济大学出版会。

池田温（1965A）《八世紀中葉における敦煌のソグド人聚落》，《ユーラシア文化研究》1，第49-92页。

——（1965B）《唐朝氏族志の一考察——いわゆる敦煌名族志残卷をめぐって》，《北海道大学文学部紀要》13-2，第1-64，+1页。

——（1968）《中国古代物価の一考察——天宝元年交河郡市估案断片を中心として（一）・（二）》，《史学雑誌》77-1，第1-45页；77-2，第45-64页。

——（1973）《中国古代の租佃契（上）》，《東洋文化研究所紀要》60，第1-112页。

——（1975A）《中国古代の租佃契（中）》，《東洋文化研究所紀要》65，第1-112页。

——（1975B）《沙州図経略考》，《榎博士還暦記念　東洋史論叢》，山川出版社，第 31-101 頁。

——（1975C）《開運二年十二月河西節度都押衙王文通牒——十世紀敦煌における土地争いの一例》，《鈴木俊先生古稀記念　東洋史論叢》，山川出版社，第 1-18 頁）。

——（1980）《敦煌の流通経済》，《講座敦煌　3　敦煌の社会》，大東出版社，第 297-343 頁（收入池田温《敦煌文書の世界》，名著刊行会，2003 年，第 119-181 頁）。

——（1982）《中国における吐魯番文書整理研究の進展——唐長孺教授講演の紹介を中心に》，《史学雑誌》91-3，第 59-85 頁。

——（1983）《口馬行考》，《佐久間重男先生退休記念中国史・陶磁史論集》，燎原書店，第 31-57 頁。

——（1984）《中国古代買田・買園券の一考察——大谷文書三點の紹介を中心として》，《西嶋定生博士還暦記念　東アジア史における国家と農民》，山川出版社，第 259-296 頁。

——（1985）《高昌三碑略考》，《三上次男博士喜寿記念論文集》歴史編，平凡社，第 102-120 頁。

——（1988）《吐魯番・敦煌文書にみえる地方城市の住居》，唐代史研究会編《中国都市の歴史的研究》（唐代史研究会報告 6），刀水書房，第 168-189 頁。

——（1990A）《中国古代写本識語集録》，东京大学东洋文化研究所。

——（1990B）《敦煌における土地税役制をめぐって》，唐代史研究会編《東アジア古文書の史的研究》（唐代史研究会報告 7），刀水书房，第 46-70 页。

——（1992）《中国古代の租佃契（下）》，《東洋文化研究所紀要》117，第 61-130 頁。

——(1996)《麻札塔格出土盛唐寺院支出簿小考》,《段文杰敦煌研究五十年纪念文集》,世界图书出版公司,第 207-225 页。

石田实洋(1998)《"伝教大師入唐牒"についての二,三の考察》,《日本歷史》606,第 91-99 页。

伊瀬仙太郎(1955)《中国西域経営史研究》,岩南堂书店。

石见清裕(1992)《〈阿史那毗伽特勤墓誌〉訳試稿》,《内陸アジア言語の研究》7,第 55-94 页(收入《開元十二年〈阿史那毗伽特勤墓誌〉》,石见清裕《唐の北方問題と国際秩序》,汲古书院,1998 年,第 226-278 页)。

——(1995)《唐の内附異民族対象規定をめぐって》,《堀敏一先生古稀記念　中国古代の国家と民衆》,汲古书院,第 409-430 页(部分修订后收入《唐の内附異民族対象規定》,石见清裕《唐の北方問題と国際秩序》,汲古书院,1998 年,第 148-175 页)。

——(1997)《唐代外國貿易・在留外國人をめぐる諸問題》,《魏晋南北朝時代史の基本問題》,汲古书院,1997 年,第 61-91 页(收入石见清裕《唐の北方問題と国際秩序》,汲古书院,1998 年,第 501-533 页)。

——(1998)《唐の北方問題と国際秩序》,汲古书院。

宇野伸浩(1989)《オゴデイ・ハンとムスリム商人——オルドにおける交易と西アジア産の商品》,《東洋学報》70-3/4,第 71-104 页。

宇山智彦(2000)《中央アジアの歴史と現在》(ユーラシア・ブックレット7),东洋书店(特别是第 6-12 页)。

荣新江(青木茂、关尾史郎译注)(1990)《吐魯番の歴史と文化(Ⅲ)》,《会報》47,第 1-6 页(中文版初刊于胡戟等《吐鲁番》,三秦出版社,1987 年)。

——(1991A)《吐魯番の歴史と文化(Ⅴ)》,《会報》56,第

1-6 页（中文版初刊于胡戟等《吐鲁番》，三秦出版社，1987 年）。

——（1991B）《吐魯番の歷史と文化（Ⅵ）》，《会報》57，第 1-6 页（中文版初刊于胡戟等《吐鲁番》，三秦出版社，1987 年）。

榎一雄（1974）《明末の肅州》，《宇野哲人先生白寿祝賀記念　東洋学論叢》，东方学会（收入榎一雄《シルクロードの歴史から》，研文出版，1979 年，第 151-170 页；《榎一雄著作集　3　中央アジア史Ⅲ》，汲古书院，1993 年，第 159-179 页。

——（1980）《ソグド商人の手紙》，《講座敦煌　1　敦煌の自然と現狀》，大东出版社，第 263-275 页。

榎本淳一（1995）《〈性霊集〉に見える"竹符・銅契"と"文書"について》，佐伯有清先生古稀纪念会编《日本古代の伝承と東アジア》，吉川弘文馆，第 461-480 页。

大金富雄（1988）《唐西州における地目について》，《栗原益男先生古稀記念論集　中国古代の法と社会》，汲古书院，第 271-291 页。

大栉敦弘（1988）《秦漢国家の陸運組織に関する一考察——居延漢簡の事例の検討から》，《東洋文化》68，第 23-43 页。

大泽孝（1999）《新疆イリ河流域のソグド語銘文石人について——突厥初世の王統に関する一資料》，《国立民族学博物館研究紀要報告　別冊》20，第 327-378 页。

大津透（1986）《唐律令国家の予算について——儀鳳三年度支奏抄・四年金部旨符試釈》，《史学雑誌》95-12，第 1-50 页（修订后收入大津透《日唐律令制の財政構造》，岩波书店，2006 年，第 27-112 页）。

——（1988）《唐律令制下の力役制度について——日唐賦役令管見》，《東洋文化》68，第 109-148 页（修订后收入大津透《日唐律令制の財政構造》，岩波书店，2006 年，第 115-158 页）。

——（1990）《唐儀鳳三年度支奏抄・四年金部旨符補考——唐朝

の軍事と財政》,《東洋史研究》49-2,第1-24页（修订后收入大津透《日唐律令制の財政構造》,岩波书店,2006年,第27-112页）。

——（1993）《唐日律令地方財政管見——館駅・駅伝制を手がかりに》,笹山晴生先生还历纪念会编《日本律令制論集》上卷,吉川弘文馆,第389-440页（修订后收入大津透《日唐律令制の財政構造》,岩波书店,2006年,第243-296页）。

——（2000）《日本古代租税制の特質》,《唐代史研究》3,第128-131页。

——（2001）《律令法と固有法的秩序——日唐の比較を中心にして》,《新体系日本史 2 法社会史》,山川出版社,第5-68页。

——（2006）《日唐律令制の財政構造》,岩波书店。

大庭修（1959）《吐魯番出土北館文書——中国駅伝制度史上の一資料》,西域文化研究会编《敦煌吐魯番社会経済資料》上（西域文化研究 2）,法藏馆,第367-380页。

——（1961）《敦煌発見の張君義文書について》,《ビブリア》20,第2-13,+1页。

——（1982）《秦漢法制史の研究》,創文社。

岡崎敬（1973）《東西交渉の考古学》,平凡社（1980年增补版）。

岡田宏二（1986）《唐代の羈縻政策——特に羈縻府州体制を中心として》,《国立政治大学 辺政研究所年報》17,第209-225页。

岡田英弘（1990）《中央ユーラシアの歴史世界》,護雅夫、岡田英弘编《中央ユーラシアの世界》（民族の世界史4）,山川出版社,第1-21页。

——（1992）《世界史の誕生》（ちくまライブラリー73）,筑摩书房（ちくま文庫,1999年再版）。

小野胜年（1961）《山東における円仁の見聞》,《塚本博士頌寿記念 仏教史学論集》,塚本博士颂寿纪念会,第174-196页。

——（1969）《入唐求法巡礼行記の研究》4，铃木学术财团。

——（1977）《唐の開元時代の旅行証明書について》,《東洋学術研究》16-3，第 146-157 页。

大日方克己（1985）《律令国家の交通制度の構造——逓送・供給をめぐって》,《日本史研究》269，第 1-27 页。

影山悦子（1998）《サマルカンド壁画に見られる中国絵画の要素について》,《西南アジア研究》49，第 17-33 页。

片山章雄（1992）《羈縻州》,《アジアの歴史》（第一篇　中国，四章　隋唐，問題点の提起二），南云堂，第 84-87 页。

——（2009）《大谷探検隊将来吐魯番出土物価文書断片の数点の綴合について》，土肥义和编《敦煌・吐魯番出土漢文文書の新研究》，东洋文库，第 315-335 页。

加藤九祚（1979）《中央アジア遺跡の旅》（NHKブックス），日本放送出版协会。

——（1997）《セミレチエの仏教遺跡》，丝绸之路学研究中心编《中央アジア北部の仏教遺跡の研究》（《シルクロード学研究》4），奈良，丝绸之路博览会纪念国际交流财团，第 121-184 页。

菊池英夫（1962）《節度使制確立以前における"軍"制度の展開（続編）》,《東洋学報》45-1，第 33-68 页。

——（1970A）《西域出土文書を通じてみたる唐玄宗時代における府兵制の運用（下）》,《東洋学報》52-4，第 52-101 页。

——（1970B）《府兵制度の展開》,《帝国と支配》（岩波讲座世界历史 5），岩波书店，第 407-439 页。

——（1975）《唐賦役令庸調物条に関する一試論》,《鈴木俊先生古稀記念　東洋史論叢》，山川出版社，第 129-146 页。

——（1976）《唐賦役令庸調物条再考》,《史朋》4，第 1-7 页。

——（1979A）《総説——研究史的回顧と展望》，唐代史研究会编

《隋唐帝国と東アジア世界》，汲古书院，第 1-84 页。

——（1979B）《新出吐鲁番唐代軍制関係文書試釈——〈開元三年四月西州営諸隊火別請受馬料帳〉について》，《北海道大学文学部紀要》27-1，第 3-40 页。

——（1980A）《隋・唐王朝支配期の河西と敦煌》，榎一雄編《講座敦煌 2 敦煌の歴史》，大东出版社，第 99-194 页。

——（1980B）《唐代敦煌社会の外貌》，池田温編《講座敦煌 3 敦煌の社会》，大东出版社，第 91-147 页。

——（1990）《中国古文書・古写本学と日本——東アジア文化圏の交流の痕跡》，唐代史研究会編《東アジア古文书の史的研究》（唐代史研究会報告 7），刀水书房，第 147-201 页。

北原薫（1975）《唐代敦煌県の論決せる笞杖刑文書二種（上）》，《中国前近代史研究》創刊号，第 21-84 页。

姜伯勤（1986）《敦煌・吐鲁番とシルクロード上のソグド人（1）（2）（3）》，《季刊東西交渉》5-1、2、3，第 30-39、26-36、28-33 页。

清木场东（1987）《唐天宝中の財政収支》，《産業経済研究》（久留米大学）27-4，第 1-61 页（收入清木场东《唐代財政史研究（運輸篇）》，九州大学出版会，1996 年，第 1-58 页）。

——（1988A）《首都長安の食糧調達における陸運——洛陝陸運制（1）》，唐代史研究会編《中国都市の歴史的研究》（唐代史研究会報告 6），刀水书房，第 137-147 页（收入清木场东《唐代財政史研究（運輸篇）》，九州大学出版会，1996 年，第 102-118 页）。

——（1988B）《唐代の輸送法——行程法とその適用》，《産業経済研究》（久留米大学）29-2，第 1-37 页（收入清木场东《唐代財政史研究（運輸篇）》，九州大学出版会，1996 年，第 255-286 页）。

——（1996）《唐代財政史研究（運輸篇）》，九州大学出版会。

栗原益男（1979）《七，八世紀の東アジア世界》，唐代史研究会编《隋唐帝国と東アジア世界》，汲古书院，第139-161页。

桑山正进（1981）（与袴谷宪昭合著）《人物中国の仏教　玄奘》，大藏出版。

——（1990）《カーピシー＝ガンダーラ史研究》，京都大学人文科学研究所。

——（1992）《慧超往五天竺國傳研究》，京都大学人文科学研究所。

气贺泽保规（1999）《府兵制の研究——府兵兵士とその社会》，同朋舍。

古贺登（1966）《敦煌户籍の一男十女について》，《古代学》12-2/3，1966年，第109-123页。

——（1992）《唐代編户の移動図》，唐代史研究会编《中国の都市と農村》，汲古书院，第575-621页。

小西高弘（1979）《唐代の客商と雑税について——いわゆる商税の成立を中心に》，《福岡大学経済学論叢》24-2/3，第227-242页。

驹井义明（1957）《公験と過所》，《東洋学報》40-2，第106-110页。

齐藤茂雄（2009）《唐代単于都護府考——その所在地と成立背景について》，《東方学》108，第22-39页。

齐藤达也（1991）《突騎施の台頭と唐の砕葉放棄について》，《史滴》12，第34-53页。

——（1992）《〈曲江集〉所収の西域関係勅書の起草時期》，《早稲田大学大学院文学研究科紀要》（別冊　哲学・史学编）19，第135-147页。

——（1998）《魏晋南北朝時代の安息国と安息系仏教僧》，《国際仏教学大学院大学紀要》1，第117-141页。

——（2003）《隋重建七帝寺記（恵鬱造像記）について——訳注と考察》，《国際仏教学大学院大学紀要》6，第87-124页。

斎藤胜（2008）《唐代内附異民族への賦役規定と辺境社会》，《史学雑誌》117-3，第1-36页。

佐伯富（1999）《中国中世における山西商人（上）・（下）》，《問題と研究》29-1，第67-84页；29-2，第86-99页。

坂尻彰宏（2008）《帰ってきた男——草原とオアシスのあいだ》，《世界史を書き直す 日本史を書き直す——阪大史学の挑戦》，和泉書院，第37-75页。

坂本太郎（1928）《上代駅制の研究》，至文堂（收入《坂本太郎著作集8 古代の駅と道》，吉川弘文館，1989年，第1-161页。

佐藤武敏（1968）《中国古代絹織物史研究》下，风间书房。

佐藤智水（1979）《麹氏高昌国の王統について》，《月刊シルクロード》5-5，第9-16页。

真田安（1977）《オアシス・バーザールの静態研究——19世紀後半カシュガリアの場合》，《大学院研究年報》（中央大学）6，第207-220页。

——（1986）《都市・農村・遊牧》《講座イスラム 3 イスラム・社会のシステム》，筑摩書房，第108-148页。

滋贺修三译注（1979）《名例》，律令研究会编《唐律疏議訳注篇》1（译注日本律令5），东京堂出版。

重近启树（1999）《秦漢税役体系の研究》，汲古書院。

岛崎昌（1963）《麹氏高昌国官制考》，《中央大学文学部紀要》28、33，第75-93、50-74页（收入岛崎昌《隋唐時代の東トゥルキスタン研究——高昌国史研究を中心として》，东京大学出版会，1977年，第253-310页）。

——（1977）《隋唐時代の東トゥルキスタン研究——高昌国史研

究を中心として》,东京大学出版会。

白石典之(2002)《モンゴル帝国史の考古学的研究》,同成社。

白須淨真(1975)《唐代吐魯番の豪族——墓塼よりみた初期・西州占領策と残留豪族の考察を中心として》,《東洋史苑》9,第20-60頁。

——(1977)《唐代吐魯番の豪族——とくに阿史那賀魯の反乱以後における旧高昌豪族への処遇を中心として》,《龍谷史壇》72,第47-60頁。

——(1981)《高昌墓塼考釈(三)》,《書論》19,第155-173頁。

——(1984)《麹氏高昌国における上奏文書試釈——民部・兵部・都官・屯田等諸官司上奏文書の検討》,《東洋史苑》23,第13-66頁。

——(1986)《高昌・闕爽政権と縁禾・建平紀年文書》,《東洋史研究》45-1,第76-111頁。

——(1988)《長広数千里・北廷(庭)川——北庭都護府故城と北庭川の景観,一九八七年訪中報告(六)》,《東洋史苑》32,第1-56頁。

——(1989)《唐代の西州の武城城の前城主と沙州の寿昌城主》,《西北史地》1989-3,第11-42,+10頁。

——(1997)《麹氏高昌国における王令とその伝達——下行文書"符"とその書式を中心として》,《東洋史研究》56-3,第141-170頁。

白鳥庫吉(1926)《東洋史に於ける南北の対立》,《東洋史講座》16,第1-22頁。

杉井正臣(1990)《唐代の過所発給について》,《布目潮渢博士古稀記念論集 東アジアの法と社会》,汲古書院,第159-189頁。

杉山正明（1992）《大モンゴルの世界——陸と海の巨大帝国》（角川选书227），角川书店。

——（1993）《世界史と遊牧民》，板垣雄三編《地域からの世界史21　世界史の構想》，朝日新聞社，第177-197頁。

——（1997A）《中央ユーラシアの歴史構図——世界史をつなぐもの》，《中央ユーラシアの統合》（岩波讲座世界历史11），岩波书店，第3-89頁。

——（1997B）《遊牧民から見た世界史——民族も国境もこえて》，日本经济新闻社。

铃木俊（1980）《均田租庸調制度の研究》，刀水书房。

周藤吉之（1965A）《吐魯番出土の佃人文書研究》，周藤吉之《唐宋社会経済史研究》，东京大学出版会，第1-104頁。

——（1965B）《唐代中期における戸税の研究——吐魯番出土文書を中心として》，周藤吉之《唐宋社会経済史研究》，东京大学出版会，第521-559頁。

妹尾达彦（1990）《唐代長安の店舗立地と街西の致富譚》，《布目潮渢博士古稀記念論集　東アジアの法と社会》，汲古书院，第191-243頁。

——（1991）《都市の外国商人——8，9世紀の中国における異人買宝譚》，比较都市史研究会編《都市と共同体》，名著出版，第283-306頁。

——（1997）《都市の生活と文化》，《魏晋南北朝隋唐時代史の基本問題》，汲古书院，第365-442頁。

——（1999）《中華の分裂と再生》，《中華の分裂と再生》（岩波讲座世界历史9），岩波书店，第3-82頁。

——（2001）《長安の都市計画》（講談社選書メチエ223），讲谈社。

关尾史郎（1985）《"縁禾"と"延和"のあいだ》,《紀尾井史学》5，第1-11页。

——（1988-1992）《〈章和五（535）年取牛羊供祀帳〉の正体（Ⅰ）~（Ⅳ）》,《史信》2、3、10、16、24、27，第1-3、1-3、1-4、1-4、2-4、1-4、1-4页。

——（1989A）《トゥルファン出土唐代税布墨書銘集（稿）》,《会報》21，第103-108页。

——（1989B）《トゥルファン出土高昌国税制関係文書の基礎的研究（2）——條記文書の古文書学的分析を中心として》,《人文科学研究》（新潟大学文学部）75，第39-93页。

——（1990A）《トゥルファン出土高昌国税制関係文書の基礎的研究（3）》,《新潟大学大学人文科学研究》78，第149-177页。

——（1990B）《"班示"という様式の高昌文書について》,《会報》44，第6页。

——（1991A）《高昌"田畝（得·出）銀銭帳"（上）について》,《会報》64，第1-6页。

——（1991B）《"田畝作人文書"小考（上）·（下）》,《新潟史学》26，第61-74页；27，第65-83页。

——（1991C）《高昌国の侍郎について——その所属と職掌の検討》,《史林》74-5，第135-150页。

——（1992A）《"田畝作人文書"の周辺——アスターナ一五四号墓出土作人関係文書の分析》,《東アジア——歴史と文化》創刊号，第84-100页。

——（1992B）《トゥルファン出土高昌国税制関係文書の基礎的研究（4）》,《新潟大学大学人文科学研究》81，第25-63页。

——（1993A）《トゥルファン出土高昌国税制関係文書の基礎的研究（5）——條記文書の古文書学的分析を中心として》,《人文科学

研究》(新潟大学人文学部) 83，第 21-70 页。

——(1993B)《トゥルファン出土高昌国税制関係文書の基礎的研究 (6)——條記文書の古文書学的分析を中心として》，《人文科学研究》(新潟大学人文学部) 84，第 101-138 页。

——(1993C)《高昌国時代の"馬帳"について(上)・(中)・(下)》，《会報》91，第 1-4 页；92，第 1-6 页；93，第 1-5 页。

——(1993D)《"義和政変"新釈——隋・唐交替期の高昌国・遊牧勢力・中国王朝》，《集刊東洋学》70，第 41-57 页。

——(1994A)《トゥルファン出土高昌国税制関係文書の基礎的研究 (7)——條記文書の古文書学的分析を中心として》，《人文科学研究》(新潟大学人文学部) 86，第 1-26 页。

——(1994B)《〈高昌年次未詳入作人・畫師・主膠人等名籍〉試釈》，《龍谷史壇》103/104，第 1-16 页。

——(1995)《高昌国"丁輸"考——アスターナ四八号墓出土高昌国役制関係文書の分析》，《小田義久博士還暦記念　東洋史論集》，龙谷大学东洋史学研究会，第 51-76 页。

——(1997)《唐西州"某头"考》，中国唐史学会、武汉大学三至九世纪研究所编《唐代的历史与社会》，武汉大学出版社，第 548-556 页。

——(1998A)《トゥルファン出土高昌国税制関係文書の基礎的研究 (8)——條記文書の古文書学的分析を中心として》，《人文科学研究》(新潟大学人文学部) 98，第 93-117 页。

——(1998B)《西域文書からみた中国史》(世界史リブレット 10)，山川出版社。

——(1998C)《有关高昌国"远行马价钱"的一件史料——大谷 1464，2401 号文书及其意义》，中国文物研究所编《出土文献研究》3，第 189-197 页。

——（1999）《高昌国の坊制に関する二，三の問題》，唐代史研究会编《東アジア史における国家と地域》（唐代史研究会報告8），刀水书房，第300-315页。

　　——（2002A）《サンクトペテルブルグ蔵，Дx 02683v +Дx 11074v 初探——トゥルファン盆地の水利に関する一史料》，《中国水利史研究》30，第14-26页。

　　——（2002B）《高昌国上奏文書管窺》，《日中律令制の諸相》，东方书店，第407-428页。

　　——（2005）《〈北涼年次未詳（5世紀中頃）貲簿残巻〉の基礎的考察（上）》，《西北出土文献研究》2，第42-56页。

　　曾我部静雄（1973）《日唐の度牒と公驗》，《日本歴史》297，第1-11页（收入曾我部静雄《中国社会経済史の研究》，吉川弘文馆，1976年，第161-177页）。

　　高田修译注（1961）《大慈恩寺三蔵法師伝》，《国訳一切経　史伝部》11，大东出版社。

　　泷川政次郎（1958）《過所考（上）・（中）・（下）》，《日本歴史》118，第20-28页；119，第84-89页；120，第14-23页。

　　馆野和己（1984）《日本古代の交通政策——本貫地主義をめぐって》，岸俊男教授退官纪念会编《日本政治社会史研究》中，塙书房，第115-147页（馆野和己《日本古代の交通と社会》，塙书房，1998年，第125-162页）。

　　——（1998）《日本古代の交通と社会》，塙书房。

　　田村行生（2002）《ムスリムたちの最初のアム河渡河に関する伝承について》，《中央大学アジア史研究》26，第299-320页。

　　筑岛裕（1965）《興福寺本大慈恩寺三蔵法師伝寸点の国語学的研究　訳文編》，东京大学出版会。

　　张承志（梅村坦译注）（1981）《王延徳の高昌——北庭経路考》，

《アジア・アフリカ言語文化研究》22，第 139-157 页。

砺波护（1986）《唐代政治社会史研究》，同朋舍。

——（1992）《唐代の畿内と京城四面関》，唐代史研究会编《中国の都市と農村》，汲古书院，第 185-201 页。

——（1993）《唐代の過所と公験》，砺波护编《中国中世の文物》，京都大学人文科学研究所，第 661-720 页。

土肥义和（1995）《唐・北宋間の"社"の組織形態に関する一考察——敦煌の場合を中心に》，《堀敏一先生古稀記念　中国古代の国家と民衆》，汲古书院，第 691-763 页。

内藤乾吉（1930）《唐の三省》，《史林》15-4，第 30-52 页（收入内藤乾吉《中国法制史考証》，有斐阁，1963 年，第 1-25 页）。

——（1936）《唐六典の行用に就いて》，《東方学報》（京都）7（收入内藤乾吉《中国法制史考証》，有斐阁，1963 年，第 64-89 页）。

——（1960）《西域発見唐代官文書の研究》，《西域文化研究 3 敦煌吐魯番社会経済資料（下）》，法藏馆，第 9-111 页（收入内藤乾吉《中国法制史考証》，有斐阁，1963 年，第 223-345 页）。

内藤虎次郎（1915）《高昌国の紀年に就て》，《芸文》6-11（收入①内藤虎次郎《読史叢録》，弘文堂，1929 年；②《内藤湖南全集》7，筑摩书房，1970 年，第 452-453、458 页）。

——（1930）《三井寺所蔵の唐過所に就て》，《桑原博士還暦記念東洋史論叢》，弘文堂书房，第 1325-1343 页（收入《内藤湖南全集》7，筑摩书房，1970，第 615-631 页）。

内藤みどり（1978）《シルクロード論》，《歴史公論》4-12，第 158-165 页。

——（1988）《西突厥史の研究》，早稻田大学出版部。

——（1995）《突厥カプガン可汗の北庭攻撃》，《東洋学報》76-3、4，第 27-57 页。

——（2000）《突厥による北庭のバスミル攻撃事件》，《東洋学報》81-4，第1-31页。

长泽和俊译注（1978）《玄奘三藏》，桃源社。

——（1996）《鄯善王国の駅伝制について》，《楼蘭王国史の研究》，雄山阁出版，第343-354页。

中村裕一（1976）《敦煌・吐魯番出土唐代告身四種と制書について——唐公式令研究（三）》，《大手前女子大学論集》10，第92-170页（改题为《延載元年（六九四）氾德達告身》、《天宝一〇載（七五一）張無価告身》，收入中村裕一《唐代官文書研究》，中文出版社，1991年，第157-168、181-209页）。

——（1983）《唐代の情報伝達に就いて》（その一），《武庫川女子大学文学部 史学研究室報告》1，第33-47页。

——（1984）《〈赦書日行五百里〉について——唐代の情報伝達に就いて（3）》，唐代史研究会编《中国律令制の展開とその国家・社会との関係——周辺諸地域の場合を含めて》（唐代史研究会報告5），刀水书房，第83-89页。

——（1985）《唐代にみえた"牒"と"喋"字について》，《武庫川女子大学文学部 史学研究室報告》4（改题为《唐代史料にみえた"世民"両字の避諱》，收入中村裕一《唐代官文書研究》，中文出版社，1991年，第514-520页。

——（1988A）《赦書日行五百里》，《武庫川女子大学文学部 史学研究室報告》7，第59-70页（收入中村裕一《唐代制勅研究》，汲古书院，1991年，第910-925页）。

——（1988B）《有隣館所蔵の唐代軍功公験に就いて》，《武庫川女子大学文学部 史学研究室報告》8，第44-57页（收入中村裕一《唐代官文書研究》，中文出版社，1991年，第440-457页）。

——（1991）《唐代官文書研究》，中文出版社。

——（1996）《唐代公文書研究》，汲古书院。

那波利贞（1952）《唐天宝時代の河西道辺防軍に関する経済史料》，《京都大学文学部研究紀要》1，第 1-130 页。

仁井田陞（1937）《過所及び公驗》，仁井田陞《唐宋法律文書の研究》，东方文化学院，第 843-856 页（东京大学出版会，1983 年再版）。

——（1960）《中国法制史研究　土地法・取引法》，东京大学出版会（补订版：《補訂　中国法制史研究　土地法・取引法》，东京大学出版会，1981 年）。

西村元佑（1960）《唐代敦煌差科簿の研究——大谷探檢隊将来，敦煌・吐魯番古文書を参考資料として》，《西域文化研究　3　敦煌吐魯番社会経済資料（下）》，法藏馆，第 293-366 页。

——（1968）《中国経済史研究》，同朋舍。

西村阳子（2002）《麴氏高昌国の地方官制について》，《中央大学アジア史研究》26，第 229-251 页。

日本书道教育会议、谷村憙斎编（1988）《楼蘭発現：残紙・木牘書法選》，日本书道教育会议。

布目潮渢（1962）《唐代符制考——唐律研究（二）》，《立命館文学》9，第 11-35 页（收入《布目潮渢中国史論集》上，汲古书院，2003 年，第 256-292 页）。

羽田明（1969）《西域》（世界の歴史 10），河出书房新社（1989 年再版）。

——（1971）《ソグド人の東方活動》，《内陸アジア世界の形成》（岩波讲座世界历史 6），岩波书店，第 409-434 页（收入羽田明《中央アジア史研究》，临川书店，1982 年，第 322-348 页）。

羽田亨（1923）《漠北の地と康国人》，《支那学》3-5（收入《羽田博士史学論文集　上卷　歴史篇》，东洋史研究会，1957 年，第 395-

405页。

——（1931）《西域文明史概論》，弘文堂。

滨口重国（1930）《府兵制度より新兵制へ》，《史学雑誌》41-11、12（收入滨口重国《秦漢隋唐史の研究》上，东京大学出版会，1966年，第3-83页）。

——（1933）《唐に於ける両税法以前の徭役労働》，《東洋学報》20-4、21-1（收入滨口重国《秦漢隋唐史の研究》上，东京大学出版会，1966年，第515-559页）。

——（1934）《唐の玄宗朝に於ける江淮上供米と地税との関係》，《史学雑誌》45-1/2（收入滨口重国《秦漢隋唐史の研究》下，东京大学出版会，1966年，第907-945页）。

日野开三郎（1952）《銀絹の需給上より見た五代・北宋の歳幣・歳賜（上）・（下）》，《東洋学報》35-1，第1-25页；35-2，第44-83页（收入《日野開三郎　東洋史学論集》10，三一书房，1984年，第442-500页）。

——（1961）《唐・貞観十三年の戸口統計の地域的考察》，《東洋史学》24，第1-24页（收入《日野開三郎　東洋史学論集》11，三一书房，1988年，第95-122页）。

——（1962A）《玄宗の平盧軍節度使育成と小高句驪国》，《史淵》87，第1-60页；89，第1-71页（收入《日野開三郎　東洋史学論集》8，三一书房，1984年，第218-302页）。

——（1962B）《天宝末以前に於ける唐の軍糧田——〈天宝期以前に於ける唐の軍糧政策〉の第二》，《東洋史研究》21-1，第27-53页（收入《日野開三郎　東洋史学論集》11，三一书房，1988年，第303-332页）。

——（1962C）《租粟と軍糧》，《東洋史学》25，第1-30页（收入《日野開三郎　東洋史学論集》11，三一书房，1988年，第273-

301页)。

——(1965A)《唐代の波斯錢について》,《石田博士頌寿記念東洋史論叢》,石田博士古稀纪念事业会,第367-381页(收入《日野開三郎 東洋史学論集》5,三一書房,1982年,第232-243页)。

——(1965B)《唐代の回紇錢について》,《東方学》30,第38-49页(收入《日野開三郎 東洋史学論集》5,三一書房,1982年,第246-259页)。

——(1968)《唐代邸店の研究》,九州大学文学部东洋史研究室(收入《日野開三郎 東洋史学論集》17,三一书房,1991年)。

——(1968-1977)《国際交流史上より見た満鮮の絹織物》,《朝鮮学報》48、63、82(收入《日野開三郎 東洋史学論集》9,三一書房,1984年,第316-399页)。

——(1970)《続唐代邸店の研究》,九州大学文学部东洋史研究室(收入《日野開三郎 東洋史学論集》18,三一书房,1992年)。

——(1974)《唐代租庸調研究》Ⅰ 色額篇,自家版。

——(1975)《唐代租庸調研究》Ⅱ 課輸篇上,自家版。

——(1983)《唐宋時代における商人組合"行"についての再検討》,《日野開三郎 東洋史学論集》7《宋代の貨幣と金融(下)》,三一書房,1983年,第261-504(原题改名后收入)。

日比野丈夫(1963)《唐代蒲昌府文書の研究》,《東方学報》(京都)33,第267-314页。

福島惠(2005)《唐代ソグド姓墓誌の基礎的考察》,《学習院史学》43,第135-162页。

藤枝晃(1956)《長行馬文書》,《墨美》60,第2-13页,+图14-34。

藤田丰八(1925A)《薩宝につきて》,《史学雑誌》36-3(收入藤田丰八著、池内宏编《東西交渉史の研究——西域篇》,国书刊行会,1974年,第279-307页)。

——（1925B）《棉花棉布に関する古代支那人の知識》，《東洋学報》15-2，第 18-55 頁（收入藤田丰八著、池内宏編《東西交渉史の研究——南海篇》，国书刊行会，1943 年，第 533-584 頁）。

——（1933）《東西交渉史の研究　西域篇及附篇》，冈书院。

藤本胜次译注（1976）《シナ・インド物語》，关西大学出版、广报部。

船越泰次（1972）《両税法の成立に関する一考察》，《文化》36-1、36-2（收入船越泰次《唐代両税法研究》，汲古书院，1996 年，第 85-116 頁。

堀敏一（1963）《近代以前の東アジア世界》，《歴史学研究》281，第 14-18 頁。

——（1966）《西域文書よりみた唐代の租佃契》，《明治大学人文科学研究所紀要》5，第 1-47 頁（收入堀敏一《均田制の研究》，岩波书店，1975 年，第 285-339 頁）。

——（1980）《敦煌社会の変質——中国社会全般の発展とも関連して》，池田温編《講座敦煌　3　敦煌の社会》，大东出版社，第 149-195 頁。

——（1993）《中国と古代東アジア世界　中華的世界と諸民族》，岩波书店。

——（1997）《中華世界》，《魏晋南北朝隋唐時代史の基本問題》，汲古书院，第 33-59 頁。

——（1999）《中唐以後敦煌地域における税制度》，唐代史研究会編《東アジア史における国家と地域》，刀水书房，第 316-336 頁（收入《唐末五代変革期の政治と経済》，汲古书院，2002 年，第 419-440 頁）。

堀川彻（2004）《オアシス農耕社会》，间野英二、堀川彻編著《中央アジアの歴史・社会・文化》，放送大学教育振興会，第 136-

148 页。

本间宽之（2003）《麴氏高昌国の中央行政機構とその官司について》，《史観》149，第 16-32 页。

町田隆吉（1982）《吐魯番出土"北涼貲簿"をめぐって》，《東洋史論》3，第 38-67 页。

——（1984）《北魏太平真君四年拓跋燾石刻祝文をめぐって——"可寒"・"可敦"の称号を中心として》，《岡本敬二先生退官記念論集 アジア諸民族における社会と文化》，国書刊行会，第 91-114 页。

——（1990）《使人と作人——麴氏高昌国時代の寺院・僧尼の隷属民》，《駿台史学》78，第 92-108 页。

——（1993）《唐西州馬寺小攷——八世紀後半の一尼寺の寺院経済をめぐって》，《駒沢史学》45，第 167-194 页。

松井太（1998）《モンゴル時代ウイグリスタン税役制度とその淵源——ウイグル文供出命令文書にみえる Käzig の解釈を通じて》，《東洋学報》79-4，第 394-423 页（横排第 26-55 页）。

松田寿男（1936）《絹馬交易覚書》，《歴史学研究》6-2（收入《松田壽男著作集》2，六兴出版，1986 年，第 140-153 页）。

——（1952）《遊牧民の歴史》（アジアの歴史文庫 9），福村书店（收入《松田壽男著作集》2，六兴出版，1986 年，第 7-92 页）。

——（1955）《中央アジア史》（アテネ文庫 238），弘文堂（收入《松田壽男著作集》1，六兴出版，1986 年，第 167-232 页）。

——（1959）《絹馬交易に関する史料》，《遊牧社会史探究》1（收入《松田壽男著作集》2，六兴出版，1986 年，第 154-179 页）。

——（1960）《日本における東西交渉史の発達と現状》，《世界史の森》1/2（收入《松田壽男著作集》3，六兴出版，1987 年，第 355-367 页）。

——（1962）《東西文化の交流》（世界史新書），至文堂（收入

《松田壽男著作集》3，六兴出版，1987年，第7-211页）。

——（1966A）《砂漠の文化——中央アジアと東西交渉》（中公新书121），中央公论社（收入《松田壽男著作集》1，六兴出版，1986年；同時代ライブラリー181，岩波書店，1994年再版）。

——（1966B）《東西絹貿易》《古代史講座》13，学生社（收入《松田壽男著作集》3，六兴出版，1987年，第214-256页）。

——（1967）《絹馬交易と"禺氏の玉"——最古のシルク・ロードについて》，《東洋史研究》26-1（收入《松田壽男著作集》3，六兴出版，1987年，第257-292页）。

——（1970）《古代天山の歴史地理学的研究　増補版》，早稲田大学出版部。

——（1971）《アジアの歴史——東西交渉からみた前近代の世界像》（NHK市民大学丛书21），日本放送出版協会（收入《松田壽男著作集》5，六兴出版，1987年；同時代ライブラリー122，岩波書店，1994年再版）。

——（1975）《シルクロード論》，松田壽男博士古稀纪念出版委员会编《東西文化交流史》，雄山阁，第27-44页。

——（1977）《東洋史》，玉川大学通信教育部（收入《松田壽男著作集》5，六兴出版，1987年，第179-393页）。

——（1978）《シルクロードとはなにか》，《歴史公論》4-12，第14-27页。

松本善海（1977）《中国村落制度の史的研究》，岩波書店。

间野英二（1977）《中央アジアの歴史——草原とオアシスの世界》（讲谈社现代新书　458　新书东洋史　8），讲谈社。

——（1978）《中央アジア史とシルクロード——シルクロード史観との決別》，《朝日アジアレビュー》33，1978春季号，第30-36页。

——（1992）《内陸アジア史総論》，间野英二等《地域からの世界史 6 内陸アジア》，朝日新聞社，第 3-19 页。

——（1999）《中央アジア史総論》，間野英二編《アジアの歴史と文化 8 中央アジア史》，同朋舎／角川书店，第 3-12 页。

丸桥充拓（1996）《唐代後半の北辺財政——度支系諸司を中心に》，《東洋史研究》55-1，第 35-74 页（増補修訂：《唐代北辺財政の研究》第 3、5 章，岩波书店，2006 年，第 95-130、171-185 页）。

美川修一（1969）《漢代の市籍について》，《古代学》15-3，第 73-88 页。

宮崎純一（1982）《八世紀以前の中央アジアの棉織物生産について》，《仏教大学大学院研究紀要》10，第 45-62 页。

宮澤知之（1998）《宋代中国の国家と経済》，創文社。

宮園和禧（1976）《唐開元末年の河北道における流通上の変化について》，《九州共立大学紀要》10-2/11-1，第 27-41 页。

——（1977）《唐前半期における輸送労働について——特に公的物資輸送の場合》，《九州共立大学紀要》12-1，第 39-50 页。

村井恭子（2006）《唐代东北海运和海运使》，《黎虎教授古稀纪念中国古代史论丛》，世界知识出版社，第 718-734 页。

护雅夫（1967A）《突厥の国家と社会》，《古代トルコ民族史研究》1，山川出版社，第 1-223 页。

——（1967B）《突厥第一帝国における qaγan 号の研究》，《古代トルコ民族史研究》1，山川出版社，第 227-298 页。

——（1967C）《突厥第一帝国における šad 号の研究》，《古代トルコ民族史研究》1，山川出版社，第 299-397 页。

——（1967D）《鉄勒諸部における eltäbär, irkin 号の研究》，《古代トルコ民族史研究》1，山川出版社，第 398-438 页。

——（1976）《ソグド商人の足跡を追って》，《古代遊牧帝国》（中公新書 437），中央公論社，第 162-207 页。

──（1978A）《ソグド人と中央アジア史──間野英二氏の見解について》,《月刊シルクロード》4-2,第 57-62 页。

──（1978B）《遊牧民とシルクロード》,《歴史公論》4-12,第 54-65 页。

──（1979）《シルクロードとソグド人》,冈崎敬编《シルクロードと仏教文化》,东洋哲学研究所,第 219-258 页。

──（1984）《草原とオアシスの人々》（人間の世界歴史 7）,三省堂。

森部丰（2002）《唐代河北地域におけるソグド系住民──開元寺三門楼石柱題名及び房山石経題記を中心に》,《史境》45,第 20-37 页。

──（2004A）《唐末五代の代北におけるソグド系突厥と沙陀》,《東洋史研究》62-4,第 60-93 页。

──（2004B）《8~10 世紀の華北における民族移動──突厥・ソグド・沙陀を事例として》,《唐代史研究》7,第 78-99 页。

──（2007）《四世紀~一〇世紀の黄河下流域におけるソグド人》,鶴間和幸編《黄河下流域の歴史と環境 東アジア海文明への道》,东方书店,第 13-35 页。

森安孝夫（1979）《増補:ウィグルと吐蕃の北庭争奪戦及び西域情勢について》,《アジア文化史論叢》3,山川出版社,第 201-238 页。

──（1984）《吐蕃の中央アジア進出》,《金沢大学文学部論集 史学科篇》4,第 1-85 页,+2 図。

──（1989）《ウイグル文書劄記（その一）》,《内陸アジア言語の研究》4,第 51-76 页。

──（1991）《ウイグル＝マニ教史の研究》,大阪大学文学部（《大阪大学文学部紀要》31/32）。

——（1995）《日本における内陸アジア史並びに東西交渉史研究の歩み——イスラム化以前を中心に》，《内陸アジア史研究》10，第1-26页。

　　——（1996）《中央ユーラシアから見た世界史》，《あうろーら》4，第26-38页。

　　——（1997A）《〈シルクロード〉のウイグル商人——ソグド商人とオルトク商人のあいだ》，《中央ユーラシアの統合》（岩波讲座世界历史 11），岩波书店，第93-119页。

　　——（1997B）《オルトク（斡脱）とウイグル商人》，《近世・近代中国および周辺地域における諸民族の移動と地域開発》（1995-1996年度科研成果报告书），第1-48页。

　　——（2002）《ウイグルから見た安史の乱》，《内陸アジア言語の研究》17，第117-170页。

　　——（2003）《シルクロードと世界史》（大阪大学 21 世纪 COE プログラム"インターフェイス的人文学"报告书 3），大阪大学大学院文学研究科。

　　——（2004A）《序文——シルクロード史観論争の回顧と展望》，森安孝夫编《中央アジア出土文物論叢》，朋友书店，第i-vii页。

　　——（2004B）《シルクロード東部における通貨——絹・西方銀銭・官布から銀錠へ》，森安孝夫编《中央アジア出土文物論叢》，朋友书店，第1-40页。

　　——（2007A）《シルクロードと唐帝国》（《興亡の世界史》5），讲谈社。

　　——（2007B）《唐代における胡と仏教的世界地理》，《東洋史研究》66-3，第1-33页（横排）。

　　家岛彦一（1991）《イスラム世界の成立と国際商業》，岩波书店。

　　山内晋次（1986）《唐よりみた八世紀の国際秩序と日本の地位の

再検討》,《続日本紀研究》245（补订后收入《唐朝の国際秩序と日本——外交文書形式の分析を通して》,《奈良平安期の日本とアジア》,吉川弘文館,2003年,第10-35页。

——（1998）《日本古代史研究からみた東アジア世界論——西嶋定生氏の東アジア世界論を中心に》,《新しい歴史学のために》230/231,第11-21页。

山岸健二（1996）《〈入唐求法巡礼行記〉にみえる過所・公験》,《史学研究集録》21,第33-54页。

山下将司（2004）《新出土史料より見た北朝末・唐初間ソグド人の存在形態——固原出土史氏墓誌を中心に》,《唐代史研究》7,第60-77页。

——（2005）《隋・唐初の河西ソグド人軍団——天理図書館蔵〈文館詞林〉〈安修仁墓碑銘〉残卷をめぐって》,《東方学》110,第65-78页。

山田胜芳（1969）《中国古代の商人と市籍》,《加賀博士退官記念中国文史哲学論文集》,讲谈社,第125-140页。

山根清志（1982）《唐の"百姓"身份について》,《社会経済史学》47-6,第1-21页。

——（1988）《唐の"百姓"身份について・補論》,《栗原益男先生古希記念論文集　中国古代の法と社会》,汲古书院,第293-312页。

——（2007）《唐代"百姓"身份に関する諸問題》,太田幸男、多田狷介编《中国前近代史論集》,汲古书院,第371-396页。

山本光朗（1989）《漢代中央アジアの地理概念》,藤岡謙二郎等编《講座　考古地理学》5（生産と流通）,学生社,第116-136页。

吉田丰（1988）《ソグド語雑録（Ⅱ）》,《オリエント》31-2,第165-176页。

——（1989）《ソグド語の人名を再構する》，《三省堂ぶっくれっと》78，第 66-71 页。

——（1990）《ソグド語雑録（Ⅲ）》，《内陸アジア言語の研究》5，第 91-107 页。

——（1992）桑山正进编《慧超往五天竺国伝研究》，京都大学人文科学研究所。

——（1994A）《ソグド文字で表記された漢字音》，《東方学報》66，第 271-380（1-110）页。

——（1994B）《中世イラン語方言ソグド語と周辺言語との接触》（1993 年度科学研究費補助金研究成果報告書）。

——（1997）《ソグド語資料から見たソグド人の活動》，《中央ユーラシアの統合》（岩波讲座世界历史 11），岩波书店，第 227-248 页。

——（1998）《Sino-Iranica》，《西南アジア研究》48，第 33-51 页。

——（2000A）Further remarks on the Sino-Uighur problem.《アジア言語論叢》3（神户外国语大学外国学研究 45），第 1-11 页。

——（2000B）《オアシスの道——玄奘は何語で旅をしたか》，《言語》2000-6，第 39-43 页。

——（2006）《コータン出土 8-9 世紀のコータン語世俗文書に関する覚え書き》（神户外国语大学研究丛书 38）。

吉田丰、森安孝夫（1999）《ブグト碑文》，森安孝夫、A. オチル合编《モンゴル国現存遺蹟・碑文調査研究報告》（丰中，大阪大学文学部内，中央ユーラシア学研究会），第 122-125 页。

吉田丰、森安孝夫、新疆维吾尔自治区博物馆（1989）《麹氏高昌国時代ソグド文女奴隷売買文書》，《内陸アジア言語の研究》4（1988），第 1-50 页。

渡边信一郎（1988）《唐代後半期の中央財政——户部財政を中心

に》,《京都府立大学学術報告·人文》40,第 1-25 页。

——(1994)《中国古代国家の思想構想》,校仓书房。

——(1996)《天空の玉座——中国古代帝国の朝政と儀礼》,柏书房。

——(2002)《北朝財政史の研究——〈魏書〉食貨志を中心に》(1999-2002 年度科研报告书)。

——(2003)《中国古代の王権と天下秩序——日中比較史の視点から》,校仓书房。

渡部武(1978)《秦漢時代の謫戍と謫民について》,《東洋史研究》36-4,第 39-61 页。

中文（作者姓名拼音顺序）

白寿彝(1936)《中国交通史》,商务印书馆。

岑仲勉(1958)《突厥（回纥）语及伊、印语之汉文译写表》,《西突厥史料补阙及考证》,中华书局,第 238-252 页。

陈国灿(1988)《魏晋至隋唐河西胡人的聚居与火祆教》,《西北民族研究》1988-1,第 198-209、278 页。

——(1991)《高昌国的占田制度》,《魏晋南北朝隋唐史资料》11,第 226-238 页。

——(1994)《斯坦因所获吐鲁番文书研究》,武汉大学出版社。

——(1998)《略论高昌国负麦、粟帐的年代与性质》,《出土文献研究》3,第 179-188 页。

——(2000)《唐西州蒲昌府防区内的镇戍与馆驿》,《魏晋南北朝隋唐史资料》17,第 85-106 页。

——(2002)《吐鲁番出土唐代文献编年》（香港敦煌吐鲁番研究中心研究丛刊）,新文丰出版公司。

——(2005)《〈俄藏敦煌文献〉中吐鲁番出土的唐代文书》,《敦煌吐鲁番研究》8，第 105-114 页。

——（2006）《鄯善县新发现的一批唐代文书》，殷晴主编《吐鲁番学新论》，新疆人民出版社，第 36-52 页。（无图版，《鄯善新发现的一批唐代文书》，新疆吐鲁番地区文物局编《吐鲁番学研究　第二届吐鲁番学国际学术研讨会论文集》，上海辞书出版社，2006 年，第 3-26 页）。

陈海涛（2002）《从胡商到编民——吐鲁番文书所见麹氏高昌时期的粟特人》，《魏晋南北朝隋唐史资料》19，第 197-209 页。

陈海涛、刘惠琴（2005）《商业移民与部落迁徙——敦煌、吐鲁番著籍粟特人的主要来源》，《敦煌学辑刊》2005-2，第 117-125 页。

陈沉远（1933）《唐代驿制考》，《史学年报》1-5，第 61-92 页。

陈仲安（1990）《试释高昌国文书中之"剂"字——麹朝税制管窥》，《敦煌吐鲁番文书初探》2，武汉大学出版社，第 1-28 页。

程喜霖（1982）《释烽铺》，《魏晋南北朝隋唐史资料》4，第 36-39 页。

——（1985A）《吐鲁番文书中所见的麹氏高昌的计田输租与计田承役》，《出土文献研究》，文物出版社，第 159-174 页。

——（1985B）《唐代的公验与过所》，《中国史研究》1985-1，第 121-134 页。

——（1986A）《对吐鲁番所出四角蒲役夫文书的考察——唐代西州杂徭研究之一》，《中国史研究》1986-1，第 50-63 页。

——（1986B）《〈唐开元二十一年（733）西州都督府勘给过所案卷〉考释——兼论请过所程序与勘验过所（上）》，《魏晋南北朝隋唐史资料》8，第 48-59 页。

——（1988）《〈唐开元二十一年（733）西州都督府勘给过所案卷〉考释——兼论请过所程序与勘验过所（下篇）》，《魏晋南北朝隋唐史资料》9/10，第 74-82 页。

——（1990A）《唐〈西州图经〉残卷道路考》，《敦煌吐鲁番文书初探》2，武汉大学出版社，第 533-554 页。

——（1990B）《汉唐烽堠制度研究》，三秦出版社。

——（1990C）《唐代过所文书中所见的作人与雇主》，《敦煌吐鲁番文书初探》2，武汉大学出版社，第 440-462 页（收入程喜霖《唐代过所研究》，中华书局，2000 年，第 266-282 页）。

——（1991）《〈唐垂拱元年（685）康尾义罗施等请过所案卷〉考释》，《魏晋南北朝隋唐史资料》11，第 239-250 页。

——（1992）《护照与签证功能合一的过所》，《文史知识》8，第 42-45 页。

——（2000）《唐代过所研究》，中华书局。

冻国栋（1990）《麹氏高昌役制研究》，《敦煌学辑刊》1990-1，第 24-42 页。

——（2002）《中国人口史 2 隋唐五代时期》，复旦大学出版社。

敦煌研究院编（1986）《敦煌莫高窟供养人题记》，文物出版社。

高启安（2010）《敦煌吐鲁番文书中三等次供食问题研究》，高田时雄主编《敦煌写本研究年报》4，第 35-79 页。

郭锋（1993）《斯坦因第三次中亚探险所获甘肃新疆出土汉文文书——未经马斯伯乐刊布的部分》，甘肃人民出版社。

郭平梁（1986）《唐朝王奉仙被捉案文书考释——唐代西域陆路交通运输初探》，《中国史研究》1986-1，第 136-145 页。

关蔚然编（1986）《丝绸之路》，文物出版社。

韩国磐（1997）《高昌西州四百年货币关系补缺》，《唐代的历史与社会》，武汉大学出版社，第 317-328 页。

何格恩（1941）《张曲江诗文事迹编年考》，广东文物展览会编《广东文物》中，中国文化协进会，第 2-73 页。

何双全（1993）《漢簡中の"符""伝"及び"過所"》，大庭修

编《漢簡研究の現状と展望》，关西大学出版部，第77-83页。

何休（1986）《焉耆发现的唐代龟符》，《新疆文物》1986-1，第73-75页。

贺梓城（1984）《唐王朝与边疆民族和邻国的友好关系——唐墓志铭札记之一》，《文博》创刊号，第56-60页。

侯灿（1984）《麴氏高昌王国官制研究》，《文史》22，第29-76页（收入侯灿《高昌楼兰研究论集》，新疆人民出版社，1990年，第1-72页）。

——（1987）《麻札塔格古戍堡及其在丝绸之路上的重要位置》，《文物》1987-3，第63-75页。

——（1990）《解放后新出吐鲁番墓志录》，《敦煌吐鲁番文献研究论集》5，北京大学出版社，第563-617页。

胡宝华（1990）《唐天宝年间军费开支蠡测》，《文史》33，第163-170页。

胡戟、张弓、李斌城、葛承雍主编（2002）《二十世纪唐研究》（唐研究基金会丛书），中国社会科学出版社。

黄惠贤（1983）《〈唐西州高昌县上安西都护府牒稿为录上讯问曹禄山诉李绍谨两造辩辞事〉释》，《敦煌吐鲁番文书初探》，武汉大学出版社，第344-363页。

黄文弼（1951）《高昌砖集（增订本）》（《考古学特刊》2），中国科学院。

——（1954）《吐鲁番考古记》，中国科学院（科学出版社，1958年再版）。

黄正建（1994）《唐代的"传"与"递"》，《中国史研究》1994-4，第77-81页。

——（1998）《唐代衣食住行研究》，首都师范大学出版社。

姜伯勤（1986A）《高昌文书中所见的铁勒人》，《文物》1986-12，第 53-57 页。

——（1986B）《吐鲁番文书所见的"波斯军"》,《中国史研究》1986-1,第 128-135 页。

——（1989）《敦煌新疆文书所记的唐代"行客"》,国家文物局古文献研究室编《出土文献研究续集》,文物出版社,第 277-290 页。

——（1990）《高昌麹朝与东西突厥——吐鲁番所出客馆文书研究》,北京大学中国中古史研究中心编《敦煌吐鲁番文献研究论集》5,北京大学出版社,第 33-51 页。

——（1991）《广州与海上丝绸之路上的伊兰人：论遂溪的考古发现》,广东省人民政府外事办公室、广东省社会科学院编《广州与海上丝绸之路》,广东社会科学院,第 21-33 页。

——（1994）《敦煌吐鲁番文书与丝绸之路》,文物出版社。

——（1996）《敦煌艺术宗教与礼乐文明》,中国社会科学出版社。

蒋礼鸿（1994）《敦煌文献语言词典》,杭州大学出版社。

蒋其祥（1982）《〈蒲类州之印〉小考》,《新疆社会科学》1982-1,第 79-80 页。

孔祥星（1981）《唐代新疆地区的交通组织长行坊——新疆出土唐代文书研究》,《中国历史博物馆馆刊》3,第 29-38、66 页。

雷绍锋（2000）《归义军赋役制度初探》,中华发展基金管理委员会、洪叶文化事业有限公司。

雷闻（2007）《关文与唐代地方政府内部的行政运作——以新获吐鲁番文书为中心》,《中华文史论丛》2007-4（总 88）,第 123-154 页。

李方（1994）《唐西州的译语人》,《文物》1994-2,第 45-51 页。

——（1997）《唐西州上佐编年考证——唐西州官吏考证（二）》,《敦煌吐鲁番研究》2,第 189-214 页。

——（2002）《唐西州行政体制考论》,黑龙江教育出版社。

——（2003）《唐西州的突厥游弈部落》,周伟洲主编《西北民族论丛》2，中国社会科学出版社，第 88-104 页。

李鸿宾（1997）《唐代墓志中的昭武九姓粟特人》，《文献》1997-1，第 121-134 页。

李锦绣（1991）《唐前期公廨本钱的管理制度》，《文献》50（1991-4），第 98-109 页。

——（1995）《唐代财政史研究》（上）第 1-3 分册，北京大学出版社。

——（1998）《唐代制度史略论稿》，中国政法大学出版社。

李吟屏（2001）《新发现于新疆洛浦县的两件唐代文书残页考释》，《西域研究》2001-2，第 57-61 页。

——（2004）《近年发现于新疆和田的四件唐代汉文文书残页考释》，《西域研究》2004-3，第 83-90 页。

李遇春（1989）《吐鲁番出土〈三国志·魏书〉和佛经时代的初步研究》，《敦煌学辑刊》1989-1，第 42-47 页。

李征（1986）《安乐城考》，《中国史研究》1986-1，第 153-158 页。

李之勤（1982）《唐关内道驿馆考略——陈沆远唐代〈馆驿名录〉校补》，《西北历史资料》1982-1，第 50-67 页。

——（1995）《唐代驿道研究》，李之勤《西北史地研究》，中州古籍出版社，第 71-154 页。

刘安志（2000）《唐代西州的突厥人》，《魏晋南北朝隋唐史资料》17，第 112-122 页。

刘复（1925）《敦煌掇琐》（国立中央研究院历史语言研究所专刊2），国立中央研究院历史语言研究所（黄永武主编《敦煌丛刊初集》15，新文丰出版公司，1985 年再版）。

刘广生主编（1986）《中国古代邮驿史》，人民邮电出版社。

柳洪亮（1986）《安西都护府治西州境内时期的都护及年代考》，

《新疆社会科学》1986-2，第 123-125 页。

刘惠琴（1995）《从敦煌文书中看沙州纺织业》，《敦煌学辑刊》1995-2，第 49-54 页。

刘进宝（2001）《归义军政权税柴征收试探》，《唐代文化学术研讨会论文集》，台北，丽文文化事业，第 763-785 页。

——（2007）《唐宋之际归义军经济史研究》，中国社会科学出版社。

柳晋文（1985）《巴楚——柯坪古丝道调查 兼述"济浊馆"、"谒者馆"之地望》，《新疆文物》1985-1，第 17-19 页。

刘铭恕（1984）《丝路掇琐》，《敦煌学辑刊》1984-5，第 84-92 页。

刘统（1998）《唐代羁縻府州研究》，西北大学出版社。

刘希为（1992）《隋唐交通》，新文丰出版公司。

刘义棠（1977）《天可汗探原》，《中国西域研究》，正中书局，第 71-109 页。

楼祖诒（1940）《中国邮驿发达史》，天一出版社。

——（1958）《中国邮驿史料》，人民邮电出版社。

鲁才全（1983）《唐代前期西州宁戎驿及其有关问题——吐鲁番所出馆驿文书研究之一》，《敦煌吐鲁番文书初探》，武汉大学出版社，第 364-380 页。

——（1984）《唐代的驿家和馆家试释》，《魏晋南北朝隋唐史资料》6，第 34-38、+33 页。

——（1990）《唐代前期西州的驿马驿田驿墙诸问题——吐鲁番所出馆驿文书研究之二》，《敦煌吐鲁番文书初探》2，武汉大学出版社，第 279-304 页。

鲁岱青（2000）《阿史那伽利支官符考释》，《吐鲁番学研究》2000-2，第 39-44 页。

卢开万（1983）《试论麹氏高昌时期的赋役制度》，《敦煌吐鲁番文书初探》，武汉大学出版社，第66-99页。

——（1991）《唐代户税若干具体问题探讨》，《魏晋南北朝隋唐史资料》11，第176-186页。

卢向前（1982）《伯希和三七一四号背面传马坊文书研究》，《敦煌吐鲁番文献研究论集》1，中华书局，第660-686页。

——（1986）《牒式及其处理程式的探讨——唐公式文研究》，《敦煌吐鲁番文献研究论集》3，北京大学出版社，第335-393页。

罗丰（1996）《固原南郊隋唐墓地》，文物出版社。

罗香林（1955）《唐代天可汗制度考》，《新亚学报》1-1（收入罗香林《唐代文化史》，台湾商务印书馆，1955年，第54-87页。

罗新（2004）《从可汗号到皇帝尊号》，《唐研究》10，第283-295页。

罗振玉（1939）《贞松堂藏西陲秘籍丛残》（收入《罗雪堂先生全集》三编，文华出版公司，1970年；黄永武主编《敦煌丛刊初集》7，新文丰出版公司，1985年。

马雍（1976）《麹斌造寺碑所反映的高昌土地问题》，《文物》1976-12，第51-58页（收入《西域史地文物丛考》，文物出版社，1990年，第154-162页）。

——（1986）《突厥与高昌麹氏王朝始建交考》，《向达先生纪念论文集》，新疆人民出版社，第353-364页。

孟凡人（1990）《罗布淖尔土垠遗址试析》，《考古学报》1990-2，第169-185页。

孟宪实（2004）《汉唐文化与高昌历史》，齐鲁书社。

孟彦弘（2006）《唐代的驿、传送与转运——以交通与运输之关系为中心》，《唐研究》12，第27-52页。

闵丙勋、安秉灿（1995）《国立中央博物馆藏吐鲁番出土文书管见》,《美术资料》56,第 156-180 页。

乜小红（2006）《唐五代畜牧经济研究》，中华书局。

钱伯泉（1985）《从〈麹斌造寺碑〉谈高昌国麹氏王朝与突厥的关系》,《新疆历史研究》1985-4，第 1-9 页。

——（1990）《从〈高昌主簿张绾等传供状〉看柔然王国在高昌地区的统治》,敦煌吐鲁番学会新疆研究资料中心编《吐鲁番学研究专辑》,第 96-111 页。

——（1992）《从吐鲁番文书看薛延陀前期历史》,《西域研究》1992-1，第 104-114 页。

——（1995）《从传供状和客馆文书看高昌王国与突厥的关系》,《西域研究》1995-1，第 87-96 页。

钱大群译注（1988）《唐律译注》,江苏古籍出版社。

荣新江（1987）《吐鲁番历史与文化》（与胡戟、李孝聪合著）,《吐鲁番》,三秦出版社,第 26-85 页。

——（1993A）《古代塔里木盆地周边的粟特移民》,《西域研究》1993-2，第 8-15 页。

——（1993B）《关于唐宋时期中原文化对于阗影响的几个问题》,北京大学中国传统文化研究中心编《国学研究》1，北京大学出版社,第 401-424 页。

——（1997）《安禄山的种族与宗教信仰》,《第三届中国唐代文化学术研讨会文集》,中国唐代学会,第 231-241 页（收入荣新江《中古中国与外来文明》,生活·读书·新知三联书店，2001 年,第 222-237 页）。

——（1999）《北朝隋唐粟特人之迁徙及其聚落》,《国学研究》6，第 27-86 页（收入荣新江《中古中国与外来文明》,生活·读书·新知三联书店，2001 年,第 37-110 页）。

——（2001）《隋及唐初并州的萨保府与粟特聚落》,《文物》2001-

4，第84-89页（收入荣新江《中古中国与外来文明》，生活·读书·新知三联书店，2001，第169-179页）。

——（2003A）《萨保与萨薄：北朝隋唐胡人聚落首领问题的争论与辨析》，《伊朗学在中国论文集》，北京大学出版社，第128-143页。

——（2003B）《北朝隋唐胡人聚落的宗教信仰与祆祠的社会功能》，《唐代宗教信仰与社会》，上海辞书出版社，第385-412页。

——（2005）《西域粟特移民聚落补考》，《西域研究》2005-2，第1-11页。

——（2006）《新出吐鲁番文书所见粟特、突厥》，"シルクロードの文化と交流"国际研讨会论文集，新潟大学，2006年3月3日（清水はるか、关尾史郎译《新出トゥルファン文書に見えるソグドと突厥》，《環東アジア研究センター年報》1，第5-15页）。

——（2007）《阚氏高昌国与柔然、西域的关系》，《历史研究》2007-2，第4-14页。

陕西省考古研究所（2001）《西安发现的北周安伽墓》，《文物》2001-1，第4-26页。

——（2003）《西安北周安伽墓》，文物出版社。

尚衍斌（2001）《唐代入华"兴生胡"的社会权益评析》，《西域研究》2001-1，第17-24页。

宋家钰（2008）《唐〈厩牧令〉驿传条文的复原及与日本〈令〉、〈式〉的比较》，《唐研究》14，第155-203页。

宋晓梅（2003）《高昌国——公元五至七世纪丝绸之路上的一个移民小社会》，中国社会科学出版社。

宿白（1992）《武威行（中）》，《文物天地》1992-7，第9-12页。

苏北海（1999）《唐朝在吐鲁番盆地的国防设施》，《丝绸之路与文化开放——新疆吐鲁番学会1996年度论文集》，新疆人民出版社，第

53—103 页。

孙福喜（2005）《西安史君墓粟特文汉文双语题名汉文考释》，《粟特人在中国——历史、考古、语言的新探索》，中华书局，第 18—25 页。

孙继民（1995）《唐代行军制度研究》，文津出版社。

——（2000）《敦煌吐鲁番所出唐代军事文书初探》，中国社会科学出版社。

——（2002）《唐代瀚海军文书研究》，甘肃文化出版社。

孙晓林（1983）《唐西州高昌县的水渠及其使用、管理》，《敦煌吐鲁番文书初探》，武汉大学出版社，第 519—543 页。

——（1990）《试探唐代前期西州长行坊制度》，《敦煌吐鲁番文书初探》2，武汉大学出版社，第 169—241 页。

——（1991）《关于唐前期西州设"馆"的考察》，《魏晋南北朝隋唐史资料》11，第 251—262 页。

孙毓棠、谢方点校（1983）《大慈恩寺三藏法师传》，中华书局。

唐长孺（1982）《新出吐鲁番文书发掘整理经过及文书简介》，《東方学報》（京都）54，第 83—100 页。

陶希圣主编（1937）《唐代之交通》，国立北平大学出版组（食货出版社，1974 年再版）。

田尚（1982）《唐代十道和十五道的产生及其性质》，《中国古代史论丛》1982-3，第 141—152 页。

王炳华（1983）《吐鲁番出土唐代庸调布研究》，《唐史研究会论文集》，陕西人民出版社，第 8—22 页。

王宏治（1986）《关于唐初驿馆制度的几个问题》，《敦煌吐鲁番文献研究论集》3，北京大学出版社，第 283—334 页。

王冀青（1985）《唐交通通讯用马的管理》，《敦煌学辑刊》1985-2，第 35—54 页。

——（1986）《唐前期西北地区用于交通的驿马、传马和长行马——敦煌、吐鲁番发现的馆驿文书考察之二》，《敦煌学辑刊》1986-2，第 56-65 页。

王启涛（2005）《吐鲁番出土文书词语考释》，巴蜀书社。

王素（1983）《〈吐鲁番出土文书〉前三册评介》，《中国史研究》1983-2，第 155-163 页。

——（1986）《高昌火祆教论稿》，《历史研究》1986-3，第 168-177 页。

——（1992）《吐鲁番文书中有关岑参的一些资料》，《文史》36，第 185-198 页。

——（1993）《吐鲁番出土张氏高昌时期文物三种》，《文物》1993-5，第 53-60 页。

——（1996）《吐鲁番出土北凉赀簿补说》，《文物》1996-7，第 75-77 页。

——（1997）《吐鲁番出土高昌文献编年》，新文丰出版公司。

——（1998）《高昌史稿 统治编》，文物出版社。

——（2000）《高昌史稿 交通编》，文物出版社。

——（2002）（书评）《朱雷〈敦煌吐鲁番文书论丛〉》，《敦煌吐鲁番研究》6，第 401-409 页。

王小甫（1992）《唐 吐蕃 大食政治关系史》，北京大学出版社。

王欣（1991）《麴氏高昌国与北方游牧民族的关系》，《西北民族研究》1991-2，第 189-197 页。

王仲荦（1979）《北周六典》（上、下），中华书局。

——（1987）《吐鲁番出土的几件唐代过所》，《崦华山馆丛稿》，中华书局，第 274-314 页。

吴丽娱、张小舟（1986）《唐代车坊的研究》，《敦煌吐鲁番文献研究论集》3，北京大学出版社，第 250-281 页。

武敏（1987）《从出土文书看古代高昌地区的蚕丝与纺织》，《新疆社会科学》1987-5，第92-100页。

巫新华（1999）《吐鲁番唐代交通路线的考察与研究》，青岛出版社。

吴玉贵（1990）《试论两件高昌供食文书》，《中国史研究》1990-1，第70-80页。

——（1991）《高昌供食文书中的突厥》，《西北民族研究》1991-1，第46-66页。

——（1998）《突厥汗国与隋唐关系史研究》（唐研究基金会丛书），中国社会科学出版社。

吴震（1989A）《唐庭州西海县之置建与相关问题》，《新疆社会科学》1989-2，第95-104页。

——（1989B）《唐开元廿一年西州都督府处分行旅文案残卷的复原与研究》，《文物研究》5，第370-387页。

——（1990A）《唐开元廿一年西州都督府处分行旅文案残卷的复原与研究（续完）》，《文物研究》6，第299-325页。

——（1990B）《寺院经济在高昌社会中的地位》，《新疆文物》1990-4，第100-110页。

——（2000）《吐鲁番出土文书中的丝织品考辨》，《シルクロード学研究》8，第84-103页。

——（2005）《关于古代植棉研究中的一些问题》，《吐鲁番学研究》2005-1，第10-23页。

西安市文物保护考古所（2005）《西安北周凉州萨保史君墓发掘简报》，《文物》2005-3，第4-26页。

向达（1957）《唐代长安与西域文明》，生活·读书·新知三联书店。

谢重光（1989）《麴氏高昌赋役制度考辨》，《北京师范大学学报》

1989-1，第 80-88 页。

谢海平（1978）《唐代留华外国人生活考述》，台湾商务印书馆。

薛宗正（1995）《安西与北庭》，黑龙江教育出版社。

严耕望（1954）《唐代国内交通与都市》，《大陆杂志》8-4，第 99-101 页。

——（1963）《中国地方行政制度史 上编（4）》（卷中 魏晋南北朝地方行政制度 下册），中央研究院历史语言研究所编集、发行。

——（1969）《唐史研究丛稿》，新亚研究所。

——（1985-2003）《唐代交通图考》1-6（中央研究院历史语言研究所专刊之八三），台湾商务印书馆（严耕望 1985 =《唐代交通图考》2 河陇碛西区）。

杨德炳（1983）《关于唐代对患病兵士的处理与程粮等问题的初步探索》，《敦煌吐鲁番文书初探》，武汉大学出版社，第 486-499 页。

杨际平（1989）《麴氏高昌赋役制度管见》，《中国社会经济史研究》1989-2，第 79-87、94 页。

——（1992）《天宝四载河西豆卢军和籴会计文书研究》，《中国社会经济史研究》1992-3，第 19-32 页。

杨廷福（1978）《〈唐律疏议〉制作年代考》，《文史》5，第 31-44 页（收入杨廷福《唐律初探》，天津人民出版社，1982 年；日译文：杨廷福著，冈野诚译《〈唐律疏議〉制作年代考》，《法律論叢》52-4，1980 年，第 145-180 页）。

——（1988）《玄奘年谱》，中华书局。

姚家积（1936）《唐代驿名拾遗》，《禹贡》半月刊 5-2，第 23-31 页（俞大纲"附函"第 31-32 页）。

曾问吾（1936）《中国经营西域史》，商务印书馆。

张广达（1988）《唐灭高昌后的西州形势》，《東洋文化》68，第 69-107 页（收入《西域史地丛稿初编》，上海古籍出版社，1995 年，第 113-173 页)。

张广达、荣新江(1988A)《关于和田出土于阗文献的年代及其相关问题》,《东洋学报》69-1/2,第 59-62 页(收入张广达、荣新江《于阗史丛稿》,上海书店,1993 年,第 71-87 页)。

——(1988B)《〈唐大历三年三月典成铣牒〉跋》,《新疆社会科学》1988-1,第 60-69 页(收入张广达、荣新江《于阗史丛稿》,上海书店,1993 年,第 140-154 页)。

——(1997)《八世纪下半至九世纪初的于阗》,《唐研究》3,第 339-361 页。

张平(1990)《有关唐安西乌垒州等地望考》,《新疆社会科学》1990-2,第 120-127 页。

张庆捷(2001)《〈虞弘墓志〉中的几个问题》,《文物》2001-1,第 102-108 页。

张勋燎(1990)《敦煌石室奴婢马匹价目残纸的初步研究》,《古文献论丛》,巴蜀书社,第 175-191 页。

张泽咸(1986)《唐五代赋役史草》,中华书局。

赵万里(1956)《汉魏南北朝墓志集释》,文物出版社。

郑炳林(1999)《晚唐五代敦煌地区种植棉花研究》,《中国史研究》1999-3,第 83-95 页。

周成(1995)《中国古代交通图典》,中国世界语出版社。

朱雷(1980)《吐鲁番出土北凉赀簿考释》,《武汉大学学报》(哲学社会科学版)1980-4,第 33-43 页,封 2(收入朱雷《敦煌吐鲁番文书论丛》,甘肃人民出版社,2000 年,第 1-24 页)。

——(1982)《麹氏高昌王国的"称价钱"——麹朝税制零拾》,《魏晋南北朝隋唐史资料》4,第 17-24 页。

——(1983)《吐鲁番出土文书中所见的北凉"按赀配生马"制度》,《文物》1983-1,第 35-38 页(收入朱雷《敦煌吐鲁番文书论丛》，甘肃人民出版社，2000年，第25-30页）。

——（2000）《敦煌吐鲁番文书论丛》，甘肃人民出版社。

朱振宏（2003）《唐代"皇帝、天可汗"释义》，《汉学研究》21-1，第413-433页。

祝总斌（1983）《高昌官府文书杂考》，《敦煌吐鲁番文献研究论集》2，北京大学出版社，第465-501页。

欧文（作者姓名音序）

Aurousseau, L. (1914) A propos de l'article de Sylvain Lévi — Le "Tokharien B", Langue de Koutcha. *T'oung Pao* 15, pp. 391-404.

Bailey, H. W. (1961) *Khotanese Texts*. Ⅳ, Cambridge.

Beal, S. (1888) *The Life of Hiuen-tsiang*. London.

Beckwith, Ch. Ⅰ. (1987) *The Tibetan Empire in Central Asia. A History of the Struggle for Great Power among Tibetans, Turks, Arabs, and Chinese during the Early Middle ages*, Princeton University Press.

Боголюбова, М. Н. и Смирновойй, О. И. (1963) *Хозяийственные Документы* (*Согдиийские Документы с Горы Муг, выпуск* Ⅲ). Москва.

Chang, Jih min（张日铭）(1980) *Les musulmans sous la Chine des Tang (618-905)*, Taipei. （中译本：姚继德、沙德珍译《唐代中国与大食穆斯林》，宁夏人民出版社，2002年）

Chavannes, Ed. (1970) Chinese Documents from the Sites of Dandān-Uiliq, Niya and Endere, In: Aurel Stein, *Ancient Khotan*, Ⅰ, Oxford, pp. 521-547.

——（1913）*Les documents Chinois découverts par Aurel Stein dans les sables du Turkestan oriental*. Oxford.

Clauson, G. (1972) *An Etymological Dictionary of Pre-Thirteen-Century Turkish*. Oxford.

De la Vaissière, É. (2002) *Histoire des Marchands Sogdiens*. Paris, Collège de France (trans. by James Ward, *Sogdian Traders: A History*, HdO. Section eight, Central Asia; vol. 10, Brill, 2005).

Des Rotours, R. (1948) *Traité des Fonctionnaire et Traité de L'armée, traduits de la Nouvelle Histoire des T'ang (chapitres 46-50)*. 2 Tomes, Leyden (2nd ed. San Francisco, Chinese Materials Center, 1974).

—— (1952) Les Insignes en deux parties (fou 符) sous la Dynastie des T'ang (618-907). *T'oung Pao* 41, pp. 1-148.

Dien, A. E. (1962) The Sa-pao problem re-examined, *JAOS* 82, pp. 335-346.

Doerfer, G. (1965) *Türkische und mongolische Elemente im Neupersischen*. Band II, Wiesbaden.

François, T. (1997) On the Tang Coins Collected by Pelliot in Chinese Turkestan (1906-1909). *Studies in Silk Road Coins and Culture*, Kamakura, The Instituts of Silk Road Studies, pp. 149-179.

Grenet, F. (1996) Les merchands sogdiens dans les mers du Sud a l'epoque preislamique. *Inde-Asie centrale; Cahiers d'Asie central*. 1-2, pp. 65-84.

Grenet, F., Sims-Williams, N., and De la Vaissière, É. (2001) The Sogdian Ancient Letter V. *Bulletin of the Asia Institute* 12 (1998), pp. 91-104.

Hamilton, J. (1977) Nasales instables en turc khotanais du Xe siècle. *BSOAS* 40-3, pp. 508-521.

Harmatta, J. (1979) Sogdian Sources for the History of Pre-Islamic Asia. *Plolegomena to the Sources on the History of Pre-Islamic Central Asia*, Budapest, pp. 153-165.

Hoernle, A. F. R. (1901) A Report on the British Collection of Antiquities from Central Asia, Part Ⅱ, *Journal of the Asiatic Society of Bengal* 70, 55+31+7 p. , 13 facs. plates, 3 tables.

Johnson, Wallace (tr.) (1997) *The T'ang Code Vol. Ⅱ , Specific Articles* (Havard Studies in East Asia Law 10), Princeton University Press, New Jersey.

Julien, S. (1853) *Histoire de la vie de Hiouen-thsang*, Paris.

—— (1858) *Mémoires sur les contrées occidentales, traduits du Sanscrit en Chinois, en l'an 648, par Hiouen-thsang, et du Chinois en Français*, tome Ⅱ, Paris.

Karlgren, B. (1923) *Analytic Dictionary of Chinese and Sino-Japanese*, Paris.

—— (1972) *Grammata Serica Recensa*, Stockholm.

Kikuchi, H. (菊池英夫) (1981) On Documents of the T'ang Military System Discovered in Central Asia. *Journal Asiatique* 269, pp. 119-150.

Kotwicz, W. (1953) Contributions aux études altaïque, A: Les termes concernant le service des relais postaux. *Collectanea Orientalia* 2, Wilno 1932, pp. 1-28 (Rep. *Rocznik Orjentalistyczny* 16, 1950, pp. 327-355).

Lattimore, O. (1950) *Pivot of Asia: Sinkiang and the Inner Asian Frontiers of China and Russia*, Boston, Little Brown and Company (Rep. 1975 by AMS Press Inc. , New York).

Lévi, S. (1913) Le "Tokharien B", Langue de Koutcha. *Journal Asiatique* 2 (11e série), pp. 311-380.

Livšic, V. (2006) The Sogdian Wall Inscriptions on the Site of Afrasiab. M. Compareti, É. de la Vaissière (ed.), *Royal Naurūz in Samarkand, Proceedings of the conference held in Venice on the pre-Islamic paintings at Afrasiab, Supplemento no 1 alla Rivista degli Studi Orientali*, nuova serie vol. 78, Pisa · Rome: Accademia Editoriale, pp. 59-74.

Maspero, H. (1953) *Les Documents Chinois de la Troisième Expedition de Sir Aurel Stein en Asie Centrale*. London, Trustees of the British Museum.

Moriyasu Takao (2002) From silk or cotton to silver. Transition of the means of payment on the eastern Silk Road, Turfan Revisited (8th-13th September 2002) Berlin (学会报告, 参松井太、山部能宜《国际学会トゥルファン再访》,《東方学》106, 第 174 页).

Pan, Yihong (1997) *Son of Heaven and Heavenly Qaghan: Sui-Tang China and its Neighbors*. Center for East Asian Studies, Western Washington University, Washington.

Pelliot, P. (1903) Le Sa-pao, *BEFEO* 3, pp. 665-671.

―― (1916) Le 'Cha tcheou tou tou fou t'ou king'et la colonie sogdienne de la region du Lob nor, *JA*, 11 serie 7, pp. 111-123.

―― (1929) Neuf notes sur des questions d'Asie centrale. *T'oung Pao* 26, pp. 201-265.

―― (2002) *Les Routes de la Région de Turtan sous les T'ang suivi de l'histoire et la Géographie Anciennes de l'Asie Centrale dans Innermost Asia*. Paris, Institut des Hautes Études Chinoises du Collège de France.

Pinault, G. (1987) Laissez-passer de caravanes. *Sites divers de la région de Koucha. Épigraphie Koutchéene. Mission Paul Pelliot*, tome 8, Paris, Instituts d'Asie du Collège de France, pp. 65-121.

Pulleyblank, E. G. (1952) A Sogdian Colony in Inner Mongolian. *T'oung Pao* 41, pp. 317-356.

Reischauer, E. O. (1955) *Ennin's Diary, the record of a pilgrimage to China in search of the law*. New York, The Ronald Press Co. .

Rhodes, N. (1997) Tang Dynasty Coins Made in Xinjiang. In: K. Tanabe, J. Cribb and H. Wang (eds) *Studies in Silk Road Coins and Culture: Papers in Honour of Professor Ikuo Hirayama on his 65th Birthday*, The

Institute of Silk Road Studies, pp. 181–186, incl. 1 pl.

Rong, Xinjiang (荣新江) (2000) The Migrations and Settlements of the Sogdians in Northern Dynasties, Sui and Tang. *China Archaeology and Art Digest*, vol. 4, No. 1, pp. 117–163.

Sims-Wiliiams, N. (1989) *Sogdian and Other Iranian Inscriptions of the Upper Indus* 1(*Corpus Inscriptionum Iranicarum*, Part II, Vol. III-I). London, SOAS.

—— (1992) *Sogdian and Other Iranian Inscriptions of the Upper Indus* 2 (*Corpus Inscriptionum Iranicarum*, Part II, Vol. III-II). London, SOAS.

—— (1993) The Sogdian inscriptions of Ladakh. In: Jettmar, K. (eds.) *Antiquities of Northern Pakistan. Reports and Studies*, vol. 2, Mainz, pp. 151–163.

—— (1996) The Sogdian merchants in China and India, In: A. Cadonna and L. Lanciotti (ed.), *Cina e Iran da Alessandro Magno alla dinastia Tang*, Firenze: Leo S. Olschki Editore, Orientalia Venetiana 5, pp. 45–67.

—— (2001) The Sogdian Ancient Letter II. In: M. G. Schmidt, W. Biasang (ed.), *Philologica et Linguistica. Historia, Pluralitas, Universitas. Festschrift für Helmut Humbach zum 80. Geburstag am 4. Dezember 2001*. Wissenscaftlicher Verlag Trier, pp. 267–280.

Sims-Wiliiams, N. & Hamilton, J. (1990) *Documents turco-sogdiens du IXe-Xe siècle de Touen-houang* (*Corpus Inscriptionum Iranicarum*, Part II, Vol. III-III). London.

Sinor, D. (1965) Notes on the Equine Terminology of the Altaic Peoples. *Central Asiatic Journal* 10, Nos. 3/4, pp. 307–315.

Skjærvø, P. O. (1994) (review) *Sites divers de la région de Koutcha. Épigraphie Kouchéene. Mission Paul Pelliot, tome 8*, Bulletin of the

Asia Institute, New Series Vol. 8, pp. 330-331.

—— (2002) (with contribution by N. Sims - Williams), *Khotanese manuscripts from Chinese Turkestan in the British Library. A complete catalogue with texts and translations*, London, The British Library.

Soymié, M. (1991) *Catalogue des Manusrits chinois de Touen-houang*, volume IV (Nos. 3501 - 4000). École française d'Extrême - Orient, Paris, 1991.

Stein, A. (1907) *Ancient Khotan*. 2 vols. Oxford: Clarendon Press (Rep: in 1 vol. New York, 1975; in 3 vols., New delhi: Cosmo Publications, 1981).

—— (1921) *Serindia: detailed report of explorations in Central Asia and westernmost China*. 5 vols. Oxford: Clarendon Press. (Rep: New delhi, Motilal Banarsidass, 1980-1983).

—— (1928) *Innermost Asia: detailed report of explorations in Central Asia, Kan-su and eastern Iran*. 4 vol. Oxford: Clarendon Press. (Rep: New delhi: Cosmo Publications, 1981).

Sun, Fuxi (孙福喜) (2005) Investigations on the Chinese Version of the Sino-Sogdian Bilingual Inscription of the Tomb of Lord Shi, In: E. de la Vaissière and É. Trombert (eds.), *Les Sogdiens en Chine*, Paris, 2005, pp. 47-55.

Takeuchi, T. (武内绍人) (1998) *Old Tibetan manuscripts from East Turkestan in the Stein Collection of the British Library*, vol. 2, Descriptive catalogue (Bibliotheca codicum Asiaticorum; 12), Tokyo, Centre for East Asian Cultural Studies for Unesco, The Toyo Bunko; London, British Library.

Thierry, F. (1997) On the Tang Coins Collected by Pelliot in Chinese Turkestan (1906-1909), In: *Studies in Silk Road Coins and Culture: Papers in Honour of Professor Ikuo Hirayama on his 65th Birthday*, The Institute of

Silk Studies, pp. 149-179.

Trombert, É. (2000) *Les manuscrits chinois de Koucha*: *fonds Pelliot de la Bibliothèque nationale de France*, avec la collaboration de Ikeda On et Zhang Guangda, Paris, Institut des hautes etudes chinoises du Collège de France, 150 p, +54 pls.

—— (2002) La vigne et le vin en Chine misères et succès d'une tradition allogène (deuxième partie), *Journal Asiatique* 290-2, pp. 485-563.

Воробьева-Десятовская, М. И. (1992) Хотано-саки, *Васточныий Туркестан в Древности и раннеи Средневековье*, Москва, pp. 32-76.

Wallace, J. (tr.) (1997) *The T'ang Code, vol. II, Specific Articles* (Havard Studies in East Asian Law 10). Princeton University Press, New Jersey.

Wang, H. (2004) *Money on the Silk Road*, The British Museum Press.

Weber, D. (1972) Zur sogdischen Personennamengebung. *Indogermanische Forschungen* 77-2/3, pp. 191-208.

Yoshida, Y. (吉田丰) (1994) (review) Corpus Inscriptionum Iranicarum. Part II, *Bulletin of the School of Oriental and African Studies* 57/2, pp. 391-392.

Yoshida, Y./Kageyama, E. (2005) Sogdian names in Chinese characters, Pinyin, reconstructed Sogdian pronunciation, and English meanings, In: E. de la Vaissière and É. Trombert (eds.), *Les Sogdiens en Chine*, Paris, 2005, pp. 305-306.

Zhang, Guangda & Rong, Xinjiang (张广达、荣新江) (1987) Notes à propos d'un manuscrit chinois découvert à Cira de Khotan. *Cahiers d'Extrême-Asie, Revue de l'Ecole Française d'Extrême-Orient* 3, Kyoto, pp. 77-92.

附 图

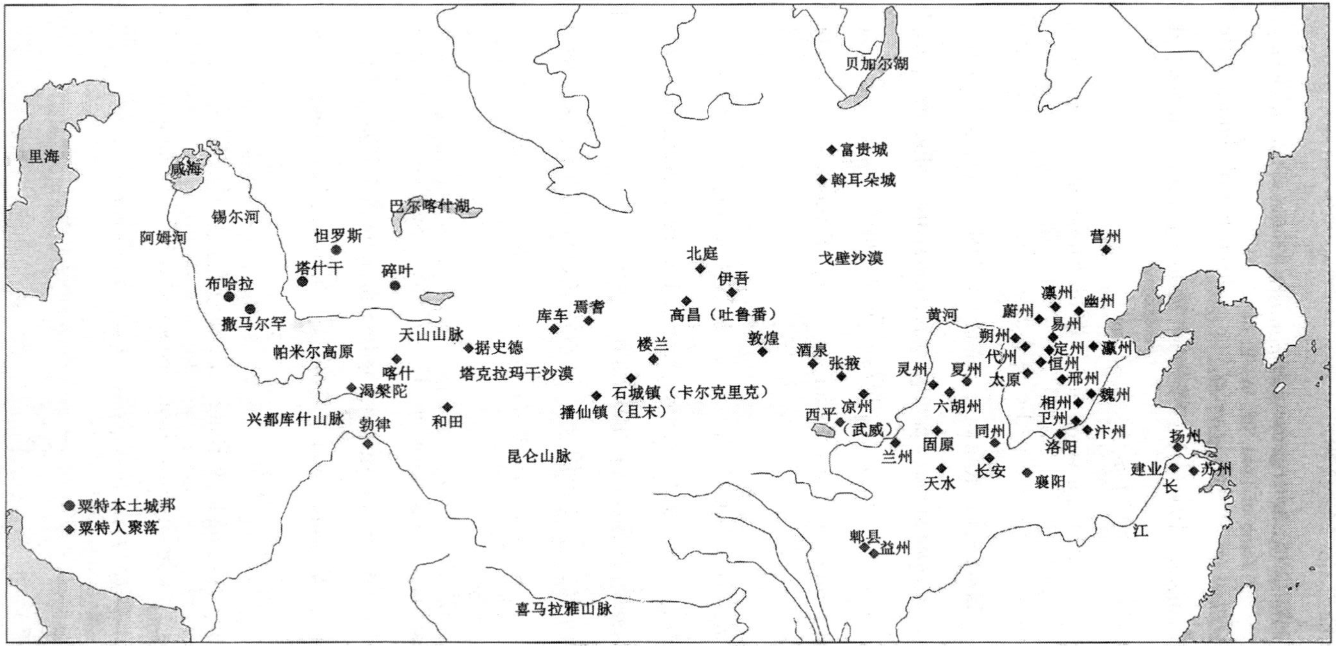

附图1 8世纪左右欧亚东部和粟特人聚落

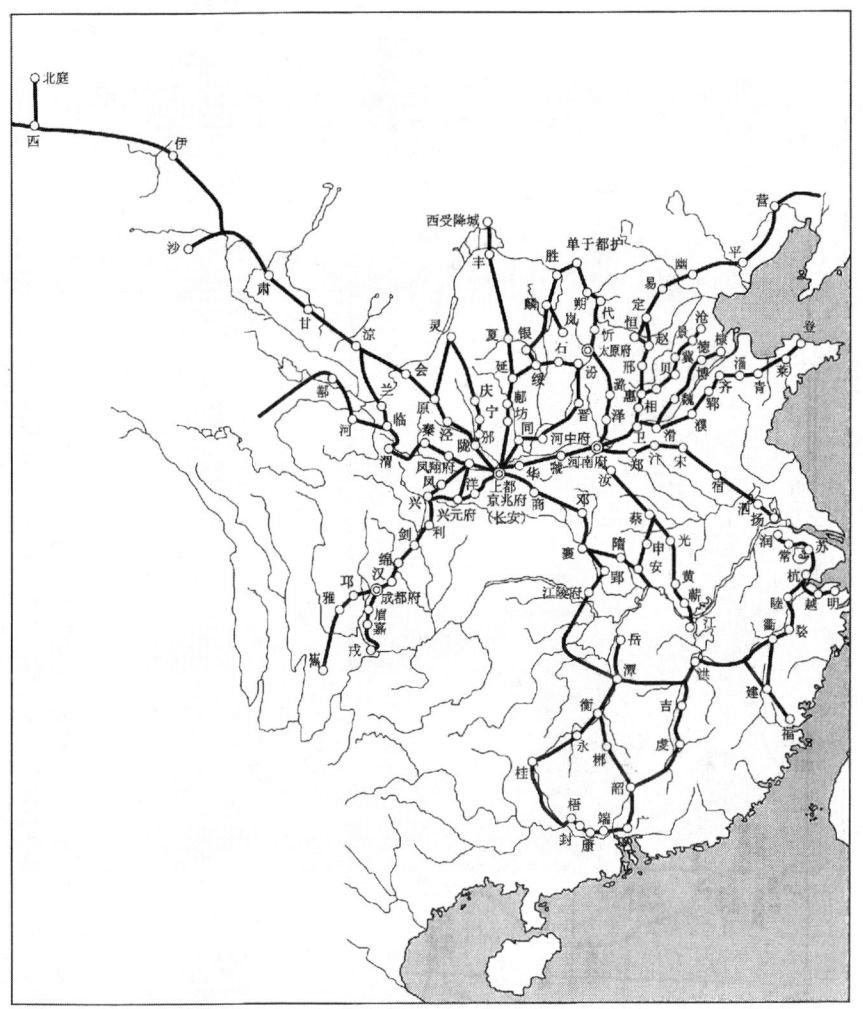

附图2 唐代驿道图

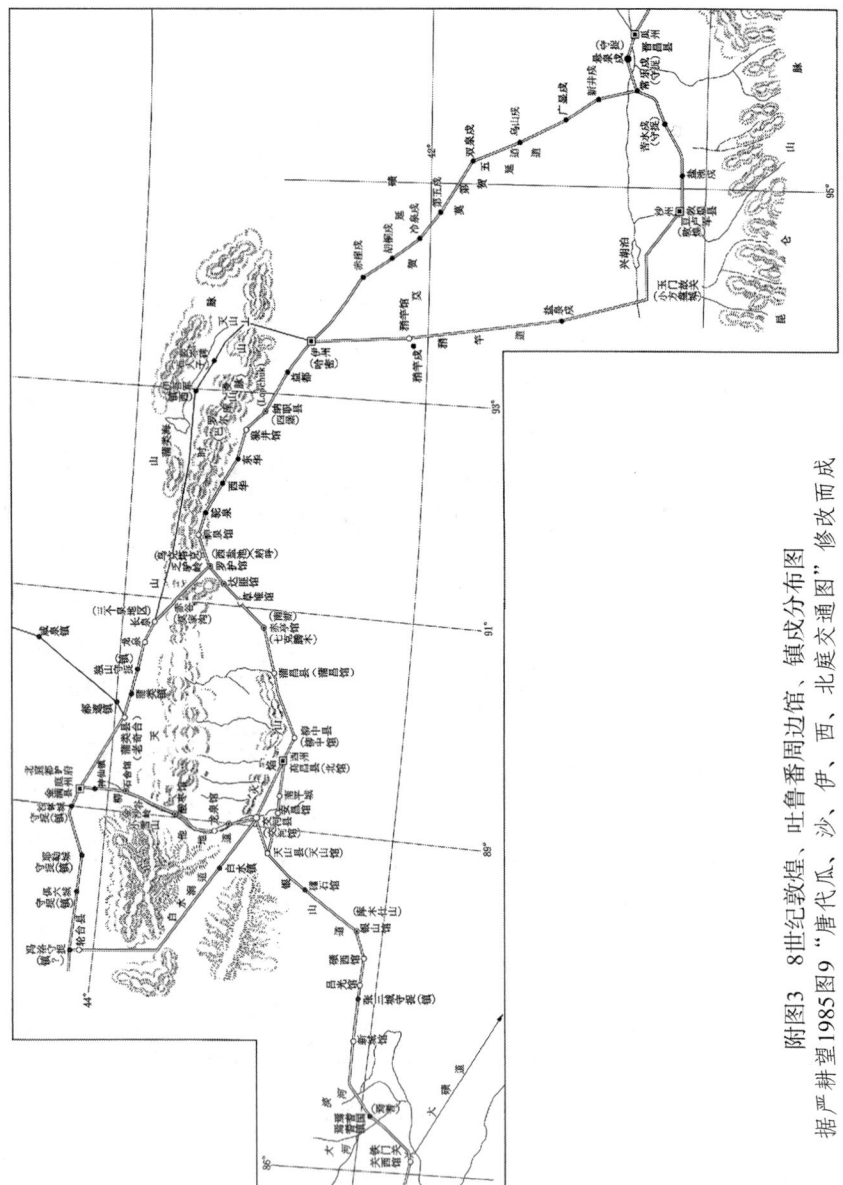

附图3 8世纪敦煌、吐鲁番周边馆、镇成分布图
据严耕望1985图9"唐代瓜、沙、伊、西、北庭交通图"修改而成

附 图 | 565

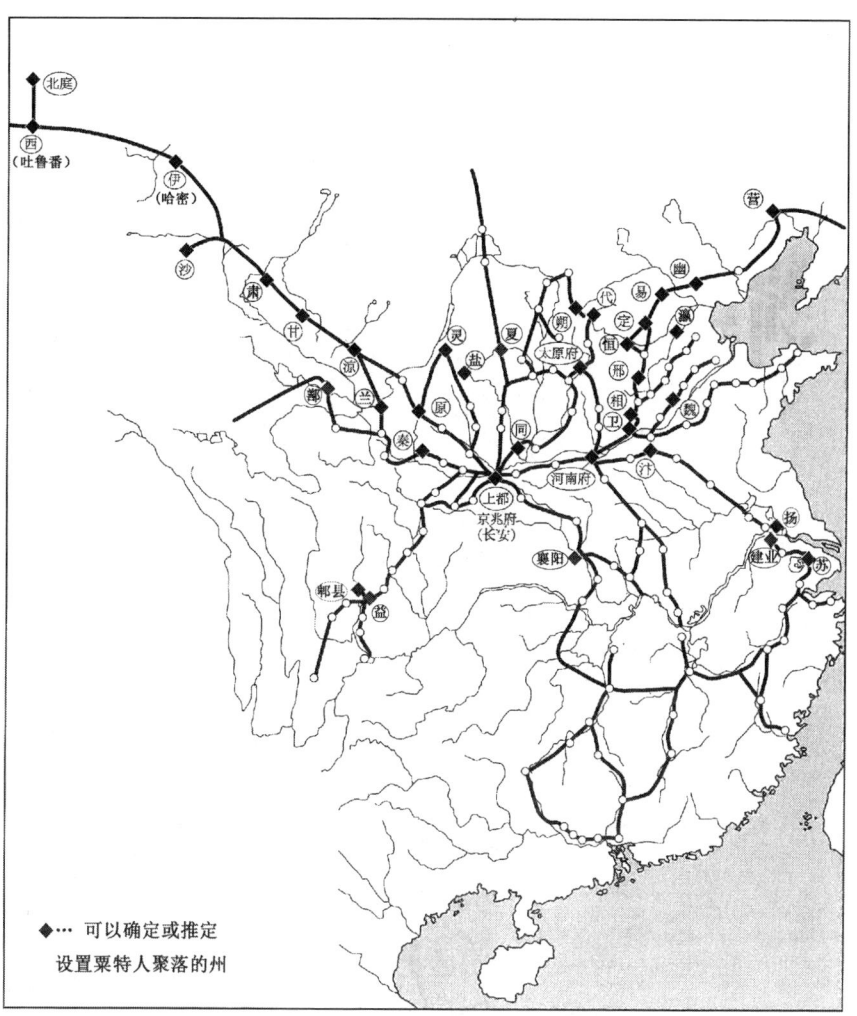

附图 4　唐代粟特人聚落和驿道图

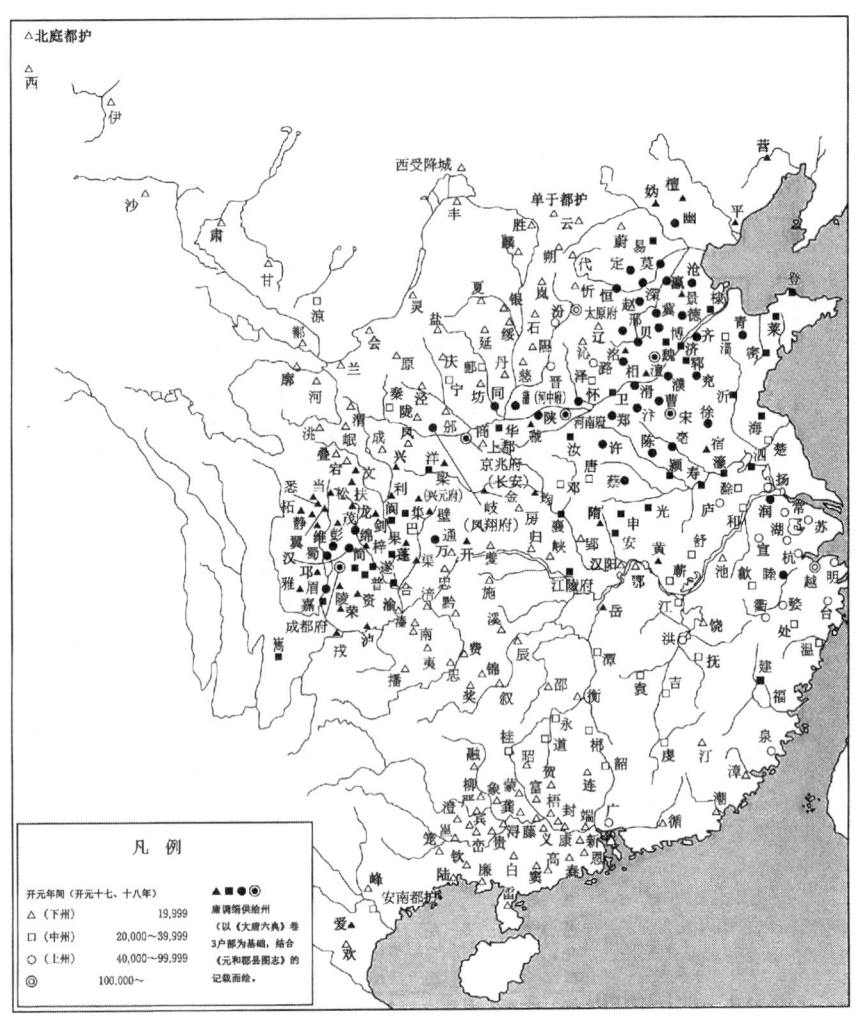

附图 5 唐代庸调绢供应图

府州郡编户及供绢一览表

※〇表示交纳绢为庸调，×表示交纳绢为贡物，△表示现存《元和郡县图志》中残缺资料。

※亦参第 9 章第 417 页注②。

① 为《旧唐书》卷 38~41《地理志》

② 为《元和郡县图志》

②'为《大唐六典》卷 3"户部郎中员外郎"条

③ 为《新唐书》卷 37~43《地理志》

④ 为《通典》卷 171~184《州郡典》

⑤《元和郡县图志》

府州郡编户及供绢一览表

道名	元和时方镇名	府州郡名	①贞观十三年	②开元十七、十八年	②'开元二十五、二十六年	③天宝元年	④天宝十一载	⑤元和二年	备考
京畿道		京兆府京兆郡	207,650	○362,909	○	×362,921	334,670	241,202	旧雍州，开元元年改为京兆府
		华州华阴郡	18,823	○30,787	○	33,187	22,744	1,437	
		同州冯翊郡	53,315	○56,509	○	60,928	58,561	4,861	
	凤翔节度使	凤翔府扶风郡	27,282	44,533	○	58,486	57,070	7,580	旧岐州，至德二年改为凤翔府
		邠州新平郡	15,534	19,461		22,977	22,576	2,670	
		陇州汧阳郡	4,571	6,085		24,652	22,868	784	
关内道	泾原节度使	泾州保定郡	8,773	15,952		31,365	30,555	1,990	
		原州平凉郡	2,443	△		7,349	7,580	△	
		宁州彭原郡	15,491	30,226		37,121	36,628	1,107	
		庆州顺化郡	7,917	17,981		23,949	24,390	△	旧安化郡，至德元年改为顺化郡
	鄜坊观察使	鄜州洛交郡	1,703	30,185		23,484	21,970	750	
		坊州中部郡	7,507	15,715		22,458	22,240	1,842	
		丹州咸宁郡	3,194	12,422		15,105	14,784	816	
		延州延安郡	9,304	16,345		18,954	18,780	938	

府州郡编户及供绢一览表 | 569

（续表）

道名	元和时方镇名	府州郡名	①贞观十三年	②开元十七、十八年	②'开元二十五、二十六年	③天宝元年	④天宝十一载	⑤元和二年	备考
关内道	灵武节度使	灵州灵武郡	4,640	9,606		11,456	12,090	△	
		会州会宁郡	932	3,540		4,594	4,428	△	
		盐州五原郡		3,025		2,929	3,560	△	
	夏绥银节度使	夏州朔方郡	2,323	6,132		9,213	7,516	3,100	
		绥州上郡	3,163	8,715		10,867	10,505	840	
		银州银川郡	1,495	6,120		7,602	7,264		
		宥州宁朔郡				7,083	7,590	△	旧宥州，宝应以后废，元和九年置新宥州
	振武节度使	单于大都护府		△		2,155	2,100	△	
		麟州新秦郡		△		2,428	1,754	△	
		胜州榆林郡		4,095		4,187	3,790	△	
	丰州都防御使	丰州九原郡		1,900		2,813	1,739		
		安北大都护府	2,006			2,006	1,775	△	
都畿道		河南府河南郡		○×127,440	○	×194,746	193,480	18,799	旧洛州，开元元年改为河南府
		汝州临汝郡	3,884	○×26,052	○×	×69,374	64,890	13,079	

府州郡编户及供绢一览表

（续表）

道名	元和时方镇名	府州郡名	①贞观十三年	②开元十七、十八年	②'开元二十五、二十六年	③天宝元年	④天宝十一载	⑤元和二年	备考
河南道	陕虢观察使	陕州陕郡	21,171	○47,322	○×	20,958	30,680	8,720	
		虢州弘农郡	57,701	○17,742		×28,249	17,745	5,236	
	许汴节度使	汴州陈留郡	11,303	○×82,190	○×	×109,876	115,550	○×8,218	
		宋州睢阳郡	5,790	○×103,000	○×	×124,268	121,170	5,200	
		亳州谯郡	2,905	○×70,732	○×	×88,960	82,468	×6,502	
		颍州汝阴郡		×28,179	○×	×30,707	29,037	11,529	
	郑滑节度使	滑州灵昌郡	13,738	○53,627	○×	×71,983	68,380	×8,056	
		郑州荥阳郡	18,793	○64,619	○×	×76,694	74,809	×13,944	
	陈许节度使	许州颍川郡	15,715	○59,717	○×	×73,347	86,040	×5,291	
		陈州淮阳郡	6,367	×52,692	○×	×66,442	62,719	×4,038	
	徐泗节度使	徐州彭城郡	8,162	○×49,702	○×	×65,170	60,670	3,858	
		宿州		△		×		8,676	元和四年置
		泗州临淮郡	2,250	○30,350	○	×37,526	39,404	4,015	
		濠州钟离郡	2,660	○×20,552	○	×21,864	20,533	20,702	《旧唐书·地理志三》隶淮南道

(续表)

道名	元和时方镇名	府州郡名	①贞观十三年	②开元十七、十八年	②'开元二十五、二十六年	③天宝元年	④天宝十一载	⑤元和二年	备考
河南道	蔡州节度使	蔡州汝南郡	12,182	○×51,210	○	×80,761	76,360	10,263	《旧唐书·地理志三》《新唐书·地理志五》淮南道
		申州义阳郡	4,729	○21,020	○	25,864	25,630	614	
		光州弋阳郡	5,649	○29,695	○	31,473	30,770	1,990	《旧唐书·地理志三》《新唐书·地理志五》淮南道

（续表）

道名	元和时方镇名	府州郡名	①贞观十三年	②开元十七、十八年	②'开元二十五、二十六年	③天宝元年	④天宝十一载	⑤元和二年	备考
河南道	淄青节度使	郓州东平郡	4,141	○×33,389	○×	×83,048	42,705	△	天宝十三载济州38,749户并入,为83,048户天宝十三载废济州,入于郓州
		济州	6,905		○		38,510		
		兖州鲁郡	9,366	○×67,397	○×	×87,987	85,345	△	
		青州北海郡	10,658	○×55,131	○×	×73,148	69,745	△	
		齐州济南郡	11,593	○×49,157	○	×62,485	62,437	△	
		曹州济阴郡	9,244	○73,161	○×	×100,352	102,290	△	
		濮州濮阳郡	8,628	○×46,921	○×	×57,782	57,500	△	
		密州高密郡	3,580	△○	○	28,292	26,980	△	
		海州东海郡	8,999	○23,728	○	×28,549	27,532	△	
		沂州琅琊郡	4,652	○27,400	○	33,510	32,352	△	
		莱州东莱郡	11,568	○23,105	○	26,998	26,946	△	
		淄州淄川郡	6,323	○37,404	○	42,737	42,808	△	
		登州东牟郡		28,533	○	22,298	20,185	△	

（续表）

道名	元和时方镇名	府州郡名	①贞观十三年	②开元十七、十八年	②'开元二十五、二十六年	③天宝元年	④天宝十一载	⑤元和二年	备考
	河中节度使	河中府河东郡	36,499	○70,207		70,800	70,207	19,600	旧蒲州，开元八年改为河中府
		绛州绛郡	21,617	81,988		82,204	82,200	11,271	
		晋州平阳郡	5,245	60,853		64,836	64,800	6,567	
		慈州文城郡	8,222	11,275		11,616	11,560	1,877	
		隰州大宁郡		18,583		19,455	19,210	23,349	
河东道	河东节度使	太原府太原郡	97,874	126,840		128,905	126,109	124,000	旧并州，开元十一年改为太原郡
		汾州西河郡	34,009	53,076		59,450	58,050	8,304	
		沁州阳城郡	3,956	6,580		6,308	6,166	2,220	
		仪州乐平郡	4,365	7,975		9,882	9,560	1,651	原辽州，先天元年改为仪州，中和三年复为辽州
		岚州楼烦郡	2,842	10,726		16,748	15,680	6,382	
		石州昌化郡	3,758	9,262		14,294	13,370	5,020	
		忻州定襄郡	4,987	14,338		14,806	15,038	4,204	
		代州雁门郡	9,259	15,077		21,280	21,020	2,120	
		蔚州兴唐郡	942	4,887		5,052	4,610	1,563	
		朔州马邑郡	1,257	6,020		5,493	6,300	729	
		云州云中郡		3,169		3,169	3,160	△	

（续表）

道名	元和时方镇名	府州郡名	①贞观十三年	②开元十七、十八年	②'开元二十五、二十六年	③天宝元年	④天宝十一载	⑤元和二年	备考
河东道	泽潞节度使	潞州上党郡	18,690	64,276		68,391	67,944	17,800	《旧唐书·地理志二》《新唐书·地理志三》人于河北道
		泽州高平郡	10,660	22,235		27,822	27,050	3,527	
		邢州巨鹿郡	21,985	○×58,820	○×	×70,189	67,660	3,693	
		洺州广平郡	22,933	○×77,150	○×	×91,666	89,290	△	《旧唐书·地理志二》《新唐书·地理志三》人于河北道
		磁州		△○×		（惠州）×		1,040	《新唐书·地理志三》有载，缺户数
		武州							《新唐书·地理志三》有载，缺户数
		新州							《新唐书·地理志三》有载，缺户数

（续表）

道名	元和时方镇名	府州郡部名	①贞观十三年	②开元十七、十八年	②'开元二十五、二十六年	③天宝元年	④天宝十一载	⑤元和二年	备考
河北道	河阳三城怀州节度使	怀州河内郡	30,090	○43,175	○	×55,349	54,100	×8,741	
	魏博节度使	魏州魏郡	30,440	○×117,575	○×	×151,596	149,720	6,920	
		相州邺郡	11,490	○×78,000	○×	×101,142	109,450	39,000	
		博州博平郡	7,682	○×34,470	○×	×52,631	51,202	2,430	
		卫州汲郡	11,903	○×30,666	○×	×48,056	46,980	2,777	
		贝州清河郡	17,719	○84,400	○	×100,015	116,130	20,102	贞观元年废，大历七年复置
		澶州		△○×				3,269	
	恒冀节度使	恒州常山郡	26,113	○×42,694	○×	×54,633	53,510	17,580	元和十五年，改为镇州
		冀州信都郡	16,023	○×94,120	○×	×113,885	111,880	8,967	
		深州饶阳郡	20,156	○×42,215	○×	×18,825	48,858	14,097	
		赵州赵郡	21,427	○×51,430	○×	×63,454	61,163	8,157	
		德州平原郡	10,135	○×61,770	○×	×83,211	78,270	9,356	
		棣州乐安郡		○×25,545	○×	×39,150	39,150	5,447	《旧唐书·地理志一》《新唐书·地理志二》入于河南道

府州郡编户及供绢一览表

(续表)

道名	元和时方镇名	府州郡名	①贞观十三年	②开元十七、十八年	②'开元二十五、二十六年	③天宝元年	④天宝十一载	⑤元和二年	备考
河北道	易定节度使	定州博陵郡	25,637	×65,460	○×	×78,090	76,600	26,832	
		易州上谷郡	12,820	○×37,227	○	×44,230	44,912	569	
	沧景节度使	沧州景城郡	20,052	○98,157	○	×124,024	118,678	9,154	
		景州		△				○2,025	
		瀛州河间郡	35,605		○×	×98,018	95,240		
		莫州文安郡			○×	×53,493	50,510		
		平州北平郡	603		○	3,113	3,031		
	卢龙节度使	幽州范阳郡	21,698		○×	×67,243	70,906		
		妫州妫川郡	476		○	2,263	2,350		
		檀州密云郡	1,737		○	6,064	6,138		
		蓟州渔阳郡	1,031			5,317	4,829		
		营州柳城郡	81		○	997	874		
		顺州顺义郡	500			509	5,718		
		燕州归德郡	729			2,045	2,246		
		威州	140						
		崇州	138						
		师州	132						
		昌州							
		顺义州							
		瑞州	60						

府州郡编户及供绢一览表

（续表）

道名	元和时方镇名	府州郡名	①贞观十三年	②开元十七、十八年	②'开元二十五、二十六年	③天宝元年	④天宝十一载	⑤元和二年	备考
	荆南节度使	江陵府江陵郡	10,260			×30,392	28,932		
		归州巴东郡	3,531			4,645	4,364		
		夔州云安郡	7,830			15,620	14,726		
		峡州夷陵郡	4,300		×	8,098	7,317		
		忠州南宾郡	8,319			×6,722	6,539		《旧唐书·地理志三》入于江南西道
		万州南浦郡	5,396			5,179	5,177		
		澧州澧阳郡	3,474		×	×19,620	16,190		《旧唐书·地理志三》入于江南西道
		朗州武陵郡	2,149			9,306	7,722		
	襄阳节度使	襄州襄阳郡	8,957	○36,357	○	×47,780	46,056	×107,107	
		邓州南阳郡	3,754	×38,611	×	×43,055	42,750	14,104	
		复州竟陵郡	1,494	5,232		8,210	7,690	7,690	
		郢州富水郡	1,580	5,699	×	12,046	11,702	11,009	
山南东道		唐州淮安郡	4,726	×21,597		×42,643	41,750	×	
		随州汉东郡	2,353	○13,216	○×	×23,917	22,750	40,740	天祐三年，朱全忠改为泌州
		均州武当郡	2,829	○9,859	○	9,698	9,100	×12,716	
		房州房陵郡	4,533	14,432		14,422	13,441	8,182	
								4,431	

府州郡编户及供绢一览表

（续表）

道名	元和时方镇名	府州郡名	①贞观十三年	②开元十七、十八年	②'开元二十五、二十六年	③天宝元年	④天宝十一载	⑤元和二年	备考
山南西道	山南西道节度使	兴元府汉中郡	6,625	△○	○	37,470	35,168	△	原梁州，兴元元年梁州改为兴元府
		洋州洋川郡	2,226	○18,889		23,849	13,849	2,896	
		利州益昌郡	9,628	○×11,881	○×	×13,910	13,910	2,444	《旧唐书·地理志三》入于陇右道
		凤州河池郡	1,957	3,849		5,918	5,370	1,358	
		兴州顺政郡	1,225	2,045		2,224	1,979	954	
		成州同谷郡	1,546	4,905		4,727	4,720	△	《旧唐书·地理志四》入于剑南道（西川节度使）
		文州阴平郡	1,908	1,769	○	×1,908	1,670	218	
		扶州同昌郡	1,928	2,195	○	2,418	2,320	△	《旧唐书·地理志四》入于剑南道（西川节度使）下
		集州符阳郡	1,126		×	4,353	11,490		
		壁州始宁郡	1,492		×	×13,368	11,820		
		巴州清化郡	10,933		×	×30,210	27,720		
		蓬州蓬山郡	9,268		×	×15,576	15,762		
		通州通川郡	7,898		×	×40,743	4,461		

（续表）

道名	元和时方镇名	府州郡名	①贞观十三年	②开元十七、十八年	②'开元二十五、二十六年	③天宝元年	④天宝十一载	⑤元和二年	备考
山南西道	山南西道节度使	开州盛山郡 阆州阆中郡	2,122 38,949		×	5,660 ×29,588	5,644 18,220		《旧唐书·地理志四》入于剑南道，《太平寰宇记》卷86入于剑南东道
		果州南充郡	13,510		×	×33,604	35,441		《旧唐书·地理志四》入于剑南道，《太平寰宇记》卷86入于剑南东道
		渠州潾山郡 金州汉阴郡	9,726 14,091		×	×9,957 14,091	5,676 13,786		《新唐书·地理志四》入于山南东道
		商州上洛郡	4,901			8,926	8,633		《新唐书·地理志一》入于京畿道
		达州							

(续表)

道名	元和时方镇名	府州郡名	①贞观十三年	②开元十七、十八年	②'开元二十五、二十六年	③天宝元年	④天宝十一载	⑤元和二年	备考
淮南道	淮南节度使	扬州广陵郡	23,199			×77,105	73,381		
		楚州淮阴郡	3,357			26,062	26,118		
		滁州永阳郡	4,689			×26,486	26,211		
		和州历阳郡	5,730			24,794	22,132	(18,000)	元和户,据刘禹锡《和州壁记》
		舒州同安郡	9,361			35,353	35,524		
		寿州寿春郡	2,996		○	×35,581	29,717		
		庐州庐江郡	5,358		×	×43,323	38,329		
江南东道	浙西观察使	润州丹阳郡	25,361	○91,635	×	×102,023	103,364	55,400	
		常州晋陵郡	21,182	×96,475		×102,633	102,319	54,767	
		苏州吴郡	11,859	68,093		×76,421	76,147	100,808	
		杭州余杭郡	30,571	×84,252		×86,258	86,454	×	
								51,276	
		湖州吴兴郡	14,135	×61,133		×73,306	68,581	43,467	
		睦州新定郡	12,064	○55,516		×54,961	54,704	9,054	

（续表）

道名	元和时方镇名	府州郡名	①贞观十三年	②开元十七、十八年	②'开元二十五、二十六年	③天宝元年	④天宝十一载	⑤元和二年	备考
江南东道	浙东观察使	越州会稽郡	25,890	×107,645		×90,279	88,337	20,685	
		婺州东阳郡	37,819	99,409	×	×144,086	143,883	48,036	
		衢州信安郡	12,899	62,288	×	×68,472	67,329	17,426	
		处州缙云郡		×33,278	×	×42,936	42,200	×	
		温州永嘉郡		×37,554		42,814	42,028	19,726	
		台州临海郡	6,583	50,000		83,868	55,658	8,484	
		明州余姚郡		△		×42,207	41,630	△4,083	
	福建观察使	福州长乐郡	15,336	○31,067	×	34,084	39,527	19,455	
		建州建安郡		○×20,800	×	×22,770	21,459	15,480	
		泉州清源郡		50,754		×23,806	24,586	×	
		漳州漳浦郡		1,690		5,846	2,632	35,571	
		汀州临汀郡		△		4,680	5,330	1,343	
		升州江宁郡						2,618	至德二年置，上元二年废，光启三年复置

府州郡编户及供绢一览表

（续表）

道名	元和时方镇名	府州郡名	①贞观十三年	②开元十七、十八年	②'开元二十五、二十六年	③天宝元年	④天宝十一载	⑤元和二年	备考
	鄂岳观察使	鄂州江夏郡	3,754	19,190		19,190	19,417	38,618	《旧唐书·地理志三》、《新唐书·地理志五》入于淮南道
		沔州汉阳郡	1,517	5,286			6,252	2,262	
		安州安陆郡	6,338	○22,222	○	22,221	21,835	9,819	《旧唐书·地理志三》、《新唐书·地理志五》入于淮南道
		黄州齐安郡	4,896	○13,073		15,512	14,787	5,054	《旧唐书·地理志三》、《新唐书·地理志五》入于淮南道
		蕲州蕲春郡	10,612	26,809		26,809	25,620	16,462	《旧唐书·地理志三》、《新唐书·地理志五》入于淮南道
江南西道		岳州巴陵郡	4,002	○9,165		11,740	11,676	1,535	

（续表）

道名	元和时方镇名	府州郡名	①贞观十三年	②开元十七、十八年	②'开元二十五、二十六年	③天宝元年	④天宝十一载	⑤元和二年	备考
江南西道	江西观察使	洪州豫章郡	15,456	55,405		×55,530	55,717	91,129	
		饶州鄱阳郡	11,400	14,062		40,899	43,149	46,116	
		虔州南康郡	8,994	32,837		×37,647	37,982	26,260	
		吉州庐陵郡	15,040	34,481		37,752	39,651	41,025	
		江州浔阳郡	6,360	21,865		19,025	26,058	17,945	
		袁州宜春郡	4,636	22,335△		27,093	29,391	17,226	
		信州						28,711	乾元元年置
		抚州临川郡	7,354	24,988		×30,605	28,507	24,767	
	宣歙观察使	宣州宣城郡	22,537	87,231	×	×121,204	117,195	57,350	
		歙州新安郡	6,021	31,961△		38,320	39,757	16,754	
		池州					19,000	17,591	永泰二年置
	湖南观察使	潭州长沙郡	9,031	21,800		×32,272	32,226	×	元和户《唐会要》卷85作18,407
								15,444	
		衡州衡阳郡	7,330	13,513		33,688	34,330	18,047	
		郴州桂阳郡	8,646	32,176		×33,175	27,990	16,437	
		永州零陵郡	6,348	27,590		27,494	29,013	894	
		连州连山郡	5,563	10,880		32,210	11,180	5,270	
		道州江华郡	6,613	27,440		22,551	27,442	18,338	
		邵州邵阳郡	2,856	12,320		17,073	12,323	10,800	

(续表)

道名	元和时方镇名	府州郡名	①贞观十三年	②'开元十七、十八年	②'开元二十五、二十六年	③天宝元年	④天宝十一载	⑤元和二年	备考
黔中道	黔州观察使	黔州黔中郡	5,913	3,963		4,270	40,185	1,212	《通典·州郡典十三》记口203,357,黔中道所有户口数?《新唐书·地理志四》入于山南东道
		涪州涪陵郡		6,909		9,400	9,405	305	
		夷州义泉郡	2,241	1,487		1,284	1,227	△	
		思州宁夷郡	2,603	3,442		1,599	1,528	429	
		费州涪川郡	2,709	200		429	2,000	△	
		南州南川郡	3,583	1,124		433	2,477	△	
		珍州夜郎郡		2,600			2,600	△	
		溱州溱溪郡		892		879	2,100	△	
		播州播川郡		△		490	4,700	△	
		辰州卢溪郡	9,283	5,320		4,241	4,150	1,229	
		锦州卢阳郡		3,103		2,872	3,130	△	
		叙州潭阳郡	4,032	4,940		5,368	5,361	1,657	原巫州,大历五年改为叙州

（续表）

道名	元和时方镇名	府州郡名	①贞观十三年	②开元十七、十八年	②'开元二十五、二十六年	③天宝元年	④天宝十一载	⑤元和二年	备考
黔中道	黔州观察使	溪州灵溪郡		477		2,184	2,067	889	原业州，大历五年改为奖州
		施州清化郡	2,312	3,476		3,702	3,815	1,845	国初之羁縻州，黔中道奖州，永徽以后并废
		奖州龙溪郡		1,740		1,672	1,423	349	
		庠州							
		充州							同上
		应州							同上
		琰州							同上
		牢州							同上
剑南道	西川节度使	成都府蜀郡	117,889	×137,046	○×	×160,950	156,870	×	原益州，至德二年改为成都府
		彭州濛阳郡		×50,120	○	×55,922	55,816	46,010	垂拱二年，从益州分置
		蜀州唐安郡		×50,026	○×	×56,577	56,290	9,887	同上
		汉州德阳郡		×42,500	○	×69,005	61,370	×	同上
		邛州临邛郡	15,886	×13,052	○×	×42,107	38,085	14,508	
								2,113	
								×	
								25,176	

(续表)

道名	元和时方镇名	府州郡名	①贞观十三年	②开元十七、十八年	②'开元二十五、二十六年	③天宝元年	④天宝十一载	⑤元和二年	备考
剑南道	西川节度使	简州阳安郡	13,805	×20,223	○×	×23,066	21,119	×2,522	《新唐书·地理志七下》"南宁州"条,戎州都督府下之辖縻州
		资州资阳郡	29,347	○18,522	○	29,635	28,514	2,499	同上
		嘉州犍为郡	25,085	22,912	○	34,289	35,842	○1,975	同上
		戎州南溪郡	31,670	6,787		4,359	4,039	1,293	同上
		郎州	6,942						同上
		昆州	1,267						《新唐书·地理志七下》戎州都督府下之辖縻州
		盘州	1,960						同上
		黎州	1,000		○				同上
		匡州	4,800						同上
		髳州	1,390						
		尹州	1,700						
		曾州	1,207						
		钩州	1,000						
		縻州	1,200						

（续表）

道名	元和时方镇名	府州郡名	①贞观十三年	②开元十七、十八年	②'开元二十五、二十六年	③天宝元年	④天宝十一载	⑤元和二年	备考
剑南道	西川节度使	袁州	1,470						同上
		崇州	1,930						同上
		徽州	1,150						同上
		雅州卢山郡	10,362	○6,589		10,892	9,480	1,452	
		眉州通义郡	36,009	42,836	○	43,529	44,640	5,804	
		松州交川郡	612	720	○	1,076	1,050	△	松州都督府下之羁縻州
		珝州	155						同上
		盍州	220						同上
		直州	100						同上
		位州	100						同上
		嶂州	200						同上
		茂州通化郡	3,386	2,540	○	2,510	2,485	690	茂州都督府下之羁縻州
		涂州	2,334						同上
		炎州	5,700						同上
		彻州	3,300						同上
		向州	1,602						同上
		冉州	1,370						同上

（续表）

道名	元和时方镇名	府州郡名	①贞观十三年	②开元十七、十八年	②'开元二十五、二十六年	③天宝元年	④天宝十一载	⑤元和二年	备考
剑南道	西川节度使	芎州	3,436						同上
		翼州临翼郡	1,602	1,714	○	711	1,834	△	
		维州维川郡	2,142	765	○	2,142	1,060	△	
		当州江源郡		△	○	2,146	1,910	△	
		悉州归诚郡		855	○	816	878	△	
		静州静川郡		672	○	1,577	1,615	△	
		柘州蓬山郡		△		495	490	△	
		恭州恭化郡		△		1,189	1,393	△	
		真州昭德郡		△		676			
		黎州洪源郡	23,054	△	○	1,731	6,850	330	
		巂州越巂郡	3,700	×38,035	○×	×40,721	41,532	16,580	
		姚州云南郡	329	329	○	3,700	3,700	△	
		协州	1,094	△				△	
		曲州						△	
	东川节度使	梓州梓潼郡	45,920	○×15,478	○×	×61,824	55,500	×6,985	
		剑州普安郡	36,714	○13,976	○×	×23,510	22,370	2,902	
		绵州巴西郡	43,904	○×51,480	○	×65,066	37,260	○7,148	
		遂州遂宁郡	12,977	×37,377	○×	×35,632	34,180	3,846	

(续表)

道名	元和时方镇名	府州郡名	①贞观十三年	②开元十七、十八年	②'开元二十五、二十六年	③天宝元年	④天宝十一载	⑤元和二年	备考
剑南道	东川节度使	渝州南平郡	12,710	5,962		6,995	7,393	834	《旧唐书·地理志二》入于山南西道
		合州巴川郡	14,934	20,067	○	66,814	37,122	2,892	同上
		普州安岳郡	25,840	○32,608	○	25,693	11,549	1,652	
		荣州和义郡	12,262	4,807	○	5,639	5,190	881	
		陵州仁寿郡	17,441	○17,955	○	×34,728	29,924	1,985	
		泸州泸川郡	19,116	16,807		16,594	14,794	1,969	
		龙州应灵郡	1,017	917		2,992	920	325	天宝元年，改为江油郡
		昌州	132						
		霸州静戎郡	171	△		571		1,109	
		保州天保郡				1,245			
岭南道	岭南节度使	广州南海郡	12,463	×64,250		42,235	58,840	74,099	
		循州海丰郡	6,891	9,525		9,525	9,520	2,089	
		潮州潮阳郡	4,491	9,337		4,420	10,324	1,955	
		端州高要郡	4,124	8,142		9,500	9,553	1,795	
		康州晋康郡		13,152		10,510	5,100	△	

(续表)

道名	元和时方镇名	府州郡名	①贞观十三年	②'开元十七、十八年	②'开元二十五、二十六年	③天宝元年	④天宝十一载	⑤元和二年	备考
岭南道	岭南节度使	封州临封郡	2,555	5,653		3,900	3,910	811	
		韶州始兴郡	6,960	20,764		31,000	24,200	9,664	
		春州南陵郡	5,714			11,218	740		
		新州新兴郡	7,388			9,500	4,050		
		雷州海康郡	2,458			4,320	4,330		《旧唐书·地理志一》安南都护节度使下设置
		罗州招义郡	5,460			5,460	1,268		《旧唐书·地理志一》邕管经略使下设置
		高州高凉郡				12,400	5,850		
		恩州恩平郡				9,000	9,000		
		潘州南潘郡	10,748			4,300	2,950		《旧唐书·地理志一》邕管经略使下设置
		辩州陵水郡	10,350			4,858	1,620		《旧唐书·地理志一》容管经略使下设置
		泷州开阳郡	3,627			3,627	710		

（续表）

道名	元和时方镇名	府州郡名	①贞观十三年	②开元十七、十八年	②'开元二十五、二十六年	③天宝元年	④天宝十一载	⑤元和二年	备考
岭南道	岭南节度使	勤州云浮郡	682			682	682		《旧唐书·地理志一》安南都护节度使下设置
		崖州朱崖郡	6,646			819	2,500		同上
		琼州琼山郡	649			649	640		同上
		振州延德郡	819			819	815		同上
		儋州昌化郡	3,956			3,309	1,309		同上
		万安州万安郡				2,997	720		《旧唐书·地理志一》岭南东道节度使下设置
		岗州义宁郡	2,358				5,650		
		藤州感义郡	9,236			3,980	3,980		同上
		义州连城郡	3,225			1,110	1,110		同上
		窦州怀德郡	3,550			1,019	1,390		同上
	容管经略使	容州普宁郡	8,890			4,970	4,090		
		白州南昌郡	8,206			2,574	2,520		
		牢州定川郡	1,641			1,641	1,640		
		岩州常乐郡	1,110			1,110	1,110		

(续表)

道名	元和时方镇名	府州郡名	①贞观十三年	②开元十七、十八年	②'开元二十五、二十六年	③天宝元年	④天宝十一载	⑤元和二年	备考
	容管经略使	禹州温水郡	10,748			3,180	3,180		
		汤州汤泉郡				△	1,300		《旧唐书·地理志四》无户口
		瀼州临潭郡				1,666	1,660		
		古州乐兴郡				285	260		
		化州陆水郡							
		顺州顺义郡				509	5,718		大历八年置
岭南道	桂管经略使	桂州始安郡	32,781	36,265		17,500	12,770	8,650	
		梧州苍梧郡	3,084	2,209		1,209	1,100	1,871	
		贺州临贺郡	6,713	2,537		4,552		449	
		昭州平乐郡	4,918	7,003		4,918	2,334	1,578	
		象州象郡	11,845	3,290		5,500	2,970	233	
		柳州龙城郡	6,674	1,374		2,232	1,442	1,287	
		严州修德郡		1,660		1,859	1,810	116	
		融州融水郡	2,794	1,707		1,232	1,230	242	
		龚州临江郡	13,821	2,420		9,000	5,000	276	
		富州开江郡	3,349	1,311		1,460	1,460	243	
		蒙州蒙山郡	1,069	1,637		1,059	1,116	272	

（续表）

道名	元和时方镇名	府州郡名	①贞观十三年	②开元十七、十八年	②'开元二十五、二十六年	③天宝元年	④天宝十一载	⑤元和二年	备考
岭南道	桂管经略使	思唐州武郎郡				141		61	
		郁林州郁林郡				1,918	9,110		建中二年废，并入党州
		平琴州平琴郡		△			740		
		绣州常林郡				9,773	1,720		
	邕管经略使	邕州朗宁郡	8,225	1,624		2,893	2,890	△	《新唐书·地理志七下》桂州都督府下之羁縻州《旧唐书·地理志一》邕管经略使下设置同上
		贵州怀泽郡	28,930	3,629		3,026	3,026	△	
		宾州岭方郡	7,485	1,895		1,976	1,360	△	
		澄州贺水郡	10,868	2,165		1,368	1,800	△	
		横州宁浦郡	1,128	1,378		1,978	1,920	△	
		钦州宁越郡	14,072	2,280		2,700	2,340	△	
		浔州浔江郡	2,500	1,716		2,500	1,930	△	
		峦州永定郡		△		770	770		
		党州宁仁郡				1,149	1,300		
		田州横山郡	4,168			4,168	4,160		

府州郡编户及供绢一览表（续表）

道名	元和时方镇名	府州郡部名	①贞观十三年	②开元十七、十八年	②'开元二十五、二十六年	③天宝元年	④天宝十一载	⑤元和二年	备考
岭南道	安南都护府	交州安南府	17,523	25,694		24,230	24,730	27,135	
		爱州九真郡	9,080	○14,056		×14,700	40,700	5,379	
		欢州日南郡	6,579	6,649		9,619	9,619	3,842	
		峰州承化郡	5,444	3,561		1,920	1,920	1,482	
		陆州玉山郡		1,934		494	490	231	
		滇州龙池郡		△		1,450	1,300	1,450	《通典》卷184 山州龙池郡，《旧唐书·地理志一》邕管经略使下设置
		长州文阳郡	648	△		648	630	648	《新唐书·地理志七下》安南都护府下之羁縻州
		郡州		△				335	同上
		谅州		△				550	同上
		武安州武曲郡		△		450		456	原福禄郡
		福禄州唐林郡		△		317		317	《新唐书·地理志七下》安南都护府下之羁縻州
		武定州		△				1,200	

（续表）

道名	元和时方镇名	府州郡名	①贞观十三年	②开元十七、十八年	②'开元二十五、二十六年	③天宝元年	④天宝十一载	⑤元和二年	备考
岭南道	安南都护府	贡州						318	《元和郡县图志》卷38有载
		武峨州武峨郡	1,850	△		1,850	1,850		《旧唐书·地理志一》安南都护府下设置
		宜州龙水郡				1,220	1,220		原粤州，乾封中改为宜州
		芝州忻城郡	1,522			1,200	1,200		同上
		廉州合浦郡	3,617			3,032	3,010		同上
		笼州扶南郡				3,667	3,660		同上
陇右道		秦州天水郡	5,724	25,007		24,827	25,605	△	
		渭州陇西郡	1,989	5,232		6,425	6,135	△	
		武州武都郡	1,152	3,453		2,923	2,930	△	没于吐蕃而废，大历二年置行州，景福元年更名为阶州
		兰州金城郡	1,675	4,000		2,889	4,489	△	
		河州安乡郡	3,391	5,283		5,782	5,792	△	

(续表)

道名	元和时方镇名	府州郡名	①贞观十三年	②开元十七、十八年	②'开元二十五、二十六年	③天宝元年	④天宝十一载	⑤元和二年	备考
		鄯州西平郡	1,875	6,446		5,389	5,794	△	
		廓州宁塞郡	2,020	3,964		4,261	4,170	△	
		岷州和政郡	4,583	3,950		4,325	4,510	△	
		洮州临洮郡	2,363	3,784		2,700	2,776	△	
		叠州合川郡	1,083	1,277		1,275	1,310	△	
		芳州		△					高宗上元二年没于西蕃
陇右道		宕州怀道郡	140	1,659		1,190	1,260	△	
		临州狄道郡		△				△	
		凉州武威郡	8,231	26,165		22,462	25,693	△	
		甘州张掖郡	2,926	5,440		6,284	6,639	△	
		肃州酒泉郡	1,731	2,253		2,230	2,106	△	
		沙州敦煌郡	4,265	6,466		4,265	6,395	△	
		瓜州晋昌郡	1,164	△		477	1,167	△	
		伊州伊吾郡	1,332	1,729		2,467	2,227	△	
		西州交河郡	6,466	11,647		×9,016	11,193	△	
		庭州北庭都护府	2,300	2,676		2,226	2,398	△	
		安西都护府				△	11,106	△	

摘　要[*]

6~9世纪，突厥游牧国家与唐帝国高度繁荣，在欧亚地区经历巨大变化的时代以后，进入一个重要的重组联盟时代，重组联盟的结果使得中亚的交通和贸易充满勃勃生机。这也是在国际上享有盛誉的粟特商人最活跃的时代。本书重新考察此一时期欧亚东部辽阔地域内的中亚交通和贸易，通过采用国家与集团层面结成的"政治支配—从属关系"，以及在这种政治关系下形成的"共生关系与地域秩序"的分析视角，揭明国家兴盛的实际状况和主要因素。

第一部探讨了6~7世纪突厥游牧国家兴盛时期中亚的交通和贸易。笔者主要利用吐鲁番文书来分析建立在中亚游牧国家与绿洲国家的政治支配—从属关系基础上的各种不同的共生关系，然后尝试阐明此一地区交通和贸易的发展实况。

每当草原地带的游牧势力被某一政权统一时，这个联合型的游牧国家长期地控制着南部的绿洲国家。换言之，拥有军事优势的游牧国家经常吞并积聚财富的绿洲国家，并掠夺他们的财富。6世纪后期及7世纪初，以可汗为首的西突厥就是这样一个游牧国家，其联合型的国家结构中不仅有游牧部族，而且还有绿洲国家。随后通过授予"颉利发（iltäbär）"的称号，西突厥可汗与绿洲国王之间形成了一种政治支配—从属关系，同时在两者之间建立了各类相互共赢的共生关系。

---

[*] 原书为英文摘要。——译者注

尤其是这种共生关系的核心，被认为是游牧国家的各游牧集团组织和派遣使节与绿洲国家接待这些使节的相互关系。若以魏氏高昌国为例，不仅可汗及其亲属、官员派遣了大量各种各样的使节，而且冠有西突厥官号、统治其各自领土和属民的"设（šad）"、"移浮孤（yabγu）"和"希瑾（irkin）"等有权力的首领，也在高昌受到款待。此外，这些使节的派遣人数相当多，成为一年之中的常规事业。

毋庸讳言，这些游牧集团派遣使节的目的是征收和获取绿洲国家积聚的丰富物品；但很显然，以可汗为首的各游牧集团派遣的使团中，无论是作为外交代表还是随从人员，都包含有大量粟特人。从大量粟特人被选派为外交代表或随从人员，不难想像贸易也是游牧国家向绿洲国家遣使的一个重要目的。换言之，游牧国家中各游牧集团的首领向绿洲国家派遣使节，这些首领身边侍从的粟特人被选派为外交代表或随从人员。绿洲国家被迫给这些来访使节提供食宿和礼物，而粟特人趁此机会购买绿洲国家蓄积的各种奢侈品，以及销售他们自己的产品或中转贸易商品。可以说，派遣这些使者还必须组建贸易商队。

另外，可以想像到，这些使节还吸纳了大量与使团无关的个体粟特商人，原因是可以给他们提供安全的长途旅行机会。此外还可看到，绿洲国家一方面接待游牧集团派来的使节，另一方面也有权使用游牧国家控制下的交通系统来派遣他们自己的使节。换句话说，可以设想商队的身份能同时得到游牧与绿洲国家和集团的保护与导引，这些使团给各种个体粟特商人提供了大量的长途贸易的机会，从而使广大中亚地区的贸易活动充满活力。强大游牧国家的建立，将囊括草原与沙漠地带的辽阔地区形成的地域秩序带入中亚，促进了这种长途贸易的形成。

此外，就这些使团带来的粟特商人而论，他们自由地来到绿洲国家，对这些国家的福利产生了影响。绿洲国家给来自各游牧集团的使节供应生活用品、人力和牲畜，以及用织物和其他产品等礼物来招待他们，无疑是一笔沉重的负担；但从绿洲国家的立场来考虑，却要极力招引商队来访，甚至鼓励接待这些商队。另外可以想像，接待游牧集团的使节也是想要阻止游牧部族的恣意掠夺。由于绿洲国家依赖于贸易，处理与包括所有各集团在内的游牧国家使节的往来，是一项关乎国家命运和福祉的重要事业。以麹氏高昌国为例，接待使节所需要的负担要向官员、百姓、僧侣等绿洲民众和寺院广泛地强征税收和劳役。

麹氏高昌国税收的一个特点，是以与国家掌管的水渠灌溉田地的面积与税役密切关联的形式，来强行征收税收和劳役。换言之，国家管控的用水制度作为税收和劳役的一大支柱而存在。据此，绿洲民众要公平地获得水资源，就应该承担税收和劳役。高昌国还存在大量公田，部分公田需要承担劳役才分配耕营。另外，公田被分配给官员及其领导下的小组来耕种，特别是这些公田里的棉花就是在国家控制下耕种的，以确保作为礼物赠送给游牧使节的棉布产品。葡萄不但在私人田地上，也在公田上大量种植，以确保葡萄酒的生产。这些税收和劳役基本上由国家控制，以支持供应外来使节接待，这已成为麹氏高昌国的一项国家事业。

国家或国王除了负责生存所需的水利管理外，他们还要防止游牧集团的恣意掠夺，以及招引商队来到绿洲。国王要履行接待游牧使节的义务，命令绿洲居民承担税收和劳役。

其他绿洲国家的例子很少，但可以认为，绿洲各国像吐鲁番一样，通过加征税收和劳役来接待游牧集团派来的使节（或商队）。应该认识到，从绿洲国家的利益考虑，使节（或商队）的派遣不仅能阻止游牧国家的掠夺，还能保护和招引粟特商人，随之而来是生机勃勃的繁荣的贸易活动。中亚的游牧民族和绿洲民众形成了各种多层次的共生关系。在游牧集团派遣使节（商队）与绿洲国家接待使节方面，当地国家层面的共生关系的性质极为显著。另外，穿行于这些游牧国家和绿洲国家之间的粟特人依托这些使节（或商队）在广阔的范围内移动，强化了他们建立的贸易网络。

接下来,第二、三部探讨了欧亚东部边缘的唐帝国如何进行政治统治,并改变这些共生关系与中亚交通和贸易的体制。这个问题涉及面很广,但中亚实质上附属于唐帝国,这意味着该地区的交通和贸易被纳入唐朝的控制之下,其象征是驿道或"汉道"的建设,并通过百姓、行客、兴胡等身份性称号来控制和监督民众,以及基于"过所"或"公验"等通行证来确立官方许可的通行制度。

首先,第二部具体探讨唐朝统治下何种交通系统被建立、维持和运营。驿传制度构成了唐代交通系统的基础,设置直接连接国都与州府的驿道,从首都(长安)呈辐射状向外延伸,确保其发挥不可或缺的功能。这些驿道原本是作为给唐朝皇帝进贡物品的道路而发挥作用,同时作为主干道路支撑着唐帝国的行政管理和军事统治,还被用作支持私人目的,特别是贸易活动的交通道路。

这些驿道直接连接着唐都长安,并且贯通到遥远的中亚,在驿道贯通唐朝直辖统治的州、府与间接统治的羁縻都督府、州。在唐朝统治西州之初,开通驿道,设置驿站,但同时也接受了当地现存的交通系统,设置官职,以监管往来于绿洲之间的远行马、车牛。其结果是在西域建立了独特的长行坊,专门用于监督各种交通手段。

至晚到8世纪,驿站最终被废除,在驿道上沿着军事机构(镇和戍)设置了馆,不能设馆的地方由军事机构来代替。监督远行马、车牛的长行坊与馆及军事机构以这种方式发挥着功能,接待沿着驿道往来的使节、官员组成的外来使团。监督远行马、车牛的长行坊主要负责监管交通手段,而馆和军事机构则给外来使节及其所使用的马、牛提供食宿。监督远行马、车牛的长行坊发挥着补充馆和军事机构的交通功能,一起构成沿着驿道穿越中亚的交通体系的基础。

穿越中亚的唐代驿道被游牧部族称作汉道,绿洲民众可能也如此称呼。此外还有一些通往唐都长安的驿道,外来使节沿着这些驿道来到唐朝，唐朝军队也在这些驿道上行进，驿道成了唐朝统治的象征。唐代羁縻府、州统治下的绿洲国家与游牧部族，在唐朝皇帝或曰天可汗的政治统属关系下，提供人力、邬落马及食物等，支撑着唐朝交通系统的运营。

与此同时，驿道上的馆是唐朝羁縻府、州为游牧集团设立的重要机构。在唐朝皇帝的政治统属关系下，唐中央政府给游牧集团的首领授予"都督"之职衔，颁授印契，而游牧部族则要履行"护送劳役"（供役）之责，将外来使节护送至馆，等等。此外，游牧首领遣使向唐朝进贡物品，他们在馆中受到接待，不仅在那里获得丝绢等礼物，还从事贸易活动。这些丝绢等赠物是中国内地征收的免役税收（庸）和实物税收（调）并运至此地的。在麴氏高昌国时期，游牧集团不断地派遣使节（或商队）来到吐鲁番，他们在那里获取物品，开展贸易，并在客馆中受到款待。这种情况在唐朝统治下的驿道沿线的馆中得以继续。换言之，这种情况在唐朝统治下长久存续，就像在前面所说的时代那样，游牧集团不断地组织使团，亦即商队，派遣他们来到绿洲地区。

其次，第三部探讨交通系统的发展和维持及在这一过程中形成了怎样的交通和贸易，以及粟特人在唐朝管理下的入华方式。在唐朝律令制度下，州县官府将所有人口正规地登记在册，大体上成为普通平民（百姓）；他们离开州府向外迁徙，也要进行严格登记。但从一开始起，官府就必须准许有些人可以从长期居住的州府向外流动，这些人被州府登记为行客或行商。在唐代以前，粟特人主要活跃于华北地区，在那里建立移民聚落；唐朝建立后，这些粟特人大体上也变成了唐朝州府中的平民，但他们中有些人成为行客，被允许往来于长期所居州府以外的地方。

与此同时，从中亚新迁入唐朝的粟特人被称作兴胡，以区别于上述在州府登记的定居粟特人。这些州府是从中亚到唐都长安的途中居停的主要粟特聚落城市。另外，这些行客和兴胡在纳税后被允许移动，如同暂居在州府的平民。唐朝给他们发放过所和公验，允许开展贸易活动，同时也要监控他们的移动。

还需注意的是，这些通行证不仅允许持证者流动往来，还有权在中亚组织商队。过所的获得，确保了过所持有者能在唐帝国境内沿着驿道到更广阔的地区从事贸易。

在这种情况下，唐朝创建了一种交通系统，使游牧国家有机会乐于进贡，及在边境地区从事互市贸易，游牧部族还被允许纳入唐朝的羁縻府、州，以及前面提到的派遣使节（或商队）；而且，兴胡的目的是前往唐朝京城，刚进入唐朝境内就被颁给过所，通过驿道远至京城。如此，唐朝创建了一种交通系统，借此招引外来粟特商人。他们来到京城并在那里集聚，京城也因此聚集了来自西域各国的人民、货物、文化和信息。这也解决了长期以来的始于北魏所提倡的招引西域商人的政策。

同时，如同已经看到的那样，唐朝军队对中亚的军事统治迫使其将税绢运送到这一地区。也就是说，唐朝内地州府征收的税绢作为部分军需物品，被不断地运送给前线军队。特别在8世纪节度使体制牢固确立之时，每年运送大量税绢到河西、西域。河北、河南［含都畿（首都）道］和剑南三道是税绢的主要来源地。唐朝创建了一个交通运输体制，由此大量主要来自剑南道和都畿道的税绢，以凉州为中转集散中心，被运送到西域。

为了应对税物（税绢）运输的增多，8世纪设置了管理长途往来的驿官（长行使）和管理交通运输的官员（转运使），由驻扎在凉州的河西节度使兼掌这些驿站。从整个唐代来考虑，开元时期任命了一批转运使，掌管从江南到北方和东北边境地区的交通运输，支持着唐代所有的水陆税物运输。管理河西道的长途往来与交通运输的驿官就是在这一转运背景下成立的。

在这种体制下，从凉州向西域长途运送税物（税绢）的主要办法，是依靠商人组建运输队。换言之，这意味着行客、百姓，可能还有兴胡，沿着驿道往来，从事税物长途运输。这些驿道也被军队用于在当地采购的军需物资的运输。特别是在运输军需物资时，一些具有官员身份的"百姓"，如行官和别奏，变成了从事运输的政府官员和高级军官的随从人员。

至于行客、百姓和兴胡，通过官员和军队形成的密不可分的关系，发展了他们在河西和中亚的优势贸易。那些想在此地从事贸易的商人有机会利用各自的手段和方法，获得过所和公验并组建商队，他们中的大多数人似乎都以某种形式享有与唐朝官员之间的交换关系。尤需注意的是，有充分的证据表明，唐代官府与百姓之间形成了互利关系。如此，不仅兴胡和行客，而且百姓也有大量机会利用唐朝建立的交通系统从事长途贸易。

如前所见，唐朝建立了一种尽可能维持对这些行商居留和迁徙的控制制度，它还创造了一种将中国内地征收的大量作为货币的丝绢稳定地输入西域的制度。其结果是丝绢以一种商品货币的形式大量流入中亚，以及唐朝的北部和东北边境，这就造成了货币流通方式与中国内地一体化的状况。唐朝积极利用这些行商建立了这一体制。西域从某些方面来看，至少绿洲地区与中原其他地区一样，成为以长安为中心的唐帝国的组成部分。

唐帝国为什么不惜巨大的财政代价将中亚纳入其领土呢？因为这不仅对唐帝国有防御意义——抗御北方游牧势力和吐蕃，而且可以通过控制中亚的交通和贸易而使粟特人融入唐朝。换言之，塔里木盆地周边的绿洲国家是蓄积和吸纳财富的中心，游牧势力对绿洲国家造成了军事威胁，唐朝从游牧势力手中夺取了绿洲国家，还夺取了此前一直为游牧国家所主导的绿洲国家的商队贸易控制权。在唐朝与绿洲、游牧定居点之间的政治统属关系下，唐朝以直辖州府与羁縻府、州的统治相结合，在中亚建立了新的共生关系和新的地域秩序。本书中还阐述了唐朝交通和贸易的诸种形式。在这种情况下，中亚与中国内地之间形成了巨大的人口和物品的流动。对于中亚来说，这是其纳入唐帝国后不可避免的结果。尤其是在唐代，丝绸之路被描绘得极为兴盛，正是这些历史形势的反映。

索 引

事 项

A

阿弗拉西阿卜遗址　54

阿克苏　288

阿磨支　297

阿姆河　26

阿斯塔那　57，67-69，130，146，377，423-424

安昌馆　238

安国　293

安乐　38

安西　107，281-282，284，290，300，305，310，336，351，357，389，402-404，408，410，422，440-443，464-465，484

安西（大）都护府　175-176，217，223，225，240，272，278，288，296，313，337，349-351，366，384，409，438，479，483

安西节度使　410，437

安西四镇　226，277，284，310，350，386，409，458-459

安西镇　371，391

岸头府　229，344-345

B

拔伽 301

白刺 126

白刺头 125-126

白丁 433

白水路 345-346

百役 115

搬运子 305

北馆 240，292

北馆车坊牛 239

北凉高昌郡 28

北庭（都护府） 107，202，217-218，225-226，230-231，239-240，267-268，270，276，281，313，336，339，346，383，389，410，440-441，455-456，459

北庭马坊 288

贝州 418

闭籴 455

辩 334-337

辨备 200，202

汴州 354

别奏 306-307，345-346，360，444，462-463，484

兵客 326

兵马使 300

波斯 322

波斯钱 322

波斯（商人） 105，322

波斯商人 322

拨换 288

帛练 195，202，206，408，416，421-422，468-470，476-482，484-485，492，495

帛练行 416，469，476

帛练使 191，194-195

駁马 266

布估 421，470

C

彩帛行 468-469，477

参天可汗道 176，271

仓部司马 43

曹氏归义军 125

漕运 430，445-446，492

槽 301-302

槽头 302

槽子 302

草原之路 459

草泽馆 305

册封体制论 11-12

差科（制） 197-198

柴草 125

单于大都护府 273-274，412

长安 164，321，354，362，386，406，411，468

长行 225，279，425，434-435，485，492

长行车坊 219-220，239，242，313，408，430-434，437，490

长行车牛（驴） 219, 239, 260, 313, 433, 490

长行坊（制） 217, 219-220, 223-232, 235, 238-249, 253-256, 260-261, 266, 271, 288, 313, 408, 425-435, 437, 490

长行驴 253, 255-256

长行马（驴车牛） 160, 208, 218-221, 223-226, 230-232, 235, 238-239, 241-249, 252-256, 266-267, 269, 271, 279-282, 284, 288, 292, 309-310, 313, 385, 430, 433, 490

长行马价钱 220-222

长行群 225, 241, 249

长行使 228-231, 249

长行帖马 253, 269

常州 424

常州布 423

朝贡 327-328, 343, 347

朝贡贸易 327-328

朝贡使 326, 329

钞 65, 96, 100

车坊 161, 179, 223, 433

车牛 120-124, 126-140, 150, 179, 219-223, 231, 239

车牛役簿 123-124, 126

称价钱 54, 104, 114

敕检校长行使 228-231, 426, 428

赤马 266

赤亭馆 444

赤违 98

处密 90-91, 268-269, 271

处密部落百姓 324

处月　90-91，268-269，271-272

处月部　268-269

传车　160

传递　178-179，203，361，372，407

传符　161，166-173

传驴（子）　191，194，199-200

传马（驴）（子）　158-161，178，190-191，194-196，199，204，206，208，218-220，225-227，231，255，259

传马坊　190，194-195，200，202，218，225，227，231，259，313，407-408

传马坊牒　180，190，196，198-200，202，204-206，216，385

传舍　161

传送　161，163，178-180，196，198-199，203，206-207，209-212，216，225，359，362

传送马（驴）　161，178，180，190，195-197，204，208

传送使　180，196-197

传制　159，161-162，179，207，312

辞　117，375，377，388，399，471

刺头　125

刺薪　97，114，124-126，131

傲勾客运　441-443，445

D

达匪馆　240

达匪驿　199

达官　87

达玛沟　289，301

大官 83，87-89，95-96，103-105

大绢 423

大练 416，422-423，468-470，473，476-477

大绵 423

大碛路 110

大生绢 422-423

大食商人 322

代州 321

E

丹丹乌里克 297，300

道粮 100

邸店（肆） 354-355，445

递牒 163，178-179，203，209，359-361，363-364，366，369-370，372-373，385-386，407-408，443-444，462，465

递送 161-163，167，179-180，191，196-198，202-204，206-207，209-210，213，216，227，239，360-364，367，369-370，372-373，385-386，404，408，435，437

典 224-225，235

殿中侍御 51

佃人文书 123

叠 100，144-145，147

丁夫 163，359

丁谷 45

丁输 140-142

丁税 114

定州 418

豆卢军　421-422，427-428，436，447-449，451，453-454，456-457，470

豆卢军使　453

都勒都尔·阿护尔　302，437

敦煌　45，108，125-126，160-161，180，191，195-196，204-207，211-212，247，423，427-428，453-454，456-457，459，470-471

敦煌郡　252-253，436，447，470

敦煌县　191，194-195，202-205，210

F

发兵符　172

蕃彩　477

蕃国　12，327，343

蕃客　363

番役　211

蕃域　10-12

范阳　354-355

范阳节度使　445

坊州　371，391

夫脚　209，407

福州（都督府）　366-367，383-384，389

拂呼缦　54

浮客　326

符契　170

符券　163，166，168-169，171-173，178-179，359-360，369，373，400

符式　387-389

符信　176

府兵　204，206-208，223

G

甘州　52-53，230，383-384，389，426，455

纲典　408，429

高昌城　→见哈拉和卓

高昌的书记长　54

高昌国　21，24-25，27，37-38，43-47，52-55，106，130，141，143，155，220，225，240

高昌县　210，219，229，238，248，349-350，394-399，444

高车　17，27

葛纻布　416

给价文书　34，47，54，135-136

公田　116，130-131，146-147，150-151

公验　373-377，384-386，389，484，489，491-492

弓月城　350-351

贡道　173-174，177-178

贡物　174，273

供粮食帐　57-58，65-68，83-84，96

供使驴　256，260

供役　490

姑墨国　288

古代信札　353

瓜马　266

瓜州（都督府）　202-203，256-258，384，402-404，406，432

瓜州常乐县　432

关津　163，166，360

关市令　352

官藏　54

官典　203，209，429，436

官料　413

官马　137-138，199-202，207，242

官马驴（车牛）　161-162，202，441

官印　177

馆　161，212，216，225，232，235-240，242-249，261-267，270-272，276-277，284，290-291，300-304，307，309-310，312-313

馆家　94，301-303

馆马　302

馆驿　176，261，271

馆子　94，302-303

过所　163，290，325，335-338，346，360，365-367，370，372-376，383-390，394-400，402-404，439，443-444，456，458-467，483-484，489，491-492

过所式　375，387

H

哈拉和卓　52-53，57，67-68，98，146

哈密　196，219

海运使　445

汉道　267，270-271，282，284，291-293，300，310-311，313，317-318，444，458-460，463，465-468，484，489-492

汉使　292

瀚海军　240

行　416，468-469，476

行牒　383-386，400，403

行缂　98-99

行纲　407，429，436，440-445，462，467

行官　444，461-462

行客　325-326，339-343，346，356，359-360，386，390，444，446，453-457，460，462-464，466-468，482-485，489，491-492

河北道　321

河东道　321

河东节度使　446

河西　204

河西节度副使　230

河西节度使　230-231，274，410，426，428，437

和籴　383，406，410-411，421-422，436，447-454，457

和籴价格　450-451，457

和雇送达　441

胡　107，351-352，355，459

胡店　355

胡蜜国　476

胡书典　297

胡天　44-45

虎牙将军　43，53

互市（交易）　327-328，467，476

回纥　175

回纥钱　322

回鹘商人　495

活国　89

火麻布　423

J

吉木萨尔　155，195，358，458-459

巫马　249，252-256，432

羁縻（都督）府、州　10-11，156，174-178，261

迦毕试国　25，87

縑帛　478

建康府　215

剑南道　203，406

交籴　421，449-454，456-457，462，470

交籴价格　451

交河　52，238

交河公府　52

交河公主　269

交河郡　52，232，235，456

交河郡长行坊　235

交河县　239，344，372，399

交河县仓　372

蕉布　416

脚夫　209，407

阶亭坊　432

阶亭驿　432

杰谢（绿洲）　297，299-301

颉利发　20，148，156，321，487

金满县 339，389

金满州 269

锦 99，416，469

近道价 35-38

近行马 30

进马价 473

荆州 354

京牒 362

京兆府 340，362

酒泉县令 35

厩牧令 161

绢帛 419，450-451，454，478

绢行 468-469，477

绢绵 415，417，447，457

丝绢 469

军粮田 405

军镇 225，227，271，287，306，345，409，411，423，425，435-437，457，459，462

郡长行坊 230，238，247，252

郡坊 235

郡坊马 245

郡坊帖马 243，245

K

喀喇沙尔（焉耆） 38-39，47，54，80，109-110，166，217，219-220，238，277-279，282，284，293，309-310，403，432，466

喀什噶尔（疏勒） 20，99，166，217，282，310，466

开元赋　415

开元通宝　480

坎城　300

麴氏高昌国　28，98-99，111，123

康居　321

康姓　50

珂顿　106

珂寒　80，95，100

珂颜　100

可汗浮图城　155

客　343

客馆　92-94

客胡　69

客户　343

客商　326，355，360，442-446，457，459，468

客使　239，433，490

款　334

昆都士　26，89-90

L

礌石馆　244-246

练　276，357，416，424，467-471，473，476-477，480，485

凉州（都督府）　203，217，225，230，354，364，406，408，414，420-423，425-426，434-437，440-444，447，464，467，470-471，484，492

凉州都督　227

凉州路　166，217

粮递　366，372

粮马递　366-367，372

临洮军　444，461-462

麟符　170

绫　100，416，469，477

灵州都督府　273，412

领兵胡将　53

领抄文书　220

骝马　266

柳中县　→见鲁克沁

六城（州）杰谢百姓　324

六城州　297，301-302

六州胡　324

陇右节度使　462

陇右诸军大使　227

鲁克沁　199，229

陆运　430，492

陆运使　445

轮台县　383，472

罗　416

逻人　134

洛阳　321，354，406，411，459，468

骆马　266

落麻布　416

M

麻札塔格　261，286，288-291，300，303，305，307-310，345

马坊　160-161，179，194-196，219，226

马驴丁　407

马驴子　195，199，206，210，407

买地券　117

缦　416，422-423，469-471，476-477

门符　172

门下校郎　33，35，43

床　65，96

米面行　456

绵　410-411，421，468-471

棉布　99-100，151，489

面　65，68-69，96，100

民田　116-117，121，131，142，151

明州　376

摩咄达官　25

莫贺延碛道　256-259

谋常馆　305

木薪　124

穆格山文书　353

N

内藏　54，114

P

潘野　301

判辞　195，200，202，235，375，377，384，455

陪备　201-202

毗沙都督府 277，282，296-297，300-301

辟展 199，219

平卢节度使 445

平仲 146

蒲昌（县） 199，219，229，399

蒲昌府 229

Q

岐州 354

绮 468-469

碛西节度使 432

碛西支度（等）使 278

前庭府 229

佣人 306

龟兹（库车） 25，84，107，113，166，217，278，282，295，302-303，310，350-351，358，402，409，436，465-466，484

龟兹国 →见龟兹（库车）

龟兹都督府 296

龟兹人 296

龟兹语 25

屈支 22，25

麴氏（高昌国） 13，20-24，26-27，30，33-34，36-37，39-41，44-47，50-55，57-58，65-67，69，80-84，87-89，91-92，95-100，103-106，108-117，121-123，125-126，128，130-138，140，142，144-147，149-151，155-156，220-223，266，274，277，313，432，487-490

麴氏政权 47

渠破水譎（譎） 115

渠堰 115-116，123，125-126，131，134，150

R

任行马 30

日本养老律令 390

柔然 17，27-28，98-99，111

弱水府 228-230

S

撒马尔罕 54

萨保 40，323

萨宝 40-41，45-46，321，323

萨薄 40-41，43-44

萨甫 40，46

萨珊银币 479-480

七河 45，320

色役 197-198，205

纱 423

沙陀部 268

沙州（敦煌郡） 195-196，199，208-209，227，230，257-259，403，447，455，457，470

沙州敦煌县 209，313

商队 110，149-151，307，314，317，346，458-459，462-467，484-485，488-492

商队贸易 318，400，460，467-468，486

商队路线 320，460

商胡　328，355

商贾　455，465

上都　164

射脾部　91，269

捒（设）　83，90，100

神泉馆　238

神山（馆）（堡）　261，288-291，300，303-305，307-308，345

生绢　416，424，467-471，476-477

绝　416，422-424，467-471，473，477

绝绢（练绵）　416，421，447-448

石国　80

石舍馆　238

史姓（集团）　50-52，55

始昌县　38-39，47，200

始昌县城　38，220

使充　413

使客　292

使料　305

使马　292-293，300

使人　69

市　310，468-469，471

市估案　456

市驿马　291

识匿国　476

侍御　51

视流内　323

疏勒　→见喀什

疏勒都督府 296

疏勒锦 98-99

书记长 54-55

蜀川 354

水陆运使 434-435，446

水手 445-446

水运使 446

稍竿道 196，257-259

朔方节度使 446

朔方军 437

朔州 273，412

司录 46

丝 415，469-470

丝绵行 468

四镇（守军） 281，366-367，483

寺田 116-117，121，131，134，142

俟斤 103

宋州 354

肃州 455

粟特人信札 319

粟特人聚落 40，45-46，418，445，461

粟特（商）人 1，3-4，40，45-47，52，95，103-110，149-151，274，296，306-309，317-324，326-329，335-339，342-343，345-347，350-358，360，384-385，399-400，418，444-446，454，458-463，466，473，477，482-484，486，488-489，491，494-495

粟特文女奴买卖（契约）文书 46，54

粟特语 54，335，356

酸枣戍　383，440

碎叶　19，24，278，459

碎叶路　467

碎叶镇　467

T

塔里木盆地　19

覂布　423

太原　321，354

提勤　83，88-89，91，95，103

天可汗　8，156，177，223，261，271，311，313-314，317，485，490，494

天山府　229

天山馆　245-246

天山军　281

天山县　219，229，432

天圣令　161

田租　114，124，126，150

条记文书　114，144-145

帖　242-248，389

帖马　235，242-243，245-248

帖驿　242

帖助　242

铁勒　19，84，175

铁门关　403

亭马　30

停料　360，444

庭州　155，195，240，269，271，337，399，408，472

通事（令史）　34-35，43，51，53

铜符　168

铜龙传符　166-167，170

铜契　326

铜钱　479-481，485

铜鱼符　169，172，177，197，326，329

鍮头　99

突厥　1，8，17，19，26-27，29，88，105，156，493-494

突厥可汗　88

突厥马　473

突骑施　107，269，275-276，279，409，422，428，441，473

吐蕃　257，286，350，409

吐鲁番　13，17，24，28，38-41，44-45，47，53，91，94，108-109，112，134，137，151，156，160-161，166，212，217-221，223，231，235，238，240，248-249，261，265-266，272，277，279，292，310，314，423-424，432，455-456，458，465，480

吐鲁番文书　28，84，115，159，198，207，209，217，227，231，239，461

吐屯　20

吐谷浑王　109

屯田部　37

托克逊　38，219-220，432

驮主　444

W

外来粟特（商）人　327，329，335-339，341-342，347，351-

353

    柱道　180

    卫禁律（疏）　163，166

    屋悉贵　301

    洿林　38

    邬落（马）　22-26，266

    乌骆（马）（子）　261，264-266，271-272，284-285，291-292，309-311

    乌骆马帐　284-285

    武威（郡）　414，421，470

    五弩失毕部　351

X

    锡尔河　320

    希瑾　83，90，96

    西曹国　413

    西州回鹘　125

    西突厥　7-8，19-20，23，25-26，29，82-84，92，94，105-107，149，151，156，269，293，311，317-318，458，460，467，485，487

    西突厥可汗　24-25，39，95，105-106，156，223

    西突厥汗庭　25，109

    西域贾　310

    西州　139，155，166，195，208-209，217-219，221，223，225-227，229-232，238，240，242-243，255，261，268-270，272，281，284，337，350-351，366，383-385，389，402-404，408，423，433，439-440，461，468-469，471

西州（都督）府　91，155-156，208-209，220，223-224，227-230，239，242，249，270，275-277，313，335-336，344-346，366-367，372，394-397，404，432，439，444，461-462，465

西州（府）长行坊　228-230，385

西州府治　208

西州高昌县　135，390，394，444，461

祆祠（祆教神殿）　44-45

祆教　41，44-45

县道　211-213，215-216

县牒　362

县马坊　190

襄阳　322

襄州　354

相州　418

小练　416，423，468-469，473，476-477

小绵　423

新市长行马　281-282，309-310

新市乌骆马　287，291-292，309-310

欣衡　305，307

行官　444，462

行文　290

兴贩　352

兴胡　307，339-343，345-347，352-353，356-360，386，389-390，399，404，443-444，460，462-464，466-468，476，482-485，489，491-492

兴生胡　338-339，351

匈奴　29

悬泉府　205

Y

押官　224-225

牙官　107

焉耆（国）　→见喀喇沙尔（焉耆）

焉耆都督府　296，337

焉耆军　280-282

堰头　122-123，125

羊刺　124

叶护　100

伊犁　351

伊吾（国）　19，26，80，84，151

伊吾军　240

伊吾王　24

伊西北庭节度使　437

伊州　139，191，195-196，199，203，206-209，219，224，230，239-240，255，258-259，337，383-385，403，406-408，431-433

伊州坊　195，408

移浮孤　83，89，92

驿站　159-161，164，166，168，174-175，178，196，198-199，211-212，216-217，226-227，240，249，256-260，274，312，373，490

驿传（制度）　159-163，180，196，198，211-212，216-218，220，225-227，312，408，434

驿道　163-166，173-175，177-180，196-197，211-213，215-217，231-232，239-240，242，261，312-313，317-319，360，370，

385，400，403，430，432，434，443-444，459-460，463，465-467，477，484，489-492

驿丁　198-199

驿馆　177，261，274，276

驿马　22，30，158-161，164，166-167，171，174，180，196，198-199，210-212，216，256，291

驿券　166，169

驿舍　161

驿使　158，161，163，166-173，180，198，210，312，359

驿田　198

驿制　158-159，161-164，173-174，178，198-199，211-212，217，231，240，249，256，312，369-370

驿子　198，211

银山道　432

银山馆　238，245-246

印历　395-396

印契　176-177，490

营田　406

营州　321，355，445

雍州　340

庸调绢　273-274，313，406-409，340，411-420，422-425，429，433-437，440-441，465，467-468，481，485-486，490-492

永安　38

幽州　321，445，468，477

游击将军　399，461-462

邮亭　213

邮驿（费）　172，175，177，226，491

于阗（和田） 112，166，261，277，288-297，299-300，302-303，305，307-310，324，345，358，386，466，479

于阗（国） →见于阗（和田）

于阗馆子 307-309

于阗镇守军 294

鱼符 169-170，176

裕勒都斯 19，87

元会 174

元会仪礼 174

远道价 36-38，136

远小州 411-413

远行 138，225，305

远行车牛（子） 30，34，37-39，47，54-55，121，135-137，220，313

远行马 30，39，137-138，220，223，225，313，432

远行马价钱 30，114，137-139，221

远行马价银钱 140

越州都督府 402

Z

杂胡 459

杂州布 423

张氏 52

张掖（县） 53，389

折冲府 201，205，207，223，229-230，436

真朱 95，105

镇、戍 239，241，247，253-255，284，313，433，444，490

镇副　239

镇家　147

镇将　239-240

镇守军（团）　156，223-226，231，240，277-278，281-282，405，408

镇守使　278，294

征马　281

纸券　166-168，170-173

质逻　301

州长行坊　230

州牒　360，369，444，462

州符　172

朱耶部　268

朱耶部落　90

纻布　416

转运　278，427

转运坊　430-434，444

转运使　426，428，430-435，444-445，485，492

状式文书　267

准噶尔地区　19

捉馆官　239-240

赀布　423

赀马　132-133

赀租　115

总历　163，359-360

租庸调　197

左豹韬卫　228-229

左豹韬卫弱水府之印 228

人 名

A

阿波（阿博）可汗（珂寒） 80-82，84，87，102

阿布·勒高德 494

阿都瓠珂顿 106

阿施捺 297

阿史那贺鲁 175，269，271，276，351

阿史那怀道 269

阿史那忠节 409

爱宕松男 478

安禄山 281

B

白须净真 28，117，155

坂本太郎 158

卑失虵婆护 82

北厢珂寒 82

北原薰 204-205

毕娑 351，357

滨口重国 415

波实特勤 82

伯希和 40

布目潮沨 168，172

C

曹二　351，357

曹果毅　351，357

曹伽那贪旱　103

曹禄山　350-351，356-357

曹破延　95

曹头六贪旱　103

曹炎延　350-351，356

仓慈　459

常重进　453

陈国灿　306

陈沅远　158，164，166，173

陈子昂　442

程喜霖　374，394，440

池田温　44，115，130，428，453，456

处罗可汗　81-82

D

大津透　161，341

大庭修　212

大泽孝　105

达头可汗　82，84

咄度设　89-90

冻国栋　141

杜柏利亚　40

杜犊　133

杜雄　194-195

杜忠孝　121

渡边信一郎　11，174

役跋提勤　95

F

氾欢伯　144-145

G

冈田英弘　493

高宝　43

高田修　23

高信贞　263

弓赖俟斤　272

供勤大官　105-106

孤艮贪浑　103

骨利干　248

关尾史郎　101，114，137，142-143

郭锋　285

郭平梁　440

馆野和己　374

H

何阿伦遮　104

何德力　275

何都伦　104

何善法　121

何永康　46

呼典枯合振　87，102

呼典畔陀　106

护雅夫　4

黄惠贤　350-351

黄正建　159，161-162

浑珂顿　106

J

吉田丰　40，294-296，300-301，308，353

继往绝可汗　351

迦匕贪旱大官　100

贾元顺　121

榎本淳一　326

间野英二　4

姜伯勤　41，44，80-81，94，326

蒋化明　383，389，440-441，456

焦彦庄　235

居织　87，102

菊池英夫　204-205，223，241，249，442，445

沮渠氏　53

K

阚连兴　28

阚爽　28，132-133

康大之　383，389

康穆　322

康仁希 454

康褥但 103

康穤但 106

康绚 321

康云汉 306-307, 346

珂寒萄公主 94-95

孔行感 195

L

雷忠友 255

李承胤 440-442

李大简 235

李杰 429

李锦绣 161, 179, 274, 412, 447

李三 350, 356

李绍谨 350-351, 356-357

李遇春 44

砺波护 373, 375

利夫希钦 54

梁元璟 440

刘进宝 125

柳宗元 165

隆信 144-145

楼祖诒 169

罗勃帝芬 303, 308

罗子 144-145

吕承祖 245

M

马尼亚赫　105

妹尾达彦　322，493

孟怀福　371，389，391

孟彦弘　161

明威（将军）佛奴　68

摩咄达官　105

莫畔阤　102

N

那波利贞　446

那你潘　335

南厢珂寒　82

南葙珂寒　87

内藤虎次郎　373-374

内藤乾吉　383，394，396

尼利珂蜜　80

泥利可汗　80，82

牛仙客　421-422

P

裴耀卿　429

裴俶先　107

脾婆　88，103

毗伽公主　95

Q

气贺泽保规 207

青山定雄 158-161，164，166-168，172，226

清木场东 440

麹宝茂 27，88

麹嘉琰 389-390，394-397，399，444，461-462，464

麹乾固 84，88

麹文泰 17，22-23，69，92

R

日比野丈夫 223

日野开三郎 243，322，355

仁井田陞 374

荣新江 40-41，44，52-53，301

若愍提勤 99

S

森安孝夫 4，95，322，478，494

山内晋次 12

杉井正臣 374-375，394

杉山正明 493

石阿六 345

石见清裕 328，340

石染典 384-385，389，399-403，461

石田实洋 367，369

石者羯 306，346

时暹大官　88

史欢隆　51

史欢太　47，51，54

史欢信　51

史计思　345

史辛孟　35

史玄政　220-222

史祐孝　52

室点密　105

恕逻珂寒　81

司空明荦　35

思略　297，299-300

斯坦因　286

松田寿男　2，493

宋家钰　161

宋九思　439

宋庆礼　355

宋威德　413

宋相明　133

索怀本　195

苏禄　269

孙狯儿　121

孙晓林　244

T

泰伯里　353

贪汗（贪淠）可汗　68，80-82，102

贪浑提勤　88

唐循忠　366，383，389

唐益谦　365-367，370，383-384，389

唐长孺　137

菊公主　95

藤枝晃　218，229

提勤珂都虔　88

提勤乌罗浑　88-89

统叶护可汗　19-20，22-24，26-27

头六抳　100

秃地提勤无根　99

陁钵大官　87

W

丸桥充拓　446

王伯伦　245

王奉仙　389，439-443

王冀青　160-161，190

王九言　264，272

王君㚟　426

王素　44，71，80-81

王仵郎　303，307-308

王孝杰　257，409

王瓒　307

卫畔陁　103

乌都伦大官　104

乌庚延　103

吴尚书　69

吴玉贵　65-66，68，84-85，88，105

吴震　394

无贺大官　88

无敬希　280

勿日桑宜　301

X

西岛定生　12

小西高弘　374

小野胜年　374，376，387

辛孟护　34-35

徐忠　440-442

玄奘　22，25-26，51，55，87，109

薛光泚　383，389

Y

阎洪达　269

严佛图　68

严耕望　159，164，212

炎畔陁　88，103

延壑珂顿　106

杨际平　447

杨廷福　172

扬师　303

叶护可汗　82

伊利可汗　105

移旱大官 88

祢桑抴 89

乙毗咄陆可汗 95

阴世皎 35-36

阴嗣瑗 427-428

宇野伸浩 478

欲谷设 95

圆仁 362

圆珍 402

Z

曾（思）礼 124-125

张才智 200，202

张慈皎 195

张德质 345

张奉 268

张广达 229，301

张敬忠 213

张九龄 278，428

张庆柱 229

张绾 99

张袁成 205

张子奇 279-280

章仇兼琼 278-279，428

咻举贪浑 87

中村裕一 341，387

忠顺可汗 269

周藤吉之　122

朱雷　28

竹奉琳　235

邹凤炽　354-355

最澄　367，369，375-376

佐藤武敏　418

欧　文

Beal, S　22

Clauson, G　95

Doerfer, G　23

Hamilton, J　95

Julien, S　22

Kotwicz, W　23

Pelliot, P　22

Rhodes, N　479

Sinor, D　23

Thierry, F　479

文　书

60TAM307：4/2（a）　56

60TAM307：4/3（a）　56，63，84

60TAM307：4/4（a）　56，62，84

60TAM307：5/1（a）　56，61，84

60TAM307：5/2（a）　56，59，84

60TAM307：5/2（b） 56, 64

60TAM307：5/3（a） 56, 58, 84

60TAM307：5/3（b） 51

60TAM307：5/4 56, 60, 84

60TAM307：5/5（a） 56, 61, 84

60TAM320：13/5 142

60TAM320：13/6 142

60TAM326：01/7 145

60TAM326：01/8 145

60TAM329：23/1 56

60TAM329：23/2 56

60TAM329：23/3 56

60TAM329：23/4 56

60TAM331：12/1 42

60TAM331：12/3 42

60TAM331：12/6 42

60TAM331：12/8 42

64TAM4：29（a） 480

64TAM29：17（a） 329

64TAM29：24 329

64TAM29：25 329

64TAM29：95（a） 329

64TAM29：107 329

64TAM29：108（a） 329

64TAM31：14 103

64TAM35：28 220

64TAM35：32 221

64TAM35：38（a） 247

64TAM36：7（a） 360

65TAM346：2 376

66TAM48：25 68, 103

66TAM48：31 68, 103

66TAM48：42 140, 141

66TAM48：50 140, 141

66TAM50：9（b） 56

66TAM61：16（b） 351

66TAM61：17（b） 347

66TAM61：22（b） 351

66TAM61：23（b） 347-348

66TAM61：27/1（b） 347-348

66TAM61：27/2 347-348

67TAM74：1/3 38, 139

67TAM88：1 100, 144

67TAM88：23/1 100

67TAM88：23/2 100

67TAM88：23/3 100

67TAM88：25 100

68TAM99：2 138, 222

68TAM99：4 145

68TAM99：6（a） 117

69TAM122：3/2 57

69TAM122：3/6 57

72TAM151：16 141

72TAM151：56 135

72TAM151：57　135

72TAM153：31　134

72TAM153：32　134

72TAM153：33　134

72TAM154：21　129

72TAM154：25　129

72TAM154：26　56

72TAM155：37（a）　30

72TAM155：37（b）　33

72TAM171：10（a）　57

72TAM171：12（a）　57

72TAM171：13（a）　57

72TAM171：14（a）　57

72TAM171：15（a）　57

72TAM171：16（a）　57

72TAM171：17（a）　57

72TAM171：18（a）　57

72TAM188：30　291

72TAM188：74（a）　291

72TAM188：86（a）　243

72TAM188：87（a）　274，473

72TAM188：88　275

72TAM230：46　272，412

72TAM193：15（a）　413

72TAM208：23　90，262，272

73TAM208：23~31/1　262

73TAM208：25　265

索 引 | 647

73TAM208：26　264

73TAM208：27　90，262

73TAM208：29　265

73TAM208：31/1　264

73TAM210：136/4-1　276

73TAM221：62（b）　200

73TAM230：50/1　209

73TAM230：50/2　209

73TAM230：50/3　209

73TAM230：50/4　209

73TAM506：04/17　298

73TAM506：4/32-1　240，279

73TAM506：4/32-4　240，243

73TAM506：4/32-15　245

73TAM506：4/32-17　246

73TAM506：4/32-18　232

73TAM506：4/32-20　235

73TAM506：4/40　432

73TAM506：5　240

73TAM509：23/2-1　91

73TAM509：8/1（a）　91

73TAM509：8/2（a）　91，370

73TAM509：8/3（a）　135

73TAM509：8/4-1（a）　364

73TAM509：8/4-2（a）　364

73TAM509：8/4-2（a）之二　379

73TAM509：8/4-3（a）　346

73TAM509：8/8（a） 370，438

73TAM509：8/9（a）之一 381

73TAM509：8/13（a）之一 400

73TAM509：8/14（a） 370，438

73TAM509：8/15（a） 370，438

73TAM509：8/15（a）之一 377，456

73TAM509：8/16（a） 370，438

73TAM509：8/20 135

73TAM509：8/21（a） 438

73TAM509：8/21（a）之一 377，456

73TAM509：8/23（a） 364

73TAM509：23/1-1（a） 355

73TAM509：23/1-2（a） 355

73TAM509：23/1-3（a） 355

73TAM514：2/4（a） 104

73TAM517：04/1（a） 57

73TAM517：04/2（a） 57

73TAM517：04/3（a） 57

73TAM517：04/4 57

73TAM517：04/5 57

73TAM517：04/6（a） 57

73TAM517：04/7（a） 57

73TAM517：04/8-1 57

73TAM517：04/8-2（a） 57

73TAM517：04/8-3 56

73TAM517：04/8-4 56

73TAM517：04/9（a） 57

73TAM517：04/10（a） 56

73TAM517：05/4（a） 199

73TAM518：3/3-1（b） 254

73TAM518：3/3-19（b） 254

73TAM518：3/3-28（b） 254

73TAM518：3/3-30（b） 254

73TAM524：32/2-2 41

73TAM524：34（a） 45

79TAM382 27

79TAM382：6-2 132

86TAM385：2-1a 117-118

86TAM385：2-1b 119

86TAM385：10-5 117，119

86TAM388：21-4 127

86TAM388：21-5 126

86TAM388：21-6 126

86TAM388：22-3 127

86TAM388：22-4 126

64TKM1：29（a） 134

64TKM1：30（a） 134

64TKM1：34（a） 144

69TKM33：1/2（a） 55

69TKM33：1/3（a） 55

69TKM33：1/6（a） 55

69TKM33：1/7（a） 55

69TKM33：1/8（a） 55

69TKM33：1/9（a） 55-56

69TKM33：1/10（a） 55

75TKM90：20（a） 97

75TKM90：20（b） 97

Ast. Ⅲ. 3. 07-08　225，249，254

Ast. Ⅲ. 3. 10　254

Ast. Ⅲ. 3. 037　225，249，254

Ast. Ⅲ. 4. 076　221

Ast. Ⅲ. 4. 092　227，426

Ast. Ⅲ. 4. 094　223

C2　290，305

Hedin No. 24　289-290

IOL Khot Wood 3　300

L4　289

MIK Ⅲ-7587　291，303

Or. 8212/529　227，426

Or. 8212/551　225，249，254

Or. 8212/552　225，249，254

Or. 8212/553　254

Or. 8212/558　223

Or. 8212/568　221

Or. 8212/520　239，433

Or. 8212/708 M. Tagh 0628　307

Or. 8212/709 M. Tagh 0634　290，303

Or. 8212/1551 M. Tagh 0117　285

Or. 8212/1557 M. Tagh 092　305，345

P. 2005　256

P. 2009　238

P. 2507　243

P. 2625　428

P. 2626　247

P. 2626v　227，249，452

P. 2803v　457

P. 2862　227，247

P. 2862v　249，452

P. 2942　274

P. 3348v　326，420，422，435，446-447，453，457，470

P. 3559　205

P. 3714v　180，407

P. 3841v　452

P. 3899v　204

P. 4638　426

Pelliot Chinois（库车出土）41　302

Pelliot Chinois（库车出土）114　436

S. 1344　174，328

S. 2703v　227

S. 5864　296

S. 6116　125

SIP 103.13＝no. 282　300

SIP 103.53＝no. 321　300

Б-27　353

Дх. 02826　443，463

Дх. 18926＋SIP 93.22＋Дх. 18928　300

大谷1040背　100

大谷1469　116

大谷 2836　453

大谷 3072　455

大谷 3458　116

大谷 3459　116

大谷 3461　116

大谷 3463　116

大谷 3481　291

大谷 4890　124

大谷 5840　90

大谷 8074　295

国家博物馆所藏　430

宁乐美术馆所藏 7（2）　90

宁乐美术馆所藏 20（3）　90

桥本节哉所藏 3 号　90

有邻馆 5　470

有邻馆 7，37　472

有邻馆 11　287

有邻馆 15　325，339

有邻馆 21　267

译后记（一）

译完荒川老师的这本书，距离原著出版恰好十年。2010年秋冬，老师在北京大学驻访三个月。那年岁末，稍得空闲，我赴京探望，敲开中关新园的舍门，隔别三年后再次见面。一起去万圣书园喝咖啡，叙话别后的学习与生活。老师结束访学后，归国仅一周就给我寄来了新出的大著。书名取得颇为宏阔，以"欧亚交通、贸易与唐帝国"为题，实际上是靠吐鲁番、敦煌、库车、于阗、穆格山等地出土的残碎文书构筑而成，兼利用中国传世史籍、阿拉伯史料与个别藏在日本的资料，来研究麴氏高昌国、唐代西域和河西地区的交通制度、丝路贸易的历史。书很厚重，是老师30年的精心结撰之作，凝聚了一生的学术心血。既是他博士毕业22年后申请学位之论文修订本，也是他在敦煌吐鲁番学、内陆亚洲史领域的代表作。

凭我拙劣的日语水平，原本是不敢翻译老师大著的。2011年9月15日，我在硕士时代的导师齐陈骏教授家里，接到兰州大学出版社张宏发老师的电话，约我给《欧亚历史文化文库》撰书。当时我正在撰写《敦煌的归义军时代》，不敢接受另写新书的任务，张老师说译著也可。那时王蕾正在跟我读硕士，她本科毕业于兰州大学日语系，硕士专攻西北关津交通，正与荒川老师大著的内容相合，所以我思考是否可以与她一起合译此书，这样既可以让她熟习专业，而我在翻译中遇到困难也可与她共商解决。询问王蕾，她也愿意，遂商定由我翻译序言和第一、二部，她译第三部和结语，后记及英文摘要等由我翻译。19日回复张老师，表示可以翻译此书，以交文库。我将译书之事大胆告知荒川老师，询问他是否同意，没想到老师不以我的语言水平低劣，欣然同意我与王蕾翻译大著，并帮助联系名古屋大学出版会橘宗吾先生，获得授权允可。10月26日，我与兰大出版社具体负责此事的施媛平老师签了出版合同。然而，之后的日子变得忙碌起来，翻译工作也时断时续，直到2016年2月24日才最终译毕初稿，那日是寒假的最后一天。回想起来，翻译工作主要是在寒暑假中进行的。记得有年寒假在腾格里沙漠的岳家，写光了一把黑色和红色的中性笔；暑假从塞上江南宁夏乘坐绿皮火车，经过两天一夜慢慢摇到江南水乡，我趴在上铺一路译来，此情此景，记忆深深。

　　翻译工作不像自己写书撰文。自己写作，文字表达可以自由把控，顶多是有水平高下之别，只要自己尽力就可；而翻译则涉及他人，译得准确是应该的，万一出现某处误译，不仅对不起作者，还会贻误读者，给学界造成不好的影响，是一件吃力不讨好的事。翻译需要不断地打磨，要保证字字准确，还要力求"达"、"雅"。这需要花费更多的时间和万般的细心，但日子似乎更加的忙碌，也一直没能修改完译稿。2019年开春去北京大学人文社会科学研究院访学，住在老师曾经住过的中关新园，打算趁访学半年的机会，在静园二院集中修订，但因主要精力用于写作《鱼国之谜》，又没能改完译稿。直到2020年1月21日，是旧历除夕的前三天，才开始集中修改译稿。因为寒假，才使我有充裕的时间去修改译稿。七易其稿，终于在6月底完成了我所承担部分的全部翻译工作。暑假中从头到尾再看一遍，从8月15日起，我逐章发给荒川老师，请他过目审阅，直到10月1日为止。记得国庆节那天正好是中秋节，等我将最后一部分发给老师时，已经凌晨2:13，太晚了就没有回家，在办公室（积石庐）里过夜。老师每次收到以后，都会用一周左右的时间阅读译稿，及时地回复反馈意见，这让我非常感激！我把翻译中遇到的每处疑问写成说明文字，加起来竟也有近4万字，都经老师一一审订、批复。就这样，老师也伴着我度过了一个半月的最后修改时光。当然，这只是我承担的部分。此后，王蕾也依此方式将她所译部分逐章发给荒川老师，同样及时地收到老师的反馈回复。据王蕾说，她的译稿前后修改了十遍，足见其勤。荒川老师原定于2020年11月16日至30日到浙江大学访学半月，正好可以当面讨论这部刚刚译毕的书稿，惜因疫情影响而取消行程，但稍可告慰的是，我们终于在今秋完成了全书的翻译。

需要说明的是，由于翻译工作的拖延，当我修改完第四遍，自认为大体清定的时候，跟施援平老师联系，却得知《欧亚历史文化文库》已经停止出版，因此原来签订的合同也就自然解除。在此对兰州大学出版社及张宏发、施援平两位老师表示真诚的感谢与深深的歉意！没有他们的信任和鼓励，我是没有勇气接下这项翻译工作的。

时光回到2006年秋，我赴大阪大学从事博士后研究，师从荒川正晴教授，得到老师的教导和指点。每周三次的研讨学习，以及平日在东洋史研究室经常与森安孝夫、荒川正晴教授及其他诸先生在一起，可以请益学习，那是我最充实也最宁静的学习时光。荒川老师从来都是那么温文尔雅、耐心细致，在我心灵中留下了最喜欢的导师印象。老师的论文以前大多读过，但结集起来增补、修订并扩写成书，通过翻译、特别是一遍遍地修订译稿，使我得以更加深入地了解老师的学术，了解他苦心孤诣的学术求索。书中对吐鲁番、敦煌出土文书的细致严谨的解读，仿佛又把我带回到昔年每周六下午出土文书研讨班的难忘场景。傍晚五六点，研讨结束后，荒川老师提着那把弯钩长柄伞，去赶新干线到广岛，再转电车去松江。从太平洋到日本海，老师每周六回家的路曲折而遥远，但每次研讨班却风雨无阻，仿佛天经地义。译书过程中，因译事拖延，感到愧对老师，但老师从不责备，而是对我勖励有加，春风拂面，让我深受感动。

从硕士到博士再到师资博士后，从兰州到西安，王蕾也经历了成长的过程。她是我的研究生中最用功的学生之一。在她上学期间，我曾审阅过数十篇她写作和翻译的论文，也一起合译过两篇日文论文。犹记得2017年新疆考察完后，从吐鲁番到兰州的动车上，我们一路讨论翻译关尾史郎教授的新作。她感叹第一次觉得坐车10小时许，竟然过得如此之快。这次合译荒川老师的大著，虽然我们各自翻译不同部分，但译毕和修改之后都会发送给对方阅读。有两次我带着王蕾的译稿打印本去西湖，一次在苏堤南端的西里湖，另一次在苏堤北端的岳湖，临湖而坐，竟日阅读，然后将读后意见发送给她，以供修改参考。她给荒川老师发送逐章译稿之前，都会先发给我看，待确认无误后她再发给荒川老师。同样，她也阅读了我翻译的部分并提出意见，特别是我难以把握的地方，多得她的帮助。

书中有些地名、族名颇费琢磨，感谢新疆好友吐鲁番伊林、库车县文物局肖占玉先生，以及兰州大学白玉冬、陕西师大韩中义教授及广岛大学山本孝子准教授给予热情的帮助和指教！兰州大学杨洁讲师、浙江大学博士生冯晓鹃协助通校一遍，博士生殷盼盼也校阅了第二部，指出了不少疏误，在此谨致谢忱！

荒川老师今年65岁，刚好是荣退之年。谨献上此书的中译稿为贺！此书出版十年，由于我的拖拉迁延，未能及时译毕出版，在此也向老师及名古屋大学出版会致以歉意！今年，浙江大学中亚与丝路文明研究中心入选为国家民委"一带一路"国别和区域研究中心，推出一套"中亚与丝路文明研究"丛书，这部译著得以入列其中。感谢中心主任刘进宝教授的费心联络与甘肃教育出版社孙宝岩副社长的热心关照！编辑祁莲为此书的编校付出了艰辛的劳动，特致谢忱！

荒川教授毕业于早稻田大学，长期在大阪大学任教，兼任东洋文库客员研究员、内陆亚洲史学会会长、东方学会学术委员。早年他与关尾史郎、町田隆吉、片山章雄、白须净真诸先生发起成立"吐鲁番出土文物研究会"，这是与"青年敦煌委员会"齐名的学术共同体，在国际学术界享有盛誉。作为荒川老师的代表作，相信此书的翻译出版，可以让更多的中国学者了解他的研究，也一定会推进敦煌吐鲁番学、内陆亚洲史的研究。由于各种原因，译著中不少地方有所改动，特此说明。

本书的翻译出版，得到国家社科基金重点项目"中古粟特人与河西社会研究"（19AZS005）及浙江大学历史学院一流学科经费、凉州文化研究院的支持，在此表示感谢！

冯培红

2020 年 12 月 31 日于积石庐

译后记（二）

能与硕博时代的导师冯培红教授一起翻译荒川正晴教授的大著《欧亚交通、贸易与唐帝国》是一件非常荣幸的事情，同时也是向两位老师直接学习的珍贵机会。2007年，我从东北的三江平原踏上西北的黄土地，进入兰州大学外国语学院日语系。本科期间，我获得日本语能力一级和大学日语八级的证书。2010年，我联系到兰州大学敦煌学研究所冯培红教授，表达了想要学习历史的意愿，得到老师的同意与支持。尚未正式进入硕士阶段，冯老师就递给我一沓厚厚的日文敦煌学论文。我每周翻译一篇，从中初步了解专业内容及日本学者的研究视角与方法。虽然对专业背景了解不深，翻译很不成熟，但每次都能收到老师细致的修改意见。

在翻译论文的过程中，我初次接触和了解了荒川正晴老师的研究。2011年，我考入兰州大学敦煌学研究所，跟随冯老师攻读硕士学位。入学后不久，冯老师邀我和他合译荒川老师的这本著作，这对我是莫大的鼓励，也是最好的学习。当时商定，冯老师翻译序言和第一、二部及后记、英文摘要等，我翻译第三部和结语。有幸见到荒川老师本人，是在2012年第二学期刚开学的时候。当时，荒川老师和滨岛敦俊教授带着学生在兰州考察隍庙。荒川老师背着重重的书包，戴着方形的眼镜，手里一直拿个小本子，一边记录，一边微笑点头，温和谦逊的学者风范让人记忆深刻。2013年，我初步完成了译稿工作。之后每年寒暑假都在不断修改，尤其在2020年春节期间，沉浸在修改译稿之中，是我消除对病毒恐惧的最好方式。终于在开学之前改完译稿,发给冯老师,同样我也收到了老师翻译的部分。3月从黑龙江老家返回西北大学,一边消化吸收老师的修改意见,一边逐字逐句地修改;从10月起,我将译稿逐章发给荒川老师,请他把关审阅,至11月中旬完毕。译稿前后修改十稿,最终的完成得益于国家社会科学西部项目"古丝绸之路西北关津研究"(19XZS031)的支持。令我印象深刻的是,有次我擅自变动文书录文中的一个通用字,冯老师严厉批评我将近两个小时。这不禁让我回想起,以往在读书会上,在研讨班上,在田野调查中,老师对我的耳提面命与谆谆教导。正是在老师的循循善诱下,我也耳濡目染,学术不断进步,识见得到提升。硕博期间读书会上的批判,让我自以为是的建构一次次的崩塌;老师与同门的宝贵建议,又一次次为我提供重构的基石。这让我深刻体会到学术的严谨性,从而对知识充满敬畏之心。如今,每次参加校内外的读书会或学术交流,我依然会有发现问题并提出建议的习惯,因为我觉得这是对作者最大的尊重与支持。若能从中寻到几个同道中人,在学术道路上互相陪伴,共同提升,又是何等的幸运!

在翻译的过程中,去"日语式"表达是一个漫长的阶段。日语中的汉字是其重要的组成部分,翻译时除了要准确掌握日语语法的表达,更需要注意日语汉字的翻译表达。比如,日语汉字的含义与汉语汉字的含义是否相通?什么样的日语汉字可以保留下来?需要改变的日语汉字要用怎样的汉语汉字才能表达其微妙的差别?这都需要反复地琢磨与考量。虽然之前已翻译发表过数篇日文论文,但每一次的翻译过程都是如履薄冰,担心会因自己的失误给作者和学界带来不必要的混乱和麻烦。

非常感谢荒川正晴教授的信任!此书的翻译工作,不仅提升了我的翻译水平,也让我加深了对古代欧亚交通的体制与丝路贸易研究的认识。感谢导师冯培红教授让我参与到此书的翻译工作当中,让我对历史专业产生了浓厚的兴趣。正是冯老师一路不辞辛苦的护航,我的学术素养才一点点地得以提升。以我的资历和水平,原本是不配为荒川老师的大著撰写译后记的，但在冯老师的鼓励下，我才鼓起勇气陈述译事始末及亲身感受。若译文内容有不当之处，敬请诸位方家不吝赐教。于我而言，这虽然是一个结尾，但也是一个新的开始……

王 蕾
2021 年 1 月 1 日于西北大学太白校区